LA STRATÉGIE
DES ORGANISATIONS :
une synthèse

Les Éditions TRANSCONTINENTAL inc.
1253, rue de Condé
Montréal (Québec) H3K 2E4
Tél. : (514) 925-4993
        (888) 933-9884

Données de catalogage avant publication (Canada)
Taïeb Hafsi, Jean-Marie Toulouse et collaborateurs
La stratégie des organisations : une synthèse
ISBN 2-89472-027-0
1. Planification stratégique. I. Toulouse, Jean-Marie. II. Titre.
HD30.28.H325 1996   658.4012   C96-941104-9

Coordination, édition et production : JEAN PARÉ
Révision linguistique : JACINTHE LESAGE
Correction : LYNE ROY
Mise en pages et conception graphique de la couverture : O R A N G E T A N G O
© Les Éditions TRANSCONTINENTAL inc., 1996
Dépôt légal — 3ᵉ trimestre 1996
2ᵉ impression, août 1997
Bibliothèque nationale du Québec
Bibliothèque nationale du Canada
ISBN 2-89472-027-0

Imprimé au Canada

Taïeb Hafsi
Jean-Marie Toulouse
et leurs collaborateurs

LA STRATÉGIE DES ORGANISATIONS :
une synthèse

Les Éditions
TRANSCONTINENTAL inc.

Note de l'éditeur

Indépendamment du genre grammatical, les appellations qui s'appliquent à des personnes visent autant les femmes que les hommes.
L'emploi du masculin a donc pour seul but de faciliter la lecture de ce livre.

À nos collègues de stratégie actuels,
pour des raisons qu'ils comprendront bien.

À nos collègues de stratégie futurs,
pour des raisons qu'ils devineront bien.

Préface

C'est en 1984 que l'idée de ce livre a été lancée. À cette époque, le groupe de stratégie de l'École des Hautes Études Commerciales, à Montréal, était dans une phase de reconstruction. Alain Noël, avec son énergie habituelle, voulait faire du groupe le meilleur au Canada et, si on voulait l'écouter, peut-être même l'un des meilleurs au monde.

L'accent, à cette époque, était surtout mis sur la qualité de l'enseignement. Il fallait que les cours de stratégie deviennent les plus courus de l'École, et l'expérience des étudiants, la plus stimulante et la plus excitante parmi les écoles de gestion. En 1985, cet objectif était déjà à portée de la main et Alain insistait auprès de chacun que l'étape suivante était d'écrire le livre de stratégie que le groupe méritait.

Les livres de stratégie qui étaient sur le marché, mis à part le traditionnel livre d'Andrews, *The Concept of Corporate Strategy,* ne répondait que très partiellement à nos besoins. Nous avions fait plusieurs essais, notamment le livre de Fry & Killing, qui nous avait séduits pour la qualité des cas qui y avaient été colligés, le livre de R.-A. Thiétart, qui faisait une synthèse de qualité raisonnable, mais qui restait pour nous incomplète et, dans une moindre mesure, le livre *Stratégos,* des professeurs de l'École des HEC de Jouy-en-Josas, en France, qui souffrait d'un manque évident d'unité. Mais nous demeurions insatisfaits et, à partir de 1987, nous fûmes obligés de proposer à nos étudiants un codex composé de cas et de textes choisis ici et là, pour accompagner le livre d'Andrews. Il était clair que nous avions besoin d'écrire notre propre livre.

C'est alors que se produisit un phénomène qui n'est pas vraiment inhabituel dans des groupes unis comme l'était le groupe de stratégie. Chacun, par respect pour le voisin, voulait laisser l'initiative à l'autre. En fait, pour tous les efforts qu'il avait faits, nous voulions sans vraiment le dire qu'Alain prenne le leadership du livre, mais Alain était déjà emporté par d'autres préoccupations. Il partit pour une année sabbatique en France, mais ne revint pas avec le projet souhaité. Il avait lui-même hésité à imposer un livre, donc forcément une perspective, à ses collègues et amis. Le groupe fut ainsi paralysé pendant plusieurs années, la procrastination naturelle aidant.

Comme ce fut souvent le cas, c'est Marcel Côté qui nous a réveillés au début de la décennie 1990 en concevant un livre de cas, une remarquable réalisation qui a réglé une partie de nos problèmes et qui devint rapidement un best-seller. Il reçut même le prix François-Albert Angers pour le meilleur livre pédagogique. Nous fûmes tous heureux de cette initiative et Marcel devint notre leader dans le développement des cas et pour leur regroupement en livres. La voie était à présent ouverte pour la réalisation d'un livre conceptuel pour compléter le livre de cas.

De nombreuses discussions eurent lieu parmi les membres du groupe de stratégie appelé Stratégos et à présent plus important, avec l'arrivée de nombreux jeunes collègues, Christiane Demers, Nicole Giroux, Daniel Côté, Yvon Dufour, et de professeurs plus établis, comme Marie-Claire Malo, Francine Séguin et Louis Jacques Filion. Taïeb Hafsi et Jean-Marie Toulouse prirent l'initiative de proposer un projet acceptable pour le groupe.

Le premier projet, accepté par le groupe en 1992, avait pour base un texte qui faisait une petite synthèse des perspectives en matière de gestion stratégique. Il proposait alors l'écriture de cinq petits livres, chacun étant la responsabilité de deux des membres du groupe. Tout le monde était alors associé à l'œuvre. Deux ans plus tard, nous nous sommes rendu compte que le projet n'était pas très réaliste. Par respect et par amitié, nos collègues avaient accepté d'écrire des livres, mais ils étaient mal à l'aise. L'idée était la nôtre et plusieurs estimaient que leurs réflexions n'étaient pas encore assez mûres pour faire l'objet d'un livre de base. Tout le monde nous encouragea alors à prendre en charge l'écriture du livre de concept. En attendant, Marcel, qui rééditait son livre de cas, fit aussi publier des fiches conceptuelles que nous avons utilisées.

Cette fois-là, nous étions sur la sellette. Il fallait donner de la chair au projet et le réaliser concrètement. Nous le fîmes avec anticipation et nos collègues nous ont soutenus tout le long du processus de conception. Finalement, nous sommes arrivés au projet qui est présenté aujourd'hui. Jean-Marie avait insisté sur le fait qu'on devait avoir un livre qui présente à la fois les concepts, les outils et les exemples. Taïeb insistait sur la nécessité de faire un livre-synthèse qui puisse servir de référence à la fois à des gestionnaires, à des consultants et à nos étudiants. Cela voulait dire qu'il fallait éviter les perspectives étroites et s'efforcer de présenter une vue d'ensemble sur les grandes idées et les résultats des recherches qui dominent le champ, tout en ayant un livre lisible.

Le domaine de la stratégie est en train de connaître une explosion de recherches, ce qui l'entraîne dans des directions multiples et qui l'atomise. Nous ne croyons pas que le domaine a besoin d'une nouvelle théorie de la stratégie. La contribution des anciens, notamment celle d'Andrews et de ses collègues du groupe de Harvard, reste toujours une référence précieuse. Il y a cependant un grand besoin de synthèse. Il y en a peu. Nous souhaitons que celle que nous proposons ici soit à la mesure des attentes. Nous souhaitons que nos collègues travaillent dans le futur à l'améliorer et à maintenir l'École des HEC à l'avant-garde de la réflexion dans ce domaine important de la gestion générale.

Une synthèse est toujours une aventure difficile qui nous mène dans des directions inattendues et parfois stériles. Nous sommes fiers du résultat, mais il est évident que nous n'avons pas la prétention d'offrir la meilleure des synthèses possibles. Le résultat que nous proposons n'est qu'un début. Nous sommes conscients qu'il y a encore beaucoup d'imperfections qui pourraient tenter d'autres, ici et ailleurs, de prendre le relais. Qu'ils sachent que la tâche, bien qu'excitante, est rude.

Face à la multitude d'activités à gérer et à réaliser, nous avons été proches d'abandonner. De plus, Jean-Marie Toulouse a été attiré par les responsabilités de direction de l'École et les professeurs l'ont encouragé à s'engager en le plébiscitant. Bien heureusement, au même moment, Taïeb Hafsi bénéficiait d'une année sabbatique qui lui laissait plus de temps pour la réalisation et la coordination des multiples tâches et contributions qui donnent le résultat actuel. Malgré ses charges, Jean-Marie Toulouse a décidé de faire sa part et de continuer à participer activement au projet.

Le livre a été divisé en sept parties. La première partie est une introduction, dont l'objet est vraiment de donner une perspective d'ensemble et de replacer le concept de stratégie à la place qu'il mérite dans la gestion difficile des organisations d'aujourd'hui. Cette partie nous rappelle notamment que les relations de cause à effet sont généralement obscures en gestion et qu'on a alors besoin d'un « bâton d'aveugle » pour retrouver son chemin. En même temps, l'introduction donne le ton en insistant sur l'importance de la communauté interne et de son prolongement à l'externe.

La deuxième partie est plutôt technique. Elle est consacrée d'abord à la construction du modèle de base de formulation de la stratégie, puis au développement des concepts principaux qui dominent la formulation, notamment ceux qui permettent l'analyse de l'environnement et ceux qui permettent d'apprécier la qualité et l'importance des ressources disponibles et de dégager les avantages de l'organisation face à ses concurrents.

La troisième partie s'éloigne un peu de l'analyse pour mettre l'accent sur les processus de réalisation, en discutant de la structure, des systèmes et, en général, des mécanismes qui permettent la mise en œuvre de la stratégie.

La quatrième partie étend le champ de la stratégie en examinant les changements que la complexité introduit dans la gestion stratégique. La cinquième partie continue sur la même veine, mais en insistant sur les effets de la mondialisation et sur la gestion stratégique des organisations en situation de mondialisation. La sixième partie dirige le regard vers le changement stratégique, c'est-à-dire les situations où on cherche à changer de stratégie. Les problèmes que posent le changement et la gestion de celui-ci sont alors discutés. Finalement, la septième partie conclut en ouvrant le débat, notamment en attirant l'attention sur la relation difficile entre organisations et individus et en offrant une perspective candide sur les problèmes de l'enseignement et de l'apprentissage en matière de stratégie.

Toutes ces parties sont soutenues par des notes qu'un grand nombre de collègues reconnus dans leurs domaines ont accepté avec enthousiasme d'écrire. Ces notes sont plus focalisées. Elles traitent de sujets nouveaux ou de techniques d'analyse particulière ou de réflexions qui étendent la compréhension de la gestion stratégique. Ces notes sont courtes mais leur contribution à la qualité de ce livre est à souligner. Ce sont probablement ces notes qui permettent de faire la différence avec la plupart des livres de stratégie, en anglais ou en français, qui ont été mis sur le marché au cours de la dernière décennie.

Nous croyons que le résultat devrait attirer l'attention de nos collègues dans d'autres institutions universitaires, de consultants et de gestionnaires à la recherche d'une bonne synthèse à laquelle ils puissent se référer en cas de besoin. La lecture de ce livre devrait être facile. Chaque partie et même chaque chapitre pourrait être lu séparément, au gré du besoin. Nous pensons cependant qu'il est utile de commencer par la première partie qui est une vraie introduction à tout le reste. Pour les professeurs et les étudiants, nous voudrions attirer l'attention sur le dernier chapitre qui est un guide sur l'enseignement et le fonctionnement de la classe.

L'histoire de ce livre a montré que beaucoup de personnes ont contribué à sa réalisation. Nous voudrions les remercier toutes. En particulier, nous voudrions exprimer notre gratitude à tous ceux qui ont accepté nos échéances pour réaliser des notes de qualité. Il s'agit, dans l'ordre où apparaissent les notes, de Jean-Pierre Dupuis, Yvon Dufour, Veronika Kisfalvi, Marcel Côté, Jean Pasquero, Louise Côté, Louis Jacques Filion, Sylvie Saint-Onge, Philippe Chapuis, Alain Gosselin, Alain Noël, Albert Lejeune, Jean-Christophe Vessier, Georges Fernandez, Christiane Demers, Philippe Faucher, Daniel Côté, Alain Pinsonneault, Laurent Lapierre et Danny Miller. Beaucoup de ces personnes ont accepté de faire ces notes par amitié pour nous. Nous voudrions leur dire notre gratitude en même temps que notre admiration pour la maîtrise de leurs sujets. Deux notes ont été reproduites à partir des magazines *The New Yorker* et *The Harvard Business School Bulletin,* que nous remercions pour leur collaboration.

Des remerciements spéciaux doivent aller à Francine Séguin, qui a réalisé le chapitre III, sur les rapports entre la stratégie et la communauté et qui, de plus, malgré ses nombreuses responsabilités, a aussi lu et critiqué plusieurs des chapitres de ce livre. Un grand merci aussi à Marcel Côté, qui a contribué à la réalisation du chapitre VIII, sur les relations entre la stratégie, la structure et la performance, et à Christiane Demers, qui a lu et critiqué les premiers jets des chapitres importants. Nous voudrions finalement dire à nos collègues du groupe Stratégos notre appréciation pour la confiance qu'ils nous ont faite et pour le soutien qu'ils nous ont témoigné tout au long du processus qui a mené à ce livre. Ce livre est au fond aussi le leur, et nous nous attendons à ce que les versions ou éditions futures leur soient confiées.

Susan Fontaine a travaillé à la mise en forme définitive des chapitres et des notes. Quand on sait que ces documents arrivaient souvent dans des formes et des formats de traitement de texte complètement différents, il a fallu tout le savoir-faire, le talent et la patience de Susan pour que finalement la maison d'édition reçoive un document de qualité acceptable. Susan a aussi été une excellente conseillère et ses remarques nous ont souvent permis d'améliorer considérablement certains des textes. On ne saura jamais te remercier assez Susan !

Finalement, le choix d'une maison d'édition est loin d'être facile. Nous l'avons un peu expérimenté à nos dépens. Un livre doit non seulement être produit de manière convenable, mais il doit aussi être vendu de manière efficace. Ni la production ni la vente ne sont triviales. La plupart des maisons d'édition maîtrisent raisonnablement bien la première et négligent beaucoup la deuxième. Beaucoup de maisons sont aussi des opérations commerciales tellement serrées qu'elles n'ont souvent pas les ressources d'entreprendre beaucoup de projets à la fois. Pourtant, toutes se précipitent à vouloir privilégier la quantité à la qualité du produit final et de la relation avec les auteurs. Quelques-unes pourtant ont des comportements admirables. Nous voudrions, bien sûr, mentionner les efforts des Éditions Transcontinental et de Sylvain Bédard, son directeur. Il a accueilli avec enthousiasme ce livre et a répondu avec efficacité à toutes nos demandes. Il a aussi accepté de faire un spécial dans la commercialisation du livre, en s'engageant à le faire connaître largement dans le milieu scolaire, mais aussi auprès des gestionnaires et consultants, au Québec et ailleurs. Merci Sylvain pour votre attention, votre gentillesse et vos encouragements !

Finalement, un livre est une aventure dont pâtissent ceux et celles qui sont proches des auteurs. La patience de Joëlle et de Monique a souvent été mise à rude épreuve, mais elle n'a pas entamé leur affection et leur soutien. Martin, Simon, Mathieu et Qaïs ont toujours été plus libres dans l'expression de leurs réserves mais leurs protestations étaient souvent bienvenues pour nous rappeler à l'ordre et à l'appréciation des sacrifices qu'un tel projet implique. Nous voudrions leur dire à toutes et à chacun notre gratitude et notre affection. Leur présence rend possibles tous ces efforts et toutes ces réalisations. Merci, merci mille fois et... pardon, pardon autant de fois.

Frédéric Jauvin

Table des matières

INTRODUCTION AU CONCEPT
DE LA STRATÉGIE

Ce livre est destiné à servir de guide à tous ceux, étudiants ou gestionnaires, qui souhaitent mener une réflexion de définition ou de redéfinition d'une organisation. Il est construit de façon que les aspects importants de la gestion stratégique soient introduits progressivement, en allant du général au spécifique pour revenir au général, mais aussi du plus simple au plus complexe pour revenir à une « réconciliation » des deux.

La première partie est une partie essentielle du livre. Elle est destinée à présenter le **concept de stratégie** et les **idées** qu'il a inspirées à la littérature. Cette vision du concept et de son utilité est la nôtre. Elle ne diverge pas de manière importante de ce qui est communément admis, mais il y a des nuances sur lesquelles nous insistons qui, vous le verrez, trahissent nos biais. Le premier chapitre aborde cette perspective directement en mettant l'accent sur la stratégie comme un instrument précieux dans un monde des organisations somme toute difficile à comprendre.

La stratégie vue comme un bâton d'aveugle suggère que nous vivons un monde complexe. La communauté des chercheurs, tout comme celle des praticiens œuvrant dans ce domaine, est alors obligée de travailler avec des instruments imparfaits, des heuristiques dont l'objet est de permettre des compréhensions acceptables, temporaires, en attendant de pouvoir faire mieux. La stratégie est en même temps un outil robuste parce qu'elle ne met pas l'accent sur des relations précises, mais bien sur un processus. La recherche, aujourd'hui, contribue d'ailleurs de manière spectaculaire à la précision des éléments de ce processus. Plus important encore, c'est un puissant instrument d'action. Il aide à mettre de l'ordre dans un univers chaotique.

Pour nous, les chercheurs en stratégie, l'action est un laboratoire précieux. Nous apprenons surtout en observant les praticiens découvrir leur chemin. En d'autres termes, les praticiens sont les manipulateurs dans le laboratoire, un peu comme le sont les médecins dans la salle d'examen. Ce premier chapitre affirme que la connaissance en gestion restera toujours imparfaite et suggère que c'est à cause de cela que l'alliance entre le praticien et le chercheur est une nécessité pour la réalisation de laquelle il faut imaginer les formes d'organisation.

Le deuxième chapitre est une sorte de **synthèse de la littérature**. Il suggère que la stratégie apparaît sous des formes diverses dans les pratiques de gestion et dans la recherche. Cinq formes, notamment, ont été retenues pour les besoins du livre : la stratégie comme expression de ses dirigeants, la stratégie comme expression d'une communauté de personnes, la stratégie comme facteur de relation avec l'environnement, la stratégie comme construction d'un avantage concurrentiel et la stratégie comme filon conducteur. Ces différentes manifestations de la stratégie définissent aussi, bien sûr, le cadre d'analyse utilisé dans la deuxième partie du livre. Il faut dire que ce cadre enrichit ce qui est communément utilisé dans le domaine, mais lui reste très proche.

Le troisième chapitre trahit aussi un élément du biais qui anime ce livre. Il est consacré plus spécialement à la communauté qui constitue l'organisation et ses rapports avec la société dans son ensemble. Notre vision de l'organisation affirme l'importance de la communauté. Contrairement à la tendance réelle actuellement dominante dans le monde des affaires, nous croyons que l'avenir appartient à ceux et celles qui donnent de l'importance aux personnes et surtout aux personnes prises comme un collectif qui tente de converger vers un objectif. Ce chapitre insiste sur le fait que l'équilibre des personnes dans l'organisation est de beaucoup déterminé par l'équilibre de la communauté qui constitue l'organisation et celle-ci est de beaucoup déterminée par ses rapports avec la communauté plus vaste qu'est la société dans son ensemble. En d'autres termes, on ne peut détacher l'organisation du contexte social et politique qui l'entoure, parce que ce contexte représente un enjeu majeur pour les personnes (employés et dirigeants) qui animent l'organisation elle-même.

Ces chapitres sont complétés par quatre notes :

1. Une note introductrice à la culture, qui est destinée à compléter notre compréhension des questions sur la vie de la communauté organisationnelle et son importance pour la gestion stratégique. Cette note a été écrite par Jean-Pierre Dupuis, un sociologue qui s'est spécialisé dans les questions de culture organisationnelle. Il anime d'ailleurs un séminaire sur le sujet au doctorat. Monsieur Dupuis enseigne aussi le management.

2. Une note qui part des perspectives offertes par Mintzberg sur le concept de stratégie pour mieux enrichir et les intégrer. Cette note a été

écrite par Yvon Dufour, qui est spécialisé dans les questions de mise en œuvre de la stratégie. Monsieur Dufour enseigne des cours apparentés à la gestion stratégique au certificat, au baccalauréat, au M.B.A. et à la maîtrise scientifique, M.Sc.

3. Une note sur l'utilisation du concept de stratégie pour le développement d'une stratégie nationale. Cette note prend en particulier l'exemple de la Corée du Sud pour montrer que les outils d'analyse stratégique paraissent parfaitement applicables sur le plan national. Cette note a été écrite par Taïeb Hafsi.

4. Une note sur la stratégie d'une personne. Cette note constitue une réflexion sur la stratégie lorsque l'on se met au niveau d'une personne. Allant au-delà de ce qui est évident et qui est qu'une personne peut avoir une stratégie au sens de Crozier, cette note permet aussi de voir comment les comportements traduisent cette stratégie. Cette note a été écrite par Veronika Kisfalvi, qui se spécialise dans les applications psychanalytiques à la gestion stratégique des organisations, notamment du leadership.

Chapitre I

LA STRATÉGIE :
UN BÂTON D'AVEUGLE

I. LA TÂCHE DU DIRIGEANT

Il y a à peine 20 ans, à Harvard Business School, les enseignements les plus importants en stratégie des entreprises portaient sur la difficulté de l'intégration. Les étudiants peinaient sur le cas Midway Foods, une petite entreprise de 100 employés, sise à Chicago, qui fabriquait des friandises, surtout des tablettes de chocolat. Le cas A paraissait alors si simple que la plupart des participants avaient du mal à se motiver. On y décrivait pêle-mêle l'industrie des friandises, l'histoire de l'entreprise, l'expression des caractéristiques de l'entreprise, en particulier l'énoncé des « finalités corporatives », de la stratégie de marketing et une discussion entre l'auteur du cas et le président de l'entreprise, M. Kramer. Les étudiants se demandaient souvent ce qu'on attendait d'eux dans un cas aussi général. Mais Midway était particulière. Dans ce premier cas, elle paraissait déjà unique dans sa capacité à se définir et surtout à prendre de grandes décisions cohérentes avec cette définition.

Progressivement, le professeur présentait aux étudiants des aspects nouveaux de la gestion de Midway. Le cas B mettait déjà les étudiants à l'épreuve : Midway était confrontée à une opportunité rare d'achat d'un concurrent. Devait-elle le faire ? Le cas C révélait les perspectives différentes des quatre services fonctionnels. On y découvrait que chaque service avait des missions différentes, diverses méthodes opératoires et des problèmes d'opération différents. Plus important encore, chacun des directeurs avait une philosophie personnelle et une méthode de gestion différente. Le cas D montre ces gestionnaires en action, au cours de réunions de décision, et suggère les difficultés qu'ils peuvent avoir à agir ensemble. Finalement, les cas E1 et E2 nous montrent le président, comme responsable de la coordination de cet ensemble soudain plus complexe et plus délicat, qui doit prendre des décisions qui peuvent faire le succès ou l'échec de Midway Foods.

Le sentiment que tous les étudiants finissaient par retirer d'un tel cas est l'extrême diversité et la complication des problèmes auxquels étaient confrontés les dirigeants. Des problèmes de marchés (compréhension des besoins des clients, des actions des concurrents), des problèmes opératoires (faire fonctionner les usines), des problèmes de gestion du personnel, des problèmes de direction, de leadership, des problèmes de pouvoir et de motivation qui influent de manière inattendue sur le fonctionnement du groupe de direction ; bien d'autres problèmes encore engendraient un sentiment de confusion que la taille de l'entreprise et l'apparente simplicité de ses activités n'annonçaient pas. Comment mettre de l'ordre dans un tel foisonnement ?

En matière de conceptualisation des activités de la direction générale, l'un de travaux les plus marquants de ce siècle est fourni par le livre de Barnard (1938) sur les fonctions du dirigeant (*The Functions of the Executive*). Barnard, lui-même président du New Jersey Bell, avait d'abord suggéré que les organisations étaient des « systèmes de coopération ». Une coopération « consciente, délibérée, avec une finalité » peut amener des personnes à atteindre des objectifs qui leur seraient autrement inaccessibles. Tout le talent des dirigeants est alors de créer ou de maintenir la volonté des personnes de coopérer.

Selon Barnard, assurer la coopération des personnes associées à l'organisation suppose que les objectifs soient clairs et que des systèmes adaptés de « stimulation matérielle et de persuasion » soient mis en place. Ceci doit être fait de façon qu'il y ait « un équilibre entre les contributions des personnes concernées et les compensations qu'elles reçoivent ». L'équilibre entre les contributions apportées et les compensations reçues est un « jugement » qui est fait par la personne qui accepte de coopérer. En conséquence, l'art de la gestion va ainsi consister à convaincre les personnes associées à l'organisation que l'équilibre actuel est acceptable et justifie la continuation de la coopération.

Herbert Simon (1945) a reçu un prix Nobel pour avoir en un sens opérationnalisé les travaux de Barnard sur la coopération. Simon, qui est le précurseur de « l'École de la prise de décision », a suggéré que l'unité de réflexion et d'action devait être la décision. Le dirigeant est alors celui qui travaille à influencer les décisions qui sont prises par ses collaborateurs, de façon à les faire converger vers un objectif commun. Cette influence, qui est en quelque sorte l'équivalent de l'effort de maintien de la coopération, vise à agir sur les facteurs qui peuvent nuire à la compréhension des objectifs ou à leur réalisation, comme les habitudes, les réflexes, les savoir-faire, les valeurs et attitudes. Pour cela, on utilise des outils comme la « formation », pour accroître les savoir-faire par exemple, la « communication », pour bien faire comprendre les objectifs, et « l'autorité », pour imposer aux personnes les effets des décisions prises ailleurs dans l'organisation.

Selznick (1957), un sociologue a, quant à lui, à la demande de la Rand Corporation, étudié les raisons qui permettaient aux partis communistes d'Europe de l'après-guerre de survivre à une adversité particulièrement agressive. Il en est ressorti avec une vision sur le leadership qui a beaucoup marqué la stratégie des organisations. Son livre, *Leadership in Administration*, suggère que d'abord les organisations n'ont pas toutes la même nature. Il y a celles qui sont de simples instruments, mettant en pratique une technique ou une procédure, et celles qui ont une «personnalité», un peu comme une personne. Celles-ci sont «infusées de valeurs». Cela leur donne une capacité particulière à ordonner les conflits internes et à s'adapter aux perturbations de leur environnement. Elles deviennent dans le langage de Selznick des **institutions**.

Les dirigeants jouent un rôle critique dans «l'institutionnalisation» et dans le maintien du «caractère» de l'organisation. Notamment, ils doivent veiller à ce que les valeurs choisies soient infusées dans l'organisation et que les «élites», qui sont porteuses de ces valeurs, soient formées et protégées des influences externes. Ces valeurs, les objectifs et l'idéologie, et les élites constituent le noyau de l'organisation et sont les éléments de sa «compétence distinctive».

Dans leur livre sur la politique générale d'administration, qui constitue une remarquable synthèse sur le sujet, Christensen, Andrews et Bower (1970) ont proposé que la tâche, apparemment confuse, du président-directeur général ou simplement du directeur général (DG) peut être décrite en trois temps. Ils suggèrent que le directeur général joue essentiellement trois grands rôles : **1.** Architecte de la finalité de l'organisation ; **2.** Leader organisationnel ; **3.** Leader personnel.

De manière plus détaillée, le directeur général est le gardien des objectifs corporatifs. Pour ce faire, il doit présider au processus d'établissement des objectifs et d'attribution des ressources, choisir ou ratifier les choix parmi des solutions stratégiques différentes, défendre les buts de l'organisation contre les attaques externes et contre l'érosion interne, substituer la finalité à l'improvisation et le progrès planifié à la dérive.

Les qualités les plus cruciales qui sont requises sont la capacité intellectuelle de conceptualisation de la finalité et la capacité de l'infuser avec un certain degré de magnétisme.

La responsabilité la moins plaisante est celle qui se rapporte aux résultats de l'entreprise aujourd'hui, même s'ils ont été préparés par des plans établis précédemment. Les changements de conditions et de concurrence produisent constamment des urgences auxquelles il faut faire face.

Cela oblige le dirigeant à être un maître d'œuvre attentif qui va au-delà de l'insistance sur la réalisation des résultats programmés. Il doit assurer la maintenance et le développement créatif de la capacité organisée qui permet justement de réaliser les performances espérées. Cela nécessite aussi l'intégration des fonctions spécialisées qui ont tendance à proliférer et à entraîner l'organisation dans toutes les directions. Assurer l'engagement vers les objectifs est une tâche centrale du leader organisationnel.

Pour réaliser cela, le directeur général agit non seulement comme maître d'œuvre, mais aussi comme médiateur et comme motivateur. Éduquer et motiver les gestionnaires, puis évaluer leur performance sont des fonctions difficiles à réconcilier. Les premières nécessitent une bonne compréhension des besoins des personnes, qui vont être là quelle que soit la finalité économique de l'organisation, tandis que la dernière suppose une évaluation objective des nécessités techniques de la tâche assignée. Ceci est réalisé par l'intégration des fonctions et la médiation des conflits inévitables entre spécialistes. Ainsi, le directeur général a une perspective dans laquelle les objectifs organisationnels ont la primauté, mais qui affirme la validité des objectifs des personnes.

Finalement, le directeur général agit aussi comme le communicateur principal de la finalité et de la politique, comme exemple, comme point de focalisation du respect et de l'affection de ses subordonnés. Il peut ainsi inspirer à l'organisation le flair et la distinction nécessaire à la démarcation concurrentielle.

Dans les domaines où le jugement ne peut être remplacé par des procédures ou instructions détaillées, les dirigeants généraux clarifient plus par leur comportement que par des politiques ou des procédures ce qui est attendu des membres de l'organisation.

La capacité de persuasion et l'articulation rendues possibles par une bonne conception, la compréhension des sentiments et des points de vue différents, la tolérance et la patience sont des qualités importantes pour jouer les rôles interpersonnels si cruciaux à l'efficacité de l'organisation.

Ces aspects et ces qualités semblent décrire des surhommes, alors que les gestionnaires sont, malgré toute leur bonne volonté, aussi humains que les auteurs et les lecteurs de ce livre. Comment arrivent-ils alors à faire face à une tâche aussi imposante ? Pour y répondre, intéressons-nous à présent au concept de stratégie.

II. LA NATURE DU CONCEPT DE STRATÉGIE

The first element of [Hyppocrates] method is hard, persistent, unremitting labor in the sick room, not in the library; the all-round adaptation of the doctor to his task, an adaptation that is far from being merely intellectual. The second element of that method is accurate observations of things and events, selection, guided by judgment born of familiarity and experience, of the salient and the recurrent phenomena, and their classification and methodical exploitation. The third element of that method is the judicious construction of a theory — not a philosophical theory, nor a grand effort of the imagination, nor a quasi-religious dogma, but a modest pedestrian affair or perhaps I had better say, a useful walking stick to help on the way — and the use thereof [1].

HENDERSON, 1970 (p. 67)

Quand Hippocrate décrivait sa méthode, il décrivait la situation du médecin qui doit agir malgré l'insuffisance de ses connaissances, malgré beaucoup d'incertitudes sur les relations de cause à effet. Pour que le médecin d'Hippocrate prenne ses décisions, il lui faut « d'abord une familiarité intime, intuitive avec les choses, ensuite une connaissance systématique de ces choses et enfin une approche pour y penser ». Le parallèle avec le gestionnaire est non seulement pertinent mais saisissant.

Le gestionnaire se trouve ainsi dans une situation qui n'est pas dissimilaire, souvent même plus confondante, que celle du médecin d'Hippocrate. Pour les étudiants examinant Midway, il était évident qu'on avait besoin d'un instrument pour mettre de l'ordre, une sorte de **bâton d'aveugle**, pour retrouver son chemin dans le fouillis de la gestion quotidienne. La situation des entreprises d'aujourd'hui est encore plus difficile à envisager que du temps de Midway Foods.

Ce qui caractérise la gestion, surtout de nos jours, avec l'explosion de la technologie de l'information et la chute progressive des frontières douanières entre nations, c'est l'incroyable complexité des contextes et des phénomènes. Ni la petite entreprise ni l'entreprise monoproduit n'échappent à cela. La complexité n'épargne plus aucune organisation. En conséquence, trouver ou donner un sens à sa réalité est une nécessité importante pour le gestionnaire.

---

1. Le premier élément de la méthode (d'Hippocrate) est un travail difficile, persistant, sans relâche, dans la chambre du malade, et non dans la bibliothèque ; une adaptation complète du médecin à sa tâche, une adaptation qui est loin d'être simplement intellectuelle. Le deuxième élément de cette méthode est fait d'observations précises des choses et des événements, de sélection, guidée par un jugement basé sur la familiarité et l'expérience, des phénomènes récurrents et qui ressortent, puis leur classification et exploitation méthodiques. Le troisième élément de la méthode est la construction judicieuse d'une théorie - non pas une théorie philosophique, ni un grand effort de l'imagination, ni un dogme quasi religieux, mais une modeste affaire piétonne ou peut-être, devrais-je dire, un bâton de marche utile pour le chemin - et son utilisation ensuite.

A. LE GÉNIE DE LA GESTION

Dans la pratique, les gestionnaires qui réussissent font à maintes reprises preuve d'une capacité à comprendre, souvent de manière intuitive, et à créer qui est impressionnante. Prenons quelques exemples, rapportés par la presse professionnelle. En 1980, SRC, une petite entreprise de reconditionnement de moteurs, et filiale de ce qu'était alors International Harvester, était sur le point de fermer ses portes. Elle venait d'être paralysée par une grève qui avait duré 172 jours. Jack Stack, le dirigeant principal, après de nombreuses tentatives infructueuses, réussit à obtenir de la BancAmerica Commercial Corporation le financement du rachat de la filiale.

Par la suite, M. Stack fait le pari que le succès dépend tellement du dévouement des employés qu'il est nécessaire de susciter chez eux un comportement de propriétaires. Il leur cède non seulement une partie de la propriété, aujourd'hui une action plutôt commune, mais il décide aussi d'enseigner à tous, du balayeur au fraiseur, ce que sait le banquier prêteur. Au début, c'était difficile, mais bientôt comme l'exprimait un machiniste de 32 ans :

> *We've been over and over and over the different figures enough times that now, if you hand any one of us an income statement and leave out a few numbers, we can fill them in* [2].

Au cours de l'année 1994, l'entreprise a dépensé 300 000 $ en formation financière, six fois plus que pour l'amélioration des habiletés de production. Chaque semaine, l'entreprise arrête ses machines durant une demi-heure pour permettre à ses employés d'examiner en petits groupes les derniers documents financiers. Cet intérêt a bien sûr des répercussions très concrètes. En 1994, par exemple, 1,4 million de dollars ont été distribués en bonis de rendement.

Cette politique du « livre ouvert » a été payante pour SRC, parce qu'elle fait partie d'une industrie dans laquelle les marges sont minimales et toute attention aux détails de coûts de la part des employés peut faire toute une différence. Plus de 1 600 entreprises, dont des entreprises prestigieuses comme Shell Oil ou Allstate Insurance, ont envoyé des personnes pour apprendre de cette remarquable expérience.

---

[2]. Nous avons examiné une, puis deux, puis tant de fois les différents chiffres que, si vous donnez à l'un d'entre nous un compte d'exploitation, en enlevant quelques chiffres, nous serions en mesure de les ajouter.

Un autre exemple est celui de l'entreprise québécoise Bombardier. Il y a seulement 12 ans, Bombardier semblait dans un cul-de-sac. L'industrie des motoneiges, une des activités traditionnelles de l'entreprise, était en crise ; les transports en commun, surtout par rail, dont elle était un fournisseur important, paraissaient une industrie mourante ou au mieux stagnante, et rien n'indiquait que l'entreprise allait être capable de se renouveler.

Pourtant, en 1995, Bombardier est devenue l'entreprise la plus impressionnante du Canada. Alors que le marché boursier canadien a connu l'une des périodes les plus difficiles de son histoire, Bombardier arrivait en moins de trois ans à multiplier par quatre la valeur de ses actions. Cela s'est fait par une combinaison unique de traditions et de renouvellement.

D'abord, Bombardier a précisé et clarifié son positionnement, comme une entreprise d'équipements et de systèmes de transport, avec un accent sur les transports spécialisés ou de loisirs, comme les motoneiges et les motomarines, sur les transports par rail, comme les wagons et trains rapides, sur les transports aériens de petite dimension, avions corporatifs, avions utilitaires et composantes.

La compétitivité de l'entreprise lui est venue d'une incroyable capacité à se démarquer et à occuper des positions de leadership dans des segments mondiaux importants et sous-estimés par les grands concurrents. En particulier, Bombardier était le leader mondial de la motoneige et de la motomarine et avait contribué à une redéfinition complète de ces produits. Elle était aussi le leader mondial des systèmes de transport par rail, ce domaine ayant été abandonné par beaucoup d'entreprises auparavant dominantes. Elle participait à des projets majeurs à travers le monde, comme le projet de l'Eurotunnel entre l'Angleterre et la France. Finalement, Bombardier était devenue le leader mondial de l'avion corporatif et de l'avion utilitaire, grâce à ses filiales canadienne, Canadair, et américaine, Learjet. Tout ceci avait été réalisé grâce à une compréhension hors du commun de ce qui faisait le succès dans ces industries et parce que l'entreprise s'y consacrait sans relâche.

Ainsi, Bombardier ne faisait pas de recherche et développement coûteux, mais n'hésitait pas à aller acquérir la technologie dont elle avait besoin, parfois en association avec des concurrents ou des entreprises spécialisées, parfois par acquisition de certaines de ces entreprises. C'est ainsi que Bombardier s'est retrouvée propriétaire d'importants fabricants canadiens, français, belges et autrichiens, dans les transports par rail. Elle a aussi fait l'acquisition de Learjet, de Canadair et de Shorts, en Irlande du Nord, et d'autres, pour donner de l'expansion à son groupe aviation.

Bombardier avait un savoir-faire unique en matière de gestion des coûts et de marketing international. Elle démontrait aussi un talent rare en matière de surveillance environnementale, de contacts et d'alliances avec les gouvernements et des entreprises de qualité. Elle s'est aussi révélée capable de mettre ces savoir-faire au service de toutes ses divisions, même dans des conditions de sécurité délicate, comme en Irlande du Nord.

Finalement, le plus important, semble-t-il (Tremblay, 1994), est une capacité de gestion particulière, avec à son centre deux leaders étonnamment complémentaires, Laurent Beaudoin, un entrepreneur qui inspirait toute l'organisation, et Pierre Royer, un gestionnaire rigoureux. On mentionne aussi une culture basée sur l'acceptation du risque, la confiance et les résultats :

Cette relation basée sur la confiance décuple les capacités des leaders et permet à l'organisation d'entreprendre simultanément de nombreux projets. Elle incite également les leaders à s'entourer de gens forts... Chez Bombardier, on accepte la dissidence d'opinion, mais on ne tolère pas la déviance...

De plus, Bombardier est devenue rapidement une organisation mondiale ouverte aux contributions de chacune de ses divisions et désireuse de leur laisser plus d'espace, dans le cadre de valeurs partagées. La chimie a admirablement fonctionné. Bombardier est aujourd'hui une entreprise unique, qui fait les choses de manière différente et qui se démarque de façon positive et stimulante pour tous ses membres.

Les dirigeants de la petite SRC, comme ceux du géant Bombardier, ont, chacun à sa façon, mis en pratique les enseignements d'Hippocrate. Leur familiarité avec leurs activités était vraiment intime. Malgré de grandes incertitudes, une intuition perçante leur a permis de découvrir ce qui ferait le succès dans leurs domaines. Ils faisaient aussi un effort systématique important pour mieux comprendre les phénomènes auxquels ils étaient confrontés. Finalement, ils avaient développé une théorie sur le fonctionnement de leur monde qui leur permettait de prendre des décisions cohérentes malgré la complexité et l'adversité. Nous conclurons que toutes les entreprises qui réussissent, bien qu'uniques à leur manière, font la même chose.

Prenons à présent une situation inverse, celle de la société alimentaire Culinar. Culinar était, à la fin des années 1980, une entreprise de fabrication et de commercialisation de produits alimentaires. Ses principaux produits étaient des petits gâteaux, les célèbres Vachon, des biscuits et des craquelins de toutes sortes ainsi que des produits divers mais marginaux, comme des soupes, des fromages, des bonbons, etc. Culinar était le résultat de la fusion entre les Gâteaux Vachon et la division alimentaire d'Imasco, le géant de la cigarette au Canada. Les principaux concurrents de Culinar étaient Nabisco, une multinationale américaine, et Weston, dont les ventes canadiennes étaient environ deux fois supérieures à celles de Culinar.

En 1990, la direction de Culinar décide de faire réaliser une étude détaillée de son environnement concurrentiel par Monitor, la société de consultants créée par Michael Porter, le gourou de l'analyse stratégique des industries. Le travail de Porter et de ses collègues était très détaillé et précis. Il montrait entre autres que :

1. Dans les petits gâteaux, Culinar était dans une position solide. Il y avait peu de gros concurrents et aucun n'avait une dimension vraiment nationale, probablement à cause des difficultés de conservation à long terme des produits. Culinar avait même un savoir-faire important qui pouvait être exploité dans une expansion vers les autres provinces du Canada.

2. Dans les biscuits et les craquelins, la situation était totalement différente. D'abord, il y avait des concurrents forts et énergiques. En particulier, Nabisco dominait avec une part de marché presque quatre fois supérieure à celle de Culinar et un pouvoir de dépenser, pour le marketing et le développement de produits, bien au-delà des capacités de Culinar. La conclusion de l'étude de Monitor était que, dans ce secteur, la réussite est conditionnée par les facteurs classiques d'économie d'échelle et de pouvoir financier. Pour bien faire, Culinar devait soit accroître ses parts de marché, en devenant un acteur national plutôt que régional, ou se différencier, en se concentrant sur un type de produits.

La tradition Culinar était dominée par Vachon, une entreprise dans laquelle la tradition de qualité et d'artisanat était particulièrement forte. L'autre aspect de la culture Culinar lui venait de la tradition des Aliments Imasco, une tradition de réduction des coûts et de recherche d'efficacité opératoire. La partie la plus développée de l'étude de Monitor, celle sur les craquelins et les biscuits, suggérait que Culinar mette l'accent sur les plus prometteurs des produits de l'industrie et essaie de dominer. Cela supposait notamment des acquisitions et des désinvestissements ciblés.

Les dirigeants de Culinar entreprirent alors de réaliser cette partie de la recommandation, qui leur paraissait la plus évidente et apparemment la plus facile à faire. Ils firent une acquisition majeure en Ontario et mirent au point une stratégie de marché dynamique pour enlever des parts de marché à Nabisco. Le seul élément qui a été négligé, par l'étude de Monitor comme par les dirigeants de Culinar, c'est la capacité de Nabisco à réagir.

La réaction de Nabisco a été dévastatrice. Ses produits mieux connus et mieux appréciés du grand public étaient en général préférés. Si de plus

Nabisco combinait publicité et réductions de prix, ce qu'elle fit, la situation de Culinar devenait catastrophique. L'augmentation des coûts, combinée à la chute de revenus, créa une situation particulièrement difficile. De plus, Culinar, après des efforts pour faire une acquisition importante en Europe de l'Est ou en Espagne ou au Mexique, en vain, et croyant réaliser une opération opportuniste intéressante, fit l'acquisition d'une entreprise américaine de New York, qui se révéla « la paille qui brisa le cou du chameau ». L'entreprise new-yorkaise était en situation de faillite et demandait beaucoup trop de ressources managériales pour les capacités de Culinar.

Culinar, au même moment, avait l'occasion de faire une série d'acquisitions d'entreprises de qualité pour le segment des produits de santé. Ce segment était beaucoup plus compatible avec les traditions Culinar et probablement plus à la mesure de l'entreprise, mais les dirigeants en décidèrent autrement. Le résultat, c'est que Culinar fut obligé de battre en retraite, en essayant de vendre toutes les activités autres que les gâteaux Vachon. La plupart des dirigeants ont quitté l'entreprise, qui a été démoralisée pour longtemps.

Les dirigeants de Culinar n'ont jamais vraiment respecté les règles d'Hippocrate. Ils n'avaient pas vraiment une compréhension intime de leur métier. Ils faisaient pourtant des efforts systématiques de compréhension de leur domaine, mais ces efforts étaient peu concentrés et étaient dominés par la croyance en une sorte de pensée magique. Finalement, ils n'avaient pas une théorie convaincante, pour eux et leurs employés, sur ce qui animait leur domaine d'activité. Ils se sont simplement laissé impressionner par l'étude de Monitor et ont tenté de la réaliser sans se préoccuper vraiment si elle correspondait à ce qu'ils étaient capables de faire. Avec le bénéfice du recul, on s'aperçoit bien que Culinar était plus capable d'une transformation qui aurait mis l'accent sur la qualité des produits et la différenciation. C'était plus compatible avec les ressources et les valeurs des employés et des dirigeants, qu'un accent sur les coûts et les économies d'échelle.

B. LE RÔLE DE LA STRATÉGIE

En nous inspirant de Roethlisberger (1977), essayons de rappeler le cadre d'analyse que Henderson, s'inspirant d'Hippocrate, proposait pour comprendre des systèmes sociaux, comme les entreprises et leur fonctionnement, et pour agir sur eux. Voici ce qu'il disait :

    1. Il faut disposer d'un schéma conceptuel, nécessaire à l'investigation ou à la compréhension, une sorte de référence pour l'action.

2. Ce schéma n'est pas une question de vrai ou faux, mais une question de convenance. En d'autres termes, le test d'un schéma conceptuel n'est pas de savoir s'il est vrai ou faux, mais s'il est utile et convenable.

3. Ce schéma doit être utilisé. Ce n'est pas un objet d'apprentissage théorique, mais un instrument à travailler.

4. Ce schéma conceptuel n'est pas universel. Il ne peut être utilisé que pour comprendre une classe de phénomènes ou agir sur eux. C'est en quelque sorte un instrument un peu primitif, plutôt qu'un instrument hautement sophistiqué.

5. Ce schéma ne doit être utilisé qu'aussi longtemps qu'il apporte une aide (ROETHLISBERGER, 1977) :

Beware... you may think you have a real bear by a real tail. Nothing could be further from the truth. You have just a walking stick to assist you here and now. This walking stick will return someday to that glorious graveyard of abandoned working hypotheses of which Henri Poincaré spoke so eloquently [3].

6. Il faut être préparé pour le jour où une autre façon de penser sera plus utile :

Commit yourself to a point of view... Without such a commitment, nothing useful results. But someday... your commitment (your conceptual scheme) will have done its job. Be prepared for that day. Be thankful for what it has done. But when that day comes, be of stout heart — rejoice and abandon it with hallelujahs [4].

En gestion, ce cadre conceptuel est justement ce qu'on appelle la stratégie d'entreprise. SRC, Bombardier et Culinar, ainsi que toutes les organisations, agissent avec un cadre conceptuel sous-jacent, parfois conscient, parfois moins conscient. La différence entre le succès et l'échec d'une organisation vient souvent de la clarté de l'instrument et de sa pertinence. Plusieurs organisations échouent parce qu'elles n'ont pas été capables de renouveler leur stratégie au moment où elles n'étaient plus utiles.

En d'autres termes, la stratégie n'est qu'un BÂTON d'aveugle. Les dirigeants d'entreprise, comme tous les êtres humains, en ont besoin pour découvrir ou retrouver leur chemin dans l'obscurité d'un monde incertain et

---

3. Attention... vous pourriez penser que vous tirez un vrai ours par une vraie queue. Rien n'est plus éloigné de la vérité. Vous n'avez qu'un bâton de marche pour vous aider ici ou là. Ce bâton reviendra un jour au cimetière glorieux des hypothèses de travail abandonnées, dont Henri Poincaré a parlé avec tant d'éloquence.
4. Engagez-vous en faveur d'un point de vue... Sans cet engagement, rien d'utile ne résultera. Mais un jour... votre engagement (votre schéma conceptuel) aura fait son travail. Soyez préparé pour ce jour. Exprimez de la gratitude pour ce qu'il a réalisé. Mais lorsque le jour arrivera, de bon cœur, soyez heureux et abandonnez-le avec des alléluias.

turbulent. Mais ce n'est pas un BÂTON universel. Il faut d'abord qu'il soit adapté à la situation ; ensuite il n'est jamais adapté *ad vitam æternam*. Il faut constamment se demander quand il est approprié de l'abandonner.

Bien sûr, on pourrait dire qu'il y a toute une « industrie des bâtons d'aveugle ». On peut facilement acheter des bâtons sophistiqués qui se révéleraient inutiles ou dangereux pour l'acheteur non avisé. Comme nous le verrons progressivement dans ce livre, la stratégie comme instrument n'est appropriée, dans ce cas-là, que lorsque l'organisation a contribué à sa réalisation.

Si l'on regarde l'histoire de la SRC et de Bombardier, on peut voir combien ces entreprises ont travaillé pour concevoir leur bâton-stratégie et combien, le moment venu, elles ont su l'abandonner pour se remettre au métier et concevoir une nouvelle stratégie plus adaptée à la situation nouvelle qui les confronte. On peut aussi les voir constamment la tester et l'ajuster pour tenir compte des changements qui apparaissent. Dans le cas de Culinar, on voit clairement que les dirigeants de cette entreprise n'ont pas été capables d'abandonner le cadre conceptuel ancien au profit d'un cadre nouveau plus approprié, ce qui est un avertissement sur la difficulté de le faire.

III. QU'EST-CE QUE LA STRATÉGIE ?

Après cette brève présentation, le lecteur doit encore se demander ce qu'est, concrètement, ce concept de stratégie. C'est à cela que nous allons consacrer la première partie de ce livre. Le chapitre II ira plus loin dans la description des aspects variés de la stratégie, tandis que le chapitre III mettra l'accent sur les personnes en tant que communauté et sur leurs rapports à la stratégie. Quatre notes sont attachées à cette partie pour apporter quelques éclairages complémentaires sur les questions de culture, sur la dissection proposée par Mintzberg du concept de stratégie et finalement sur l'application de l'idée de stratégie aux activités des nations et à celles des individus.

La deuxième partie du livre est plus opérationnelle. Elle est consacrée à l'analyse. Elle répond en quelque sorte à la question : Comment élaborer une bonne stratégie ? Les chapitres IV, V et VI révèlent les éléments clés de l'analyse stratégique et sont complétés par une série de notes qui sont destinées à préciser ou à clarifier certains résultats ou instruments d'analyse, comme les stratégies génériques, l'analyse sociopolitique, la planification stratégique, la mesure de la performance en stratégie et les rapports entre l'entrepreneurship et la stratégie.

La troisième partie du livre, composée des chapitres VII et VIII, est consacrée à la mise en œuvre de la stratégie. Cette partie décrit les mécanismes qui permettent et contraignent la réalisation des objectifs formulés auparavant. Le chapitre VII insistera en particulier sur l'importance de la cohérence et sur son caractère central dans l'idée de stratégie, en discutant des résultats de recherche sur les relations entre la stratégie, la structure et la performance. Dans cette partie, plusieurs notes viendront informer le lecteur sur la façon dont la réalisation stratégique est influencée, notamment par la rémunération, par la nature du leadership, par la gestion des ressources humaines et par la structure du processus de prise de décision. Une dernière note viendra préciser les résultats importants de recherche sur la mise en œuvre de la stratégie.

Les trois premières parties font implicitement l'hypothèse que l'organisation et son fonctionnement sont largement compréhensibles pour les dirigeants principaux. Dans la quatrième partie, cette hypothèse est abandonnée. La complexité est justement la situation où les dirigeants ont du mal à tout comprendre et ont peu de pouvoir constructif pour agir. Un seul chapitre décrira la gestion stratégique en situation de complexité, mais il sera complété par cinq notes couvrant successivement les modèles d'analyse pour les acquisitions-fusions ; les difficultés de l'intégration au moment d'acquisitions-fusions et les effets des méthodes d'analyse récentes, comme le modèle de portefeuille, l'analyse comparative du type PIMS, etc., sur cette intégration ; la nature particulière du management en situation de complexité, le métamanagement et les raisons du succès de la gestion de la complexité à la japonaise ; finalement, l'évaluation des investissements en technologie de l'information, prenant en considération leurs effets sur la compétitivité de l'organisation.

Les cinquième et sixième parties proposent des méthodes d'analyse stratégique plus avancées pour comprendre les phénomènes de gestion en situation de mondialisation des marchés et la gestion stratégique du changement. La cinquième partie porte sur la mondialisation et comprend deux chapitres, l'un présentant la mondialisation et l'autre discutant de la gestion en situation de mondialisation. Ces chapitres sont suivis de quatre notes, la première précisant le rôle des alliances dans une stratégie mondiale, la seconde expliquant la différence qui est aujourd'hui faite entre économie « nationale » et économie « intérieure », la troisième discutant du concept de diamant de la compétitivité nationale et la quatrième clarifiant les déterminants de l'investissement direct étranger en situation de mondialisation.

La sixième partie, consacrée au changement, comprend deux chapitres. Le premier constitue un tour d'horizon sur le changement et propose les définitions importantes en la matière. Le deuxième présente les concepts et les réalités de la conduite du changement. Ces chapitres sont renforcés par cinq notes sur la nature délicate et dangereuse de la transformation stratégique, sur les questions d'apprentissage organisationnel, sur les questions à la mode de restructuration, de réingénierie et autres, sur les promesses de la technologie de l'information en matière de gestion du changement. Finalement, une dernière note est un petit texte tiré du magazine *The New Yorker*, intitulé : « Faire des changements : la seule façon de rester le même ».

La septième partie est consacrée à des considérations plus larges et à la conclusion. Elle comprend deux chapitres : le chapitre XIV présente la relation entre l'individu et l'organisation, et le chapitre XV, une réflexion sur l'enseignement de la stratégie. Les cinq notes qui sont jointes à cette partie sont aussi de nature plus large et plus philosophique ; la première amène un éclairage psychanalytique sur la subjectivité et l'autorité, la seconde reprend l'idée du paradoxe d'Icare développée par D. Miller (1990). Un petit article tiré du *Harvard Business School Bulletin* a été reproduit ensuite pour évoquer la « carrière intérieure ». Finalement, les deux dernières notes du livre sont consacrées à une réflexion sur les structures et sur la créativité et l'innovation entrepreneuriales dans les grandes organisations.

Il est alors évident que les objectifs de ce livre sont doubles. D'abord, il vise à informer les gestionnaires et les étudiants en gestion sur les techniques d'analyse les plus utilisées en gestion stratégique. Ensuite, et surtout, il vise à clarifier la philosophie et les attitudes qui semblent déterminantes dans le bon fonctionnement des organisations d'aujourd'hui. La stratégie n'est pas seulement une technique, bien qu'elle le soit aussi. C'est d'abord et avant tout un savoir-faire et une façon d'être qui s'exercent patiemment. Dans le meilleur des cas, ce savoir-faire et cette façon d'être aboutissent à rendre distinctif le comportement d'une organisation et, en conséquence, à assurer son succès — sa survie — ou son échec — sa disparition.

Chapitre II

LES ASPECTS VARIÉS DE LA STRATÉGIE

L'idée de stratégie est très souple. On l'utilise pour décrire ou comprendre les comportements des personnes, comme le font Crozier et Friedberg (1977), ceux des groupes (Allison, 1971) et de tous les types d'organisation (Andrews, 1987 ; Bower, 1983 ; Chandler, 1962 ; Mintzberg, 1990), y compris les partis politiques, les gouvernements et les organismes sans but lucratif (Garzón et Hafsi, 1992).

L'idée de stratégie recouvre de multiples réalités. Ainsi, Mintzberg (1991) en a suggéré quatre importantes : la stratégie est une position, un plan, un *pattern* et une perspective. Par ailleurs, d'autres ont distingué entre les aspects « contenu » de la stratégie, qui permettent de dire ce que l'organisation fait par exemple, et les aspects « processus », qui permettent de révéler comment l'organisation le fait (Schendel & Hofer, 1978). D'autres ont différencié les aspects de définition et de conception des objectifs des aspects de mise en œuvre (Andrews, 1987). Ansoff (1965) y a trouvé quatre dimensions : la définition du produit-marché, le vecteur de croissance, la synergie et l'avantage concurrentiel.

Il n'y a là rien de surprenant. La stratégie est une théorie de l'action. Elle doit donc recouvrir tous les aspects de la réalité et de ce qui l'influence. L'action commence en fait d'abord dans l'esprit des personnes. C'est pour cela qu'on peut concevoir la stratégie comme **la manifestation de la volonté des dirigeants**, donc de leur personnalité, de leurs valeurs, de leurs aspirations. C'est là le premier aspect important de la stratégie sur lequel nous reviendrons plus loin.

Même si l'action est le prolongement des dirigeants, elle entraîne une communauté de personnes. La réussite de l'action dépend de la capacité de canalisation des énergies et des compétences de chacun. Susciter la coopération requiert sans doute des mécanismes de gestion adéquats, mais aussi la prise en considération, dans la définition de la finalité et des principes de fonctionnement, des valeurs, des croyances et des préoccupations éthiques voire idéologiques de la communauté concernée. C'est en ce sens que la stratégie peut être considérée comme le prolongement, **l'expression d'une communauté de personnes**.

Pour que l'action des personnes soit cohérente et coordonnée, il faut une direction, une vision claire et captivante. Les personnes ont besoin de reconnaître le chemin à suivre dans les actions de la vie quotidienne. Cela signifie que le cheminement de l'organisation doit être parlant parce que cohérent, toutes les décisions pointant dans la même direction. Dans ce cas, la stratégie peut être conçue ou perçue comme **un filon conducteur**.

D'autre part, l'opérationnel reste critique. Comment les ressources sont obtenues, maintenues, protégées, développées et combinées de façon à démarquer l'entreprise et à la positionner de manière favorable à la compétition reste une des questions importantes de la gestion stratégique. La stratégie dans ce cas est, ou permet de construire **un avantage compétitif**.

Finalement, l'organisation est constamment confrontée à l'environnement. Elle essaie d'en tirer parti lorsqu'il recèle des opportunités ou de s'en protéger lorsqu'il est menaçant. La stratégie est dans ce cas **un mécanisme de relation à l'environnement**, un mécanisme qui permet de gérer cette relation au profit de l'organisation.

Ainsi sans prétendre être exhaustifs, les aspects intellectuels de la stratégie nous permettent de reconnaître cinq aspects fondamentaux de la stratégie :

1. La stratégie comme prolongement du ou des dirigeants

2. La stratégie comme expression d'une communauté de personnes

3. La stratégie comme filon conducteur

4. La stratégie comme construction d'un avantage concurrentiel

5. La stratégie comme gestion de la relation entreprise/environnement

L'aspect intellectuel est intimement relié aux **aspects pratiques de fonctionnement et d'action individuelle et collective**. Pour agir ensemble, lorsqu'on est plusieurs, on a besoin de mécanismes pour ordonner l'action. Cela comprend entre autres choses la **structure**, c'est-à-dire la répartition des tâches et des responsabilités, puis leur coordination de façon que l'action soit finalement cumulative. Pour compléter la structure, on a aussi besoin de **systèmes**, tels que : **la planification ; la mesure et le contrôle de la performance ; les récompenses et punitions ; la formation et le développement des gestionnaires ; la répartition des ressources ; l'information de gestion ; la communication.**

Structure et systèmes donnent vie à des **processus de décision**, dont les caractéristiques sont uniques à chaque entreprise. Comme le soulignait Barnard (1937), la gestion des processus est une tâche essentielle du dirigeant. **C'est par la combinaison, parfois rustique, parfois savante, des mécanismes de gestion que l'on révèle ou que l'on donne vie à la stratégie.**

Mais ultimement, **l'action est une série de décisions** (Simon, 1945). Comment la décision est-elle prise ? Quelles sont les motivations qui nous permettent de la comprendre ? Comment concrètement, dans une organisation, les décisions sont intégrées ? Comment tous les mécanismes agissent pour encourager et orienter les décisions ? Voilà quelques questions qui sont révélées par l'étude des modèles de prise de décision et par la planification comme mécanisme d'intégration de la prise de décision.

Finalement, en prenant ces différents aspects en considération, on peut représenter l'idée de stratégie comme révélatrice de l'action volontaire, systématique, rationnelle, objective, mais aussi émotive, sentimentale, affective, intuitive. Pour représenter la stratégie comme un modèle ou une théorie de l'action, on doit y inclure au moins tous les aspects qui ont été évoqués plus haut et les associer de sorte qu'on puisse reconnaître comment ils se combinent pour produire l'action. La représentation qui est ici proposée est celle de la figure 1.

Les dimensions intellectuelles de la stratégie sont représentées comme des couches de réalités raccordées à la vie par les mécanismes qui entraînent la prise de décision et l'action, laquelle réagit à son tour sur les dimensions intellectuelles. Nous allons à présent effeuiller ces couches pour les spécifier plus en détail et révéler la stratégie qui anime ce manuel.

I. LA STRATÉGIE COMME PROLONGEMENT DU OU DES DIRIGEANTS

La société Sony est probablement la société japonaise la plus connue. Elle participe à une industrie furieusement concurrentielle, l'électronique grand public. Dans cette industrie foisonnent des génies de l'imitation, à l'échelle industrielle, comme Casio, Samsung, Sanyo, Toshiba ou Matsushita, qui produisent des multitudes de produits à peu près standard ou, en tout cas, difficiles à distinguer les uns des autres. Pourtant, Sony règne sur ces industries comme l'entreprise la plus innovatrice de la planète. Depuis sa création en 1947, Sony a sans arrêt introduit des innovations de haute technologie les unes à la suite des autres. Son nom est synonyme de produits comme les radios transistors de poche, les téléviseurs portatifs, les magnétoscopes, les camcorders, les lecteurs de disques compacts, etc.

En 1991, Sony a eu un chiffre d'affaires de 26 milliards de dollars. Elle a dépensé 1,5 milliard pour la recherche et le développement, soit 5,7 % du chiffre d'affaires. Bien que ce ratio ne soit pas inhabituel dans cette industrie, Sony arrive à obtenir de ses 9 000 ingénieurs une créativité que personne par ailleurs n'arrive à surpasser. Chaque année l'entreprise annonce un millier de nouveaux produits, un véritable feu de barrage contre la concurrence.

Comment Sony est-elle arrivée à des résultats aussi peu ordinaires ? Beaucoup citent les dirigeants de l'entreprise. D'abord son créateur, Masaru Ibuka, l'inventeur génial, longtemps président honoraire du conseil d'administration. Masaru Ibuka interrogé répétait :

> *Let me tell you my philosophy : The key to success for Sony, and to everything in business, science and technology for that matter, is never to follow the others* [5].

Akio Morita, l'associé d'Ibuka et celui qui a fait la Sony moderne, répète sa devise :

> *Our basic concept has always been this — to give new convenience or new methods, or new benefits, to the general public with our technology* [6].

Cette double préoccupation — être unique et être pratique — a dominé la culture Sony. Même si en surface Sony ressemble aux autres grandes entreprises japonaises, elle fait les choses de façon particulière, à sa manière, ce qui renforce les valeurs de ses créateurs.

D'abord, les recruteurs de Sony vont à la recherche de généralistes. M. Ibuka explique :

> *I never had much use for specialists... (they) are inclined to argue why you can't do something, while our approach has always been to do something out of nothing* [7].

Sony essaie de trouver des « Neyaka », c'est-à-dire des personnes qui sont optimistes, ouvertes, et ayant des intérêts diversifiés. L'un des dirigeants en charge des produits vidéo explique :

> *A good engineer is not necessarily young, but new in terms of his experience. We believe that having continuous success in the same area makes you believe too much in your own power, and harms creativity* [8].

---

5. Laissez-moi vous dire ma philosophie : la clé du succès de Sony, et en fait de tout, en affaires, en science et en technologie, est de ne jamais suivre les autres.
6. Notre concept de base a toujours été de donner de **nouvelles** facilités ou de **nouvelles** méthodes ou de **nouveaux** bénéfices, au public en général, grâce à nos technologies.
7. Je n'ai jamais trouvé les spécialistes très utiles... (ils) ont tendance à vouloir discuter pourquoi on ne peut pas faire les choses, alors que notre approche a toujours été de faire quelque chose à partir de rien.
8. Un bon ingénieur n'est pas nécessairement jeune, mais nouveau en termes d'expérience dans le domaine concerné. Nous croyons qu'avoir un succès continuel dans un même domaine peut vous amener à vous croire tout-puissant et à perdre votre créativité.

Par ailleurs, les règles de l'entreprise permettent une sorte « d'autopromotion » par laquelle chaque ingénieur peut s'intéresser à des projets en dehors de ses activités actuelles et, s'il trouve un emploi ailleurs, ses supérieurs sont supposés le laisser y aller.

Les multitudes d'idées et de projets bénéficient aussi du support du Sony Design Center pour donner aux produits leur image finale. Aussi Sony Corporate Research joue-t-elle un rôle considérable de coordination, de publicisation et d'encouragement. Ainsi, elle organise une fois par an une foire interne dans laquelle les idées ou produits sur la table à dessin sont exposés et expliqués, ce qui sert à créer un climat de fécondation croisée. Comme les hauts dirigeants sont les visiteurs les plus intéressés, chacun trouve aussi là l'occasion de vendre son idée.

C'est ainsi que, comme une ruche de création, Sony continue son petit bonhomme de chemin dans un marché qui se transforme à un rythme phénoménal et qui est en interaction croissante avec celui de l'informatique. Ses chances de succès pour les décennies à venir paraissent plus grandes que celles de la plupart des entreprises de son domaine.

Mais le plus remarquable, dans cette histoire, est l'incroyable influence que le rêve de Masaru Ibuka et celui d'Akio Morita ont eue sur le comportement et le fonctionnement de cette grande entreprise.

Comme Sony, toutes les entreprises de qualité sont dominées par des dirigeants ayant des valeurs et des croyances fortes. Souvent les dirigeants considèrent comme une de leurs tâches principales d'infuser ces croyances et ces valeurs à travers l'organisation. Peu d'entre eux réussissent à le faire et ceux qui y parviennent ont du mal à maintenir la ferveur longtemps.

Les croyances et les valeurs sont des points de repère qui aident chacun à se situer dans l'action quotidienne. Elles permettent de savoir ce qui est acceptable dans l'organisation et ce qui ne peut pas marcher. À cause de cela, elles simplifient la décision en éliminant ce qui est hors des chemins que l'organisation veut suivre. **Sony se définit comme étant le plus grand innovateur dans l'électronique grand public.** À l'intérieur de cette définition large, chacun peut faire son nid, mais à l'extérieur de cela, il n'y a point de salut.

Aujourd'hui, la tâche du dirigeant est essentiellement de fournir une direction à l'organisation. Il doit être l'**architecte de la raison d'être de l'organisation.** Rien n'est plus important que de veiller à ce que l'organisation ne dérive pas. Même si cela semble trivial, tenir le compas, maintenir le cap est essentiel pour la survie d'une entreprise humaine. La réalité des organisations est que l'action est tellement excitante pour les individus qu'ils peuvent être emportés par leur enthousiasme, ou par l'étroitesse de leur perspective, dans toutes sortes de directions. En poursuivant leurs intérêts, ils peuvent faire perdre à l'organisation son âme. Seules la vigilance, la constance et la détermination des dirigeants peuvent éviter à l'organisation de se perdre sur des terrains qui ne lui sont pas favorables. De ce fait, ils sont amenés à jouer deux grands rôles, complémentaires à celui d'architecte de la finalité (Andrews, 1987) : le rôle de **leader personnel**, qui donne l'exemple et sert de modèle, et le rôle de **leader de l'organisation**, qui veille aux résultats et s'assure que la complaisance ne s'empare pas des membres.

L'exemple des grands distributeurs alimentaires au Québec au cours des années 1970 et 1980 est une bonne illustration de la difficulté qu'il y a à maintenir le cap et de la facilité avec laquelle on peut diverger. Ainsi, Steinberg a vécu près d'un siècle de grand succès dans la distribution alimentaire sous la houlette du légendaire Sam Steinberg. Au début des années 1960, le dirigeant perdant un peu de son ascendant, les successeurs ont essayé de redéfinir l'entreprise comme un distributeur de produits généraux au grand public. Cela pouvait inclure alors les vêtements et les produits ménagers, ce qui, logiquement, a amené la création de la filiale de marchandise générale, Miracle Mart, devenue plus tard Les magasins M. Malheureusement, les nouveaux dirigeants de Steinberg ne se sont jamais rendu compte que la distribution de marchandise générale, comme les vêtements, obéissait à des lois substantiellement différentes de celles des produits alimentaires. Miracle Mart n'a pu survivre que grâce à des injections régulières de fonds du siège social. En 1987, le président de Steinberg, monsieur Ludmer, était déterminé à redresser la situation ou, faute de cela, à liquider la filiale, ce qui fut fait.

De manière différente, mais peut-être aussi similaire, Provigo a recruté en 1985 un nouveau dirigeant, Pierre Lortie, reconnu pour sa compétence en matière de fonctionnement du marché boursier, ayant été notamment le président de la Bourse de Montréal. Monsieur Lortie a alors entrepris de redéfinir l'entreprise comme un distributeur de produits généraux plutôt qu'un distributeur alimentaire. Il croyait que le savoir-faire en distribution alimentaire pouvait être étendu à tous les types de produits de consommation courante. C'était vrai en partie, mais pas totalement. **Il n'est viable de se lancer dans des activités connexes que lorsqu'on peut faire mieux que les concurrents en place.**

Ainsi, Provigo a fait l'acquisition entre autres de **Sports Experts**, une chaîne de distribution d'équipements de sport, et de **Distribution aux consommateurs**, une entreprise de distribution et vente par catalogue de produits de consommation générale. Là aussi, incapable de gérer l'entreprise de façon à faire mieux que les concurrents, Provigo a perdu beaucoup de ressources et d'énergie, puis s'est retirée en 1989 en revendant ces entreprises.

Métro, une coopérative de distribution alimentaire très conservatrice, a été dominée à partir de 1986 par un groupe de jeunes gestionnaires désireux de moderniser ses pratiques de gestion. Elle a alors été amenée à faire la même expérience difficile en croyant que la distribution alimentaire, l'alimentation hors foyer, comme la restauration, et la distribution d'équipements de sport pouvaient être compatibles avec ses compétences de distributeur alimentaire. Après une mésaventure similaire à celle de Provigo, avec l'achat d'**André Lalonde Sports**, un concurrent de Sports Experts, et des restaurants **Giorgio**, Métro a été obligée de se retirer après avoir subi des pertes substantielles.

Dans une analyse plus formelle et plus précise de la relation entre la stratégie et la personnalité des dirigeants, Alain Noël (1989) décrit comment les « obsessions magnifiques » des dirigeants sont à l'origine du comportement stratégique de leurs organisations.

Ceci est vrai pour les entreprises, mais aussi pour les organisations gouvernementales ou sans but lucratif. Ainsi, Edgar Hoover, le vrai créateur du Federal Bureau of Investigation (FBI), a donné à cette organisation une structure et une efficacité d'intervention qui font jusqu'à aujourd'hui sa réputation. Il lui a aussi procuré son caractère paranoïde très marqué. Par le recrutement, la formation, la récompense ou la punition, le contrôle tatillon, il a infusé ses propres sentiments et états d'âme à toute l'organisation, ce qui allait bien avec sa mission : la répression du crime et de la subversion interne (Lapierre, 1993).

De même, Ruckelshaus a été nommé à la tête de la fameuse Environmental Protection Agency (EPA) au moment de sa création. Il arrivait là alors que, d'une part, la résistance, voire l'agressivité, des entreprises à tout organisme de contrôle était très grande et que, d'autre part, les groupes de protection de l'environnement étaient très méfiants à l'égard des organismes gouvernementaux, qu'ils considéraient comme « vendus » aux entreprises. À son arrivée, Ruckelshaus savait qu'il fallait entreprendre des actions suffisamment visibles pour qu'augmente sa crédibilité auprès de la communauté des défenseurs de l'environnement, sans pour autant s'attirer les foudres de tous les lobbies de Washington. Il réussit remarquablement son entrée en agissant avec vivacité dans deux ou trois cas patents de non-respect de la loi, que personne ne pouvait décemment défendre. Cela lui donna alors le temps de s'organiser et de mettre en place la démarche qui est devenue la marque de commerce de l'EPA. En agissant de manière particulièrement habile, Ruckelshaus a réussi à donner à son organisation l'orientation et le caractère qui allaient la marquer jusqu'à nos jours.

Finalement, dans leur analyse de la vie de Mackenzie King, qui a été premier ministre du Canada pendant 22 ans entre 1921 et 1948, St-Jean et Lapierre (1993) montrent combien ses actions à la tête du gouvernement canadien étaient profondément imprégnées de ses penchants et de ses valeurs.

Ces exemples illustrent bien notre propos. La stratégie d'une entreprise est souvent le prolongement des personnes qui la dirigent. La littérature est remplie de données qui permettent de reconnaître cette influence. Les obsessions des dirigeants (Noël, 1990), leurs valeurs et leurs croyances (Selznick, 1957), en général leurs vies intérieures (Zaleznik, 1990 ; Lapierre, 1994), leur âge, leurs formations, leurs expériences et leurs origines sociales (Hambrick & Mason, 1984 ; Bhambri & Greiner, 1991), leurs démarches intellectuelles et l'importance qu'ils accordent à la démarche rationnelle (Frederikson & Mitchell, 1984 ; Frederikson & Iaquinto, 1989), leurs émotions, leurs niveaux de complexité cognitive et de maturité (Bhambri & Greiner, 1991), leur degré de libéralisme, leurs attitudes face au changement, leur degré de stabilité et d'ancienneté (Miller, 1991) et même leur sexe influent de manière décisive et empiriquement vérifiée sur le comportement et donc la stratégie de l'organisation.

II. LA STRATÉGIE COMME EXPRESSION D'UNE COMMUNAUTÉ DE PERSONNES

A. LA COOPÉRATION

Une organisation n'existe que pour prolonger les capacités de réalisation des personnes. C'est parce que les personnes ne peuvent effectuer des tâches plus élaborées ou plus complexes par elles-mêmes qu'elles sont amenées à collaborer avec d'autres. Ce sont ces limites, à la fois cognitives et physiques, des personnes qui ont amené Barnard (1937) à définir l'organisation comme un système de coopération. Il affirmait que sans coopération il n'y a pas d'organisation. Il ajoutait, pour que son argument soit clairement compris, que c'est celui ou celle qui coopère qui décide de le faire. Les gestionnaires ne peuvent que l'inciter à le faire.

La coopération est induite lorsque la personne qui coopère perçoit que sa contribution est contrebalancée par une compensation qu'elle juge équivalente. Nous savons tous, et nous y reviendrons plus en détail, que la compensation peut être matérielle, c'est-à-dire correspondre aux salaires et autres avantages tangibles que les membres de l'organisation reçoivent. Mais nous savons aujourd'hui que, comme l'affirmait Barnard, la compensation matérielle ne peut, à elle seule, assurer une coopération durable et économiquement viable. Il faut donc surtout que la coopération soit induite par des mécanismes plus intangibles de «persuasion».

Prenons quelques exemples. L'organisme d'aide humanitaire **Crudem** est une organisation dont les objectifs sont de contribuer à aider les personnes, dans les pays en développement les plus pauvres, à exploiter des moyens de subsistance acceptables. Crudem est animée et gérée par un grand nombre de personnes bénévoles qui consacrent leurs énergies, leurs ressources et leur temps à atteindre l'objectif défini. Elles organisent des campagnes de financement, essaient de recenser des projets ayant une valeur réelle pour des personnes pauvres de pays en développement, achètent les équipements et les acheminent, organisent la formation des personnes concernées et la relation avec eux jusqu'à la réalisation de l'opération qui est susceptible d'améliorer leur sort.

Par ailleurs, souvent les dirigeants et bénévoles de Crudem travaillent pour des organisations de nature plus commerciales, à but lucratif ou non, et sont rémunérés par ces organisations. Pourtant, ces personnes consacrent à Crudem des talents et des énergies qu'elles ne fourniraient pas à l'organisation qui les fait vivre. On pourrait dire la même chose des **Petits frères des pauvres**, de **Centraide** et même de la **campagne de financement de l'École des HEC**. Quand les personnes valorisent les objectifs d'une organisation en soi, elles vont consacrer leur travail, leurs ressources pour aider à l'atteinte de ces objectifs. Lorsque les personnes rejettent les objectifs d'une organisation, elles vont au contraire se battre pour les empêcher de se réaliser.

Dans les entreprises, la situation la plus fréquente est une situation de neutralité, parfois plutôt positive, parfois plutôt négative. Cyert & March (1963) décrivaient cela comme étant des «corridors d'indifférence» qui caractérisent le comportement des membres dans la prise de décision. Dans ces cas, les membres de l'organisation vont constamment négocier, implicitement ou explicitement, le prix de leur contribution.

La stratégie d'une organisation peut alors s'énoncer ainsi : **Comment obtenir la coopération des membres de l'organisation?**

La réponse peut être conceptualisée comme étant le développement de moyens pour persuader les membres que travailler pour l'organisation a de la valeur pour eux. Ces mécanismes de persuasion peuvent être directs, comme le développement d'une vision, l'énoncé d'une mission, l'expression de principes (éthiques ou de fonctionnement général), la mise au point d'un style de fonctionnement ou l'attention particulière portée aux personnes. Ils peuvent aussi être indirects, comme gérer l'image que les forces externes ont de l'organisation. Ainsi, si l'organisation est valorisée pour elle-même par la société environnante, elle sera souvent aussi valorisée par les membres.

L'exemple typique est celui d'Hydro-Québec, depuis la nationalisation de l'électricité jusqu'à la fin des années 1970. L'entreprise pouvait être décrite comme suit (Couture, 1984) :

> L'histoire d'Hydro-Québec [...] est, à beaucoup d'égards, à la fois le reflet et l'expression de l'évolution de la société québécoise. Un lien profond unit le Québec et Hydro-Québec, fait d'espoirs, de réalisations, de satisfactions partagées. C'est en partie au travers d'Hydro-Québec, de ses progrès, que les Québécois ont pris conscience de leurs possibilités et de leurs manques, et, par là, de leurs ambitions et de leur volonté d'affirmation... Hydro-Québec est donc plus qu'une entreprise, c'est une composante de la personnalité québécoise...

Quand une telle symbiose se produit, les membres de l'organisation font alors preuve d'une fidélité, d'un dévouement et d'une abnégation remarquables. C'est cela qui a caractérisé l'entreprise au cours de cette période. En général, on est plus fier de faire partie d'une organisation lorsque celle-ci est admirée et respectée par les autres. Cela peut être vrai de toutes les organisations, même celles qui nous paraissent parfois haïssables. Ainsi, les forces armées sont parfois admirées, voire vénérées, comme ce fut le cas récemment des armées alliées après la guerre du Golfe de 1991. Elles sont parfois vomies et rejetées, comme ce fut le cas en Argentine après la guerre des Malouines, ou comme ce fut le cas en Allemagne au lendemain de la Deuxième Guerre mondiale.

La stratégie est alors clairement la gestion de l'intégrité de la communauté de personnes et de la volonté de chacun d'apporter une contribution qui permette à l'organisation de survivre.

B. Les valeurs, les croyances, la culture

Une organisation évolue de manière intéressante d'après Selznick (1957) : au départ, l'organisation est une sorte de machine, un instrument sans âme qui ne peut que réaliser des tâches relativement techniques sans vraiment être capable d'un comportement autonome intelligent. Ce n'est que lorsque l'organisation est infusée de valeurs, c'est-à-dire lorsque des valeurs sont exprimées (généralement par le leadership) et sont partagées par les membres qu'elle acquiert une personnalité et une capacité de vie réelle. Dans ce cas, l'organisation acquiert une âme. Elle devient une organisation particulière, dont les membres sont capables d'action autonome convergente, ce qui lui donne une capacité d'adaptation considérable parce qu'entreprise par chaque membre en fonction de son appréciation des exigences de l'environnement auquel il est confronté.

L'organisation devient ainsi une communauté de personnes qui partagent les mêmes valeurs, la même culture, les mêmes idéaux. La stratégie est l'expression des besoins et des aspirations de cette communauté. Cette organisation-communauté devient, comme le précisait Selznick (1957), une « institution », dans laquelle les membres partagent la même vision et les mêmes valeurs. Cette différenciation entre organisation et institution, selon Selznick, n'est pas seulement intellectuelle : elle influence les comportements dans la vie de tous les jours.

Ainsi la société américaine de transport aérien **Delta** a un comportement très distinctif dans l'industrie du transport aérien. Cette société, créée en 1924, était en 1992 la troisième plus importante en ce qui a trait au volume d'activité, tout juste après **American Airlines** et **Continental Airlines**. Avec la déréglementation du transport aérien en Amérique du Nord, la société a vécu des situations de grand questionnement. En effet, cette entreprise a été construite avec comme principe intégrateur la fourniture du meilleur service de l'industrie. Lorsque la déréglementation amena des pratiques nouvelles, au départ très attirantes et ayant beaucoup de succès, d'entreprises comme **People Express**, la panique dans l'industrie était telle que tous les concurrents se sont demandé s'il ne fallait pas s'adapter en conséquence. Pour Delta, c'était un déchirement, comme l'explique son président :

> *A few years back, when People Express was getting all that attention we came close to throwing a lot of seats into a DC-8 and running up and down the East coast on a no-frills basis. But we scrapped the idea in the end because we thought people had come to expect a higher level of service from Delta* [9].

Le comportement en général dans cette entreprise est très différent de ce qu'on peut voir chez ses principaux concurrents. Les relations industrielles sont chaleureuses et un peu ambiguës, alors qu'elles sont frigides ailleurs ; seuls les pilotes sont syndiqués. Les salaires sont élevés par rapport à ceux de l'industrie, mais la productivité l'est aussi. Finalement, les comportements du personnel sont tout à fait inhabituels. On raconte ainsi l'histoire de cet agent de comptoir qui a conduit un passager dans sa propre voiture sur une

---

9. Il y a quelques années, lorsque People Express retenait toute l'attention, nous avons failli mettre un tas de sièges dans un DC 8, puis l'envoyer le long de la Côte Est à des prix rase-mottes. Mais finalement, nous avons abandonné cette idée parce que nous pensions que les gens en étaient venus à attendre de Delta un niveau de service plus grand.

distance de 90 km pour lui faire prendre une correspondance importante ou de ce steward qui a prêté un habit à un passager qui avait perdu ses bagages et qui devait participer à une réunion importante. Pourtant, contrairement à **Sony**, il est difficile de nommer le président de **Delta**, puisqu'il semble fondu dans l'organisation.

Pour déterminer les différences de l'organisation et affirmer ce en quoi chacun doit croire, la tâche des dirigeants d'entreprise est souvent de travailler à élaborer une vision, une mission ou un credo. Un exemple intéressant est celui de Johnson & Johnson (voir l'annexe 1) qui affirme les grandes valeurs et les grandes règles éthiques qui doivent guider la décision dans l'entreprise. Lorsque cette entreprise a été, en 1982, confrontée à un acte criminel (injection de poison) qui mettait en cause l'intégrité et la sécurité d'utilisation de son produit analgésique Tylenol, ses dirigeants n'ont pas hésité à retirer le produit du marché, même si cela signifiait un coût supplémentaire de l'ordre de 300 millions de dollars. Un autre exemple de credo est celui de la société de communication Cossette (voir l'annexe 2). Par comparaison avec celui de Johnson & Johnson, il est beaucoup plus général. On est même étonné que ce document puisse être aussi influent qu'il l'a été sur le comportement des personnes de l'organisation, ce qui suggère l'interrelation qui existe entre les valeurs exprimées et les dirigeants qui les mettent en pratique. Au cours des années 1960 et 1970, dans une organisation où le leadership est moins inspiré et moins passionné que celui de Cossette, ce même credo aurait été une insignifiante lapalissade. Parfois, la mission prend aussi la forme d'énoncés de comportements fondamentaux, comme le montre le document utilisé par Cray Research Inc. (voir l'annexe 3).

La communauté s'exprime souvent par sa culture. Celle-ci se manifeste sous forme de règles du type : « Voici comment on se comporte ou comment on agit ici. » Les nouveaux arrivants sont d'abord souvent choisis avec un soin minutieux, puis on consacre beaucoup d'énergie à leur formation et à leur socialisation. Dans beaucoup d'entreprises, les jeunes recrues sont confiées à des parrains qui vont les aider progressivement à décoder les règles invisibles qui influent sur le fonctionnement de l'institution. Dans un article sur la gestion à la japonaise, Hafsi (1989) avait décrit les efforts tout à fait étonnants par lesquels les entreprises japonaises inculquent les valeurs dominantes aux nouveaux :

> *Comme une nouvelle recrue est importante pour l'avenir de l'entreprise, son intégration dans l'entreprise est considérée comme une étape essentielle. Les méthodes d'intégration varient d'une entreprise à l'autre, mais en général trois*

grands éléments sont présents : l'éducation spirituelle ou Seishin kyooiku, l'introduction à l'entreprise et le parrainage... Au cours de cette expérience (d'éducation spirituelle) qui a duré trois mois, les jeunes recrues étaient progressivement amenées à subordonner leurs intérêts personnels au bien-être collectif. L'expérience comprenait :

- *une introduction à la pratique de la philosophie zen... ;*
- *un séjour à une base militaire, généralement pour rappeler le courage et le dévouement dont ont fait preuve les jeunes kamikazes... ;*
- *le rootoo... une expérience destinée « à secouer leur léthargie spirituelle et leur complaisance »... ;*
- *un week-end (de vie) à la campagne... ;*
- *une marche d'endurance (de quarante kilomètres).*

Sans aller jusqu'à ces limites, la plupart des entreprises socialisent leurs nouvelles recrues pour leur apprendre les comportements qui seront fonctionnels pour elles et pour l'organisation. C'est ainsi que se construit la culture organisationnelle.

La firme d'avocats Wachlile, Lipton, Rosen et Katz constitue une remarquable communauté, très unie autour de grandes valeurs. Cette firme est l'une des plus importantes aux États-Unis. Elle est réputée auprès de ses concurrents et de la communauté environnante, et admirée par eux, justement à cause de la transparence et de la force de ses valeurs. Notamment, elle ne travaille que sur les cas qui lui paraissent compatibles avec sa philosophie et qui présentent des défis nouveaux et originaux. Par exemple, sur huit cas qui se présentent, un seul est généralement retenu. Contrairement aux autres bureaux du même type, on encourage le travail d'équipe, la coopération entre avocats et la loyauté à la firme. En conséquence, la coordination est assurée par les normes et valeurs partagées plutôt que par l'autorité hiérarchique. Bien entendu, la plupart des jeunes et brillants diplômés aspirent à faire partie de l'équipe WLRK.

Ainsi, la stratégie d'une organisation peut être conçue comme l'expression des valeurs et des croyances d'une communauté de personnes. Cette expression permet de susciter la coopération de chacun et ainsi de faciliter d'une part l'adaptation de l'organisation aux changements de son environnement et d'autre part l'efficacité de ses efforts pour modifier la situation concurrentielle en sa faveur.

III. LA STRATÉGIE COMME FILON CONDUCTEUR

Le concept de filon conducteur facilite beaucoup l'étude de la stratégie dans les grandes entreprises, surtout celles qui ont une longue tradition, comme celles qui sont devenues des institutions ou bien certaines entreprises publiques. La pratique de reconduire les décisions budgétaires d'une année à l'autre et celle d'examiner les actions passées de l'entreprise pour reconnaître les régularités renforcent cette idée de filon conducteur.

Par exemple, l'étude de W. Taylor (1983) sur les principales décisions de l'Université Bishop de Lennoxville est particulièrement éloquente à cet égard : l'examen des politiques relatives à l'admission et à la création de programmes sur une période de 50 ans permet de constater que les décisions suivent à peu près la même orientation. Les décisions prises aujourd'hui sont très proches, pour ne pas dire des copies conformes, des décisions prises à une autre époque dans la vie de cette organisation.

Définir la stratégie à partir du concept de filon conducteur amène certains à voir la stratégie comme une rationalisation de l'action après que celle-ci a été exécutée. La stratégie devient alors un regard, une formalisation ou une conceptualisation que l'on construit en observant un ensemble de décisions passées. D'où un débat entre la stratégie dite délibérée et la stratégie dite émergente. La première est celle que l'on élabore avant d'agir et la seconde, celle qui se dégage d'un ensemble de décisions prises dans le passé.

Andrews (1987) a fourni la définition la plus populaire du concept de stratégie :

> *Corporate strategy is the pattern of decisions in a company that determines and reveals its objectives, purposes, or goals, produces the principal policies and plans for achieving those goals, and defines the range of business the company is to pursue, the kind of economic and noneconomic contribution it intends to make to its shareholders, employees, customers, and communities* [10].

L'idée de *pattern* ou de filon conducteur est au cœur de l'idée de stratégie. Quand on parle de stratégie, nous sommes préoccupés surtout par le comportement général de l'organisation. Comme pour une personne, nous cherchons à reconnaître les régularités, dans l'action ou dans les décisions, qui permettent de comprendre son comportement. À la base de cette idée de

---

10. La stratégie d'entreprise se manifeste à travers les régularités qui apparaissent dans les décisions d'une entreprise et qui déterminent ou révèlent ses objectifs, buts ou finalités, qui produisent les politiques et plans principaux pour réaliser ces buts et qui définissent la gamme d'activités que l'entreprise entend poursuivre, le type de contribution économique ou non économique qu'elle entend apporter à ses actionnaires, employés, clients et communautés.

filon conducteur est l'hypothèse que le comportement est inévitablement cohérent à long terme. Il y a des logiques qui peuvent nous échapper si l'on n'observe que des événements isolés, mais si l'on regarde suffisamment de dimensions sur une période suffisamment longue, on va finir par retrouver la trame qui explique le comportement.

Considérons la compagnie General Electric. Si l'on étudie son histoire depuis le début des années 1950, on va remarquer des choses intéressantes (Aguilar, 1988). D'abord, GE a connu une étonnante stabilité de direction. Depuis 1950 jusqu'en 1992, elle n'a connu que quatre présidents : Ralph Cordiner, Fred Borch, Reginald Jones et Jack Welch.

Au temps de Cordiner, la firme se développait tous azimuts, sans beaucoup d'ordre. C'était une sorte d'expansion évangélique. L'idée centrale était que rien ne pourrait résister à GE si elle décidait de s'en occuper. La diversification qui s'ensuivit fut sans retenue. Mais le laxisme et le manque de proportion ont fait que même GE a atteint ses limites. C'est ainsi qu'après s'être attaqués à trois grands marchés, les usines nucléaires, les grandes turbines et l'informatique, les dirigeants durent battre en retraite pour faire face à une situation financière difficile. C'est comme cela que GE a rompu avec l'informatique pour plusieurs décennies.

La période Borch a correspondu à l'introduction de la planification stratégique. Auparavant, la planification était surtout dominée par les économistes et les experts en recherche opérationnelle. Planifier revenait essentiellement à faire des prévisions en utilisant toutes les techniques quantitatives disponibles. Suivant les conseils de la société McKinsey, les dirigeants ont alors réorienté leurs pratiques vers les méthodes modernes de planification stratégique, notamment le modèle de portefeuille de produits et l'idée de planification comme un processus de gestion, aujourd'hui des éléments de leur marque de commerce et largement enseignés dans les écoles de gestion. Au cours de la période, ils ont supprimé 13 gammes de produits (aspirateurs, ventilateurs, phonographes, pacemakers, etc.).

L'époque Borch s'est prolongée par la période Jones. La planification a été renforcée et raffinée. Cependant, cette période a aussi eu ses particularités. Les aspects dominants n'étaient plus les questions de positionnement de marché, mais les questions de fonctionnement interne. GE a vécu des situations difficiles de relations entre le personnel central et les unités opérationnelles. L'époque Borch avait laissé comme héritage une certaine tendance à l'atomisation et à la balkanisation des divisions et des groupes. L'époque Jones a été consacrée à travailler pour réduire ces problèmes. Les questions de structure, de gestion du système de planification et de coordination générale ont pris le devant de la scène et ont en général été résolues lorsque à la fois plus de pouvoir a été donné aux groupes opérationnels et que leur capacité à soutenir la croissance a été stimulée.

En effet, Jones faisait alors face à un autre nouveau problème qui venait de la taille et de la diversité de l'organisation. Pour maintenir le rythme de croissance de GE à un niveau comparable à celui du produit national brut (la seule référence valable compte tenu de la taille et de la diversité), il fallait créer chaque année un secteur d'activité nouveau dont la taille serait de l'ordre de sept milliards de dollars. Ces pressions considérables à la croissance ont ramené au devant de la scène les acquisitions comme solution stratégique inévitable.

L'arrivée de Welch, en 1981, amène rapidement des comportements très différents. D'abord, Welch privilégie le profit plutôt que les ventes. L'efficacité stratégique (le choix des activités poursuivies) et l'efficacité opérationnelle (les performances dans les activités poursuivies) deviennent des éléments essentiels. C'est ainsi que Welch se met à conceptualiser les domaines dans lesquels l'entreprise doit se trouver, notamment l'idée des trois cercles : le cercle des activités traditionnelles, le cercle des activités de haute technologie et le cercle des activités de services. En dehors de ces cercles, point de salut dans GE. De plus (*The Economist*, 1991) :

> ... he committed GE to stick only with businesses that were number one or number two in their markets : a policy since copied by Siemens of Germany and Electrolux of Sweden, among others. Those businesses that did not meet this exacting standard would, vowed Mr Welch, be « fixed, closed or sold » [11].

Il a ainsi suscité le désinvestissement même des activités traditionnelles, celles que le public (interne et externe) était venu à identifier avec GE, lorsque celles-ci ne correspondaient pas à la nouvelle conceptualisation. GE a abandonné de nombreuses activités, notamment le petit électroménager, autrefois considérées comme étant la raison d'être même de l'entreprise. Par ailleurs, le fonctionnement interne est conçu comme devant créer une entreprise sans frontières :

> After moulding GE so decisively, Mr Welch is determined to transform its culture and organisation into what he awkwardly describes as a « boundary-less » company. Mr Welch wants GE to be an enterprise where : **a.** internal divisions

---

11. Il engagea GE à ne maintenir que les activités qui étaient numéro un ou numéro deux dans leurs marchés : une politique copiée depuis par l'allemande **Siemens**, la suédoise **Electrolux**, entre autres. Les activités qui ne répondaient pas à ces standards exigeants, affirmait M. Welch, seraient « retapées, fermées ou vendues ».

*blur, and everybody works as a team ; **b.** suppliers and customers are partners. ;*
***c.** there is no segregation between foreign and domestic operations, and each*
GE business is just as much at home in South Korea and Paris, France, as it is
in South Carolina and Paris, Texas [12].

Chacune de ces périodes est reconnaissable si l'on observe les décisions qui sont prises dans l'entreprise. Lorsque la durée de l'observation est assez longue, on s'aperçoit que les décisions ont tendance à converger en ensembles relativement homogènes ou cohérents. L'une des recherches les plus influentes dans le domaine de la stratégie (Chandler, 1962) a justement permis de dégager des régularités qui s'appliquent à toutes sortes d'organisations. Chandler et ceux qui l'ont suivi (Scott, 1966 ; Rumelt, 1974 ; Salter, 1970 ; Wrigley, 1970) ont mis en évidence une sorte de cycle dans la vie de l'entreprise qui correspondait à des stratégies différentes.

Au premier stade, l'entreprise est centrée sur un produit-marché avec une structure peu formalisée et dont la gestion est généralement basée sur des mesures de performance, des systèmes de contrôle et de récompense, subjectifs et non systématiques. Le deuxième stade est marqué par une spécialisation fonctionnelle plus grande et par une intégration beaucoup plus formalisée. La recherche d'amélioration des produits et des processus ainsi que les systèmes de gestion deviennent systématiques, et la formulation de la stratégie guide la délégation des décisions opérationnelles. Le troisième stade correspond à la diversification avec des produits-marchés multiples et une organisation construite sur des relations basées sur les produits-marchés plutôt que sur les fonctions. Cette relation entre le stade de développement et la stratégie est une conséquence directe de la stratégie vue comme un filon conducteur et elle est la pierre d'assise du concept de stratégie générique, quelle qu'en soit la formulation (Andrews, 1987 ; Mintzberg, 1991 ; Porter, 1979). Nous y reviendrons plus loin.

Évidemment, l'existence de cohérence peut nous amener à supposer que celle-ci était désirée et construite. Sans entrer dans le grand débat déterminisme/libre arbitre (Hrebeniak & Joyce, 1985), nous pouvons dire que la cohérence est à la fois **imposée** par l'environnement, qui ne laisse vraiment survivre que les organisations dont le comportement présente des caractéristiques qui lui sont compatibles, et **choisie** par les dirigeants, un

---

12. Après avoir moulé GE de manière aussi ferme, M. Welch est déterminé à transformer sa culture et son organisation en ce qu'il appelle maladroitement une compagnie « sans frontières ». M. Welch veut faire de GE une entreprise dans laquelle : les divisions internes sont troubles et où tous travaillent en équipe ; les fournisseurs et les clients sont des partenaires ; il n'y a pas de ségrégation entre les opérations intérieures et internationales et où chaque activité GE est aussi bien une partie de GE en Corée du Sud et à Paris, en France, qu'elle l'est en Caroline du Sud et à Paris, au Texas.

peu comme l'ont fait avec beaucoup de détermination les dirigeants de GE.

Les historiens des affaires, notamment ceux à Harvard qui collaborent dans le cadre du Business History Review et ceux du Business History Unit à London Business School, ont réussi à retracer le filon conducteur de la vie de nombreuses entreprises. Ainsi, les comportements de firmes comme Dupont, General Motors et bien d'autres (Chandler, 1962) nous sont devenus familiers et des points de repère utiles dans la compréhension des autres entreprises.

Les études de Miller (1992) ont montré que le filon conducteur, dans la vie des entreprises, peut être tellement fort que certaines d'entre elles continuent, de façon obsessionnelle, à reproduire les comportements qui leur ont apporté le succès, ce qui peut les amener à leur perte :

> *Toutes (les trajectoires) sont animées par une dynamique qui amplifie les atouts initiaux de l'entreprise et en abolit toutes les caractéristiques secondaires, toutes les nuances... (p. 271)*

> *La dynamique qui sous-tend nos trajectoires renvoie à de multiples facteurs : la façon de penser des gestionnaires, la politique et les rituels des entreprises ou encore des programmes, et des systèmes... (p. 273)*

Le filon conducteur n'est pas nécessairement une construction systématique, mais il reste que, clairement déterminée après une analyse intellectuelle, comme le font les étudiants des écoles de gestion ou un nombre grandissant de gestionnaires de grandes entreprises, ou le résultat du comportement historiquement cohérent, une direction claire est essentielle à l'action collective.

IV. LA STRATÉGIE COMME CONSTRUCTION D'UN AVANTAGE CONCURRENTIEL

L'action systématique mène à la construction d'un avantage qui permet de survivre à la concurrence souvent rude du monde des organisations. Le développement d'un avantage concurrentiel peut prendre des formes tout à fait inattendues, comme ce fut le cas pour de nombreuses compagnies au cours des dernières décennies. On comprend tout l'avantage que peut procurer une découverte technologique révolutionnaire comme celle de Polaroïd au cours des années 1950-1960, mais on a souvent du mal à percevoir les multitudes de créations moins spectaculaires que celle-là et qui sont à la source des avantages importants des entreprises à succès. Prenons quelques exemples.

Le premier exemple est celui de l'imprimerie Gagné. Jean-Pierre

Gagné avait racheté à son père une imprimerie située à Louiseville, au Québec, loin des grands centres urbains de Montréal et de Québec et loin des centres urbains importants des provinces canadiennes avoisinantes. Les produits de l'entreprise étaient très diversifiés et l'entreprise était dans le rouge.

Le marché de l'imprimerie était divisé en quatre grands segments : le livre, la presse, l'imprimerie commerciale (cartes, etc.) et la préparation spécialisée. Le marché était très fragmenté avec une multitude de petites entreprises essayant de survivre cahin-caha. La fragmentation était surtout évidente dans les segments de l'imprimerie commerciale et de la préparation.

Jean-Pierre Gagné pensait qu'il lui fallait concentrer ses activités de sorte qu'il puisse tirer parti de sa localisation dans une région agricole où les coûts de main-d'œuvre sont plus faibles et aussi où la loyauté à l'entreprise peut être plus grande. Il voulait également éviter les segments où la concurrence était trop forte. Il n'avait alors plus le choix qu'entre le livre et la presse. Comme la presse exigeait des délais de livraison rapides, que la localisation de son usine rendait problématique, et comme il considérait le livre comme un produit noble, il décida de concentrer son action sur l'impression de livres.

Pour réussir dans le segment de l'impression de livres, il fallait être capable de garantir une qualité d'impression élevée et un coût raisonnable. D'autre part, les clients (généralement les maisons d'édition) appréciaient une programmation rigoureuse de la production afin que les délais de livraison convenus soient scrupuleusement respectés et de sorte qu'ils puissent harmoniser en conséquence leurs programmes de mise en marché.

L'imprimerie avait un avantage en raison de sa localisation. Les coûts de la main-d'œuvre étaient faibles et on pouvait obtenir un attachement plus grand des employés à l'entreprise, avec une loyauté et un dévouement plus grands aussi. Cela facilitait la formation et permettait d'accroître la qualité. Pour renforcer cela, il entreprit un renouvellement de ses équipements avec des machines technologiquement supérieures et plus efficaces. Il créa des conditions de travail très séduisantes avec un accent sur la propreté des lieux, une attention plus grande aux opinions des employés, qu'il rencontrait régulièrement lui-même, et des horaires flexibles pour satisfaire les habitudes rurales des habitants de la région.

Par ailleurs, chaque employé recruté recevait un livret expliquant ce qu'était l'entreprise et les éléments principaux de l'économie, de son fonctionnement et de son succès, de manière à attirer l'attention sur la nécessité de travailler ensemble pour la prospérité de l'entreprise. Il supprima l'inspection de la qualité des produits et décida que les employés de la production feraient eux-mêmes l'inspection de leurs travaux. Pour les aider à cela, il conçut lui-même un « livre bleu » qui expliquait ce qu'il fallait savoir pour que la production de livres permette de concilier des coûts acceptables et une qualité élevée.

Pour satisfaire les clients, il introduisit des pratiques nouvelles dans l'industrie. Il avait recruté des vendeurs, alors que l'industrie fonctionnait surtout avec des représentants. Ces vendeurs devaient conseiller les clients sur les formes d'impression possibles et les conditions qui leur étaient attachées. Comme il avait aussi informatisé l'ensemble de la production et de la vente, les vendeurs pouvaient, à l'aide de leur micro-ordinateur portatif, donner des renseignements précis sur les délais de livraison et les prix. Les commandes qui étaient prises entraient directement dans le système d'exploitation et étaient traitées immédiatement pour la programmation de la production.

Tout ceci révolutionna l'industrie de l'impression du livre et l'imprimerie Gagné devint une entreprise modèle dont les succès ont été constants jusqu'en 1992. Après avoir pris une part de marché importante au Québec, l'entreprise a réussi à s'implanter en Ontario et à reproduire la même trame de succès. Plusieurs prix de qualité de gestion ont été attribués à Jean-Pierre Gagné au cours des années 1980 et 1990.

Le deuxième exemple est celui de la société Nucor. C'est un fabricant d'acier dont le siège social est à Charlotte en Caroline du Nord. Comme toute mini-fonderie, Nucor ne faisait jusqu'à très récemment qu'une seule sorte d'acier : les barres. Mais grâce à une recherche obstinée, son président a trouvé le moyen de fabriquer, de manière encore plus efficace, ce que seules réussissaient les grosses aciéries intégrées : les produits plats. En conséquence, Nucor était devenue, en 1993, le septième producteur aux États-Unis et serait le quatrième en 1997.

En 1968, Ken Iverson, le président de Nucor, construit sa première fonderie. Il achète les équipements les plus sophistiqués partout en Europe. Il précise :

We found we could not only supply our own operations, but we could also sell steel in the marketplace at a better price than foreign steel producers [13].

En 1984, le problème de la croissance de l'entreprise se pose. Pour le résoudre, Iverson décide d'entrer sur le marché des feuilles d'acier, bien qu'aucune mini-fonderie n'ait encore jamais essayé de le faire ; en effet, ce type de fabrication requiert des hauts fourneaux énormes. Il résout la difficulté en utilisant une nouvelle technologie, mise au point en collaboration

---

13. On a découvert qu'on pouvait non seulement approvisionner nos propres installations, mais aussi vendre de l'acier sur le marché à un prix meilleur que celui des producteurs étrangers.

avec des fabricants allemands. L'investissement requis était de 220 millions de dollars. La nouvelle mini-fonderie est construite dans l'Indiana et la production commence à l'été de 1989.

Le nouveau procédé de fabrication, contrôlé par ordinateur, permet de fabriquer une tonne de feuilles d'acier en 45 minutes-homme contre 3 heures-homme pour le procédé conventionnel. Avec ce procédé, Nucor fait une économie de coût de 50 à 75 dollars par tonne, qui coûte alors environ 310 dollars. Nucor était d'ailleurs en train de construire une deuxième mini-fonderie qui devait lui permettre de quadrupler sa capacité dès 1995.

Le troisième exemple est celui de Landmark Graphics. Grâce à une technologie différente, ce fabricant de logiciels a transformé l'industrie pétrolière et gazière. Il a conçu un système, extrêmement précis, de détection des réserves de pétrole ou de gaz, appelé CAEX ou *computer aided exploration*. Auparavant, il fallait creuser 9 ou 10 puits, coûtant entre 500 000 dollars et 5 millions de dollars chacun, avant de trouver du pétrole ou du gaz. Aujourd'hui, il suffit de faire 4 ou 5 essais. Pour les entreprises utilisant ce système, les coûts d'exploration par baril sont passés de 6 $ à 2,50 $.

Jusqu'à l'arrivée de Landmark Graphics, les géophysiciens utilisaient un procédé à ondes qui leur donnait une image en deux dimensions, alors qu'ils avaient besoin d'un système semblable à la résonance magnétique, ou image en trois dimensions. En 1982, Roice Nelson Jr rencontrait John Mouton et Andy Hildebrand, deux programmeurs indépendants. Nelson leur proposa son idée de poste de travail interactif en trois dimensions. Mouton pensa que Nelson avait perdu l'esprit parce que les obstacles techniques lui paraissaient insurmontables. Pourtant, Nelson insista et ils finirent par concevoir en 18 mois un produit révolutionnaire qui permettait aux compagnies de faire des choses jusque-là impensables. Comme l'indiquait Jon Bayless, le partenaire principal chez Seven Rosen, qui a financé Landmark :

> There was no way of effectively using 3-D seismic data unless you organized them within a computer system. Here was something that would change the way drilling decisions were made [14].

Le succès fut rapide, puisque les compagnies de forages, grosses ou petites, achetèrent 1 500 systèmes. Partie de zéro en 1984, la compagnie a fait un bénéfice de 9,8 millions de dollars pour des ventes de 90 millions lors

---

14. On ne pouvait utiliser les données sismiques en 3D de manière efficace à moins de les organiser dans un système informatisé. Voilà donc quelque chose qui allait changer la façon de prendre les décisions de creuser des puits.

de son exercice financier qui s'est terminé en juin 1991.

La construction d'un avantage concurrentiel est un effort dans lequel on essaie de se démarquer de la concurrence soit en améliorant la qualité des produits/services par rapport à ceux des concurrents, à l'origine de la différenciation, soit en produisant ces produits/services à un coût plus faible que ne peut le faire la concurrence. Le développement d'un avantage concurrentiel commence avec le client. La compréhension de ses besoins ou de ses attentes est une étape essentielle de l'analyse qui sert à construire l'avantage concurrentiel.

Drucker (1952) a été l'un des pionniers de la démarche qui mène au développement d'un avantage concurrentiel. Il affirmait :

> The first step... is to raise the question : «Who is the customer?» — the actual customer and the potential customer? Where is he? How does he buy? How can he be reached? The next question is : «What does the customer buy?»
> Finally, there is the most difficult question : «What does the customer consider value? What does he look for when he buys the product ? [15] »

Il propose ensuite une démarche de définition des activités, pour assurer un avantage concurrentiel, qui peut être résumée comme suit :

> This involves finding out four things. The first is market potential and market trend. How large can we expect the market for our business to be in five or ten years — assuming no basic changes in market structure or technology? And what are the factors that will determine this development?
> Second, what changes in market structure are to be expected as the result of economic developments, changes in fashion or taste, or moves by the competition?
> Third, what innovations will change the customer's wants, create new ones, extinguish old ones, create new ways of satisfying his wants, change his concepts of value or make it possible to give him greater value satisfaction?
> Finally, what wants does the consumer have that are not being adequately satisfied by the products or services offered him today ? [16]

---

15. La première étape... est de soulever la question « Qui est le client ? » - Le client actuel et le client potentiel ? Où est-il ? Comment achète-t-il ? Comment peut-on l'atteindre ? La question suivante est : « Qu'est-ce que le client achète ? » Finalement, il y a la question la plus difficile : « Qu'est-ce que le client considère comme ayant de la valeur ? Que cherche-t-il lorsqu'il achète un produit ? »

16. Il faut trouver quatre choses. La première est le potentiel de marché et les tendances. Que sera ce marché dans cinq ou dix ans - en supposant qu'il n'y ait aucun changement majeur de structure ou de technologie ? Quels facteurs vont déterminer ce développement ? Deuxièmement, quels changements dans la structure du marché peut-on attendre du fait des développements de l'économie, des changements de mode ou de goûts, des actions de la concurrence ? Troisièmement, quelles innovations changeraient les désirs des clients ou en créeraient de nouveaux, éteindraient les anciens, créeraient de nouvelles façons de satisfaire ses désirs, changeraient ses conceptions en matière de valeur ou permettraient de lui donner une plus grande satisfaction ? Finalement, quels désirs du client ne sont pas actuellement satisfaits adéquatement par les produits et services existants ?

Répondre aux besoins des clients peut amener à une configuration particulière des activités de l'entreprise, ayant comme objectifs de renforcer les activités qui sont cruciales pour satisfaire les clients et de réduire l'importance de celles qui ne le sont pas. C'est cet effort-là qui permet soit la réduction du coût, soit l'amélioration de la qualité.

Porter (1987) a proposé le concept de chaîne de valeur comme cadre d'analyse pour justement permettre la recherche de la configuration la plus favorable. Nous reviendrons plus en détail sur la chaîne de valeur dans le chapitre.

Les exemples que nous évoquions au début de cette section, ceux de l'Imprimerie Gagné, de Nucor et de Landmark Graphics, sont une illustration de la compréhension fine de la chaîne de valeur de l'entreprise et de celles des clients, voire des concurrents. Les actions qui en ont résulté ont alors permis, dans chaque cas, de construire un avantage concurrentiel solide, difficile à contrer par les concurrents.

Bien entendu, le développement d'un avantage concurrentiel suppose une compréhension claire des caractéristiques des fonctions de l'entreprise et de leurs relations, ce qui permet de reconfigurer la chaîne de valeur de manière à engendrer soit des coûts beaucoup plus bas, soit des produits dont les rendements sont supérieurs à ceux des concurrents. Le développement d'un avantage concurrentiel suppose aussi une compréhension claire des chaînes de valeur des clients, des fournisseurs et aussi des concurrents principaux. Cela peut constituer un investissement important mais, lorsque les enjeux sont importants, l'investissement est souvent pleinement justifié par les résultats.

Un outil important pour s'engager face à l'avenir est constitué par les ressources — financières et matérielles — ou par les possibilités d'accès à ces ressources. Parfois, on peut utiliser les ressources disponibles surtout pour avoir accès à d'autres ressources plus cruciales. Les ressources les plus importantes pour faire face à l'avenir sont celles qu'on peut regrouper sous le vocable de « compétences ». Parmi celles-ci, on compte le savoir-faire de gestion, le savoir-faire dans une ou plusieurs des fonctions importantes de l'organisation et le savoir-faire en matière d'appréciation et de modification des règles du jeu du secteur industriel dans lequel on œuvre. Ainsi, une entreprise qui œuvre dans la construction peut réussir à développer une compétence distinctive dans l'évaluation des coûts des travaux, ce qui lui permettra de proposer des prix qui l'avantageront.

Finalement, l'avantage concurrentiel suppose une intégration des activités qui tienne compte de logiques différentes qui peuvent se situer aux niveaux hiérarchiques, comme le niveau corporatif, le niveau de l'unité d'affaires et le niveau des fonctions. Ainsi, le niveau corporatif va être préoccupé par les questions de répartition des ressources, de réconciliation entre les profits à court terme et la santé à long terme. Le niveau de l'unité d'affaires va être plus concerné par le positionnement parmi les concurrents et le niveau de la fonction va être intéressé par la productivité de la fonction et par sa contribution à l'objectif général.

C'est pour cela qu'on parle aussi de stratégie des fonctions : stratégie de marketing, stratégie financière, stratégie de production, stratégie de gestion des ressources humaines, etc. Dans le contexte des fonctions, la stratégie prend l'aspect d'un processus d'allocation des ressources en fonction de l'orientation de la corporation (stratégie corporative ou stratégie d'unité d'affaires) et en fonction, du marché à desservir. On peut aussi dire que la stratégie de la fonction, c'est d'actualiser à sa façon les valeurs corporatives. Par exemple, dans ce contexte, la stratégie financière est celle qui permet d'atteindre la création et le maintien d'un haut niveau de flexibilité financière. De même, la stratégie des ressources humaines vise à recruter, à développer et à récompenser les talents dont la corporation ou l'unité a besoin pour atteindre ses objectifs.

V. LA STRATÉGIE COMME GESTION DE LA RELATION ORGANISATION / ENVIRONNEMENT

On peut définir la stratégie en situant l'entreprise dans un secteur industriel, en interaction avec ses principaux partenaires. Suivre ce cheminement, c'est mettre le cap sur la dynamique de la concurrence, sur le rôle et l'importance des clients et des fournisseurs, c'est décrire l'entreprise en regard des autres acteurs dans la réalité socio-économique dans laquelle elle agit.

La place qu'occupe une entreprise dans un secteur industriel n'est pas uniquement influencée par les transactions, d'affaires, mais elle est tributaire de relations avec les gouvernements, les citoyens et la société. En fait, la place dans le réseau est le résultat de cet ensemble de relations que l'entreprise a tissé avec des partenaires parfois très actifs mais parfois peu visibles.

L'environnement est un facteur important dans la vie d'une organisation. C'est à la fois la source des ressources et des opportunités et la source de dangers et de menaces. La gestion de la relation est donc essentielle pour la survie de l'organisation.

Dans la littérature, il existe en général deux grands courants concernant cette relation. Le premier courant pourrait être considéré comme déterministe et établit que l'environnement force des comportements, faute de quoi l'organisation peut disparaître. Le deuxième courant est volontariste et prône le libre arbitre. Pour ce courant, l'environnement n'existe pas en dehors de la firme. Ce sont les gestionnaires qui le conceptualisent et, au fond, le créent. En d'autres termes, on peut modifier son environnement à loisir si on le veut vraiment.

A. L'ENVIRONNEMENT COMME UNE DONNÉE INÉVITABLE

L'environnement est ce qu'il est. Il faut le comprendre et s'ajuster pour y survivre. C'est un peu cela qui a été fait par la société américaine Schneider National, le leader dans le transport routier depuis la déréglementation de 1980.

Avant 1980, tout se faisait selon des règlements très stricts. Le transporteur ne pouvait pas transporter n'importe quoi, n'importe où. De même, les clients ne pouvaient pas changer de transporteur selon leur gré. À partir de 1980, c'est tout un monde nouveau qui apparaît avec la déréglementation du transport routier.

Les clients en profitent pour exiger une précision plus grande des livraisons et, bien sûr, des coûts faibles. Eux-mêmes font face à des pressions concurrentielles nouvelles forçant notamment une réduction des coûts de stockage et donc l'adoption de la livraison « juste à temps ». Ainsi, Peter Baker, directeur des Services logistiques de Sears affirme :

When the truck is 20 minutes or half an hour late, things start going wrong [17].

En effet, lorsqu'un véhicule articulé de Schneider arrive avec ses appareils ménagers à l'entrepôt de Sears, les camions de Sears l'attendent le long du quai et sont chargés sans tarder, car la marchandise doit être livrée au client le jour même.

Pour Dan Schneider, le président de Schneider National, la survie passait par une adaptation rapide. Pour pouvoir parvenir à une telle précision, il a fallu mettre en place une stratégie d'adaptation en deux parties. Il fallait changer les mentalités, rendues très rigides par les pratiques des Teamsters, en mettant l'accent sur la notion de réflexes et de travail bien fait. Dan Schneider a aussi démocratisé l'entreprise en appelant notamment ses employés des « associés » et en supprimant les privilèges des dirigeants comme les places de stationnement réservées. Il explique :

---

17. Dès que le retard du camion atteint 20 minutes ou une demi-heure, les problèmes commencent.

You deemphasize title and emphasize the ability and the importance of the person [18].

Ainsi, il encourage tous les employés à proposer des formules qui peuvent améliorer les opérations de l'entreprise et, chaque mois, il donne à chacun de ses 8 500 employés une cinquième paie, basée uniquement sur la performance. Il ajoute :

You have to have a culture that allows people to hustle [19].

Enfin, pour que Schneider soit à la fine pointe de l'information technologique, il équipe, en 1988, chaque camion d'un ordinateur et d'une antenne tournante lui permettant de rester en contact étroit avec ses camionneurs. Les résultats de ces actions sont spectaculaires. L'entreprise est en très forte croissance dans un marché saturé et très concurrentiel. Bob Bowler, directeur de la distribution de Procter & Gamble, dont les commandes doivent souvent être livrées le jour même, indique son appréciation :

... they're more than leading edge. They're setting the pace for the whole industry [20].

Voilà une illustration de l'importance que l'environnement peut prendre et de l'importance que la stratégie d'adaptation peut jouer dans la survie des organisations.

Cinq courants théoriques ont affirmé l'importance de l'environnement dans le développement de la stratégie de la firme. Le premier courant, appelé généralement le courant de l'écologie des populations d'organisation (Hannan & Freeman, 1984), a puisé à la biologie pour affirmer qu'à long terme seules les organisations qui évoluent régulièrement avec leur environnement sont susceptibles de survivre. Les organisations qui ne procèdent que par ajustements brutaux courent le risque de disparaître.

Le deuxième courant est celui de l'école de la contingence (Thompson, 1967 ; Lawrence & Lorsch, 1967) qui affirme que l'environnement engendre des incertitudes pour l'organisation et, pour pouvoir y faire face, elle doit adapter sa stratégie et son fonctionnement. En particulier, ce courant suggère que, lorsque l'environnement est stable, les stratégies et les fonctionnements les plus adaptés sont ceux qui mettent l'accent sur l'efficience et la réduction des coûts, donc sur la standardisation et la stabilité. Lorsque l'environnement

---

18. On met l'accent moins sur le titre et plus sur les capacités et l'importance des personnes.
19. Il faut avoir une culture qui permet aux gens de se décarcasser.
20. Non seulement ils sont à la pointe de la technologie, mais de plus ils sont devenus la référence pour toute l'industrie.

est changeant et incertain, la stratégie la plus appropriée est celle qui met l'accent sur la surveillance et l'adaptation rapide. Donc, la décentralisation et la rapidité de réaction sont privilégiées.

Le troisième courant (Cyert & March, 1963) met l'accent sur l'importance de la structure et sur la difficulté qu'il y a à changer de manière volontariste. Le changement ne peut se faire que lorsqu'on modifie les routines qui caractérisent les structures. En conséquence, on pourrait interpréter les enseignements de cette école comme suit :

1. Essayer de comprendre la structure de l'environnement et les routines qui le caractérisent ;
2. Découvrir les acteurs et les mécanismes qui permettent de modifier ces routines ;
3. Agir pour que les routines soient modifiées de façon à favoriser l'organisation.

Nous pouvons mentionner un quatrième courant, proche du précédent — l'école de la dépendance (Pfeffer & Salancik, 1977) — qui affirme que la dépendance (ou le degré de dépendance) face à l'environnement est déterminante pour la survie de l'organisation et que la stratégie doit être entièrement orientée vers la compréhension des sources de dépendance de l'organisation et de leur fonctionnement, puis vers l'action nécessaire pour les influencer.

Le dernier courant, qui est actuellement très connu, est celui de l'économie industrielle, qui a été popularisé par M. Porter (1979). Ce courant affirme que la structure de l'industrie détermine la stratégie de la firme et ultimement sa performance. M. Porter a été capable en particulier de proposer un cadre simple d'analyse de la structure de l'industrie qui est très populaire parmi les gestionnaires et sur lequel nous reviendrons au chapitre V.

B. LE LIBRE ARBITRE COMME FACTEUR DE CRÉATION DE L'ENVIRONNEMENT

D'après certains théoriciens (Weick, 1976), l'environnement n'existe pas, il est créé. Utilisant les résultats de recherche de la psychologie, ces auteurs affirment que notre perception est toujours affectée par les limites de notre système personnel, nos biais, nos croyances, nos préférences. En d'autres termes, on ne voit que ce qu'on veut voir. L'environnement, qui mérite notre attention, n'est pas un absolu en dehors de nous, c'est celui que nous créons.

En conséquence, tout est libre arbitre. Les gestionnaires doivent se rendre compte que concevoir l'environnement est le cœur même de leur stratégie. Ainsi, si les dirigeants de l'École des HEC décidaient que leur environnement est constitué des gestionnaires d'entreprises québécoises, ils amèneraient l'École à se comporter de manière à les servir convenablement, donc à les satisfaire pour garantir leur soutien et la survie de l'École. Cela inclurait par exemple le recrutement et la récompense de professeurs dont la sensibilité à la problématique des entreprises québécoises est grande et qui vont privilégier le service direct à ces entreprises. Ce service pourrait prendre la forme de consultations ou de recherches simples destinées à traduire les résultats de recherches, sur des systèmes similaires, conduites ailleurs.

Si, par contre, l'environnement était élargi, pour inclure par exemple les gestionnaires des autres provinces et d'autres pays, la stratégie serait alors complètement différente. En particulier, le recrutement, la promotion, etc., s'orienteraient vers des personnes ayant des préoccupations de recherche plus générales et plus fondamentales, avec un intérêt pour la recherche qui ne soit pas circonscrit au Québec.

Les travaux les plus importants dans ce domaine ont été réalisés par l'école de Harvard (Andrews, 1987). Le concept de stratégie, tel qu'il a été conçu par Andrews, Christensen et les autres, est aujourd'hui l'un des instruments d'analyse les plus utilisés par les gestionnaires et les sociétés de consultants. Le concept est détaillé au chapitre IV, mais, en attendant, nous pouvons indiquer que sa structure inclut :

• LA FORMULATION DE LA STRATÉGIE, sur la base d'une analyse de l'environnement (dégager les opportunités et les menaces) et d'une analyse interne (dégager les forces et les faiblesses), en prenant en considération les choix de nature éthique ou sociétale, qui caractérisent l'organisation, et les valeurs des dirigeants ;

• LA MISE EN ŒUVRE DE LA STRATÉGIE, grâce à des structures, à des systèmes de fonctionnement, à des styles de leadership et, en général, à un processus de gestion, tous adaptés aux objectifs dégagés lors de la formulation.

C'est dans ce domaine du libre arbitre que la littérature est la plus abondante. En particulier, les écrits sur la planification d'entreprise peuvent être rattachés à ces courants (Mintzberg, 1991). Nous reviendrons sur tout cela au chapitre IV, mais nous pouvons dès à présent prendre un exemple pour illustrer l'importance du libre arbitre.

Dan Ferguson, le jeune président de Newell Co. a fait, d'après Fortune (1992) une révolution en décidant de mener ses activités de manière nouvelle et différente. En 1965, un peu comme J.-P. Gagné, il succède à son père, un modeste fabricant de tringles à rideaux, installé à Freeport, dans l'Illinois. Ferguson a de l'ambition : il veut vendre ses tringles directement à des décorateurs et aussi en Europe. Comme pour les images d'Escher, l'arrière-plan passe à l'avant si on regarde suffisamment longtemps. Appliquant ce principe, Ferguson décide de faire dévier l'intérêt que sa clientèle de base porte à sa gamme de produits.

Il constate que le commerce de détail connaît une transformation complète. Les magasins du centre-ville perdent du terrain au profit des grandes surfaces qui s'installent dans de nouveaux centres commerciaux. Il constate aussi que le commerce de détail est entre les mains de quelques entreprises très puissantes. La meilleure stratégie, pense-t-il, consiste peut-être à vendre plusieurs produits différents au petit groupe de marchands de masse qui dominent le marché national.

Faisant déjà des affaires avec Woolworth, Kresge et le dernier-né de Kresge, K-mart, Ferguson se met à racheter toute une série de quincailleries et de fabricants d'ustensiles ménagers, afin d'élargir sa gamme de produits. Il restructure toutes ses acquisitions pour en faire des entreprises aussi efficaces que la sienne. Pour cela, il resserre les contrôles financiers, établit des objectifs de profit élevés et choisit ses gammes de produits en accord avec ses marchés. La « Newellization » devient bientôt le standard de l'ensemble de la compagnie. Cependant, comme Ferguson l'a appris de ses professeurs de gestion, cette stratégie a aussi des inconvénients, car :

All the weight is on their (les clients) side. They can kill you [21].

En réponse à cela, Ferguson entreprend de se rendre indispensable en comblant tous leurs besoins. Il leur vend non pas un article en particulier mais, selon une variété de modèles et avec une variété de prix, tout un déploiement de produits allant des tringles aux pinceaux et rouleaux de peinture et aux ustensiles de cuisine. Pour les casseroles de cuisine, par exemple, il utilise un comptoir de présentation, d'une vingtaine de pieds, qu'il installe dans chaque magasin, et pour les tringles à rideaux, il utilise une présentation par ordinateur. Il garde ainsi ses clients parce que ce qu'il leur propose leur est profitable et qu'il leur offre une panoplie de services additionnels. Il explique :

We are a service organisation. Anyone can make this stuff. It's not high tech [22].

En partenariat avec ses clients, Ferguson leur propose du « sur mesure » tout en les aidant à maintenir des stocks très bas, sans rupture, grâce à un

---

21. Toute la puissance est du côté des clients. Ils peuvent vous détruire.
22. Nous sommes une organisation de services. N'importe qui pourrait faire cela. Ce n'est pas de la haute technologie.

système informatisé qui le relie directement aux caisses de chaque magasin. Il applique la formule de Walter Wriston, l'ancien président de Citibank, qui aurait affirmé dans un livre à paraître :

> If you lock your customer into your system, it's very difficult for the other fellow to get in [23].

Ferguson ajoute en parlant de ses concurrents :

> They made the mistake of buying junk. I used to get a competition kick out of following these guys, but they're not around anymore [24].

Avec la venue sur le marché de chaînes spécialisées dans les produits de bureau, Ferguson a commencé à acheter des fabricants de produits de bureau. Il a aussi fait des « alliances stratégiques » avec Black & Decker et EKCO en prenant des participations respectives de 15 % et 5 % dans ces entreprises. Cela lui permet de rajouter des cordes à son arc. Pour Ferguson, « stratégique » signifie avoir de puissants alliés de sorte que les Wal-Mart de ce monde le traitent avec respect.

Figure 1   Les multiples facettes de la stratégie

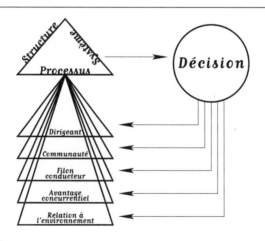

---

23. Si vous enfermez le client dans votre système, les autres auront bien du mal à s'y insérer.
24. Il ont fait l'erreur d'acheter de la camelote. Il fut un temps où je ressentais de l'excitation à les suivre, mais, à présent, ils ne sont plus là.

Annexe 1 *Credo de Johnson & Johnson*

Notre premier devoir est de bien servir les médecins, les infirmières, les patients, les mères de famille et toute personne qui utilise nos produits et nos services. Nous devons faire preuve d'un souci constant de la qualité dans tout ce que nous faisons pour satisfaire nos clients. Nous devons toujours nous efforcer de réduire les coûts de façon à maintenir des prix modérés. Nous devons exécuter les commandes de nos clients avec rapidité et minutie et permettre à nos fournisseurs et distributeurs de toucher leur juste part de profits.

Il est aussi de notre devoir de respecter le principe de la dignité de la personne humaine qui s'applique à tous nos employés, hommes et femmes, partout à travers le monde. Nous devons nous assurer que nos employés travaillent dans un climat de confiance et dans un milieu propre, ordonné où leur santé et leur sécurité ne sont pas menacées : nous devons rémunérer nos employés de façon juste et équitable. Nous devons permettre à nos employés d'exprimer librement toute plainte ou suggestion et offrir des chances égales d'emploi, de perfectionnement et d'avancement à toute personne qualifiée. Nous devons nous assurer que nos entreprises soient dirigées par des personnes qualifiées, qui fassent preuve de justice et d'éthique professionnelle.

Nous avons aussi un devoir envers notre environnement immédiat et envers l'humanité tout entière. Nous devons être de bons citoyens, accorder notre appui aux œuvres de bienfaisance et acquitter notre quote-part d'impôts. Nous devons favoriser toute amélioration du bien-être de l'ensemble des citoyens, contribuer à la protection de la santé et encourager toute action visant à rendre l'éducation accessible au plus grand nombre possible. Nous devons entretenir notre propriété, car nous avons un rôle à jouer dans la protection de l'environnement et des ressources naturelles.

Nous sommes aussi responsables envers nos actionnaires. L'entreprise doit réaliser un juste profit. Nous devons être à l'avant-garde du progrès, poursuivre les recherches, mettre au point des programmes novateurs et assumer le coût de nos erreurs. Nous devons renouveler nos équipements, construire de nouvelles installations et lancer de nouveaux produits. Nous devons créer des réserves en prévision des temps plus difficiles. Si nous adoptons cette ligne de conduite, nos actionnaires seront satisfaits de leurs produits.

Annexe 2 Énoncé de mission de Cossette

Mission

Avoir la passion et le courage de réinventer jour après jour, avec nos clients, les solutions de communication les plus remarquables et les plus performantes.

Réinventer

- Imaginer de nouvelles façons de faire les choses
- Aimer l'inédit
- Apprécier l'audace
- Être à l'aise dans le changement

Remarquable

- Avoir de l'impact
- Surprendre
- Influencer

Performant

- Atteindre des résultats
- Prouver l'efficacité de nos actions en mesurant leur performance
- Emmagasiner et apprendre de nos expériences

Source : Cossette Design (Québec)

Annexe 3 Le style Cray

À la Cray Research, nous prenons ce que nous faisons au sérieux, mais nous ne nous prenons pas très au sérieux.

Nous sommes extrêmement sensibles à la qualité. À la qualité des produits, bien sûr, mais aussi à la qualité de notre environnement de travail, des gens avec qui nous travaillons, des outils que nous utilisons, des composants que nous choisissons. Nous croyons que ce qui est économique, ce sont les choses qui ont de la valeur, pas celles qui coûtent cher. Nous croyons que l'esthétique est partie intégrante de la qualité. Nos efforts en faveur de la qualité s'étendent aux collectivités au sein desquelles nous travaillons et vivons.

Chez Cray, nous sommes sans façon et non bureaucratiques. Nous aimons les communications verbales, pas les notes de service. Notre mot d'ordre est : « Téléphonez, n'écrivez pas. »

Les gens qui travaillent chez Cray s'amusent bien. On rit dans les couloirs, même quand on y discute sérieusement. Les dirigeants sont cordiaux et accessibles, même s'ils tiennent avant tout à ce que le travail soit fait.

Nous sommes informels, mais nous sommes aussi sûrs de nous. Les membres de la Cray sont conscients d'appartenir à une équipe gagnante. Ils aiment réussir et ils réussissent. C'est cette assurance qui leur permet d'être capable de dire à leurs subor-donnés : « Allez-y, essayez, nous veillerons à ce que ça marche. »

Chez Cray, nous sommes fiers de ce que nous sommes et de ce que nous faisons. Le professionnalisme est important. Employés et cadres agissent en professionnels et sont traités comme tels. Ils sont convaincus que leurs collègues feront bien leur travail conformément aux normes éthiques les plus élevées. Ils prennent ce qu'ils font très au sérieux. Mais ils ne sont pas pour autant prétentieux et guindés. Ils ont une attitude directe, simple même. Ils ne se prennent pas trop au sérieux.

Parce que chez nous, les individus sont rois, on peut exprimer toutes sortes d'opinions sur la nature exacte de Cray Research. En fait, la Cray Reseach ne représente pas la même chose pour tout le monde. La cohérence vient de ce que nous pouvons apporter à ces personnes bien diverses l'occasion de se réaliser elles-mêmes. La créativité dont fait preuve la société vient des nombreuses idées des individus qui la composent. Et c'est cela la véritable force de la Cray Research.

Source : Rapport annuel de 1982.

Chapitre III

L'ENTREPRISE, LA COMMUNAUTÉ ET LA SOCIÉTÉ

par Francine Séguin

Le chapitre II a mis en évidence cinq aspects fondamentaux de la stratégie. Derrière ces aspects se profilent des éléments qui sont essentiels pour comprendre comment se forment les stratégies, à savoir l'individu, l'environnement, l'organisation et la communauté. Selon l'importance que l'on accorde à l'un ou l'autre de ces éléments, on oscille entre une perspective qui accorde une grande place au dirigeant au sommet, et une perspective qui l'évacue au profit de déterminants organisationnels ou environnementaux.

Il y a un premier type d'approches qui considère l'**individu**, essentiellement le gestionnaire au sommet, comme un chef d'orchestre ayant des valeurs (Barnard, 1938 ; Andrews, 1973) ; on accorde beaucoup d'importance à sa vision (Westley et Mintzberg, 1988 ; Filion, 1988), à ses processus cognitifs et aux biais qui les caractérisent (Schwenk, 1984 ; Dutton et Jackson, 1987 ; Laroche et Nioche, 1994), à ses pathologies, obsessions et traits caractériels (Kets de Vries et Miller, 1991 ; Noël, 1989 ; Lapierre et Kisfalvi, 1994 ; Pitcher, 1992). Certaines de ces approches, comme celles d'Andrews et de Barnard, peuvent être qualifiées de « volontaristes », alors que d'autres, tout en accordant de l'importance à l'individu, sont davantage déterministes.

À l'opposé, toute une série d'approches minimise le rôle que joue le gestionnaire au sommet dans les choix stratégiques de l'entreprise. C'est le cas des travaux se rattachant au courant de la planification stratégique (à la suite de Ansoff) et à celui du positionnement (à la suite de Porter). Dans le premier cas, le dirigeant cède la place au planificateur ; dans le deuxième cas, à l'économiste industriel. C'est à eux que revient la tâche de comprendre l'organisation et l'environnement, et de déterminer les stratégies pertinentes. Dans ces approches, le poids de l'**environnement** est très important. Cette importance de l'environnement, on la retrouve dans toute sa lourdeur dans les travaux gravitant autour de l'écologie des populations (Hannan et Freeman, 1977 ; Aldrich et Pfeffer, 1976), et d'une façon plus mitigée dans les approches contingentes (Miller et Friesen, 1977 ; Miller, 1993) et les études de réseaux interorganisationnels qui ont débouché sur le concept de stratégie collective (Fombrun et Astley, 1983).

La place que l'on accorde tantôt au gestionnaire au sommet, tantôt à l'environnement ne signifie pas que les **facteurs organisationnels** ne jouent aucun rôle. Au contraire, Andrews accorde beaucoup d'importance à la formulation que le dirigeant fait des forces et faiblesses de son organisation ; quant à Porter, il fait de la valeur produite par les activités principales ou de soutien de l'entreprise un élément clé pour la construction d'un avantage concurrentiel. Mais les facteurs organisationnels ne se résument pas à la liste qu'en font Andrews et Porter. En effet, on s'intéresse de plus en plus à la mémoire de l'organisation (Kim, 1993), aux paradigmes organisationnels (Johnson, 1988) et à la « logique dominante » de l'organisation (Prahalad et Bettis, 1986). Ces éléments nous amènent à accorder de l'importance aux groupes organisationnels et à la **communauté d'acteurs** dans la formation des stratégies. Cette réintroduction de la communauté d'acteurs pour la compréhension des choix stratégiques ouvre plusieurs perspectives intéressantes :

1. Elle maintient le rôle du dirigeant au sommet, mais évite d'en faire un *deus ex machina*, un être tout-puissant dont la clairvoyance, la vision, les pathologies ou les obsessions expliquent à elles seules les choix stratégiques de l'entreprise.

2. Elle place le dirigeant au sommet dans ses interactions avec les autres acteurs et groupes de l'organisation.

L'organisation devient un lieu d'action sociale, caractérisé par la coopération et le conflit, le consensus et la dissension, des valeurs partagées et des intérêts particuliers. Les facteurs politiques et culturels internes à l'organisation trouvent alors un ancrage. Ces facteurs politiques peuvent être abordés sous l'angle des coalitions ou sous celui des mouvements sociaux à l'intérieur des organisations. Ils sont toujours présents et expliquent comment certains individus et groupes réussissent à imposer leur conception des dilemmes auxquels l'organisation est confrontée et des stratégies qui sont pertinentes. Quant aux facteurs culturels, ils sont abordés sous plusieurs angles, dont celui des valeurs, des mythes et des idéologies.

La stratégie peut être considérée comme le résultat d'un apprentissage collectif progressif. On élimine alors la dichotomie entre la pensée et l'action, la pensée devant précéder l'action, comme c'est le cas avec Andrews, Ansoff ou Porter. On s'intéresse plutôt aux relations réciproques et continues qui existent entre la pensée et l'action, l'une ou l'autre se nourrissant mutuellement.

On continue d'accorder de l'importance à l'environnement, non pas comme élément extérieur à l'organisation qui « détermine » de façon implacable les choix stratégiques, mais comme une réalité complexe que les acteurs et groupes de l'organisation lisent, appréhendent et intègrent dans leur action stratégique.

Il y a alors une assise pour les stratégies émergentes, qui ne sont pas considérées comme de simples stratégies « non délibérées », mais comme des stratégies qui émergent de l'action collective, laquelle se produit au sein d'une organisation qui est en relation constante avec son environnement.

C'est à cette communauté d'acteurs que nous nous intéresserons dans la suite de ce chapitre. Dans un premier temps, nous montrerons comment toute communauté d'acteurs joue un rôle dans les choix stratégiques qui sont faits. Dans un deuxième temps, nous relierons la communauté d'acteurs à la société globale. C'est à ce moment-là que nous accorderons de l'importance aux questions de frontières, de mécanismes de relais et de légitimité.

I. LA COMMUNAUTÉ D'ACTEURS ET LA STRATÉGIE

L'histoire de Honda illustre bien le rôle que peut avoir une communauté d'acteurs dans les choix stratégiques et le succès d'une entreprise (Pascale, 1984). Honda s'est rapidement imposé aux États-Unis, au début des années 60, comme le leader dans l'industrie des motocyclettes. En 1966, l'entreprise avait 63 % des parts de marché, reléguant loin derrière elle Yamaha, Suzuki et BSA/Triumph avec 11 %, et Harley-Davidson avec 4 %. Ce succès, tout comme celui de plusieurs autres entreprises japonaises, s'explique en partie par le fait que les dirigeants au sommet avaient certaines idées quant à l'expansion de l'entreprise et qu'ils ont été capables de les faire évoluer à partir de l'intervention des vendeurs et des ouvriers de production. Si Honda a réussi, c'est qu'au-delà de la capacité inventive des dirigeants, la formation de la stratégie s'est faite par essai et erreur, en faisant participer tous les niveaux de l'organisation. Le rôle des dirigeants a consisté à orchestrer les actions venant de la base et à créer un contexte favorable à l'apprentissage collectif en mettant en place des structures appropriées, en adoptant un style de gestion favorisant la mise en commun et en tablant sur certaines valeurs partagées par l'ensemble des membres de l'organisation.

Cette conception « pluraliste » de l'organisation et de la stratégie, qui réintroduit la compétence de tous les acteurs et leur rôle dans la prise de décision stratégique, est une cassure par rapport au courant « élitiste » qui a profondément marqué nos conceptions de l'organisation, de la gestion et de la stratégie. De Michels à Fayol et à Andrews, les gestionnaires au sommet ont toujours été considérés comme les seuls à qui il revient de penser, d'analyser, de diagnostiquer et de prendre des décisions, leurs décisions devant ensuite être opérationnalisées et mises en œuvre par « la base », par les « subalternes ».

La réintroduction de la communauté d'acteurs dans les modèles de prise de décision stratégique et la vision pluraliste qui la sous-tend nous amènent à accorder de l'importance aux jeux politiques internes et au rôle de la culture organisationnelle et des sous-cultures qui la constituent.

La communauté d'acteurs n'est pas un tout homogène, orienté vers l'atteinte d'un but commun. Elle est constituée d'individus et de groupes qui peuvent avoir des **intérêts divergents**. Que l'on pense aux intérêts des dirigeants, qui peuvent être différents de ceux des actionnaires, et aux intérêts de ces deux groupes par rapport à ceux des travailleurs. Que l'on pense aux intérêts divergents des différents groupes professionnels qui œuvrent au sein d'un hôpital et qui apparaissent clairement lorsqu'on discute des orientations à privilégier dans le système hospitalier.

Afin d'augmenter leur capacité à modifier l'action et à imposer leur vision quant au devenir de l'organisation, les individus forment des **coalitions**. Ces coalitions peuvent être très efficaces. François Champagne (1982) nous a montré comment une coalition dominante peut avoir suffisamment de pouvoir pour modifier la mission et les buts d'une organisation et faire prévaloir sa propre définition du devenir de l'organisation. Lorsqu'on a créé la Cité de la santé à Laval, ce centre hospitalier devait adopter comme priorité la prévention et ne pas s'en tenir uniquement aux soins des malades, comme c'est le cas dans la plupart des hôpitaux. Il devait aussi s'appuyer sur les omnipraticiens, et non d'abord sur les médecins spécialistes. Il devait enfin faire une large place aux professionnels de la santé, autres que les médecins et les infirmières (psychologues, physiothérapeutes, etc.). Cette mission tranchait avec la mission traditionnelle d'un hôpital et visait à redistribuer le pouvoir entre les divers intervenants du milieu hospitalier. Ce faisant, elle remettait en cause la place, le rôle et certains privilèges des médecins spécialistes. Par un jeu subtil de coalition avec les infirmières, les médecins spécialistes ont réussi, en moins de cinq ans, à modifier la mission de l'hôpital et à s'assurer que leurs intérêts soient préservés.

Au sein de la communauté d'acteurs, **le pouvoir et l'influence** sont inégalement répartis et sont fonction des atouts dont disposent les acteurs. Ces atouts peuvent être de toutes sortes : le sexe, l'ethnie, le niveau d'éducation, la compétence professionnelle, le capital, le contrôle d'une zone d'incertitude importante pour l'organisation, la reconnaissance à l'extérieur de l'organisation, la place dans la structure hiérarchique, des liens privilégiés avec l'environnement, etc. Être un homme, être Blanc, avoir un diplôme universitaire (en génie plutôt qu'en anthropologie), voilà certaines bases de pouvoir qui confèrent à ceux qui les détiennent une place et un rôle privilégiés au sein des organisations, et donc dans le processus de prise de décision stratégique. Fligstein (1987) nous montre comment le pouvoir dans les 100 plus grandes entreprises américaines est passé des entrepreneurs et du personnel de production au début du siècle, au personnel de vente et de marketing dans les années 1950, et enfin aux gens de finance au cours des 25 dernières années. Ce sont les « financiers » de l'organisation qui ont maintenant un rôle décisif quant au choix des orientations stratégiques des entreprises. Compte tenu des ressources financières nécessaires pour gagner la partie dans un environnement concurrentiel mondial, les financiers se voient conférer beaucoup de pouvoir au sein des entreprises.

La communauté d'acteurs a une vie politique, mais elle a aussi une vie culturelle. Certains considèrent que, pour être performante, l'organisation doit avoir une **culture organisationnelle homogène**, dont les valeurs, normes et idéologies sont largement partagées par tous les membres de l'organisation. À leurs yeux, la culture peut être utilisée comme un outil de gestion et elle peut aider à la mise en œuvre des stratégies (Peters et Waterman, 1980 ; Hampden-Turner, 1990). D'autres considèrent que l'organisation n'a pas de culture, mais que la communauté d'acteurs est en elle-même une culture. La culture est alors envisagée comme une structure de connaissances, un système de significations partagées et le reflet de processus largement inconscients (Geertz, 1973). D'autres enfin considèrent qu'il existe non pas une culture organisationnelle, mais des **sous-cultures** dont l'existence s'explique par la situation des différents sous-groupes dans l'organisation. Chacune de ces sous-cultures, au-delà de certaines valeurs et normes communes qu'elles partagent, a développé à travers le temps des façons différentes de concevoir l'organisation et son devenir. C'est ce qui explique que certaines orientations stratégiques privilégiées par les dirigeants, quoique tout à fait rationnelles de leur point de vue, puissent être rejetées formellement ou informellement par certains groupes de l'organisation, au nom d'une rationalité alternative. Beaucoup d'entreprises ont connu cela lorsqu'elles ont décidé d'informatiser leurs activités afin d'être plus concurrentielles et plus performantes. Quoique très rationnelle, cette stratégie heurtait de front les valeurs et façons de faire de certains sous-groupes de l'organisation. Plusieurs problèmes d'implantation s'expliquent par ce heurt de sous-cultures différentes.

Hedberg et Jönsonn (1977) se sont beaucoup intéressés à un aspect de la culture, à savoir les mythes. Pour eux, le développement d'une stratégie s'explique par l'existence de ces mythes ; l'abandon et le remplacement d'une stratégie par une autre surviennent lorsque les acteurs perçoivent un écart important entre le mythe et la réalité extérieure. Cela est fréquent dans tous les types d'organisations, qu'elles soient privées, publiques ou coopératives. C'est ainsi que le développement du mouvement coopératif Desjardins a été favorisé par l'existence du mythe entourant le père fondateur (Alphonse Desjardins). Certaines de ses convictions sont aussi devenues des mythes qu'il ne fallait point remettre en question. Il en a été ainsi de l'idée qu'il fallait favoriser l'épargne en décourageant l'utilisation des cartes de crédit. Pendant plusieurs années, personne n'osait remettre en cause cette façon de concevoir les choses. Par la suite, les membres du mouvement sont devenus de plus en plus nombreux à remettre en question ce mythe et à forcer un virage stratégique qui a abouti à la création de la carte de crédit Visa-Desjardins.

Pour Brunsson (1982), l'irrationalité est souvent nécessaire pour qu'une communauté d'acteurs accepte un changement. Ce sont les mythes, croyances et idéologies qui jouent ce rôle et contribuent à diminuer l'incertitude liée au changement. Ce faisant, ils agissent comme éléments motivateurs et ils poussent les individus à l'action.

La communauté d'acteurs, avec la vie politique et culturelle qui l'anime, participe au processus de formation des stratégies. Certains individus, groupes ou coalitions jouent un rôle déterminant dans la formulation de certaines stratégies ; d'autres interviennent davantage au moment de la mise en œuvre et ont alors un rôle décisif quant au succès ou à l'échec des stratégies. Mais tous ont un rôle stratégique.

II. DE LA COMMUNAUTÉ À LA SOCIÉTÉ

Parler de société, c'est parler de l'environnement économique, social, politique, culturel et technologique. La société n'est rien d'autre que cet environnement dans lequel baigne l'entreprise et avec lequel elle entretient des relations variées et complexes.

En stratégie, il y a une longue et solide tradition qui consiste à privilégier **l'environnement économique** et à accorder une importance déterminante aux acteurs économiques et à la conjoncture économique à l'intérieur de laquelle une entreprise évolue. C'est ce qu'Andrews fait. Bien qu'il ne réduise pas les « opportunités et menaces » au seul environnement économique, il accorde cependant une grande importance à ce dernier, aux acteurs qui le constituent et aux tendances de l'offre et de la demande. Avec Porter, la société se réduit, à peu de choses près, au seul environnement économique, et la dynamique de la concurrence est alors un facteur déterminant dans le choix des stratégies.

Il y a aussi une certaine tradition en analyse des organisations et, par ricochet, en stratégie, à accorder de l'importance à la **culture sociétale** et à l'influence qu'elle peut avoir sur les choix stratégiques qui sont faits. Déjà en 1963, Michel Crozier, dans *Le phénomène bureaucratique*, décrivait le mode de fonctionnement de deux entreprises françaises et expliquait la forte bureaucratisation de ces entreprises par l'existence de certains traits culturels, entre autres la peur que les Français ont des face-à-face et l'importance qu'ils accordent à la hiérarchie sociale. Ces entreprises étaient alors sclérosées, incapables de changer et de se donner de nouvelles orientations stratégiques. Seule une crise majeure pouvait agir comme déclencheur et amener du changement. Quant à Fritz Rieger (1986), il a étudié huit compagnies d'aviation implantées dans cinq pays et donc en contact avec cinq cultures différentes. Il relie le processus de décision stratégique de ces entreprises à certaines configurations culturelles.

Enfin, bien qu'on ait longtemps négligé le rôle de l'**environnement politique**, celui-ci a fini par s'imposer comme un élément important pour la compréhension de la formation des stratégies. Les approches institutionnelles en théories des organisations ont joué, à cet effet, un rôle non négligeable (Di Maggio et Powell, 1983 ; Zucker, 1987). Pour les institutionnalistes, les phénomènes organisationnels, comme le choix de structures ou de stratégies, sont déterminés par l'environnement institutionnel plutôt que par l'environnement technique. Cet environnement institutionnel est contraignant et l'organisation, pour survivre et se développer, doit s'y adapter. L'environnement institutionnel exerce contrainte et pouvoir, sans beaucoup de marge de manœuvre de la part de l'organisation.

Il y a une autre façon de parler de l'environnement politique, et c'est l'approche des teneurs d'enjeux, les *stakeholders*. Cette approche consiste à reconnaître que les gestionnaires doivent tenir compte non seulement des actionnaires, mais aussi des individus et groupes situés dans l'environnement de l'entreprise. Ils sont de plus en plus nombreux à regarder de près l'action des entreprises et à intervenir lorsqu'ils estiment que cette action est préjudiciable au mieux-être des citoyens. Prenons le cas d'Hydro-Québec. Il s'agit d'une société d'État qui a toujours eu une marge de manœuvre importante par rapport à son actionnaire, le gouvernement québécois, et par rapport aux populations locales vivant sur les territoires où elle s'implantait. De nos jours, les stratégies de l'entreprise sont contraintes par l'obligation qui lui est faite de verser des dividendes élevés à son actionnaire et par les réactions des populations touchées, que ce soit les autochtones dans le Grand Nord ou les citoyens résidant à proximité des lignes de transmission. Tous se souviennent de la lutte menée par les citoyens de Grondines pour obliger Hydro-Québec à passer sa ligne de transmission sous le fleuve plutôt qu'au-dessus du Saint-Laurent. Malgré leur petit nombre, et malgré le fait que la solution qu'ils prônaient était plus coûteuse, ils ont réussi à l'imposer.

III. LES FRONTIÈRES ET LES MÉCANISMES DE RELAIS

Lorsqu'on s'intéresse à la société et donc à l'environnement économique, culturel, social et politique de la firme, on en arrive inévitablement à considérer l'organisation comme un système ouvert, perméable aux influences externes. Les orientations stratégiques de l'entreprise ne peuvent alors se comprendre que par les interrelations qui existent entre cette entreprise et l'environnement multiforme et complexe dans lequel elle baigne. Le fait d'accorder de l'importance à la société pose cependant toute une série de problèmes. Parmi ceux-ci, deux méritent qu'on s'y attarde, car ils ont des répercussions non seulement pour les analystes mais aussi pour les gestionnaires. Le premier concerne les « frontières » qui existent entre l'organisation et la société environnante. Le second, relié au premier, se rapporte aux « mécanismes de relais » entre la société et l'organisation, mécanismes qui permettent aux facteurs externes d'être présents à l'intérieur de l'organisation et de pouvoir ainsi influer sur les choix stratégiques qui sont faits.

De nos jours, les **frontières** de l'organisation sont de plus en plus perméables et, dans certains cas, il est de plus en plus difficile de faire une distinction entre l'organisation et l'environnement sociétal. Même les prisons, l'armée et les institutions psychiatriques, qui ont longtemps été des organisations fermées, isolées de la société et du regard social, ne correspondent plus au modèle décrit par Gofman dans son livre *Asylums*. Les stratégies et les modes de fonctionnement de ces organisations sont maintenant et de plus en plus influencés par certains groupes dans leur environnement qui réussissent à imposer leur conception des enjeux et des solutions à privilégier. Il en est de même pour certaines entreprises qui étaient les seuls employeurs dans leur région et qui avaient réussi à faire adopter leurs stratégies, non seulement à leurs cadres et employés, mais aussi aux collectivités locales dans lesquelles elles étaient implantées, collectivités qu'on appelait des *company-towns*. Le pouvoir exercé par ces compagnies-monopoles n'est maintenant plus ce qu'il était : certaines de leurs pratiques ont été remises en cause par les médias et par divers groupes dans les collectivités, si bien qu'elles ont dû, dans certains cas, revoir certaines de leurs orientations stratégiques.

Dans différentes entreprises, ce sont les systèmes d'information qui font en sorte que les frontières traditionnelles entre l'entreprise, ses clients et ses fournisseurs sont devenues ténues et arbitraires. C'est le cas de Benetton. Dans cette entreprise, on est maintenant en présence d'un long flux d'opérations englobant la production de fils et de tissus par les fournisseurs, la fabrication de vêtements et la mise en marché de ces derniers auprès des clients. Les choix quant aux produits, styles et couleurs, au volume et au rythme de production ne sont plus déterminés a priori : ils découlent des réactions quotidiennes du marché. C'est ainsi que, lorsqu'un chandail de couleur x et de style y se vend très rapidement, cette information déclenche un flux allant de la production de fil de couleur x à la fabrication de chandails de couleur x et de style y. Dans le cas de Benetton, les technologies de l'information agissent comme un mécanisme de relais entre l'entreprise et son environnement économique. Mais les **mécanismes de relais** peuvent être d'autres types. Nous n'en mentionnerons que quelques-uns :

• La socialisation est un mécanisme par lequel les individus intériorisent les valeurs et les normes de la culture sociétale dans laquelle ils vivent. Forts de cet apprentissage, ils pensent, agissent et font des choix stratégiques qui reflètent le bagage culturel qu'ils ont acquis depuis leur naissance. Ce bagage a été acquis au sein de la famille, du système d'éducation, dans les groupes d'amis et dans diverses expériences de travail et de loisir. Les individus sont aussi influencés par la culture qui est propre à leur profession. On sait très bien que la culture d'un ingénieur est passablement différente de celle d'un architecte ou d'un avocat.

L'entreprise accueille donc des individus déjà socialisés à certaines valeurs et à certaines normes. Mais plusieurs entreprises (Peters et Waterman diront parmi les plus performantes) veulent aussi les socialiser à leurs valeurs. Pour ce faire, elles consacrent beaucoup d'argent pour la formation maison de leur personnel afin de lui inculquer les valeurs et normes qu'elles jugent importantes pour la survie et le développement de l'entreprise. C'est ce que fait le « McDonald Hamburger College ». Elles s'assurent aussi que le système de sanctions et de récompenses encourage le développement d'initiatives et décourage certains types de comportement.

• Les structures que l'entreprise adopte vont aussi jouer le rôle de mécanisme de relais entre l'environnement et l'organisation. Certaines structures permettent à l'environnement d'être davantage pris en considération par l'entreprise. C'est le cas des structures multidivisionnelles par rapport aux structures fonctionnelles. Alors que les stratégies adoptées par les entreprises les ont progressivement amenées à se diversifier en termes de domaines d'activités et de régions géographiques, le passage de la structure F à la structure M permettait de mieux appréhender chacun de ces nouveaux domaines et marchés, et d'élaborer des stratégies d'affaires permettant de mieux faire face à la concurrence.

• L'adoption de structures de gouvernance caractérisées par la cooptation d'éléments clés de l'environnement est un autre type de mécanisme de relais entre la société (les individus et les groupes qui y ont du pouvoir) et l'entreprise. Selznick (1966), dans *TVA and The Grass Roots*, nous montre comment la cooptation de certains groupes puissants faisant partie de l'environnement du projet d'aménagement du territoire qu'était la Tennessee Valley of Authority a eu pour conséquence de modifier radicalement les choix stratégiques du départ. Il en est de même avec la pratique qui consiste à amener à un conseil d'administration des individus qui siègent déjà à d'autres conseils d'administration. C'est ce qu'on appelle les *directorships interlocks*. Cette pratique est un mécanisme de relais entre une entreprise et le réseau d'entreprises auquel elle appartient ou veut appartenir. À travers ces réseaux interorganisationnels circule de l'information qui est souvent pertinente par rapport aux orientations stratégiques d'une entreprise.

Nous disions précédemment que les questions de frontières et de mécanismes de relais n'avaient pas qu'un intérêt théorique et qu'elles étaient importantes pour la pratique de la gestion. En effet, les gestionnaires et stratèges doivent se rendre compte que l'environnement n'est pas seulement extérieur à la firme et que les mécanismes de relais le rendent « opérant » à l'intérieur même de l'entreprise. C'est ce qui explique qu'à certains moments la communauté intérieure, influencée par ce qui se passe à l'extérieur, peut forcer une entreprise à tenir compte de différentes valeurs qui ont cours dans la société et à modifier certaines de ces orientations stratégiques. C'est ce qui s'est produit avec Polaroid. Cette grande entreprise américaine a dû, devant les protestations soutenues de ses employés, se retirer de l'Afrique du Sud au moment de l'apartheid.

Les gestionnaires doivent aussi se préoccuper de la perméabilité des frontières entre l'entreprise et son environnement. À certains moments, ils doivent prendre des moyens pour augmenter cette perméabilité, car elle peut permettre à la stratégie de mieux tenir compte de la chaîne de valeurs des clients et des fournisseurs et de l'état de la concurrence. Par ailleurs, à d'autres moments, les gestionnaires doivent prendre les moyens pour diminuer cette perméabilité et isoler le cœur de l'entreprise, car ce type de protection est souvent ce qui permet à une entreprise de faire preuve d'une créativité stratégique tournée vers le futur.

IV. LA LÉGITIMITÉ ET LA STRATÉGIE

Les organisations sont donc des systèmes ouverts sur leur environnement, en constante interaction avec les éléments de cet environnement. Elles influent sur l'environnement mais elles sont, en retour, fortement influencées par ce dernier. Les frontières sont fluides, et différents mécanismes de relais font en sorte que l'environnement peut influencer la communauté d'acteurs lorsqu'elle participe aux décisions stratégiques de l'entreprise.

Au cœur des interrelations entre l'entreprise et son environnement, il y a la notion de légitimité sociale. L'action d'une entreprise est jugée légitime lorsqu'elle correspond aux attentes des individus, groupes et organisations situés dans l'environnement de cette entreprise. Plus précisément, il y a légitimité quand les teneurs d'enjeux *(stakeholders)* estiment que les actions d'une entreprise sont appropriées, compte tenu des valeurs et des normes qu'ils défendent. Une stratégie d'entreprise sera donc considérée comme légitime lorsque son contenu et le processus par lequel elle est implantée correspondent à ce qui est jugé désirable au sein d'une société donnée, plus particulièrement auprès de ceux qui détiennent un certain pouvoir par rapport à cette entreprise.

La légitimité peut être considérée comme une ressource importante et utile pour la réalisation des objectifs de l'entreprise. Cette dernière doit alors trouver des moyens susceptibles de légitimer ses orientations et ses activités. Pendant longtemps, les entreprises ont privilégié une approche de relations publiques. Plusieurs savent maintenant qu'un énoncé de mission «ronflant», une campagne de presse, des dons à un organisme de charité ou la commandite d'événements culturels ne suffisent pas à légitimer les activités d'une entreprise. Elles savent qu'elles doivent avoir une «bonne image» d'entreprise et que cela sera acquis si elles démontrent à leurs employés et aux teneurs d'enjeux, à travers l'ensemble de leurs activités ici et ailleurs, qu'elles ont une bonne présence sociale. Ceci peut les obliger à modifier certains de leurs objectifs et certaines pratiques, que ce soit leur investissement dans des pays de dictature militaire, un processus de production qui engendre de la pollution ou des pratiques sauvages de licenciement de leurs employés. La légitimation de l'entreprise passe donc souvent par la nécessité de redéfinir l'identité de l'entreprise, le système de valeurs et de significations partagées par l'ensemble de ses membres.

Le problème auquel la compagnie Nestlé a eu à faire face dans les années 1970 est instructif à cet égard. Nestlé est une importante entreprise multinationale suisse qui œuvre dans les secteurs de la production alimentaire et de la production pharmaceutique. Fondée en 1867 par Henri Nestlé, elle s'est toujours préoccupée de son image et elle a toujours estimé qu'elle avait une responsabilité sociale envers les pays en voie de développement. C'est ainsi qu'elle avait pris l'habitude, lorsque cela était possible, de produire sur place. La vente de ses préparations lactées pour nourrissons dans les pays du tiers-monde va susciter une importante controverse et conduire à un appel au boycottage de tous les produits Nestlé en 1979. Les avantages et les risques entourant la diffusion et la vente des préparations lactées dans les pays en voie de développement étaient difficiles, à l'époque, à départager. La seule chose certaine, c'est que les arguments des opposants, et leurs attaques face à Nestlé, remettaient en cause la légitimité des actions de Nestlé. Ni la campagne de relations publiques, ni les poursuites judiciaires, ni la création d'un comité d'éthique ne réussissaient à renverser la vapeur.

Le problème, c'est que les dirigeants de Nestlé ont été incapables de réfléchir stratégiquement à cette situation. Ils auraient dû évaluer la menace qui pesait sur l'entreprise, en tenant compte du fait que les préparations lactées pour nourrissons vendues dans les pays du tiers-monde ne représentaient qu'un infime pourcentage de ses ventes. Ils auraient dû mesurer le coût pour l'entreprise d'une image d'entreprise ternie. Ils auraient dû s'apercevoir que l'action des opposants, qu'elle ait été justifiée ou non, touchait à une ressource importante de l'entreprise, à savoir sa légitimité sociale.

V. EN GUISE DE CONCLUSION

Les gestionnaires qui œuvrent au sein des entreprises sont le reflet à la fois de leur société et de la formation qu'ils ont reçue. Pendant longtemps, on les a formés en leur montrant l'importance des réalités économiques et techniques. Progressivement, on a accordé de l'importance aux individus et aux groupes dans l'organisation, ainsi qu'au rôle social que l'entreprise joue. C'est à ce moment-là qu'on a commencé à s'intéresser à la communauté d'acteurs et à la légitimité comme ressource pour l'entreprise. On ne peut donc plus former des gestionnaires à la stratégie en ne s'intéressant qu'au schéma de la concurrence et qu'à la mondialisation des marchés. Pour bien former des gestionnaires à la stratégie, nous devons aussi les sensibiliser au rôle et à l'importance de la communauté d'acteurs dans la formation des stratégies, et à la nécessité pour l'entreprise d'avoir une légitimité sociale qui contribue à enrichir son image de marque.

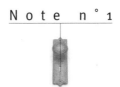

La culture et l'action

par Jean-Pierre Dupuis

Dans la plupart des situations de la vie courante, nous sommes en mesure de comprendre les comportements des personnes qui nous entourent. Nous connaissons, de manière générale, l'éventail des raisons qui peuvent pousser un individu à poser tel acte ou tel autre. Nous interprétons et expliquons ce qu'accomplissent les individus dans le cadre de ces raisons. Prenons un exemple simple pour illustrer cela[25]. Pour la majorité des Américains du Midwest, un couple qui se dispute publiquement est un couple qui fonctionne mal et qui finira par se séparer. C'est ainsi qu'un Américain du Midwest, à moins d'être un marginal, jugera anormaux des actes comme se contredire constamment en public, ne pas se tenir ensemble (l'un près de l'autre) dans les rencontres avec les amis, etc. Il exigera de son conjoint qu'il change ses manières, sinon la rupture semblera la seule issue. En effet, comme ces comportements sont une preuve que l'autre ne nous aime pas, que le couple est mal assorti, c'est une bonne raison pour se séparer, tout le monde le comprendra.

Kathleen, qui vient de se séparer pour ces raisons, se retrouve dans le nord de la France pour quelques semaines de vacances. Puis, sans s'y attendre et s'y être préparée, elle tombe amoureuse d'un Français. Mais très vite, elle déchante : son nouvel ami argumente constamment avec elle en public, il la laisse à elle-même pour aller discuter avec ses amis aussitôt qu'il se retrouve avec eux, etc. Pour Kathleen, c'est clair, son nouvel ami ne l'aime pas vraiment. Elle le quitte. Ce geste laisse le Français interloqué, car il est follement amoureux de Kathleen. Que s'est-il passé ? Kathleen a interprété le comportement de son nouvel ami à la lumière des pratiques, des valeurs, des normes de son milieu. Mais ces actes ont-ils la même signification dans la société française ? Pas du tout. En France, dans le nord du moins, il est plutôt normal que le couple vive ainsi. Si le couple argumente en public, c'est un signe de vitalité. Si le couple se sépare dans les rencontres entre amis, c'est qu'en France le groupe prime sur le couple. Ce dernier se dissout dans les

---

25. Exemple emprunté à Carroll (1987).

rencontres élargies pour se recomposer dans l'intimité. C'est le mode normal des relations de couple.

Nous entrons ici dans le domaine de la culture, clé de la compréhension d'un très grand nombre d'actes ou d'actions dont le sens premier nous échappe ou peut nous échapper. Comme le dit Boudon (1992, p. 23), « il peut être très difficile de retrouver les raisons qui ont conduit tel acteur à tel acte [...] parce qu'il appartient à une culture non familière ». C'est le cas de Kathleen qui ne parvient pas à saisir les bonnes raisons des actions de son nouvel ami. Le concept de culture nous signale l'existence de différences entre des collectivités qui mettent à l'œuvre des pratiques et des représentations différentes des nôtres, ou très semblables en apparence mais qui cachent des significations fort différentes. Le concept nous oblige à interpréter toute action par rapport à un contexte et à un milieu donnés.

C'est le mérite des travaux de Hofstede (1980) et d'Iribarne (1989), par exemple, d'avoir montré que la gestion ne se pratique pas de la même manière dans les différents pays du monde. Un dirigeant français d'une filiale française installée aux Pays-Bas et employant une main-d'œuvre locale apprend très vite que ses façons de faire ne fonctionnent pas[26]. S'il donne des ordres du haut de son statut, s'il impose un style de gestion énergique (c'est-à-dire français), il soulèvera la colère des employés habitués d'être consultés et de fonctionner au consensus. L'entreprise deviendra vite ingouvernable.

Le concept de culture, comme ensemble des pratiques et des représentations propres à une collectivité humaine, ne s'applique pas uniquement aux collectivités nationales. En fait, il n'y a pas de correspondance, d'homologie, entre la culture et la nation. Son mérite est de faire ressortir les différences entre les collectivités, qu'importe leur taille ; c'est un concept sans échelle. L'échelle est construite d'après les préoccupations du chercheur qui veut comprendre des comportements, des phénomènes. Comme le précise Lévi-Strauss (1958, p. 325), « le terme culture est employé pour regrouper un *ensemble* d'écarts significatifs dont les limites coïncident approximativement ». Le concept de culture peut donc être tout aussi utile à l'intérieur d'une même collectivité nationale pour distinguer des ordres de phénomènes. Lévi-Strauss (1958, p. 325) donne l'exemple suivant :

> Si l'on cherche à déterminer des écarts significatifs entre l'Amérique du Nord et l'Europe, on les traitera comme des cultures différentes ; mais, à supposer que l'intérêt se porte sur des écarts significatifs entre [...] Paris et Marseille, ces

---

26. Exemple tiré de d'Iribarne (1989).

*deux ensembles urbains pourront être provisoirement constitués comme
deux unités culturelles.*

L'entreprise elle-même pourra alors être considérée comme une unité culturelle, c'est-à-dire comme une source de différenciation du social, si elle présente d'une à l'autre des écarts significatifs. Nous avons évoqué des pratiques de gestion aux significations différentes dans les filiales d'une même entreprise de deux pays d'Europe. Ces différences s'expliquaient par le recours à d'autres unités culturelles comme les collectivités nationales.

Outre les collectivités nationales, quelles sont les unités culturelles qui peuvent nous permettre de comprendre les actions liées au monde de l'entreprise, les raisons qui y motivent les acteurs? On peut penser aux grandes régions du monde (Amérique, Europe, Asie...) qui mobilisent des manières d'être et des savoir-faire très différents. Il y a aussi les régions, les localités, les industries, les métiers et les groupes d'occupation qui peuvent être des sources de différenciation pour les entreprises. Ces unités culturelles sont autant de facteurs qui nous permettent de comprendre les comportements des uns et des autres dans les entreprises, tout comme les différences entre les entreprises. Examinons cela de plus près en nous appuyant sur quelques exemples.

Prenons l'exemple des groupes d'occupation et des métiers. La pratique d'un même métier ou d'une même occupation entraîne le développement d'une culture spécifique (ensemble de pratiques et de représentations propres à ce métier) qui transcende bien souvent le cadre étroit de l'entreprise. On retrouvera les mêmes caractéristiques de métier dans différentes entreprises d'une région, d'une nation ou même du monde. C'est le cas du métier de mineur par exemple où ce dernier, exposé à un milieu hostile, développera une culture qui valorise l'endurance, la bravoure, l'exploit et la très forte sociabilité de ses membres.

Un dirigeant arrivé depuis peu dans l'industrie voudra introduire une nouvelle technologie dans la mine permettant l'augmentation de sa productivité. Il se heurte pourtant à la résistance des mineurs, résistance qu'il ne comprend pas, puisque sa décision, qui est logique, rationnelle et la plus profitable pour l'entreprise, rend aussi plus sécuritaire l'accomplissement de la tâche des mineurs. Ce qu'il n'a pas compris, c'est que sa décision remet en question la culture du métier de ce groupe d'employés en isolant le mineur à son poste de travail. Les mineurs ne peuvent plus conjurer ensemble l'ennui et la peur propres à la pratique de leur métier. La réaction des mineurs n'est compréhensible qu'en référence à leur culture.

Le lieu de résidence entraîne également un ensemble de pratiques, de représentations qui différencient les populations les unes des autres. Une entreprise vient s'installer dans une région éloignée des grands centres pour bénéficier des faibles coûts de main-d'œuvre et des tarifs très bas d'hydro-électricité. Rapidement, les dirigeants sont aux prises avec une série de problèmes qu'ils n'avaient pas soupçonnés : taux d'absentéisme élevé, rotation du personnel importante, etc. C'est qu'accoutumés à du travail saisonnier, qui leur a permis de développer un mode de vie particulier, les travailleurs ont du mal à rentrer dans le moule du travail régulier sur une base annuelle. Ils s'absentent ainsi très souvent du travail pour vaquer à leurs activités traditionnelles (aller à la chasse, à la pêche, en voyage dans un grand centre éloigné de la communauté, etc.). Étant habitués à des revenus plus faibles, ils souffrent peu des pertes salariales qu'entraînent leurs absences fréquentes. D'autres employés abandonneront parce qu'ils sont incapables de suivre le rythme imposé par l'entreprise. L'entreprise vient de frapper le mur de la culture locale, ici incompatible avec une production continue et régulière. Il faudra, pour que l'entreprise arrive à un niveau de productivité satisfaisant, trouver une façon de concilier les intérêts de chacun.

Nous le voyons, le concept de culture permet de circonscrire des réalités et de décrire, d'expliquer et de comprendre des comportements qui, à première vue, peuvent sembler irrationnels. C'est uniquement en se plaçant du point de vue des acteurs et de leur culture (en tant que pratiques et représentations particulières) que l'on parvient à donner un sens à ces actions. L'association des concepts de culture et d'action nous permet de comprendre que l'action ne peut jamais être isolée de son contexte culturel. Ce n'est pas que la culture détermine les actions des individus, c'est plutôt qu'elle est la clé qui nous permet de les comprendre, d'en saisir les raisons profondes.

Le dirigeant d'entreprise doit tenir compte de ces éléments culturels en amont (dans l'élaboration de sa stratégie par exemple) comme en aval (dans sa mise en œuvre). Il découpera la réalité en autant d'unités culturelles nécessaires à la compréhension de l'entreprise et des acteurs qui agissent en son sein ou à sa périphérie. Telle est, entre autres choses, l'utilité du concept de culture.

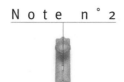

LE CONCEPT DE STRATÉGIE : VARIATION SUR UN THÈME DE MINTZBERG

par Yvon Dufour

LES DÉFINITIONS DU CONCEPT DE STRATÉGIE

On trouve un grand nombre de définitions de la stratégie dans la littérature de gestion des organisations. Ainsi, pour les militaires, la stratégie est l'art de faire évoluer une armée sur un théâtre d'opérations, un ensemble de manœuvres en vue de la victoire. Peter Drucker (1957) suggère que la stratégie est une réponse à une suite de questions relativement simples : Quelle est notre organisation ? Quelle est sa mission et que devrait-elle être ? Que devraient être les objectifs de l'organisation dans ses domaines clés ? Pour Quinn (1980), la stratégie est un plan qui intègre les buts principaux, les politiques et les étapes de l'action d'une organisation dans un tout cohérent. Pour Jauch et Glueck (1990), la stratégie est un plan unifié, global et intégré qui relie les avantages stratégiques d'une organisation aux défis qui se présentent dans son environnement, etc. Ces définitions sont-elles toutes semblables ou y a-t-il des différences importantes entre elles ? Sont-elles plus complémentaires que rivales ? Les similitudes entre ces définitions sont-elles plus importantes que les différences ? Peut-on adopter indifféremment l'une ou l'autre de ces définitions au hasard ? Bien qu'il n'y ait pas de consensus, y a-t-il une définition qui soit spontanément plus acceptable ? Pourquoi y a-t-il autant de définitions, alors que la plupart des gestionnaires semblent implicitement s'entendre sur la signification du terme ? Voilà quelques-unes des questions que soulève la lecture des définitions proposées dans la littérature sur la gestion des organisations.

LE CONCEPT DE STRATÉGIE : LES 5 *P* DE LA STRATÉGIE

La réflexion sur le concept de stratégie a reçu un nouvel élan avec la parution, à l'automne de 1987, du texte du professeur Henry Mintzberg de l'université McGill, intitulé «Le concept de stratégie : les 5 P de la stratégie» dans la revue *California Management Review*. Selon le professeur Mintzberg, le terme stratégie est utilisé par les dirigeants des organisations pour exprimer cinq idées principales qui, quoique distinctes, ne sont pas nécessairement mutuellement exclusives. Ainsi, le terme stratégie peut désigner : 1) un plan ; 2) un piège (entendu au sens de manœuvre) ; 3) une position ; 4) une perspective ou encore 5) un *pattern* (voir la figure 1).

Figure 1 **Qu'est-ce que la stratégie ?**

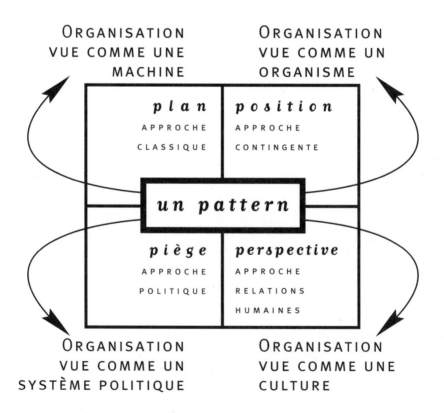

LA STRATÉGIE : UN PLAN

Entendue comme un plan, la stratégie représente une suite d'actions cohérentes et intentionnelles destinées à réaliser un objectif. La hiérarchie des plans d'une organisation constitue un exemple du concept de stratégie compris dans ce sens : la mission s'appuie sur les buts qui reposent sur les objectifs qui conditionnent les stratégies qui, elles-mêmes, reposent sur les politiques qui s'enracinent dans les plans qui sont supportés par les procédures et règlements qui, à leur tour, conditionnent les programmes qui sont finalement transcrits dans les budgets. La définition proposée par Glueck (1980) (« un plan unifié, global et intégré [...] la stratégie est formulée de façon à s'assurer que les objectifs de base de l'entreprise sont réalisés grâce à une exécution appropriée ») ou encore celle de Quinn (1980), décrite précédemment, représentent également des exemples notoires de cette conception de la stratégie. Comme le souligne Mintzberg, la stratégie est alors élaborée de façon consciente et intentionnelle bien avant les actions qu'elle engendre. La préoccupation première du stratège est alors d'assurer la consistance et la cohésion de toutes les actions entreprises par l'organisation.

Cette utilisation du concept de stratégie, tout comme les autres d'ailleurs, trahit son utilisateur. En effet, l'emploi du terme stratégie en ce sens implique que le dirigeant adopte une vision unitaire : les intérêts de l'individu sont identiques à ceux de l'organisation. Celle-ci est, ici, conçue comme un système rationnel et technique, comme un ensemble fonctionnellement intégré de composantes qui s'imbriquent et qui fonctionnent efficacement. Dans le vocabulaire de Gareth Morgan (1989), « le dirigeant conçoit alors l'organisation suivant la métaphore de la machine » (p. 13).

Pour être efficace, la stratégie, entendue comme un plan, doit donc réunir les conditions faisant qu'une machine fonctionne bien : l'environnement est stable et prévisible, ou bien l'organisation est relativement bien isolée des influences externes ; la tâche est simple et le comportement des éléments internes de l'organisation est à la fois constant, prévisible et conforme aux attentes ; les gestionnaires ont une très grande capacité de changer l'organisation, etc.

LA STRATÉGIE : UN PIÈGE

Le terme stratégie peut également être utilisé pour désigner un piège. Ici, la stratégie est entendue comme une manœuvre destinée à éliminer l'adversaire ou encore à tromper la concurrence. Certaines entreprises pharmaceutiques brevettent non seulement leurs découvertes mais également leurs erreurs afin d'encourager la confusion de leurs compétiteurs sur l'orientation de leur programme de recherche et développement (Jauch et Kraft, 1986).

De même que dans le cas précédent, la stratégie est, en ce sens, élaborée de façon intentionnelle par le dirigeant, et ce, avant que les manœuvres ne soient entreprises. En fait, pour Mintzberg, il s'agit là simplement d'une extension du concept de stratégie entendu comme un plan. Toutefois, l'emploi du terme stratégie implique ici un changement radical dans la conception de l'organisation. En effet, le dirigeant adopte, cette fois, un cadre de référence pluraliste où les individus et les différentes coalitions négocient et rivalisent pour gagner au sein d'une arène politique. Le gestionnaire se représente donc l'organisation non plus comme un système rationnel et technique, mais bien comme une communauté de personnes, un système social d'activités politiques. L'accent est ici placé sur les questions d'intérêts et de conflits dans l'organisation. Le rôle et l'usage du pouvoir sont au centre de la stratégie. Dans le vocabulaire de Gareth Morgan, « le dirigeant conçoit alors l'organisation suivant la métaphore du politique » (p. 224).

La stratégie comprend également tout un ensemble de manœuvres destinées à contourner les pièges et à réduire la possibilité de contre-attaque en situation de concurrence oligopolistique (Porter, 1982). La préoccupation première du stratège est alors non plus d'assurer la cohérence et la cohésion des actions entreprises, mais de se montrer plus malin que l'adversaire et, ultimement, de gagner contre la compétition.

LA STRATÉGIE : UNE POSITION

La stratégie, entendue comme une position, est une façon de localiser une organisation dans son environnement global et, de façon plus spécifique, dans son environnement compétitif. La stratégie s'inscrit dans la relation de l'organisation à son environnement qui est à la fois l'origine des opportunités tout comme la source des dangers et des menaces. La définition proposée par Hofer et Schendel (1978) et celle de Michael Porter représentent cette fois des spécimens de ce type de conception de la stratégie.

La stratégie s'inscrit dans la relation de l'organisation à son environnement qui est à la fois l'origine des opportunités tout comme la source des dangers et des menaces. Ici, l'organisation est vue comme un système vivant, comme un organisme. Cette conception de l'idée de stratégie est inscrite dans les écrits des auteurs de la théorie de la contingence (Thompson, 1967).

Il existe deux conceptions majeures du lien stratégique de l'organisation avec son environnement. La première est essentiellement déterministe et suggère que l'environnement est une donnée objective qui ne peut être changée, qui conditionne ultimement la performance de l'organisation et, en conséquence, seules les organisations qui s'y ajustent régulièrement avec succès pourront survivre. La deuxième conception est beaucoup plus volontariste et sous-entend que l'environnement n'existe réellement que dans la tête des dirigeants et que, à ce titre, les stratégies sont l'expression des perceptions, de l'interprétation et des hypothèses sur l'environnement virtuel de la firme. Toutefois, dans un cas comme dans l'autre, la préoccupation première du stratège est non plus de surpasser en finesse l'adversaire mais de définir l'organisation.

LA STRATÉGIE : UNE PERSPECTIVE

Le terme stratégie peut également être utilisé pour exprimer l'idée d'une perspective partagée par les membres de l'organisation à travers leurs intentions et leurs actions. Comme le souligne Mintzberg, « la stratégie est en ce sens ce que la personnalité est à l'individu ». Ainsi, la stratégie de l'entreprise Sony est d'être unique, de ne jamais suivre les autres et, en un mot, d'être le plus grand innovateur dans l'électronique grand public. La stratégie est une abstraction qui n'existe réellement que dans l'esprit des personnes intéressées et dans les ensembles concrets de règles et de relations. Comme dans le cas de la stratégie entendue comme un piège, le dirigeant conçoit ici l'organisation comme une communauté de personnes, comme une réalité socialement construite. Toutefois, l'organisation devient ici un système symbolique. L'accent est placé, cette fois, sur l'ensemble des valeurs, des croyances, des normes et des pratiques qui sont partagées par ses membres plutôt que sur les questions d'intérêts, de conflits et de pouvoir. La définition proposée par Drucker (« la stratégie est une perspective, une façon qu'a une entreprise de faire les choses en répondant plus spécifiquement à une double interrogation : Quelle est notre entreprise ? Quels devraient être ses objectifs dans les domaines clés ? ») s'inscrit dans cette catégorie. Dans les termes de Gareth Morgan, le gestionnaire abandonne ici la métaphore du politique au profit de la métaphore de la culture (p. 151).

La stratégie est donc ici l'expression des principales valeurs et des croyances de la communauté de personnes qui forment l'organisation. Le test ultime de la stratégie, entendue en ce sens, est l'intensité de l'émotion qu'elle dégage chez les individus et la mobilisation qu'elle engendre. La préoccupation première du stratège est de concentrer les efforts de tous dans la direction générale souhaitée (voir la figure 2).

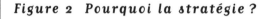

Figure 2   Pourquoi la stratégie ?

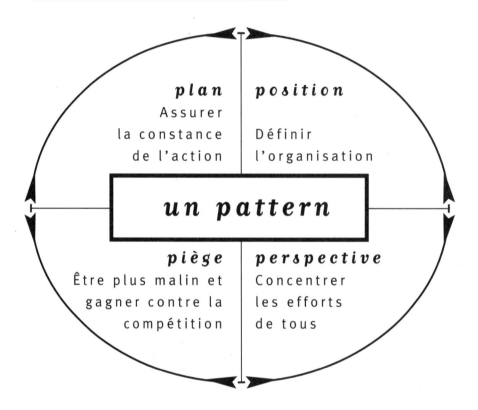

LA STRATÉGIE : UN *PATTERN*

Finalement, le concept de stratégie peut également exprimer l'idée de *pattern* observable dans la suite des décisions et des actions de l'organisation. La définition de Christensen, Andrews et Bower (1973) (« un *pattern* de décisions au sein d'une organisation qui détermine et lui fait découvrir ses objectifs, ses fins et qui [...] définit aussi l'éventail d'activités que l'entreprise va poursuivre ») ou encore celle de Ansoff (« la stratégie est vue comme un fil conducteur entre le passé et le futur... ») sont comprises dans cette ligne de pensée. La stratégie est ainsi une constance dans le comportement de l'organisation au cours d'une période de temps. Elle est ici considérée par l'observateur à partir d'une analyse du comportement de l'entreprise. L'observateur peut alors présumer de l'existence d'une intention ou encore d'un plan à l'origine même du *pattern* observé sans que toutefois cela soit le cas. Les journalistes de la presse d'affaires utilisent souvent le terme stratégie en ce sens. Cette fois, la stratégie n'est plus formulée a priori mais bien définie a posteriori au travers l'action et le comportement général de l'organisation.

Cette conception de la stratégie est tout à fait originale par rapport aux idées exprimées précédemment. En effet, ni la conception implicite de l'organisation ni la conception sous-jacente de l'action ne permettent de mieux saisir cette idée. Seul le temps permet d'observer les régularités dans l'action ou dans les décisions, de découvrir un ensemble relativement homogène ou cohérent et donc d'en inférer la stratégie (voir la figure 3).

EN CONCLUSION

Bien qu'elles puissent paraître très semblables au premier coup d'œil, les définitions de la stratégie énumérées précédemment contiennent entre elles des différences très importantes. Ces différences portent sur des aspects aussi fondamentaux que la notion même d'organisation, sur le rôle des dirigeants, sur les processus d'élaboration de la stratégie, etc. Elles sont plus importantes que les similitudes par ce qu'elles nous apprennent de nouveau sur la stratégie.

Évidemment, aucune de ces définitions n'est spontanément plus acceptable que les autres. L'absence de consensus sur la définition du concept de stratégie est attribuable notamment au fait que la stratégie est à la fois multidimensionnelle et situationnelle (Chaffee, 1985).

Figure 3 La stratégie comme un *pattern*

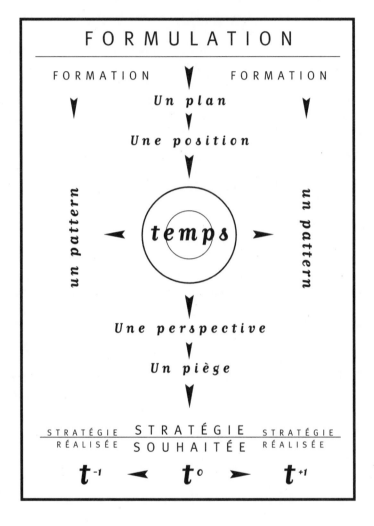

Note n° 3

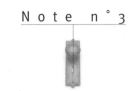

LA STRATÉGIE ET LA NATION

par Taïeb Hafsi

La complexité des organisations du secteur privé a crû de manière régulière depuis le début du XXe siècle (Chandler, 1962), et on peut dire aujourd'hui que certaines de ces organisations, comme General Electric, sont plus complexes que beaucoup d'économies nationales. C'est ce qui nous amène à suggérer que les concepts élaborés pour la gestion d'une organisation complexe du secteur privé (Bower, 1970) soient tout à fait applicables à la gestion du secteur public (Bower, 1983 ; Hafsi, 1984, 1989).

Une bonne façon de montrer cela est de décrire une situation où les concepts ont été appliqués avec succès. Pour ce faire, nous puiserons dans une étude récente (Ibghy et Hafsi, 1992). La Corée du Sud a vécu, depuis son indépendance, plusieurs périodes stratégiques différentes. Ces périodes ont été identifiées un peu comme le font les historiens et en conformité avec les pratiques du domaine (Mintzberg et Waters, 1983). Dans ce texte, nous n'abordons que la période des deux premiers plans de 1965 à 1975. Le lecteur intéressé pourra se reporter à la description détaillée du document susmentionné.

LA STRATÉGIE DE DÉVELOPPEMENT DE LA CORÉE DU SUD[27]

LA FORMULATION DE LA STRATÉGIE

Au moment de la conception des deux premiers plans, la situation de l'environnement semblait recéler les opportunités suivantes :

I. La proximité géographique du Japon et les liens historiques, qui existaient entre la Corée du Sud et le Japon, prédisposaient ce dernier pays à jouer un rôle de premier plan en Corée.

---

27. Cette partie est largement inspirée du travail qui a été fait par Jacob Atangana dans son mémoire de maîtrise à l'École des HEC de Montréal en 1992.

II. La situation géopolitique de la Corée du Sud entre deux puissances communistes, la Chine populaire et la Corée du Nord, a permis de susciter avec succès l'aide des États-Unis. Cette aide a été de 4 milliards de dollars entre 1962 et 1969.

III. Il y avait dans les pays développés un immense marché de produits manufacturés et une tendance à accepter plus d'importations des pays en développement.

IV. Il y avait émergence de marchés mondiaux pour certains produits textiles importants, comme les fibres synthétiques.

V. Il y avait un mouvement de transfert de la production des multi-nationales vers les pays à faibles coûts de main-d'œuvre. Parmi les menaces, on pouvait noter : la menace d'une invasion par la Corée du Nord ; les politiques de restrictions des importations imposées par les pays développés ; la décision des États-Unis de réduire son aide économique à partir du début des années 1960. Face à cela, le gouvernement adopte les premier et deuxième plans quinquennaux dont les objectifs étaient les suivants :

Pour le premier plan, **bâtir une structure industrielle capable de réduire la dépendance de la Corée du Sud à l'égard des importations étrangères, notamment :**

- atteindre un taux de croissance global de l'économie de 7,1 % ;
- accroître les investissements de 51 % ;
- assurer l'autosuffisance alimentaire ;
- développer l'industrie légère à forte intensité de main-d'œuvre ;
- dégager, à partir des exportations, des excédents pour couvrir les importations.

Pour le deuxième plan, **promouvoir la modernisation de la structure industrielle et poser les bases d'une économie auto-entretenue, notamment :**

- consolider l'autosuffisance alimentaire ;
- encourager la fabrication des machines ;
- développer l'industrie chimique ;
- soutenir l'expansion des exportations et la substitution des importations ;
- encourager le planning familial et réduire le taux de chômage ;
- accroître de façon substantielle les revenus des populations les plus défavorisées ;
- promouvoir le savoir-faire scientifique, technique et managérial.

Il est clair que les objectifs sont conformes à la situation dans l'environnement. Bâtir une industrie légère à forte intensité de main-d'œuvre pouvait permettre de profiter du transfert de la production des multinationales. En particulier, on va essayer d'attirer le Japon comme partenaire techno-logique. L'accent sur les exportations visait à trouver des débouchés à l'indus-trie naissante et à faire face à la diminution de l'aide américaine.

Dans le deuxième plan, les objectifs du premier plan ont été reconduits avec en plus l'engagement pour l'expansion d'une industrie chimique, impor-tante pour le développement de l'industrie textile et compatible avec les tendances vers plus de fibres synthétiques dans les textiles partout à travers le monde.

Sur le plan interne, les faiblesses de la Corée du Sud pourraient être résumées comme suit :

I.   Pauvreté du sol et étroitesse des surfaces cultivables ;
II.   Absence, sur le plan local, d'une structure industrielle capable de subvenir aux besoins des Sud-Coréens ;
III. Taux de chômage élevé ;
IV.   Exiguïté du marché intérieur ;
V.   Insuffisance de la production alimentaire ;
VI.   Important rejet du coup d'État militaire de 1961.

Par contre, les forces étaient : un niveau de salaire très faible par com-paraison aux concurrents possibles (12 fois plus faible qu'à Taïwan et 246 fois plus faible qu'aux États-Unis en 1963) ; une population très active, relativement bien éduquée et disposée à changer ; des relations de travail relativement souples.

Ainsi, on peut facilement comprendre l'accent qui a été mis sur le développement d'un tissu industriel basé sur l'industrie légère (plus facile à maîtriser) à forte intensité de main-d'œuvre (pour réduire le chômage). N'ayant que peu de ressources naturelles, la Corée du Sud n'avait pas d'autres choix que de s'orienter vers les produits manufacturés. Cela expliquait aussi l'idée d'une industrie auto-entretenue, pour réduire la dépendance à l'égard de l'aide extérieure. Finalement, l'industrialisation était une question de survie du pouvoir militaire. La seule façon de légitimer le coup d'État était de réussir là où les régimes civils antérieurs avaient échoué.

Dans le développement de l'industrie chimique, du deuxième plan, on pensait surtout aux engrais pour réduire la dépendance alimentaire. L'accent sur l'exportation était aussi directement lié à l'absence de ressources, mais aussi à l'existence d'avantages concurrentiels certains et au calme des rela-tions industrielles. Lorsqu'on confronte les deux plans quinquennaux de développement, on constate qu'il n'y a pas de rupture entre eux. Tous les objectifs secondaires semblent se renforcer mutuellement et collent très bien aux objectifs fondamentaux qui étaient énoncés (Atangana, 1992).

Par ailleurs, les valeurs du groupe de militaires qui prend le pouvoir peuvent être réduites à deux :

- le nationalisme, renforcé par la guerre de Corée ;
- la conviction que l'État devait jouer un rôle actif. On parlait ainsi de « libéralisme contrôlé ».

Ces valeurs expliquent l'accent important qui est mis sur un État économiquement indépendant ou le moins dépendant possible, sur l'auto-suffisance alimentaire et sur l'économie auto-entretenue. C'est aussi cela qui explique le caractère musclé de la gestion coréenne et la réticence au départ à faire appel à des conseillers étrangers.

Finalement, il est utile de mentionner un aspect moins visible pour l'analyste. Le processus de formulation de la stratégie a été très participatif. Des assistants techniques étrangers, des experts nationaux, des universitaires et des représentants des milieux d'affaires ont travaillé ensemble ou en collaboration pour faire du plan final un document grâce auquel le pays pouvait être rallié facilement. Cela suggère aussi l'attention qui a été portée à la gestion de l'unité de la coalition dirigeante.

La mise en œuvre de la stratégie

C'est là la partie cruciale de la gestion du développement. Le gouvernement, un peu comme dans une entreprise complexe, doit gérer le contexte de manière à susciter chez les acteurs concernés les comportements souhaités. Les instruments disponibles pour modifier le contexte vont de la structure au style de direction en passant par le processus de planification. Dans cette partie aussi, nous allons discuter de la qualité de la mise en œuvre et notamment de la cohérence des mécanismes utilisés entre eux puis de la cohérence entre ces mécanismes et les objectifs poursuivis. Le cas de la Corée du Sud est facile, puisque le degré de cohérence est impressionnant.

D'abord, les éléments importants de la structure mise en place étaient les suivants :

1. la création d'un ministère chargé de la planification et du développement économique, Economic Planning Board (EPB). Ce ministère a remplacé une structure qui existait au sein du ministère de la Reconstruction, The Economic Development Council. L'EPB coordonne toutes les actions de formulation et de mise en œuvre du plan ;
2. le responsable de l'EPB est fait vice-premier ministre ;
3. la création de ministères dits techniques, dont le nombre et l'importance deviennent plus grands que ceux des ministères dits politiques ;

4. la création d'un comité interministériel qui fonctionne effective-ment comme mécanisme de réconciliation des différends ;

5. le lancement du Democratic Republican Party pour soutenir l'action du gouvernement ;

6. le renforcement du secteur public avec notamment un triplement du nombre d'entreprises publiques entre 1960 et 1972.

Le lien avec les objectifs est aisé à faire. L'EPB a joué un rôle central dans la gestion de l'économie et dans la création de synergies entre les différents secteurs. Trois des services qui le constituaient ont joué un rôle important : le Bureau de la statistique, le Bureau de la planification économique et le Bureau du budget. Leurs attributions couvrent les différentes étapes de la formulation stratégique.

La préséance de l'EPB sur les autres ministères et l'importance relative plus grande des ministères techniques montrent aussi combien l'objectif d'industrialisation était prioritaire. Tous les ministères devaient intervenir de manière coordonnée à ce même objectif. Le ministère du Commerce et de l'Industrie (MTI) fixait les règles du jeu sur le marché, notamment à travers la politique des prix, l'établissement des normes des produits et la gestion des brevets. Il veillait aussi à la réalisation des objectifs de commerce extérieur par la délivrance des licences d'importation et d'exportation.

Les entreprises publiques étaient développées dans les secteurs considérés comme sensibles pour la réalisation des objectifs (finance, énergie, transport et communication, etc.), soit dans les segments, comme ceux à forte intensité de capital, où le secteur privé était trop faible pour permettre d'atteindre les objectifs prévus. Ce secteur a joué un rôle crucial de soutien du développement national. En 1972, il a produit plus de 10 % de l'épargne nationale et, de 1963 à 1973, il a absorbé 30 % de l'investissement public.

Le comité interministériel (*economic ministers meeting*) regroupait les ministères de nature technique et était devenu une véritable instance de délibération sur les propositions ou les lois de nature économique.

Sur le plan du leadership, il faut mentionner combien le président Park, autoritaire par ailleurs, déléguait de pouvoir à ses ministres techniques. Il assistait en outre personnellement à toutes les manifestations de promotion du commerce et de l'industrie. Il y rencontrait les représentants du commerce et de l'industrie, prenait connaissance de leurs problèmes et encourageait ou félicitait ceux qui s'étaient distingués.

Le leadership du président Park est dominé par une vision claire de ce qu'on veut faire de la Corée du Sud et par une approche pragmatique pour la résolution des problèmes. Ainsi, malgré leur impopularité, les accords avec le Japon ont été signés et publicisés comme étant vitaux pour le pays.

La culture confucianiste prône le respect de la hiérarchie, la loyauté, l'harmonie et le consensus et valorise les métiers d'administration et de gouvernement. De plus, le groupe de militaires accédant au pouvoir en 1961 est très homogène et sa cohésion s'est forgée avec la guerre de Corée. Tout cela a permis une administration déterminée dans la gestion de la chose publique et explique la complicité qui s'est installée entre les gens d'affaires et l'administration, ce qu'on a appelé « Korea inc. », et grâce à laquelle on a introduit de considérables simplifications de procédures.

C'est peut-être aussi le désir d'harmonie, de consensus et le respect de la hiérarchie qui ont amené le calme dans les relations industrielles, aussi bien dans le secteur public que dans le secteur privé, et ont permis de mobiliser toutes les énergies vers l'atteinte des objectifs du plan.

Le choix des dirigeants était essentiellement de nature méritocratique. Même si, au début, les militaires ont dominé la scène, progressivement des civils compétents les ont rejoints. Pour les systèmes d'incitation, il y a d'abord l'incitation pour les entreprises, réalisée grâce à plusieurs mécanismes :

• Un système d'allocation de crédits par l'intermédiaire de banques d'État. Les taux d'intérêt pour les secteurs considérés comme prioritaires étaient presque nuls.

• La fiscalité était construite sur une taxation qui liait les importations aux exportations et sur un effort de réduction de la charge liée aux prestations fournies par les services publics. Par ailleurs, les entreprises étaient autorisées à constituer une importante réserve de fonds propres qui pouvait être déduite des profits.

• Le taux de change est passé de 65 wons à 130 wons par dollar en 1961 puis à 256 wons en 1964, ce qui rendait les exportations très attirantes.

• Des zones industrielles, dans lesquelles les entreprises et les individus bénéficiaient d'avantages particuliers, ont aussi été mises en place.

Il y eut aussi des incitations de nature plus psychologique, avec la publicisation des meilleures entreprises, ainsi que des prix et des médailles aux plus performants.

EN CONCLUSION

Dans le cas de la Corée du Sud, le processus de formulation, avec une association très grande des principaux intéressés, les mécanismes de mise en œuvre et jusqu'au comportement des dirigeants dans la vie quotidienne, tout était orchestré de façon que les comportements souhaités soient constamment renforcés.

Un gouvernement n'est pas le Bon Dieu, même si les moins bons sont tentés de se comporter comme tel. Il y a donc beaucoup d'imperfections dans la vie quotidienne. Cependant, dans ce cas, la démarche était orientée vers la résolution de problèmes. Puisque les objectifs étaient clairs et que les comportements des dirigeants étaient ouverts sur tout ce qui pourrait aider à leur réalisation, chacun pouvait s'atteler à la tâche.

L'exemple de la Corée du Sud montre le rôle très opérationnel du concept de stratégie. Comme pour toute organisation, on peut et on doit penser en termes d'objectifs et de moyens de les réaliser, ce qui est l'essence de la stratégie. Lorsque le cadre intégrateur est là, tout devient possible. On est mieux capable de comprendre le rôle que jouent les variables économiques. On comprend aussi le rôle de la clarté et de la fermeté de la direction, on comprend l'importance de la clarification des rôles respectifs des secteurs public et privé. Finalement, on comprend l'importance de la légitimité de l'autorité de l'État.

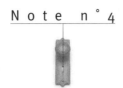

LA STRATÉGIE DE LA PERSONNE

par Veronika Kisfalvi

On peut décrire la formation de stratégie comme étant essentiellement un processus de « résolution de problèmes [...] conçu en réponse au besoin de satisfaire des désirs dans des conditions menaçantes » (Edelson, 1988) ou encore comme un processus visant à découvrir des occasions qui permettront d'atteindre certains objectifs dans un environnement donné. Or, cette citation est tirée non pas d'un texte sur la stratégie, mais plutôt d'un ouvrage de psychanalyse. Ces mots décrivent le processus psychique que les individus accomplissent tout au long de leur vie à partir de la petite enfance. Lorsque le processus fonctionne bien, il permet à l'individu de cheminer dans la vie en tant que personne raisonnablement satisfaite, productive, équilibrée sur le plan émotif et parfois exceptionnelle.

Il peut sembler étrange, dans un ouvrage de stratégie, de s'appuyer sur des processus enracinés dans la petite enfance de l'individu. Cependant, les questions que l'on associe souvent au processus de formation de stratégie, telles que « Où en sommes-nous maintenant ? », « Où voulons-nous aller ? », « Comment pouvons-nous y parvenir ? » et « Quels sont les obstacles à surmonter ? », peuvent également s'appliquer à la progression de l'individu à partir des toutes premières étapes de son développement. Dans les pages qui suivent, nous exposerons comment ces deux processus — la stratégie de l'individu dans la vie et la stratégie de l'entreprise — ne sont pas seulement des processus parallèles ni des métaphores réciproques, mais qu'ils sont en fait intimement liés : dans un cas comme dans l'autre, nous devons considérer les éléments subjectifs qui sous-tendent la formation de stratégies si nous voulons en arriver à mieux comprendre ce phénomène.

LA SUBJECTIVITÉ ET LE CHOIX

La dimension subjective des processus de décision humains est déjà bien connue. L'application de la psychologie cognitive au domaine de l'administration a été introduite par Herbert Simon au cours des années 1940 pour illustrer jusqu'à quel point il serait absurde de prétendre que les décisions d'affaires sont prises sur une base entièrement rationnelle. Avec le temps, l'approche cognitive est devenue une solution valable aux points de vue selon lesquels les stratégies seraient élaborées rationnellement (Ansoff, 1968 ; Ackoff, 1970), par des PDG omniscients (Andrews, 1971-87) ou encore dans le cadre d'un processus strictement analytique (Porter, 1980). En effet, les cognitivistes soutiennent que les dirigeants sont en quelque sorte condamnés à « l'irrationalité » — même s'ils entendent agir rationnellement — car leurs processus cognitifs sont biaisés et imparfaits, et finissent toujours par subir les effets d'un certain nombre de raccourcis et de préjugés qui produisent des distorsions dans leur perception de la réalité. De ce fait, les entreprises sont dirigées par des gens qui subissent inévitablement l'influence de leur subjectivité. À ce sujet, Dutton et autres (1983) ont spécifiquement étudié les processus subjectifs en cause dans le diagnostic des enjeux stratégiques tels qu'ils sont établis par les équipes de direction et les PDG.

La perspective cognitive qui domine aujourd'hui le domaine du leadership et du choix stratégique a donc reconnu la nature subjective du processus de décision stratégique. Elle s'est cependant concentrée sur la subjectivité cognitive en accordant très peu d'attention à la puissance des émotions qui sous-tendent cette subjectivité et qui jouent donc inévitablement un rôle majeur dans le processus de formation de stratégie.

LES ÉMOTIONS, LE DÉVELOPPEMENT ÉMOTIF ET LE CARACTÈRE

Ces émotions trouvent leurs racines dans la toute première enfance. Chaque nourrisson vient au monde avec un ensemble unique de prédispositions innées qui deviendront la base émotive de son caractère. Puisqu'elles suscitent différentes réponses émotives dans son entourage, ces prédispositions contribuent également à former le contexte ou l'environnement émotif dans lequel il grandira (Izard, 1991). La psychanalyse a étudié l'incidence de ces prédispositions aux différentes étapes du développement dans une perspective psychodynamique en les abordant comme des pulsions quasi biologiques à la racine de toutes les émotions et de toutes les motivations

(Erikson, 1985 ; Freud, 1975 ; Klein, 1986 ; Winnicott, 1965). Parce qu'elles sont essentiellement orientées vers la gratification individuelle et qu'elles sont donc « non civilisées », ces pulsions doivent être maîtrisées pour que les gens puissent vivre ensemble dans toute forme d'organisation sociale. Ces pulsions sont nécessairement apprivoisées ou socialisées dans toutes les cultures, mais elles ne peuvent jamais être éliminées et continueront toujours à s'exprimer d'une façon ou d'une autre.

Dès la première enfance, chaque individu adopte un mode de « gestion du désir », soit un ensemble de stratégies personnelles servant à maîtriser ses désirs problématiques ou à s'en protéger afin de permettre à l'individu de devenir un être social (membre d'une famille, d'une institution, d'une organisation et de la société en général). Ces stratégies sont élaborées tout au long du processus de développement en réponse à nos premières émotions et aux réactions qu'elles ont suscitées de notre entourage. Elles nous permettent d'exprimer des émotions inadmissibles en les transformant pour les rendre socialement acceptables. Elles se sont sédimentées au fil des ans en fonction des différentes façons dont nous avons appris à devenir des êtres sociaux, et elles forment un élément essentiel de notre caractère.

Les mécanismes de défense psychologique sont l'une des façons dont les gens apprennent à vivre avec des pulsions ou des émotions difficiles. Ces mécanismes sont présents non seulement chez les individus névrosés, mais aussi chez tous les individus fonctionnels et psychologiquement stables (chez les gens « normaux », en somme). Ces mécanismes de défense représentent une catégorie de « stratégies » permettant l'expression de désirs interdits ou inadmissibles. Ces émotions problématiques peuvent trouver une échappatoire en étant redirigées vers un objet socialement acceptable. Par exemple, l'enfant qui a du mal à accepter l'arrivée d'un petit frère ou d'une petite sœur peut développer un profond désir d'être le premier de sa classe ou de devenir un athlète exceptionnel (deux façons socialement acceptables de faire face à la compétition et d'obtenir de l'attention).

Dans le même ordre d'idées, les émotions originellement dirigées vers les personnages importants de l'enfance peuvent plus tard être dirigées, souvent de façon inadéquate, vers les personnages importants de la vie adulte. À l'âge adulte, par exemple, cette même personne peut réagir à ses collègues comme s'ils étaient les petits frères ou les petites sœurs indésirables avec qui elle était en compétition pendant son enfance. Les stratégies psychiques de l'individu sont généralement constantes durant toute sa vie. En fait, elles constituent sa stratégie pour fonctionner dans le monde. On peut donc les interpréter comme le « scénario » de la vie de l'individu, puisqu'elles révèlent comment il réagira face à certaines situations et à certaines personnes en fonction de son caractère.

Les réactions émotives de l'individu sont un élément intégral de son caractère, ce qui, bien entendu, s'applique également au stratège d'entreprise. Quels que soient ses efforts, le stratège ne peut pas faire abstraction de son caractère devant les choix qui s'offrent à lui tous les jours. Dès lors, ses décisions quant aux orientations qu'il veut donner à sa firme ne sont pas et ne pourront jamais être émotivement neutres. Chaque situation, chaque enjeu « objectif » sont traités subjectivement et filtrés par les dimensions subjectives de son caractère. En toute probabilité, les questions sans grande importance émotive ne feront pas l'objet de beaucoup d'attention. À l'inverse, les questions ayant une importance émotive particulière pour l'individu, celles qui ont des liens étroits avec les enjeux psychiques avec lesquels il a dû travailler pendant sa vie, feront l'objet de beaucoup d'attention. Cette attention peut prendre deux formes. En premier lieu, l'individu peut consacrer énormément d'attention consciente à la question (beaucoup plus que la situation « objective » ne le justifie); ou encore, l'importance de la question peut être considérablement réduite de façon inconsciente; dans certains cas, elle peut même être entièrement niée (en de telles circonstances, l'individu lui consacrera beaucoup moins d'attention que la situation « objective » ne le justifie). Dès lors, les lectures (tant littérale que figurative) du caractère et du « scénario de vie » du dirigeant constituent des indices importants du type de questions auxquelles il sera porté à consacrer un peu, beaucoup ou trop d'attention ou encore qu'il aura tendance à négliger complètement.

Le cas de Henry Ford I offre un excellent exemple de la convergence entre la stratégie d'entreprise et la stratégie individuelle (Jardim, 1969). Pour Ford, le modèle T, la pierre angulaire de sa stratégie et de son succès initial, représentait énormément de choses sur le plan émotif. Par exemple, le modèle T permettait à Ford d'expier les sentiments de culpabilité suscités par ses émotions négatives à l'égard de son père, tout en consolidant son sentiment de toute-puissance et de domination. Malgré tous les signaux négatifs qui lui venaient du marché, il refusa donc d'y apporter quelque changement que ce soit — ne fut-ce que la couleur — jusqu'à ce qu'il soit presque trop tard. La connaissance du caractère et du développement de leaders comme Ford nous permet de mieux comprendre leurs décisions et, dans une certaine mesure, de prévoir les enjeux qui déclencheront des réactions émotives aussi intenses.

Le stratège réagira inévitablement de façon émotive aussi bien aux enjeux d'affaires auxquels il fait face qu'aux personnes qui portent ces enjeux à son attention — souvent les membres de son équipe de direction. Lorsque l'enjeu est très chargé émotivement ou lorsque le « messager » suscite de fortes réactions émotives, le stratège aura davantage tendance à réagir « émotivement » plutôt que « rationnellement ». La forte charge émotive rend « l'objectivité » impossible. Dans certaines circonstances, les enjeux personnels du dirigeant sont à ce point importants qu'ils deviennent véritablement la base de ses décisions d'affaires, éclipsant complètement toute information en provenance de son environnement. Par ailleurs, ces modes de décision subjectifs et « non rationnels » ne sont pas toujours préjudiciables[28]. Le dirigeant centré sur sa vision intérieure ou son fantasme, qui ne « voit » pas la réalité extérieure telle qu'elle est, peut faire des choix et élaborer des stratégies que d'autres plus « réalistes » considéreraient comme trop risquées. Il s'agit là des stratégies proactives qui peuvent mener à l'innovation et au franc succès, mais qui peuvent tout aussi bien entraîner des échecs retentissants. Le marché (ou le contexte économique) est souvent l'arbitre final qui statuera si un leader sera considéré comme un penseur original, un génie ou un individu voué à un échec lamentable. La carrière d'Henry Ford I constitue un bon exemple de ces deux possibilités.

La formation de stratégie peut donc jouer un double rôle. Sur le plan « rationnel », objectif ou extérieur, les PDG et leurs équipes de direction élaborent des stratégies qui, à leurs yeux, assureront un avantage compétitif à leur firme et lui permettront d'atteindre des performances supérieures. Sur le plan « non rationnel » et subjectif, ces mêmes stratégies peuvent symboliquement représenter l'accomplissement ou la « solution » des enjeux très personnels et inconscients du stratège, souvent de façon très acceptable socialement. Ainsi, la carrière d'une personne peut lui permettre d'accomplir symboliquement ses désirs inconscients. Le choix d'une carrière ou d'une profession peut même nous donner des indices des stratégies personnelles que l'individu a élaborées afin d'accomplir ses désirs les plus profonds. À cet égard, le stratège est mieux placé que la plupart des gens pour accomplir et réaliser ses désirs et ses fantasmes par l'entremise des choix stratégiques qu'il retient pour sa firme. Puisque ses choix ont une répercussion importante sur la vie de ceux et celles avec qui il travaille, il en est aussi davantage responsable et il a l'obligation de s'assurer que les enjeux personnels qu'il tente de résoudre n'obscurcissent pas son jugement face aux enjeux organisationnels qui pourraient les représenter symboliquement.

---

28. Pour une discussion plus complète du rôle positif des émotions dans la prise de décision rationnelle, voir Damasio (1994).

Partie II

CONCEVOIR LA STRATÉGIE

Cette partie est consacrée à la formulation de la stratégie, c'est-à-dire au déroulement des éléments qui permettent l'analyse de la situation stratégique d'une organisation et, par la suite, la mise en forme d'une nouvelle stratégie ou des ajustements à celle qui existe. Cette partie repose, bien entendu, sur les développements de la première partie, notamment sur les manifestations de la stratégie telles qu'elles sont définies au chapitre II.

Le chapitre IV fournit le cadre général de l'analyse stratégique. L'analyse stratégique s'insère habituellement dans une chaîne de finalités qui peut être longue. Elle est souvent guidée par une finalité globale, qui peut être un énoncé de mission ou une déclaration générale et durable qui définit l'organisation et sa raison d'être. Elle commence alors par une analyse qui vise à la compréhension de la dynamique de l'environnement et se poursuit par la recherche et la mise en évidence des capacités de l'organisation qui peuvent être à la source de ses avantages concurrentiels. Ces deux éléments sont les fondements de la définition des objectifs de l'organisation, des finalités restreintes, qui s'insèrent dans la finalité plus globale qui lui a donné naissance. Ce sont ces objectifs qu'on a tendance à appeler « stratégie » dans le langage courant.

Les objectifs sont cependant définis par des personnes, les dirigeants, à partir de leurs valeurs, de leurs préférences et des valeurs auxquelles est attachée la communauté de personnes que regroupe l'organisation. Ces dernières s'expriment souvent par des actions de rattachement à la société en général, qui démontrent la responsabilité sociale de l'organisation. Les objectifs, la finalité plus précise de l'organisation et son nouveau filon conducteur, sont ainsi influencés par les quatre forces que sont l'environnement, les capacités et ressources de l'organisation, les valeurs des dirigeants et les valeurs de la communauté organisationnelle.

Le chapitre V va plus loin dans le détail de l'analyse de l'environnement. Il décrit les ingrédients qui font l'environnement et les techniques qui permettent habituellement de les décortiquer. Le cœur de l'analyse de l'environnement reste l'analyse de la concurrence, et ce chapitre ne fait pas exception en la matière. Les modèles traditionnels, dont celui de l'économie industrielle, popularisé par M. Porter, sont décrits et illustrés dans ce chapitre.

Le chapitre VI aborde l'autre aspect important de l'analyse, celui des capacités et ressources de l'organisation. L'objet de cette analyse est de comprendre ce qui donne ou pourrait donner des avantages ou au contraire être un handicap pour l'organisation dans la rivalité qui l'oppose à ses concurrents. Les modèles, tels que ceux de la chaîne de valeur, ainsi que les idées de compétence centrale (*core competence*) sont décrits et illustrés. La formulation de la stratégie ne s'arrête pas avec l'analyse de l'environnement. Elle suppose que les choix que suggère l'environnement et que permettent les capacités de l'organisation doivent aussi passer le test des valeurs des dirigeants et des valeurs de société que porte la communauté organisationnelle. Ces questions ont largement été traitées dans la littérature. Elles sont sous-jacentes à tout ce qui est écrit dans ce livre. Les exemples les illustrent et tous les concepts abordés dans ce livre les prennent en considération. Nous n'avons pas jugé pertinent de leur consacrer des chapitres séparés, justement parce qu'ils sont intégrés à tout le reste.

CES CHAPITRES SONT COMPLÉTÉS PAR CINQ NOTES :

1. La première révèle les caractéristiques particulières de la stratégie lorsque le dirigeant est un entrepreneur. Apportant des valeurs et des préoccupations qui sont différentes, l'entrepreneur, à la recherche de solutions nouvelles aux problèmes du monde, pose des problèmes particuliers à l'analyse stratégique. Certains de ces problèmes sont abordés ici par Louis Jacques Filion qui, après toute une vie consacrée aux entrepreneurs, est aujourd'hui le titulaire de la chaire d'entrepreneurship à l'École des HEC.

2. La deuxième décrit les options stratégiques les plus courantes. En effet, même si chaque organisation est unique, il est tout de même intéressant de connaître les *patterns* qui semblent ressortir des choix stratégiques des autres organisations. La note emprunte à tous les grands travaux qui ont été faits en la matière. Elle est écrite par Marcel Côté, professeur de gestion stratégique à l'École des HEC, dont l'expérience en la matière est très étendue.

3. La troisième aborde les questions de nature sociopolitiques qui influent sur l'analyse stratégique. Cette note propose ou rappelle les démarches qui sont aujourd'hui utilisées pour faire les analyses de l'environnement sociopolitique de l'organisation, notamment l'analyse des forces et des acteurs qui viennent influencer les choix stratégiques des dirigeants.

Cette note est écrite par Jean Pasquero, qui est professeur de gestion stratégique à l'UQAM et dont l'expertise dans ces questions est largement reconnue.

4. La quatrième discute de la planification stratégique. Bien que décriée, la planification stratégique n'en est pas moins nécessaire. Comment la mener est une question souvent négligée. Dans les limites d'une brève note, les questions essentielles de la réalisation concrète d'une planification stratégique sont abordées par Marcel Côté, professeur à l'École des HEC.

5. La cinquième propose une brève synthèse sur les relations entre la stratégie et la performance. Les relations entre la planification stratégique et la performance et celles entre la diversification (y compris acquisitions et fusions) et la performance y sont notamment abordées. L'auteure, Louise Côté, professeure à l'UQAM, a fait de nombreuses recherches sur le sujet et continue de s'intéresser à ces relations cruciales.

Chapitre IV

LA FORMULATION DE LA STRATÉGIE

Ce chapitre est au cœur de la démarche offerte dans ce livre. Il présente le cadre d'analyse principal, celui qui permet de définir, concevoir, formuler (ces termes seront utilisés indifféremment) la stratégie d'une organisation. Le chapitre est construit autour des idées déjà introduites précédemment au chapitre II. Les perspectives que nous avions alors offertes sont des facettes différentes d'une même réalité stratégique. La stratégie est à la fois une finalité ou un filon conducteur, un mécanisme de médiation avec l'environnement, une combinaison de ressources internes qui vise à obtenir un avantage concurrentiel, une expression des valeurs de la communauté de personnes qui constitue l'organisation et une expression des valeurs des dirigeants. Dans l'analyse qui permet de concevoir la stratégie, nous allons alors inévitablement retrouver ces cinq facettes et les intégrer.

Avant d'aborder le cadre d'analyse, nous allons illustrer la démarche stratégique en racontant l'histoire stratégique de la société Miracle Mart. Cette société est aujourd'hui disparue, tout comme d'ailleurs son siège social, la société Steinberg. Cependant, les comportements qui ont mené à la situation catastrophique de l'entreprise et les efforts tentés pour la sauver sont tellement typiques et pleins d'enseignements que la description est révélatrice des problèmes que l'absence de stratégie peut générer.

Après le cas Miracle Mart, nous décrivons le cadre d'analyse qui est préconisé dans ce livre. La description commence par une définition opérationnelle, puis les différents éléments de l'analyse sont présentés et discutés. Comme une stratégie est rarement développée *tabula rasa*, l'évolution de la stratégie et l'importance de l'histoire sont abordées ensuite. La dernière partie du chapitre est consacrée à la discussion des tests qui permettent d'évaluer la stratégie choisie ou celle qui est analysée.

I. UNE HISTOIRE TYPIQUE

Dans les années 1960, la société Steinberg, une grande entreprise de distribution alimentaire dont le siège était à Montréal, avait investi des fonds dans le lancement d'une chaîne de magasins de marchandises générales, **Miracle Mart**. Vingt ans après, Steinberg avait perdu plus de 100 millions de dollars à essayer de faire vivre l'entreprise. L'histoire de Miracle Mart apparaît à l'observateur comme une série ininterrompue d'improvisations qui non seulement n'étaient pas géniales mais avaient entraîné l'entreprise dans un tourbillon tellement incohérent que, dans la deuxième moitié des années 1980, personne ne savait comment donner du sens à une telle aventure.

Lors des discussions en classe de ce cas, la seule justification que les étudiants trouvent à la décision de Steinberg de se lancer dans les magasins Miracle Mart est que l'entreprise disposait d'espaces qu'elle souhaitait remplir dans les centres commerciaux que sa filiale Ivanhoe développait furieusement. Steinberg avait aussi la confiance typique d'une entreprise qui n'avait connu que des succès dans ses activités alimentaires. Cela a pu engendrer une sorte de sentiment de toute-puissance : tout semblait réussir à cette belle entreprise, dont les gestionnaires étaient, par tradition, innovateurs et entrepreneuriaux. On raconte aussi que la vraie raison d'une telle décision aurait été le désir « d'occuper » la fille aînée du fondateur, qui aurait absolument tenu à participer à la gestion et qui, de ce fait, aurait dérangé le bon fonctionnement des activités traditionnelles.

Ainsi, les mêmes raisons qui ont fait le succès de Steinberg, notamment l'improvisation innovatrice, ont aussi contribué à des décisions remarquablement incohérentes et dangereuses pour la survie de l'ensemble de l'organisation. Cela suggère que l'improvisation, même géniale, n'est appropriée que lorsque le niveau de complexité de l'organisation est à la mesure des capacités cognitives, hélas très réduites, d'une seule personne. Très vite, dès que l'organisation prend de l'ampleur, l'improvisation doit pouvoir s'accommoder de la présence complémentaire d'une approche plus systématique qui organise la réflexion et la contribution collective de tous ceux qui partagent la compréhension du fonctionnement de l'organisation et des effets de son environnement.

L'absence de direction, pour Miracle Mart, pendant si longtemps, a fait que cette entreprise errait comme un somnambule, ne sachant ni qui elle était ni dans quel environnement elle se trouvait. En 1984, le nouveau président, M. Kershaw, n'en revenait pas. Le président de Steinberg, M. Ludmer, lui avait bien délimité les contours de sa mission : « Il faut ou bien redresser Miracle Mart ou bien arrêter les frais en mettant un terme à l'aventure. »

Pour Kershaw, il fallait refaire ce qui aurait dû être fait 20 ans plus tôt : définir l'entreprise et sa raison d'être. Sa démarche n'a malheureusement pas abouti à redresser l'entreprise, comme nous le savons, mais elle est intéressante pour illustrer la démarche stratégique systématique.

Pour amorcer la réflexion stratégique, M. Kershaw et son groupe de direction avaient besoin d'information. Comme l'entreprise existait, on ne pouvait déterminer sa raison d'être sans référence à ce qui existait. Il fallait alors savoir d'abord ce qu'était l'entreprise. Le bon sens suggérait de poser la question à ceux que l'entreprise essayait de servir : ses clients. On entreprit alors de demander aux clients ce qu'ils trouvaient dans Miracle Mart et pourquoi ils y faisaient leurs achats. D'autre part, il fallait déterminer avec qui on devait rivaliser pour attirer et garder ces clients et donc découvrir les principaux concurrents, ceux qui étaient des rivaux directs et ceux qui avaient occupé des territoires plus éloignés.

L'étude du secteur industriel et l'étude de marché qui furent réalisées produisirent beaucoup de surprises. D'abord, le marché était très segmenté et les concurrents avaient une tendance à vouloir se distinguer les uns des autres. On trouvait ainsi quatre grandes catégories d'acteurs. D'abord, il y avait les grands magasins généraux, comme La Baie ou Eaton, des magasins à rayons qui cherchaient à attirer un peu tout le monde, en segmentant les magasins eux-mêmes. Ainsi, les personnes recherchant des produits de qualité pouvaient les trouver dans les différents rayons de produits de marque, tandis que les personnes recherchant des aubaines pouvaient les trouver au sous-sol. Ensuite, il y avait les magasins à escompte, dont la stratégie était basée sur le prix, ou plus exactement sur le rapport prix/qualité, avec accent sur le premier. Par exemple Zellers au Québec, parmi de nombreux autres magasins, était la chaîne dominante. Il y avait aussi les « clubs d'achat », des sortes de super-magasins à escompte, mais dont l'assortiment pouvait changer au gré des possibilités d'approvisionnement. Le Club Price était, au Québec, l'exemple typique. Finalement, une multitude d'entreprises se démarquaient en se spécialisant. Les magasins spécialisés couvraient aussi bien les segments où la sensibilité à la qualité et l'importance du statut étaient dominantes que ceux où la sensibilité au prix et des considérations utilitaires étaient dominantes. Holt Renfrew était l'exemple type pour les premiers, tandis que Cohoes faisait plutôt partie des seconds.

Le profil des clients de Miracle Mart surprenait un peu. De jeunes familles, dont les revenus étaient supérieurs à la moyenne, visitaient régulièrement les magasins. Les clients étaient relativement fidèles et, ce qui était le plus important, voyaient en Miracle Mart un magasin qui s'apparentait aux grands magasins quant à l'assortiment, à la mode et à la qualité, mais avec des prix comparables aux magasins à escompte. Cependant, l'aménagement était moins intéressant et le service, moins bon que dans les grands magasins.

Finalement, la comptabilité montrait que les magasins les plus problématiques, ceux qui montraient les déficits les plus grands, étaient ceux qui étaient éloignés de Montréal, notamment ceux de l'Ontario. Elle montrait aussi que les produits les plus problématiques étaient les petits équipements ménagers et que les produits les plus prometteurs avaient à faire avec l'habillement.

C'est avec ces renseignements en main que Kershaw a réuni son équipe de direction en « retraite isolée » dans un hôtel des Laurentides. Il voulait les amener à décider ce que l'entreprise Miracle Mart était et ce qu'elle devait devenir. Il donnait cependant l'avertissement suivant: «Si l'on voulait créer une entreprise nouvelle, on aurait les coudées plus franches, mais avec une entreprise existante, on est obligé de tenir compte de ce qui existe. Miracle Mart ne peut pas décider de devenir une sorte de Holt Renfrew, de même que Holt Renfrew ne peut pas décider de devenir une sorte de Miracle Mart. » Ce que Kershaw évoquait, c'est l'importance de tenir compte de ses propres ressources lorsqu'on définit ce qu'on veut faire. En fait, contrairement à ce que disait Kershaw, cet impératif s'applique même lorsqu'on démarre *de novo*.

Au cours de leur rencontre, les dirigeants ont confronté les informations qu'ils avaient sur la concurrence, les clients, les résultats passés, avec leur compréhension des capacités de l'entreprise pour reconcevoir leur entreprise. Ils ont décidé que Miracle Mart devait s'efforcer de répondre à l'image que se faisaient d'eux les clients les plus fidèles, avec quelques ajustements en matière de service, pour l'améliorer, d'assortiments de produits, pour éliminer quelques équipements que les clients préféraient acheter ailleurs, et de localisation, en concentrant leurs activités de manière régionale, pour mieux sentir le client et mieux répondre à ses attentes.

Cette nouvelle définition devait être portée à l'attention du client, ce qui supposait à la fois formation du personnel, aménagement des locaux, réorganisation administrative, etc. Mais plus spectaculaire encore, le nom de l'entreprise fut modifié. Désormais, Miracle Mart devenait Les Magasins M. Partout, M remplaçait l'ancien nom.

Cet exercice, au fond très logique et très systématique, n'a pas abouti aux résultats escomptés, d'une part, parce que c'était peut-être déjà trop tard et, d'autre part, il faut le reconnaître, parce que l'équipe de direction n'a pas eu suffisamment de temps pour le mettre réellement en pratique. La disparition du siège social, à la suite d'un conflit entre les actionnaires principaux, a amené la liquidation prématurée des Magasins M. Le dernier mot n'est pas dit là-dessus. Les lecteurs sont donc encouragés à former leur propre opinion et à débattre de la démarche utilisée et de sa validité. Dans ce qui suit, nous revenons à la démarche dans le détail.

II. LE PROCESSUS DE FORMULATION

L'histoire de Miracle Mart révèle l'importance de la définition de la raison d'être, de la finalité pour la survie d'une organisation. Il n'y a pas de doute que l'absence de définition claire de ce qu'était l'entreprise a contribué à la situation catastrophique dans laquelle l'a trouvée Kershaw. Celui-ci, par les actions posées, suggérait de plus qu'une démarche systématique est utile, voire importante, pour décider de la raison d'être d'une organisation. Dans le domaine de la stratégie, il y un débat constant sur l'utilité ou la nécessité d'une démarche systématique. Mintzberg (1994) a souvent insisté sur les risques de la systématisation, notamment la rigidité et le conformisme qui risquent d'en résulter, pour qu'on les néglige. Cependant, bien qu'il attire l'attention sur une question importante, Mintzberg sait qu'on ne peut agir en commun, dès que l'organisation a plus d'un produit et est active dans plus d'un marché, sans un effort de réflexion systématique destiné à encourager la convergence. Frederickson et Iaquinto (1987) ont même montré que l'effort systématique explique souvent les résultats meilleurs des entreprises qui le pratiquent. Il est pourtant probable que, lorsque la finalité ne fait aucun doute dans l'esprit des membres de l'organisation ou lorsque sa complexité est très grande, une démarche systématique puisse ne pas être justifiée ou puisse même être contre-productive. Nous reviendrons sur cela à la fin de ce chapitre.

Les éléments du processus de formulation de la stratégie suggérés par la démarche de Kershaw, et ce n'est pas une surprise, ressemblent étrangement à ceux qui ont été mentionnés aux définitions du concept de stratégie discutées au chapitre II. Tous les modèles d'analyse stratégique suggèrent que la prise de décision stratégique, au fond une des multiples formes de prise de décision rationnelle, vise à accroître la performance de l'organisation et comprend au moins trois étapes : 1) une analyse de l'environnement pour comprendre les opportunités qu'il recèle et les menaces qu'il présente ; 2) une analyse des ressources que l'organisation peut utiliser pour tirer parti des opportunités et faire face aux menaces. Ces deux analyses servent alors à 3) choisir parmi un certain nombre d'options disponibles les finalités qui ont le plus de chance de mener à une meilleure performance. Les modèles plus élaborés, surtout depuis le début des années 1980, comme le montre Hambrick (1989), font intervenir un autre facteur, les dirigeants, et suggèrent que leurs caractéristiques et leurs valeurs doivent aussi intervenir dans les choix parmi les options disponibles. Finalement, Andrews et le groupe de stratégie de Harvard proposent que l'intérêt bien pensé des entreprises devrait les inciter à tenir compte de la société environnante et de prendre des dispositions pour que les actions initiées restent socialement responsables (voir la figure 1 pour une interprétation du modèle d'Andrews).

Figure 1 Le schéma d'Andrews simplifié

III. CONCEVOIR LA STRATÉGIE : LES ÉLÉMENTS DE L'ANALYSE

Notre perspective sur la stratégie, telle qu'elle est décrite au chapitre II, est très proche de celle qui a été proposée par Andrews (voir notamment Learned, Christensen, Andrews et Guth, 1965), mais elle apporte, nous semble-t-il, des nuances utiles pour la compréhension du concept de stratégie et pour l'amélioration de son utilisation par les praticiens. L'approche que nous proposons permet d'intégrer des considérations souvent négligées et sans lesquelles on pourrait faire de l'analyse stratégique un simple exercice technique.

D'abord, la conception stratégique est un processus, à la fois ponctuel et continu. Il est ponctuel parce qu'à certains moments il faut énoncer les objectifs pour guider l'action. Il est continu, parce que, dès que la stratégie est énoncée, elle est en fait déjà remise en cause par les changements qui peuvent se produire à l'intérieur comme à l'extérieur. Cela suppose alors qu'on maintienne l'énoncé suffisamment longtemps pour que l'action soit possible, mais que les décalages soient compris et compensés par une gestion fine des comportements des personnes et donc de leur capacité à vivre avec les manques de cohérence qui peuvent en résulter.

Nous proposons que la conception de la stratégie est alors dominée par :
- la situation dans l'environnement ;
- les capacités internes ;
- la nature et les préoccupations de la communauté constituée par les membres de l'organisation ;
- les caractéristiques des dirigeants principaux et notamment leurs valeurs, avec pour guider l'analyse :
- la nécessité de produire un avantage concurrentiel ;
- le désir de construire un instrument de référence utile.

La figure 2 (page suivante) schématise les relations qui interviennent dans la formulation.

A. L'ENVIRONNEMENT : DÉGAGER LES OPPORTUNITÉS ET LES MENACES

L'environnement est critique dans la vie de toute organisation. Il s'agit bien entendu de l'environnement pertinent, celui qui a une importance primordiale pour la conduite des activités de l'organisation. J.D. Thompson (1967), le père de la théorie de la contingence, appelait cela l'environnement-tâche. Ainsi, si l'organisation est une entreprise de fabrication de skis, la concurrence ou les modifications de la situation dans le domaine de la fabrication du ciment n'ont qu'une importance marginale. Par contre, des modifications de la situation du domaine des sports et loisirs, ski ou autre, doivent retenir l'attention.

L'environnement-tâche comprend d'abord les acteurs principaux avec lesquels l'organisation est en rivalité. Pour une entreprise, les concurrents constituent l'essentiel de sa préoccupation. Mais même un organisme sans but lucratif se retrouve en compétition avec d'autres organisations. Ainsi, une association dont le but est d'encourager la recherche pour la guérison du

Figure 2 La formulation de la stratégie

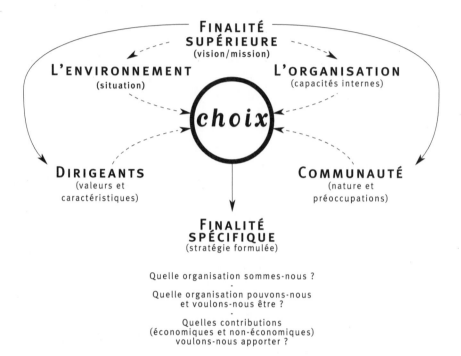

FINALITÉ
SUPÉRIEURE
(vision/mission)

L'ENVIRONNEMENT
(situation)

L'ORGANISATION
(capacités internes)

choix

DIRIGEANTS
(valeurs et
caractéristiques)

COMMUNAUTÉ
(nature et
préoccupations)

FINALITÉ
SPÉCIFIQUE
(stratégie formulée)

Quelle organisation sommes-nous ?

Quelle organisation pouvons-nous
et voulons-nous être ?

Quelles contributions
(économiques et non-économiques)
voulons-nous apporter ?

cancer doit aller trouver des fonds auprès des gouvernements et des particuliers et, ce faisant, elle se retrouve en compétition avec toutes les organisations qui font la même chose pour d'autres types de maladies, Alzheimer, maladies cardiaques, sclérose en plaques, etc., et aussi avec les organisations qui cherchent à obtenir des ressources pour aider les personnes défavorisées dans la société. Ce que font les « concurrents » a un effet direct sur la santé présente et future de l'organisation.

L'environnement-tâche comprend aussi tous les acteurs qui peuvent influencer le jeu concurrentiel ou dont la mission est d'influencer ce jeu. Ainsi, proche des concurrents, on peut trouver des acteurs, et des facteurs, qui ont un effet direct. L'économie industrielle suggère que ces acteurs sont : les clients eux-mêmes, lorsqu'ils ont un pouvoir organisé; les fournisseurs, lorsqu'ils ont un pouvoir de marché important; les nouveaux arrivants, ceux qui du fait de barrières à l'entrée faibles peuvent venir accroître la rivalité.

Ces acteurs peuvent aussi être les produits substituts, ceux qui peuvent avoir la même fonction que les produits ou services de l'industrie dans un groupe d'application déterminé et qui donc, dans certaines circonstances, peuvent se comporter comme des concurrents directs.

L'environnement-tâche comprend aussi les gouvernements et leurs appareils associés, à la fois comme régulateurs, donc comme maîtres du jeu, et comme acteurs directs (fournisseurs ou clients). Ainsi, dans l'industrie pharmaceutique, le gouvernement joue le rôle de gardien de l'entrée dans l'industrie. Dans l'industrie de l'aéronautique ou des télécommunications, un peu partout dans le monde, il travaille à réduire les barrières à l'entrée en éliminant les règles qui protègent ou favorisent les acteurs actuels. Par contre, il crée des règles pour la protection des citoyens (responsabilité des organisations et des professionnels pour la qualité des produits ou services par exemple) et de l'environnement et, à ce titre, il contraint tous les acteurs concernés. Dans l'industrie de la défense en Amérique du Nord, c'est un grand client. Dans l'industrie de l'assurance-vie au Canada, il est le fournisseur des services de retraite de base.

L'environnement est en mouvement constant. Comme des abeilles, les multiples acteurs de l'environnement-tâche travaillent continuellement à la modification du jeu pour satisfaire leurs multiples objectifs. Ce faisant, ils créent des situations qui peuvent être dangereuses ou menaçantes pour la santé de l'organisation et, en même temps, créent des opportunités qui peuvent être exploitées de manière favorable par l'organisation.

L'environnement produit aussi des changements qui sont attribuables non pas à un acteur spécifique mais à un grand nombre d'acteurs, menant à une évolution de nature historique, comme les grands changements dans le cycle économique, les grands changements démographiques, les grands bouleversements sociopolitiques ou les grands bouleversements technologiques.

Prenons un exemple. La société montréalaise Bombardier fabrique des équipements de transport par rail (wagons), des avions utilitaires, des avions commerciaux à petite portée, des avions corporatifs privés et des équipements de loisirs, motoneige (Ski-doo) et motomarine (Sea-doo). Dans chacun de ces secteurs, l'entreprise a été confrontée, au cours des 20 dernières années, à des environnements variés qui illustrent bien notre propos. Ainsi :

1. Dans les wagons, surtout pour les métros de New York ou de Séoul et pour l'Eurotunnel, les acheteurs étaient souvent les gouvernements locaux ou nationaux concernés.

2. Dans le transport aérien, elle a vécu et subi le contrecoup des vagues successives de déréglementation, à la fois comme fabricant d'avions

et comme sous-traitant des grands manufacturiers que sont Boeing et Airbus. Comme fabricant, elle est soumise aux réglementations de sécurité qui sont imposées par le ministère canadien du Transport.

3. Elle a dû prendre en considération les bouleversements imposés par la technologie de l'information à la fois dans la conception des produits et dans leur fabrication.

4. En Irlande, les bouleversements sociopolitiques ont été une préoccupation constante du fait de la situation et du rôle particulier que jouait la filiale aéronautique Shorts.

5. Sa position de sous-traitant pour les grands acteurs de l'aéronautique a amené l'entreprise à apprendre à vivre avec des clients puissants. Dans le domaine du transport par rail, ses clients gouvernementaux sont aussi particulièrement influents.

6. Dans les équipements de loisirs, motoneige et motomarine, elle a eu aussi à subir la concurrence vive des nouveaux entrants japonais ou américains et a vu le marché décliner de manière spectaculaire lorsque la crise du pétrole a rendu ses équipements plus onéreux à faire fonctionner.

7. Finalement, elle vit constamment avec toutes sortes de substituts à ses produits, ce qui l'amène à s'intéresser de manière constante aux processus de prise de décision de ses clients importants.

On peut presque dire que Bombardier est tellement dépendante de son environnement qu'elle ne peut pas se permettre de ne pas le gérer. C'est cette gestion fine de l'environnement qui a fait que l'entreprise a été plus en mesure que d'autres de déterminer et de saisir les opportunités qui se présentaient, comme faire l'acquisition de Canadair et plus tard de Lear Jet aux États-Unis, ou de faire face aux menaces importantes qui surviennent constamment, comme la mini-crise provoquée par le mauvais fonctionnement du système de freinage de ses wagons dans le métro de New York ou comme les problèmes de paiement par la compagnie de l'Eurotunnel.

La compréhension de l'environnement permet alors aux stratégies et aux analystes de l'entreprise de déterminer, parfois d'anticiper, les opportunités et les menaces lorsqu'elles se présentent et d'apprécier leur importance et leur évolution, pour mieux les prendre en considération dans les choix stratégiques qui doivent être faits.

B. LES CAPACITÉS INTERNES : LES ARMES DISPONIBLES POUR LA BATAILLE CONCURRENTIELLE

Pour que quelque chose de durable puisse être accompli, il faut tenir compte des ressources, compétences, savoir-faire dont on peut disposer pour survivre aux pressions qui sont exercées par l'environnement. La définition de la stratégie ne peut alors se passer de l'analyse et de la compréhension des forces et des faiblesses de l'organisation. Ces forces et faiblesses, une expression des capacités internes de l'organisation, sont de plusieurs natures :

a) Il y a, en premier lieu, le personnel. Il est dépositaire des savoir-faire les plus importants, ceux qui peuvent démarquer l'organisation de la concurrence. Les savoir-faire peuvent être technique, administratif, interpersonnel ou organisationnel :

- Le savoir-faire technique peut être apprécié lorsqu'on analyse les forces et les faiblesses de chacune des spécialités et fonctions disponibles et qui participent de manière directe à la génération de la valeur des biens et services commercialisés ;

- Le savoir-faire administratif permet de maintenir l'organisation en équilibre, à l'interne par l'ajustement des flux de personnel, de matériel et de fonds, et avec l'environnement en balançant efficacité et flexibilité, nécessaires à la survie ;

- Le savoir-faire interpersonnel permet d'aligner les conflits normaux qu'engendre l'action en groupes. Il facilite les ajustements et permet de modérer les exigences de chacun et de chaque groupe. Il facilite aussi la démarche vers la convergence des vues nécessaire à la prise de décision ;

- Le savoir-faire organisationnel permet de maintenir des règles du jeu pertinentes et efficaces pour la gestion des actions et des initiatives qui aident l'organisation à fonctionner et à s'adapter.

b) Il y a aussi les fonds disponibles ou accessibles.

c) On peut aussi mentionner les relations et les alliances avec des organisations ou des groupes influents de l'environnement.

d) L'état de la technologie et des équipements est aussi une capacité importante, même si cette importance peut varier d'un secteur industriel à l'autre.

e) Finalement, les pratiques actuelles, avec la structure, les systèmes et les processus qui dominent la vie de l'organisation et qui sont difficiles à changer, sont aussi des capacités critiques. Elles peuvent être favorables ou défavorables, selon la situation concurrentielle.

Chacune de ces catégories de capacités peut être une force ou une faiblesse. Ce qui permet de le décider est la comparaison avec la situation des concurrents principaux. On peut ainsi avoir des compétences tout à fait remarquables, mais, si elles sont disponibles pour tous les concurrents, elles n'ont plus beaucoup d'intérêt dans la lutte concurrentielle. Si par contre elle sont moins bonnes que celles des concurrents, on est en danger et il faut soit quitter le domaine, soit travailler à les améliorer. En revanche, si elles sont meilleures que celles des concurrents, l'organisation est en position favorable, ce qu'il faut exploiter par un positionnement concurrentiel approprié et par l'expression d'une finalité stimulante.

L'exemple de Crown Cork and Seal (CCS) est de ce point de vue tout à fait impressionnant (Hamermesh, 1979). Cette entreprise fabriquait des cannettes en métal pour des clients, comme les embouteilleurs de boissons gazeuses ou les brasseries. CCS était la plus petite des quatre grosses entreprises du secteur. Les deux plus grosses entreprises avaient une taille presque quatre fois supérieure à celle de CCS. Disposant de peu de moyens financiers, les dirigeants de l'entreprise ont alors travaillé à démarquer l'entreprise de façon qu'elle ne soit pas vraiment en concurrence directe avec ses rivaux. En particulier, ils ont exploité les forces de l'entreprise dans la fabrication des machines de remplissage, ainsi que son agilité à répondre à la clientèle, en fournissant aux clients un ensemble de services et de produits qui permettaient de régler de manière satisfaisante le problème du remplissage. Ce faisant, CCS ne fournissait plus des cannettes mais satisfaisait, mieux que n'importe lequel de ses concurrents, un besoin critique pour le client. La conséquence est que CCS a eu de 1952 à 1979 la meilleure performance sur le marché de New York, dépassant largement des entreprises comme IBM ou GE et laissant loin derrière ses concurrents de l'industrie.

C. LA COMMUNAUTÉ DE PERSONNES : LES VALEURS ET LES RELATIONS AVEC LA SOCIÉTÉ

Nous en avons largement discuté au chapitre II, une entreprise est une communauté de personnes pour laquelle les valeurs peuvent être plus importantes encore que les réalisations matérielles. Dans certaines entreprises, notamment de services bénévoles, c'est effectivement le cas. En conséquence, l'équilibre de la communauté de personnes est critique pour la survie de l'organisation.

Ces valeurs sont mises à l'épreuve, notamment dans la relation entre l'organisation et son environnement. La communauté de l'organisation est souvent préoccupée par la relation qu'elle entretient avec la société en général et la place qu'elle y occupe. C'est pour cela que la pression est forte de faire des choses concrètes qui consolident les liens et affirment la place de l'organisation dans la société. En conséquence, la prise de décision et le choix du domaine d'activité ne peuvent pas mettre de côté les valeurs et la culture des groupes qui constituent l'organisation et se traduisent souvent par une affirmation du rôle social que l'organisation entend jouer. Dans le langage traditionnel de l'analyse stratégique, on parle de niveau de responsabilité sociale.

Ainsi, à titre d'exemples, Alcan, dans le Saguenay–Lac-Saint-Jean au Québec, entreprend des multitudes d'actions destinées à protéger l'équilibre de la région dans laquelle elle est très active. Financement d'équipements sociaux ou sportifs, d'activités culturelles et de centres de villégiature ouverts à la population, libération de personnel rémunéré pour le bénévolat local sont très courants. L'entreprise Bombardier s'est aussi toujours occupée de l'équilibre socio-économique et culturel de la petite ville de Valcourt, y finançant notamment des installations sportives, musées et manifestations de toutes sortes. L'imprimerie Gagné de Montréal finance la publication du journal de Louiseville. Maclean-Hunter, la grande entreprise de publication de revues et journaux au Canada, a régulièrement financé le monde universitaire canadien et notamment plusieurs chaires d'entrepreneurship.

Il arrive aussi que beaucoup d'entreprises soient sensibles à des préoccupations de société majeures et modifient leurs activités en conséquence. Ainsi, aux États-Unis et au Canada, de nombreuses entreprises ont interrompu leurs activités en Afrique du Sud pour soutenir la protestation des populations contre l'apartheid. Ce fut le cas de sociétés comme Polaroid. Parfois des institutions bien établies entreprennent de débattre de grandes questions de société avec les populations environnantes. L'université Harvard a fait face, dans les années 1980, à une pression très forte, de la part des étudiants et de la population de Cambridge, au Massachusetts, pour désinvestir des actions d'entreprises actives en Afrique du Sud. Elle a longtemps résisté, affirmant que la présence d'importants investisseurs dans certaines entreprises pouvait permettre de faire progresser la cause des Noirs en Afrique du Sud. Ultimement, elle finit par accepter de désinvestir.

La conception de la stratégie ne peut alors ignorer la communauté organisationnelle et la relation qu'elle entretient avec la société dans laquelle elle baigne.

D. LES DIRIGEANTS ET LEURS VALEURS

Nous avons aussi discuté longuement de l'importance des dirigeants dans les choix qui sont faits par les entreprises. Il est évident que le choix de Honda de se positionner comme un fabricant de moteurs de petites dimensions peut être facilement retracé aux caractéristiques et en particulier aux valeurs de ses dirigeants principaux et peut-être même à la culture de l'entreprise.

Une stratégie en conflit avec les valeurs des dirigeants n'est pas viable. Ceux-ci jouant un rôle clé dans la réalisation des objectifs, ils ne pourraient alors produire toute l'énergie qui est nécessaire pour cela. L'exemple de Cray Research, l'entreprise qui a lancé les superordinateurs, est à ce titre intéressant. Au début des années 1980, la croissance de cette entreprise nécessitait une attention de plus en plus grande aux questions de marché et de commercialisation. Le fondateur, Seymour Cray, ne pouvait alors s'identifier à ce qu'était devenue son entreprise et a préféré s'en éloigner, laissant la place à John Rollwaggen, dont la sensibilité et les valeurs permettaient de maintenir un équilibre entre les besoins des chercheurs et les besoins du marché. Également, Jean-Pierre Gagné, lorsqu'il explique pourquoi il a décidé de concentrer l'attention de son entreprise sur l'impression de livres, affirme qu'il « croit que le livre est un produit noble ».

Les valeurs des dirigeants peuvent agir dans tous les sens. Elles peuvent être une source d'énergie considérable, notamment pour la mise en œuvre de la stratégie. Mais elles peuvent aussi être à la source de difficultés importantes et d'un déni des réalités qui peut être dommageable pour l'organisation. Dans tous les cas, les valeurs des dirigeants ne peuvent être négligées dans l'appréciation des choix que l'entreprise fait ou doit faire.

À Montréal, le dirigeant très croyant d'une entreprise de distribution alimentaire a fait installer, dans le hall d'entrée, une pancarte affirmant : « Dieu est le président-directeur général de cette entreprise. » Il est évident que ce dirigeant ne peut s'accommoder de décisions qui iraient à l'encontre de sa foi débordante. Parmi les activités que son entreprise soutient, on peut trouver des visites de grands personnages religieux, comme Mère Teresa, et l'organisation de « petits déjeuners de la prière » auxquels il invite d'autres présidents d'entreprises pour porter des réflexions sur la société. On mentionne aussi souvent l'importance des valeurs du couple Reddick dans le développement de l'entreprise de soins de beauté Le Body Shop. Ces valeurs notamment de respect et de protection de l'environnement se manifestent dans la nature des matériaux utilisés pour la production, dans le marketing qui est fait, dans le recrutement et, bien sûr, dans le comportement des employés et franchisés avec les clients.

Mais les valeurs n'agissent pas toujours de manière aussi visible ou aussi spectaculaire. Elles colorent toutefois les perceptions des responsables et affectent de manière importante leurs analyses, leurs appréciations et leurs visions du monde. Elles peuvent agir comme des œillères ou au contraire comme des avertisseurs. C'est pour cela que l'analyse qui mène à la formulation de la stratégie doit opérer une petite pause à ce niveau pour révéler et apprécier la nature et la force des croyances et des valeurs qui animent les dirigeants et la compatibilité entre celles-ci et les choix stratégiques qui sont faits.

Les caractéristiques démographiques des dirigeants sont en interaction étroite avec leurs valeurs et parfois contribuent à les révéler. Ainsi, l'âge, les types d'expériences et leurs durées, les origines sociales, la nature et la durée de l'éducation, etc., influent de manière très sensible sur les comportements. On a montré par exemple (Hambrick & Mason, 1984) que ces caractéristiques étaient corrélées avec la volonté d'entreprendre des changements dans l'organisation. Ainsi, certaines recherches (voir Hafsi & Fabi, 1996) ont suggéré qu'un dirigeant qui a déjà eu des expériences de changement aurait tendance à ne pas entreprendre des changements majeurs ou radicaux. De même, les caractéristiques psychologiques ont des effets importants sur le comportement stratégique des dirigeants.

Dans la formulation de la stratégie, comme dans son évaluation, il est alors important de prendre en considération les valeurs et les caractéristiques démographiques et, si elles sont disponibles et fiables, les caractéristiques psychologiques des dirigeants.

IV. CONCEVOIR LA STRATÉGIE : UNE HEURISTIQUE

Lorsque les éléments de l'analyse sont disponibles, leur combinaison permet de concevoir les objectifs stratégiques. Les opportunités et les menaces, les capacités, les caractéristiques et valeurs de la communauté et celles des dirigeants sont les ingrédients avec lesquels il faut à la fois formuler une finalité suffisamment puissante pour servir de guide à l'action des membres de l'organisation et, en partie grâce à cela, construire un avantage concurrentiel soutenable (voir la figure 2).

La combinaison des ingrédients n'est pas un exercice mécanique, c'est le cœur de la réflexion stratégique. La configuration entre environnement, capacités, communauté et dirigeants peut produire un grand nombre de possibilités de choix. Chaque choix peut être ainsi considéré comme unique. Même lorsque l'environnement est le même, les choix vont dépendre des capacités, des valeurs de la communauté organisationnelle et des valeurs des dirigeants. C'est cela qui explique aussi que, lorsque les capacités sont modifiées de manière importante, comme au moment d'une acquisition majeure ou d'une fusion, où lorsque les dirigeants sont changés, la stratégie est inévitablement mise en cause et pourrait être modifiée.

La combinaison qui mène à la stratégie est un acte de nature artistique. Les ingrédients nécessaires à la réalisation de l'œuvre sont disponibles, mais leur utilisation va produire une œuvre unique, un peu à la manière de la réalisation d'un tableau d'artiste. On ne sait pas vraiment à l'avance si le tableau va se révéler un chef-d'œuvre ou un torchon multicolore. Le seul guide est le désir de formuler des buts qui soient suffisamment convaincants pour orienter et canaliser l'action et produire un avantage concurrentiel réel.

De manière plus générale, la stratégie formulée doit être compatible avec chacune des conclusions de l'analyse. En particulier, elle doit être compatible avec la nature de l'environnement, notamment avec les opportunités et les menaces qu'il recèle. Ainsi, la théorie de la contingence suggère que, lorsque les éléments d'environnement importants, dont on dépend, constituent des incertitudes majeures, on aurait intérêt à les intégrer à l'organisation (Thompson, 1967). C'est cela qui explique certaines acquisitions ou certains efforts d'intégration verticale. Les sociétés de fabrication de métaux (acier, aluminium) ou de produits pétroliers ont longtemps considéré comme inévitable l'intégration en amont pour le contrôle de la matière première. La définition du domaine était là forcée par les circonstances environnementales.

Le choix de domaine (l'élément clé de la stratégie formulée) doit aussi être compatible avec les capacités de l'entreprise, comme le suggérait le président de Miracle Mart lorsqu'il disait que Miracle Mart ne pouvait pas devenir Holt Renfrew et vice-versa. Les ressources n'étaient pas compatibles avec de tels objectifs. Il faut insister sur le fait que les ressources agissent dans tous les sens. Ainsi, il est arrivé souvent que des entreprises de haut de gamme, avec une production personnalisée, comme la société Dansk, aient été tentées de se lancer dans la production de masse et aient échoué lamentablement. Mais le plus fréquent est la tentation de monter en gamme pour les entreprises coincées dans des secteurs où les produits sont peu différenciés. Les limites dans ce cas sont plus évidentes.

Finalement, les choix doivent aussi être compatibles avec les valeurs des dirigeants ou du groupe, comme cela a été suggéré auparavant. On aurait tendance à penser que, puisque les choix sont uniques, on ne peut pas vraiment apprendre de l'expérience des autres. Ce n'est pas tout à fait le cas. En effet, l'action stratégique des organisations montre que celles qui obtiennent des résultats favorables font certaines choses de la même manière. C'est vers cela que nous nous tournons à présent.

A. QUELQUES RÈGLES

L'expérience des organisations économiques ou non montre que certaines pratiques relèvent de l'essence même de la stratégie. Ces pratiques pourraient être énoncées sous forme de règles :

I. Il faut être différent, il faut être unique. Cela signifie que, dans les choix stratégiques de domaines et d'objectifs, il est important que l'organisation se définisse de manière suffisamment distinctive pour que ses membres, comme ses clients, soient capables de la reconnaître parmi d'autres. La différence, lorsqu'elle s'empare de la clientèle, permet à l'organisation de se protéger contre la concurrence.

II. Pour mener, il faut utiliser ses forces. C'est ce que Tom Peters a popularisé sous le dicton *Stick to the knitting*. Cela paraît une lapalissade mais, tout comme l'idée de stratégie elle-même, les choses simples sont souvent tenues pour acquises, menant à des constructions qui peuvent être excitantes pour les acteurs concernés mais qui exposent l'organisation à l'adversité au lieu de la construire sur ses fondations les plus solides.

III. Il faut concentrer ses ressources sur les domaines où l'on a un avantage par rapport à la concurrence. Cela s'applique surtout lorsqu'on se trouve dans plusieurs domaines différents. La répartition des ressources est judicieuse lorsqu'elle évite la dispersion et renforce l'avantage concurrentiel. Ainsi, en stratégie, le dicton « ne pas mettre tous ses œufs dans le même panier » n'a de validité que lorsque les ressources sont plus importantes que ce qui est nécessaire pour renforcer les domaines principaux, ceux qui sont cruciaux pour la santé à terme de l'organisation.

IV. Il faut choisir la gamme de produits la plus étroite possible, compatible avec les ressources disponibles et les exigences du marché. Cette règle est une clarification supplémentaire de la précédente. Elle fait remarquer qu'on ne doit être dans plus d'un secteur d'activité que si nous disposons de ressources excédentaires ou si les considérations stratégiques l'exigent. Ainsi, pour reprendre l'exemple du pétrole, il fut un temps où, pour être dans le raffinage, il fallait être dans la production de pétrole, parce que c'était la seule façon d'assurer les approvisionnements des raffineries.

B. LES STRATÉGIES GÉNÉRIQUES

Plusieurs auteurs ont aussi proposé des stratégies dites génériques, c'est-à-dire constitutives des stratégies réelles. Ainsi, Andrews a proposé deux grands types de stratégies :

1. *Stratégie de faible croissance*, notamment **statu quo, retraite ou focalisation sur une opportunité spéciale ou limitée**. Les deux premières stratégies sont défensives et, à la limite, destructives. La troisième est plus constructive et plus dynamique, permettant de faire face à des situations de forte rivalité concurrentielle.

2. *Stratégie de croissance forcée*, notamment **l'acquisition de concurrents, l'intégration verticale, l'expansion géographique et la diversification**. Cette dernière peut aussi se faire par acquisition ou fusion, dans des domaines voisins ou éloignés.

Le cadre de définition de stratégies génériques le plus utilisé est celui qui est avancé par Michael Porter (1979) et résumé dans la figure 3. Deux dimensions sont utilisées pour définir le cadre : d'une part, la source de l'avantage concurrentiel de l'entreprise (le cadre était proposé surtout pour des entreprises économiques, mais pourrait être utilisé dans d'autres circonstances) et, d'autre part, l'étendue du marché ou des ambitions. Pour Porter, il n'y a que deux sources d'avantage concurrentiel : les coûts ou les caractéristiques particulières et distinctives des produits ou services. Par ailleurs, l'ambition peut couvrir, à un extrême, l'ensemble des segments du marché et, à l'autre extrême, l'un d'entre eux. Les combinaisons qui en résultent sont alors quatre stratégies génériques :

- le leadership sur les coûts,
- la différenciation,
- la concentration, avec accent sur les coûts,
- la concentration, avec accent sur la différenciation.

Ainsi, pour prendre quelques exemples dans l'industrie automobile en Amérique du Nord, au début des années 1990, le leadership sur les coûts était assuré collectivement par les entreprises japonaises et individuellement par Toyota. Mercedes-Benz était (et reste aujourd'hui) une entreprise ayant une stratégie de différenciation. Beaucoup d'entreprises européennes fabriquent des produits uniques et différenciés, comme Rolls-Royce, Jaguar, Porsche. La société japonaise Subaru se concentre sur les véhicules à quatre roues motrices et met aussi un accent sur les coûts. Pour sa part, la société Lada se concentre sur le segment des petites voitures de tourisme, au plus bas prix possible. Aucun accent n'est mis sur la qualité du produit.

Figure 3   Les stratégies génériques

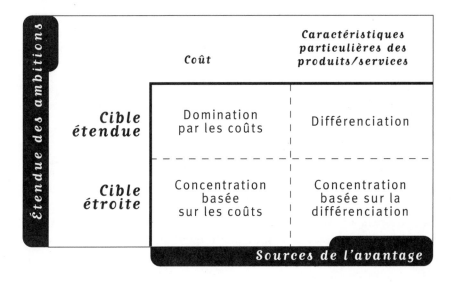

Ces exemples sont imparfaits parce que les stratégies utilisées dans la définition sont génériques. Les entreprises réelles peuvent utiliser en fait toutes ces stratégies. Ainsi, les entreprises américaines, aidées par une appréciation importante de la devise japonaise par rapport au dollar américain, tentent depuis le début des années 1990 de reprendre le leadership sur les coûts aux entreprises japonaises pour les segments les plus populaires. Elles essaient en même temps de faire de la différenciation, en essayant de convaincre les consommateurs que tous leurs produits sont différents et uniques. Finalement, elles ont des divisions concentrées sur un segment particulier de marché, comme Cadillac, pour GM, Continental, pour Ford, ou Jeep, pour Chrysler.

Une stratégie formulée est constamment remise en cause par la vie. En fait, lorsqu'elle est énoncée, la stratégie est déjà en décalage avec la réalité de l'environnement et celle de l'entreprise, mais l'adaptation permanente est impossible en pratique. En plus des difficultés que présenteraient des analyses trop fréquentes, de nombreux changements de direction risquent de déboussoler les membres de l'organisation. Donc, pour fonctionner, on est bien obligé en pratique d'accepter un certain niveau de décalage et d'imperfection. Néanmoins, la stratégie doit être adaptée régulièrement ou lorsque des changements fondamentaux se produisent dans l'environnement, dans le fonctionnement interne ou dans la direction.

Nous allons justement à présent aborder quelques questions relatives à l'évolution de la stratégie, en mettant l'accent sur les effets que l'histoire peut avoir sur l'évolution de la stratégie. Les choix stratégiques qui sont faits aujourd'hui souvent conditionnent les choix qui peuvent être faits demain. Les études historiques nous suggèrent au moins les grands *patterns* en la matière.

C. LA STRATÉGIE : AUSSI UNE AFFAIRE DE PERSPECTIVE

Les perspectives présentées au chapitre II ont aussi une importance considérable dans la formulation de la stratégie. Elles peuvent chacune dominer la formulation et la colorer considérablement en réduisant les effets des autres perspectives. Voyons comment cela peut se présenter pour chacune des perspectives de base, celles qui font partie du cadre d'analyse présenté plus haut et qui donc participent directement à l'analyse stratégique, c'est-à-dire **l'environnement, les ressources, le leadership et la communauté.**

Ainsi, la conception de la stratégie peut être dominée par l'environnement, comme cela a été proposé dans la démarche de Porter (1980). Dans ce cas, tous les éléments de l'analyse sont soumis au caractère déterministe de l'analyse de l'économie industrielle. Les ressources ne peuvent être utilisées que pour se positionner dans un monde qui est déjà tout établi et qui contraint tous les choix. Seuls les choix qui sont acceptables dans le cadre offert par l'environnement (surtout économique) disponible peuvent permettre la survie de l'organisation. De la même manière, la perspective qui privilégie l'environnement aurait tendance à nier ou à négliger le volontarisme que permet le leadership, mais ne nierait probablement pas l'effet assez déterministe que jouent l'histoire et les caractéristiques culturelles de la communauté organisationnelle, bien qu'elle aurait tendance à le subordonner aux structures économiques du secteur industriel. Cette perspective mène naturellement à des stratégies génériques, comme celles qui ont été évoquées plus haut, et au fond nie, quoique prudemment, la possibilité de stratégies vraiment uniques. Les travaux de Porter sont des illustrations claires de la démarche de cette perspective. Ce qui fait le succès d'une entreprise, c'est d'abord et avant tout la manipulation à la marge, surtout l'exploitation des forces qui conditionnent l'industrie, notamment les barrières à l'entrée, surtout les économies d'échelle et d'envergure, pour mieux se positionner.

Il peut y avoir une vue de la stratégie qui serait dominée par les ressources et les avantages concurrentiels dont dispose ou dont peut disposer l'organisation. Cette perspective est alors plus volontariste, considérant par exemple l'environnement comme une construction de l'organisation. Délibérément orientée vers le futur et vers l'imagination, c'est une perspective plutôt entrepreneuriale ; le futur doit être imaginé et créé, plutôt que subi. Bien entendu, les dirigeants et leurs valeurs ont, dans cette perspective, une place de choix, tandis que la communauté et ses choix sont un instrument du contrôle de la société et de l'environnement en général. Un exemple frappant de cette démarche est celui de l'entreprise Sony qui, comme nous l'évoquions au chapitre II, fait subir à la concurrence un véritable barrage d'innovation. Pour Sony, l'environnement économique n'existe pas vraiment. Il est toujours dans le futur et on est obligé de l'inventer constamment.

La perspective qui privilégie la communauté est une perspective plus collective et plus idéologique, au sens où la communauté est animée par des idées qui donnent forme à ses actions. Les individus sont alors considérés comme au service de cette communauté et leurs contributions ne sont appréciées qu'en fonction de cela. Le leadership et ses valeurs sont déterminants dans cette perspective, parce que les leaders fournissent le sens dont a besoin la communauté, s'assurent qu'il est infusé dans la communauté et largement partagé, tout en réglant les problèmes qui peuvent défaire la communauté. L'environnement économique est considéré comme une construction sociale, mais cette construction devient alors normalement contraignante, tout en étant au service de la communauté. Au Québec, l'exemple du Mouvement Desjardins, une entreprise coopérative de crédit, dont les actifs consolidés étaient de l'ordre de 80 milliards de dollars canadiens en 1995, montre que le monde peut être entièrement conçu comme une expression des solidarités et de l'intégration de la communauté organisationnelle à la société environnante, dont elle fait partie. Ainsi, on a toujours considéré, dans la culture Desjardins, le crédit comme devant être découragé puisqu'il incitait à la consommation et donc à la dépendance des personnes à l'égard de leurs prêteurs. Lorsque Desjardins a été confrontée à la nécessité de l'adoption de la carte de crédit, il a fallu repenser de manière fondamentale, et dans la douleur, la culture de l'ensemble du Mouvement et ses relations avec la société. L'adoption de la carte Visa a pris plus de huit ans.

La perspective de la stratégie dominée par le leadership est une perspective volontariste qui affirme que le monde peut être changé, si la direction est clairement établie et si les actions de la communauté sont ordonnées. Cette perspective reconnaît que le monde est une construction, qu'il n'y a rien de vraiment permanent ou objectif. La vue que les personnes ont du monde est relative et dépendante de leur histoire et de leur cheminement, donc de leurs valeurs. On ne voit alors que l'environnement et les ressources qui correspondent aux filtres qui affublent les jugements des dirigeants et de leurs proches. La communauté est dans ce cas importante, mais elle peut, comme l'environnement, être construite et se défaire. Cette perspective peut, bien entendu, souffrir des problèmes que peuvent poser les limites des dirigeants, comme cela semble être le cas dans beaucoup de pays en développement. Les exemples sont nombreux. On a mentionné les dirigeants de Sony ; on pourrait aussi parler de ceux de Honda, de Connoly à Crown Cork and Seal, et de très nombreux autres popularisés par la méthode des cas et les enseignements de politique générale.

On pourrait aussi proposer que la dernière des autres perspectives, le filon conducteur, est contenue dans les autres. Le filon conducteur peut être considéré comme forcé lorsqu'on adopte la perspective de l'environnement, comme le résultat de la combinaison des ressources ou de la volonté des dirigeants ou de l'histoire et de la culture de la communauté organisationnelle.

V. L'ÉVOLUTION DE LA STRATÉGIE : L'IMPORTANCE DE L'HISTOIRE

Une entreprise évolue et notamment grandit en s'étendant géographiquement ou en se diversifiant vers d'autres marchés. Cette évolution semble suivre des chemins reconnaissables. Chandler l'a montré de manière irréfutable dans son étude sur l'histoire des grandes entreprises américaines. Son étude a été confirmée par de multiples études en Europe, au Japon et ailleurs. Salter (1970), formalisant les travaux de Chandler, a proposé une évolution en étapes des entreprises. Au stade I, l'entreprise est simple avec un seul produit ou une seule gamme de produits, gérée avec peu de formalité directement par le propriétaire qui remplit toutes les fonctions managériales, de manière subjective et sans démarche systématique de mesure ou de contrôle des performances.

Au stade II, l'entreprise a grandi suffisamment pour justifier une spécialisation plus grande et l'émergence de fonctions. La coordination est cruciale et est assurée à la fois par une formalisation et une systématisation plus grande et par une centralisation des tâches de coordination au sommet. En particulier, l'évaluation de la performance des responsables est plus formelle et basée sur la réalisation des objectifs fonctionnels fixés en accord avec la direction générale. La planification est souvent l'instrument de gestion préféré. Généralement, le bureau du président devient plus important pour l'aider à assurer la coordination nécessaire, en particulier par la gestion des multiples systèmes mis en place.

Si l'entreprise continue à grandir, elle entreprend des activités nouvelles et diversifiées qui requièrent une organisation plus décentralisée basée sur les relations produits-marchés plutôt que fonctionnelles. C'est le stade III. La formalisation est toujours importante mais sur des bases différentes. Les responsables sont évalués sur les profits qu'ils réalisent dans les gammes de produits qui les concernent, avec une marge de manœuvre établie à l'avance. Il arrive souvent que chaque division fonctionne comme une entreprise du stade II. Dans les entreprises au stade III, le bureau du président peut être plus ou moins important, mais la tendance est à une diminution du nombre de personnes qui y travaillent. Les tâches principales qui y sont réalisées portent sur la gestion financière de l'ensemble et sur la clarification constante des règles du jeu et de la finalité de l'ensemble.

Il a été suggéré par Greiner que les entreprises ont une sorte de cycle de vie. Ce cycle de vie, basé sur les défis de gestion qui se posent à l'entreprise à mesure qu'elle grandit et se diversifie, comprend cinq étapes et le passage de l'une à l'autre de ces étapes suppose la résolution d'une véritable crise. Chacune de ces crises aurait le potentiel de détruire l'organisation. Après une croissance dite « par créativité », l'entreprise connaît sa première crise « de leadership ». La deuxième phase de croissance, « par direction », débouche sur une « crise d'autonomie ». Lorsque la crise est résolue, la croissance se poursuit par « délégation », mais celle-ci, avec le temps, mène à une crise de « bureaucratisation ». Elle est résolue pour déboucher à une phase de « collaboration », qui conduirait à une nouvelle crise non énoncée par Greiner, mais qui, à notre avis, viendrait de la multiplication des conflits que le caractère démocratique de la phase engendrerait. La crise devrait déboucher sur une cinquième phase, que les organisations sont peut-être encore en train d'expérimenter et qui consiste à réconcilier démocratie, flexibilité et efficacité.

Ce regard historique nous confirme que le cheminement stratégique d'une organisation présente aussi des régularités qui se manifestent le long de la vie de cette organisation. La compréhension de la dynamique sous-jacente à l'évolution de l'organisation permet de reconnaître les problèmes que les décalages entre la stratégie et les réalités engendrent et permet ainsi de mieux apprécier le moment où les décalages sont devenus suffisamment grands pour justifier un changement de stratégie.

L'appréciation des décalages nous pose aussi le problème de l'évaluation de la qualité d'une stratégie. Cela est notamment important lorsqu'on veut apprécier la stratégie après plusieurs années sans modification ou lorsqu'on veut apprécier la nature et la qualité de la stratégie des concurrents. Nous proposons à présent quelques repères pour faciliter cette évaluation.

VI. COMMENT ÉVALUER LA QUALITÉ DE LA FORMULATION STRATÉGIQUE ?

Être capable d'apprécier la qualité de la formulation de la stratégie est une préoccupation majeure des dirigeants des organisations, surtout lorsque l'organisation devient trop complexe et qu'ils ne peuvent participer directement à l'analyse et à la réflexion stratégique dans tous les domaines. Il faut donc imaginer une série de critères qui permettent de dire si la formulation est bonne ou mauvaise. En fait, on ne peut pas vraiment porter de jugement sur le contenu, sur les choix eux-mêmes, sauf peut-être de manière limitée *a posteriori,* mais on peut *a priori* porter un jugement sur le processus, la façon dont les choix ont été réalisés.

La première qualité de la stratégie d'entreprise est d'harmoniser les décisions qui sont prises de façon à faire converger les efforts. Cette idée de convergence est aussi une idée de cohérence. On peut même affirmer, comme l'ont montré les discussions du chapitre précédent, que la stratégie est synonyme de cohérence. Les critères d'évaluation vont donc utiliser abondamment cette idée de cohérence. Nous allons en particulier apprécier la cohérence des choix qui sont faits avec les résultats de l'analyse. On aurait ainsi quatre grands critères qui peuvent être utilisés *a priori* et trois critères qui peuvent être utilisés lorsque la stratégie est mise en application.

A. LES CRITÈRES D'ÉVALUATION *A PRIORI*

1. La stratégie choisie est-elle conforme aux (ou cohérente avec les) résultats de l'analyse de l'environnement ?

Nous l'avons vu, l'environnement engendre opportunités et menaces. Sont-elles prises en considération dans les choix qui sont faits ? En particulier, la stratégie tire-t-elle parti des opportunités qui s'offrent dans cet environnement ? Permet-elle de faire face aux menaces les plus sérieuses ? On pourrait aussi, pour l'évaluation, être plus spécifique dans la définition des éléments de l'environnement avec lesquels on veut vérifier la cohérence. Ainsi, on pourrait se demander si la stratégie permet d'augmenter les barrières à l'entrée ou si elle permet d'accroître les coûts de changements, etc., éléments qui seront spécifiés plus en détail au chapitre V.

2. La stratégie choisie est-elle compatible (ou cohérente) avec les résultats de l'analyse des capacités internes ?

L'analyse des capacités internes clarifie ce qui peut être considéré comme une force ou comme une faiblesse, par comparaison à la concurrence. La stratégie doit normalement être construite sur les forces. Dans certains cas, il peut être justifié de travailler à réduire ses faiblesses, surtout lorsqu'elles risquent de mettre en péril l'organisation, mais le plus souvent les choix les plus avisés renforcent ce qu'on fait bien et l'utilisent dans la lutte concurren-tielle. Alors, la stratégie est-elle construite sur les forces de l'organisation ? Prend-elle en considération les faiblesses formulées ? On pourrait être encore plus spécifique, avec une connaissance plus fine de la chaîne de valeur, que nous verrons au chapitre VI. Ainsi, on pourrait se demander si la stratégie per-met d'utiliser les ressources qui sont disponibles et qui ne sont pas à l'œuvre, ou bien si la stratégie permet de renforcer les relations entre les activités créa-trices de valeurs. On peut aussi se reporter aux stratégies génériques et se demander si la stratégie permet d'améliorer les coûts ou la différenciation.

3. La stratégie choisie est-elle compatible avec la nature de la communauté organisationnelle et ses préoccupations ou relations sociétales ?

Les choix de responsabilités sociales sont une condition essentielle de l'équilibre de l'organisation. En conséquence, comment les préoccupations sociétales de la communauté organisationnelle sont-elles prises en considéra-tion par la stratégie ? La stratégie prévoit-elle des répercussions réelles et visibles de l'organisation dans des actions valorisées par les membres de l'organisation ? Ces questions peuvent bien sûr être précisées avec les élé-ments discutés aux chapitres II et III, VII et suivants.

4. La stratégie choisie est-elle cohérente avec les valeurs des dirigeants clés ?

Les valeurs des dirigeants clés non seulement sont importantes mais leur importance est croissante. On ne peut ignorer les valeurs de ceux qui participent à la prise de décision importante sans risquer de mettre en péril la réalisation de la stratégie. En conséquence, la stratégie prend-elle en considération les valeurs des dirigeants clés de l'organisation ? Laisse-t-elle une place à leurs croyances et à leur vision du monde ? Il faut aussi poser d'autres questions plus spécifiques, dont les thèmes sont précisés aux chapitres II, VII et suivants, comme : Y a-t-il conflit de valeurs entre les dirigeants clés ? Comment ce conflit est-il résolu dans la formulation de la stratégie ?

B. LES CRITÈRES D'ÉVALUATION *A POSTERIORI*

A posteriori, nous sommes déjà dans les effets de la stratégie et ces effets sont soit à court terme, comme le profit pour les entreprises, soit à long terme, comme la clarté de la finalité pour les membres et la force de l'avantage concurrentiel réalisé. D'où les questions :

5. Les résultats à court terme de l'organisation confirment-ils la validité de la stratégie choisie ?

Parmi ces résultats, il y a la performance économique, mais aussi tous les critères de performance concrets sur lesquels l'organisation veut montrer un score important pour impressionner ses mandataires principaux (actionnaires, gouvernement, associations, etc.). Cette évaluation de la performance a été décrite en détail dans Thompson (1967).

6. La stratégie choisie crée-t-elle un avantage compétitif substantiel et soutenable ?

L'avantage compétitif est aussi mesuré par des indicateurs qui sont associés à la performance à plus long terme. On peut mentionner à titre d'exemples : l'avantage sur les coûts, la différenciation des produits (comme pour la société Rolls-Royce), la différenciation de marque (comme pour Coca-Cola), et en général la mise en place de barrières à l'entrée plus fortes, comme cela est décrit au chapitre V.

7. La stratégie constitue-t-elle un guide d'action efficace et flexible pour l'ensemble du personnel et en particulier pour les responsables clés ?

La finalité de l'organisation est particulièrement importante pour la concentration des efforts. Si elle est trop générale, elle est valable pour toutes les organisations et elle perd alors de son emprise sur les membres de l'organisation. Si elle trop précise, elle ne leur laisse pas suffisamment de place pour apporter leur contribution à son enrichissement.

Chapitre V

L'ANALYSE DE L'ENVIRONNEMENT

Le chapitre IV nous a permis de décrire le cadre général de l'analyse stratégique. Nous allons à présent aller plus dans le détail. Ce chapitre mettra l'accent sur les éléments d'analyse de l'environnement, en particulier sur l'analyse de la concurrence. Le chapitre VI se tournera vers l'intérieur de l'organisation pour montrer comment on peut apprécier les capacités ou compétences distinctives qui permettent de faire face à la concurrence.

Une démarche stratégique commence habituellement par une analyse de l'environnement. On analyse l'environnement pour deux raisons fondamentales :

- Connaître le milieu industriel dans lequel œuvre l'entreprise ou en général l'organisation ;
- Découvrir les opportunités qu'offre ce milieu industriel.

Nous allons examiner ces deux objectifs, en insistant sur le premier, et voir comment on peut les réaliser.

I. CONNAÎTRE LE MILIEU INDUSTRIEL

Depuis plusieurs années, les économistes et les sociologues ont proposé des modèles pour décrire un milieu industriel. Ces divers modèles ont influé sur le champ de la stratégie, mais certains modèles, dont ceux qui se basent sur l'économie industrielle, sont plus présents que d'autres. Notre objectif n'est pas de comparer ces modèles pour découvrir le meilleur ; c'est plutôt de choisir les éléments, les concepts qui sont les plus utiles à la personne qui veut concevoir ou modifier la stratégie de l'entreprise.

A. LE CONTEXTE SOCIOPOLITIQUE

La personne qui dirige une entreprise n'a pas vraiment beaucoup de contrôle sur le contexte sociopolitique, même si elle peut exercer une influence sur ce dernier, mais certaines caractéristiques de l'environnement sociopolitique sont présentées comme plus propices aux affaires que d'autres. Chaque année, aux États-Unis, des revues d'affaires publient des articles dont le titre est à peu près le suivant : « Quel est le meilleur endroit pour faire des affaires ? » On cherche à découvrir quel État américain offre le meilleur contexte pour faire des affaires ; on veut savoir quel environnement procure les meilleures perspectives d'investissement. Un examen attentif du modèle à la base de ces articles permet de reconnaître la présence de quatre facteurs principaux :

• La DÉMOGRAPHIE, en particulier la structure d'âge, la composition de la main-d'œuvre et l'évolution de la population. Ainsi, une entreprise qui vend des produits de musique populaire (disques compacts, cassettes, etc.) est très intéressée à connaître l'évolution de la population âgée de 15 à 25 ans dans les pays où elle fait des affaires, car elle sait que les acheteurs de ses produits se situent majoritairement dans ce créneau d'âge. Le même argument s'applique à l'entreprise qui vend des produits pour nourrissons : le taux de natalité est une information très utile, une information essentielle.

• Le SYSTÈME POLITIQUE : cette variable a moins d'importance pour l'entreprise qui limite son intervention au marché local, mais elle prend beaucoup d'importance lorsque l'entreprise vend ses produits dans plusieurs pays, surtout si les régimes politiques varient d'un pays à l'autre. Une entreprise qui possède des usines dans des pays démocratiques, des pays socialistes et des pays sous régime militaire serait bien avisée de tenir compte de ces systèmes politiques lorsqu'elle fait ses choix stratégiques. Non seulement l'entreprise tient-elle compte des systèmes politiques, mais l'expérience montre qu'elle s'attend à ce que le système politique ait un certain nombre de qualités, telles que la stabilité, la probité, la transparence et la constance dans les orientations politiques. Le débat sur l'unité canadienne illustre bien cette préoccupation : certains perçoivent le débat comme une source d'instabilité politique et ils sont tentés de poser des gestes stratégiques qui les amèneraient à déplacer une unité de production ou à réorienter un investissement vers un autre pays. À l'inverse, d'autres perçoivent le débat comme une occasion riche en opportunités et agissent en conséquence : acquérir des sites industriels de premier choix, cela ne coûte pas cher dans un climat d'instabilité politique.

• La RÉGLEMENTATION : l'entreprise qui examine sa stratégie ne peut rester indifférente à la réglementation, puisque celle-ci limite et détermine les options stratégiques que l'entreprise peut considérer ; mais une réglementation crée aussi des opportunités d'affaires. Pour illustrer la limite des options stratégiques que l'on peut considérer, prenons l'exemple des pharmaciens professionnels. La loi québécoise a des exigences précises sur les médicaments en vente libre, sur la présence d'un professionnel, sur les heures d'ouverture. Une chaîne comme les Pharmacies Jean Coutu doit choisir des options qui respectent ces exigences. Dans le cas des pharmacies, il ne faut pas non plus oublier la réglementation qui provient de l'Ordre professionnel des pharmaciens. Actuellement, au milieu des années 1990, l'Ordre voudrait forcer toutes les pharmacies à éliminer la vente des produits du tabac. Les Pharmacies Jean Coutu affirment quant à elles que la réglementation prévue est déraisonnable, car le tabac n'est pas vendu dans l'officine du pharmacien mais dans la section commerciale de la pharmacie. On voit bien l'effet de la réglementation sur la stratégie.

La réglementation peut créer des opportunités extraordinaires. Prenons une chaîne de télévision au Canada : il faut passer à travers la réglementation du CRTC pour pouvoir créer ce type d'entreprise ; une fois que l'on détient le permis, on possède un quasi-monopole pour la durée de la période fixée par le CRTC. La même chose s'est produite dans l'industrie du lait : on a créé des quotas de production, mais, avec le temps, la valeur commerciale des quotas est devenue aussi importante que les volumes de ventes réalisés grâce à ces quotas.

• LA TAXATION : en soi, le système de taxation n'est pas une préoccupation pour la personne qui élabore la stratégie de l'organisation, car la très grande majorité des pays ont des systèmes de taxation. Ce qui préoccupe le stratège d'entreprise, c'est le niveau de taxation d'un pays par rapport à l'autre et c'est aussi la nature de cette taxation. Lorsqu'on décide d'investir dans tel pays plutôt que dans tel autre, cette question peut prendre une ampleur considérable. Dans le même sens, à l'intérieur d'un même pays, les formes de taxation peuvent avoir une influence considérable sur les options stratégiques retenues. Ainsi, si un pays choisit de taxer de façon significative la masse salariale des entreprises, il incite les entreprises à réduire celle-ci en faveur soit de l'automatisation, soit de la sous-traitance, soit du travail autonome. Prenons l'exemple d'un journal publié tous les jours : pour réduire les coûts sur la masse salariale, on peut acheter des articles publiés ailleurs, on peut utiliser principalement des journalistes à la pige et on peut faire imprimer en sous-traitance, de préférence dans un pays qui n'impose pas les mêmes taxes sur la masse salariale.

• L'ÉCOLOGIE : plusieurs entreprises sont confrontées à des problèmes écologiques qui prennent une place importante et croissante dans la réflexion stratégique. Toutes les entreprises de production de pâtes et papiers ont dû faire face à la pollution des cours d'eau qu'elles utilisaient pour le flottage du bois ; elles ont aussi dû faire face à la pollution des eaux qu'elles rejetaient dans les égouts. Ces conséquences écologiques provenaient des procédés de transport et de fabrication. Plusieurs de ces entreprises ont aussi été touchées par des questions écologiques qui se sont posées plus tard : certaines ont dû faire face à un boycott de leurs produits parce qu'elles utilisaient du papier blanchi au chlore ; d'autres, dont celles qui produisent du papier journal, ont dû réagir au fait que certains grands journaux exigeaient du papier contenant un pourcentage minimum de papier recyclé. La question de l'écologie prend souvent la forme de lois ou de règlements que la société impose tant aux citoyens qu'aux entreprises, par exemple des lois sur le contrôle de la qualité de l'air, sur le bruit, sur les rejets industriels, sur l'usage de certains produits chimiques tels que les pesticides, les solvants, les produits de nettoyage. Il faut aussi souligner que l'usage de certains de ces produits est permis, mais leur manipulation fait l'objet de restrictions qui apparaissent dans la loi relative à la santé et la sécurité au travail. Un exemple est celui des entreprises qui utilisent un jet de sable pour nettoyer les immeubles ou les structures de métal comme des ponts. Ce procédé de nettoyage n'est pas interdit par la loi, mais son utilisation est étroitement surveillée par les organismes de santé et sécurité au travail à cause des poussières respirées par les travailleurs qui utilisent le procédé.

B. Analyse de la concurrence

La concurrence n'est pas seulement le résultat de l'action des entreprises qui œuvrent dans le même secteur industriel, elle est aussi le résultat de l'action des fournisseurs, de l'action des clients et elle est influencée par la demande pour le produit ou le service. En fait, la concurrence est le fruit de la combinaison de tous ces éléments : les interrelations sont aussi importantes que chacun des éléments seuls. Examinons cependant les éléments.

La demande pour le produit ou le service

Au départ, il convient d'examiner l'évolution de la demande pour le produit ou le service. En fait, le jugement stratégique exige de connaître les grandes tendances dans la demande : peut-on parler de cycles dans la demande ? de demande en déclin, en stabilité ou en croissance ? Une fois que l'on connaît l'évolution de la demande, on est naturellement porté à chercher à comprendre les motifs susceptibles d'expliquer ces grandes tendances. En stratégie d'entreprise, on examine trois motifs : le produit et son stade d'évolution le long du cycle de vie, les produits substituts et le comportement des clients.

Figure 1 Le cycle de vie d'un produit

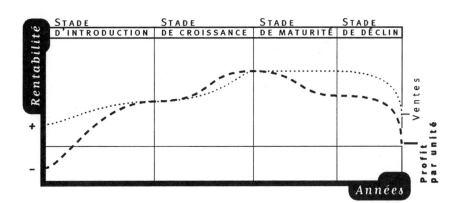

Les spécialistes du marketing ont montré que les produits ou les services évoluent en passant à travers différentes phases qu'ils ont appelé les stades du cycle de vie. Ainsi (voir la figure 1), une demande en croissance pourrait être expliquée uniquement par le fait que le produit entre dans sa phase de croissance. L'exemple le plus facile est celui des fabricants d'ordinateurs entre 1975 et 1985. Les ordinateurs personnels étaient alors dans leur phase majeure de croissance. Dans le même sens, une demande en déclin peut s'expliquer par un vieillissement du produit. Le téléphone classique avec fil est un bel exemple d'un produit qui est dans une phase de maturité très avancée ou de déclin. Dans les pays industrialisés, il faut reconnaître que le produit est plutôt dans une phase de déclin et la présence d'une demande non satisfaite dans les pays en développement ne signifie pas que le produit est moins avancé dans son cycle.

Les produits de substitution influent fortement sur les tendances observées dans la demande. Si l'on note une diminution de la demande, on peut penser que le produit est en déclin, mais on doit aussi se demander si le produit n'est pas en train d'être remplacé par un autre qui joue le même rôle, remplit la même fonction. Peut-on penser que le téléphone cellulaire est en train de remplacer le téléphone classique? Récemment, dans l'industrie de la bière, on a observé une baisse de la consommation au Québec et en Ontario. Au même moment, on a pu noter une augmentation de la consommation du vin blanc. Doit-on penser que le phénomène s'explique par une substitution d'un produit pour l'autre ou doit-on penser à un plafonnement de la clientèle des buveurs de bière et à une arrivée de nouveaux clients pour le vin blanc?

La substitution peut provenir du fait que, dans le marché, il y a des entreprises qui offrent des produits que les clients peuvent remplacer l'un par l'autre. Prenons l'exemple des fabricants de lunettes pour corriger les problèmes de vision : le client a le choix entre les lunettes classiques, les lentilles cornéennes et, dans une certaine mesure, l'intervention chirurgicale au laser. Dans le même sens, le fabricant de canettes d'aluminium doit vivre avec le fait que le client peut passer entre autres à la canette d'acier, à la bouteille de verre, au contenant de carton ou au contenant de plastique. Dans certains cas, ce passage est très complexe parce qu'il entraîne un changement majeur dans la chaîne de production — ce serait le cas pour les embouteilleurs de bière s'ils envisageaient de passer de la canette de métal au plastique ; ce serait moins le cas pour un passage de l'acier à l'aluminium. Plus c'est facile de substituer un produit à l'autre (on pourrait aussi dire moins cela coûte cher), plus la concurrence est vive tant pour les parts de marché que pour les meilleurs coûts. Si le produit apparaît comme étant le même aux yeux du client ou s'il apparaît comme pouvant remplir la même fonction, pourquoi le client serait-il fidèle ou, *a fortiori*, pourquoi s'exposerait-il à devenir captif d'une entreprise ?

Il arrive qu'un produit, dans une phase de maturité ou de déclin, connaisse une deuxième vie. Par exemple, c'est un produit que l'entreprise transporte dans un nouveau marché : le dopler a été inventé pour faciliter le déplacement des avions ; depuis près de 20 ans, le produit est surtout utilisé dans le domaine de la santé pour des examens diagnostiques. L'ouverture des marchés, par l'abaissement ou la disparition des barrières tarifaires, rend encore plus active la substitution des produits. Un produit n'a peut-être pas de substitut dans tel pays mais dans tel autre pays, il peut en avoir. Ainsi, pendant plusieurs années, les producteurs d'automobiles n'ont pas eu à vivre la concurrence des producteurs asiatiques et en particulier des producteurs japonais. L'ouverture des marchés a permis l'entrée de nouveaux produits, et nous avons assisté à un déplacement de la demande vers les producteurs japonais. Pendant quelques années, les producteurs américains affirmaient qu'il n'y avait pas réellement de substitution, mais l'expérience a montré que les clients substituaient les produits les uns pour les autres. Comme dans ce cas, la substitution peut être le résultat de l'arrivée dans un marché local d'un concurrent venant d'un autre pays, avec un produit proche, mais tout de même différent.

On ne peut pas comprendre la demande sans s'interroger sur les clients. Ce qui importe au départ, c'est de découvrir les caractéristiques de base des clients, par exemple leur nombre, leurs caractéristiques sociodémographiques et s'ils sont des acheteurs individuels, des familles ou des entreprises.

Pour comprendre l'importance des caractéristiques de base, prenons l'exemple des produits pour jeunes enfants. Depuis plus de 20 ans, le nombre d'enfants par famille diminue au Québec. Cette diminution correspond à une tendance lourde de la société, mais elle est aussi causée par le fait que les deux conjoints continuent d'être actifs sur le marché du travail en même temps qu'ils fondent leur famille. Ces caractéristiques de base des clients ont des incidences majeures sur leur comportement face aux produits d'enfants : d'une part, le revenu disponible pour chaque enfant est plus élevé ; d'autre part, l'expérience de parent ne se reproduira pas souvent, donc on veut donner le maximum à chacun des enfants.

Au-delà de ces caractéristiques de base, la réflexion stratégique exige qu'on tente de comprendre le comportement du client : ce qu'il cherche, la fonction que le produit joue pour lui ou ce qui, pour lui, représente de la valeur. Prenons l'exemple de l'automobile : si le client veut uniquement un moyen de se transporter de la résidence au travail, il risque d'être peu sensible aux automobiles de luxe. Par ailleurs, si le client recherche du statut social en même temps qu'il achète un moyen de transport, on peut penser qu'il favorisera les modèles associés à la rareté, au luxe et probablement à la réputation.

Il arrive que les acheteurs soient non pas des personnes mais des entreprises. Dans ce cas, l'acheteur peut avoir une influence considérable sur celui qui vend le produit. Prenons l'exemple du fabricant de canettes en aluminium : il est très probable que ce fabricant ait peu de clients et que ces clients représentent un volume important du chiffre d'affaires. Ces clients seraient peut-être des brasseries et des embouteilleurs de boissons gazeuses. On peut facilement imaginer le pouvoir que ces gros clients peuvent avoir sur le fabricant.

Le développement des nouvelles méthodes de gestion a aussi redonné plus de poids aux clients : dans tous les cas où l'on pousse la production juste à temps, on incite le client et le producteur à agir de façon intégrée. Il faut bien se rendre compte que ce mode d'action donne plus de pouvoir au client justement parce qu'il en fait un élément du système : il peut ralentir la production parce qu'il écoule la marchandise dans un système de juste à temps.

Les clients ont aussi un poids considérable dans les cas des matières premières et dans les marchés dits de commodités. L'entreprise Canam-Manac peut acheter son acier auprès de plusieurs aciéries : une fois que l'entreprise a déterminé ses exigences, elle peut magasiner et choisir le meilleur prix parce que cela ne change strictement rien pour le client de Canam-Manac. C'est exactement le même phénomène dans le marché des composantes chimiques : l'entreprise qui achète des granules de potassium, en vue de fabriquer un engrais pour le jardin, a le choix d'acheter auprès de plusieurs fabricants. Tant que le produit a les caractéristiques exigées, cela ne change rien au produit final. En examinant de telles situations, on ne devrait pas être surpris de constater que les clients ont un fort pouvoir de négociation auprès de ceux chez qui ils achètent.

Il peut arriver aussi que le pouvoir du client se retourne contre lui. Prenons l'exemple d'une entreprise comme IPL. Cette entreprise est cliente de quelques fabricants d'automobiles : elle peut affirmer son pouvoir à l'égard de ces fabricants, mais il y a le risque de se faire remplacer et surtout le risque que le fabricant d'automobiles décide de produire lui-même les pièces qu'il achetait chez IPL. Dans une industrie, les jeux de pouvoir sont en équilibre fragile et peuvent basculer dans un sens ou dans l'autre ; il est du devoir du stratège d'entreprise de bien jauger ces risques et d'envisager des scénarios qui prennent cela en compte.

Les concurrents

Dans un secteur industriel, il y a habituellement plusieurs entreprises qui se font concurrence pour servir les clients. On peut prendre l'exemple du secteur bancaire au Canada : cinq grandes banques se disputent la clientèle des individus et la clientèle des entreprises. La réflexion stratégique exige qu'on découvre les concurrents, leurs caractéristiques et les instruments qu'ils utilisent (compétences, ressources, etc.) pour se livrer bataille. En ce qui concerne les caractéristiques, il faut noter le nombre et la taille des concurrents et, surtout, la place relative de chacun d'entre eux en ce qui à trait aux parts de marché.

L'expérience suggère que la présence de beaucoup de concurrents sur un marché est associée à une concurrence vive mais ouverte. La même chose peut être observée lorsqu'un petit nombre de concurrents de force à peu près égale se retrouvent dans une même industrie. Dans le cas des banques au Canada, les cinq concurrents n'ont pas la même force et cette force varie d'un marché régional à l'autre. Les caisses populaires représentent une force au Québec, mais elles sont à peu près absentes hors Québec ; la Banque Nationale est très présente au Québec, mais elle est quasi inexistante à l'ouest de Toronto.

En conséquence, chaque banque cherche à prendre des parts de marché et à protéger les parts qu'elle a acquises par elle-même, en développant le marché, ou qu'elle a arrachées aux autres. Ce comportement signifie que la préoccupation stratégique d'une entreprise qui œuvre dans des marchés bien desservis et qui fait face à quelques concurrents tourne autour du concept de parts de marché.

Le concept est beaucoup moins utile pour comprendre les comportements des entreprises qui œuvrent dans le commerce de détail. Le très grand nombre de concurrents rend difficile la référence à chacun d'entre eux. Dans ce cas, les spécialistes de la stratégie préfèrent d'abord regrouper les concurrents à l'intérieur de groupes stratégiques. On appelle groupe stratégique des concurrents qui approchent le marché de la même façon et qui ont à peu près le même positionnement stratégique sur le marché. Les entreprises peuvent se ressembler parce qu'elles utilisent les mêmes canaux de distribution, qu'elles ont à peu près les mêmes gammes de produits, qu'elles offrent aux clients à peu près le même ensemble de produits/services. De façon pratique, on détermine les groupes stratégiques en regroupant les entreprises qui vendent la même gamme de produits, qui utilisent les mêmes canaux de distribution et qui offrent un service semblable, etc. Puis, on détermine la part de marché qui est détenue par le groupe en entier pour pouvoir le comparer aux autres groupes.

Finalement, on peut construire une représentation graphique appelée carte des groupes stratégiques. Pour construire la carte, on utilise en abscisse et en ordonnée les variables qui sont les plus utiles dans cette industrie, les variables stratégiques, en évitant de choisir des variables très fortement corrélées. À la figure 2, nous présentons l'exemple des groupes stratégiques pour l'industrie des détaillants de bijoux. La grandeur des cercles traduit l'importance des parts de marché que détient chacun des groupes. Dans ce cas, les chaînes de bijouteries dominent le marché et se caractérisent par une image associée à prix élevé/qualité élevée ainsi qu'à une gamme de produits très étendue. Par contraste, les magasins d'escompte occupent une petite part de marché avec des produits à bas prix et de moindre qualité.

Dans certaines industries, on pourrait constater que le nombre de concurrents varie continuellement. Ce sont des industries dans lesquelles il y a plusieurs nouveaux arrivants et le flux de nouveaux entrants est régulier. Pour décrire ce phénomène, les experts de la stratégie utilisent le concept proposé par Porter : la menace de nouveaux arrivants. Selon Porter, plus les barrières à l'entrée sont faibles, plus il y aura de nouveaux arrivants. Les principales barrières sont les suivantes :

- Les économies d'échelle : dans certaines industries, il faut être capable d'entrer avec du volume (le concept de courbe d'expérience illustre bien le phénomène), sinon on doit vendre les produits à un coût plus élevé que les concurrents en place.
- La différenciation : dans certaines industries, le nom du produit et la marque sont des éléments qui déterminent le comportement d'achat.

Figure 2 Les groupes stratégiques de l'industrie des bijoux aux États-Unis

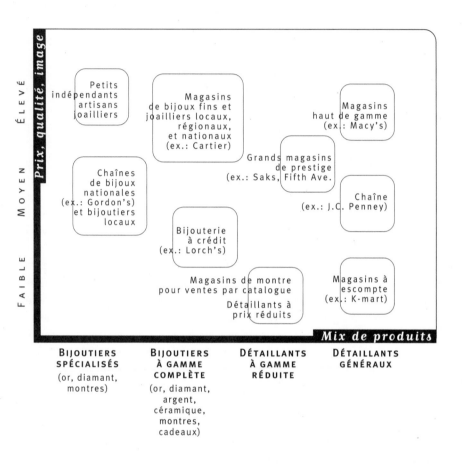

Comme parfois cela coûte très cher de créer une image de marque, alors dans ce cas les nouveaux arrivants sont découragés et évitent ces marchés.

- Les investissements en capital : pour réussir à se faire une place dans certaines industries, il faut investir des sommes colossales qui peuvent être associées aux coûts des équipements, de la recherche et du développement ou de l'acquisition. Dans l'industrie des médicaments, par exemple, il en coûte au moins 100 millions de dollars en frais de développement avant de vendre le premier produit. Le capital exigé par l'investissement joue le rôle de barrière à l'entrée.

- Les désavantages de coûts : il arrive que les nouvelles entreprises doivent faire face à des désavantages qui n'ont rien à voir avec les économies d'échelle. C'est le cas si les entreprises déjà actives dans l'industrie contrôlent des brevets ou l'accès aux matières premières ou aux technologies.
- L'accès aux canaux de distribution : dans le cas des produits de consommation courante, il faut pouvoir acheminer ses produits par des canaux de distribution. Si les canaux sont contrôlés par des entreprises déjà actives dans l'industrie, il sera difficile pour un nouvel arrivant de faire sa place.
- La réglementation : la nécessité d'obtenir des permis peut représenter une importante barrière à l'entrée. Ce sont aussi les coûts et les délais associés à la demande de permis qui viennent renforcer cette barrière à l'entrée.

En faisant l'examen des nouveaux arrivants, il ne faut jamais oublier qu'ils peuvent venir de l'étranger. Les compagnies d'assurances européennes nous l'ont rappelé au Québec.

Les fournisseurs

Les fournisseurs sont des acteurs importants dans une industrie. Par leurs actions, ils peuvent entraîner des réactions à la chaîne chez tous les autres acteurs de l'industrie. L'exemple le plus probant est sans doute celui des producteurs de pétrole : si ces derniers se concertent pour contrôler les prix, pour régulariser la quantité de pétrole disponible sur le marché, alors les raffineurs et les fabricants de produits dérivés se doivent de réexaminer leur stratégie dans les plus brefs délais. Le rôle des fournisseurs sera d'autant plus important qu'ils sont peu nombreux et qu'ils peuvent agir de façon concertée. L'inverse est cependant vrai aussi : les fournisseurs de minerais, les fournisseurs de matières premières peu traitées, les fournisseurs de commodités ont très peu d'influence dans beaucoup d'industries. Ils alignent leurs prix sur les prix mondiaux parce qu'ils offrent un produit sur lequel ils ajoutent bien peu de valeur.

En règle générale, les fournisseurs ont du pouvoir si, toutes choses étant égales par ailleurs :

1. Ils sont un petit nombre (un oligopole);
2. Leurs produits n'ont pas de substituts;
3. Le client n'est pas important (en termes de volume ou d'autres considérations stratégiques);
4. Leurs produits sont des intrants importants pour les acheteurs;

5. Leurs produits sont différenciés ;

6. Les acheteurs doivent subir des coûts de changement, s'ils devaient changer de source d'approvisionnement ;

7. Ils peuvent s'intégrer en aval et faire ce que leurs clients font actuellement.

Il est évident que les clients, ou acheteurs, sont en position symétrique par rapport aux fournisseurs et ce qui est dit ici pourrait leur être appliqué (mais à l'inverse) dans leurs relations avec les concurrents de l'industrie.

II. LA DYNAMIQUE DE LA CONCURRENCE DANS UNE INDUSTRIE

La dynamique d'une industrie se comprend en référence à la dynamique de la concurrence et à la présence de facteurs de changement susceptibles de modifier tant la dynamique de l'industrie que des éléments majeurs de cette dynamique.

A. La dynamique de la concurrence

Il peut sembler relativement facile de déterminer les divers éléments de la concurrence, mais, pour la personne qui réfléchit à la stratégie d'une entreprise, le plus important est de réunir les éléments les uns par rapport aux autres, dans le but de mieux comprendre le portait d'ensemble, et de saisir les liens entre les éléments. Dans une démarche stratégique, il faut réunir le plus d'éléments de la concurrence, parmi ceux qui ont été énumérés précédemment.

Il y a plusieurs modèles qui cherchent à atteindre ces objectifs, mais celui qui est le plus utilisé en stratégie, c'est celui qu'a proposé Porter (1980). Le modèle de Porter ne regroupe pas tous les éléments énumérés, mais il met l'accent sur des aspects fondamentaux. Ce modèle postule que les cinq forces majeures de la concurrence sont : la menace de nouveaux arrivants, le pouvoir de négociation des clients, le pouvoir de négociation des fournisseurs, la menace des produits de substitution et la nature de la rivalité entre les concurrents. À la figure 3, on notera la présentation graphique de ce modèle. En examinant attentivement la figure 3, il faut remarquer que Porter parle du pouvoir que les fournisseurs ou les clients peuvent exercer sur les entreprises qui se font concurrence dans l'industrie. Ainsi, les fournisseurs peuvent exercer un pouvoir de négociation sur les prix, pouvoir qui sera d'autant plus grand que les fournisseurs peuvent suivre une politique à peu près identique. Cette probabilité est plus grande lorsque, comme indiqué précédemment, les fournisseurs sont peu nombreux. Cette pratique

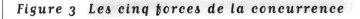

Figure 3   Les cinq forces de la concurrence

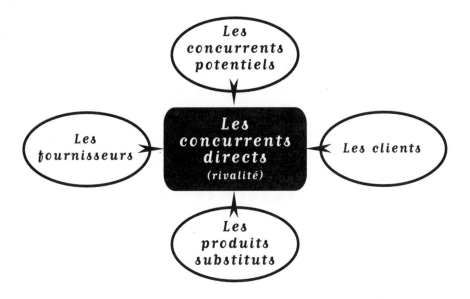

augmentera leur pouvoir face aux entreprises de l'industrie, car elle aura pour effet de modifier la profitabilité des entreprises.

Les clients peuvent jouer un rôle semblable : ils manifestent leur pouvoir en exprimant des exigences plus grandes à l'égard des entreprises de l'industrie. Ainsi, ils demandent de meilleurs prix, exigent plus de qualité, exigent plus de service, etc. La façon d'affirmer son pouvoir, c'est d'opposer les entreprises les unes aux autres pour obtenir des réponses à ces exigences. La pratique des achats groupés dans le secteur de la santé et des services sociaux est un bel exemple du pouvoir des clients : plusieurs hôpitaux font leurs achats ensemble et, en conséquence, le groupe d'achat peut obtenir des remises. Il peut exiger des produits adaptés à un prix qui laisse une petite marge aux entreprises et dans certains cas, pour affirmer son pouvoir, il peut acheter directement du manufacturier, en contournant les distributeurs. On voit bien que les gestes posés par le client pour affirmer son pouvoir ont un effet direct sur la concurrence entre les entreprises.

En ce qui concerne les nouveaux arrivants, le concept choisi par Porter est celui de la menace. Le raisonnement est alors de se demander quelle est la probabilité que des entreprises viennent s'installer dans cette industrie.

Comme il s'agit d'une probabilité et non d'une certitude, il faut chercher à l'estimer : plus la probabilité est grande, plus la menace est forte. Si la menace est forte, les concurrents seront plus vulnérables, ils chercheront à se protéger en construisant des barrières dont l'effet anticipé sera de décourager les nouveaux arrivants et diminuera la probabilité de leur venue.

À la figure 3, on résume de façon pratique certaines relations que le modèle de Porter permet de bien saisir. Cette liste n'est pas exhaustive, mais elle permet de guider la réflexion de la personne qui essaie de comprendre l'industrie dans laquelle œuvre une entreprise dont on veut préciser la stratégie. Elle permet aussi de définir et de saisir le rôle de ce que certains auteurs ont appelé les facteurs clés de succès : il s'agit en fait de découvrir les comportements qu'adoptent (ou doivent adapter) les entreprises qui réussissent très bien dans l'industrie que l'on examine.

B. LES FACTEURS DE CHANGEMENT

La description des facteurs de changement peut nécessiter une démarche prospective. Dans la majorité des cas cependant, les stratèges d'entreprises vont trouver réponse à leurs questions en examinant les facteurs de changement suivants :

• LA TECHNOLOGIE : dans toutes les industries, l'arrivée d'une nouvelle technologie est un facteur de changement. Le changement peut être plus ou moins important, mais il y a toujours changement. L'introduction de l'informatique dans l'industrie de l'imprimerie a eu des répercussions considérables : des métiers ont été modifiés de façon substantielle, alors que d'autres ont disparu. Ces phénomènes ont permis à certaines entreprises d'affirmer leur place, alors qu'ils ont entraîné la disparition d'autres.

• LES CONNAISSANCES : les études les plus récentes en stratégie d'entreprises ont attiré l'attention sur le rôle de la connaissance dans la dynamique des industries. On s'interroge sur le processus de développement et de circulation des connaissances, sur leur contrôle, sur le cheminement qui permet leur transformation en innovations commercialisables et, finalement, sur les mécanismes de veille qui permettent aux entreprises de savoir ce qui se développe ailleurs, ce qui va peut-être arriver. Cette préoccupation a attiré l'attention sur les personnes qui jouent des rôles clés en matière de connaissances : Comment sont-elles formées, recrutées ? Comment se déroule leur carrière ? Cette préoccupation vient du fait que, pour réussir dans certaines industries (comme la santé, l'informatique, les télécommunications, l'aérospatiale, etc.), il est très important de bien se situer dans le processus de diffusion de la connaissance.

• LES GRANDES TENDANCES SOCIALES : en décrivant le contexte, nous avons relevé certains aspects qui permettent de mieux décrire l'industrie. Il faut reconnaître que l'évolution sociale peut constituer un moteur de changement important dans une industrie. Prenons l'exemple du changement dans la composition de certains corps professionnels : la présence plus grande des femmes en médecine influe sur les modes de pratique médicale, sur l'organisation du travail des médecins et, de ce fait, sur la stratégie ainsi que sur la gestion de l'hôpital. Le spécialiste de la stratégie cherche à reconnaître ces grandes tendances sociales et surtout à essayer de prévoir l'impact sur l'industrie et la concurrence.

III. EN GUISE DE CONCLUSION

À la fin de l'examen de l'environnement externe, le stratège d'entreprise veut tirer une conclusion. En stratégie, on a essayé d'exprimer ce besoin de conclusion en utilisant deux concepts : l'intérêt pour cette industrie (ou attrait de l'industrie) et la détermination des opportunités qu'offre cette industrie. Il s'agit de deux concepts qui se ressemblent bien qu'ils se situent dans deux courants de recherche différents. Le choix du concept importe peu, sauf que le concept d'intérêt semble plus apprécié par les dirigeants qui ont une approche plutôt analytique, alors que le concept d'opportunité a plus d'intérêt pour ceux qui ont une approche plus entrepreneuriale.

Le concept d'intérêt (ou d'attrait) pour une industrie a été élaboré dans le cadre des analyses de portefeuille. Ce concept a toujours été présent dans les développements de l'économie industrielle, mais il a été rendu explicite lorsque est venu le moment de mettre au point un moyen d'apprécier la situation concurrentielle des unités stratégiques d'une organisation. Ainsi, les conseillers de McKinsey, au moment de leur intervention chez GE, à la fin des années 1960, proposèrent une matrice d'évaluation de la situation des centres d'activités stratégiques (CAS) dont l'une des dimensions était l'attrait de l'industrie (l'autre exprimant la position du CAS). Celle-ci était évaluée à partir de six variables ou critères :

1. La taille du marché (en général une moyenne en dollars sur une période de trois à cinq ans) ;
2. La croissance du marché (généralement un taux annuel moyen sur une période d'environ dix ans en utilisant des dollars constants) ;
3. La profitabilité de l'industrie, mesurée par un ratio moyen de rendement sur les ventes ou sur les actifs du CAS considéré et des trois principaux concurrents, sur une période de trois ans ;

4. L'effet de cycle, en mesurant la variation annuelle moyenne des ventes par rapport à la tendance (pour apprécier le stade dans le cycle de vie du produit) ;

5. La récupération de l'inflation, qui est le ratio moyen, sur une période de trois à cinq ans, de la combinaison prix de vente et changements de productivité sur le changement de coût dû à l'inflation ;

6. L'importance des marchés étrangers, mesurée par un ratio moyen, sur cinq à dix ans, du marché international sur le marché local.

Le concept d'opportunité a été élaboré par les pionniers de la réflexion stratégique, dont plusieurs travaillaient à l'école d'administration de l'université Harvard. Découvrir les opportunités revient à se demander où se situent et où se situeront, dans le futur prévisible, les meilleures opportunités d'affaires dans cette industrie. On cherche alors des opportunités d'affaires susceptibles d'être porteuses à long terme. Soulignons que cette recherche a sensibilisé plusieurs stratèges d'entreprise au fait que le retrait ou la consolidation d'une industrie pouvait constituer la meilleure opportunité : dans certaines industries, la meilleure opportunité, c'est d'acheter des concurrents en difficulté, de les redresser en les intégrant à une entreprise qui est en meilleure santé, puis de se retirer de l'industrie parce que la prochaine restructuration de l'industrie risque de faire disparaître plusieurs entreprises. Donc, l'opportunité consiste à se positionner pour acquérir une bonne valeur commerciale au moment de la sortie des plus fragiles.

Chapitre VI

L'ANALYSE INTERNE

Pour la personne qui réfléchit à la stratégie de l'entreprise, faire l'analyse interne, c'est regarder l'organisation sous tous ses angles, en ayant à l'esprit deux questions cruciales : de quoi dispose l'entreprise pour envisager une action stratégique et quelles sont les options stratégiques que l'entreprise peut considérer à partir de ce dont elle dispose. Pour répondre à ces questions, les spécialistes de la stratégie ont conçu plusieurs démarches, plusieurs approches. Ces approches se ressemblent sous plusieurs angles, mais chacune d'entre elles ajoute une nuance à la compréhension de l'organisation. Il n'est pas essentiel d'utiliser toutes les approches ; ce qui importe, c'est de retenir ce qui contribue le plus à la compréhension de l'organisation.

On peut, de façon pratique, organiser ces approches sous cinq grands concepts :

1. les concepts forces-faiblesses ;

2. les concepts chaîne de valeur ;

3. les concepts de culture ;

4. les concepts de compétence ;

5. les diagnostics des ressources.

Ce chapitre est organisé de sorte qu'on puisse examiner ces différentes lentilles et les outils qu'elles offrent à l'analyste. Nous les prendrons dans l'ordre proposé.

I. LES CONCEPTS FORCES-FAIBLESSES

Une des premières approches utilisées pour examiner l'entreprise consiste à découvrir et à spécifier les forces (ce qu'on fait mieux que ses concurrents) et les faiblesses (ce qu'on fait moins bien) de l'organisation, en les mettant en rapport avec les opportunités et les menaces. Cette approche, souvent appelée l'approche SWOT (*strengths, weaknesses, opportunities and threats*), est très utilisée par les praticiens de la stratégie parce qu'ils la perçoivent comme très facile d'usage et commode.

Une force, c'est une activité qu'une organisation fait particulièrement bien, mieux que ses concurrents. C'est une caractéristique qui donne à l'entreprise une capacité spéciale. Il peut s'agir d'une habileté particulière, d'une expertise, d'une ressource dont l'entreprise dispose ou d'une réputation que l'entreprise a bâtie pendant de longues années. Ajoutons que des éléments intangibles peuvent aussi apparaître comme des forces : le nom et la réputation, la dispersion géographique des unités de vente, de production et de service, les technologies en réserve et, aujourd'hui surtout, la capacité, la vitesse avec laquelle l'entreprise renouvelle ses technologies.

Une faiblesse, c'est un peu l'inverse, et elle a habituellement pour effet de rendre l'entreprise moins compétitive, plus vulnérable dans ses marchés. Pour découvrir les forces et les faiblesses, on procède soit par un examen, soit par un sondage auprès des gestionnaires de l'entreprise. Les dimensions suggérées par Stevenson[1] sont les suivantes :

L'organisation :

- la forme de la structure ;
- les compétences et les intérêts des cadres supérieurs ;
- les normes, procédures et règlements ;
- le système de contrôle ;
- le système de planification.

Le personnel :

- les attitudes ;
- les compétences techniques ;
- l'expérience ;
- le nombre d'employés.

Le marketing :

- la force de vente ;
- la connaissance des besoins des consommateurs ;
- la profondeur des gammes de produits ;
- la qualité des produits ;
- la réputation ;
- les clients.

La technologie :

- les installations ;
- les technologies de production ;
- le développement des produits ;
- la recherche et le développement.

---

1. Il est l'auteur qui a articulé cette approche dans un article intitulé " Defining corporate strengths and weaknesses " *Sloan management review,* 17, 3, printemps 1976, p. 51-68 (Howard Stevenson).

Les finances :
- • la taille financière ;
- • le rapport cours/bénéfice ;
- • les rythmes de croissance.

Certains spécialistes de la stratégie utilisent cette liste à la manière d'un filtre avec lequel ils regardent l'entreprise. D'autres l'utilisent comme un sondage : on demande aux gestionnaires de classer les éléments de la liste par ordre d'importance. On peut aussi leur demander de former leur jugement en utilisant l'une des deux méthodes suivantes : dire sur une échelle de 7 ou 10 points si chaque élément représente une force ; répartir une banque de points entre les divers éléments, en attribuant aux éléments les plus importants le plus de points. En faisant le total, on arrive à savoir quelles sont les forces et les faiblesses.

En stratégie, cette approche a donné lieu à des règles de décision que l'on peut résumer de la façon suivante : les forces de l'entreprise constituent les assises de tous les gestes stratégiques ; une bonne stratégie devrait capitaliser sur les forces et essayer de se protéger des faiblesses ou de les corriger.

La détermination des opportunités renvoie à l'analyse de l'industrie : il s'agit de déceler, dans le marché, ce qui est attrayant et ce qui a un potentiel de croissance. Ce qui constitue une opportunité dans le marché n'est pas nécessairement une opportunité pour une organisation particulière : les organisations n'ont pas toutes les mêmes forces ni le même positionnement pour considérer les diverses opportunités qui se présentent dans les industries qui les concernent.

Pour reconnaître les menaces, le modèle de Stevenson n'est pas très utile. On obtient de meilleurs résultats en revoyant l'importance des barrières à l'entrée et surtout en se demandant si ces barrières sont susceptibles de changer, si l'équilibre des relations entre producteurs, clients et fournisseurs est susceptible de changer. Si un tel changement devait se produire, quelle en serait alors l'importance ?

II. LA CHAÎNE DE VALEUR

Dans son modèle d'analyse de la concurrence, Porter suggère d'examiner l'entreprise en utilisant le concept de chaîne de valeur. On peut définir la chaîne de valeur comme **l'ensemble des activités distinctes qui contribue à la création de la valeur que le client est prêt à payer.** Pour aller plus loin, il s'agit d'examiner la séquence des activités d'une entreprise en vue de comprendre comment elles sont utilisées (ou pourraient être utilisées) pour faire des affaires différemment ou mieux que les autres entreprises du secteur industriel.

Selon ce modèle, il s'agit de déterminer par quelles activités une entreprise crée de la valeur aux yeux des clients. Pour ce faire, on décompose les opérations d'une entreprise en éléments simples afin de mieux comprendre comment chacun de ces éléments contribue à créer de la valeur aux yeux des clients. Le modèle propose de distinguer entre **les activités primaires**, telles que la production, le marketing, la livraison, le service, et **les activités de soutien**, telles que les approvisionnements, le développement technologique, la gestion des ressources humaines et la structure.

Pour Porter, comme cela a été mentionné au chapitre IV, les avantages concurrentiels les plus importants, ceux à la base de ses stratégies génériques, sont surtout la différenciation et la capacité à avoir des coûts bas. L'examen de la chaîne de valeur devrait alors permettre de mieux comprendre comment chacune des activités joue sur la différenciation et les coûts. On parlera alors de détermination des moteurs de la différenciation ou des coûts. Porter suggère alors que c'est dans l'agencement des activités que l'entreprise arrive à trouver des façons originales, parfois difficiles à copier, de se démarquer de la concurrence et de construire des avantages concurrentiels décisifs. C'est cela qui deviendra la compétence distinctive de l'organisation.

À la figure 1, on présente une vision synthétique de la chaîne de valeur. On parle de chaîne de valeur parce que les activités sont reliées les unes aux autres, parce qu'elles forment un tout cohérent. De plus, les composantes de cet ensemble doivent être maintenues en relation par des activités de coordination. Notons que la coordination peut en elle-même être source d'avantages compétitifs. C'est pour cela que la gestion du système est un élément essentiel de la chaîne de valeur. Une fois que les éléments de la chaîne de valeur ont été déterminés, il est possible d'attribuer les coûts à chacun des éléments pour mieux apprécier leurs contributions au coût des produits finis. On peut aussi leur attribuer les contributions, à des caractéristiques particulières des produits et services associés, qui permettent la différenciation.

La connaissance de la contribution aux coûts ou à la différenciation, ou aux deux, permet de comparer l'entreprise avec ses compétiteurs et ainsi de saisir la capacité de l'entreprise à soutenir sa stratégie. Prenons l'exemple d'une stratégie de **leadership sur le plan des prix** : pour réaliser une telle stratégie, l'entreprise doit être capable soit de produire à un coût inférieur à celui de ses concurrents, soit de se procurer sa matière première à meilleur prix, soit de réaliser des livraisons à des prix très avantageux, soit de bénéficier d'autres avantages de coûts, soit des combinaisons de plusieurs de ces activités.

Figure 1 La chaîne type de valeur

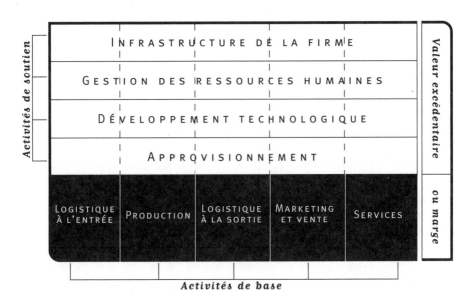

Activités de soutien

INFRASTRUCTURE DE LA FIRME

GESTION DES RESSOURCES HUMAINES

DÉVELOPPEMENT TECHNOLOGIQUE

APPROVISIONNEMENT

LOGISTIQUE À L'ENTRÉE | PRODUCTION | LOGISTIQUE À LA SORTIE | MARKETING ET VENTE | SERVICES

Valeur excédentaire ou marge

Activités de base

III. LE CONCEPT DE CULTURE

L'application du concept de culture aux organisations est une application approximative de ce que les anthropologues appellent culture. En stratégie, on utilise souvent le concept de culture en faisant référence soit à des compétences ou à des habilités dominantes, soit aux comportements acceptés et valorisés par la communauté, soit aux valeurs et aux normes de l'organisation ou à celles de la direction supérieure.

Le premier usage du concept est fréquent chez les spécialistes de la stratégie qui cherchent à caractériser l'entreprise en utilisant les habilités fonctionnelles pour en faire des éléments d'une culture. Dans ce sens, on dira d'une entreprise qu'elle a une culture de vente parce que l'ensemble de l'organisation apparaît comme animé, dominé par les savoir-faire, les compétences de vente. Dans le même sens, on dira que telle entreprise a une culture de production ou de comptabilité parce que les habilités et les compétences dominantes sont dans ce domaine. Parler ainsi d'une entreprise, c'est la caractériser en utilisant une compétence : la compétence devient ainsi un élément de l'identité ou de la culture de l'organisation.

Le deuxième usage se rapporte aux normes, aux valeurs de l'organisation ou de ceux qui la dirigent. Les normes et les valeurs d'une organisation constituent des guides de conduite, des points de référence pour distinguer les comportements désirables de ceux qui ne le sont pas et pour comprendre les attentes de l'organisation à l'égard de ses membres. Une telle approche pour comprendre la culture signifie que l'on prête beaucoup d'attention aux processus, aux façons de faire, et non pas uniquement à ce qui est fait ou ce qui est décidé. En fait, on cherche à comprendre les actions de l'organisation en la regardant avec un certain recul, on cherche à retrouver le ou les fils conducteurs derrière les actions ou les comportements observés.

Pour atteindre cet objectif de détermination de la culture de l'organisation, plusieurs spécialistes de la stratégie préconisent de vivre dans l'organisation pendant quelque temps. Cela devrait permettre ou faciliter une familiarisation avec les pratiques de l'intérieur et, ainsi, aider à saisir ce que vivre dans cette organisation implique en termes de normes et de valeurs. D'autres atteignent cet objectif en se mettant à l'écoute de l'organisation, par le biais des perceptions différenciées (ou homogènes) de personnes qui travaillent à plusieurs niveaux et dans plusieurs secteurs. Selon cette approche, par exemple, on cherchera à voir comment tout le personnel, soit les ouvriers, les cadres, le personnel de soutien, le personnel qui travaille au siège social et celui qui travaille à distance du siège social, analyse et comprend les attentes de l'organisation. C'est à travers ces visions convergentes et divergentes que le spécialiste de stratégie découvre les normes et les valeurs de l'organisation.

Ce thème de la culture prend une importance considérable depuis une dizaine d'années : la très grande majorité des entreprises, qui se sont donné des énoncés de mission, ont exprimé dans ces énoncés des éléments qu'elles ont appelés valeurs ou culture. Pour comprendre la culture d'une telle organisation, il faut noter ces énoncés et s'assurer qu'ils décrivent bien l'organisation. L'expert en stratégie qui arriverait à la conclusion que les énoncés de valeurs ou de culture ne décrivent pas l'entreprise se trouverait devant la nécessité d'expliquer pourquoi l'organisation énonce une culture qui n'est pas partagée par ceux qui vivent dans cette organisation.

Chaque fois que les dirigeants énoncent la culture de l'organisation, chaque fois qu'ils indiquent quelles sont les valeurs, le spécialiste de la stratégie doit chercher à s'assurer que cette culture, ces valeurs sont partagées. Autrement, on ne peut pas vraiment dire que l'organisation a une culture. La culture, les normes, les valeurs d'un groupe, d'une organisation n'existent que si elles sont actives, c'est-à-dire partagées. En d'autres termes, il ne suffit pas que les valeurs, la vision d'une personne (le président notamment) soient énoncées pour être considérées comme actives, sauf si nous sommes dans la situation où le président est le fondateur et seul actionnaire de l'organisation et si la taille permet des interactions directes et régulières entre le président-fondateur et les membres de l'organisation.

Faire l'analyse interne à partir du concept de valeurs ou de culture prend une importance plus grande, voire décisive, dans certains types d'organisations. Ainsi, il est extrêmement difficile de comprendre une université si l'on néglige d'analyser son fonctionnement interne à la lumière de ces concepts. Les professeurs sont des acteurs, ils œuvrent dans plusieurs disciplines et ils font face à des réalités très différentes. Ce qui les unit, ce sont les valeurs, la culture de l'université ou de leur discipline. L'université comme organisation arrive difficilement à mettre tous les professeurs dans le même moule. Les meilleures s'efforcent cependant à assurer que tous partagent un même schème de référence et qu'il y a internalisation des valeurs de l'université par chacun des professeurs. Les organisations de professionnels se retrouvent un peu dans la même situation. Chacun des professionnels agit en entrepreneur indépendant, mais l'organisation désire qu'il y ait un minimum de cohérence. Pour réaliser cela, le meilleur outil semble être la culture, ce sont les normes et les valeurs de l'organisation. Concrètement, ces commentaires signifient que, pour faire l'analyse interne d'un cabinet d'avocats, de comptables ou de médecins, il est essentiel de chercher à en comprendre la culture.

IV. LE CONCEPT DE COMPÉTENCE

Faire l'analyse interne à partir du concept de compétence est plus ou moins complexe selon la définition que l'on donne au mot compétence. On peut définir ce terme en faisant allusion aux savoir-faire fonctionnels des membres. Cette conception pourrait alors mettre en évidence que l'entreprise est particulièrement compétente, par exemple, dans les domaines du marketing, de la finance, de la production ou de la gestion des personnes. On retrouve souvent cette utilisation du terme compétence lorsqu'on qualifie certaines entreprises d'entreprises-écoles. On veut dire par là que ces entreprises sont perçues comme des lieux exceptionnels d'apprentissage d'une activité fonctionnelle. Il arrive souvent que l'on parle de Proctor et Gamble en disant que c'est la meilleure université de marketing : on y retrouve les meilleurs spécialistes du marketing, on y forme les nouveaux spécialistes en la matière, ceux qui finalement seront promis au plus bel avenir. Pour arriver à un tel résultat, l'entreprise a dû se doter de politiques et de pratiques dont on reconnaît aujourd'hui les mérites.

Par ailleurs, l'analyse devient beaucoup plus complexe si l'on définit le terme compétence en référence à ce que certains auteurs appellent l'entreprise intelligente. Dans ce cas, on examine l'entreprise en portant une attention spéciale à l'information, à la connaissance et à l'apprentissage, voire à la compétence, des individus qui y travaillent. Faire l'analyse interne à partir des concepts d'information et de compétences nous amène à situer l'entreprise et ses pratiques en regard du long processus de circulation de l'information. Notamment, on prêtera attention à des éléments comme :

1. La connaissance et la présence dans les réseaux d'information d'anticipation, souvent appelés capacités de *veille technologique* (avec une attention aux changements technologiques qui peuvent avoir de l'effet sur la position concurrentielle de l'organisation) ou *veille stratégique* (avec accent sur tous les changements dans l'environnement et dans la technologie susceptibles de remettre en cause la stratégie choisie) ou activité prospective (pour les changements à plus long terme).

2. L'appropriation de l'information par l'entreprise, c'est-à-dire la circulation de l'information dans l'entreprise, les usages de l'information pour alimenter les opérations de réflexions stratégiques, de conception et de vente des produits, de fabrication et de service après-vente et, finalement, de gestion des ressources humaines.

3. Les comportements de chacun des employés en regard de l'information. En particulier, le degré d'utilisation des réseaux personnels pour enrichir, compléter ou mettre en question l'information qui circule dans l'entreprise.

Passer de l'information à la connaissance et à l'apprentissage est un processus connu des individus, mais beaucoup moins bien connu de l'organisation. En fait, le concept de compétence est surtout une métaphore commode, une métaphore utile pour mieux comprendre le fonctionnement des organisations.

Faire l'analyse interne à partir de ces deux concepts signifie que l'on tente de connaître les processus, les politiques et les pratiques par lesquels l'organisation cherche à s'assurer qu'elle a accès aux meilleures personnes, aux compétences qui viennent des universités, des écoles techniques et des associations de métiers. Il faut aussi prêter attention à la façon avec laquelle l'organisation maintient des rapports ou des liens avec les écoles, les universités et autres centres de recherche, producteurs de connaissances auxquelles l'entreprise souhaite avoir accès. Prenons l'exemple d'une firme de comptabilité : le plan de recrutement sur les campus ainsi que le succès de ce recrutement ont une grande utilité pour l'analyse interne : réussir le recrutement signifie que la firme aura accès aux compétences qu'elle a déterminées ; à l'inverse, ne pas mener à bien un programme de recrutement signifie que la firme risque d'être en panne de nouveaux savoir-faire. Cette information est encore plus importante lorsqu'on l'examine sur une perspective de trois à cinq ans : rater un programme de recrutement une année n'a, bien évidemment, pas la même importance que ne pas le réussir régulièrement, durant trois ou cinq ans.

Déterminer les processus que l'entreprise a mis de l'avant pour apprendre à partir de ses expériences n'est pas une mince tâche. Ces processus sont rarement formalisés et peuvent constituer un savoir-faire implicite, invisible, lié à l'héritage, à l'expérience accumulée depuis des années.

Certains auteurs, comme Prahalad et Hamel, ont proposé un schéma global de réflexions, schéma dans lequel le concept de compétence est le concept intégrateur. Faire l'analyse interne, en utilisant ce schéma, revient à se poser quatre séries de questions :

- Qui sont les clients actuels ? Comment l'entreprise a-t-elle segmenté le marché ? pour servir quels besoins ? en laissant de côté quels besoins ? Et pourquoi ?
- Quelle est la source des profits, des marges ? Quels sont les facteurs qui influent sur les coûts de cette entreprise ?
- L'entreprise se perçoit-elle comme très habile dans certains secteurs d'activité ? A-t-elle des compétences particulières, c'est-à-dire des habiletés que les clients et les concurrents reconnaissent et redoutent (*core competencies*) ? Ces compétences sont-elles au cœur des comportements stratégiques de l'entreprise ?
- Quel est le rythme d'introduction des changements dans cette entreprise ? Pourquoi ce rythme ? Comment cette entreprise arrive-t-elle à changer l'allocation des ressources ? Dans la démarche de réallocation des ressources, où se situent les points de résistance et comment arrive-t-on à utiliser, à consolider les compétences ?

V. LE DIAGNOSTIC DES RESSOURCES

Le diagnostic des ressources repose sur une démarche en deux temps : d'une part, on examine la position stratégique en utilisant le concept de portefeuille d'activités et, d'autre part, on examine, pour chaque activité du portefeuille, une liste d'indicateurs de performance. L'hypothèse est la suivante : la façon de gérer le portefeuille d'activités et sa qualité s'expliquent par l'utilisation des ressources. Nous avons abordé le concept de portefeuille d'activités dans le chapitre précédent portant sur l'analyse de l'environnement. Voyons à présent les indicateurs de performance utilisés pour compléter l'analyse.

Les indicateurs financiers utilisés sont : l'évolution des profits avant et après impôts, la rentabilité des actifs, l'évolution des liquidités, l'évolution de l'effet de levier financier, l'évolution de la dette. Les autres indicateurs utilisés se rapportent à l'évolution des ratios de productivité. Les spécialistes divisent ces ratios en deux ensembles :

1. La productivité des personnes, c'est-à-dire les quantités produites divisées par l'effectif de production, les quantités produites divisées par le volume de main-d'œuvre directe de production, l'absentéisme et les coûts associés ;

2. La productivité des équipements, c'est-à-dire la production (en volume ou en valeur) divisée par le montant des immobilisations, le nombre d'heures de fonctionnement des équipements divisé par le nombre d'heures d'ouverture, le nombre d'heures productives divisé par le nombre d'heures d'ouverture.

Les spécialistes de la stratégie utilisent aussi quelques ratios spécialisés tels que des ratios de qualité, des ratios associés à la recherche et au développement, des ratios de gestion des ressources humaines et des ratios de vente. Parmi ces derniers, on emploie souvent des indicateurs comme les coûts des ventes, le chiffre d'affaires par client, le volume des ventes par client, le nombre de nouveaux clients ou de clients perdus divisé par le nombre total de clients, des indicateurs de satisfaction des clients, l'évolution des commandes, l'évolution des retours et l'évolution des annulations de commande.

Pour la gestion des ressources humaines, on utilise des ratios tels que les suivants : taux d'encadrement, taux d'absentéisme, mesures de formation du personnel, efficacité du recrutement du personnel, coûts salariaux comparativement à ce qui se paie dans l'industrie, coûts relatifs des avantages sociaux.

VI. EN GUISE DE CONCLUSION

Au terme de l'exploration sommaire de ces concepts, il est légitime de se demander si l'un est supérieur à l'autre. Il n'existe pas de recherches permettant de montrer la supériorité d'un concept par rapport à l'autre. Les spécialistes de la stratégie choisissent généralement ceux avec lesquels ils sont le plus à l'aise. Notons cependant que les concepts de chaîne de valeur et de compétence sont plus utilisés depuis le milieu des années 1990. Le plus important est non pas le choix des concepts mais la compréhension, de la dynamique et des compétences internes, qu'on tire de leur utilisation. Pour arriver à une compréhension plus approfondie, plusieurs spécialistes de la stratégie font du *benchmarking*, c'est-à-dire de la recherche de points de référence, pour comparer la situation de l'organisation à des situations d'organisations semblables.

Le processus de recherche de points de référence est simplement l'utilisation systématique de la comparaison pour placer en perspective ce que l'on observe dans l'entreprise. La technique du *benchmarking* nécessite d'utiliser les meilleurs compétiteurs comme points de comparaison. Pour bien comprendre comment fonctionne une entreprise d'imprimerie, on cherche à obtenir des renseignements sur le fonctionnement des meilleures imprimeries qui œuvrent dans le même segment de marché. L'objectif de la démarche est non pas de chercher des modèles à imiter, mais plutôt de comprendre ce qui est unique ou typique de l'entreprise sous étude.

Arthur Anderson, par exemple, a rédigé un guide, intitulé *The Global Best Practices*, qui contient des données qualitatives et quantitatives qui permettent de décrire une entreprise et surtout de la comparer avec d'autres entreprises réparties un peu partout dans le monde. Cette même entreprise s'est associée au centre américain de productivité et de qualité pour mettre au point un outil de diagnostic portant sur la gestion des compétences. Cet outil permet de comparer les pratiques et les compétences à gérer à partir de quatre dimensions de base : le leadership, la technologie, la culture et les mesures de performance. Ces instruments permettent de procéder à un *benchmarking* ; il faut les regarder comme des instruments de travail que le spécialiste de la stratégie utilise pour se faire une opinion sur le fonctionnement interne de l'entreprise. Mais attention ! l'instrument ne peut jamais remplacer le jugement du spécialiste : l'instrument guide ou éclaire ce dernier.

Dans cette démarche de comparaison, les spécialistes de la stratégie accordent de plus en plus d'importance à l'examen de la création de valeur économique. Cela consiste en un effort de quantification de la valeur créée. Cet intérêt vient du fait que certaines commissions des valeurs mobilières exigent une telle quantification et que plusieurs spécialistes estiment que la valeur est le résultat de la stratégie et de l'action des gestionnaires. Au début, on utilisait le retour sur les investissements comme une mesure de création de valeur économique. Depuis quelques années, sous les pressions de la commission américaine des valeurs mobilières, on utilise le gain total pour les investisseurs, *total shareholder return* (TSR), les dividendes plus le gain de capital. En comparant le TSR avec la moyenne de l'industrie et avec les meilleures entreprises du même segment industriel, on complète l'analyse interne : on obtient alors les résultats qui permettent de nuancer ce que l'analyse interne a mis en évidence. Une entreprise peut paraître très bien articulée au plan de l'analyse interne, mais cette image prendra un tout autre sens si elle est associée à une faible ou à une forte création de valeur économique. L'hypothèse fondamentale est que le fonctionnement doit permettre la création de valeur économique. Si tel n'est pas le cas, l'investisseur devrait chercher à « retirer ses billes » et s'orienter vers les situations où la création de valeur est plus grande. En d'autres termes, un bon fonctionnement interne doit se répercuter sur la création de valeur pour l'investisseur.

Note n° 5

LES OPTIONS
STRATÉGIQUES GÉNÉRIQUES

par Marcel Côté

Le choix des produits à offrir et des marchés à desservir ainsi que la préparation des plans et programmes d'actions destinés à soutenir l'atteinte des objectifs visés sont au cœur des problèmes de gestion que les dirigeants d'une entreprise doivent résoudre le plus fréquemment. Cependant, la taille de l'entreprise, les secteurs d'activité où elle œuvre, la quantité de produits offerts et de marchés desservis, le nombre de décideurs participant à la prise de décision, la dispersion géographique des activités constituent quelques-unes des variables qui complexifient le choix de la décision finale.

Par exemple, pour le dirigeant d'une petite ou moyenne entreprise, le choix des activités et des marchés est relativement facile à faire, puisque son entreprise est concentrée sur un nombre limité de produits distribués souvent localement et qu'elle dispose d'une structure organisationnelle regroupant un nombre limité de décideurs potentiels. Ce n'est pas le cas de la grande entreprise qui compte un grand nombre d'activités souvent peu reliées. Ses dirigeants doivent alors se laisser guider plus par la poursuite de grands objectifs (tels le taux de croissance recherché, le rendement sur l'investissement, le taux maximal d'endettement) que par le choix précis d'un portefeuille d'activités. C'est ainsi que la direction de GE détermine le choix de ses activités en fonction de la capacité de chacune à être ou à devenir le numéro 1 ou 2 dans son secteur et à pouvoir s'intégrer immédiatement ou assez vite dans l'un des trois cercles créés pour regrouper toutes les activités de GE.

LA STRATÉGIE À TROIS NIVEAUX

Malgré ce que nous venons de dire, les dirigeants de chaque entreprise, quels que soient sa taille et son âge, doivent évaluer constamment l'effet des nombreux changements qui surviennent dans l'environnement et dans les ressources de leur entreprise afin de scruter la composition de leur portefeuille d'activités avant de choisir celles qui sont à éliminer, celles qui doivent être maintenues et celles qui sont à exploiter. Le choix du portefeuille d'activités constitue la définition de la **stratégie directrice**. Les dirigeants doivent ensuite décider comment ils vont compétitionner et se battre contre leurs concurrents dans chacun de leurs secteurs d'activité en définissant leurs **stratégies d'affaires**. Les gestionnaires de chaque activité doivent aussi décider avec quels moyens ils vont compétitionner en choisissant leurs **stratégies fonctionnelles**. Ces trois niveaux stratégiques sont présents dans toutes les organisations, indépendamment de leur taille, de leur forme juridique, de leur type de propriété ou du nombre de décideurs qui participent au choix final des stratégies.

Nous allons, dans les pages qui suivent, énumérer et décrire les principales stratégies directrices, d'affaires et fonctionnelles que peuvent choisir les dirigeants d'une entreprise, définir les plans de mise en œuvre requis par chacune et décrire les modes de planification utilisés pour les définir.

QUATRE GRANDES STRATÉGIES GÉNÉRIQUES DIRECTRICES

Qu'est-ce que les dirigeants d'une entreprise comptent faire au cours des prochains mois pour améliorer la qualité de leur portefeuille d'activités ? Désirent-ils accroître le nombre de leurs activités (**stratégie de croissance**) ? Veulent-ils maintenir les mêmes activités (**stratégie de maintien**) ? Veulent-ils se retirer partiellement ou en totalité de certaines activités ou abandonner certains marchés (**stratégie de retrait**) ? Préfèrent-ils redéfinir leur portefeuille d'activités simultanément en abandonnant certaines activités, en faisant croître ou en acquérant certaines autres (**stratégie combinée**) ?

LA DESCRIPTION SOMMAIRE DES STRATÉGIES DIRECTRICES

Jauch et Glueck (1988, p. 104) indiquent au tableau 1 comment trois des stratégies directrices précitées utilisent les produits et les marchés pour se développer.

1. La stratégie de croissance peut se réaliser de plusieurs façons : elle peut utiliser ses produits actuels pour pénétrer davantage ses marchés actuels ; elle peut vendre de nouveaux produits dans ses marchés actuels ; elle peut vendre ses produits actuels dans de nouveaux marchés ; elle peut aussi choisir de se diversifier (d'une manière reliée ou non reliée) soit en créant elle-même de nouveaux produits, soit en

acquérant des entreprises (liées ou non à ses activités principales) qui lui fourniront ces nouveaux produits qu'elle vendra dans de nouveaux marchés.

2. La stratégie de maintien vise une stabilité relative de ses activités actuelles tout en déployant les efforts suffisants pour améliorer la qualité de ses produits, de ses emballages, afin de protéger ses parts de marché et de préserver ses avantages compétitifs.

3. La stratégie de retrait se traduit par la diminution et même l'arrêt de la croissance des produits et des marchés actuels par la vente totale ou partielle de produits, de parts de marché, de réseaux de distribution, d'usines et d'équipement.

4. La stratégie combinée repose sur la poursuite simultanée des stratégies décrites précédemment, soit la croissance des activités perçues comme les plus prometteuses, l'abandon total ou partiel de celles qui sont jugées les moins intéressantes, le maintien de celles qui sont vues comme les plus matures.

Tableau 1   Description de trois stratégies directrices

Objet de l'intervention	Croissance	Maintien	Retrait
Produits	Ajouter produits nouveaux, utiliser produits actuels différemment.	Améliorer la qualité, changer l'emballage des produits actuels.	Diminuer ou arrêter le développement des produits actuels.
Marchés	Ouvrir de nouveaux territoires, pénétrer le marché actuel.	Protéger la part de marché et se concentrer.	Abandonner la distribution et réduire la part de marché.

LES RISQUES ENCOURUS LORS DE LA MISE EN ŒUVRE DES STRATÉGIES DIRECTRICES

La mise en œuvre des trois stratégies directrices décrites précédemment se fait avec des niveaux de risques économiques et humains différents. Énumérons-en quelques-uns.

La stratégie de croissance

Les options de développement, énumérées précédemment, engendrent des risques différents. En effet, la pénétration du marché actuel avec ses produits actuels est la moins risquée des quatre, mais peut être difficile et coûteuse à réaliser dans un marché saturé et mature, puisque l'achat ou l'élimination de concurrents peut nécessiter des investissements élevés. Le lancement de ses produits actuels sur de nouveaux marchés exige des investissements importants et des compétences éprouvées en marketing afin d'adapter les produits aux nouveaux clients. Le développement de nouveaux produits nécessite souvent des sommes importantes pour financer des projets de recherche internes, des accords de licence et des achats de brevets ou pour acquérir une entreprise qui fabrique ces produits désirés. Enfin l'option de diversification est la plus risquée des quatre, puisqu'elle nécessite le plus de ressources et d'efforts pour comprendre et maîtriser les facteurs clés de succès de la nouvelle activité et pour acquérir des compétences et des façons de faire que l'entreprise ne possède pas.

La stratégie de maintien

La stratégie de maintien semble présenter peu de risques, puisque les décideurs se trouvent en terrain connu. Cependant, ils devront agir différemment selon la position de l'activité sur son marché, car ils auront à décider combien et à quelle fréquence investir dans telle ou telle ressource, quels changements apporter au portefeuille de compétences, comment s'adapter à l'évolution de l'environnement. Par exemple, il leur sera difficile de préserver leur position dominante dans un secteur d'activité peu attrayant tout en investissant au minimum pour éviter les pertes et maintenir leurs coûts fixes. Également, s'ils décident de se développer sélectivement dans un segment d'activité à croissance moyenne en concentrant leurs investissements dans les segments à bonne rentabilité et à risque plutôt faible, ils auront à bien choisir ces segments. Enfin, ils auront à être opportunistes pour bien saisir les opportunités qu'offre une activité à forte croissance quand leur part de marché est faible. Ils devront décider de rester ou de se retirer si leur part de marché ne s'accroît pas.

La stratégie de retrait

La vente d'une partie ou de la totalité de ses activités n'est pas toujours une stratégie plus facile à mettre en œuvre que la précédente, car comment peut-on connaître avec exactitude le cycle de vie de ses produits, l'évolution et le comportement de la concurrence dans chaque activité, les conséquences sur son portefeuille d'activités de l'abandon total ou partiel d'une activité jugée moins rentable ou moins prometteuse? Il n'est pas toujours évident que les coûts du retrait d'un marché dominé par quelques gros concurrents ou que les gains obtenus par la fermeture d'activités en déclin compensent toujours les coûts engagés et les charges fixes qui doivent être supportées par un moins grand nombre d'activités.

De plus, ces actions stratégiques ont souvent des impacts non financiers plus considérables que les économies réalisées, par exemple sur l'image de l'entreprise, sur ses façons de faire, sur la motivation du personnel. Elles peuvent encore provoquer des résistances au changement chez plusieurs des partenaires de l'entreprise habitués à la voir œuvrer dans tel secteur d'activité qui a contribué à bâtir son succès et sa réputation. Une telle stratégie peut également affaiblir le portefeuille de compétences de l'entreprise, car la vente ou l'abandon d'une activité est généralement accompagnée par la liquidation de ressources qui pourraient souvent être reconverties sans grands frais.

LA STRATÉGIE COMBINÉE

La stratégie combinée peut créer un certain sentiment d'instabilité chez le personnel de l'entreprise, lorsque le rationnel et les critères de décision ne sont pas clairs et bien compris par les principaux partenaires de l'entreprise : employés, clients, fournisseurs, actionnaires et gouvernement. En effet, comment justifier concurremment l'abandon de certaines activités perçues comme moins prometteuses, la concentration sur certains créneaux de marché, le développement d'activités nouvelles dites prometteuses? De telles décisions s'appuient sur une bonne connaissance des secteurs d'activité, de leur environnement, de la concurrence, des cycles de vie. Elles supposent aussi qu'il est possible de mesurer les conséquences de l'abandon d'activités existantes sur les autres activités, sur les ressources et sur les structures. Cela est rarement le cas, de sorte que cette stratégie combinée peut échouer non seulement pour toutes ces raisons, mais encore à cause du peu de maîtrise et de l'incompréhension des métiers nouveaux par les décideurs, ce qui peut conduire à des prises de décision incorrectes ou tardives et à des erreurs coûteuses.

TROIS GRANDES STRATÉGIES GÉNÉRIQUES D'AFFAIRES

Une fois que la direction d'une entreprise a décidé où elle voulait aller, elle doit encore décider comment elle va se battre contre ses compétiteurs dans chacun de ses secteurs d'activité en choisissant ses stratégies d'affaires. Porter (1980) utilise la cible stratégique visée (tout le marché ou une portion du marché) et l'outil concurrentiel (les coûts les plus bas ou l'unicité du produit) pour décrire trois stratégies génériques d'affaires : le leadership de coûts, la différenciation, la concentration qui peut utiliser le leadership de coûts ou la différenciation. Voici sommairement les caractéristiques de chacune :

- Le leadership de coûts consiste à bâtir une organisation capable de minimiser les coûts grâce à ses économies d'échelle et d'envergure obtenues par son volume d'activités, grâce aussi à un contrôle étroit de ses frais variables et fixes. Cette stratégie nécessite du capital, des ressources d'ingénierie et de recherche : pour automatiser les procédés de production et pour simplifier les produits afin de les rendre plus faciles et moins coûteux à produire ; pour étendre les canaux de distribution ; pour se doter de systèmes de gestion et de contrôle qui permettent une gestion *lean and mean*.
- La différenciation vise à donner un caractère unique au produit en jouant soit sur les caractéristiques, l'image, la marque, la performance du produit, soit sur le service, la garantie ou le réseau de distribution. En fait, le client est fidèle et accepte de payer une prime pour un produit tant et aussi longtemps qu'il perçoit que la valeur ajoutée est plus grande que la différence du prix payé. Cette stratégie nécessite beaucoup de ressources en créativité, en marketing et en recherche, ainsi qu'un excellent suivi auprès de ses clients.
- La concentration cherche à mettre l'accent sur un segment de marché ou sur une région géographique en jouant soit sur les coûts, soit sur la différenciation.

LES SOURCES D'INFLUENCE DU CONTENU DES STRATÉGIES D'AFFAIRES

Le contenu des stratégies d'affaires est influencé par un certain nombre de variables. Nous en avons retenu deux dont nous allons décrire les effets sur les stratégies d'affaires, soit les caractéristiques des secteurs industriels dans lesquels évolue l'entreprise et la position concurrentielle qu'elle y occupe ou qu'elle compte y occuper.

1. LES CARACTÉRISTIQUES DU SECTEUR INDUSTRIEL ET LES STRATÉGIES D'AFFAIRES

L'éventail de choix de stratégies d'affaires va varier beaucoup selon que le secteur d'activité est en phase de lancement, d'expansion rapide, de maturité ou de déclin.

En phase de lancement, un secteur d'activité présente des incertitudes liées à l'absence de règles du jeu, de normes et de standards techniques clairs, à la présence d'un grand nombre de petites firmes et au taux de croissance peu prévisible de la demande. Dans un tel contexte, l'entreprise dispose d'un grand éventail de choix stratégiques pour compétitionner. Elle peut tenter d'imposer ses propres règles, d'organiser l'industrie pour prendre le pouvoir sur ses fournisseurs et sur ses clients en essayant d'exercer une influence sur la gamme de produits, les canaux de distribution et le niveau de prix afin de détenir la meilleure position sur le marché. Elle tentera alors d'encourager la créativité et la flexibilité à tous les niveaux hiérarchiques et dans tous les services de l'entreprise.

À l'opposé, en phase de maturité, une entreprise peut tenter d'être la meilleure en visant soit l'efficience (coûts les plus bas, canaux de distribution performants, systèmes de gestion facilitant le contrôle, la coordination et le choix sélectif de clients...), soit la différenciation de ses produits, de ses canaux de distribution et de ses façons de faire afin de tirer parti de ses expertises accumulées.

Enfin, en phase de déclin, l'instabilité et l'incertitude de la demande et de l'offre s'installent à la suite de l'abondance de produits de substitution, de l'accroissement du nombre de consommateurs et de l'évolution de leurs besoins. L'entreprise va alors tenter de savoir quand elle devrait se retirer totalement ou partiellement de tel ou tel secteur d'activité.

2. POSITION OCCUPÉE PAR L'ENTREPRISE DANS SON SECTEUR ET LES STRATÉGIES D'AFFAIRES

Les stratégies d'affaires varient aussi en fonction de la position qu'occupe l'entreprise sur son marché, à savoir une position dominante, marginale ou critique. L'entreprise en position dominante est mieux placée pour tenter de devenir le modèle à suivre grâce à ses efforts soutenus pour innover en ce qui a trait à ses produits, à ses méthodes de distribution, de commercialisation et de gestion, pour obtenir de meilleurs résultats que ses concurrents afin d'être capable de réagir vite à leurs tentatives pour la devancer.

De son côté, l'entreprise marginale et à faible part de marché peut bien survivre et même prospérer si elle refuse de se battre au corps à corps avec les plus gros, mais tente plutôt de concentrer et de différencier ses activités. En choisissant un petit créneau, en se spécialisant sur un type de marché, en offrant un produit unique, ou encore en mettant l'accent sur la qualité ou le service personnalisé, elle risque moins de déranger ses plus gros concurrents. Enfin, celle qui est en position critique doit examiner la pertinence de sa présence dans ce secteur d'activité.

LES STRATÉGIES FONCTIONNELLES COMME MOYENS DE MISE EN ŒUVRE DES STRATÉGIES DIRECTRICES ET D'AFFAIRES

Il existe un très grand nombre de stratégies fonctionnelles (avec lesquelles il faut se battre dans chaque secteur d'activité) puisque chaque stratégie de marketing, de production, de ressources humaines, de finance, de recherche et développement, d'approvisionnement est particulière à chaque stratégie générique directrice et d'affaires ; en fait, elle soutient sa mise en œuvre. Cependant, les dirigeants d'une entreprise, en approuvant les stratégies fonctionnelles proposées par les gestionnaires d'activités et leurs collaborateurs fonctionnels, doivent s'assurer qu'elles s'intègrent d'une manière cohérente au plan global de planification stratégique ainsi qu'aux plans et aux budgets opérationnels. Ces dernières doivent également prendre en considération les opportunités et les menaces présentes dans l'environnement ainsi que l'état des ressources de l'entreprise tout en reflétant bien les valeurs et la volonté des dirigeants ainsi que leur sens de responsabilité sociale.

1. LES STRATÉGIES DIRECTRICES ET LA CONTRIBUTION DES STRATÉGIES FONCTIONNELLES

Jauch et Glueck (1988, p. 104) précisent, au tableau 2, les exigences que posent les stratégies directrices de croissance, de maintien et de retrait sur les fonctions de production, de marketing et de recherche et développement. Ainsi, la stratégie de croissance exige d'augmenter la capacité de ses installations actuelles, d'intégrer les canaux de distribution, d'accroître la recherche et le développement ainsi que les achats de brevets. La stratégie de maintien appuie l'amélioration de l'efficience de ses ressources de production, de ses canaux de distribution, de son équipe de recherche et développement. La stratégie de retrait doit se traduire par une plus grande rationalisation des installations de production et de distribution et par la réduction des frais de recherche et développement.

2. CERTAINES STRATÉGIES DIRECTRICES ET D'AFFAIRES ET LEURS LIENS AVEC LES STRATÉGIES FONCTIONNELLES

Porter (1980) souligne les variations à apporter au contenu des stratégies fonctionnelles pour tenir compte des stratégies directrices et d'affaires suivantes, soit la domination, le créneau, l'écrémage et la liquidation. Ainsi, en situation de domination, l'entreprise aura des stratégies de marketing, de recherche et développement, de production très énergiques afin de maintenir son avance. À l'opposé, le choix d'une stratégie de concentration nécessite des stratégies de marketing, de recherche, de production qui mettent l'accent sur l'unicité des produits ou du service. L'option d'écrémage se concentre sur des augmentations de prix en même temps qu'elle supporte la rationalisation de la liste de clients, des coûts commerciaux, de fabrication et de recherche. Enfin, l'option de liquidation repose sur la vente ou l'abandon d'activités existantes afin de réaffecter les ressources libérées à de nouvelles activités plus prometteuses.

Tableau 2 Stratégies directrices et stratégies fonctionnelles

Fonctions	Croissance	Maintien	Retrait
Production	• Accroître la capacité des installations actuelles.	• Accroître la R&D et les achats de brevets. • Efficience accrue des ressources de production	• Rationaliser les installations actuelles.
Marketing	• Intégration de canaux de distribution.	• Efficience accrue des canaux de distribution.	• Rationaliser les canaux de distribution actuels.
Recherche et développement	• Accroître la R&D et les achats de brevets.	• Mieux utiliser la R&D existante.	• Réduire la R&D.

3. Le cycle de vie et les stratégies fonctionnelles

De son côté, Fox (1973) décrit, au tableau 3, les actions stratégiques fonctionnelles à choisir selon le cycle de vie d'un produit, puisque la priorité accordée aux fonctions est très différente en phase de lancement (accent sur le perfectionnement du produit), de croissance (accent sur la production et la force de vente), de maturité (marketing et distribution), de déclin (finance).

De plus, le contenu des stratégies fonctionnelles varie beaucoup en fonction du stade de développement du secteur. Par exemple, la stratégie de production met l'accent sur la sous-traitance en période de lancement, sur la mise en place d'un système de fabrication de longues séries à l'étape de forte croissance, sur la réduction des coûts et la fabrication de petites séries en phase de maturité, à nouveau sur la sous-traitance et la simplification de la production en période de déclin.

De même, la stratégie de marketing vise à inciter les clients à acheter en se servant de la publicité directe et d'une équipe de vendeurs payés à commission pendant la phase de lancement, met davantage l'accent sur la marque et sur une force de vente stable en période de croissance rapide, sur la promotion plus énergique de ses produits en tenant ses vendeurs en éveil en phase de maturité, sur une distribution sélective, une réduction des frais de ventes et un retrait progressif en phase de déclin.

LA FORMATION DE LA STRATÉGIE : TROIS MODES DE PLANIFICATION

Est-ce que les diverses stratégies génériques directrices et d'affaires décrites précédemment se forment de la même façon ? Sûrement pas, prétend Mintzberg (1973, p. 49), car trois modes « purs » de formation — le mode entrepreneurial, le mode adaptatif et le mode de planning — produisent une démarche de prise de décision et des réactions différentes des décideurs. Voici quelques-unes de leurs caractéristiques propres.

Le mode entrepreneurial favorise une démarche de planification peu structurée qui va du haut vers le bas. Il est dominé par la recherche active de nouvelles opportunités et le désir de croître. Il se traduit par des décisions qui font faire des bonds en avant importants quand la situation est incertaine. Il s'appuie sur la centralisation du pouvoir de décision dans les mains du chef de la direction.

Le mode adaptatif emprunte une démarche peu structurée qui va du bas vers le haut et qui favorise la recherche de solutions réactives à des problèmes

Tableau 3 Les actions stratégiques et la phase de cycle de vie des produits[3]

	Lancement	Croissance	Maturité	Déclin
Priorités fonctionnelles	Techniques (développement du produit).	Production.	Marketing et distribution.	Finance.
Recherche et développement	Amélioration de la technique.	Démarrage du produit suivant.	Développement de variantes mineures. Réduction des coûts. Introduction de changements majeurs.	Arrêt de toute recherche et développement pour le produit initial.
Production	Sous-traitance et mise au point de différents procédés. Développement de standards.	Centralisation de la production. Suppression de la sous-traitance. Fabrication de longues séries.	Réduction des coûts. Fabrication de petites séries. Décentralisation. Mise au point de procédures de routine.	Sous-traitance. Simplification de la production. Contrôle précis des stocks. Stockage des pièces de rechange.
Marketing	Publicité. Vendeurs à la commission. Incitation à l'essai des produits.	Accent sur la marque. Force de vente salariée. Réduction des prix.	Vendeurs salariés. Promotion musclée. Étude de marché standardisée.	Vendeurs à la commission. Suppression des promotions. Augmentation des prix. Distribution sélective. Retrait progressif.
Distribution physique	Mise au point d'une logistique appropriée.	Intégration du système de livraison.	Réduction des coûts. Amélioration du service à la clientèle. Contrôle du stock des produits finis.	Réduction des stocks de produits finis. Réduction du service à la clientèle.
Personnel	Formation de l'encadrement. Intéressement des cadres supérieurs.	Amélioration de l'encadrement de production. Importance des heures supplémentaires.	Amélioration de la productivité. Mise au point d'un système d'incitaion pour l'efficacité.	Transfert de personnel. Incitation à une retraite anticipée.
Finance	Perte importante. Financement de grands investissements.	Profit important. Financement de la croissance.	Profit en baisse. Réallocation des ressources financières.	Liquidation des équipements inutiles.
Comptabilité et contrôle	Mise au point de standards de production et de vente.	Analyse à court terme de l'utilisation des ressources rares.	Analyse de la valeur. Analyse fondée sur les coûts et avantages.	Analyse des coûts superflus.

actuels plutôt que la recherche proactive de nouvelles opportunités. Les décisions sont prises par étapes additives et séquentielles. Ces décisions sont disjointes parce que les demandes sont variées et que personne ne les réconcilie, ce qui engendre une prise de décision stratégique fragmentée. Les buts

3. Tiré de : Fox, H., « A Framework for Functional Coordination », *Atlanta Economic Review*, nov.-déc., 1973, p. 10-11, traduit dans Thiétard, R.-A., *La Stratégie d'entreprise*, Paris : Édiscience International, 1990, p. 128-129.

n'étant pas clairs, la prise de décision stratégique provoque une division du pouvoir entre les membres d'une coalition complexe.

Le mode de planning combine les deux modes décrits précédemment. Il s'appuie d'abord sur une analyse systématique des coûts/bénéfices préparée par des analystes, analyse qui servira de point de départ à la formulation de stratégies potentielles. Ces dernières sont soumises aux décideurs de divers niveaux hiérarchiques et, après quelques ajustements et aller-retour, sont approuvées par la direction de l'entreprise et transmises aux responsables d'activités qui les mettent en œuvre. Les discussions et les négociations qui ont eu lieu tout au long du processus facilitent l'intégration des décisions opérationnelles et stratégiques et accordent ainsi à l'analyste un rôle clé dans la formulation de la stratégie.

Chacun de ces modes purs présente des avantages et des inconvénients, si bien qu'un bon mélange des trois peut donner des résultats intéressants. En effet, des dirigeants peuvent débuter avec le mode entrepreneurial pour rechercher des opportunités nouvelles. Ils peuvent utiliser ensuite le mode adaptatif pour tester le risque encouru et la résistance aux changements. Ils peuvent aussi mélanger les modes pour préparer les plans fonctionnels, par exemple, en utilisant le mode entrepreneurial pour définir les plans de recherche et de marketing et les modes planning et adaptatif pour préparer les plans de production et de contrôle. Enfin, les stades de développement de l'activité peuvent privilégier l'emploi d'un mode plutôt qu'un autre, par exemple le stade du lancement s'accommodant bien du mode entrepreneurial, alors que le stade de maturité peut préférer davantage le mode adaptatif.

EN RÉSUMÉ

Comme nous avons essayé de l'écrire, le choix des stratégies directrices, d'affaires et fonctionnelles est une activité de gestion difficile à effectuer pour plusieurs raisons. La formulation d'une stratégie se fait dans un contexte d'incertitude et de renseignements imparfaits et repose sur l'évaluation subjective de l'effet d'un grand nombre de variables quantitatives et qualitatives. Souvent, cette évaluation est faite par des personnes qui n'ont ni la même vision du futur de l'entreprise ni la même appréciation de sa position actuelle.

De plus, sa mise en œuvre, pour être réussie, doit compter sur le concours de toutes les personnes touchées positivement ou négativement par les résultats qu'elle engendrera. Il faut donc leur donner l'occasion de s'exprimer avant, pendant et après l'adoption finale des plans stratégiques, organisationnels et opérationnels, sans quoi elles se voient offrir de nombreuses occasions de les boycotter, consciemment ou non.

Note n° 6

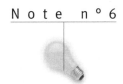

L'ANALYSE SOCIOPOLITIQUE

par Jean Pasquero

La prise en considération de l'environnement sociopolitique dans les stratégies d'affaires est plus ancienne que celle des marchés. Aussi loin que l'on remonte dans l'histoire, on rencontre des hommes d'affaires dont la fortune dépendait étroitement de leurs relations avec les pouvoirs en place, qu'ils soient princes, prélats ou généraux. L'analyse économique des marchés ne s'est progressivement imposée qu'avec la montée de l'industrialisation et surtout de la consommation de masse. Elle n'a pourtant jamais pu se passer d'une bonne compréhension des liens entre phénomènes économiques et processus sociopolitiques.

De nos jours, au moins quatre facteurs rendent l'analyse sociopolitique plus pertinente que jamais. Premièrement, les marchés liés directement à l'État continuent à former une part importante, prépondérante dans certains secteurs, du volume d'affaires des entreprises. Deuxièmement, le secteur concurrentiel, celui dit du libre marché, est fortement encadré par des systèmes de normes souvent très complexes d'origine sociopolitique. Troisièmement, la démocratisation des sociétés, en donnant aux citoyens et aux groupes qui les représentent le pouvoir de se faire écouter des entreprises, a créé un environnement porteur d'incertitudes nouvelles pour ces dernières. Quatrièmement, la mondialisation des marchés oblige les entreprises à composer avec des cultures différenciées dont les aspects sociopolitiques sont fréquemment les éléments les plus critiques.

Le processus sociopolitique est l'ensemble des mécanismes par lesquels une société fixe ses priorités. Selon une distinction courante, les facteurs politiques sont liés à la puissance de l'État ; les facteurs sociaux relèvent de la société civile, en particulier de l'action des groupes de pression, des médias et des autres partenaires de l'entreprise. Cette distinction est cependant artificielle. Les lois, règlements, politiques industrielles ou autres formes d'interventions de l'État dans la sphère économique ne sont pas que le résultat de la poursuite rationnelle de l'intérêt public ; elles sont tout autant la réponse à des pressions sociales de nature corporatiste menées par des groupes de pression particulièrement efficaces. À l'inverse, l'action des acteurs sociaux dépend largement des possibilités que leur offre le cadre institutionnel que garantit l'État. L'interaction entre facteurs sociaux et facteurs politiques est donc permanente. Leur influence combinée se fait sentir sur une foule de dimensions stratégiques, dont les opportunités d'affaires, entrée ou sortie des marchés, prix, types et niveaux de risques, formes de concurrence, coût et qualité des intrants, de même que sur l'éventail des pratiques de gestion admissibles à l'interne comme à l'externe. Au total, les facteurs sociopolitiques pèsent donc directement sur les profits des entreprises et sur la marge de manœuvre de leurs dirigeants.

L'analyse sociopolitique est une opération délicate. Objet d'analyse, mesure et interprétation sont particulièrement complexes et insuffisamment conceptualisés. Il s'agit d'un domaine où règne l'empirisme : termes et définitions ambigus (à commencer par le mot « sociopolitique » lui-même), bases conceptuelles hétéroclites, méthodologies de circonstance. On comprendra mieux ces faiblesses en mesurant l'ampleur du défi.

En premier lieu, l'analyse doit considérer trois niveaux : le niveau sociétal (la société dans son ensemble, ce qui inclut le contexte international), le niveau interorganisationnel (les relations entre l'entreprise et les organisations avec lesquelles elle est le plus directement liée, ce qui inclut l'État et de nombreux autres intéressés), le niveau organisationnel (la capacité de l'entreprise à se positionner au sein d'un environnement sociopolitique en changement permanent). Chaque niveau éclaire les deux autres, et aucun ne peut être compris isolément.

En deuxième lieu, il est virtuellement impossible de différencier clairement les facteurs économiques des facteurs sociaux, politiques et culturels ; non seulement ces facteurs réagissent-ils les uns sur les autres à court comme à long terme, mais généralement ils changent de nature en évoluant. Tel problème de nature économique se transformera par exemple en problème de nature socioculturelle, pour finalement trouver une réponse avant tout politique qui en transformera totalement le sens original. Qui plus est, tout changement sociopolitique entraîne avec lui l'émergence progressive d'effets secondaires, pour la plupart pervers, qui finissent par en dévier la trajectoire au point parfois de se retourner contre lui.

En troisième lieu, la réalité sociopolitique est avant tout équivoque. La distinction entre facteurs objectifs et facteurs subjectifs y est souvent intenable. Chaque groupe socioculturel interprète la réalité différemment, et ce qu'un groupe défend comme des faits objectifs est considéré comme des jugements de valeurs par un autre. Un observateur extérieur ne peut que constater la présence non pas d'une seule réalité sociétale, mais de réalités multiples défendues par des groupes différenciés. Une interprétation qui semble l'emporter à un moment donné n'est pas nécessairement plus valide qu'une autre ; elle peut tout simplement témoigner du pouvoir d'influence passager des groupes qui la véhiculent ; elle sera révisée dès que l'équilibre des pouvoirs en place aura changé. En tant qu'acteurs, les entreprises participent à ces jeux sociopolitiques. En tentant d'influencer décideurs et discours publics, elles contribuent paradoxalement à rendre leur propre environnement encore plus insaisissable.

En quatrième lieu, l'analyse sociopolitique dépend subtilement des préjugés théoriques, sinon politiques, des analystes ou de ceux qui les emploient. Deux grandes conceptions de l'environnement sociopolitique coexistent. Certains analystes traitent cet environnement comme un objet unique et, malgré sa complexité, essaient d'en décrire le plus objectivement possible les dimensions les plus pertinentes. Ces analystes auront tendance à privilégier des données objectives, de type économique, et à négliger les dimensions plus subjectives ou symboliques. Ils raisonneront en termes de coûts et de risques. Ils s'intéresseront plus aux grandes tendances des phénomènes socio-économiques qu'aux logiques des acteurs. Ils se donneront pour objectif de prédire l'évolution de l'environnement pour y préparer l'entreprise. Très souvent, l'image de l'environnement sociopolitique qu'ils se créeront sera celle d'un milieu indifférencié, plutôt hostile à l'entreprise, défini comme un ensemble de contraintes à contrôler.

À l'inverse, d'autres analystes se préoccuperont davantage de faire valoir la multiplicité de l'environnement. Ils s'intéresseront plus particulièrement aux raisonnements des acteurs avec lesquels l'entreprise doit traiter, à leurs différences et contradictions, ainsi qu'aux conséquences de cette diversité pour l'entreprise. Ils auront tendance à privilégier des données qualitatives et des analyses de discours localisées, et à mettre en relief l'indétermination de l'évolution de l'environnement. Plus que la prédiction, ils chercheront à explorer la gamme des stratégies disponibles dans leurs relations avec les membres de leur environnement, ce qui inclut les possibilités de dialogue. Leur approche sera plus politique que technique, et leur image de l'environnement sera celle d'un champ de centres de pouvoir différenciés, offrant des degrés divers d'intervention.

Les recherches ont montré que la différence entre les deux conceptions de l'environnement sociopolitique est plus que méthodologique : elle est philosophique. Dans le premier cas, la haute direction se tient au service exclusif des actionnaires ; dans le second cas, elle estime avoir des obligations envers la société dans son ensemble et considère ses responsabilités envers les actionnaires comme prioritaires mais pas uniques. On peut qualifier ces entreprises d'« extraverties ».

Finalement, l'envergure de l'analyse doit être adaptée aux conditions particulières de chaque entreprise. Une entreprise vendant directement aux consommateurs fouillera plus particulièrement les dimensions sociales de son environnement, alors qu'une entreprise de biens industriels s'attachera plus aux éléments politiques, et qu'une entreprise fortement réglementée devra accorder une priorité égale aux deux.

Devant ces difficultés, on ne s'étonnera pas de la variété des méthodologies utilisées. Un exemple est fourni par les banques, quand elles cherchent à déterminer le risque politique de leurs investissements internationaux. Pendant longtemps qualitative et informelle, l'analyse de ce type de risque a été remplacée, il y a 20 ans, par des approches plus quantitatives. Des mesures d'indicateurs sociaux et politiques sont compilées à partir de documents officiels ou par questionnaires auprès d'opérateurs locaux, généralement des consultants, et sont traitées statistiquement. Il existe une industrie très concurrentielle de la consultation dans ce domaine. Les résultats consistent généralement en une évaluation chiffrée du niveau de risque à court et à moyen terme pesant sur divers types d'opérations financières. D'apparence plus objective, ces techniques restent cependant très arbitraires. Elles fournissent des tours d'horizon, relativement superficiels, de la réalité sociale et politique des pays concernés et ne tiennent pas compte des conditions propres à chaque entreprise. Leur pouvoir de prédiction est faible, comme l'ont montré les multiples crises politiques imprévues de ces dernières années. Ces modèles sont parfois complétés par des sondages d'experts. Beaucoup d'entreprises les enrichissent également par des rapports de situation commandés à leurs opérateurs sur le terrain. On assiste donc à un certain retour des contributions plus qualitatives.

Malgré leurs insuffisances, ces méthodes traditionnelles continuent à connaître un certain succès. Elles le doivent essentiellement à l'absence d'alternative commode. Les analyses qualitatives sont plus intégrées, mais trop impressionnistes ou trop complexes. Les analyses quantitatives sont plus maniables, mais faussement rigoureuses ou excessivement réductionnistes. Une véritable analyse sociopolitique de l'environnement doit pouvoir associer rigueur et pertinence. Dans un contexte turbulent où le succès dépend de la rapidité de réaction des entreprises, il devient ainsi impératif de réhabiliter le jugement des décideurs opérationnels. Pour ce faire, il faut les entraîner à conceptualiser leur environnement sociopolitique en trois éléments interreliés : structure, dynamique, logiques.

L'analyse structurelle consiste à découvrir les réseaux d'action dans lesquels s'insèrent les « intéressés » (*stakeholders*) les plus importants, en mettant en relief leurs relations, leurs intérêts (matériels et non matériels), leurs attentes et leur capacité d'action (pouvoir) individuelle ou collective. L'analyse dynamique consiste à retracer le processus de formation des enjeux sociopolitiques les plus pertinents en étudiant comment les grandes tendances de la société se forment et se transforment à travers le jeu des différents groupes sociaux. L'analyse des logiques consiste à décomposer les raisonnements des partenaires les plus immédiats de l'entreprise, c'est-à-dire à comprendre sur quelles bases ils fondent leur appréciation de la réalité, comment ils définissent leurs intérêts et quel est leur degré d'ouverture aux intérêts de l'entreprise, dans un questionnement pouvant aller jusqu'aux possibilités de dialogue ou d'action conjointe avec elle. Ainsi conçue, l'analyse sociopolitique débouche sur la production de scénarios plausibles d'interface entre l'entreprise et son milieu. Elle n'est pas seulement réactive ou préventive — comment se protéger de l'environnement. Elle permet également de découvrir des possibilités qui seraient autrement passées inaperçues — comment développer l'entreprise en accord avec son environnement.

Le travail de recherche proprement dit peut être délégué à des spécialistes formés à la pratique intégrée de l'analyse économique, politique et sociale. Le décideur opérationnel doit cependant rester le maître de l'interprétation des résultats. Il lui revient de les incorporer dans la prise de décision stratégique. Ces rôles ne peuvent s'improviser. Dans tous les cas, le décideur devra donc lui aussi avoir reçu une préparation théorique adéquate. Il lui faudra apprendre à déchiffrer le processus sociopolitique non seulement dans ses réalités apparentes, mais aussi dans ses dimensions symboliques (politiques et culturelles), et savoir en interpréter les conséquences pour la réalité de son entreprise. Plus que jamais à l'avenir, l'efficacité du gestionnaire résidera en sa capacité de donner personnellement un sens à la complexité de son environnement sociopolitique.

LA PLANIFICATION STRATÉGIQUE

par Marcel Côté

Plans mean nothing, planning is everything.
(Eisenhower)

Le bien-fondé de la planification est de plus en plus remis en question en cette époque où les changements sont variés, fréquents, importants et imprévisibles. Il n'est pas rare que des dirigeants d'entreprise justifient, sinon leur mépris, du moins leur désintéressement pour la planification à moyen et à long terme en invoquant qu'il est irréaliste de tenter de prévoir ce qui va arriver dans quelques mois, alors qu'il leur est impossible de prédire correctement ce qui va se produire demain. Le fait également que leur performance personnelle et celle de leur entreprise soient évaluées sur les résultats immédiats les incite peu à s'occuper activement des répercussions futures de leurs décisions présentes.

Nous allons traiter, dans les pages qui suivent, de la place de la planification au sein du processus administratif et de la nécessité d'adopter une attitude proactive pour planifier. Nous décrirons aussi les éléments (ou les composantes) de la planification et leur hiérarchisation en une chaîne moyen/fin. Nous traiterons en particulier de deux des composantes de cette chaîne, soit les objectifs et les stratégies. Nous parlerons de la concrétisation de la planification en trois sortes de plans. Nous détaillerons ensuite la préparation d'un de ces trois types de plans, le plan stratégique, et verrons les étapes de sa formation ainsi que le contenu de chaque étape. Nous énumérerons, en terminant, quelques conditions de réussite d'une bonne planification.

LA PLACE DE LA PLANIFICATION DANS LE PROCESSUS ADMINISTRATIF

Administrer une entreprise consiste à trouver le juste équilibre entre un grand nombre de buts et de besoins, soutenait Drucker il y a déjà une quarantaine d'années (1957, p. 64). De plus, la planification est la fonction motrice de l'administration, car elle consiste à définir ces buts et à déterminer ces besoins. Elle active toutes les autres fonctions, à savoir l'organisation, la direction, la coordination et le contrôle. La détermination avant l'action de ce que deviendront les décisions présentes et leur transcription en objectifs (ou en résultats escomptés), en stratégies pour les atteindre, en programmes et plans d'action s'appellent la planification à long terme, prétend Steiner (1963, p. 312). En ce sens, elle doit être vue comme un processus continu, et non comme une activité qui a un début et une fin. En effet, peu de gens suivent une démarche linéaire et étapiste lorsqu'ils planifient ; ils adoptent plutôt le modèle jardinier ou de la serre, souligne Mintzberg (1994, p. 333), ce qui permet à des idées et à des projets d'émerger et de prendre racine de manière continue et dans toutes sortes d'endroits.

LA PLANIFICATION, UNE QUESTION D'ATTITUDES PROACTIVES FACE AU FUTUR

Les dirigeants d'entreprise, qui regardent avec un certain scepticisme la planification, ont partiellement raison. En effet, un plan, le meilleur soit-il, ne peut pas déterminer aujourd'hui avec certitude ce qui va arriver dans quatre ou cinq ans. Ils ont par contre tort s'ils croient réussir dans leurs activités sans chercher à comprendre trois choses :
- les répercussions futures de leurs décisions présentes ;
- à l'inverse, les conséquences présentes des événements futurs ;
- les types de mécanismes ainsi que le climat de motivation requis pour aller au-delà du quotidien et pour s'assurer de l'engagement de leurs collaborateurs à examiner plusieurs solutions avant d'en choisir une. Ces derniers doivent donc adopter une attitude proactive plutôt que réactive à l'égard du futur.

Cela ne peut se faire sans tenter d'anticiper les principaux changements susceptibles de se produire autant dans l'environnement que dans les ressources de leur entreprise.

LES ÉLÉMENTS OU LES COMPOSANTES DE LA PLANIFICATION ET LEUR HIÉRARCHISATION

Nous venons de dire que la planification n'est pas un acte isolé ni une fin en soi, mais qu'elle est la composante clé d'une gestion efficace (faire la bonne chose) et efficiente (bien faire la bonne chose). Elle permet donc de relier un certain nombre de plans dans une chaîne moyen/fin qui débute avec la définition de la mission de l'entreprise, suivie du choix des objectifs, des stratégies, des politiques, des programmes et des plans d'action, le tout étant traduit dans des budgets opérationnels. Chacun de ces plans devra constamment être révisé pour tenir compte des changements qui surviennent dans l'un ou l'autre des éléments de la chaîne. La figure 1 (voir p. 202) énumère les divers éléments de la hiérarchie des plans, donne leurs définitions respectives et les présente dans la chaîne moyen/fin. Décrivons plus en détail deux des éléments clés de cette hiérarchie, à savoir les objectifs et les stratégies.

DEUX ÉLÉMENTS CLÉS DE LA CHAÎNE MOYEN/FIN : LES OBJECTIFS ET LES STRATÉGIES

En planifiant, un dirigeant assume la responsabilité de se fixer à l'avance et de réaliser un certain nombre de résultats ou d'objectifs de performance (quantitatifs) et d'objectifs de valeur (qualitatifs) dans les huit domaines clés suivants : la position désirée sur le marché ; le degré d'innovation recherché dans ses produits et dans ses activités ; le taux de productivité et de valeur ajoutée visé ; la profitabilité escomptée ; le niveau de performance des dirigeants et de leurs collaborateurs ; le niveau de rendement et l'attitude des travailleurs ; les responsabilités à assumer auprès de ses actionnaires, de ses clients, de ses fournisseurs, de ses employés et du public ; les ressources requises pour atteindre l'ensemble des objectifs précités (Ackoff 1970, p. 23-41 ; Drucker 1954, p. 63-87).

La stratégie répond à trois questions : Où aller (stratégie directrice) ? Comment compétitionner (stratégie d'affaires) ? Avec quoi compétitionner (stratégie fonctionnelle) ? La stratégie facilite la poursuite de la mission de l'entreprise ainsi que l'atteinte de ses objectifs et elle constitue un point d'ancrage pour les politiques, les plans, les programmes d'action ainsi que les budgets. Elle est donc un moyen mis à la disposition du dirigeant pour suivre la mission et atteindre ses objectifs. Elle devient aussi une fin pour l'établissement des politiques, des programmes, des budgets et autres plans d'action élaborés dans l'entreprise.

LA PLANIFICATION SE TRADUIT EN TROIS SORTES DE PLANS D'ACTION

La planification doit avoir un lien avec l'action parce qu'elle repose sur la croyance que le futur peut être amélioré par des interventions faites maintenant.

Un exercice de planification va donc tenter de produire trois sortes de plans : les plans stratégiques, les plans organisationnels et les plans opérationnels. Ces plans devront être reliés en un tout cohérent si l'on veut prévoir quelles décisions sont requises aujourd'hui pour atteindre demain les résultats espérés.

Ainsi, les plans stratégiques clarifient la mission de l'entreprise en déterminant le choix de ses couples produit-marché, précisent ses objectifs quantitatifs et qualitatifs, formulent ses stratégies (directrices, d'affaires et fonctionnelles) et déterminent les politiques générales qui serviront à encadrer l'action. Les plans organisationnels permettent de structurer et d'organiser les ressources de l'entreprise pour atteindre les objectifs fixés en définissant la structure organisationnelle, les systèmes de gestion (d'information, de planification, de contrôle, de récompense et de punition, de motivation), le choix des cadres et des employés clés, le style de gestion souhaité.

Enfin, les plans opérationnels clarifient l'utilisation la plus efficace des ressources de l'entreprise, concrétisent les plans et les programmes d'action, précisent les politiques fonctionnelles, les procédures de travail, les normes et les mesures du rendement. En détaillant les budgets de chaque activité et de chaque fonction, les plans opérationnels précisent donc l'affectation des ressources qui seront utilisées pour mettre en œuvre les plans stratégiques dont nous allons décrire la préparation.

LA PRÉPARATION DES PLANS STRATÉGIQUES : UN PROCESSUS FORMEL CONTINU EN SIX ÉTAPES

Ackoff (1970, p. 6), Boulton (1984, p. 143), Quinn (1988, p. 94) et Steiner (1963, p. 30) s'entendent pour dire que la préparation des plans stratégiques se décompose en un certain nombre d'étapes dont l'appellation et le découpage varient légèrement d'un auteur à l'autre, à savoir :

- l'analyse et l'évaluation de la situation interne ;
- l'analyse des environnements externes ;
- la fixation des objectifs et des prévisions concernant le portefeuille d'activités et la gamme de produits, le niveau des ventes, des profits et des investissements prévus dans le futur ;
- la communication des hypothèses de planification aux divisions et unités d'affaires de l'entreprise afin de faciliter le choix de leurs stratégies d'affaires et fonctionnelles ;
- l'élaboration des plans opérationnels et des budgets de chaque unité du groupe ainsi que leurs étapes de mise en œuvre ;

- l'établissement des mesures de contrôle et des standards de performance et de surveillance nécessaires pour observer attentivement la mise en œuvre des plans d'action, pour découvrir et récompenser les bonnes performances.

LA DESCRIPTION DE CHAQUE ÉTAPE DE PRÉPARATION DES PLANS STRATÉGIQUES

Chaque étape de préparation des plans stratégiques permet d'obtenir des réponses à des questions bien précises formulées dans le but d'éclairer le choix des actions futures des dirigeants :

1. L'ÉVALUATION DE LA SITUATION INTERNE ACTUELLE

Où en est l'entreprise ? Sa mission est-elle toujours pertinente ? Les objectifs visés à ce jour sont-ils encore adéquats ? La stratégie directrice poursuivie jusqu'ici est-elle bonne ? Les stratégies d'affaires et fonctionnelles adoptées par chacun des centres d'activités stratégiques appuient-elles bien la stratégie directrice ? Quelles sont les principales forces et faiblesses de l'entreprise ? Son portefeuille de compétences contient-il des forces et des compétences distinctives qui vont l'aider à conserver ses avantages distinctifs et à distancer ses principaux concurrents ?

2. L'ANALYSE DE L'ENVIRONNEMENT

Que se passe-t-il dans chaque industrie dans laquelle œuvre l'entreprise ? Quels changements sont survenus à l'extérieur de l'entreprise dans son environnement, dans la concurrence ? Quelles sont les tendances prévues dans deux, quatre, huit ans ? Existe-t-il actuellement plus de possibilités que de menaces dans l'environnement ?

3. LE CHOIX DE LA MISSION ET DES OBJECTIFS FUTURS DE L'ENTREPRISE

Quels sont les projets envisagés par l'entreprise ? Où veut-elle aller ? Va-t-elle conserver ou changer sa mission, ses objectifs généraux, sa stratégie directrice ? Quelle sera la composition de son portefeuille d'activités ? Quelle position veut-elle occuper sur chacun de ses marchés ? Comment veut-elle se développer : par le lancement à l'interne ou l'acquisition de nouvelles activités ? par la croissance des activités existantes ? par le maintien de la plupart des activités actuelles ; par l'élimination totale ou partielle d'un certain nombre d'activités actuelles ? Quelle synergie recherche-t-elle entre ses différents couples produit-marché pour mieux exploiter son portefeuille de compétences ?

4. La communication des principales données et hypothèses de planification formulées par les dirigeants au sommet et transmises aux gestionnaires des divisions et unités opérationnelles de l'entreprise

De quelle liberté ces derniers bénéficieront-ils pour utiliser ces renseignements au moment où ils formulent leurs stratégies d'affaires et fonctionnelles ? Comment ces renseignements vont-ils servir à la préparation des plans et des budgets opérationnels requis par chaque secteur d'activité ainsi qu'à l'allocation des ressources nécessaires à la mise en œuvre de ces plans ?

5. Les plans d'organisation à prévoir pour définir les structures afin de répartir les tâches et le pouvoir de décision entre les niveaux hiérarchiques, entre les unités elles-mêmes, entre les membres d'un même groupe

Quels systèmes et modes de gestion sont à prévoir pour appuyer la planification, le contrôle, la circulation de l'information, la gestion des systèmes de récompense et de punition ? Comment choisir les personnes requises pour réaliser les plans d'action prévus ? Quels échéanciers et calendriers d'action faut-il établir ? Quelles politiques et procédures, quels programmes d'action faut-il définir et utiliser pour encadrer la mise en œuvre des activités ?

6. L'établissement des mesures de contrôle et d'évaluation de la performance de l'entreprise

Quelles sont les logiques et les prémisses d'action qui sont proposées par ces mesures ? Ces mesures permettent-elles de vérifier la pertinence des objectifs et des stratégies visées, d'actualiser les plans d'allocation des ressources, d'évaluer en cours de route les performances réalisées afin de corriger au besoin l'ensemble des plans prévus ? Quels standards de performance individuels veut-on utiliser pour reconnaître et encourager les plus performants et pour aider les sous-performants ?

LES TROIS GRANDES APPROCHES DE PLANIFICATION

Les étapes de préparation des plans décrites précédemment et la séquence logique des questions qu'elles soulèvent peuvent nous laisser croire, du moins conceptuellement, que la planification nécessite une démarche formelle, logique et rationnelle. Dans la pratique, nous rappelle Ackoff (1970, p. 6-22), les dirigeants d'entreprise utilisent au moins trois grandes approches (ou philosophies) de planification très différentes, puisque chacune s'appuie sur un certain nombre d'attitudes, de façons de faire, de concepts très différents : l'approche « satisfaisante » (*satisficing*); l'approche « d'optimisation » (*optimizing*); l'approche « adaptative » (*adaptivizing*). Décrivons brièvement chacune d'entre elles.

L'approche « satisfaisante » vise à définir un certain nombre d'objectifs quantitatifs et qualitatifs suffisamment élevés pour être désirables, motivants et réalisables sans nécessairement être les meilleurs. Cette approche de planification tend à favoriser le statu quo et à repousser les changements organisationnels sous le prétexte qu'ils peuvent engendrer la discorde. De plus, elle se contente d'utiliser les renseignements disponibles, ce qui n'encourage ni la recherche d'information additionnelle ni l'intérêt pour mieux comprendre le système de planification. Elle engendre la production de plans d'action qui, sans être optimaux, sont réalisables plus rapidement avec moins de ressources que les autres approches.

À l'opposé, l'approche « d'optimisation » cherche à faire faire le mieux possible en s'inspirant de modèles mathématiques d'optimisation dans le but de découvrir un certain nombre de solutions qui visent soit à minimiser l'utilisation des ressources requises pour atteindre un niveau précis de performance, soit à maximiser le niveau de performance réalisable avec les ressources disponibles, soit à obtenir le meilleur équilibre entre les coûts (les ressources consommées) et les bénéfices (la performance). Cette approche est difficile à utiliser pour la planification stratégique, puisqu'elle néglige la plupart des variables qualitatives à prendre en considération au moment de la finalisation du contenu des plans et de leur mise en œuvre.

L'approche « adaptative » met plus l'accent sur le processus qui conduit à formaliser un plan que sur le contenu de ce plan. Elle s'appuie sur la croyance que c'est le comportement négatif des individus qui produit la plupart des situations ambiguës que la planification cherche à éliminer. Cette approche rejette l'idée que les événements futurs sont tous semblables. Elle propose de les classer en trois catégories distinctes : les événements certains, incertains et contingents. Chaque catégorie d'événements nécessite alors une démarche de planification distincte :

- Ainsi, la possession d'une information plus sûre incite les décideurs à s'engager davantage. Par exemple, la connaissance de la pyramide d'âge de la population d'une région donnée permet de mieux évaluer les répercussions de l'âge sur la demande de certains produits, ce qui peut inciter les décideurs à choisir des projets engageants et plus réalistes.
- L'adoption d'une façon de faire et d'une attitude positive face à des changements imprévisibles (tels un incendie, une inondation, le décès subit d'un dirigeant clé, la faillite d'un concurrent) aide à apprécier rapidement l'effet de tels changements sur les activités d'une entreprise et à modifier en conséquence ses plans.
- L'élaboration de plans de contingence définis au préalable afin d'anticiper les solutions alternatives à adopter à la suite de la venue de certains événements plus ou moins prévisibles. Cette démarche adaptative diminue les surprises et les réactions improvisées, puisqu'elle permet aux décideurs d'adopter rapidement des solutions de rechange planifiées.

LES CONDITIONS DE RÉUSSITE DE LA MISE EN ŒUVRE DES PLANS STRATÉGIQUES

Quelle que soit l'approche suivie pour élaborer des plans, il faut retenir que ces derniers ne se réaliseront jamais tels qu'ils sont formulés et qu'ils devront continuellement être révisés. C'est donc à la planification comme processus de décision avant l'action qu'il faut accorder un grand intérêt. En effet, ce processus, en chapeautant les étapes de formulation et de mise en œuvre de la planification, permet de minimiser les risques de rupture entre les plans stratégiques, organisationnels et opérationnels et rend possibles leurs ajustements sur une base continue. Pour ce faire, les décideurs doivent donc apprendre à mieux mesurer les répercussions d'un certain nombre de variables économiques, humaines et organisationnelles sur le processus de planification afin d'être constamment à la recherche d'un juste équilibre entre les objectifs économiques (les durs) et humains (les mous).

Les décideurs doivent aussi bien connaître les caractéristiques particulières de chaque secteur d'activité afin de mieux évaluer les conséquences du cycle de vie, d'analyser la concurrence, de mesurer l'ampleur et la fréquence des changements survenant dans ces secteurs. Ils doivent encore s'assurer de l'engagement et du désir de tous les décideurs de fournir les efforts requis pour formuler et mettre en œuvre les plans. Il est important qu'ils créent, au sein de l'entreprise et de ses unités, un climat favorable à la discussion et à des échanges afin de réconcilier les perceptions différentes des gens sur les changements survenus dans l'environnement, dans les ressources de l'entreprise et dans les valeurs des personnes.

Ils doivent aussi voir à encourager l'existence de ce climat favorable. Les décideurs doivent en outre s'assurer de bien comprendre les rôles respectifs exercés par les dirigeants du siège social et par les gestionnaires des divisions et unités opérationnelles. Il leur sera utile de compter sur la disponibilité d'experts en planification (consultants internes ou externes) qui ont une bonne connaissance du secteur étudié et qui ont la capacité de faire participer tous les dirigeants et cadres engagés dans la formulation et la mise en œuvre des plans stratégiques. Enfin, le choix d'une personne responsable de la coordination des plans, de leur révision et de l'élaboration d'un calendrier de réalisation des diverses étapes du processus de décision facilitera la préparation, l'approbation et l'utilisation de meilleurs plans stratégiques, organisationnels et opérationnels.

Figure 1   La hiérarchie des plans[31]

Mission ⊖

Énoncé général mais durable des objectifs d'une entreprise décrivant le produit, le marché et la technologie de l'entreprise et reflétant les valeurs et les priorités des dirigeants.

Buts ⊖

Fins, définies en termes de quantité et de qualité, que l'entreprise veut réaliser.

Objectifs ⊖

Résultats escomptés en fonction d'un horizon temporel déterminé dans plusieurs secteurs de préoccupations.

Stratégie ⊖

Où aller? Comment y aller?

Politique ⊖

Lois et guides de pensée qui encadrent et gouvernent la prise de décision.

Plan ⊖

Moyen visant à réaliser la stratégie en s'appuyant sur des directives et des guides de décision (politiques).

Procédure et règlement ⊖

Guides d'action qui précisent les étapes à suivre, les règles à respecter pour mettre en œuvre la décision.

Budget ⊖

Ensemble de séquences d'actions à exécuter avec cohérence afin de réaliser les plans établis.

Programme ⊖

Transcription chiffrée des objectifs et des programmes.

---

31. Adapté de Koontz, H., O'Donnell, C. et Weirich, H., *Essentials of Management*, 1986, p. 77, et d'Osborn, R.N., Hunt, J.G. et Jauch, L.R., *Organization Theory: An Integrated Approach*, New York, John Wiley & Sons, 1980, Côté, 1995, p. 36.

LA PERFORMANCE ET LA STRATÉGIE

par Louise Côté

Pourquoi certaines entreprises sont-elles plus performantes que d'autres ? Quelle est la stratégie la plus créatrice de valeur ? Voici autant de questions qui intéressent à la fois praticiens et chercheurs et qui placent la performance au cœur de la gestion stratégique des organisations. En théorie, la performance est l'*acid test* de la stratégie (Schendel et Hofer, 1979), et des enseignements peuvent découler de la recherche si cette dernière fait un lien avec la performance (White et Hamermesh, 1981). Rumelt, Schendel et Teece (1991) diront même que la stratégie est en soi une réponse pour expliquer les différences de performance entre firmes.

Nous constatons cependant que le concept de performance recoupe ou superpose les concepts d'économie, d'efficience, d'efficacité, de productivité, de rendement, etc. Devant la difficulté de définir et de mesurer ce concept, certains auteurs (Goodman, 1979 ; Hannan et Freeman, 1977) ont même suggéré de l'abandonner. Il n'en demeure pas moins que les gestionnaires ont besoin d'une référence pour évaluer la qualité de leurs décisions stratégiques (Chakravarthy, 1986). Que nous proposent les écrits en stratégie lorsqu'il s'agit de définir et de mesurer la performance stratégique ? Pour aborder cette question, nous examinerons le point de vue des chercheurs et des praticiens ; nous présenterons par la suite les défis à relever.

LE POINT DE VUE DES CHERCHEURS

La performance est bien souvent la variable dépendante des études publiées dans les revues dites « scientifiques »[32] en stratégie. Il est surprenant de constater que peu d'auteurs y consacrent plus de quelques paragraphes

---

32. Nous parlons ici des revues qui s'adressent surtout aux universitaires, car leur lecture exige une connaissance du jargon scientifique. Une revue privilégie en général une école de pensée, une méthodologie pour étudier la réalité. Chaque article soumis est révisé par un comité de pairs triés sur le volet.

pour y présenter avant tout la façon de la mesurer. Peu de chercheurs la définissent et font référence à un modèle organisationnel. Ils se contentent d'emprunter les indicateurs de performance à différentes disciplines, dont la comptabilité, l'économie financière et le comportement organisationnel. Les choix d'indicateurs dépendent plus souvent qu'autrement de la disponibilité des données et du niveau d'analyse : entité corporative, unité stratégique et stratégie ou projet particulier.

UNE DÉFINITION IMPLICITE DE LA PERFORMANCE

Même si la performance est peu définie, elle est résolument un *output*, un résultat qui s'inscrit dans une perspective fonctionnaliste de l'organisation. De plus, elle est associée avant tout à une performance économique et financière. Les indicateurs de performance ne remettent pas en question l'efficience des marchés, l'importance de créer de la valeur pour l'actionnaire, discours venant de l'économie et de la finance. Comme bon nombre d'études reposent sur des sociétés ouvertes, on dira que l'entreprise a une obligation légale de fournir un rendement économique à ses actionnaires et que toutes les fins non financières auxquelles on s'attend de l'entreprise peuvent être poursuivies dans la mesure où la firme prospère financièrement (Bourgeois, 1980).

En général, les chercheurs en stratégie ont délégué aux autres disciplines la façon de mesurer la performance. Ils ont utilisé principalement les indicateurs comptables et financiers, à l'occasion des rendements boursiers, des indicateurs de positionnement et des mesures perceptuelles. En stratégie, il n'existe pas vraiment de débats de fonds sur la performance ; on remarque cependant que les indicateurs choisis font l'objet de certaines critiques. Examinons brièvement les principaux indicateurs.

LES INDICATEURS COMPTABLES ET FINANCIERS

On entend par indicateurs comptables un ensemble de ratios calculés à partir des états financiers d'une entreprise (exemples : ROE, ROS, ROI) pour déterminer le rendement de celle-ci. Ces indicateurs sont calculés au niveau de l'entreprise, bien qu'à l'occasion on retrouve de l'information au niveau de l'unité stratégique ou du secteur. Les données sont la plupart du temps tirées des rapports annuels ou des documents soumis aux commissions des valeurs mobilières. Selon une étude de Woo et Willard (1983), le rendement sur investissement (ROI) et le rendement sur ventes (ROS) sont les indicateurs les plus utilisés. Même si cette recherche date de plusieurs années, il suffit de feuilleter le *Strategic Management Journal* pour se rendre compte, encore de nos jours, de la popularité de ces indicateurs.

Ces derniers suscitent néanmoins de nombreuses critiques. Il est souvent difficile de comparer les rendements comptables des entreprises étant donné que les données servant à leur calcul s'appuient sur des principes et des normes comptables qui diffèrent d'une entreprise à une autre (Benson, 1985). On reproche aussi à ces indicateurs leur perspective temporelle. Les données comptables sont essentiellement *ex post*, c'est-à-dire historiques, et fournissent alors des résultats passés. Comme le soulignent Prahalad et Hamel (1996), les indicateurs comptables sont intéressants pour les autopsies et peu utiles pour diriger. Finalement, ils ne tiennent pas compte du risque qui est une dimension importante de la performance (Jemison, 1987 ; Rappaport, 1987).

LES RENDEMENTS BOURSIERS

Au cours des années 1980, les chercheurs intéressés par la performance des stratégies de diversification par acquisitions (Lubatkin, 1983) ont mesuré celle-ci à l'aide des rendements boursiers calculés selon la méthode de l'événement. Cette dernière utilise « un modèle d'établissement du cours des actions pour discerner la réaction du marché boursier à l'annonce publique d'un événement » (Tarasofsky et Corvari, 1991).

Cette méthode repose avant tout sur l'hypothèse de l'efficience des marchés financiers, qui a de plus en plus de détracteurs (Ravenscraft et Scherer, 1987*a*, 1987*b* ; Scherer, 1988). Comme le notent Montgomery et Wilson (1986), le prix et les rendements anormaux utilisés par les études d'événements demeurent des mesures des attentes et non pas des résultats : ils peuvent ne pas être représentatifs des vrais flux monétaires de l'entreprise.

Mentionnons que, même si les auteurs en stratégie ne remettent pas en question l'hypothèse de l'efficience des marchés, certains jugent sévèrement la méthode de l'événement pour évaluer la performance stratégique. Porter (1987) souligne en effet que la réaction du marché à court terme est une mesure très imparfaite du succès à long terme des stratégies de diversification et qu'un dirigeant qui se respecte ne jugerait pas la stratégie d'une entreprise avec un indicateur comme celui-là.

On retrouve également comme indicateur financier le ratio de la valeur boursière sur la valeur comptable de l'action (*market on book value*). Ce dernier est un indicateur hybride qui combine une donnée du marché avec une information tirée des états financiers. Ce ratio est utilisé par quelques chercheurs, dont Chakravarthy (1986). Il comporte aussi des inconvénients puisqu'il utilise une donnée comptable (Rappaport, 1987).

Les indicateurs de positionnement

Quelques études ont utilisé des indicateurs de positionnement tels que l'accroissement de la part de marché pour juger du bien-fondé d'une stratégie. Ces indicateurs servent à mesurer la performance de l'unité stratégique (par ex. Hopkins, 1987, Pettigrew et Whipp, 1991). Ils ne soulèvent pas véritablement de critiques. Ils sont utilisés par les chercheurs que l'on associe à l'école du positionnement en stratégie et qui s'intéressent à la stratégie concurrentielle. L'utilisation (ou la non-utilisation) de cet indicateur dépend de la disponibilité des données sur les secteurs d'activité. Par ailleurs, les indicateurs de positionnement sont employés conjointement avec d'autres mesures.

Les mesures de perception

Quelques chercheurs en stratégie ont mesuré la performance à l'aide de mesures de perception pour pallier les problèmes soulevés par les indicateurs comptables. Ils s'appuient en général sur les études de Dess et Robinson (1984) et de Venkatraman et Ramanujam (1985) pour conclure que les mesures perceptuelles ne comportent pas de biais significatifs. Ces mesures soulèvent néanmoins des critiques, puisqu'elles permettent difficilement de comparer la performance des entreprises. Les indicateurs mesurent bien souvent la satisfaction des acteurs qui est reliée aux attentes initiales, lesquelles varient forcément d'une entreprise à une autre. De plus, ces mesures ne représentent pas nécessairement une perception organisationnelle, car les chercheurs se contentent de mesurer la performance à l'aide d'entretiens ou de questionnaires auprès d'un ou de deux dirigeants de la même entreprise. Malgré tout, les mesures perceptuelles demeurent fréquemment les seules mesures de performance disponibles pour évaluer les sociétés privées dont les états financiers sont tenus confidentiels.

Une définition plus explicite de la performance

Au cours de la dernière décennie, Chakravarthy (1982, 1986) ainsi que Pettigrew et Whipp (1991) ont tenté de spécifier la performance stratégique. Pour Chakravarthy (1986), la gestion stratégique est un processus qui permet aux dirigeants d'assurer l'adaptation à long terme de leur entreprise (Chakravarthy, 1981 ; Miles, 1982). Les mesures de la performance stratégique doivent ainsi tenir compte de la qualité de l'adaptation de la firme, c'est-à-dire de sa capacité de transformation. Cette dernière dépend de la spécialisation « adaptive » et de la généralisation « adaptive » (Chakravarthy, 1982) de l'entreprise. Celle-ci réussit sa spécialisation adaptive lorsqu'elle exploite de façon rentable son environnement actuel et engendre alors un surplus net après avoir rétribué ses différents *stakeholders*. La généralisation adaptive concerne plutôt l'investissement que doit faire l'entreprise pour s'adapter à des environnements incertains ou futurs et pour assurer ainsi sa survie à long terme.

Chakravarthy admet toutefois que les actions qu'exigent la spécialisation adaptive et la généralisation adaptive peuvent entrer en conflit les unes avec les autres, puisque les préoccupations des premières sont par nature à court terme, tandis que celles des secondes relèvent du long terme. Les dirigeants doivent donc jouer sur les deux plans à la fois tout en veillant à ce que l'entreprise maintienne un certain seuil de rentabilité. Chakravarthy suggère ainsi un ensemble d'indicateurs pour mesurer les sources du surplus organisationnel (le flux monétaire/investissement ; ventes/nombre d'employés ; ventes/total de l'actif ; M/B ; dette/équité) et les investissements de ce surplus (les ratios : recherche et développement/ventes ; fonds d'exploitation (de roulement)/ventes et le paiement des dividendes). Ces données proviennent, en général, de l'information financière que l'on retrouve dans le rapport annuel des sociétés ouvertes.

Chakravarthy soulève des dimensions importantes de la performance stratégique en plaçant la survie et la capacité de transformation de l'entreprise au cœur de l'évaluation de la performance. Son critère demeure cependant la performance économique financière. Quant aux indicateurs retenus, ils ne sont pas très novateurs, puisqu'ils se limitent aux renseignements des états financiers et optent pour une perspective externe. Plusieurs critiques énoncées précédemment demeurent pertinentes. Pour Pettigrew et Whipp (1991), la performance stratégique n'a pas seulement une dimension financière. En plus d'utiliser des indicateurs discrets, comme le bénéfice net, la part de marché, les ratios financiers..., ces auteurs évaluent la performance à l'aide : 1) des éléments qui sous-tendent la concurrence entre les firmes (par exemple : le prix, la qualité, la capacité de production et d'efficience et les réseaux de distribution); 2) des diverses capacités que les entreprises doivent développer pour maîtriser ces éléments (par exemple : le savoir et la capacité d'apprentissage).

Pettigrew et Whipp font ressortir les dimensions finance, marché et concurrence ainsi que cette capacité de transformation proposée par Chakravarthy. Soulignons que, pour eux, la performance est avant tout un processus, une variable qui influence les comportements subséquents, et que son évaluation demeure en bonne partie qualitative. Chakravarthy, Pettigrew et Whipp contribuent alors à spécifier la notion de performance stratégique. Ils apportent des dimensions essentielles que les données comptables (ROS et ROI) traduisent mal ou du moins difficilement. Ils considèrent à la fois des indicateurs financiers ainsi que des indicateurs précurseurs mesurant la capacité concurrentielle et la capacité de transformation d'une entreprise. Cependant, rares sont les recherches qui tiennent compte de ces différentes facettes. Comme nous le verrons dans la section suivante, les praticiens semblent avoir adopté plus rapidement une perspective plus large pour évaluer la performance.

LE POINT DE VUE DES PRATICIENS

Les années 1980 et 1990 ont donné lieu à une multitude d'écrits sur la performance des entreprises. En gestion, on a vu apparaître une littérature en finance promouvant la création de valeur pour les actionnaires et mettant l'accent sur le calcul des flux monétaires (Rappaport, 1987), alors que les gens en système d'information et en comptabilité ont mis au point des tableaux de bord pour aider à gérer l'entreprise. Fait intéressant, ce sont souvent les auteurs d'autres disciplines qui se sont approprié le terme « stratégique » pour discuter de performance organisationnelle. Les écrits qui nous intéressent à ce moment-ci s'adressent avant tout aux praticiens. Ils rendent compte de la pratique et de la consultation auprès de grandes entreprises. Ces écrits sont souvent critiqués pour leur manque de rigueur et pour avoir privilégié l'anecdote et les recettes en matière de gestion. On y retrouve cependant des éléments de réflexion fort intéressants qui méritent que l'on s'y attarde. Compte tenu du nombre considérable d'articles et de livres qui s'intéressent à la stratégie et à la performance, nous grefferons nos propos autour des tableaux de bord dont le but est de fournir aux dirigeants des indicateurs de performance.

LES TABLEAUX DE BORD

Les années 1990 ont posé un défi de taille aux entreprises en les obligeant à rationaliser leurs activités et à démontrer une plus grande efficacité. Dans un tel contexte, une gestion orientée sur les résultats et la performance exigeait une information plus riche mais aussi mieux ciblée (Voyer, 1994), une information axée sur le passé mais surtout sur l'avenir. En utilisant l'analogie du tableau de bord du véhicule automobile (Saulou, 1982 ; St-Onge et Magnan, 1994) ou celle du cockpit de l'avion (Kaplan et Norton, 1992,

1993, 1996), plusieurs auteurs ont mis au point des indicateurs de performance pour évaluer les actions et les gestes passés, mais aussi pour scruter le futur. Comment définit-on la performance et que retrouve-t-on dans ces tableaux de bord ? Les auteurs ne définissent pas ce qu'est la performance. Ils reconnaissent cependant que la gestion doit être évaluée selon différentes perspectives, différentes dimensions ou composantes.

En effet, Kaplan et Norton (1992, 1993, 1996) proposent de compléter les mesures financières avec des indicateurs opérationnels sur la satisfaction des clients, sur les processus internes (capacités technologiques, capacités manufacturières, productivité...) et sur les activités d'innovation et d'amélioration (rythme d'introduction des nouveaux produits ou services), ces indicateurs opérationnels étant les inducteurs de la performance financière future. Ils élaborent une carte de parcours équilibrée (*balanced scorecard*) qui relie les différentes mesures de performance et qui replace la stratégie (plutôt que le contrôle) au cœur de l'évaluation de la performance.

De façon générale, les tableaux de bord (Kaplan et Norton ; Voyer, 1994) tiennent compte de différents niveaux de décisions, stratégiques, opérationnels et tactiques, qui s'enchevêtrent très souvent. Comme le note Voyer (1994), « certains indicateurs de niveau ou de type "stratégique" reprennent et synthétisent les indicateurs opérationnels jugés névralgiques [...] Ces indicateurs correspondent aux attentes fondamentales, aux axes de réussites, aux facteurs de succès [...] ». De plus, d'autres indicateurs stratégiques informent la haute direction sur les dossiers stratégiques qui sont non récurrents et d'envergure (p. 73). Si la plupart des tableaux de bord reposent sur une vision systémique des organisations et s'insèrent dans le discours du libéralisme économique, certains tableaux ou certains indicateurs proposés élargissent le débat, puisqu'il ne s'agit plus de considérer uniquement la performance économique mais aussi la performance sociale. La Société des comptables en management accrédités, dans une de ses politiques émises en 1994, propose d'évaluer le rendement d'une entreprise en utilisant six catégories d'indicateurs : environnementaux, relatifs au marché et à la clientèle, à la concurrence, aux processus internes, aux ressources humaines et financières. Les indicateurs environnementaux prennent en considération l'influence des écrits sur le développement durable (Gray, 1992) et sur la responsabilité sociale de l'entreprise, alors que les indicateurs sur les ressources humaines nous ramènent aux premiers jours de la comptabilité sociale durant les années 1960. La question de performance nous renvoie ainsi à des débats sociaux importants au moment où nous devons reconsidérer la place de l'entreprise dans la société. Mis à part l'intérêt que suscite sporadiquement la théorie des *stakeholders* d'Hannan et Freeman (1984), le domaine de la stratégie a en général éludé ces questions. Pourra-t-il les éviter encore pendant longtemps ?

LES DÉFIS

La performance est un concept central en stratégie. À ce stade-ci, les chercheurs comme les praticiens ne proposent pas de cadre intégrateur. Conceptuellement, Chakravarthy propose deux dimensions essentielles de la performance stratégique : la création d'un surplus, la nécessité d'être rentable à court terme[33], ainsi que l'investissement dans la capacité de transformation, pour assurer la prospérité à long terme de l'entreprise. Ces dimensions circonscrivent assez bien les grands enjeux. Il faut cependant se rendre compte que la performance stratégique peut se mesurer au niveau de l'entité sociale, d'un secteur, d'une unité stratégique, d'une grappe ou d'un système stratégique. Il y a en effet différentes façons de découper l'entreprise. Lorsqu'on parle de stratégie d'entreprise dans une entreprise diversifiée, on est intéressé à évaluer la performance de l'entité globale. Par contre, si l'on examine des stratégies concurrentielles, le niveau d'analyse et les indicateurs changent.

Il ne faut toutefois pas oublier que l'évaluation de la performance stratégique est essentiellement contextuelle. Il est donc nécessaire de démarquer l'essentiel de l'accessoire et de déterminer pour chaque entreprise les facteurs critiques de succès.

Le lecteur qui consultera les écrits sur les tableaux de bord en particulier constatera que l'on y propose de nombreux indicateurs autres que financiers permettant ainsi d'évaluer différents aspects de la performance, de l'efficience et de la productivité. De plus, il notera qu'on réussit de mieux en mieux à quantifier le qualitatif et à considérer les différents attributs de la mesure. On reconnaît que les mesures dynamiques indiquant des tendances sont plus utiles que des mesures ponctuelles ; que les mesures relatives renseignent mieux que les mesures en valeur absolue.

Le défi est d'élaborer un cadre qui permette de juger le passé mais aussi de jauger l'avenir. Il faut autrement dit mettre au point des indicateurs qui seront à l'avant-plan des indicateurs financiers[34], d'où l'importance d'évaluer la capacité d'apprentissage et de transformation des entreprises. Jusqu'à présent, les chercheurs ont opté trop souvent pour une vision très réductrice de la performance, alors que les praticiens retiennent une définition beaucoup plus large, embrassant une multitude d'indicateurs.

---

33. À vrai dire, le mot solvable serait probablement plus adéquat.
34. Conceptuellement, le débat est intéressant ; en effet, parlons-nous de déterminants ou d'indicateurs de performance ?

Un dialogue constant doit donc s'établir entre la recherche et la pratique. C'est essentiel si l'on ne veut pas se retrouver avec des théories basées sur des entreprises qui sont dites « excellentes » à un moment donné dans le temps et qui, quelques années plus tard, enregistrent des performances médiocres ou moyennes[35]. Par ailleurs, les gestionnaires ne doivent pas oublier qu'un tableau de bord demeure un outil et que les mesures de satisfaction de la clientèle, de l'innovation, à titre d'exemples, sont dérivées de leur interprétation des facteurs de succès. Aucun tableau de bord ne peut garantir une stratégie gagnante. Il ne fait que traduire la stratégie de l'entreprise (Kaplan et Norton, 1992). Même en optant pour une perspective économique traditionnelle, l'évaluation de la performance est en soi une tâche complexe.

Si l'on décide d'élargir le débat en y ajoutant les questions qui dépassent l'efficience économique présentée en gestion et en stratégie, en y insérant, par exemple, les questions environnementales comme dimension stratégique, la complexité de cette tâche en sera d'autant plus accrue. Autant chercheurs que praticiens auront cependant à se pencher sur ces questions qui sont loin d'être triviales. C'est probablement dans ce débat que résidera le plus grand défi. On en est actuellement aux balbutiements des débats de fond concernant la performance économique et sociale de l'entreprise.

En conclusion, soulignons que la performance est une notion construite qui dépend de l'évaluateur ou du groupe concerné et que chaque évaluateur ou chaque groupe a sa perspective, ses valeurs, ses intérêts et, par le fait même, ses propres critères. La stratégie, comme domaine de savoir, devra sûrement mieux cerner les besoins de ceux et celles à qui elle s'adresse. Même si l'élaboration de critères et d'indicateurs de performance est toujours fastidieuse, la difficulté première consiste à établir et à articuler un cadre intégrateur de la performance qui permette aux dirigeants de naviguer dans des environnements incertains où les frontières du social et de l'économique tendent à disparaître. Tout compte fait, il n'y a pas de solution facile et instantanée pour déterminer et mesurer la performance stratégique d'une organisation et chaque époque pose de nouveaux défis.

---

35. On avait reproché à Peters et Waterman (1982), dans leur étude *In Search of Excellence*, d'avoir classé comme « excellentes » certaines entreprises qui avaient connu par la suite des revers financiers. L'évaluation de la performance dans cette étude reposait avant tout sur des données financières.

Note n° 9

L'ENTREPRENEUR ET LA STRATÉGIE

par Louis Jacques Filion

On dit souvent que, pour réussir, l'entrepreneur doit être stratège. À l'inverse, certains suggèrent que, pour réussir, le stratège doit être entrepreneur. Le stratège de grande entreprise risque de faire davantage appel à des modes analytiques et rationnels, tandis que l'entrepreneur cultive généralement un mode de pensée intuitif, davantage axé sur l'observation et l'écoute du client que sur l'analyse sophistiquée de données du marché et de la concurrence. À une époque où la vitesse du changement s'accroît, chacun gagne à accéder à des éléments du mode de pensée de l'autre. Dans le présent texte, nous regarderons surtout ce que le praticien de la stratégie peut apprendre de la façon de penser et d'agir de l'entrepreneur.

Pour ce faire, nous allons aborder, dans un premier temps, les caractéristiques comportementales le plus souvent attribuées à l'entrepreneur dans la recherche et, dans un deuxième temps, les caractéristiques conceptuelles, soit celles qui ont trait au mode de pensée de l'entrepreneur. Nous verrons, dans un troisième temps, quelques avenues que la stratégie peut tirer de ces caractéristiques entrepreneuriales pour sa pratique.

LES CARACTÉRISTIQUES COMPORTEMENTALES DE L'ENTREPRENEUR

Le tableau suivant montre les caractéristiques le plus souvent attribuées aux entrepreneurs dans la recherche.

Traditionnellement, on a accordé beaucoup d'importance à la créativité et à l'innovation comme caractéristiques entrepreneuriales. Cependant, on a vu apparaître de nombreuses autres caractéristiques au cours des 30 dernières années. Soulignons-en quelques-unes. Commençons par la polyvalence. L'entrepreneur connaît bien son produit, son marché, les modes de fabrication de même que les technologies de son secteur. Il sait regarder son produit/service

> ### Tableau 1 Les caractéristiques comportementales de l'entrepreneur

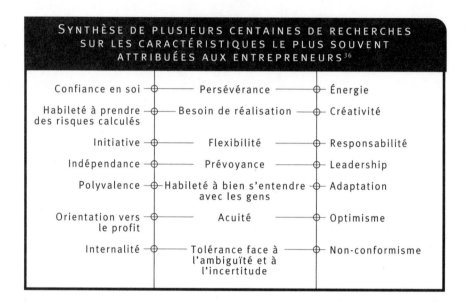

SYNTHÈSE DE PLUSIEURS CENTAINES DE RECHERCHES SUR LES CARACTÉRISTIQUES LE PLUS SOUVENT ATTRIBUÉES AUX ENTREPRENEURS[36]

Confiance en soi	Persévérance	Énergie
Habileté à prendre des risques calculés	Besoin de réalisation	Créativité
Initiative	Flexibilité	Responsabilité
Indépendance	Prévoyance	Leadership
Polyvalence	Habileté à bien s'entendre avec les gens	Adaptation
Orientation vers le profit	Acuité	Optimisme
Internalité	Tolérance face à l'ambiguïté et à l'incertitude	Non-conformisme

à partir de différents angles. Cela lui confère une vue d'ensemble bien articulée de sa position et de ce qui est possible pour lui : cette polyvalence lui procure une expertise du domaine qui explique en partie son leadership. Il cultive l'internalité, cette croyance que l'on peut modifier le déroulement des événements en influençant les gens qui font que les événements se produisent dans le sens désiré. Les entrepreneurs en laissent le moins possible au hasard.

Toutefois, la recherche montre qu'il s'agit là d'un comportement qui n'est pas particulier aux entrepreneurs, mais qui est pratiqué par des leaders quelle que soit la sphère d'activité. L'entrepreneur essaie de réduire l'ambiguïté et l'incertitude, mais il développe un bon niveau de tolérance pour continuer à bien travailler quoi qu'il arrive autour de lui. Il s'habitue à fonctionner avec un bon niveau de stress. Nous avons étudié des entrepreneurs à succès dont l'entreprise a vécu une forte croissance. Nous avons relevé 12 caractéristiques communes à ces entrepreneurs[37].

36. Synthèses réalisées par Timmons, 1978 ; Hornaday, 1982 ; Chell, 1986 ; Blawatt, 1995.
37. Filion, L.-J., *Vision et relations. Clefs du succès de l'entrepreneur*, Montréal, Québec, Éditions de l'entrepreneur, 1991.

Commentons quelques-unes de ces caractéristiques. La différenciation que l'entrepreneur aime apporter à ses produits/services résulte d'une façon d'être, d'une dimension de sa culture personnelle à laquelle il tient beaucoup. Par exemple, Heikki Bachmann a succédé à son père à la direction d'une entreprise familiale d'une vingtaine d'employés avant qu'il n'atteigne 30 ans. On y fabriquait des coffres-forts qu'on vendait aux cinq plus grosses banques de Finlande. C'était dans les années 1960. Heikki décida aussitôt de fabriquer des coffres-forts de toutes dimensions, de couleurs et de design différents. Il fut le premier à effectuer une telle diversification dans ce secteur. Cela allait l'amener sur le marché international et fit sa fortune. Lorsque nous lui avons demandé pourquoi il avait agi ainsi, il a répondu : « Je ne m'habille jamais comme les autres. Je concevais que chacun de mes produits doive présenter et puisse refléter une personnalité différente, comme c'est le cas pour moi. »

Cet exemple illustre clairement la relation étroite entre la façon d'être et de faire de l'entrepreneur. Plus nous avons étudié les entrepreneurs, plus nous avons trouvé que l'engagement à long terme, avec tout ce que cela comporte de persévérance et de ténacité, constitue une des caractéristiques majeures qui expliquent la réussite de l'entrepreneur. Henry Ford, comme bien d'autres qui ont réussi, a fait faillite, mais s'est repris.

L'entrepreneur développe aussi une pensée systémique où il apprend à se donner des fils conducteurs autour desquels il organise sa pensée, son apprentissage et son action. Résumons en quelques lignes un modèle général visionnaire que nous avons élaboré à partir de la superposition des modèles de quelques centaines d'entrepreneurs étudiés au cours de la dernière décennie. L'entrepreneur apprend à se concentrer sur une ou sur quelques visions émergentes qui sont des idées de produits/services qu'il veut lancer. L'une, ou la combinaison de quelques-unes de ces visions émergentes, se transforme en vision centrale, laquelle comporte deux composantes : externe et interne. La vision centrale externe correspond à la place qu'on veut occuper dans le marché, alors que la vision centrale interne est le type d'organisation dont on a besoin pour y parvenir. La vision centrale interne est constituée par la définition et la mise en place graduelle de visions complémentaires qui sont un ensemble d'activités de gestion requises pour réaliser la vision centrale externe.

Une autre caractéristique sur laquelle il est important d'insister est celle du système de relations original qui est mis en place avec chaque personne avec qui travaille l'entrepreneur. Dans la plupart des cas étudiés, il existe une sorte de contrat psychologique entre l'entrepreneur et ses collaborateurs. Chacun sait quoi attendre de l'autre ainsi que ce que l'autre attend de lui. On se parle et parce qu'on se parle, on évolue ensemble.

Tableau 2 *Les 12 caractéristiques de l'entrepreneur à succès*

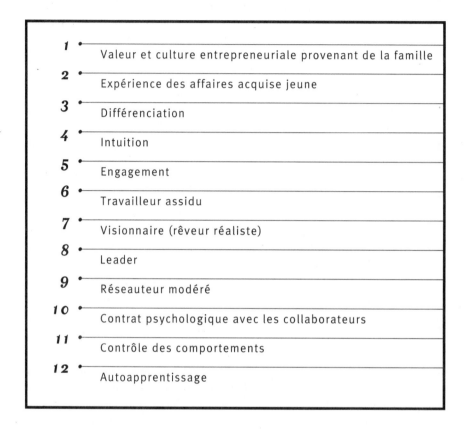

1. Valeur et culture entrepreneuriale provenant de la famille
2. Expérience des affaires acquise jeune
3. Différenciation
4. Intuition
5. Engagement
6. Travailleur assidu
7. Visionnaire (rêveur réaliste)
8. Leader
9. Réseauteur modéré
10. Contrat psychologique avec les collaborateurs
11. Contrôle des comportements
12. Autoapprentissage

Le contrôle des comportements diffère de l'internalité dont nous avons parlé précédemment. Il s'agit ici d'allier tâches à accomplir et ressources humaines. L'entrepreneur définit des tâches à accomplir et doit amener chacune des personnes qui l'entourent à faire ce qui doit être fait pour que fonctionne l'ensemble du système.

En plus des caractéristiques entrepreneuriales, Gasse et d'Amours (1993) suggèrent l'importance des motivations des entrepreneurs, tel le besoin de réalisation, reprenant ainsi des éléments de la thèse de McClelland (1961). Ce dernier a en effet trouvé que le besoin de réalisation est le besoin dominant de l'entrepreneur.

Il est intéressant d'examiner ces caractéristiques, de voir où nous nous situons par rapport à elles. Toutefois, il ne faut pas les considérer comme des absolus. En effet, il n'existe pas de profil absolu des caractéristiques de l'entrepreneur. Il n'existe pas de modèle scientifique absolument validé des caractéristiques de l'entrepreneur. Certaines recherches sur le sujet montrent des résultats divergents. Tout dépend de la nature de l'échantillon et de l'endroit où la recherche a été menée. Par exemple, si les entrepreneurs étudiés viennent de se lancer en affaires, nous obtiendrons des profils différents de ceux qui ont été récoltés auprès d'entrepreneurs chevronnés. Même si nous n'avons pas de modèle comportemental validé de manière absolue de ce qu'est l'entrepreneur, les caractéristiques présentées précédemment ont été reconnues par de nombreux chercheurs. Elles sont apparues dans de nombreuses recherches. Elles offrent donc des repères qui nous permettent de nous situer par rapport à l'agir entrepreneurial. Un profil qui ne présenterait aucune ou peu de ces caractéristiques n'aurait guère de chances de réussir en tant qu'entrepreneur. D'autres caractéristiques viennent aussi différencier l'entrepreneur. Il s'agit du mode de pensée et de la façon de concevoir.

LES CARACTÉRISTIQUES CONCEPTUELLES DE L'ENTREPRENEUR

Regardons le système d'activités de l'entrepreneur, c'est-à-dire ce qu'il fait. Cela nous permet de dégager les éléments de son mode de pensée pour qu'il arrive à réaliser ces activités entrepreneuriales.

Le système d'activités de l'entrepreneur s'apparente, dans un premier temps, à celui de l'artiste. Il crée. Lorsqu'il met en place une entreprise, il crée un système de satisfaction de clients. Il doit comprendre son marché, y trouver une niche qu'il occupera de façon différenciée et concevoir une organisation qui lui permettra de le faire. C'est la mise en place d'un processus visionnaire (Filion, 1991). Après avoir découvert un espace à occuper dans le marché, il doit concevoir un produit/service. Il doit ensuite élaborer un ensemble d'activités, puis recruter, sélectionner et former des personnes pour les accomplir.

Si les activités de l'entrepreneur s'apparentent, dans un premier temps, à celles de l'artiste, elles se rapprochent, dans un deuxième temps, de celles du gestionnaire qui doit décider de l'attribution des ressources, de celles de l'animateur qui doit motiver et enthousiasmer, de celles du politicien qui doit établir des consensus, de celles du commerçant qui doit négocier, de celles de l'éducateur qui doit continuer à apprendre afin de pouvoir éduquer, de celles du stratège qui doit maintenir l'équilibre entre la progression de son entreprise et l'évolution de l'environnement. Le tableau 3 présente un résumé des principales activités de l'entrepreneur.

En examinant la diversité de ces activités, nous constatons qu'elles impliquent l'exercice d'une multiplicité de rôles, qu'elles requièrent un mode de pensée généraliste, à la fois imaginatif et analytique. Le tableau 4 suggère quelques caractéristiques conceptuelles de l'entrepreneur.

L'essentiel du message à retenir ici réside dans le fait que l'entrepreneur se distingue de tout autre acteur organisationnel par son activité de conception, de définition de contextes organisationnels (Filion, 1990). Tout autre acteur organisationnel évoluera à l'intérieur d'un cadre qui aura plus ou moins été défini au préalable par quelqu'un d'autre. Dans son cas, l'entrepreneur doit déterminer l'espace à occuper dans le marché et définir le type d'organisation requis pour arriver à le faire.

Nous venons de voir des caractéristiques dégagées essentiellement de l'étude d'entrepreneurs en croissance. Mais il existe bien des formes d'entrepreneuriat. Les caractéristiques, les modes de pensée ainsi que le système d'activités varieront de l'une à l'autre. Par exemple, si les mots clés, lorsqu'on

Tableau 3 Les activités typiques de l'entrepreneur

- COMPRENDRE UN SECTEUR D'AFFAIRES
  ———————— Définir des tâches
- DÉCOUVRIR DES OPPORTUNITÉS D'AFFAIRES
  ———————————— Recruter et sélectionner des personnes pour accomplir ces tâches
- TROUVER DES NICHES
  ———————————— Négocier avec les fournisseurs, les employés, les clients
- CONCEVOIR UN ESPACE À OCCUPER DANS LE MARCHÉ
  ———————— Décider de l'attribution des ressources
- CONCEVOIR UNE ORGANISATION POUR ARRIVER À OCCUPER CET ESPACE
  ———————— Créer des produits et services, conquérir des marchés
- CONCEVOIR UNE VISION
  ———————— Innover
- CONCEVOIR DES ACTIVITÉS ORGANISATIONNELLES
  ———————— Gérer du temps et de l'espace

Tableau 4   Les caractéristiques conceptuelles de l'entrepreneur

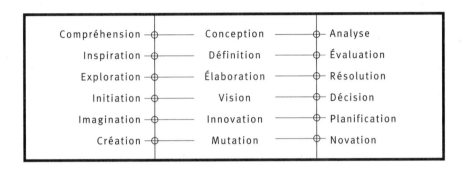

parle de l'entrepreneur en croissance, sont innovation et vision, pour le travailleur autonome, il semble que ce soit écologie personnelle et équilibre du système de vie qui priment. Dans l'entreprise familiale, c'est partage et continuité et, pour le dirigeant de PME, c'est apprentissage, observation et ajustement. Pour l'entrepreneur classique, ce qui importe avant tout, c'est de se ménager l'appui d'un système de relations, tandis que pour l'entrepreneur technologique, c'est d'apprendre à gérer en équipe (Roberts, 1991 ; Blais et Toulouse, 1992 ; Miner, Smith, Bracker, 1992).

Quelle que soit la forme qu'il prenne, le système d'activités de l'entrepreneur implique la conception de même que la définition de contextes : espace à occuper de façon différenciée dans le marché, espace organisationnel requis pour y parvenir. Cela nécessite des caractéristiques créatives indéniables qui se cultivent.

LES APPRENTISSAGES POUR LE PRATICIEN DE LA STRATÉGIE

Nous vivons dans un monde en mouvance où la plupart des secteurs sont en redéfinition. De là l'intérêt pour le praticien de la stratégie de cultiver les modes de penser et d'agir de l'entrepreneur. À la lecture de la première partie de ce texte, on aura déjà pu tirer, chacun pour soi, quelques leçons des façons d'être, de penser et de faire de l'entrepreneur. Dans cette dernière partie, nous examinerons quelques leçons que nous pouvons dégager de façon plus formelle pour le praticien de la stratégie. Nous en avons retenu six ; elles sont énumérées au tableau 5. Le texte qui suit les discute.

Tableau 5 *Les leçons entrepreneuriales pour la stratégie*

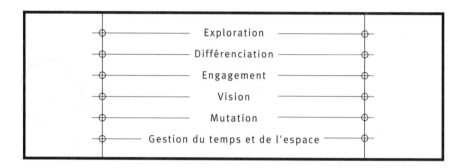

Exploration
Différenciation
Engagement
Vision
Mutation
Gestion du temps et de l'espace

L'EXPLORATION

Des recherches ont montré que les entrepreneurs qui consacrent quelques heures par semaine aux relations avec les fournisseurs sont mieux informés et comprennent mieux l'évolution de leur secteur, puisque les représentants des fournisseurs visitent les entreprises du secteur et sont les mieux renseignés sur ce qui s'y passe. Quant aux éléments plus complexes d'analyse sectorielle et intersectorielle, on aura le plus souvent recours à des consultants pour accumuler les données qu'on analysera en groupe par la suite. La connaissance du secteur et l'image mentale qu'en entretient l'entrepreneur atteignent le plus souvent des niveaux de sophistication remarquables. C'est ce qui lui permet de dégager de grandes lignes directrices claires pour l'orientation de sa stratégie.

LA DIFFÉRENCIATION

L'entrepreneur aime être fidèle à lui-même et faire ce qu'il croit devoir faire, même si cela ne correspond pas à la norme du moment. Beaucoup de gestionnaires accordent de l'importance à la détermination des règles du jeu. Les entrepreneurs s'intéressent surtout aux règles de réussite. Ce sont les nouvelles règles qu'ils doivent mettre en pratique pour faire mieux, beaucoup mieux que leurs concurrents. Elles impliquent de faire différemment. Éventuellement, une règle de réussite deviendra une règle du jeu puisqu'elle devra être suivie par celles et ceux qui entreront dans ce secteur.

L'ENGAGEMENT

Les entrepreneurs qui réussissent ont des comportements qui s'apparentent à ceux qu'a décrits Stephen R. Covey (1989, 1994). Ils savent se concentrer et aller au fond de ce qu'ils entreprennent. Malgré la pression d'une multitude de gens et d'activités autour d'eux, ils savent s'établir et garder leurs priorités. Ils travaillent parfois sur plusieurs projets à la fois, mais avec méthode, constance, ténacité.

LA VISION

Sandberg et Hofer (1987) ont montré l'importance de la connaissance d'un secteur pour expliquer la réussite de l'entrepreneur. Hamel et Prahalad (1994) parlent de préserver le cœur de compétence. Ce sont là deux règles que mettent en pratique les entrepreneurs qui réussissent. Il faut quelques années pour maîtriser suffisamment la connaissance d'un secteur avant de pouvoir le visionner adéquatement. La grande différence ici entre l'entrepreneur et le praticien de la stratégie réside dans la nature de leurs collaborateurs. En effet, l'entrepreneur a utilisé sa vision comme critère pour sélectionner les gens dont il s'est entouré. Même si la vision est un processus en évolution, il n'en demeure pas moins qu'elle offre des repères qui fournissent des éléments de constance. Le praticien de la stratégie qui accède à la direction d'une entreprise compte souvent le double désavantage de ne pas connaître à fond le secteur et d'être entouré de gens qui ne possèdent pas suffisamment de qualités de leadership pour être nommés à la direction, en partie par manque de vision. Avant de commencer à remplacer des gens autour de soi, on a avantage à prendre le temps requis pour se former une vision centrale assez claire permettant d'élaborer des visions complémentaires. À partir de là, on pourra sélectionner avec beaucoup plus de précision les collaborateurs nécessaires à la réalisation de ce que l'on projette.

LA MUTATION

Danny Miller (1990) a montré que des stratèges dont l'entreprise a connu de grands succès finissent par être victimes d'eux-mêmes s'ils ne savent pas gérer la mutation. Ce qui réussit aujourd'hui ne sera peut-être pas ce qui sera en mesure de répondre aux besoins de demain. Les entrepreneurs semblent avoir développé la culture du changement et de la mutation. Tant qu'on continue à apprendre, on continue à muter. Pour continuer à apprendre, il faut mettre à jour sa vision. C'est là que le fil conducteur de son activité et sa motivation se nourrissent.

LA GESTION DU TEMPS ET DE L'ESPACE

L'entrepreneur vise une niche, un espace à occuper dans le marché. Il doit établir ses frontières et cibler juste. Il doit s'organiser un espace organisationnel, en choisir l'emplacement, en concevoir la composition. Puis, il laissera un espace d'autorité et de responsabilité plus ou moins grand à ses collaborateurs, selon sa perception de leur expertise. Compte tenu de la vitesse du changement et de l'arrivée de concurrents dans le marché, le temps constitue une de ses principales ressources. Il doit le maîtriser. S'il lance un produit alors que le marché n'est pas mûr pour le recevoir, il devra payer pour éduquer le marché. La marge bénéficiaire qui aura été grevée ne produira pas les fonds requis pour créer tel autre produit ou conquérir tel autre marché. Si c'est trop tard, les parts de marché risquent aussi de coûter trop cher à occuper. La proximité du terrain et un travail méthodique d'analyse offrent les meilleures chances de bien gérer l'espace ainsi que la mutation dans les temps disponibles.

LA CONCLUSION : CONTINUER À APPRENDRE

On peut comparer l'entrepreneur qui réussit à l'artiste et à l'artisan que nous décrit Patricia Pitcher (1994). En fait, ceux qui bâtissent de grandes entreprises s'apparentent davantage à l'artiste, alors que plus d'un dirigeant de petite entreprise s'apparente à l'artisan. Beaucoup d'entrepreneurs présentent des caractéristiques des deux et combinent l'imagination de l'artiste et le sens du réalisme de l'artisan. Mais on demeure orienté vers l'action dans un domaine donné. Gare à la diversification ! L'entrepreneur réussit dans ce qu'il connaît. S'il aborde un secteur autre que le sien, il le fera graduellement : c'est l'approche des petits pas. Cette orientation vers l'action, à partir d'un processus visionnaire bien articulé, motive plus d'un entrepreneur à continuer à apprendre, à évoluer et à réussir. Et attention ! comme le mentionnent Hamid Bouchiki et John Kimberly (1994), les entrepreneurs ne sont pas des cow-boys solitaires. Ils savent s'entourer d'acteurs compétents, tant à l'intérieur qu'à l'extérieur de leur entreprise. Pourquoi les stratèges ne feraient-ils pas comme eux et ne s'entoureraient-ils pas d'un ou de quelques entrepreneurs ? Leur contact est contagieux.

Partie III

RÉALISER LA STRATÉGIE

La mise en œuvre de la stratégie ouvre une porte nouvelle et mystérieuse, celle de la réalité. Jusqu'ici, nous n'avons fait que des études et des analyses. Aussi sophistiquées et aussi élaborées soient-elles, elles restent loin des luttes et des peines de la vie elle-même. Aller vers la réalisation, c'est être confronté à l'imperfection des outils disponibles. Cette partie examine ces outils et leurs effets tels que nous les connaissons actuellement. La démarche très linéaire qui nous a menés de la formulation de la stratégie à sa mise en œuvre pourrait faire croire qu'il n'y a pas d'interaction entre mise en œuvre et formulation. Tel n'est pas le cas.

Les outils de la mise en œuvre sont souvent aussi des contraintes à la formulation. La connaissance de ces outils et de leurs caractéristiques est un intrant important pour le stratège averti. Mintzberg va jusqu'à dire que la formulation et la mise en œuvre ne peuvent être séparées. C'est une déclaration excessive à notre avis. Dans la réalité des organisations, cette séparation est souvent forcée par la mécanique des actions de formulation et de mise en œuvre, mais les stratèges de qualité s'efforcent constamment de les réconcilier.

Le chapitre VII est un tour d'horizon complet sur les instruments de la mise en œuvre et sur leur relation avec la réalisation des objectifs choisis lors de la formulation. Ce tour d'horizon attire l'attention sur le fait que les instruments ont des effets différenciés dans le temps. La compréhension de la profondeur de l'effet est importante pour le concepteur des outils et pour leurs ajustements lorsque nécessaire.

Le chapitre VII recense aussi tous les outils traditionnellement utilisés par les gestionnaires pour réaliser les objectifs et mentionne en particulier la structure, les systèmes de gestion les plus importants, notamment ceux de recrutement, de mesure et d'évaluation de la performance, de contrôle et de récompense ou de sanction des personnes engagées dans la mise en œuvre. Il insiste aussi sur la place de la formation et du leadership, des facteurs dont les effets sont souvent mal compris et négligés dans la gestion des organisations.

Le chapitre VIII reprend une relation critique qui a toujours été au cœur de toutes les recherches en stratégie : celle entre les objectifs formulés, les arrangements structurels et la performance. L'importance de cette relation avait été révélée par les travaux du grand historien des affaires, A. D. Chandler, puis est devenue la relation la plus étudiée et la plus débattue du domaine de la stratégie. Ce chapitre fait le point sur la relation et sur les débats qu'elle a suscités.

Cinq notes accompagnent et complètent les deux chapitres de cette partie. Elles portent sur : la relation entre la rémunération et la réalisation de la stratégie ; le leadership et la stratégie ; la contribution particulière de H. Simon sur la rationalité et la prise de décision ; les résultats de recherche en matière de mise en œuvre stratégique ; et l'importance de la gestion des ressources humaines pour la réalisation de la stratégie.

La note n° 10 discute de la rémunération des employés et de celle des dirigeants, et montre combien l'une et l'autre peuvent être des leviers puissants de la réalisation de la stratégie. Professeure de gestion des ressources humaines à l'École des HEC, Sylvie Saint-Onge a fait converger ses recherches et ses publications sur ces questions.

La note n° 11 traite de leadership, de ses caractéristiques et de l'importance des dimensions psychologiques et psychanalytiques dans ses manifestations. Les rapports entre la stratégie et le leadership sont abordés sous cet angle. Veronika Kisfalvi finit son doctorat en stratégie des organisations et leadership à l'université McGill. Elle est aussi professeure de stratégie et leadership à l'École des HEC et s'intéresse en particulier à l'interaction entre la réalisation de la stratégie et la vie intérieure des dirigeants.

La note n° 12 résume une contribution importante dans la littérature, celle de Herbert Simon. Cette contribution a apporté l'idée de la rationalité limitée et de la gestion médiatisée, qui a donné ensuite naissance à la théorie du développement de la firme, puis au développement de l'école de la prise de décision ou école Carnegie. Philippe Chapuis, Ph.D., HEC, est professeur de management à l'université du Québec à Hull.

La note n° 13 fait le point des recherches sur la mise en œuvre de la stratégie. Cette note est rédigée par Yvon Dufour, Ph.D., Warwick, professeur à l'École des HEC, qui concentre ses recherches sur le sujet.

La note n° 14 aborde la question générale de la relation entre la gestion des ressources humaines et la réalisation de la stratégie. Elle traite de l'importance et de la nécessité d'une gestion cohérente pour le succès. Cette note est écrite par un expert en la matière, Alain Gosselin, DBA, Indiana, professeur de gestion des ressources humaines à l'École des HEC.

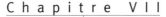

Chapitre VII

LA MISE EN ŒUVRE STRATÉGIQUE

C'est par la combinaison, parfois rustique, parfois savante, des mécanismes de gestion qu'on révèle et qu'on donne vie à la stratégie de l'organisation.

Dans ce chapitre, nous allons justement évoquer quels sont les mécanismes de gestion dont il est question et ce que nous savons, de manière générale, à propos de leur utilisation.

Quelles que soient les typologies utilisées, on retrouve toujours trois grands types de mécanismes de gestion :

1. Des mécanismes dont les effets sont à court terme, comme les systèmes de mesure de la performance, de contrôle, de promotion et de rémunération ;
2. Des mécanismes dont les effets sont à moyen terme, comme la structure, la formation des cadres, le recrutement du personnel et la planification ;
3. Des mécanismes dont les effets sont à long terme, comme le recrutement des cadres, l'idéologie ou la culture et la stratégie formulée elle-même.

En général, ces mécanismes ont pour objectifs : la mise en ordre de l'action et la stimulation, matérielle ou idéelle, des efforts des personnes.

Nous allons alors proposer une typologie qui utilise ces deux dimensions : temps de réponse (court, moyen et long terme) et objectifs (mise en ordre, stimulation matérielle et stimulation idéelle). Le tableau 1 montre les mécanismes résultants.

Nous allons reprendre chacun des outils mentionnés et décrire, de manière plus détaillée, leurs effets et la pertinence de leur utilisation. Il faut retenir que ce qui arrive à l'organisation est la résultante de l'ensemble des actions qui sont entreprises et que ces actions sont en interaction, produisant des effets qui ne sont pas toujours aussi simples que ce que l'on prévoyait, comme le suggèrent les notes de Saint-Onge (nᵒ 10) et de Gosselin (nᵒ 14).

I. LES MÉCANISMES DE MISE EN ORDRE

La mise en ordre est absolument essentielle pour l'action collective. Pour que l'œuvre de l'organisation soit supérieure à la somme des actions

Tableau 1 La typologie des mécanismes de mise
en pratique de la stratégie

Objectifs	Temps de réponse		
	Court	Moyen	Long
Mise en ordre	Système de mesure, de contrôle de performance, de rémunération, de promotion.	Structure périphérique, planification, formation des cadres, recrutement général.	Structure profonde, recrutement des cadres.
Stimulation matérielle	Système de rémunération, de sanction.	Système de promotion, de participation aux bénéfices.	
Idées	Prise de position des dirigeants sur les grandes questions de l'heure.	Responsabilité face à la communauté et grands engagements face à la société; stratégie formulée.	Idéologie, culture, vision.

isolées des individus, il est nécessaire que les actions convergent. Barnard (1938) décrivait cela comme étant la nécessaire coopération. Il ajoutait :

> Organization, simple or complex is always an impersonal system of coordinated human efforts; always there is purpose as the coordinating and unifying principle, always... indispensable ability to communicate, always the necessity for personal willingness and for effectiveness and efficiency in maintaining the integrity of purpose and the continuity of contributions...[1]

BARNARD (1938)

Les éléments de mise en ordre permettent surtout de préciser comment la tâche globale de l'organisation devra être entreprise pour offrir plus d'efficacité et d'efficience, et en particulier, comment elle sera coordonnée.

---

1. L'organisation, simple ou complexe, est toujours un système impersonnel d'efforts humains coordonnés. On y retrouve toujours la finalité comme principe unificateur et coordonnateur, toujours... la capacité indispensable à communiquer, toujours la nécessité pour une volonté personnelle (à coopérer) et toujours le besoin d'efficacité et d'efficience pour le maintien de l'intégrité de la finalité et la continuité des contributions.

Un autre élément important est le suivi et l'appréciation des effets des mécanismes utilisés. L'objet, comme l'affirmait Barnard, est de maintenir le cap, d'éviter la dérive en matière de finalité, et de maintenir la continuité des contributions.

II. LA STRUCTURE

La définition de la finalité comprend des aspects durables, qui définissent la personnalité de l'organisation, et d'autres qui sont plus conjoncturels, qui sont ajustés en fonction des circonstances et des actions entreprises par la concurrence. Les premiers sont ceux qui font partie de la structure profonde.

A. LA STRUCTURE PROFONDE OU LA FINALITÉ COMME INSTRUMENT

Dans sa définition du concept de stratégie, Andrews (1987) parle aussi de ces éléments durables et suggère que ce soient les éléments qui permettent de définir la personnalité de l'organisation :

> Corporate strategy is the pattern of major objectives, purposes or goals and essential policies and plans for achieving those goals, stated in such a way as to define what business the company is in or is to be in and **the kind of company it is or is to be** [2].

Pour bien souligner le rôle éminemment pratique que ces éléments jouent, il ajoute :

> From **the point of view of implementation**, the most important function of strategy is to serve as the focus of organizational effort, as the object of commitment and the source of constructive motivation and self-control in the organisation itself [3].

Les travaux de McKinsey (*Financial Post*, 1981) sur le rôle de la mission d'une organisation vont aussi dans le même sens :

---

2. La stratégie corporative est révélée par les régularités qui apparaissent dans les objectifs, finalités, buts et dans les plans ou politiques essentiels, établis pour réaliser ces buts, exprimés de telle sorte que cela définisse le type d'activité qu'on a ou qu'on veut poursuivre et le type d'entreprise qu'on est ou veut être.
3. Du point de vue de la mise en œuvre, la fonction la plus importante de la stratégie est de servir à focaliser les efforts organisationnels, à servir d'objet d'engagement et de source de motivation et d'autocontrôle constructifs dans l'organisation elle-même.

Clearly, the excellent company CEO is saying something important and fundamental about the business that expresses its identity, character and long-term sense of direction. These visions are not bromides to be dug out and dusted off at annual-report time, but rather a life-force that breathes purpose, energy, and continuity into the company and provides a practical framework for the day-to-day guidance of its employees [4].

Prenons quelques exemples.

Si l'on parle d'une entreprise comme Kodak, on pense automatiquement aux films de photographie et à leur qualité. De même, Polaroid est identifiée à la photo instantanée. Toutes les grandes entreprises sont ainsi associées, dans l'esprit des publics interne et externe, à des caractéristiques de leur fonctionnement ou de leurs activités. Plus important, ces associations ont une influence décisive sur le comportement des membres de l'organisation.

Ces caractéristiques sont difficiles à changer mais, lorsque l'organisation est capable de le justifier, le changement peut se faire sans drame particulier. Ainsi, dans la société GE, les petits équipements ménagers étaient souvent associés, dans l'esprit du public et de son personnel, au cœur des activités de cette société. Pourtant, en 1989, cette société a été capable de s'en défaire en les vendant à Black & Decker. GE, dont les nouveaux objectifs étaient de ne rester que dans les marchés où elle pouvait maintenir une position favorable, soit la première ou la deuxième, justifia la vente sur la base de son incapacité à faire de ces activités des activités à succès et de la capacité de B&D à mieux faire qu'elle. Cependant, GE n'a jamais osé sortir du marché des lampes, son activité d'origine, malgré les hauts et les bas de ce marché.

La structure profonde est donc constituée des facteurs durables de la stratégie. Cette structure, par sa nature, se rapproche de ce qu'on appelle la culture. En fait, la différence avec la culture est probablement plus une question de degré que de nature. De manière plus spécifique, les caractéristiques de la culture peuvent être précisées comme suit (Hafsi et Fabi, 1996) :

• son caractère « holistique » ;
• sa détermination historique ;
• ses référents théoriques de nature anthropologique ;
• sa construction sociale ;
• son caractère « mou » (*soft*) ;
• la grande difficulté de la modifier ;

---

4. Clairement, les présidents de compagnies excellents disent des choses importantes et fondamentales à propos des activités de l'organisation, qui expriment son identité, son caractère et sa direction à long terme. Ces visions ne sont pas de la poudre aux yeux qu'on déterre à chaque rapport annuel, mais plutôt une force de vie qui insuffle finalité, énergie et continuité sans la compagnie et fournit le cadre pratique pour guider les actions quotidiennes des employés.

- son caractère unique et idiosyncratique, malgré une certaine universalité de quelques valeurs fondamentales ;
- son influence potentiellement déterminante sur l'efficacité organisationnelle.

Par ailleurs, la définition communément admise a été exprimée comme suit (Schein, 1985) :

Un ensemble de postulats de base, de valeurs, de normes et d'artefacts, partagés par les membres d'une organisation afin de leur permettre de donner un sens à cette dernière. Ces points de repère significatifs, s'étant avérés suffisamment efficaces pour être considérés comme valables, indiquent comment le travail doit être fait et évalué, et comment les employés doivent interagir entre eux ainsi qu'avec des interlocuteurs importants tels que les clients, les fournisseurs ou les agences gouvernementales.

Le mérite et le problème de la structure profonde est qu'on ne peut la changer aisément. Néanmoins, elle contraint l'action ou la facilite, selon le cas. Le gestionnaire doit constamment avoir cela à l'esprit.

B. LA STRUCTURE ORGANISATIONNELLE

C'est probablement le facteur le plus important et le plus discuté dans la littérature de la gestion stratégique. Depuis les travaux de Chandler (1962), la structure est un facteur inséparable des traités de stratégie. Chandler a proposé que la structure organisationnelle évoluait suivant un cycle qui s'apparente au cycle stratégique. De la même manière que la stratégie semble évoluer vers la croissance, la consolidation, puis, plus de croissance mais avec diversification, la structure évolue d'un schéma de fonctionnement simple, à une structure décentralisée par produits ou régions, en passant par une structure fonctionnelle centralisée.

Les études et les écrits empiriques ont été très nombreux sur la relation entre la stratégie et la structure. Quelle que soit l'optique qu'on adopte, déterministe ou volontariste, on ne peut manquer de noter que **la structure et la stratégie semblent de toute façon intimement associées** et, s'il n'y avait pas de cohérence entre elles, **on ne pourrait s'attendre à une performance acceptable**.

Une question importante est alors de savoir quel degré de structure on doit avoir pour un fonctionnement satisfaisant. Dans son étude, McKinsey (1981) répond : «la structure ne doit être ni trop lâche ni trop étroite» et rajoute :

> *Every large and complex enterprise faces a fundamental paradox. On the one hand, senior managers need to be certain that, in a competitive and tough business environment, they are positioned to pull the levers that result in an adequate and timely response to key changes. On the other hand, they must guard zealously against imposing controls so rigid as to choke the life from the organization* [5].

On pourrait alors se demander s'il n'existe pas des relations stratégie-structure qui s'imposent selon les situations. C'est la réponse à cette question que Mintzberg a entrepris de donner en proposant une synthèse de la littérature et en introduisant son idée de configurations structurelles (1978).

Mintzberg a suggéré que les structures se présentent en configurations reconnaissables et il propose des variables pour les identifier. Parmi les variables importantes qu'il avance, on peut en retenir deux importantes : 1) la division du travail (ou encore les différentes parties de l'organisation) ; 2) la coordination du travail. Selon cet auteur, ces deux dimensions (et toutes les autres) ne se combinent pas de n'importe quelle manière. On ne retrouve en réalité que cinq combinaisons possibles, donnant ainsi naissance à cinq types de structures.

En matière de division du travail, cinq parties permettent de décrire toutes les organisations :

    i.   Le sommet stratégique (généralement la haute direction et ceux qui l'assistent directement) ;

    ii.   Le noyau opérationnel, composé des personnes qui produisent les services ou les produits qui sont la raison d'être de l'organisation ;

    iii.   La technostructure, ou l'ensemble des professionnels dont la mission est d'établir les standards (de travail, de résultats, de savoir-faire) pour les autres ;

    iv.   Le personnel de soutien, qui réalise des activités qui ne sont pas liées à la mission première de l'organisation et qui, à la limite, pourraient être obtenues de l'extérieur ;

    v.   La ligne hiérarchique, qui apparaît lorsque l'organisation prend une dimension importante.

De même, on ne retrouve que cinq modes de coordination utilisés par toutes les organisations :

    a) la supervision directe ;

    b) l'ajustement mutuel ;

    c) la standardisation du travail ;

---

5.   Toute grande entreprise complexe fait face à un paradoxe fondamental. D'une part, les dirigeants principaux ont besoin d'être confiants, dans un environnement concurrentiel difficile, qu'ils ont la compréhension et le contrôle des leviers qui permettent une réponse convenable et appropriée dans le temps pour faire face aux changements importants qui se produisent. D'autre part, ils doivent faire très attention à ne pas imposer des contrôles si rigides qu'ils risquent d'étouffer l'organisation.

d) la standardisation du savoir-faire ;

e) la standardisation des résultats.

Les cinq principaux modes de coordination et les cinq parties de l'organisation qui sont dominantes se combinent « de manière naturelle » pour donner cinq structures génériques qui sont les suivantes :

• **La structure simple**, lorsque la partie dominante est le sommet stratégique et que le mode de coordination principal est la supervision directe. Généralement, ce genre de structure est très peu formalisé. Il n'y a donc pas de technostructure, ni de ligne hiérarchique, ni souvent de personnel de soutien. Cette structure est très adaptée à des innovations simples et rapides, dans des environnements changeants.

• **La bureaucratie mécaniste**, lorsque le mode de coordination principal est la standardisation du travail et donc que la partie dominante est la technostructure (qui établit les standards). Dans ce cas, l'organisation est très développée avec une ligne hiérarchique substantielle et un personnel de soutien élaboré. Ce genre de structure convient bien pour la production de masse, dans des environnements stables.

• **La bureaucratie professionnelle** est une structure dans laquelle la partie importante est le noyau opérationnel, formé des professionnels, et le mode de coordination principal est la standardisation du savoir-faire. Il n'y a généralement pas de technostructure parce que les professionnels résistent à toute tentative de standardisation du travail. Par contre, le personnel de soutien a tendance à être très important. Ce genre de structure convient bien pour des activités qui requièrent un savoir-faire complexe, dans un environnement qui est relativement stable.

• **L'adhocratie** est une structure où le mode de coordination principal est l'ajustement mutuel et la partie importante est alors le personnel de soutien, parce que c'est la partie la plus permanente de l'organisation. Il n'y a dans cette structure que peu de technostructure, et l'organisation est généralement en flux constant, avec des regroupements provisoires de professionnels pour répondre à des besoins spécifiques temporaires. Ce genre de structure est très adapté à la réalisation de tâches uniques et donc à l'innovation.

• **La structure divisionnalisée** est une structure dont les unités peuvent être des structures de tous les autres types. C'est une forme dans laquelle le mode de coordination principal est la standardisation des résultats et, en conséquence, la partie principale est la ligne hiérarchique. Cette structure est très bien adaptée à des situations où les activités sont multiples et diversifiées. Mintzberg proposait au départ une description légèrement différente de ce qui est proposé ici et pensait que cette configuration était instable. *Nous ne partageons pas cette opinion.*

Il est utile aussi de mentionner les travaux de ce qu'il est convenu d'appeler l'école de la contingence. Les recherches de Joan Woodward (1965) sur des entreprises anglaises au cours des années 1950 ont montré que la structure d'une firme est étroitement liée à son système technique de production. Ainsi, une production de masse allait bien avec une structure formalisée, tandis que les entreprises ayant une production sur mesure ou à processus automatisé avaient tendance à être organisées de manière plus souple.

Lawrence & Lorsch (1967) étudièrent, quant à eux, trois industries, celle des conteneurs, celle de l'alimentation et celle des plastiques. Ils trouvèrent que l'environnement jouait un rôle important dans la détermination de la structure. Ainsi, les entreprises de conteneurs dont l'environnement était simple et stable, avaient une structure basée sur la standardisation et la supervision directe ; en revanche, les entreprises de plastique, faisant face à un environnement plus complexe et plus dynamique, avaient une structure basée sur une coordination par ajustement mutuel. Les firmes de l'alimentation avaient une situation et une structure mitoyennes.

Finalement, c'est Thompson (1967) qui articula de manière élaborée la théorie de la contingence. L'hétérogénéité et le dynamisme de l'environnement, ainsi que la nature de la technologie dans le noyau technologique, modifient les réponses organisationnelles les plus rationnelles. Ces travaux ont été pris en compte par Mintzberg dans sa remarquable synthèse sur la structure (1978).

C. LA PLANIFICATION

La planification est « une prise de décision par anticipation », disait Ackoff (1970). Lorsqu'on planifie, on décide ce qu'il faut faire et comment on va le faire, avant l'action. D'une certaine manière, la planification permet de structurer l'élaboration et la mise en œuvre systématique des éléments de la stratégie.

La planification est nécessaire lorsque le futur désiré implique un ensemble de décisions interdépendantes. La complexité vient justement de l'interdépendance, et la planification permet de réduire la complexité par la décomposition. Ainsi, un ensemble de décisions peut être trop important pour être pris en charge simultanément. On procède alors à une division par étapes qui peuvent être réalisées séquentiellement par un individu ou une organisation ou simultanément par plusieurs individus ou organisations (Ackoff, 1970).

Il arrive aussi qu'on ne puisse pas diviser l'ensemble de décisions en sous-ensembles indépendants. Les décisions à prendre avant ou après doivent être considérées ensemble, d'où l'importance de la planification.

La planification apparaît ainsi comme un processus dont l'objectif est de faciliter la réalisation d'un but désiré. En planification, on peut normalement toujours réexaminer les décisions déjà prises et en tenir compte pour la compréhension, voire la modélisation, du futur. Finalement, un système de planification doit en principe prendre en considération l'idée que le système observé et son environnement changent constamment.

La planification est largement utilisée par les entreprises. Elle semble parfois à l'origine de beaucoup de problèmes et de rigidités, mais elle peut aussi faciliter l'adaptation et la participation dans des situations de forte ambiguïté et dans des organisations à haut niveau de complexité (Hafsi et Thomas, 1989).

La société GE a apporté une grande contribution au développement de la planification. Elle a notamment, en collaboration avec les grandes sociétés américaines de conseil en stratégie, donné naissance au fameux modèle de portefeuille aujourd'hui très utilisé dans l'analyse stratégique lorsque les activités sont très diversifiées. De manière générale, les outils de la planification sont nombreux, mais parmi les plus utilisés, on peut mentionner (Thiétart, 1983) :

a) le PIMS (*Profit impact of marketing strategy*) ;
b) la courbe d'expérience ;
c) le modèle de portefeuille (variante BCG et variante GE) ;
d) le modèle de l'allocation des ressources (Bower, 1970) ;
e) le modèle du cycle de vie du produit (ADL, 1979) ;
f) le modèle du vecteur de croissance d'Ansoff (1965).

De nombreux débats secouent régulièrement la communauté universitaire sur l'utilité de la planification (Mintzberg, 1994 ; Chakravarthy et Lorange, 1991), mais les résultats empiriques (Frederickson, 1984 ; Frederickson & Mitchell, 1984 ; Frederickson & Iaquinto, 1989) semblent suggérer que les démarches systématiques de la planification soient associées aux meilleurs résultats.

D. LE RECRUTEMENT DES CADRES

Les spécialistes du recrutement des cadres (*head hunters*) font des affaires d'or à trouver pour les entreprises les personnes les plus compétentes pour combler les postes de cadres supérieurs, des personnes capables de relever les défis associés à la stratégie de l'entreprise concernée. C'est pour cela que les mandats de recrutement de dirigeants d'entreprise commencent toujours par la clarification de la stratégie de celle-ci : on peut orienter la recherche vers un dirigeant qui va être capable de réaliser la stratégie existante ou vers un dirigeant qui devra amener l'entreprise à se donner une stratégie. Dans les deux cas, on suppose qu'il y a un lien étroit entre la personne et la stratégie.

Le recrutement des cadres change la composition de la population des personnes qui sont essentielles au fonctionnement de l'organisation. Dans certaines organisations, comme les universités ou les hôpitaux spécialisés (hôpitaux psychiatriques), la modification du comportement ou un changement important ne peuvent se faire que si l'on change la composition de la population clé, qui est constituée par les professeurs ou les médecins spécialistes.

La nature même de l'organisation est fondamentalement influencée par la nature du noyau central du personnel qui la constitue. Selznick (1957) suggérait que c'était là un élément critique pour la survie de l'organisation. Pour lui, l'une des tâches les plus importantes pour les dirigeants d'une organisation était justement « le recrutement et la protection des élites ».

La qualité du recrutement permet d'aller chercher les personnes qui ont les dispositions d'esprit et les qualités requises pour faciliter la réalisation de la finalité de l'organisation. Dans sa théorie de la coopération, Barnard (1938) insistait sur le fait que des personnes qui approuvent les objectifs de l'organisation ou qui s'y identifient vont coopérer à un coût qui est beaucoup plus faible que celles qui désapprouvent ces objectifs. Le recrutement des cadres, lorsqu'il est bien fait, permet donc d'harmoniser dès le départ les objectifs des personnes les plus cruciales pour l'organisation avec les objectifs de l'organisation.

Cependant, le recrutement des cadres n'a un effet sensible sur l'organisation que lorsque le nombre de cadres recrutés est suffisamment grand pour que la personnalité des personnes affecte celle de l'organisation. Ceci ne peut se produire qu'à long terme ou lorsqu'une organisation est créée *de novo*.

E. LA FORMATION DES CADRES

Simon (1945) avait déjà, dans ses premiers écrits, montré l'importance de la formation pour accroître la rationalité des personnes dans les organisations. Les cadres jouent un rôle spécial (Hafsi, 1985), surtout dans les organisations à haut niveau de complexité. Les grands dirigeants et les grands constructeurs d'empire ont toujours beaucoup mis l'accent sur cet aspect.

Par exemple, au début de la révolution soviétique, Lénine a tout de suite mis en place tout un programme dans lequel la formation et la consolidation de « l'avant-garde socialiste » était la clé. Selznick (1957), dans son étude du leadership dans les organisations, confirme aussi l'importance de ce qu'il appelle la formation, le développement et la protection des élites.

F. LE RECRUTEMENT GÉNÉRAL

La composition de l'organisation et sa santé à moyen terme sont directement touchées par le recrutement. En recrutant les personnes aujourd'hui, on achète l'essence du comportement de demain. Selon la nature de l'organisation, l'effet du recrutement peut se manifester à plus ou moins long terme.

Pour une organisation dont les caractéristiques ressemblent à celles d'une « bureaucratie mécaniste » (Mintzberg, 1978), le recrutement a un effet rapide. Malgré tout, le comportement prend un certain temps avant de se stabiliser, sauf lorsque, comme dans l'industrie de l'automobile, la culture de l'industrie est forte et pénètre largement la culture de l'organisation. Dans ce cas, le comportement est quasiment standardisé et transmis par les syndicats ou la pression sociale à l'intérieur de l'organisation.

Pour une organisation dont les caractéristiques ressemblent à celles d'une « bureaucratie professionnelle » ou à celles d'une « adhocratie », c'est par exemple le cas d'une université ou d'un hôpital, le comportement est directement relié à la nature des professionnels recrutés. Dans ce cas, l'effet est à beaucoup plus long terme, surtout parce que les recrutements sont rarement massifs et que les personnes en place dominent la vie organisationnelle.

Ainsi, les entreprises automobiles japonaises ou coréennes qui ont investi en Amérique du Nord (Pascale, 1990) ont démontré qu'il était possible d'engendrer assez rapidement des comportements nouveaux grâce au recrutement et à d'autres initiatives complémentaires (formation, stimulation, notamment). Par contre, l'expérience universitaire (March & Olsen, 1977) a montré que les comportements changeaient très lentement avec le recrutement, mais que c'était là la seule façon de changer.

G. LES SYSTÈMES DE GESTION

Tous les systèmes qui ont des effets sur la rémunération affectent presque immédiatement le comportement des personnes et donc de l'organisation. Ces effets ne sont pas des effets profonds, même si en interaction avec d'autres ils peuvent influer sur l'organisation de manière durable.

Une autre façon de comprendre la raison de l'effet rapide de ces facteurs est de noter leur position dans la satisfaction des besoins des personnes. Les besoins touchés ici sont généralement des besoins fondamentaux, selon la pyramide de Maslow. Homans, un grand sociologue (1961), a aussi suggéré la vivacité des effets de ces facteurs avec ses études sur le comportement humain.

Parmi les systèmes importants dans ce cadre, il est utile de mentionner :

a) le système de mesure de la performance ;

b) le système de contrôle ;

c) le système de rémunération ;

d) le système de promotion.

III. LES OUTILS DE STIMULATION MATÉRIELLE

L'idée de Maslow sur la hiérarchie des besoins des personnes est souvent discutée ou critiquée, mais elle n'a jamais été vraiment remplacée. Dans la pratique, les gestionnaires l'appliquent souvent sans s'en rendre compte.

Maslow a décrit les besoins comme se divisant en cinq grands groupes :

i. Des besoins physiologiques (nourriture, protection des intempéries, etc.) ;

ii. Des besoins de sécurité ;

iii. Des besoins d'appartenance et d'amour (faire partie d'un groupe, s'identifier à lui, aimer et être aimé, etc.) ;

iv. Des besoins d'estime (estime de soi, reconnaissance par les autres, etc.) ;

v. Des besoins d'actualisation de soi (réalisations, constructions durables, générativité, etc.).

Il affirmait aussi que les besoins des personnes agissaient selon une séquence qui est prévisible, les besoins fondamentaux (physiologiques et de sécurité) agissant d'abord et, s'ils sont satisfaits, actionnant les besoins d'un ordre supérieur, jusqu'aux besoins d'actualisation de soi.

Cette théorie sous-tend à la fois les efforts de stimulation matérielle, ce que Barnard appelle la méthode d'incitation, et ceux de stimulation idéelle, ce qu'il appelle la méthode de persuasion. Parmi les mécanismes les plus courants de stimulation matérielle, on peut mentionner (voir le tableau 1) :

• les systèmes de rémunération et de sanction, dont les effets sont rapides, généralement à court terme ;

• les systèmes de promotion et de participation aux bénéfices.

Fondamentalement, le système de rémunération est le système de base sur lequel l'échange entre l'organisation et l'individu est construit. L'individu est supposé coopérer, en échange de quoi il reçoit une compensation matérielle (Barnard, 1938). L'effet de la rémunération est cependant perturbé par l'influence des autres facteurs de stimulation. Ainsi, lorsque le système de rémunération est transparent, la stimulation est liée à l'équité du système de rémunération, d'une part à l'intérieur de l'organisation, entre des positions différentes, et d'autre part avec des systèmes d'organisations similaires.

Les mécanismes de sanction ont aussi des effets à très court terme. Les recherches décrites par Homans (1961) montrent combien la réaction à une punition ou à la crainte d'une punition peut être rapide et parfois violente.

Les spécialistes des systèmes de rémunération ont accordé beaucoup d'attention à trois questions fondamentales : le lien entre la tâche et la rémunération, la signification du système de rémunération, particulièrement en termes de justice et d'équité, les autres composantes de la rémunération telles que la prime de rendement, les récompenses associées à des performances particulières et les avantages financiers tels les autos, l'abonnement à des clubs ou associations, etc.

Pour leur part, les entreprises rémunèrent leurs cadres supérieurs en utilisant trois éléments : un salaire de base, une prime et des avantages tels que l'utilisation gratuite d'une automobile, des frais d'emplois, etc. Dans leur appréciation, les primes sont souvent divisées en deux parties : la première est accordée si le cadre supérieur a atteint les objectifs visés par sa division, sa fonction ou son groupe ; la deuxième est accordée si l'entreprise a atteint ses objectifs. On voit alors le lien direct qu'on essaie de faire entre les buts de l'entreprise et le système de rémunération. En général, l'action basée sur la rémunération de base donne des effets à court terme, tandis que les actions de récompense attachée à la performance de l'entreprise ont des effets à plus long terme.

Dans un volume publié en 1981, Stonich a examiné attentivement cette question. Il suggère d'établir des moyens de mesurer et de suivre les progrès en regard des objectifs stratégiques. Il démontre que la récompense ou la rémunération ainsi que les instruments de mesure du rendement constituent l'épine dorsale qui permet de s'assurer que le comportement des cadres et des employés soit aligné sur la stratégie. En bref, on peut dire que la conception de la stratégie détermine ce qui doit être fait, tandis que le système de récompense par la rémunération nous assure que ce sera fait.

IV. LES OUTILS DE STIMULATION IDÉELLE

Un peu comme le suggérait Maslow mais aussi comme nous le savions depuis longtemps (Barnard, 1938), les personnes sont sensibles à des facteurs qui n'ont rien à voir avec l'argent ou les biens matériels. Elles ont besoin d'espérance, d'idéal, d'explication plus vaste du sens de la vie et de la relation aux autres. C'est pour cela que la méthode de persuasion de Barnard est si importante.

Barnard suggérait même que la stimulation matérielle est illusoire et n'arrive jamais à motiver complètement. Les appétits des personnes pour les choses matérielles ne peuvent être satisfaits de manière économique par aucune organisation. Lorsque les besoins essentiels (notamment physiologiques et de sécurité) sont raisonnablement satisfaits, les meilleures organisations sont celles qui sont capables de persuader leurs membres que contribuer à leurs activités a une valeur en soi. Voici comment l'exprimait Max de Pree (1990) :

Les travailleurs sont le cœur et l'âme de tout ce qui compte. Sans eux les dirigeants n'ont pas de raison d'être. Les chefs d'entreprise peuvent décider qu'il est primordial de laisser des actifs à leurs héritiers, mais ils peuvent également aller au-delà et juger opportun de laisser un héritage, un héritage tenant compte de l'aspect le plus difficile de l'existence, l'aspect qualitatif, celui qui procure aux vies de ceux que le chef emploie un supplément de sens, de défi, de joie. (p. 33)

Les éléments de persuasion sont nombreux. Ils peuvent être de nature idéologique ou être simplement liés à la valeur qui est attachée au style de vie qui a cours dans l'organisation. Par ailleurs, à court terme, quels que soient les choix qui sont faits par l'organisation et les mécanismes de persuasion retenus, le comportement du dirigeant principal a une valeur symbolique et d'exemple qui stimule et suscite des désirs d'association ou de rejet. C'est pour cela que les mécanismes qui sont retenus dans cette catégorie sont :

- ceux qui ont un effet à court terme, comme les prises de position des dirigeants sur les grandes questions de l'heure ;
- ceux qui ont un effet à moyen terme, comme la stratégie telle qu'elle est formulée et en particulier les grands engagements qui sont pris pour servir les communautés dans lesquelles l'organisation est active ;
- ceux qui ont un effet à long terme, comme l'idéologie, la culture, la vision du monde, qui dominent l'organisation.

V. EN GUISE DE CONCLUSION

Dans les chapitres précédents, nous avons décrit les aspects intellectuels de la stratégie, ceux qui mènent à sa formulation, à la définition de son contenu. Dans ce chapitre, nous avons abordé les mécanismes qui permettent sa mise en application. Pour les aspects intellectuels, nous avons notamment suggéré que la stratégie est une configuration de perspectives.

Ces perspectives, au nombre de cinq, sont les suivantes :
- la stratégie comme manifestation de la volonté des dirigeants ;
- la stratégie comme l'expression d'une communauté de personnes ;
- la stratégie comme filon conducteur ;
- la stratégie comme construction d'un avantage concurrentiel ;
- la stratégie comme mécanisme de relation à l'environnement.

Ces perspectives sont toutes présentes dans la stratégie d'une organisation et servent de base à la formulation de celle-ci. Elles sont alors en plus en relation étroite avec les mécanismes de mise en œuvre. Notamment, on ne peut imaginer que la stratégie puisse avoir du succès à moins qu'il y ait une compatibilité entre le choix des objectifs qui résulte de la démarche stratégique intellectuelle et les aspects pratiques que constituent les ajustements, voire la conception, des mécanismes de mise en application.

La relation entre aspects intellectuels et aspects pratiques apparaît, bien sûr, au moment de la prise de décision. C'est pour cela que la stratégie ne saurait être conçue comme un cheminement mécanique. Ce n'est que lorsqu'elle devient une seconde nature chez les membres de l'organisation qu'elle devient un instrument puissant de compétitivité et donc de survie.

Dans les chapitres qui suivent, nous continuerons à approfondir et à préciser ces considérations pour guider l'analyse et l'action.

Chapitre VIII

LA STRATÉGIE, LA STRUCTURE ET LA PERFORMANCE

Le lecteur se rend à présent compte que la stratégie est une théorie de la décision basée sur la résolution de problèmes. Il s'agit de résoudre le problème de la finalité spécifique, c'est-à-dire du choix de domaine, du positionnement, en prenant en considération la situation dans l'environnement, les ressources ou sources d'avantages concurrentiels, les valeurs des dirigeants et les valeurs de la communauté organisationnelle. La stratégie est ainsi une application au monde du fonctionnement des organisations de la logique et de la rationalité scientifiques. La logique et le raisonnement scientifiques impliquent un lien fort entre les différents éléments de la démarche, ce qui se traduit dans le langage de la stratégie des organisations par l'association habituelle entre stratégie et cohérence.

Ainsi, de manière intuitive pendant longtemps, mais plus systématiquement à présent, on s'assure que les choix de finalité sont compatibles avec ce qu'on sait de l'environnement, de la perception qu'on a des compétences et en général des ressources de l'organisation. On s'est aussi toujours rendu compte que les choix devaient être compatibles ou au moins ne devaient pas être incompatibles avec les caractéristiques des dirigeants. Plus récemment, avec le rôle très crucial joué par le personnel dans la capacité à concurrencer, les valeurs de la communauté organisationnelle prennent une importance plus grande dans le choix de finalité.

Ces considérations, souvent l'objet de prescriptions par les consultants et les universitaires, ont été révélées de manière empirique par le remarquable travail de l'historien des affaires A.D. Chandler, que nous avons souvent évoqué dans ce livre. Chandler avait noté que, dans les entreprises dominantes qu'il avait étudiées, la finalité était directement associée à ce qui se passait dans l'environnement, plus précisément le marché. Plus important, Chandler a aussi noté qu'une fois choisie la finalité, la stratégie selon son expression, tous les mécanismes de fonctionnement, en particulier la structure, étaient contraints sinon déterminés. L'étude de Chandler a ouvert la voie à un grand nombre de recherches, qui ont toutes confirmé et précisé la relation marché/stratégie/structure qu'elle avait révélée.

Chandler lui-même et ses étudiants ont reproduit la même étude qu'il avait conduite aux États-Unis dans un grand nombre de pays, dont la France, le Royaume-Uni, l'Allemagne, le Japon, les pays en développement, pour confirmer la validité de la relation qu'il avait découverte. Les travaux des chercheurs de la théorie de la contingence ont aussi confirmé les conclusions de Chandler, faisant ainsi de ces résultats les résultats les plus fondamentaux du domaine de la stratégie. Aujourd'hui, les recherches se font de plus en plus précises, s'attachant à voir, entre autres choses, quelles stratégies sont vraiment performantes, quels mécanismes de fonctionnement donnent les meilleurs résultats.

On ne peut donc parler de stratégie sans examiner dans le détail ces relations fondamentales et cruciales pour la gestion des organisations. Nous consacrons ce chapitre à ces relations. Nous allons, dans une première section, parler de la ligne de recherche de Chandler pour en connaître les éléments essentiels. La deuxième section s'intéresse en particulier à la relation entre la stratégie et la performance. Nous y aborderons aussi la relation entre la planification, donc la démarche formelle de développement de la stratégie, et la performance. Finalement, nous examinerons la relation entre la nature du couple stratégie-structure et la performance. Notre conclusion reviendra à une perspective plus générale sur la mise en œuvre de la stratégie.

I. LA STRATÉGIE ET LA STRUCTURE : LES FONDEMENTS

A. LE CAS DE LA SOCIÉTÉ DU PONT

La société Du Pont était, au début du XXe siècle, une entreprise de production d'explosifs, dynamite et poudre noire notamment. Elle était dirigée par les cousins Du Pont. Le président était Eugène et le vice-président aux finances était Pierre, tous deux des ingénieurs du MIT. Eugène était un entrepreneur, un « bâtisseur d'empire » selon l'expression de Chandler. Il fit l'acquisition de nombreuses petites entreprises et usines d'explosifs, accroissant de manière considérable la taille et l'étendue de la société Du Pont. Eugène n'était pas intéressé par la gestion. Il négligeait cela et ne s'occupait que du développement. Il gérait chaque usine de manière séparée, en nommant personnellement des directeurs en qui il avait une confiance personnelle. Ainsi, l'entreprise était gérée comme une famille, chaque directeur d'usine s'occupant de tout localement, notamment de la production et de la distribution-vente dans un territoire déterminé, et ne rendant compte qu'au président. Aucune coordination d'ensemble n'était faite, au grand désespoir de Pierre Du Pont qui, lui, était plus orienté vers la gestion que son cousin.

Au cours de cette première phase, on répondait aux possibilités de marché en construisant ou en achetant des usines de production d'explosifs. La stratégie était simple et consistait à croître le plus rapidement possible. Les arrangements structurels étaient dominés par une structure simple, avec un chef et une multitude de collaborateurs directs. Tous les systèmes de gestion restaient informels et peu coordonnés entre eux. Tant que la concurrence était faible, ce mode de gestion était acceptable, l'entreprise produisant les profits nécessaires pour continuer le développement. Mais progressivement, des concurrents sérieux commencèrent à apparaître et ils étaient de taille suffisamment importante pour qu'il ne soit pas possible d'envisager facilement leur acquisition. La société Du Pont apparaissait alors comme handicapée par son incapacité à coordonner ses activités.

C'est alors qu'Eugène connut les limites de son utilité. Il dut laisser la place à Pierre, qui s'efforça rapidement de consolider le fonctionnement des usines, en fermant certaines d'entre elles et en en construisant d'autres là où c'était plus approprié. Mais, plus important, il fallait coordonner le fonctionnement de ce grand ensemble pour réduire les coûts et optimiser les stocks et les approvisionnements. Il entreprit alors de mettre en place une structure qui soit adéquate pour répondre à la stratégie de croissance tous azimuts de son cousin. Il en résulta alors la structure aujourd'hui connue comme la structure fonctionnelle centralisée.

Ce nouveau type de structure permettait de mettre ensemble les activités de production et donc de les optimiser convenablement pour partager les savoir-faire et réduire les coûts. La même chose fut faite pour la mise en marché. Les marchés étaient pris globalement et leur approvisionnement considéré comme une affaire d'ensemble plutôt qu'une responsabilité partagée régionalement. Finalement, l'administration fut formalisée : on produisit plus d'information sur les coûts, les marges obtenues, le retour sur l'investissement, etc. La mesure des performances et la rémunération des gestionnaires devinrent plus systématiques et liées à des programmations préétablies. On demandait à chaque gestionnaire non pas de fournir des profits, mais d'atteindre des objectifs fonctionnels qui permettraient alors de réaliser des profits pour l'ensemble de l'entreprise. Plus tard, le bureau du président prit plus d'envergure pour permettre de gérer centralement une entreprise devenue beaucoup plus professionnelle dans ses pratiques. Ces arrangements structurels étaient tous orientés vers la centralisation de la gestion et la planification du fonctionnement. Celle-ci était nécessaire du fait que la spécialisation des fonctions ne laissait plus qu'au président la responsabilité de l'ensemble.

Cette nouvelle structure servit remarquablement la société qui connut alors sa plus belle période, avec à la fois une croissance planifiée remarquable et une profitabilité inégalée. L'architecte de cette impressionnante réadaptation, Pierre Du Pont, et ses collaborateurs raffinèrent les mécanismes de gestion de l'entreprise à un point tel que ses réalisations devinrent des classiques enseignés par les écoles de gestion.

Les succès de l'entreprise étaient tellement nombreux que la production atteignit des sommets inégalés. Le déclenchement de la Première Guerre mondiale arriva au moment où l'entreprise était au zénith de sa gloire, contrôlant une grande partie du marché américain et suscitant la suspicion des autorités antitrust du pays. L'entreprise fut d'ailleurs forcée de se scinder en plusieurs entreprises à la suite de l'application du Sherman Act, la loi antitrust.

La très grande production de la période de guerre commença alors à poser d'autres problèmes inconnus auparavant. En particulier, les sous-produits de la production des explosifs, auparavant considérés comme des déchets et vendus ou distribués gratuitement à qui les voulait, étaient à présent en quantité tellement grande qu'il n'y avait plus de marché suffisant ni de système adéquat d'élimination. La société décida alors d'examiner les possibilités d'utilisation de ces sous-produits à des fins commerciales. Ces sous-produits étaient des aromatiques du type benzène, toluène, etc., la base aujourd'hui de la chimie fine et des plastiques. Les dirigeants décidèrent alors de se lancer dans la fabrication de produits de chimie fine, comme les colorants, de nylons, de cuirs synthétiques, etc. Les ressources, aussi bien humaines que financières, dont disposait l'entreprise permettaient d'envisager avec optimisme toutes les voies de développement.

L'entreprise étant solide et son avenir apparemment encore plus prometteur, Pierre décida alors qu'il était temps pour lui de céder la présidence à son frère Irénée. Il alla lui-même vers d'autres horizons, comme faire l'acquisition et participer à la construction avec l'aide de Sloan, de la société General Motors. En fait, pour la société Du Pont, les problèmes allaient bientôt commencer.

Le plus important et le plus révélateur dans la théorie de Chandler est qu'en se lançant dans la fabrication de nouveaux produits de chimie fine, l'entreprise venait de changer de stratégie mais elle ne semblait pas vraiment s'en rendre compte. De ce fait, elle continuait à fonctionner avec l'ancienne structure fonctionnelle centralisée. Voyons un peu ce qui s'est produit. Comme les nouveaux produits étaient totalement différents, ils nécessitaient des procédés de production radicalement différents. Ils étaient, de plus, produits en quantités beaucoup plus faibles, pour des marchés encore mal connus. Les marchés de la chimie fine et des plastiques étaient des marchés complètement différents des marchés d'explosifs. Les clients de ces derniers étaient peu nombreux mais étaient des experts dans la manipulation et l'utilisation des produits. Il suffisait de produire, de distribuer et de fournir une assistance minimale en ce qui avait trait au stockage et à la manipulation des produits pour que les clients soient satisfaits. Dans le cas des nouveaux produits, au contraire, les clients étaient très nombreux, peu sophistiqués, connaissant mal toutes les utilisations possibles, les manipulations, parfois même les caractéristiques des produits. Il fallait littéralement leur donner la main pour qu'ils sachent comment utiliser ces produits.

La société Du Pont était alors dominée par les fonctions, et les dirigeants des différentes fonctions donnaient forcément toute leur attention aux anciens produits, les plus lucratifs, les plus faciles à vendre et représentant la quasi-totalité de leurs revenus et de leurs profits. Ils négligèrent les nouveaux produits et les nouveaux marchés. Du Pont, alors l'entreprise la mieux gérée et la plus admirée, perdait de l'argent sur tous ses nouveaux produits. Les jeunes dirigeants se rendaient bien compte qu'il y avait un problème d'arrangement structurel, mais Irénée, le président, ne voulait pas entendre parler d'un changement de structure. Pourquoi, disait-il, devrions-nous changer ce qui nous a si bien servi dans le passé ? Il a fallu attendre que Du Pont dans son ensemble soit menacée pour qu'Irénée, à son corps défendant, décide d'envisager une nouvelle structure.

Cette structure, la plus grande des innovations selon Chandler, reconnut les différences entre les produits et la nécessité de les gérer de manière séparée. Chaque gamme de produits devint une division avec ses propres fonctions (production, ventes et administration) et était dirigée comme une entreprise séparée, avec toutefois une coordination d'ensemble au niveau de l'entreprise pour certaines questions financières et de gestion du personnel. Les systèmes de gestion de la performance et de la rémunération étaient là plus liés à la performance de marché qu'à des objectifs planifiés, comme ce fut le cas dans la structure précédente. Cette structure fut baptisée du nom de structure divisionnelle décentralisée. Grâce à cette nouvelle structure, la société allait dominer le marché américain et le marché mondial des produits chimiques, comme elle avait dominé celui des explosifs.

B. LA THÉORIE DE CHANDLER

L'histoire de la société Du Pont est la plus révélatrice de la théorie que Chandler énonça simplement comme étant : « **La stratégie précède la structure** ».

Cela voulait dire que, lorsqu'on adopte une stratégie, on est obligé d'adapter la structure en conséquence. Chandler a développé sa théorie en étudiant dans le détail quatre grandes entreprises : General Motors, Standard Oil of New Jersey (l'ancêtre d'Exxon), Sears Roebuck et bien entendu Du Pont. Cependant, Chandler lui-même avait confirmé ses résultats en étudiant de manière plus statistique un grand nombre d'autres entreprises à succès. Ses résultats furent confirmés par des travaux entrepris par D. Héau en France, par D. Channon au Royaume-Uni, par H. Thanheiser, en Allemagne et par sa propre équipe de recherche au Japon. Beaucoup d'autres recherches ont reproduit les travaux de Chandler un peu partout dans le monde pour affirmer la même loi : « La stratégie précède la structure ».

D'autres chercheurs ont insisté sur le processus de développement de la firme qui résultait d'une telle théorie. Ainsi, M. Salter puis B. Scott ont proposé une évolution de l'entreprise en trois phases. Chaque phase associe un type de stratégie à un type de structure, mais ces deux auteurs ont montré plus dans le détail que tous les mécanismes de gestion étaient alors touchés. Galbraith et Nathanson en ont fourni une version très convaincante, résumée dans le tableau 1 (Côté, 1995). Ces trois phases, avec dans le tableau 1 deux sophistications de celles-ci dénommées Conglomérat et Structure mondiale, ont ainsi été considérées comme une sorte de cycle de vie de l'entreprise. Une quatrième phase a aussi été proposée pour tenir compte des situations où à la fois les aspects fonctionnels et les aspects des marchés doivent être combinés. Cette phase introduit notamment la structure dite matricielle, mais n'est pas explicitement incluse dans le tableau 1.

Le nombre de travaux inspirés par le travail de Chandler a été considérable. Il y a eu ceux qui, comme Miles & Snow, ont montré que les stratégies des firmes pouvaient être plus précises que celles qu'avait énoncées Chandler. Il y a eu aussi ceux qui, comme Mintzberg, ont montré que les structures possibles pouvaient être plus nombreuses que celles qu'avait établies Chandler. Le gestionnaire averti devrait simplement noter que cette évolution en cycle ou plutôt en phases est une règle universellement admise et prendre les différentes recherches (voir la bibliographie) comme des sources d'inspiration dans la conception des stratégies et des structures les plus adaptées à la situation qu'il vit.

Le travail qui a le plus directement été lié à Chandler et qui a eu beaucoup d'écho, surtout en matière de diversification par acquisitions et fusions, est celui de Rumelt. Cet auteur a entrepris de démontrer empiriquement la relation qui existait entre la stratégie et la structure, puis entre ces deux-là et la performance. Son travail, bien que méthodologiquement très controversé, a achevé de convaincre que stratégie et structure sont intimement liées et que la qualité de leur association était un déterminant de la performance. Nous allons à présent nous intéresser à la littérature plus contemporaine pour examiner de plus près la relation entre la stratégie et la performance, puis la relation entre l'association stratégie-structure[6] et la performance.

Tableau 1 La stratégie et les arrangements structurels

Caracté-ristiques	Simple S (Stade 1 de Scott)	Fonctionnelle F (Stade 2 de Scott)	Conglomérat C	Multidivi-sionnelle MD (stade 3 de Scott)	Mondiale M
STRATÉGIE	Produit unique.	Produit unique et intégration verticale.	Croissance par acquisitions et diversifications non reliées.	Produits multiples reliés; croissance interne; quelques acquisitions.	Produits multiples dans plusieurs pays.
STRUCTURE	Simple, fonctionnelle.	Centralisée, fonctionnelle.	• décentralisée; • centre de profit par division; • petit état-major.	Décentralisation par produit; centres de profit par secteur d'activité.	Centres de produit décentralisés selon la région ou le secteur d'activité.
MESURES DE RENDEMENT	Par contact personnel; subjectives.	De plus en plus imper-sonnelles - mesures des coûts et de la productivité; subjectives.	Impersonnelles; mesures RSI et profitabilité.	Impersonnelles; mesures RSI; profitabilité et contribution de l'ensemble.	Impersonnelles; mesures RSI; profit par produit, par pays.
CHOIX STRATÉGIQUES	Besoins du propriétaire par oppo-sition aux besoins de l'entreprise.	Degré d'inté-gration; part du marché; étendue de la gamme de produits.	Degré de diversification; types d'activité; entrée et sortie des activités; acquisitions potentielles.	Allocation des ressources par activité; entrée et sortie des activités; taux de croissance.	Allocation des ressources par activité et par entrée et sortie des activités des pays; pourcentage de contrôle des actifs utilisés par pays; engagement dans les pays.

Adapté de Côté, M. (1995)

---

6. En anglais on parle de "fit" entre stratégie et structure.

II. LA RELATION STRATÉGIE/PERFORMANCE

Avant d'aborder les résultats de recherches sur le sujet, il est utile de mentionner que les travaux de Chandler ont aussi rapproché le domaine de la stratégie d'un autre domaine important, celui de l'économie industrielle, entraînant grâce à cela des progrès considérables pour les deux domaines. Les travaux de Porter sur la structure de l'industrie et sur les stratégies génériques sont directement inspirés des travaux de l'historien qu'était Chandler. Ce rapprochement entre stratégie et économie industrielle était inévitable, du fait que l'objet de l'économie industrielle était justement, selon le canevas traditionnel, d'étudier les rapports entre la structure de l'industrie, la conduite des entreprises (donc leurs stratégies) et la performance, mais en utilisant les techniques de la science économique.

Rumelt avait déjà examiné la relation stratégie/performance. Il a trouvé en particulier que les firmes spécialisées étaient les plus profitables. Ensuite, parmi celles qui étaient diversifiées, les plus profitables étaient les firmes dont la diversification était reliée au noyau principal d'activité. Finalement, celles dont la diversification les entraînait dans des secteurs non reliés étaient les moins profitables. De nombreux autres travaux ont alors été réalisés dans la même veine.

Le travail le plus influent est celui qui est venu du projet PIMS (*Profit Impact of Market Strategy*) de la Harvard Business School. Les études sur la banque de données PIMS, centrées sur les données en matière de stratégie d'affaires, ont montré à plusieurs reprises la relation forte qui existe entre la performance des centres d'activité stratégique et la part de marché. En général, une stratégie qui favorise la croissance de la part de marché engendre aussi une plus grande profitabilité. De même, on a trouvé que plus l'intensité du capital (lourdeur de l'investissement en équipement ou des coûts fixes) était grande, plus la profitabilité était faible. Les deux variables se combinent pour donner des effets cumulés spectaculaires.

D'autres études ont confirmé l'importance de la part de marché et de l'intensité du capital, mais lui ont ajouté un autre facteur, le niveau d'endettement, qui semble avoir un effet négatif semblable à celui de l'intensité en capital. Plus l'endettement est grand, plus la profitabilité est faible. En général, ces études montrent que la stratégie d'affaires, comme la stratégie corporative, a un effet important sur la performance. Les différences de stratégie montrent clairement des différences significatives de performance.

Cela a alors mené à la vérification de l'effet de la formalisation de la stratégie sur la performance. Les résultats sont alors totalement convaincants.

Étude après étude, on montre que les entreprises qui s'efforcent systématiquement de planifier leur comportement ont une performance meilleure que les autres. Mieux encore, plus la stratégie est cohérente, plus la performance est élevée. Enfin, le niveau de sophistication de la planification (développement de mécanismes évolués de gestion du processus) accroît aussi le niveau de performance. L'étude à consulter en cas de besoin est celle de Robinson & Pierce (1988) qui offre aussi une excellente revue de la littérature sur le sujet. Plus récemment, il est apparu que, même dans un environnement très contrôlé, comme un environnement sous réglementation, les entreprises qui élaboraient des stratégies de recherche de l'efficacité étaient plus performantes. En général, le déploiement de ressources stratégiques sous le contrôle des gestionnaires est le déterminant principal de la performance.

Certaines études se sont voulues plus spécifiques, et l'une d'entre elles (Bracker, Keats & Pearson, 1988) a examiné si ces résultats s'appliquaient aussi à des petites firmes, dans des industries en croissance. Les résultats montrent à peu près la même chose. Les firmes entrepreneuriales qui utilisent des processus de planification stratégique plus structurés sont celles qui réussissent le mieux et s'adaptent le plus facilement aux changements qui touchent l'industrie. En fait, lorsqu'on arrive à combiner la créativité entrepreneuriale avec un minimum de vision et de structure stratégique, les résultats sont impressionnants. Plus intéressant encore, il semble que la stratégie, lorsqu'elle intervient tôt dans la vie de l'entreprise, est un important ingrédient du succès des firmes qui ont enregistré une forte croissance dans les industries de haute technologie. Les firmes qui ont une forte croissance semblent avoir fait un meilleur travail de définition de ce qu'elles sont et de ce qu'elles veulent devenir. Elles ont été généralement plutôt guidées par une finalité, une détermination volontariste, que soumises à des décisions incrémentales à mesure que les choses se clarifiaient dans l'industrie.

En général, une étude sur l'industrie de la peinture aux États-Unis (Dess & Davis, 1984) a montré que les entreprises qui avaient choisi une stratégie claire parmi les stratégies génériques de Porter (concentration, différenciation et leadership sur les coûts) démontraient une performance supérieure aux entreprises qui semblaient coincées au milieu, sans stratégie claire. Cependant, on ne peut pas vraiment dire que la performance de l'une ou l'autre des stratégies génériques est meilleure si l'on se fie à une étude sur l'industrie pharmaceutique (Cool & Schendel, 1987).

On peut, bien entendu, se demander comment le succès de certaines stratégies est relié aux compétences et aux ressources distinctives d'une firme. Une autre étude (Hitt & Ireland, 1985) a suggéré que, selon le type de stratégie, certaines compétences étaient plus importantes que d'autres. Ainsi, si l'on poursuit une stratégie de stabilité, les compétences en production/opérations et en marketing paraissent associées à une meilleure performance. Dans le cas d'une stratégie de croissance interne, des compétences de production/opérations et de finance sont importantes pour le succès. Finalement, pour une stratégie de croissance par acquisitions, des compétences en relations publiques et gouvernementales et en activités financières sont utiles au succès, tandis que des compétences en ingénierie et en recherche et développement constitueraient un frein au succès.

Ces résultats varient aussi d'une industrie à l'autre. Ainsi, dans une industrie légère (*non-durable goods*), des compétences de production/opérations, de marketing et de finance influent positivement sur la performance, tandis que les compétences en ingénierie et en recherche et développement nuisent à la performance. Par ailleurs, comme on peut s'y attendre, des compétences en production/opérations sont favorables à la performance surtout dans une industrie de produits de consommation durables ou dans une industrie de fabrication d'équipements. Encore une fois, répétons que ces résultats doivent être pris avec précaution. Il vaut mieux les considérer comme indicatifs d'une tendance plutôt que comme une certitude.

Une autre façon de révéler cette relation entre stratégie et compétences est simplement de noter que la stratégie devrait aussi avoir une influence sur les politiques fonctionnelles. Là aussi, de nombreuses propositions ont été faites pour décrire cette influence. Nous mentionnons au tableau 2 (Côté, 1995) une description inspirée de Jauch et Glueck (1988) et basée sur les stratégies génériques d'Andrews (mentionnées au chapitre IV).

Ainsi, il apparaît que la stratégie est un déterminant décisif de la performance. Cela ne peut nous surprendre si nous nous rappelons les enseignements de la théorie de la contingence. Si les incertitudes de l'environnement et celles de la technologie déterminent la performance et la survie d'une organisation, il devrait être clair que les efforts pour réduire ou contrôler cette incertitude devraient favoriser une meilleure compréhension de ces incertitudes et donc une capacité plus grande de l'organisation à leur faire face. Nous allons, dans la section qui suit, reprendre les enseignements de la théorie de la contingence, notamment en ce qui concerne les relations entre l'environnement et la structure et, par extension, entre la stratégie et la structure, avant d'examiner les résultats de recherches plus contemporaines.

Tableau 2 La stratégie et les fonctions

Stratégie	Marketing, gammes de produits	Fabrication	Ressources humaines	Plans financiers	Échéanciers
RETRAIT	Détermination des gammes de produits à abandonner.	Détermination des usines à fermer sur la base de l'utilisation de la capacité.	Réduction du personnel sur la base des compétences requises ultérieurement et de l'ancienneté.	Élimination ou réduction des dividendes et gestion des liquidités.	Vente des usines et réduction du personnel dès que possible; élimination des dividendes maintenant.
STABILITÉ	Fabrication des produits à marge élevée.	Report des investissements importants en immobilisations et en équipements.	Investissement dans la formation pour améliorer les aptitudes administratives.	Établissement de bonnes relations avec la banque; maintien des dividendes réguliers et consolidation du bilan.	Maintien de cette allure à moins que des tendances ne manifestent une possibilité majeure de croissance.
EXPANSION	Élargissement et amélioration des gammes de produits; volume plus important que les marges.	Augmentation de la capacité des usines.	Recrutement de personnel supplémentaire des ventes, de recherche et de développement, de production et de direction.	Augmentation du ratio d'endettement; évaluation de l'effet de la politique de dividendes sur les besoins de liquidité.	Évaluation de la part de marché relative et des conditions financières à moyen terme.

Adapté de Côté, M. (1995)

III. LA RELATION STRATÉGIE/STRUCTURE/ PERFORMANCE

A. LES ENSEIGNEMENTS DE LA THÉORIE DE LA CONTINGENCE

Nous avons déjà évoqué la théorie de la contingence à plusieurs reprises. Nous ne reviendrons ici que sur les aspects utiles à la discussion sur la relation stratégie/structure/performance. Les travaux empiriques de Lawrence & Lorsch (1967) sur trois industries et surtout le travail conceptuel de Thompson (1967) ont révélé l'importance de la compatibilité, ou du *fit*, entre environnement, technologie et modes de fonctionnement, pour la survie et le succès d'une organisation. Thompson a montré en particulier comment tous les mécanismes de fonctionnement, notamment le design de l'organisation (entendre par là le positionnement stratégique), la structure, les mécanismes d'évaluation et de gestion des personnes, devaient être coalignés avec les exigences et les incertitudes que présente l'environnement. Ce coalignement en est venu à être connu sous le nom de *fit,* ce qui, en français est difficile à traduire. Retenons que cela signifie compatibilité, cohérence, ajustement.

Ainsi, les théoriciens de la contingence ont effectué de nombreuses recherches pour confirmer l'importance de ce *fit* pour le succès ou simplement la performance de l'organisation. Il serait fastidieux ici de revenir à tous les travaux de recherche en question, mais pour donner une idée de l'abondance et de la richesse de cette littérature, le travail de Ginsberg & Vankatraman (1985) pourrait être utile. Leur synthèse suggère que les recherches, dans le domaine de la stratégie, qui utilisent la perspective de la théorie de la contingence pourraient être structurées à partir de quatre types de relations :

1. Le premier type s'intéresse à la relation entre la nature de l'environnement et la formulation de la stratégie.
2. Le deuxième type met l'accent sur l'influence des variables organisationnelles sur la formulation.
3. Le troisième type étudie comment la performance influe sur la formulation.
4. Le quatrième type examine la relation entre la formulation et la mise en œuvre de la stratégie.

En général, toutes les recherches prennent la performance comme variable dépendante (celle qu'il faut expliquer) et tentent de l'expliquer en observant la nature de la relation considérée, en particulier le *fit* dans cette relation-là. Il est évident que, lorsqu'on parle d'environnement dans la première relation, on parle aussi des multiples variables qui peuvent intervenir ; mentionnons en particulier la structure de marché, les groupes stratégiques, l'incertitude, le cycle de vie du produit, les barrières à l'entrée ou à la sortie, la croissance du marché et la part de marché, etc., qui sont cités par Ginsberg et Vankatraman. Ces auteurs montrent aussi que tous les travaux, à de rares exceptions près, démontrent qu'une compatibilité entre les facteurs considérés dans la relation est associée à la performance.

Toutes ces recherches présentent encore des difficultés et des problèmes méthodologiques, débattus par les universitaires concernés, mais les améliorations progressives en la matière ne mettent pas en cause la relation entre les *fits* concernés et la performance. En d'autres termes, les travaux qui prennent la théorie de la contingence comme base confirment largement que la démarche logique, qui met l'accent sur la cohérence entre les facteurs de l'analyse et les conclusions atteintes, comme dans le concept de stratégie, entraîne une performance meilleure.

B. LA RELATION STRATÉGIE/STRUCTURE/PERFORMANCE

Les travaux de la théorie de la contingence ont largement confirmé les relations une à une entre ces grandes dimensions que sont la stratégie, la structure et la performance. Les travaux ont confirmé ces relations dans tous les sens, chacune influant sur l'autre et étant influencée par elle. Ainsi, la stratégie contraint la structure, selon les grands résultats de Chandler, mais aussi la structure, dans les organisations bien établies, contraint la stratégie. On ne peut pas choisir n'importe quelle stratégie. On est obligé de tenir compte des modes de fonctionnement qui existent déjà, ce qui a amené certains auteurs à inverser la relation proposée par Chandler et à dire que la stratégie suit la structure au lieu de la précéder. Aujourd'hui, il est évident qu'on admet que la stratégie puisse à la fois être précédée par les arrangements structurels existants et précéder les ajustements qui seraient nécessaires pour la mettre en pratique.

Si l'on prend la performance, c'est un résultat, mais elle est aussi souvent un ingrédient qui vient modifier les choix stratégiques. Les entreprises performantes vont ainsi avoir tendance à poursuivre les stratégies existantes, tandis que les entreprises qui connaissent des problèmes de performance auraient tendance à vouloir changer les stratégies existantes. Bien entendu, l'inverse surtout a attiré l'attention, avec la recherche de stratégies gagnantes ou problématiques. Les travaux se rapportant à cette dernière relation sont particulièrement nombreux, mais nous nous limiterons aux travaux sur les stratégies génériques, comme ceux de Miles & Snow (1978) ou ceux plus connus encore de Porter (1982).

Miles & Snow ont suggéré que les profils stratégiques les plus courants au sein d'un même secteur sont au nombre de quatre : défenseur, analyste, prospecteur et réacteur. Le défenseur trouve et maintient une niche sûre dans un domaine relativement stable. Il met l'accent plus sur la qualité que sur l'innovation ou l'étendue des services. Le prospecteur vise un domaine vaste et étendu. Il valorise le fait d'être le premier à ouvrir un marché. Il est très entrepreneurial et met plus l'accent sur la croissance que la rentabilité à court terme. L'analyste surveille soigneusement les actions de ses principaux concurrents et agit de manière flexible pour répondre au mieux. Il n'exclut ni l'innovation, ni des ajustements à la gamme, ni d'autres réponses appropriées, y compris se retirer si nécessaire. Une offre équilibrée et stable dans les domaines existants et la recherche de domaines nouveaux font aussi partie de ses caractéristiques. Finalement, le réacteur ne semble pas posséder d'orientation stable. Il réagit là où les pressions environnementales sont les plus fortes. Il essaie d'éviter les risques.

Tableau 3 Les liens possibles entre stratégie, structure, culture, ressources humaines, style de gestion et performance

| Profil stratégique (1) | Base du pouvoir | | | | Culture | | Styles de gestion (10) (11) (12) (13) | Activités de personnel | Indicateurs de productivité (14) |
	Sortes de structures (2) (3) (13)	Stade de développement (2) (3) (4)	Activités liées aux (5)	Fonction (4) (6)	Identité (7) (8) (9)	Valeurs (10)			
DÉFENSEUR	mécanique fonctionnelle produit unique	maturité	processus de transformation	gestion production génie appliqué finance	aversion pour le risque stabilité spécialisation plutôt que croissance	assiduité persévérance ancienneté respect des règles	technocrate et bureaucrate producteur administrateur	logistique et motivation intrinsèque	finance (1, 2, 5, 7) production (4, 11, 12, 16)
PROSPECTEUR	organique par produit décentralisation	lancement développement	extrants	gestion recherche commerciale produits de R&D génie pur	flexibilité goût du risque ouverture sur l'extérieur charisme croissance	créativité originalité efficacité présent et futur	pionnier et conquérant entrepreneur	motivation intrinsèque	direction générale (3, 6, 8, 17) marketing et vente (10, 13, 18) ressources humaines (14, 15, 19)
ANALYSTE	mixte structure matricielle multidivisions	maturité et lancement	extrants et processus de transformation	gestion production génie appliqué ventes et marketing	stabilité/ flexibilité conservation/ ouverture	mélange de défenseur et de prospecteur selon la gamme de produits	modérateur intégrateur administrateur	mélange des 3	mélange des indicateurs

Source : Côté, M. (1983)

Réacteur : (nous formulons l'hypothèse qu'il n'existe pas de portrait dominant pour ce profil stratégique en accord avec Hambrick (1981), Miles et Snow (1978), Snow et Hrebiniak (1980).

(1) Miles et Snow (1978)
(2) Thain (1976)
(3) Osborn, Hunt, Jauch (1980)
(4) Fox (1973)
(5) Hambrick (1981)
(6) Snow et Hrebiniak (1980)
(7) Jauch et Osborn (1981)
(8) Larçon et Reitter (1979)
(9) Khandwella (1976-1977)
(10) Ansoff (1979)
(11) Wissema et autres (1980)
(12) Adizes (1980)
(13) Galbraith et Nathanson (1979)
(14) I.M.F. (1983)

En étudiant la littérature, Côté (1983) a proposé une synthèse sur la relation stratégie/structure/performance, utilisant les profils de Miles & Snow, qui est résumée dans le tableau 3. Comme on le voit, l'auteur a enrichi les arrangements structurels en incluant dans la relation : structure, culture, ressources humaines et style de gestion, en plus de stratégie et performance. Ce tableau traduit l'état des recherches sur ces relations et les auteurs concernés. Comme nous l'avons dit plus haut, ces recherches confirment aussi l'essence de la relation, c'est-à-dire la relation entre le *fit* et la performance. Cela amène une différence assez nette entre le profil réacteur et les autres. En effet, le réacteur présente généralement une performance moins bonne que celle des autres et semble un cas de mauvais *fit* dans la plupart des situations industrielles.

Jennings & Seaman (1994) ont, quant à eux, conduit une recherche empirique pour préciser ces relations. En étudiant les institutions d'épargne et de crédit du Texas, après la déréglementation, ils ont confirmé les propositions suivantes :

i. Les organisations qui semblent les mieux adaptées ont une structure organique.

ii. Les organisations qui semblent les moins adaptées ont une structure mécaniste.

iii. Les organisations qui ont un haut niveau d'adaptation et une structure organique ont tendance à utiliser une stratégie de prospecteur (au sens de Miles & Snow).

iv. Les organisations avec un faible niveau d'adaptation et une structure mécaniste ont tendance à adopter une stratégie de défenseur.

v. Il y a des différences de performances, mesurées par la valeur, la profitabilité et le risque, parmi les organisations ayant un haut niveau d'adaptation, lorsqu'elles ont une stratégie de prospecteur et une structure organique. Les entreprises ayant le meilleur *fit* entre cette stratégie et cette structure ont aussi la meilleure performance de ce groupe.

vi. Il y a également des différences de performances parmi les organisations ayant un faible niveau d'adaptation, avec une stratégie de défenseur et une structure mécaniste. Les entreprises ayant le meilleur *fit* entre cette stratégie et cette structure ont la meilleure performance dans ce groupe.

vii. On peut aussi proposer que les meilleurs de ces deux groupes peuvent avoir des performances similaires.

Rien n'indique que ces propositions soient fausses pour d'autres industries, mais la généralisation doit être faite avec précaution.

La typologie de Porter a aussi été largement étudiée, et les performances de chacune des stratégies ont été examinées. D'abord, Porter lui-même avait suggéré une relation entre ses stratégies génériques et les ressources, compétences et modes de fonctionnement les plus appropriés. Celle-ci est résumée au tableau 4. Par ailleurs, la typologie portérienne apparaît comme particulièrement utile, aussi bien pour les pays développés que pour les pays en transition (Kim & Lim, 1988). Dans une étude très populaire de la population des hôpitaux de Floride, Marlin, Lamont et Hoffman (1994) ont utilisé deux dimensions pour examiner la performance des stratégies portériennes. La première dimension est le degré (haut et bas) de déterminisme de l'environnement (mesuré par la population du comté desservi, le

Tableau 4 La stratégie générique : compétences, ressources et mode d'organisation

Stratégie générique	Compétences et ressources	Mode d'organisation
DOMINATION AU NIVEAU DES COÛTS	• Main-d'œuvre de qualité • Investissements soutenus et accès aux capitaux • Compétences techniques sur le plan des processus • Conception des produits destinée à faciliter la production • Système de distribution peu coûteux	• Contrôle serré des coûts • Organisation bien structurée des responsabilités • Incitations assises sur l'obtention d'objectifs strictement quantitatifs
DIFFÉRENCIATION	• Capacités commerciales importantes • Technologie du produit • Intuition et créativité • Recherche fondamentale • Réputation de la firme en matière de qualité ou d'avance technologique • Longue tradition dans le secteur ou combinaison unique de compétences tirées d'autres secteurs d'activité • Coopération importante des circuits de distribution	• Coordination importante des fonctions de recherche et de développement, développement du produit et commercialisation • Estimations et incitations qualitatives plutôt que quantifiées • Avantages divers pour attirer une main-d'œuvre très qualifiée, des savants, des personnes imaginatives
CONCENTRATION	• Combinaison des mesures précédentes, orientée vers la cible stratégique retenue	• Combinaison des mesures précédentes, orientée vers la cible stratégique retenue

Adapté de Porter, M. (1982)

revenu par habitant du comté et le nombre de médecins actifs dans le comté). La deuxième dimension est le degré (haut et bas) de choix stratégique disponible pour la firme (mesuré par la taille, le pouvoir de marché et le pouvoir de négociation). Les stratégies considérées étaient : la différenciation, le leadership sur les coûts et le coup par coup (une stratégie réactive et incrémentale).

Leurs résultats sont les suivants :

i. Lorsque l'environnement est peu contraignant (déterminisme faible) et qu'il y a peu de choix stratégiques, la stratégie la plus fréquente est l'incrémentalisme. C'est dans ce cas que la performance est la moins favorable.

ii. Lorsque l'environnement est contraignant (déterminisme élevé) et qu'il y a peu de choix stratégiques, on a une situation de choix minimum, dans laquelle la stratégie la plus utilisée est le leadership sur les coûts. La performance, dans ce cas, est généralement moyenne ou assez bonne.

iii. Lorsque l'environnement est contraignant et qu'il y a beaucoup d'options stratégiques, on a une situation de choix différencié. La stratégie dominante est la stratégie de différenciation et elle donne de très bonnes performances.

iv. Lorsque l'environnement est peu contraignant et qu'il y a beaucoup d'options stratégiques, on a une situation de choix maximum. Là aussi la stratégie dominante est la stratégie de différenciation et elle donne de très bonnes performances.

Finalement, R. White (1986) a examiné plus spécifiquement les rapports entre les stratégies génériques, les arrangements structurels et la performance, sur un échantillon de 69 centres d'activités stratégiques (CAS) venant de 12 entreprises multi-industries. Il conclut que :

i. Les CAS poursuivant une stratégie de coût pure ont une rentabilité sur l'investissement (ROI) plus élevée lorsqu'ils ont moins d'autonomie.

ii. Les CAS poursuivant une stratégie de différenciation pure ont une croissance des ventes forte, lorsqu'ils bénéficient d'une coordination fonctionnelle forte avec la responsabilité des fonctions clés regroupées sous l'autorité du gestionnaire du CAS.

iii. Le ROI des stratégies de coûts est plus élevé en moyenne lorsque certaines responsabilités fonctionnelles sont partagées entre le siège et le CAS.

IV. EN GUISE DE CONCLUSION

Les travaux de recherche montrent le plus souvent que la performance la plus élevée est, toutes choses étant égales par ailleurs, associée à :

1. Un *fit* plus grand entre environnement et stratégie.
2. Un *fit* plus grand entre stratégie et arrangements structurels (mode de fonctionnement).

Les types de *fits* sont souvent l'objet de ces recherches. Il faut cependant prendre ces détails avec plus de précautions. Autant la loi générale ne pose aucun problème et est clairement vérifiée, autant les sophistications, comme celles qui ont été énoncées plus haut, doivent être prises avec un grain de sel ; on doit en effet se rappeler que les situations sont souvent très spécifiques et que ce qui est général ne s'y applique que de manière imparfaite.

LA RÉMUNÉRATION DES EMPLOYÉS ET DES DIRIGEANTS : un levier pour réaliser la stratégie d'affaires

par Sylvie Saint-Onge

Une gestion dite « stratégique » de la rémunération s'appuie sur les deux prémisses suivantes :

1. Il y a des choix à faire en ce qui a trait à la rémunération des employés et des dirigeants, et ces choix ont un effet sur l'atteinte des objectifs stratégiques des firmes.

2. L'ampleur de la cohérence entre la rémunération des employés et des dirigeants et la stratégie d'affaires joue sur le succès des firmes.

L'objectif de cette note est de justifier la pertinence de ces deux prémisses de manière à ce que la rémunération des employés et des dirigeants serve davantage de levier pour réaliser la stratégie d'affaires.

LES CHOIX INHÉRENTS À LA GESTION DE LA RÉMUNÉRATION ET LEURS EFFETS SUR L'ATTEINTE DES OBJECTIFS STRATÉGIQUES DES FIRMES

Les dirigeants (ou les conseils d'administration) ont un pouvoir discrétionnaire en ce qui a trait à la rémunération du personnel. Les enquêtes de rémunération confirment d'ailleurs que les composantes et la gestion des systèmes de rémunération changent non seulement d'une firme à l'autre, mais également d'un groupe d'employés à l'autre au sein d'une même organisation[7]. Par exemple, pour chaque catégorie d'employés, les dirigeants doivent décider de l'ampleur de la rémunération globale qui doit être « variable » — c'est-à-dire basée sur l'atteinte de certaines mesures de rendement — et de celle qui doit être « fixe » — c'est-à-dire non reliée à une mesure quelconque de rendement.

---

7. Par exemple, Booth, 1987, 1990 ; O'Dell, 1987.

Tel que Saint-Onge (1992) l'a exprimé, le choix d'implanter un régime de rémunération incitative implique également plusieurs décisions. Par exemple, est-ce que le régime tient compte du rendement individuel des employés, du rendement des équipes de travail, de la performance des unités administratives, de celle de l'organisation ou, encore, d'une combinaison particulière de ces mesures de rendement ? Quels employés y sont admissibles ? Quel est l'objectif du régime : réduire les coûts ? récompenser l'ancienneté ? augmenter les revenus ? la productivité ? les profits ? les compétences ? De tels choix sont importants puisqu'ils transmettent des messages aux employés sur ce qui est privilégié par la direction.

Ainsi, ce n'est pas parce que des dirigeants décident d'implanter tel ou tel type de régime de rémunération qu'ils peuvent se vanter de gérer stratégiquement la rémunération. Une perspective stratégique signifie que la nature et le contenu des systèmes de rémunération des employés doivent être conçus « sur mesure », être alignés sur l'atteinte des objectifs stratégiques et être modifiés au fil des changements à ce niveau. Les questions importantes sont alors : Qu'est-ce que la direction veut récompenser ou obtenir ? Que veut payer la direction ? la créativité ? le rendement individuel ? l'esprit d'équipe ? la performance à court terme ? la croissance continue ? On doit aussi se poser la question suivante : Quels régimes de rémunération appuient la stratégie d'affaires de la firme ? Si de telles questions ne sont pas posées, les dirigeants risquent de rémunérer des comportements négatifs ou indésirables plutôt que des comportements qu'ils veulent encourager[8].

L'IMPORTANCE DE RELIER LA RÉMUNÉRATION DES EMPLOYÉS ET LA STRATÉGIE D'AFFAIRES

Dans le but d'augmenter sa part de marché, la division des centres de service à l'automobiliste de Sears (États-Unis) avait établi un système de rémunération incitative basée sur le montant de la facturation de chaque unité d'exploitation. Dans un contexte où la majorité des clients sont peu en mesure d'estimer la pertinence des réparations effectuées, l'existence de cet incitatif a tellement motivé les employés à maximiser le montant de leurs services que la firme a été reconnue coupable d'avoir facturé ses clients pour des réparations et des pièces fictives totalisant plusieurs millions de dollars. (Saint-Onge et Magnan, 1995, p. 33)

---

8. Par exemple, Kerr, 1975 ; Lawler et Rhode, 1976 ; Lynch et Cross, 1991.

Le cas de cette entreprise fait ressortir un principe de base : *nous obtenons ce que nous récompensons*, d'où l'importance d'harmoniser les systèmes de rémunération et la vision d'affaires. C'est seulement au cours des années 1980 que les auteurs ont commencé à traiter de l'importance de relier la gestion de la rémunération et la stratégie d'affaires[9]. Cette recommandation semble toujours prendre une grande place, puisqu'elle fait encore l'objet de nombreux écrits récents[10]. Les quelques chercheurs qui se sont penchés sur l'importance du lien entre la rémunération et la stratégie d'affaires ont réalisé soit des études descriptives auprès d'une firme en particulier[11], soit des études auprès d'un grand échantillon de firmes[12]. En général, leurs résultats confirment que plus les organisations harmonisent leur système de rémunération et leur stratégie d'affaires, plus elles obtiennent une bonne performance.

L'IMPORTANCE DE RELIER LA RÉMUNÉRATION DES DIRIGEANTS ET LA STRATÉGIE D'AFFAIRES

Selon la théorie de l'agence[13], les dirigeants devraient être rémunérés en fonction de la performance de leur firme, parce cela les incite à penser, et selon les intérêts des actionnaires. À ce jour, les études portant sur l'ampleur de la relation « performance organisationnelle/rémunération des dirigeants » montrent des résultats mitigés : certains ne révèlent aucune ou une très faible relation[14], alors que d'autres montrent un lien positif[15]. Toutefois, comme plusieurs auteurs[16] l'ont observé, lorsqu'on trouve une relation positive, celle-ci n'est souvent que très modeste, la performance des firmes expliquant rarement plus de 15 % et souvent bien en deçà de 10 % de la variance dans la rémunération des dirigeants d'entreprise.

Pourtant, la rémunération des **dirigeants d'entreprise** correspond à une véritable facette stratégique de la gestion des firmes parce qu'elle exerce une influence sur la motivation et les décisions des personnes les plus haut placées — celles qui ont une influence certaine sur la performance organisationnelle[17]. Aussi, dans un contexte où la rémunération des dirigeants

---

9. Par exemple, Belcher et Atchinson, 1987 ; Carroll, 1987 ; 1988ab ; Chakravarthy et Zajac, 1984 ; Hufnagel, 1987 ; Kerr, 1988 ; Lawler, 1984 ; Muczyk, 1988 ; Stonich, 1984.
10. Par exemple, Kanin-Lovers et Rowland, 1992 ; Lawler, 1990 ; McNally, 1992 ; Milkovich et Broderick, 1991 ; O'Neil, 1993 ; Schuster et Zingheim, 1992 ; Twer, 1994.
11. Par exemple, Delahanty, 1994 ; McGill, 1984 ; Salter, 1973 ; Wallace, 1993.
12. Par exemple Balkin et Gomez-Mejia, 1984, 1987, 1990 ; Broderick, 1986 ; Gerhart et Milkovich, 1990 ; Gomez-Mejia, 1992 ; Gomez-Mejia et Balkin, 1989 ; Kerr, 1985, 1989 ; Montemayor, 1994 ; Murthy, 1977 ; Pitts, 1974 — Gomez-Mejia et Welbourne (1988) ont fait une revue des études.
13. Jensen et Meckling, 1976.
14. Par exemple, Leonard, 1990.
15. Par exemple, Clinch, 1991 ; Murphy, 1985 ; Sloan, 1993.
16. Par exemple, Jensen et Murphy, 1990 ; Lambert et Larcker, 1985 ; Leonard, 1990 ; Magnan, 1990 ; Tosi et Gomez-Mejia, 1989.
17. Par exemple, Balkin et autres, 1990 ; Gomez-Mejia et autres, 1988 ; Milkovich, 1988.

canadiens est divulguée et que, de plus en plus, elle fait l'objet de critiques de la part du public et de la presse d'affaires, il devient de plus en plus important de l'harmoniser avec la stratégie d'affaires à long terme et avec des mesures de performance organisationnelle appropriées (par exemple : performance boursière ou performance financière à court terme et à long terme)[18].

[...] si nous voulons regagner notre crédibilité auprès des investisseurs actuels et potentiels, nous devons prendre des moyens concrets qui montrent que la priorité d'Avon, c'est d'aligner les intérêts de son équipe de gestion sur ceux de ses actionnaires. Je pense que la première personne qui doit donner le coup de barre est le président d'Avon — c'est-à-dire moi-même. C'est ce qui m'a amené à demander au conseil d'administration de ne pas augmenter mon salaire pour les cinq prochaines années et de réduire ma prime de 65 % à 50 % de mon salaire afin de m'accorder, en échange, des options d'achat d'actions. [...] De cette façon, ma rémunération va s'accroître seulement si la richesse des actionnaires augmente. Je suis donc de très près la valeur de nos actions. Mon but est clair. Chaque fois que l'action d'Avon monte de 1 point, je fais 50 000 $ et chaque fois qu'elle baisse de 1 point, je perds 50 000 $. (Propos de J. E. Preston, président-directeur général d'Avon dans Oren, R. M. (1994), p. 26-27, traduction libre.)

LES LIMITES DE LA PERSPECTIVE STRATÉGIQUE À L'ÉGARD DE LA GESTION DE LA RÉMUNÉRATION

Selon la perspective stratégique, la rémunération est un outil de communication qui aide l'entreprise à atteindre ses objectifs. Sensibilisés aux conséquences des diverses options en matière de rémunération, les dirigeants peuvent exercer une influence sur la culture organisationnelle et s'assurer de promouvoir les valeurs désirées. Par exemple, un régime de primes reconnaissant le rendement individuel favorise une culture individualiste, alors qu'un régime de primes d'équipe suscite un climat de collaboration. Toutefois, les dirigeants doivent aussi considérer dans leur ensemble les diverses formes de récompenses possibles — non seulement la rémunération, mais aussi la formation, les promotions, la visibilité, les conditions de travail, etc. — et s'assurer de les gérer en respectant plusieurs conditions : des mesures adéquates de performance, des récompenses appréciées des employés, des récompenses reliées aux performances, des gestionnaires capables de reconnaître les bonnes performances, etc. (voir notre précédente revue de la documentation sur le sujet : Saint-Onge, 1995).

---

18. Magnan et autres, 1995 ; Magnan et Saint-Onge, 1992.

Par ailleurs, gérer la rémunération de manière stratégique encourage l'innovation et, du coup, exige un certain courage de la part des dirigeants d'entreprise[19]. Il n'est alors plus question de se contenter d'imiter les autres firmes ou de s'assurer que la rémunération des employés sera compétitive. Il faut que le système de rémunération incite les employés à adopter les comportements favorisant l'atteinte des objectifs stratégiques de l'entreprise.

Toutefois, le côté « interventionniste » ou « volontariste » propre à la perspective stratégique a ses limites. Théoriser sur des changements potentiels à faire en matière de rémunération est beaucoup plus simple que de les implanter. En effet, la manière dont une organisation a traditionnellement géré sa rémunération constitue une contrainte, puisqu'elle explique en partie les valeurs actuelles des employés. Ainsi, même s'il peut dorénavant s'avérer préférable pour les dirigeants de reconnaître le rendement individuel de certains employés par l'entremise de primes plutôt que par des augmentations de salaire, cela peut se révéler irréaliste ou inacceptable du point de vue des employés. Par ailleurs, quoique la gestion de la rémunération influe sur la réalisation de la stratégie d'affaires et l'éclosion d'une culture organisationnelle donnée, les dirigeants ne peuvent *uniquement* compter sur leurs systèmes de rémunération pour réussir une volte-face stratégique ou pour changer les valeurs partagées par leur personnel[20]. Finalement, les dirigeants doivent aussi considérer le fait que les changements en matière de rémunération ne doivent pas être trop fréquents, sinon les employés les percevront comme inéquitables.

---

19. Thériault (1991).
20. Par exemple, Hambrick et Snow, 1988 ; Kanin-Lovers, 1993 ; Kilman et Saxton, 1985 ; Lawler, 1983.

LE LEADERSHIP ET LA STRATÉGIE

par Veronika Kisfalvi

DES LEADERS, POURQUOI FAIRE ?

L'un des débats en cours dans le domaine de la stratégie porte sur la question du leadership, à savoir si le leadership stratégique est réellement important dans nos organisations et, le cas échéant, jusqu'à quel point. La première question dans cette optique est la suivante : le leadership stratégique change-t-il réellement quelque chose, que ce soit dans les orientations finales de l'organisation ou dans sa performance ? Les opinions sur cette question reflètent inévitablement la vision du monde de leurs auteurs, particulièrement en ce qui a trait à la question de savoir si l'action humaine est déterminée par de puissantes forces externes (la position *déterministe*), ou encore si elle représente l'expression du libre arbitre d'acteurs capables d'agir sur leur environnement (la position *volontariste*). Par ailleurs, le débat sur les leaders soulève souvent des questions concernant l'échelle à laquelle on devrait étudier le leadership : afin de comprendre le rôle du leadership stratégique dans les affaires, doit-on étudier le leader individuel, l'équipe de direction, l'organisation au complet, l'industrie, le contexte institutionnel, la société dans son ensemble, et ainsi de suite ?

Malgré le fait que les leaders organisationnels formulent des stratégies pour s'adapter à leur environnement, par exemple, l'approche dite de l'écologie des populations soutient néanmoins « qu'il n'y a aucune raison de présumer que la grande variété structurelle des organisations reflète uniquement ou même principalement cette adaptation » (Hannan et Freeman, 1977 : 930). Les tenants de cette approche s'intéressent aux populations d'organisations et les abordent comme des entités quasi biologiques soumises aux lois de la sélection naturelle. Dans cette perspective, les actions de la haute direction deviennent un épiphénomène, car la sélection des organisations qui survivront relève finalement de l'environnement. D'autres (tels Meindl, Ehrlich et Dukerich, 1985 ; Chen et Meindl, 1991) soutiennent que le leadership relève de la perception subjective de l'observateur, que nos sociétés en ont une vision romantique et qu'elles tendent à attribuer *après coup* les résultats de l'organisation au bon ou au mauvais leadership. L'élément central de ces deux écoles se ramène au postulat selon lequel les leaders ont peu d'emprise sur les événements ou peu d'influence sur les résultats et qu'ils ne sont finalement rien de plus que l'objet des fantasmes des autres. Dans le même ordre d'idées, certains auteurs ont essayé de trouver des « substituts au leadership » des éléments de l'environnement organisationnel comme la technologie, la structure des tâches ou l'autogestion, qui pourraient rendre le leadership superflu, du moins dans une certaine mesure.

Plusieurs auteurs ont cependant réfuté l'argument selon lequel les leaders et le leadership stratégique ont peu d'incidence sur la performance des organisations. Thomas (1988), par exemple, a présenté une étude sur le commerce de détail en Grande-Bretagne indiquant que les variations de performance dans le temps peuvent être attribuables aux différents leaders. D'autres soutiennent que « les leaders sont plus importants que jamais » (House et autres, 1992, p. 364) et que leur efficacité dépend de leur personnalité et de leur charisme. Il semble également que les PDG soient une « race à part » (Norburn, 1989) au sens où leur profil démographique serait différent de celui de leurs équipes de direction. Par ailleurs, dans une étude sur la performance et l'évolution de la carrière de 50 pasteurs méthodistes reconnus comme des leaders efficaces, Smith et autres (1984) ont découvert que ces leaders avaient toujours un effet positif sur la performance des différentes églises qu'ils dirigeaient.

Même en supposant que les leaders aient effectivement un rôle à jouer, sont-ils pour autant des hommes ou des femmes universellement adaptés à toutes les circonstances ? Sont-ils toujours nécessaires ? dans la même mesure ? De quoi cela dépend-il ? Certains ont fait valoir que, si le leadership peut représenter un élément important à l'interne, les facteurs contextuels externes surclassent les facteurs de leadership en matière de conséquences sur les performances des différentes firmes. Après avoir étudié l'interaction entre le contexte et les facteurs discrétionnaires, certains auteurs ont indiqué que les concepts de libre arbitre et de déterminisme pourraient tous deux s'appliquer à l'étude du leadership, car si certaines situations relèvent d'une forme de sélection naturelle, d'autres résultent effectivement des choix stratégiques.

Par ailleurs, on retrouve souvent un peu de ces deux éléments. Par exemple, certains auteurs font état d'une relation dynamique (et non déterministe) entre la structure de l'organisation et sa direction stratégique.

Enfin, d'autres auteurs ont émis l'hypothèse que les PDG utilisent l'information contextuelle en intégrant des facteurs de contingence dans leurs règles de décisions subjectives. Ces études impliquent que l'on doit considérer la marge de manœuvre discrétionnaire dont les leaders disposent dans leur environnement organisationnel et que l'ampleur de cette marge de manœuvre est en partie fonction de l'évaluation du leader quant au potentiel de cet environnement. L'effet du leader et du leadership stratégique semble aussi mitigé par des facteurs tels que l'environnement de la firme, le type d'organisation (bureaucratique, centralisé, diversifié, etc.), l'étape du cycle de vie de l'organisation, et ainsi de suite. Si l'on peut faire valoir que les leaders sont moins nécessaires à certaines étapes et dans certains contextes, ils semblent cependant jouer un rôle important dans les périodes critiques de changement organisationnel : la croissance rapide, la décroissance, les situations de crise, de redressement et de réorientation, etc.

Le rôle des leaders stratégiques et leur capacité d'imaginer ou d'envisager un avenir différent ont été reconnus comme des éléments importants du processus de formulation de stratégie (par exemple, voir Lapierre, 1987 ; Zaleznik, 1991 ; Kisfalvi, 1995). Certains auteurs ont étudié comment les dimensions de la personnalité influent sur la formulation de stratégies (Miller et autres, 1982 ; Miller et Toulouse, 1986). Certains ont étudié le caractère du leader en tant qu'élément sous-jacent au style de leadership et au mode de formulation de stratégies, tandis que d'autres ont regardé les stratégies typiques élaborées par des leaders représentant certains « types » de caractères (Ketz de Vries et Miller, 1985 ; Pitcher, 1994).

Enfin, quelques auteurs ont établi des liens entre les choix stratégiques du leader et sa structure affective, ses passions, ses intérêts ou ses « obsessions » (Noël, 1989). Au-delà de son rôle crucial dans la définition des orientations stratégiques de sa firme, le leader joue également un rôle essentiel dans la mise en œuvre de la stratégie en mobilisant son organisation et en motivant ses membres. En fait, on pourrait difficilement imaginer comment les gens pourraient être motivés par des énoncés de mission, des plans à long terme ou des révisions du système d'opération de leur firme — et encore moins comment ils pourraient accorder foi ou consacrer leurs efforts à de telles abstractions.

Le leadership stratégique est donc un élément essentiel pour faire avancer l'organisation et ses membres vers l'avenir. La conviction émotive du leader semble être l'un des éléments clés du succès lorsque l'on regarde la quintessence de la stratégie, ou encore lorsque l'on parle de véritable changement au sein de l'organisation. En effet, si l'expérience et les données empiriques ne s'appliquent qu'au passé et au présent, le futur, par contre, n'existe que dans l'imagination, les fantasmes et les rêves. Pour franchir ce pas et évoluer vers ce monde imaginaire, les gens ont besoin de croire qu'il s'agit réellement d'un monde possible. Puisque le changement stratégique va bien au-delà de l'analyse et de la projection des tendances du marché, puisque de bien des façons ce changement représente un acte de foi vers l'inconnu, la conviction émotive du leader — « son enthousiasme et son optimisme » (Hedberg et Jönsson, 1977) — a une importance cruciale pour convaincre ses collaborateurs de faire cet acte de foi et « d'adhérer » avec lui à sa vision du futur. Par ailleurs, la mise en œuvre de la stratégie devient beaucoup plus difficile lorsque les gens ne croient pas en cette vision ou lorsqu'ils ne sont pas persuadés que ce monde futur sera meilleur que celui où ils vivent actuellement.

En période de changement, le leader joue également un rôle important à titre de source de sécurité et de stabilité. Les gens doivent avoir un haut degré de confiance en la continuation de leur monde pour prendre des risques et pour être en mesure de faire cet acte de foi. Paradoxalement, ils ont besoin de se sentir en sécurité pour avoir le courage d'entreprendre de nouvelles activités et de changer. Le sens de la sécurité leur donne la confiance de s'embarquer dans un tel processus. Bien que la vision, l'imagination et la conviction soient très importantes, elles n'en sont pas pour autant suffisantes : les gens ont aussi besoin de savoir qu'il y aura toujours quelque chose pour les soutenir et les appuyer s'ils décident de prendre des risques et de faire cet acte de foi vers l'inconnu. Il s'agit là d'un besoin fondamental profondément ancré dans le psychisme. Il suffit de penser à l'anxiété de l'enfant qui quitte sa mère pour la première fois dans le cadre du processus qui fera de lui un individu différent (Winnicott, 1965 ; Mahler, 1975).

Nous ne pouvons nous détacher du passé et commencer à évoluer vers l'avenir que lorsque nous sommes certains de la solidité des fondations émotives de notre monde. Par ailleurs, c'est uniquement lorsque les gens ne peuvent pas obtenir ce sens de sécurité de leur leader qu'ils commencent à bricoler avec les structures dans l'espoir d'y trouver artificiellement la sécurité recherchée. Il n'est donc pas surprenant de constater que le concept de la « réingénierie » suscite tant d'intérêt précisément au moment où l'on vante les mérites de la gestion participative et où la nécessité même du leadership est remise en question dans nos organisations.

En période de changement et d'ambiguïté, le leader devient également un interprète de la réalité. Notre compréhension du monde et de notre vie repose sur des perceptions subjectives plutôt que sur une réalité objective et accessible. Bien entendu, notre vie organisationnelle ne fait pas exception à la règle. Dès lors, le leader a un rôle majeur à jouer au moment de la mise en œuvre : puisqu'on lui reconnaît une vision globale, on s'attend à ce qu'il inter-prète et «encadre» cette expérience subjective. Le changement est source d'anxiété, car les gens doivent faire le deuil du passé et des anciennes façons de faire les choses, mais ils ne savent pas encore ce que l'avenir leur réserve.

Le leader doit donc pouvoir contenir cette anxiété et mettre les choses en perspective pour aider les gens à la surmonter et ainsi éviter qu'elle ne devienne un facteur négatif ou même paralysant. En somme, le leader doit pouvoir rendre cette anxiété tolérable aux membres de l'organisation. Idéalement, il doit pouvoir en faire un facteur stimulant, une source d'énergie positive pour le changement, même lorsque ce changement entraîne un certain nombre de conséquences difficiles ou désagréables.

Pour ce faire, il doit être en mesure d'accepter ses propres craintes, ses angoisses et ses incertitudes envers les orientations futures qu'il entend donner à son organisation. Par-dessus tout, il ne doit pas se couper de ses propres sentiments, car ce faisant il deviendrait aussi insensible aux senti-ments de ses collaborateurs et ne serait pas en mesure de les contenir.

Le leader a donc la responsabilité d'établir ce que l'on pourrait appeler le «climat relationnel» de la mise en œuvre. Il est bien connu que même les projets de changements stratégiques les mieux pensés finissent par avoir des conséquences non voulues et parfois perverses. Nous savons aussi que ces changements finissent parfois par produire des résultats diamétralement opposés à ce que l'on espérait accomplir à l'origine. Lorsqu'il s'agit d'im-planter quelque changement que ce soit, nous sommes tous familiers avec le concept de la « résistance au changement ». Cette expression s'applique généralement aux acteurs des échelons inférieurs de la hiérarchie qui, consciemment ou non, ralentissent — et parfois même sabotent — les efforts de changement plutôt que de les faciliter.

On est souvent porté à dire que ces résistances surviennent parce que les gens touchés par le changement en question n'ont pas été inclus dans le processus. On estime alors qu'ils ne sont pas convaincus de la nécessité du changement et qu'ils ont plus de réticence à le mettre en œuvre parce qu'ils n'ont pas participé au processus de décision ayant entraîné ces changements. On peut cependant se demander si le simple fait d'inclure les acteurs des différents niveaux organisationnels dans le processus de changement suffirait pour assurer leur participation effective à la mise en œuvre des initiatives stratégiques. Voilà où le leadership stratégique peut jouer un rôle important : en fournissant un élan émotif au changement, en contenant et en transformant les angoisses des acteurs, et en créant un cli-mat où les gens se sentent assez en sécurité et en confiance pour faire le deuil du passé et accepter les risques qui accompagnent l'évolution vers un avenir inconnu.

Les dimensions affectives de la relation entre le leader et ses collaborateurs ont donc une importance primordiale : « Ai-je assez confiance en cette personne pour lui laisser établir les orientations à venir de mon organisation, de mon unité, de mon poste ou de celui de mon collègue ? Ai-je confiance non seulement en ses capacités intellectuelles mais aussi en son degré de compréhension et d'empathie envers moi, pour faire en sorte que mon expérience individuelle du changement ne soit pas perdue dans le remous, quelle que soit la direction que nous déciderons de prendre en tant qu'entreprise ? » Dans les firmes où l'état des relations interpersonnelles entre le leader et ses collaborateurs n'encourage pas ce type de confiance, la mise en œuvre de la stratégie sera inévitablement plus difficile, plus laborieuse et plus onéreuse, malgré la bonne volonté des personnes concernées ou les efforts consacrés à la planification du processus et à l'inclusion des acteurs organisationnels. À l'inverse, dans les firmes où ce type de relations interpersonnelles a été cultivé, on trouvera davantage « d'enthousiasme envers le changement » et moins de résistance.

Cette description du leadership stratégique et particulièrement de ses composantes émotives ne serait pas complète sans faire état des dimensions éthiques en cause. Un leader efficace est un puissant agent de changement. Il donne la cohésion et la direction aux efforts du groupe. Il est en mesure d'établir une relation de confiance avec ses collaborateurs, les amenant ainsi à s'engager et à travailler dans la même direction. Le leader est responsable du résultat final des orientations qu'il donne à l'organisation. Il doit donc prendre soin de ne pas laisser son propre besoin de pouvoir ou son narcissisme prendre le dessus sur son esprit critique. Par ailleurs, ses collaborateurs partagent aussi la responsabilité de maintenir une distance critique et de ne pas laisser leurs besoins de dépendance les amener à submerger leur propre identité dans celle d'un leader charismatique et dans sa vision de l'avenir.

Le leader vraiment efficace et constructif s'assure donc de maintenir une certaine distance avec ses collaborateurs afin de permettre à tous les acteurs concernés de participer à l'évaluation critique et éthique des orientations stratégiques. L'histoire nous a en effet appris que l'adhésion aveugle aux visions du leader peut entraîner des conséquences dévastatrices, tant pour les individus que pour les sociétés dans lesquelles ils vivent.

En somme, il semble bien que les leaders et le leadership stratégique soient importants, particulièrement dans les périodes de transition. Le leadership stratégique est effectivement un facteur majeur à considérer dans l'évaluation

de la performance d'affaires. Les leaders jouent un rôle important dans la formulation et la mise en œuvre de la stratégie. Le rôle du leader dans le processus
stratégique va bien au-delà de l'analyse rationnelle cognitive des options
stratégiques et des procédures de mise en œuvre. Ce rôle comprend aussi les
dimensions affectives qui sous-tendent les capacités du leader à imaginer une
vision de l'avenir et à la transmettre efficacement à ses collaborateurs.
Lorsqu'elles ne sont pas niées ni refoulées, les dimensions affectives du leadership sont également un élément essentiel dans la création d'un climat relationnel qui favorise des efforts de changement constructif au sein de l'organisation.

Note n° 1 2

HERBERT A. SIMON ET LA RATIONALITÉ LIMITÉE [21]

par Philippe Chapuis

Behavior can be predicted, then, when the premises of decision are known in sufficient detail[22].

Dans son œuvre maîtresse, *Administrative Behavior. A Study of Decision-Making Processes in Administrative Organization*[23], Herbert A. Simon se préoccupe de comprendre la gestion des organisations humaines « par l'analyse de leur processus de décision »[24], afin de pouvoir mieux les diriger. Simon ne fait pas de distinctions, dans son analyse, entre l'administration publique et l'organisation privée. Pour lui, une « organisation »[25] est un faisceau complexe de communications entre un groupe d'individus réunis pour des raisons variables mais ayant des objectifs communs[26]. C'est tout aussi bien une tribu, une organisation caritative, un service, un département, une administration, une entreprise, etc.

À la lueur de concepts issus de plusieurs domaines des sciences de l'homme (psychologie, sociologie, anthropologie), Simon offre une analyse

---

21. Herbert A. Simon est actuellement « Richard King Mellon University Professor » of Computer Science and Psychology à l'université Carnegie-Mellon. Il est né le 15 juin 1916 à Milwaukee dans l'État du Wisconsin. Il a obtenu un Ph.D. de l'université de Chicago en 1943. Il est détenteur de nombreux titres *Honoris causa* de par le monde et de prix prestigieux. Il a obtenu un prix Nobel d'économie en 1978 ainsi que la *National Medal of Science* en 1986. Il est membre d'une quarantaine d'associations scientifiques et a publié plus d'une centaine d'ouvrages, allant de l'étude de l'administration, au processus de traitement de l'information, à la psychologie cognitive et à la pédagogie des mathématiques.
22. H.A. Simon élabore également cette idée dans *Reason in Human Affairs*, CA, Standford University Press, 1983, p. 4, où il dit : « Les descendants modernes d'Archimède cherchent encore le point d'appui qui leur permettra de soulever le monde. Dans le domaine du raisonnement, la difficulté de trouver un point d'appui vient du truisme "pas de conclusions sans prémisses". »
23. New York, The Macmillan Company, 1945, 1947, 1957, 1973, 1975, 1976.
24. Pour comprendre les organisations, Simon se préoccupe davantage du processus de décision que de l'action, car, dit-il « (c'est) le processus de choix (conscient ou inconscient) qui mène à l'action. », *Ibid*, 1957, p. 1.
25. Simon reprend l'idée de Chester Barnard présentée dans : *The Functions of the Executive*, Cambridge, H.U.P., 1938. Pour avoir une bonne compréhension des idées de Simon, il est important de lire l'œuvre de Barnard. Les deux hommes s'admiraient beaucoup et Barnard a été une grande source d'inspiration pour Simon, qu'il cite abondamment tout au long de son travail et à qui il rend un hommage particulier dans sa préface.
26. Simon, 1957, p. 16 - Les objectifs sont au moins partiellement communs. Il est donc évident que plus l'organisation compte de membres, plus il est difficile de trouver des objectifs ayant des parties communes. Il faut alors entrevoir le système d'objectifs partagés comme une partie de dominos, où tous les objectifs, à l'image des dominos, ne sont pas identiques mais où il est possible de construire une chaîne logique d'objectifs globalement en harmonie avec les objectifs de l'entreprise.

serrée des pratiques et propose une théorie de la décision, toujours d'actualité, qui a donné naissance à « l'École de la décision »[27]. Les deux grandes lignes directrices de la pensée de Simon sont que (1) nous avons tous une rationalité limitée[28] et que (2) nous ne pouvons améliorer cette rationalité que dans le cadre d'organisation. Il offre alors les moyens d'améliorer cette rationalité défaillante. Pour Simon, le rôle de la direction consiste à hiérarchiser les processus de prise de décision individuels en systèmes imbriqués (plusieurs niveaux, plusieurs centres), dominés par une sorte de processus d'orchestration (la direction), pour induire, chez les membres de l'organisation, les comportements souhaités.

**Figure 1   L'individu, ses principales sources
de limitation et d'influence**

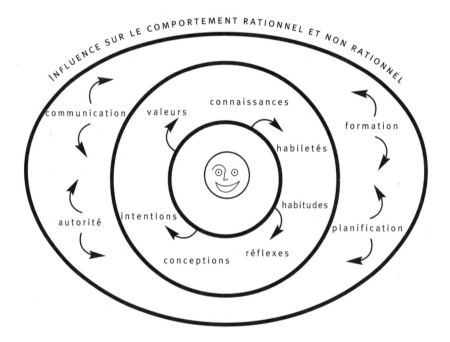

---

27. Les auteurs ci-dessous ont élaboré des variantes importantes aux concepts de base de Simon : Cyert, R., & March, J.G. *A Behavioral Theory of the Firm*, Englewood, Prentice-Hall, 1963. Thompson, J.D. *Organizations in Action*, New York, McGraw-Hill, 1967. Bower, J.L. *Managing the Resource Allocation Process*, Massachusetts, Boston, H.U.P., 1970. Axelrod, R. *Structure of a Decision*, Robert Axelrod (Ed.), Princeton, Princeton University Press, 1976. March, J.G. «Bounded rationality, [...] », *The Bell Journal of Economics*, 1978, vol. 9, n° 2. Bruyne, de, P. *Modèles de décision*, Louvain-la-Neuve : Centre d'études praxéologiques, 1981.
28. Il est utile de mentionner que Simon évoque différentes rationalités possibles : 1957, p. 76-77.

Pour atteindre ses objectifs et ceux de l'organisation, le dirigeant doit non seulement utiliser les outils classiques de gestion, comme la division du travail, la formation et la planification[29], mais il devrait aussi intégrer à sa panoplie de gestionnaires des habiletés à manipuler des outils délicats que sont les mécanismes d'influence des individus : l'autorité, l'identification et la communication formelle et informelle.

Dans le texte qui suit, après avoir évoqué la notion de rationalité limitée, l'importance de l'organisation ainsi que la tâche de direction d'entreprise, nous ferons ressortir les principaux éléments que tout gestionnaire peut mettre en œuvre au quotidien, en insistant sur les concepts d'autorité et de communication.

LA RATIONALITÉ LIMITÉE

Pour Simon, nous avons tous une rationalité « limitée », essentiellement parce que nous sommes contraints en terme de connaissances et de traitement de l'information. Par exemple, nous ne pouvons pas tout savoir à propos de notre travail, nous avons des lacunes engendrées par les stéréotypes que nous utilisons pour simplifier notre vie (habiletés, réflexes, habitudes) ; nous sommes limités également par nos conceptions, nos valeurs et nos intentions. Ainsi, il nous est impossible de décider de manière parfaitement « cartésienne » des moyens à utiliser pour atteindre des objectifs, car nous ne pouvons pas récolter toutes les données utiles à la résolution d'un problème complexe de gestion... et encore moins les traiter[30].

En conséquence, nos décisions, de quelque nature qu'elles soient, sont nécessairement « limitées », puisqu'elles dérivent de facteurs conscients et inconscients qui nous sont propres. Le corollaire est que nous ne pouvons pas maximiser nos résultats au sens strict, mais plus simplement nous pouvons avoir un niveau de satisfaction acceptable.

Bien sûr, la rationalité limitée n'est pas le propre du PDG. Elle s'applique à chacun des membres de l'organisation, bénévoles, ouvriers, cadres intermédiaires, direction générale, qui individuellement gèrent leur environnement.

Le regroupement en organisations nous permet d'améliorer la rationalité[31] des actions à prendre pour atteindre nos objectifs, nous dit Simon. En effet, la cohérence des comportements individuels est établie par le partage d'objectifs communs. Les objectifs organisationnels sont donc des « rassemblements »

---

29. *Ibid*, p. 228. Voir aussi la note n° 7 « La planification stratégique » du professeur Marcel Côté.
30. Simon, 1983, p. 34.
31. Une action pour Simon est « rationnelle » quand elle est orientée vers un objectif, Simon, 1957, p. 3.

d'objectifs individuels, modifiés par les forces de contraintes engendrées par les phénomènes complexes de vie de groupe.

Le comportement d'une organisation peut être vu comme une composante des comportements des individus qui la composent. En conséquence, les résultats obtenus seront meilleurs, c'est-à-dire plus près des objectifs, si l'on comprend la façon dont les décisions et les comportements des employés sont influencés par l'organisation[32].

LE TRAVAIL DE DIRECTION

Ainsi, conduire une organisation revient à canaliser un ensemble complexe de communications, formelles et informelles, entre les membres qui la constituent. La question fondamentale pour le décideur au sommet est donc : comment intégrer le comportement individuel des membres de l'organisation, ou plus prosaïquement, comment influencer leurs décisions ?

Pour que les ouvriers et les cadres intermédiaires considèrent que les objectifs de l'organisation sont aussi les leurs et que les décisions individuelles prises à tous les niveaux convergent vers la réalisation commune, il y a deux conditions. Il faut :

a) qu'ils soient convenablement informés par la direction de l'établissement ;

b) qu'ils soient convenablement « stimulés », pour adhérer aux objectifs organisationnels. En effet, la qualité des décisions issues de ce système, objectivée par les résultats, réside en grande partie dans la qualité de l'information échangée entre les différents centres de décisions subalternes, dans la qualité des objectifs de chacun de ces centres et dans les incitatifs individuels offerts aux acteurs afin de faire converger les actions proposées.

Les limites individuelles de rationalité étant importantes, il faut utiliser des méthodes pour convaincre les membres de l'organisation. Ce travail de direction s'exécute principalement par le biais de l'autorité.

L'AUTORITÉ

Dans cette perspective, le rôle de l'autorité est donc clairement défini[33]. Il s'agit d'orchestrer un système de motivation et de communication

---

32. Il est important de noter que les objectifs des clients sont directement et très fortement reliés aux objectifs de l'organisation. Or «comme les objectifs du client sont très imbriqués avec ceux de l'organisation, eux-mêmes très proches de ceux des employés [...], il ressort que des entrepreneurs, des clients ou des employés «purs» n'existent pas! *Ibid*, p. 18.
33. *Ibid*, p. 125.

pour utiliser au mieux les stimuli (fonction des ressources) avec lesquels l'organisation peut inciter les membres à se comporter d'une certaine façon et la sensibilité (spécifique) de ceux-ci aux stimuli (zones d'acceptation[34]).

L'autorité n'est qu'un des éléments des diverses méthodes d'influence dont dispose le responsable. La principale caractéristique de l'autorité est de ne pas convaincre le subordonné par la force, mais d'obtenir son adhésion. Il faut que les comportements souhaités soient induits, et non imposés. Néanmoins, bien que ce ne soit pas souhaitable, il arrive que le supérieur hiérarchique soit obligé d'imposer le point de vue de l'organisation en utilisant ce que Simon appelle le « droit au dernier mot »[35], s'il est impossible d'utiliser efficacement d'autres moyens pour convaincre.

Pour éviter le recours à des méthodes dures, il est nécessaire que le subordonné collabore, en se donnant comme règle générale d'accepter, sans condition, de faire les actions qu'une autre personne lui demande et sans s'interroger systématiquement sur leurs opportunités[36]. Il utilise ainsi, comme des prémisses à ses choix, les suggestions, demandes et ordres qu'il reçoit. Pour ce faire, il doit faire confiance à l'organisation et acquérir un sentiment d'identification et de loyauté envers celle-ci.

Toutefois, le développement « d'automatisme d'obéissance » n'implique pas que le subordonné doive toujours obéir, dans toutes les circonstances, à tout le monde. Chaque individu au sein de l'organisation développe des zones d'acceptation variables avec le temps, en fonction des individus avec qui il est en relation et de la nature des ordres qui lui sont donnés. Son choix est alors déterminé par son supérieur, mais la relation supérieur/subordonné ne prévaut que dans cette zone.

En bref, l'autorité est définie comme « le pouvoir non coercitif de prendre les décisions qui orientent les décisions d'autrui ». Pour faciliter sa mise en œuvre, Simon fait appel à l'*identification* et à la *loyauté*. La principale limite à l'autorité étant la *zone d'acceptation* du subordonné.

LES ZONES D'ACCEPTATION[37]

Le subordonné a des zones d'acceptation « à géométrie variable », au sein desquelles il accepte de régler son comportement en fonction des décisions de son supérieur hiérarchique. Ces zones permettent de faciliter la décision quotidienne. La taille de la zone d'acceptation est fonction d'un grand nombre

---

34. *Ibid*, p. 133.
35. *Ibid*, p. 129.
36. *Ibid*, p. 125.
37. Ce concept de zones d'acceptation a été inspiré à Simon par Barnard (*op. cit.*, p. 168-169).

de paramètres et la modération des demandes du supérieur est un facteur important, car, en dehors de sa zone d'acceptation, le subordonné ne se sent pas tenu d'obéir. En cas de changement (personnes, objectifs internes ou externes, etc.), il lui faudra du temps et de l'énergie pour construire une nouvelle zone d'acceptation (ou refuser de le faire) en fonction du nouvel état.

Pour illustrer ses propos[38], Simon compare le dirigeant d'une organisation à un chauffeur d'autobus, dont les passagers peuvent descendre en tout temps, s'il ne va pas dans la direction prévue ou s'il roule trop vite ou... trop lentement, etc. La seule liberté du chauffeur est de maintenir le cap dans la direction initialement prévue et acceptée par tous, et de ne changer éventuellement de direction qu'après en avoir discuté.

L'IDENTIFICATION ET LA LOYAUTÉ

Cette vision de l'autorité n'est pas utopique pour cause de loyauté et d'identification à l'organisation. Initialement, les valeurs de l'organisation sont en général imposées à l'individu par l'exercice de l'autorité fonctionnelle, mais graduellement elles deviennent internalisées et sont alors incorporées dans les attitudes et les comportements de l'individu.

Simon appelle « loyauté » la caractéristique des membres d'une organisation de s'identifier à ce groupe et « identification » le processus par lequel un individu utilise comme critère de décisions les objectifs de l'organisation qu'il a substitués aux siens[39]. Les membres de l'organisation acquièrent progressivement un attachement à celle-ci, qui, en quelque sorte, « garantit automatiquement » que leurs décisions seront cohérentes avec les objectifs de l'organisation à laquelle ils se sentent liés[40]. En effet, lorsqu'ils prennent leurs décisions, ils sont amenés, par loyauté à l'organisation, à envisager d'autres options, en considérant non seulement leurs contraintes, leurs objectifs et les conséquences pour eux personnellement, mais aussi les conséquences pour les groupes d'appartenance auxquels ils sont liés, de sorte qu'ils acquièrent une personnalité organisationnelle différente de leur personnalité individuelle[41].

Il existe des différences importantes en ce qui concerne l'identification en fonction des niveaux hiérarchiques. Plus on monte dans la pyramide, plus la tâche est artistique et innovatrice. De nouvelles valeurs doivent être

---

38. *Ibid*, p. 135.
39. *Ibid*, p. 218.
40. *Ibid*, p. 12-13.
41. *Ibid*, p. 198.

proposées et évaluées pour que le cadre de référence, dans lequel les décisions managériales sont prises, soit renouvelé[42].

Tout cela a pour principal objectif de faciliter la prise de décision, aux différents niveaux de l'organisation, afin de « maximiser » les résultats, dans les limites de la rationalité limitée des membres. Il est donc important que le dirigeant veille à l'établissement de cette identification et de la loyauté à l'entreprise en communiquant avec les membres.

LE SYSTÈME DE COMMUNICATION

Le système de communication[43] inclut un certain nombre d'éléments inhabituels. Par exemple, en plus des systèmes classiques formels, Simon considère que la formation des membres fait partie intégrante de la communication tout autant que les réseaux informels de communication.

La formation est un moyen d'orienter les décisions, en particulier quand la transmission des ordres est difficile, par exemple dans les cas qui exigent des décisions rapides, quand les exécutants sont éloignés de la haute direction ou quand il faut improviser parce que les prémisses à la décision ne peuvent pas être anticipées et que l'on ne peut pas développer d'automatisme. La formation permet alors de décentraliser les centres de décision.

La décentralisation des décisions par spécialité dépend, en grande partie, de la possibilité de construire des systèmes de communication qui permettent, réellement, de faire circuler l'information. Cela veut dire que la constitution classique d'un réseau formel d'échange d'information, de dossiers, etc., n'est pas suffisante. Le responsable doit s'assurer qu'il existe en plus un réseau informel de communication, fondé sur les relations sociales entre les individus quel que soit le niveau hiérarchique, et il doit veiller à sa bonne santé et « l'entretenir »[44].

---

42. *Ibid*, p. 217.
43. « Communication » doit être compris ici dans son sens étymologique : mettre en commun, partager. Ainsi, la communication implique, nécessairement, qu'il y a échange avec les partenaires, afin que tous soient convenablement informés.
44. « Une tâche importante du dirigeant est de maintenir et d'entretenir le climat amical de coopération entre les membres de l'organisation autour de ce système de relations personnelles, afin que le système informel de communication contribue à l'efficience de l'organisation au lieu de la ralentir. », *Ibid*, p. 161.

Note n° 13

LES RÉSULTATS DE LA RECHERCHE SUR LA MISE EN ŒUVRE :
le point de vue du chercheur et celui du praticien

par Yvon Dufour

LE CONCEPT DE MISE EN ŒUVRE

La mise en œuvre est généralement définie, tant par les praticiens que par les chercheurs, en termes à la fois très positifs et très optimistes, tels que « réaliser les stratégies » ou « transformer les plans en réalité » ou encore « mettre les idées en pratique » et « traduire les intentions en actions ». Paradoxalement, la très grande majorité des recherches a porté non pas sur le succès mais plutôt sur l'échec des efforts de mise en œuvre, et les journaux d'affaires débordent d'exemples d'entreprises aux prises avec des difficultés d'implantation de leur stratégie.

Il est toutefois difficile de proposer une définition plus explicite de la mise en œuvre sans y intégrer en substance le point de vue adopté par le praticien ou le modèle théorique privilégié par le chercheur. Ainsi, Nutt (1986), suivant une perspective de développement organisationnel (D. O.), définit la mise en œuvre comme « une série d'actions entreprises par l'agent de changement dans un processus planifié afin d'établir un contexte réceptif permettant d'atteindre l'objectif stratégique en minimisant le potentiel de résistance ». Pour leur part, Barrett et Hill (1984) conçoivent la mise en œuvre comme un processus politique de négociation, « d'échange et de compromis entre des groupes cherchant à influencer l'action des autres au cours du développement stratégique de l'organisation ». Pettigrew (1985), se faisant l'avocat d'une approche qui se veut à la fois politique et culturelle, réunit les deux définitions précédentes et conçoit la mise en œuvre comme « le produit du processus de gestion de la signification par les individus, les groupes et les parties en présence dans la transformation, l'évolution et le changement stratégique au sein de l'organisation ».

LES POINTS DE VUES ET MODÈLES

La lecture des journaux d'affaires et des revues scientifiques en administration et en gestion permet d'établir 18 perspectives différentes sur la mise en œuvre (voir le tableau 1). La question qui s'impose immédiatement à l'esprit est évidente : pourquoi y a-t-il autant de perspectives ?

Trois principaux arguments, mutuellement complémentaires, peuvent être avancés afin de mieux expliquer le nombre relativement élevé de perspectives. Le premier s'appuie sur l'un des rares résultats de la recherche qui, à ce jour, produit un véritable consensus : la mise en œuvre est un phénomène très complexe qui implique plusieurs processus simultanés. Le nombre de perspectives est donc tributaire de la diversité des processus et de la complexité des actions entreprises simultanément. Le second argument repose, pour sa part, sur la multidisciplinarité du sujet. La mise en œuvre est un sujet d'intérêt relativement jeune. Cependant, la recherche a attiré des individus de plusieurs disciplines universitaires déjà bien établies, comme la psychologie et la sociologie, faisant, du même coup, siens ses principaux concepts et ses principales méthodes. Chaque discipline semble privilégier une ou plusieurs perspectives, mais aucune synthèse réunissant toutes les disciplines n'a réellement réussi à s'imposer à ce jour.

Enfin, le troisième argument prend racine dans l'ampleur même du sujet : le nombre des perspectives est le fruit de la multitude d'objets et des différents contextes de mise en œuvre. En effet, la connaissance pratique et théorique sur la mise en œuvre provient de nombreux travaux et expériences allant de l'échec d'une politique de création d'emplois destinée aux chômeurs chroniques jusqu'au succès d'une stratégie de diversification au sein d'une entreprise de produits électroniques de taille moyenne.

LES APPROCHES DE MISE EN ŒUVRE

L'examen des différentes perspectives démontre toutefois qu'elles peuvent être regroupées en quatre grandes catégories (voir la figure 1) :
1) l'approche classique ;
2) l'approche contingente ;
3) l'approche du comportement ;
4) l'approche politique.

L'étude des définitions du concept de mise en œuvre démontre que l'expression est utilisée principalement afin d'exprimer quatre grandes idées (voir la figure 2). Ainsi, suivant les perspectives de l'approche classique,

Tableau 1 La liste des 18 perspectives

1 ⊖
La planification rationnelle

2 ⊖
La prise de décision

3 ⊖
Les outils de la planification

4 ⊖
La recherche opérationnelle

5 ⊖
Les conditions idéales

6 ⊖
La contingence structurelle

7 ⊖
La cohérence stratégique

8 ⊖
Les caractéristiques individuelles

9 ⊖
Le style du dirigeant

10 ⊖
La diffusion de l'innovation

11 ⊖
La culture organisationnelle

12 ⊖
Le D.O.

13 ⊖
La bureaucratie

14 ⊖
La dépendance des ressources

15 ⊖
Le réseau inter-organisations

16 ⊖
La négociation

17 ⊖
Le matérialisme historique

18 ⊖
Le symbolisme

Figure 1 Les approches et perspectives de la mise en œuvre

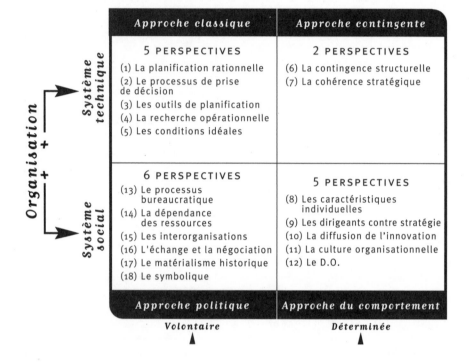

Figure 2 Les approches et perspectives de la mise en œuvre

Approche classique	Approche contingente
Étape	**Équilibre**
Échange	**Engagement**
Approche politique	Approche du comportement

la mise en œuvre est entendue comme une étape succédant naturellement à la formulation, alors que suivant les perspectives de l'approche politique, elle résulte d'un échange plus ou moins explicite entre les multiples détenteurs d'enjeux dont il est question. Ces deux approches considèrent la mise en œuvre comme l'aboutissement des actes volontaires posés par les individus afin de façonner le monde qui les entoure (volontarisme). Dans l'approche du comportement, la mise en œuvre est la conséquence logique de l'engagement réel des individus envers l'objectif à atteindre, alors que selon l'approche contingente, elle est le corollaire de l'équilibre entre les multiples facteurs internes et externes de l'organisation. Ces deux dernières approches considèrent que la mise en œuvre est conditionnée par des forces et des facteurs puissants (déterminisme). Toutefois, comme l'indique la figure 1, l'approche classique et l'approche des contingences considèrent l'organisation comme un système technique, alors que l'approche politique et l'approche du comportement voient plutôt l'organisation comme un système social. Ainsi, certains des débats fondamentaux en théorie des organisations (Astley et Van de Ven, 1983) sont réitérés dans la recherche et dans la pratique de la mise en œuvre.

L'APPROCHE CLASSIQUE : LA MISE EN ŒUVRE, UNE ÉTAPE...

En bref, les cinq perspectives de l'approche classique (voir la figure 1) reposent sur l'idée que le processus de mise en œuvre peut être entièrement contrôlé par un petit groupe d'individus qui ont le droit légitime d'exercer l'autorité. Selon cette approche, la formulation et la mise en œuvre sont deux étapes séquentielles séparées, la mise en œuvre étant le moyen de réaliser presque intégralement les intentions formulées lors de l'étape antérieure.

Ici, la réussite de la mise en œuvre est fonction principalement de la qualité de la formulation ; une bonne décision ne nécessite qu'une suite cohérente et automatique d'actions relativement simples et hiérarchisées. La qualité de la décision est essentiellement fonction de la solidité de ses prémisses, de l'exactitude de l'analyse antérieure, de la rationalité du processus décisionnel, de l'efficacité des outils utilisés et de la performance de chacune des étapes de la décision.

La clé du succès de la mise en œuvre est la planification méthodique et complète de la séquence d'actions devant être entreprises afin d'atteindre l'objectif. On peut éviter l'échec notamment en établissant *a priori* l'écart existant avec les conditions idéales (disponibilité des ressources, abondance de temps, absence de contrainte externe, existence d'une théorie et liens directs de causes à effets, entente sur les objectifs, excellente communication et habileté de coordination supérieure...) et en appliquant les palliatifs nécessaires au moment de la planification de la mise en œuvre. Du point de vue du praticien, l'approche classique est extrêmement séduisante (voir la figure 3). En effet, ses propositions sont essentiellement normatives et elles simplifient de façon utile le processus de mise en œuvre. Pour le professeur, l'approche classique se révèle aussi fort intéressante parce qu'elle facilite grandement l'enseignement. L'attrait de l'approche classique est, cependant, beaucoup plus faible chez les chercheurs : la validité empirique de l'approche est, ici, fortement interrogée. En effet, les propositions des différentes perspectives décrivent comment l'organisation devrait fonctionner mais pas nécessairement comment elle fonctionne réellement ; l'écart entre la théorie et la pratique est cependant souvent substantiel. De plus, plusieurs critiques peuvent être formulées : l'approche néglige l'interrelation dynamique entre la formulation et la mise en œuvre, elle ignore l'effet de l'environnement et elle nie presque entièrement l'existence des dimensions politiques de la mise en œuvre. La contribution la plus significative de l'approche classique demeure toutefois son insistance sur la qualité du contenu même des projets devant être mis en œuvre.

Figure 3 Les approches de la mise en œuvre : attrait pour le praticien et attrait pour le chercheur

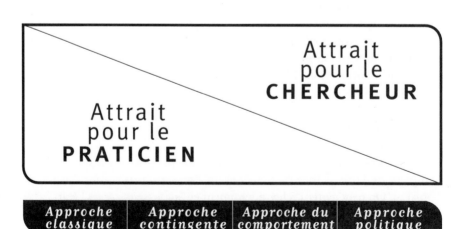

L'APPROCHE CONTINGENTE :
LA MISE EN ŒUVRE, UN ÉQUILIBRE...

Alors que l'approche précédente est prépondérante dans la littérature en gestion des affaires et en administration publique, l'approche contingente domine clairement la littérature sur la mise en œuvre des stratégies d'organisation. Les deux perspectives de cette approche (voir la figure 1) s'appuient sur l'idée que les dirigeants doivent choisir parmi un ensemble de structures et de processus qui ne sont pas tous aussi efficaces et aussi efficients les uns que les autres dans la mise en œuvre. Dans cette approche, le gestionnaire est avant tout un architecte responsable de l'élaboration des structures et des systèmes de gestion susceptibles de favoriser la réalisation des objectifs et la métamorphose des intentions en actions. Le modèle de l'organisation entendu comme un système ouvert est à la base de cette approche. Celle-ci postule que l'inadéquation entre l'organisation et son environnement peut lui être néfaste à court ou à moyen terme. Le succès de la mise en œuvre est donc principalement le résultat de l'équilibre des structures adaptées aux caractéristiques du contexte de l'organisation et de l'alignement des principaux mécanismes internes avec la stratégie poursuivie (Venkatraman et Camillus, 1984).

Du point de vue du praticien, l'approche contingente est fort attirante (voir la figure 3). En fait, les perspectives de cette approche s'inscrivent dans le prolongement de celles de l'approche classique. Les solutions proposées aux différents problèmes vont de la détermination des tâches à exécuter, en passant par la division du travail entre les unités et les individus et la définition des mécanismes de coordination et des systèmes d'incitation et de rémunération (salaires, primes, promotions, etc.), jusqu'à l'examen des systèmes d'information et de contrôle, de recrutement et de perfectionnement des cadres. En bref, la mise en œuvre suppose la réalisation d'un équilibre et l'utilisation systématique et cohérente des éléments structurels et de stimulation matérielle pour faciliter et encourager le cheminement vers les objectifs choisis.

L'approche contingente est plus séduisante pour les chercheurs que l'approche classique (voir la figure 3). Toutefois, la recherche a eu généralement tendance à adopter un mode plutôt réductionniste que holistique. En effet, les études ont examiné les relations linéaires existantes entre les variables prises deux à deux ou en très petit nombre. Certaines critiques ont également été faites. La stratégie, la structure et les processus sont conçus comme des éléments neutres et l'environnement même de l'organisation est, par hypothèse, objectif.

L'APPROCHE DU COMPORTEMENT :
LA MISE EN ŒUVRE, UN ENGAGEMENT...

Les cinq perspectives de l'approche du comportement (voir la figure 1) suggèrent qu'au-delà des structures, des processus et des mécanismes de gestion, les individus doivent également être mis à contribution dans la mise en œuvre du changement. La réussite est fonction de l'engagement authentique des individus envers l'objectif poursuivi et l'organisation. Les éléments les plus importants sont ceux qui influent sur la motivation, la coopération et la mobilisation des individus. Les traits de personnalité, les attitudes et les valeurs des individus touchés par le changement sont jugés importants. De même, le style de gestion du dirigeant responsable est critique. L'exercice du leadership, le rôle des leaders d'opinions et des champions de produits et le mode de communication utilisé peuvent faciliter ou freiner le changement. La culture de l'organisation est également perçue comme une source importante de résistance et de changement. Le climat, les relations interpersonnelles, la dynamique des groupes de travail, la participation sont également du nombre des facteurs considérés. L'échec de la mise en œuvre est donc le résultat du manque d'engagement et de consensus entre les individus.

Quoique traditionnellement moins séduisante du point de vue du praticien que celles qui précèdent, l'approche du comportement a connu un renouveau en raison des difficultés auxquelles font face les entreprises et de l'influence encore tangible des mouvements de management à la japonaise et de recherche de l'excellence.

Du point de vue du chercheur, l'approche du comportement a également connu une mutation importante. Au cours des dix dernières années, l'intérêt des universitaires est passé des modes analytiques et rationnels de changement intentionnel planifié vers l'étude et la compréhension de la variété des modes de changement, d'apprentissage, de transformation et même de continuité... Cependant, ces processus continuent d'être étudiés de façon isolée, négligeant l'histoire et le contexte plus général du changement.

La contribution la plus importante de l'approche du comportement a été de mettre l'accent sur l'individu, le contexte interne et l'importance du leadership dans la mise en œuvre.

L'APPROCHE POLITIQUE :
LA MISE EN ŒUVRE, UN ÉCHANGE...

Les six perspectives de l'approche politique (voir la figure 1) se préoccupent principalement des formes de pouvoir et d'influence sur les processus et les résultats de la mise en œuvre. Les conflits et la négociation sont, ici, les éléments fondamentaux. Le succès ou l'échec de la mise en œuvre traduit la force relative des détenteurs d'enjeux à un moment particulier.

L'autonomie et la marge discrétionnaire de manœuvre des employés en contact avec la clientèle, les relations entre les organisations qui doivent se coordonner et coopérer afin de réaliser un projet, la complexité des processus d'échange impliqués, les contraintes externes, auxquelles doit se soumettre l'organisation, le langage politique et symbolique utilisé pour accroître la légitimité du changement et réduire l'opposition sont autant de facteurs déterminants dans la mise en œuvre.

Par rapport à l'approche classique, l'attrait de l'approche politique est, pour le praticien, beaucoup plus faible. L'approche politique repose principalement sur l'étude de cas et l'analyse historique. Aussi, les travaux de cette approche comportent plutôt de longues descriptions et de courtes recommandations pratiques tant sur la manière d'éviter les problèmes que sur la façon d'améliorer les processus de mise en œuvre. La généralisation des observations est interrogée par les praticiens de la gestion. L'approche politique est, toutefois, très séduisante pour le chercheur (voir la figure 3). La validité empirique de l'approche est, cette fois, très élevée et elle présente un portrait plus réaliste de la mise en œuvre. La plus grande contribution de l'approche politique est d'avoir mis l'accent sur les processus en action lors de la mise en œuvre.

EN GUISE DE CONCLUSION

Il n'y a pas encore de consensus tant chez les praticiens que chez les chercheurs sur la meilleure façon d'approcher la mise en œuvre. Pour que les différents éléments soient simultanément utiles à la pratique et pertinents dans le développement de la connaissance sur la mise en œuvre, il est maintenant nécessaire de les réintroduire dans un schéma plus global et d'étudier la dynamique de mise en œuvre en tenant compte des caractéristiques du contenu du changement, des particularités des contextes interne et externe, du leadership et des processus utilisés. Cela devrait permettre aux chercheurs d'augmenter leur capacité d'explication et aux praticiens d'apprécier la valeur de la recherche comme guide dans l'action.

Note n° 14

RÉALISER LA STRATÉGIE : AVANT TOUT UNE QUESTION DE RESSOURCES HUMAINES

par Alain Gosselin

The value decade has already begun, with global price competition like you've never seen. It's going to be brutal...Only the most productive companies are going to win...The only way I see to get more productivity is by getting people involved and excited about their jobs... I am as sure as I've ever been about anything that this is the right road [45].

JACK WELCH (1993), PDG de General Electric

Ces commentaires du président de General Electric (GE), l'entreprise considérée par certains observateurs comme la plus compétitive au monde, traduisent très bien les propos de ce texte. Les entreprises qui vont survivre et gagner dans le nouveau contexte économique sont celles qui sauront optimiser la réalisation de leur stratégie d'affaires, et le facteur humain y jouera un rôle prépondérant. Les entreprises qui l'auront compris et auront su développer les capacités de leur personnel, et miser sur ces capacités, devraient en sortir gagnantes.

Ces constats ne sont pas nouveaux. De nombreux livres et rapports de recherche furent écrits au cours des dernières années sur les changements qui redéfinissent notre environnement économique (Beck, 1994 ; Courville, 1994) et le marché du travail (CCMTP, 1988) de même que sur l'urgence de considérer les employés comme une ressource stratégique (Beaulieu, 1992 ; Pfeffer, 1994). Toutefois, il nous semble urgent de revenir sur certains arguments de ce discours. Les propos suivants de consultants œuvrant pour la firme Towers Perrin (Takla & Turnbull, 1994, p. 1) nous permettent de comprendre pourquoi.

---

45. Une décennie centrée sur la valeur est déjà commencée, avec une compétition globale sur les prix comme on n'en a jamais vu. Ça va faire mal... Seules les entreprises les plus productives seront gagnantes... Le seul moyen de gagner en productivité consiste à mobiliser les employés face à leur travail... S'il y a une chose dont je sois certain, c'est que c'est la voie à suivre.

Des PDG nous demandent pourquoi leurs stratégies d'affaires, pourtant bien conçues, ne leur permettent pas de devancer la concurrence. Tant que la discussion porte sur les produits, les marchés ou les prix, tout est clair. C'est quand on aborde la question des ressources humaines que les perspectives deviennent plus incertaines.

Du côté de la formulation de la stratégie, les dirigeants ont consacré beaucoup de temps et d'argent à comprendre pourquoi les changements radicaux que nous vivons se produisent, comment ils sont liés entre eux et quelles sont les opportunités et les contraintes qui se profilent derrière ces changements. De ces analyses ils en ont tiré des stratégies d'affaires qui sont généralement pertinentes, mais aussi probablement similaires à celles de leurs compétiteurs. En effet, comme les entreprises dans une même industrie partagent les mêmes données et s'observent mutuellement de très près, il n'est pas étonnant de constater qu'elles décident souvent de poursuivre des stratégies et des tactiques similaires. Donc, comme l'a affirmé Schneier (1990, p. 10) dans un rapport aux chefs d'entreprise de l'*American Management Association*, ce n'est probablement plus la stratégie adoptée mais plutôt sa mise en œuvre qui va déterminer qui seront les gagnants et les perdants.

La véritable question à la base de la réussite à long terme peut dorénavant s'exprimer ainsi : comment réaliser les stratégies d'affaires plus rapidement et de façon plus performante que nos concurrents ? C'est sur ce terrain que se situe le véritable champ de bataille. L'objectif de ce texte est de montrer que ce terrain est également celui de la gestion des ressources humaines.

UN NOUVEAU PARADIGME

Nous sommes entrés progressivement dans une nouvelle ère économique qui se caractérise par une transformation radicale de la notion de valeur. Encore au début des années 1990, les actifs financiers et physiques étaient toujours considérés comme les plus critiques pour le succès d'une entreprise. Cependant, tout indique que les avantages financiers ou physiques exerceront un rôle stratégique décroissant dans l'avenir parce que trop faciles à imiter ou à dépasser. Dans la plupart des entreprises, le capital humain est destiné à les remplacer comme étant la ressource la plus critique.

Ce constat découle directement de la nature des activités dites stratégiques ou à valeur ajoutée pour les entreprises. Mentionnons, entre autres, la recherche et le développement, la capacité d'anticiper les besoins des marchés et d'innover, la fiabilité du service, l'amélioration continue de la qualité ou encore la capacité de développer des réseaux de contacts et d'entretenir des relations qui ouvrent la voie à de nouvelles synergies avec les fournisseurs, les clients et même les compétiteurs. Comme ces activités exigent l'acquisition, l'échange et le traitement d'information entre individus sur une base continue et font grandement appel aux capacités d'apprentissage de ces derniers, elles peuvent être considérées comme essentiellement intellectuelles. En conséquence, elles ont la caractéristique d'être grandement dépendantes des connaissances, habiletés et efforts des employés qui œuvrent à tous les niveaux au sein de l'entreprise. Par contre, elles ont aussi le net avantage d'être rares et difficilement imitables.

D'après J. B. Quinn (1992), l'un des professeurs de stratégie les plus respectés, ce changement radical de la notion de valeur en faveur des activités à forte teneur humaine aura des répercussions majeures sur les orientations stratégiques des entreprises et sur la façon d'entrevoir leur gestion.

> With little fanfare, over the last several decades the development and management of services, service technologies, and human intellect have emerged as the primary determinants of business and national economic success... Now and in the future, effective strategies will depend more on the development and deployment of intellectual resources than on the management of physical and fiscal assets...This reordering has profound implications for the way all managers need to think about their competitive environments, strategic options, leverage opportunities, potential coalition partners, and the very nature of their businesses [46]. (p. 33)

Quand les principaux actifs d'une entreprise sont contenus dans les connaissances et les habiletés des employés plutôt que dans les stocks, les immeubles et la machinerie, les gestionnaires responsables des orientations stratégiques d'une entreprise n'ont pas d'autres choix que de mettre le facteur humain au centre de leurs préoccupations.

UN PARADOXE AUX CONSÉQUENCES DÉTERMINANTES POUR LA RÉALISATION DE LA STRATÉGIE

Malheureusement, la reconnaissance du fait que les entreprises deviennent de plus en plus dépendantes de leurs ressources humaines et une réflexion

---

46. Durant les dernières décennies, le développement et la gestion du secteur des services, les technologies propres à ce secteur et l'intelligence humaine sont apparus, sans crier gare, comme les principaux facteurs de succès en affaires et dans l'économie des pays... Maintenant et dans le futur, la réalisation de stratégies dépendra plus de l'utilisation des ressources intellectuelles que de la gestion des actifs physiques et financiers... Ce réaménagement a des conséquences importantes sur la manière dont les dirigeants devront aborder leur environnement compétitif, leurs options stratégiques, les occasions d'affaires, les ententes avec leurs partenaires et la nature même des activités de leurs entreprises.

sérieuse sur les façons d'en tenir compte ne font que débuter dans de nombreuses entreprises. Il est vrai que l'importance stratégique des employés est souvent reconnue en parole ou sur papier, particulièrement dans les énoncés de mission et les rapports annuels. Mais cette reconnaissance ne se traduit pas toujours dans les actions et décisions critiques des entreprises. Encore trop souvent, les dirigeants n'accordent de l'attention aux enjeux des ressources humaines que lorsqu'une crise survient. Le sous-investissement chronique dans le développement des compétences et les rationalisations massives des effectifs comme premier geste de redressement d'une entreprise en perte de vitesse sont des exemples éloquents de la place marginale encore occupée par le facteur humain. Le discours traduit davantage un souhait qu'une réalité.

Ce paradoxe entre l'aspect stratégique du facteur humain et l'attention marginale qui lui est portée n'est pas sans avoir des conséquences négatives sur la capacité des entreprises à mettre en œuvre leurs stratégies avec succès. Une première conséquence, pour les entreprises, est le risque de perdre la contribution spontanée de leurs ressources humaines, laquelle constitue en fait une bonne partie de leur capacité à compétitionner. Cette contribution spontanée des individus est fonction de la présence d'un « contrat psychologique ou tacite » entre son employeur et chaque individu. Ce contrat précise ce que l'employé peut attendre de l'entreprise et ce qu'elle attend de lui en retour.

Historiquement, ce contrat était généralement simple : une rémunération équitable et une certaine sécurité d'emploi contre une bonne journée de travail et la loyauté envers son employeur. Or, les événements récents nous ont démontré que de nombreuses entreprises ont brisé ce contrat de façon unilatérale (gel ou baisse de salaire, perte de la sécurité d'emploi, plafonnement de la carrière, etc.) tout en exigeant des contributions toujours plus élevées de la part des employés (performance supérieure, compétences plus élevées, plus grande mobilité, partage de ses idées, etc.). À moins qu'elles ne puissent recréer un nouveau contrat sur d'autres bases, ces entreprises se trouvent actuellement très vulnérables (Rousseau, 1996).

D'autre part, ce paradoxe a aussi comme conséquence de rendre les employés sourds et même cyniques face aux discours de la haute direction. L'absence de considération des ressources humaines amène souvent les dirigeants à ne pas mettre les employés « dans le coup » au moment de la formulation de la stratégie. C'est donc à une main-d'œuvre non sensibilisée à l'urgence de changer et par conséquent résistante face aux solutions qui sont proposées par l'entreprise que les dirigeants s'adresseront au moment du passage de la formulation à la réalisation de la stratégie. Il est alors illusoire de croire que, à la suite d'un discours du PDG ou de la lecture d'un bref document, un nombre important d'individus, qui d'ailleurs devront « payer » le prix des nombreux changements inclus dans la stratégie, deviendront aussi enthousiastes et engagés face au projet qui leur est soumis que les dirigeants qui eux ont cheminé dans leur réflexion pendant des mois, et ce, grâce à l'aide de consultants externes. D'ailleurs, certaines recherches indiquent que les employés sont de plus en plus cyniques face aux paroles de dirigeants qui veulent les inciter à participer activement à la réalisation de leurs priorités stratégiques (Mirvis, 1993).

Enfin, d'autres études (Scoka, 1994) démontrent que la très grande majorité des entreprises ont un problème, souvent sérieux, à obtenir la performance attendue. Cette lacune dramatique est probablement une autre conséquence de ce paradoxe, car les entreprises connaissent bien les causes de cette sous-performance mais elles négligent d'agir sur elles (Lefèvre, 1993).

Par exemple, on attache peu d'importance à des actions aussi essentielles que le partage des valeurs de l'entreprise, le renforcement de l'esprit d'équipe, la communication d'attentes spécifiques à chacun ou encore l'accès à une rétroaction continue sur sa performance ou celle de l'équipe.

RÉUSSIR LA STRATÉGIE

Dans mes séances de formation auprès de dirigeants et de gestionnaires, j'ai pris l'habitude de débuter par une image qui illustre le paradoxe décrit plus haut et ses conséquences. Il s'agit de deux Vikings qui sont placés à l'avant du bateau (un drakkar) qu'ils dirigent. Ils regardent au large devant eux. La mer est houleuse et de toute évidence le voyage ne sera pas de tout repos. Dans le bateau, huit rameurs leur font dos, quatre de chaque côté du bateau. L'image montre qu'ils ne rament pas à l'unisson et qu'en plus les rameurs ayant de gros bras sont tous du côté gauche, alors que les autres, beaucoup plus chétifs, se trouvent à droite. Dans un tel contexte, il n'est pas étonnant d'entendre un des deux Vikings dire à son compagnon : « As-tu aussi cette étrange impression que nous tournons en rond ? »

Cette image illustre parfaitement bien mes propos. Les dirigeants sont souvent seuls en haut de l'entreprise et sont surtout concernés par l'environnement externe afin de déterminer et de comprendre les nombreux changements qui ne cessent de se produire dans un environnement turbulent. Ce faisant, ils tournent le dos à leurs employés qui font de même.

Ils ont souvent les ressources humaines requises pour réaliser le projet qu'ils proposent pour l'entreprise. Cependant, leur manque de considération pour les ressources humaines, particulièrement en ce qui concerne leur contribution à définir ce projet, leurs compétences et la façon dont ils sont organisés les empêchent d'arriver à bon port. Ils n'ont pas encore reconnu qu'ils étaient dépendants des employés pour se rendre où ils veulent aller. Même s'ils décidaient de se retourner et de s'adresser directement au personnel, ils ne seraient probablement pas écoutés, car leurs employés leur feraient toujours dos. Pendant ce temps, ces derniers seraient peu productifs et peu engagés, car ils auraient le sentiment d'être dans une galère qui par surcroît ne ferait que tourner en rond.

Les façons de réussir la mise en œuvre de la stratégie sont maintenant apparentes. Il est nécessaire que tous les membres du personnel, particulièrement ceux qui sont essentiels à la réalisation de la stratégie, donc souvent les employés de la base qui font face au client ou au produit, adhèrent à cette stratégie et y contribuent de façon optimale. Pour cela, ils devront apporter leur contribution à la définition de cette stratégie, connaître les attentes à leur égard qui en découlent, être responsabilisés face à ces attentes, posséder les compétences requises pour accomplir pleinement leur mandat, bénéficier d'une rétroaction continue leur permettant de s'améliorer, être reconnus pour leur contribution, être appuyés par leur superviseur et évoluer dans un environnement de travail stimulant.

C'est donc le désir et la capacité des dirigeants et des gestionnaires à gérer stratégiquement les ressources humaines qui détermineront véritablement la compétitivité de l'entreprise au cours des prochaines années. Comme nos deux Vikings, ils n'ont pas d'autres choix que de se tourner vers ceux qui vont leur permettre d'atteindre leurs objectifs, de descendre auprès de leurs employés afin de leur faire face et de leur expliquer la destination du voyage et la façon d'y arriver efficacement.

Partie IV

STRATÉGIE EN SITUATION
DE COMPLEXITÉ

Cette partie ne comprend qu'un seul chapitre et cinq notes. Le chapitre IX décrit ce que signifie la situation de complexité en mettant l'accent sur la compréhension par les dirigeants des relations de cause à effet, généralement non linéaires, et sur le pouvoir constructif, celui qui permet de mener les personnes dans la direction souhaitée, dont disposent ces dirigeants.

Le chapitre IX démontre que la complexité requiert des modes de gestion différents, pour faire face justement à l'opacité des relations de cause à effet. Les modes les plus connus sont ceux qui font confiance à des modèles de simplification de la tâche de prise de décision stratégique. Les moins connus sont ceux qui mettent l'accent sur la compréhension du processus de prise de décision et sur la spécialisation verticale des tâches de direction et de gestion.

La note 15 propose une synthèse des modèles communément utilisés pour l'évaluation des acquisitions et fusions. Ces modèles, de stratégie, de risque/rendement ou financier et de portefeuille, correspondent en fait à la répartition verticale de la tâche de gestion stratégique parmi les gestionnaires et dirigeants, dont il est question au chapitre IX. Cette note est tirée d'un article qui a été écrit par Alain Noël (Ph.D., McGill), professeur de politique générale d'administration à l'École des HEC, et qui a été publié à l'origine par la revue *Gestion*.

La note 16 précise la nature de la transformation en matière de gestion que force la complexité croissante des organisations. Notamment, il est affirmé que la gestion directe cède la place à une gestion médiatisé, une métagestion dont l'objet est de gérer ceux qui gèrent. La note est tirée d'un article de Taïeb Hafsi (DBA, Harvard), professeur de stratégie des organisations à l'École des HEC, qui a été à l'origine publié par la revue *Gestion*.

La note 17 discute des problèmes de gestion que pose la complexité et suggère que les Japonais ont un avantage concurrentiel en situation de complexité, à cause de l'attention qu'ils portent aux personnes et de leur capacité à les faire converger malgré l'exacerbation par la complexité des ambiguïtés et des incertitudes de la gestion. Cette note est aussi tirée d'un article écrit par Taïeb Hafsi et publié par la revue *Gestion*.

La note 18 aborde une question mal connue : celle de la formulation et de la mise en œuvre de la stratégie en matière d'acquisitions et de fusions. La note démontre que formulation et mise en œuvre sont souvent en opposition et en contradiction à cause de leurs dynamiques pratiques différentes. En général, le problème de la cohérence entre la mise en œuvre et la formulation est un problème fondamental et général en gestion stratégique, et les conclusions de cette note peuvent être généralisées à toutes les situations. Cette note est tirée d'un article de Taïeb Hafsi (DBA, Harvard) et Jean-Marie Toulouse (Ph.D., université de Montréal), professeurs de gestion stratégique des organisations à l'École des HEC, qui a été publié à l'origine par la revue *Gestion*.

La note 19 aborde la question de l'évaluation des investissements en technologie de l'information (TI). Traditionnellement évalués de manière séparés, les investissements en TI sont de plus en plus considérés comme des décisions d'affaires qu'il faut évaluer en prenant en considération leurs effets sur les affaires. Cette approche bouleverse les pratiques et montre que les investissements en TI ont une importance considérable et une rentabilité beaucoup plus élevée que ce qui est généralement admis. Cette note est écrite par Albert Lejeune, Ph.D., HEC, professeur de stratégie et technologie de l'information à l'UQAM.

L A   S T R A T É G I E   E T L A   C O M P L E X I T É

I. PROLOGUE

Dans ses études remarquables de l'histoire des affaires en Amérique, A.D. Chandler a méthodiquement examiné les raisons qui expliquent la domination de certaines entreprises dans leurs industries respectives. Il a ainsi affirmé que le développement de ces firmes n'avait rien à voir avec la main invisible du marché, mais tout avec la main visible de la gestion. Ce sont, disaient-ils, les firmes qui ont été capables de résoudre les nouveaux problèmes de gestion que posait l'incroyable croissance des réseaux de production et de distribution, plus complexes et plus difficiles à gérer. Sa devise, constamment martelée, est que l'innovation managériale, plus que les produits ou les finances, est essentielle pour le succès de marché (Chandler, 1977).

> *Whereas the activities of single-unit traditional enterprises were monitored and coordinated by market mechanisms, the producing and distributing units within a modern business enterprise are monitored and coordinated by middle managers. Top managers, in addition to evaluating and coordinating the work of middle managers, took the place of the market in allocating resources for future production and distribution. In order to carry out these functions, the managers had to invent new practices and procedures which in time became standard operating methods in managing American production and distribution [1]. (p. 7)*
>
> *As technology became more sophisticated and as markets expanded, administrative coordination replaced market coordination in an increasingly larger portion of the economy. By the middle of the twentieth century the salaried managers of a relatively small number of large mass producing, large mass retailing, and large mass transporting enterprises coordinated current flows of*

---

[1]. Alors que les activités des entreprises traditionnelles à simple gamme de produits étaient contrôlées et coordonnées par les mécanismes du marché, les unités de production et de distribution d'une entreprise moderne le sont par des gestionnaires de niveau intermédiaire. Les dirigeants au sommet, en plus d'évaluer et de coordonner les travaux de leurs gestionnaires intermédiaires, remplacèrent le marché en allouant les ressources à la production et à la distribution futures. Pour réaliser ces fonctions, les gestionnaires ont dû inventer des pratiques et des procédures nouvelles, qui devinrent avec le temps des méthodes opératoires standards en Amérique en matière de production et de distribution.

goods through the processes of production and distribution and allocated the
resources to be used for future production and distribution in major sectors of
the American economy. By then, the managerial revolution in American busi-
ness had been carried out [2].

Ainsi, l'histoire de la Standard Oil of New Jersey montre combien la multiplication des activités a entraîné des difficultés croissantes, qui ont dû nécessiter des adaptations originales du fonctionnement de l'organisation. En particulier, pour survivre aux crises multiples résultant de la croissance, l'entreprise a d'abord dû mettre l'accent sur la centralisation facilitée par la structure fonctionnelle, pour éviter la dispersion et accroître l'efficacité.

Cependant, la centralisation, qui permet plus d'efficacité au début, devient problématique ensuite, lorsque les activités sont tellement nombreuses et diversifiées que l'initiative locale est nécessaire. Elle a alors laissé la place à une décentralisation importante que permet une structure divisionnelle par produit ou par projet. Dans le cas de la Standard Oil, la divisionnalisation a été ensuite accompagnée d'innovations nombreuses, notamment la création de nombreux comités latéraux pour faciliter la coordination. Un tel fonctionnement laisse de la place à l'initiative des entrepreneurs, tout en permettant la coordination nécessaire. Chandler (1962) résume ainsi son étude de la Standard Oil :

La réorganisation de la Jersey a donc suivi la stratégie. Mais la réaction fut
plus lente, plus hésitante, et moins décisive qu'à la General Motors. Cette diffé-
rence est, en partie, due au fait que la Jersey avait des problèmes plus diffi-
ciles à résoudre. En 1925, la Jersey était à la fois un groupement centralisé,
avec des départements fonctionnels, comme la Du Pont en 1920, et une associa-
tion, sans liens précis, et ultra-décentralisée, comme la General Motors d'avant
la réorganisation. Et s'il s'agissait de créer des divisions d'exploitation à la
DuPont, et une direction générale à la G.M., il fallait créer les deux à la Jersey,
et remanier, en plus, l'organisation de certains départements fonctionnels.
Pour effectuer ces réformes, la Jersey devait, en plus, déraciner un plus grand
nombre de traditions qu'à la General Motors, et, grâce à Pierre DuPont, qu'à la
société d'explosifs. Faisaient partie de cet héritage le principe de gestion par
comité, et une tendance à négliger les problèmes d'organisation.

2.   Lorsque la technologie devint plus sophistiquée et que les marchés s'étendirent, la coordination administrative remplaça la coordination par le marché dans une portion croissante de l'économie. Vers le milieu du XXe siècle, les gestionnaires salariés d'un nombre relativement petit de grandes entreprises de production, de distribution et de transport de masse ont coordonné les flux courants de biens à travers les processus de production et de distribution, et ont attribué les ressources à utiliser pour les production et distribution futures de secteurs importants de l'économie américaine. C'est alors que la révolution managériale des affaires américaines fut réalisée.

Teagle et ses collaborateurs attendirent longtemps, avant de bouleverser ces traditions, et d'adapter les structures à la stratégie. Il faut imputer ce décalage à la personnalité, à la formation et aux activités de dirigeants de la Jersey. À l'exception de Sadler, de Howard et peut-être de Clark, ils pensaient peu en termes d'organisation... ils dirigeaient au jour le jour, et négligeaient les problèmes à long terme, préférant l'action à l'analyse... C'est pourquoi la réorganisation de la Jersey s'est faite au jour le jour sans suivre de plan déterminé. Il faut, par contre, ajouter que peu de sociétés pétrolières, s'il en était, abordaient les problèmes d'organisation d'une façon plus rationnelle que la Jersey.

La Standard Oil était une entreprise unique parce qu'elle était composée d'une multitude d'entrepreneurs ombrageux, soucieux de leur indépendance, tous intéressés à la réussite de l'entreprise ou de leur partie de l'entreprise, mais qui ont tout de même montré leur souci de maintenir l'intégrité de l'ensemble. La décentralisation pouvait dans ce cas être perçue comme naturelle, puisque l'entreprise n'était en fait que l'association des entrepreneurs qui la constituaient. D'ailleurs, lorsqu'on demandait à Rockefeller comment il expliquait sa réussite, il répondait par une formule lapidaire qui montrait bien l'importance de tous ces entrepreneurs : « J'ai réussi parce que j'ai été capable de partager. »

En fait, ce partage des bénéfices s'accompagnait surtout d'un partage des responsabilités qui laissait beaucoup d'initiative aux responsables sectoriels ou locaux, mais encore plus important, il facilitait la gestion de l'entreprise. Celle-ci était devenue tellement étendue et diversifiée que les dirigeants au sommet ne pouvaient vraiment la comprendre suffisamment pour agir avec discernement. La décision devait être locale, avec un minimum de coordination globale. Cet arrangement avait ainsi simplifié la gestion générale de l'entreprise de façon que des décisions raisonnables, sinon parfaites, puissent être prises. C'est cela le premier réflexe face à la complexité : simplifier pour pouvoir fonctionner. L'histoire de la Standard Oil n'est à cet égard pas unique. Avec la multiplication des activités, avec l'importance croissante que prennent les personnes, avec l'énergie et le dynamisme croissants de la concurrence, la seule façon de répondre est de s'en remettre aux acteurs qui sont en contact avec la technologie et avec le marché et de trouver des mécanismes pour suivre leur action et se donner ainsi une chance de la comprendre.

Dans ses travaux plus récents, Chandler (1987) reconnaît que les difficultés de gestion sont allées croissantes :

Les producteurs d'aliments, de médicaments et d'autres produits de marque présentés sous emballage, les fabricants d'équipement électrique et électronique, et toutes sortes d'entreprises de mécanique se montrèrent capables d'utiliser leurs capacités internes afin de surpasser la concurrence en pénétrant sur les marchés de produits connexes des leurs... Néanmoins le succès même de ces stratégies de croissance facilité par la structure multidivisionnelle créa de nouveaux défis...

L'expansion rapide dans des branches en relation lointaine avec celle de l'entreprise ou même sans lien aucun avec elle exerça une énorme pression sur la structure multidivisionnelle. Elle conduisit à une rupture de communication entre les cadres dirigeants de l'état-major central et les cadres supérieurs opérationnels des divisions. Ce dysfonctionnement avait deux causes. D'abord les dirigeants du siège central souvent n'avaient qu'une faible connaissance des processus techniques et des marchés de beaucoup de sociétés dont ils avaient fait l'acquisition ou bien ils n'en avaient qu'une faible expérience. Ensuite, l'acquisition de davantage de divisions créait simplement une surcharge pour la prise de décision au siège central. Avant la Seconde Guerre mondiale les états-majors des grandes firmes diversifiées et multinationales géraient rarement plus de 10 divisions et seules les firmes géantes allaient jusqu'à en gérer 25... En 1969, il y avait des compagnies qui administraient 40 divisions, et certaines même davantage...

(Les) hauts dirigeants du siège central n'avaient plus, contrairement à leurs prédécesseurs, le temps nécessaire pour établir et maintenir des contacts personnels avec les responsables des divisions opérationnelles. Ils n'avaient pas davantage l'expérience détaillée des produits qui reste nécessaire pour évaluer les propositions des responsables opérationnels comme pour contrôler leurs performances...

La surcharge résultait non d'un quelconque manque d'information, mais de la qualité de l'information et la capacité des dirigeants les plus haut placés à l'évaluer. Ceux-ci en effet commençaient à perdre la compétence indispensable pour maintenir une entreprise unifiée dont la totalité est davantage que la somme de ses parties.

La compréhension de l'action au niveau opérationnel reste nécessaire, mais elle se fait ici *a posteriori* et son objet est surtout organisationnel, de façon à faciliter les actions les plus pertinentes et à récompenser les comportements souhaités chez les gestionnaires. Contrairement à ce qu'affirme Chandler, la nature des aspects à comprendre n'est pas non plus la même. On s'intéresse non plus aux actions opérationnelles à entreprendre, mais aux comportements des personnes et aux relations entre ces comportements et les modifications des règles du jeu, notamment la nature et le fonctionnement des mécanismes d'attribution des récompenses et punitions.

La situation de complexité est justement la situation où la capacité d'action des dirigeants est réduite de manière fondamentale. Sans entrer dans des définitions trop techniques, nous retiendrons qu'une situation est complexe lorsque :

1. Les activités et les technologies sont tellement nombreuses que les dirigeants ne peuvent toutes les comprendre et en général n'ont qu'une compréhension limitée du système qui en résulte ;

2. Le pouvoir est tellement partagé et dispersé que ces dirigeants n'ont que peu de pouvoir constructif pour amener l'organisation dans la direction souhaitée.

La question qui en résulte est alors : **Comment peut-on gérer lorsque simultanément on ne comprend pas et on n'a pas tout le pouvoir requis pour agir ?**

Dans ce chapitre, nous allons justement apprécier les transformations dans la fonction du gestionnaire des grandes organisations complexes, d'une part en étudiant certains des outils d'analyse qui sont utilisés pour simplifier leurs tâches, notamment la prise de décision pour l'allocation des ressources, et, d'autre part en examinant comment concrètement les organisations complexes prennent leurs décisions importantes. Ce chapitre sera donc consacré, dans une première partie, aux méthodes d'analyse attachées au contenu des décisions à prendre et, dans une seconde partie, aux processus par lesquels les décisions sont prises et comment ces processus peuvent être modifiés de façon à obtenir les résultats souhaités.

II. LES MÉTHODES D'ANALYSE FACE À LA COMPLEXITÉ

Nous ne nous intéressons ici qu'à des méthodes qui permettent de simplifier le problème de la prise de décision auquel font face les dirigeants dans les grandes organisations complexes. Pour l'essentiel, ce problème est lié à la répartition des ressources entre les différentes activités de l'organisation. Traditionnellement, la décision de répartition des ressources était dominée par les procédures d'évaluation des investissements recommandées dans les manuels d'analyse financière. Celles-ci pourraient être résumées comme suit :

a) Évaluer les flux de fonds, d'une part les fonds correspondant aux dépenses nécessaires à la réalisation des investissements envisagés, d'autre part les entrées de fonds que l'investissement est supposé entraîner, dans le futur.

b) Calculer la valeur actualisée des entrées et sorties de fonds, en utilisant comme taux d'actualisation le taux de rentabilité exigé de l'entreprise par le marché (Noël, 1989). Faire le bilan entre les entrées actualisées (positives) et les sorties actualisées (négatives). Le résultat est la valeur actualisée nette de l'investissement envisagé.

c) Choisir les investissements qui produisent la valeur actualisée nette la plus élevée ou la rentabilité de l'investissement (rapport entre la valeur actualisée nette et les dépenses totales d'investissement) la plus élevée.

Ce genre d'évaluation, qui domine encore les procédures d'investissement des firmes, est très sensible à la qualité des projections de résultats futurs, mais ne permet pas de porter un jugement éclairé sur ces projections. Les entreprises, comme GE (Aguilar, 1988), étaient alors obligées de maintenir des personnels spécialisés importants, au niveau central, pour contrôler la qualité des évaluations faites par les opérationnels. Plus important encore, ces méthodologies ne permettaient pas de comprendre comment la position concurrentielle des activités dont il était question allait être touchée par l'investissement considéré.

C'est ce qui a amené la société de consultants McKinsey à élaborer le modèle de portefeuille de produit, qui répondait donc au départ aux besoins de la société GE. La plupart des grandes sociétés de consultants en gestion stratégique créèrent leur propre version du modèle. La plus populaire de ces versions est celle qu'a proposée la société Boston Consulting Group (BCG). Cette version est la plus simplifiée, mais aussi la plus quantitative des versions. C'est elle qui nous servira de base. Nous fournirons aussi les éléments clés de la variante GE-McKinsey.

A. LE MODÈLE DE PORTEFEUILLE

1. Le concept d'activité stratégique

Un des déterminants de la complexité est justement la diversité des activités. Cependant, les activités ne sont pas toujours aisées à distinguer les unes des autres. La définition des activités est en soi une décision stratégique. Ainsi, dans l'article célèbre de *Marketing Myopia* (Levitt, 1960), il était expliqué comment les entreprises de chemins de fer ont raté une occasion rare de dominer le marché des transports de masse du XXe siècle, notamment par route et par air, en se définissant non pas comme des sociétés de transport de biens et de passagers, en général, mais comme des « sociétés de transport par rail ». Cette définition étroite a été à l'origine du déclin de ces entreprises tout au long de ce siècle. L'inverse est aussi vrai. On peut se définir de manière tellement large qu'on risque de ne pas être capable d'exceller dans toutes les activités que cela implique. Ainsi, aucune entreprise ne se définirait aujourd'hui comme « une entreprise d'informatique », en général, parce que cela ne veut plus dire grand-chose, compte tenu du très grand nombre d'activités possibles dans cette filière.

Définir les activités stratégiques est alors une étape clé de la démarche stratégique, lorsqu'on est en situation de complexité.

En général, on peut définir une activité stratégique comme une activité (ou ensemble de produits-marchés), suffisamment autonome, pour laquelle on peut définir une stratégie. Cela suppose qu'on puisse déterminer clairement les concurrents et que les ressources utilisées (équipements, personnels, etc.) puissent être clairement séparées de celles des autres activités.

Beaucoup de règles et de guides ont été proposés dans la littérature pour faciliter cette tâche, qu'on appelle généralement « segmentation stratégique » (voir Nantel, 1989 et Abell & Hammond, 1979). Nous croyons cependant qu'il est plus raisonnable de parler de la segmentation stratégique de manière aussi fondamentale que nous l'avons fait et de laisser les règles émerger dans chaque situation spécifique. Il faut cependant insister sur l'importance de la définition des activités pour toutes les analyses qui peuvent être faites en situation de complexité.

2. Le modèle BCG [3]

Comme tous les modèles de portefeuilles d'activités stratégiques, le modèle BCG met l'accent sur les forces, exprimées en termes de position de marché et d'attirance du marché, du portefeuille de produits-marchés ou d'activités stratégiques d'une entreprise. La clé du modèle est la relation qui existe entre le *cash flow* d'une activité stratégique et ses caractéristiques en termes de part de marché/croissance du marché. L'idée est de construire le portefeuille qui produira le *cash flow* le plus élevé et le plus stable dans le temps, en prenant en considération les *patterns* de *cash flow* de chacune des activités stratégiques. En utilisant le modèle de portefeuille d'activités, un dirigeant a alors comme objectif de maximiser les forces totales de l'entreprise, en équilibrant la production et l'utilisation des fonds de l'entreprise.

La proposition centrale indique que, dans la plupart des environnements concurrentiels, il y a une relation forte entre la part de marché relative et la

---

3. Dans cette partie, nous nous sommes inspirés de l'excellente présentation qui a été faite par Slater & Weinhold (1979).

croissance du marché, d'une part, et les caractéristiques de production et d'utilisation des fonds des activités stratégiques, d'autre part. Ainsi, lorsqu'une entreprise réalise, pour une activité donnée, une stratégie qui permet un accroissement du volume d'affaires plus rapide que celui des concurrents, des avantages de coût en résultent. Cette relation coût/volume d'affaires est justifiée par ce qui est appelé la courbe d'expérience.

BCG décrit la courbe d'expérience comme une relation prévisible entre le coût unitaire et le volume de production cumulé. Construisant sur des travaux précédents, réalisés notamment par l'armée de l'air américaine et sur la courbe d'apprentissage en matière de production, BCG a proposé que l'effet d'apprentissage s'étendait aussi à tous les facteurs qui participent à la valeur ajoutée, comme le capital, la main-d'œuvre et les coûts fixes. Les raisons qui expliquent la courbe d'expérience ne sont pas connues avec précision, mais on mentionne plusieurs facteurs explicatifs, notamment :

1. l'amélioration de l'efficacité de la main-d'œuvre ;
2. les effets des améliorations de méthodes et de l'introduction de nouveaux processus de production ;
3. les reconceptions ou améliorations de la conception du produit qui permettent des économies de matière première, une meilleure efficacité manufacturière ou l'utilisation de ressources moins onéreuses ;
4. les effets de la standardisation possible du produit ;
5. les effets d'échelle.

Les courbes d'expérience sont souvent présentées sur un diagramme logarithmique avec le coût unitaire en ordonnée et le volume de production cumulé en abscisse. Les figures 1 et 2 montrent les courbes d'expérience du modèle T de Ford et des circuits intégrés de Texas Instruments.

Du fait de la courbe d'expérience, le concurrent qui a la part de marché relative la plus élevée dans une activité (ou un produit) donnée est celui qui a le volume cumulé le plus important et donc le coût unitaire le plus faible. Il va ainsi produire la marge la plus élevée, pour un prix de marché donné.

Si la production de fonds est clairement liée à l'expérience et donc à la part de marché relative, l'utilisation des fonds, notamment pour l'investissement, dépend bien entendu de la croissance du marché. Maintenir ou accroître la part de marché dans un marché en croissance crée des besoins de fonds qui sont d'autant plus grands que le taux de croissance est élevé et que les gains de part de marché visés sont élevés. La dynamique entre la production et l'utilisation des fonds permet alors de classifier les activités dans le tableau de la figure 3 pour faciliter la prise de décision en matière stratégique, notamment pour faciliter l'allocation des ressources aux différentes activités stratégiques.

Figure 1 La courbe d'expérience du modèle T de Ford

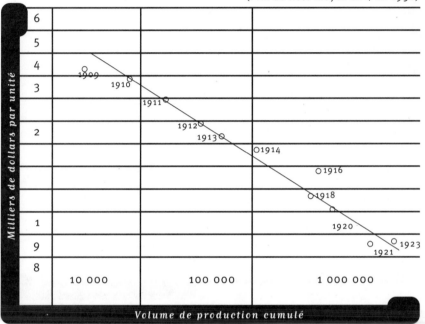

Adaptation par l'auteur des données d'Abernathy & Wayne (1974)

Figure 2 La courbe d'expérience pour les circuits intégrés

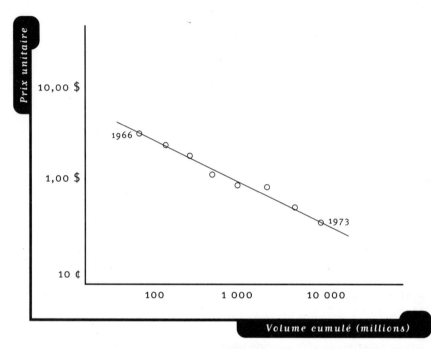

Source : Texas Instruments Inc., First Quarter and Stockholders' Meeting Report, 18 avril 1973.

La figure 3 illustre les situations possibles :

1. Lorsqu'une activité stratégique a une forte part de marché relative, donc produit beaucoup de fonds, et se trouve dans un marché en forte croissance, donc utilise beaucoup de fonds, nous avons une situation idéale. En effet, non seulement nous disposons des possibilités de croissance, mais de plus nous disposons des ressources pour les exploiter. Une activité dans cette situation est appelée *star.*

2. Lorsqu'une activité stratégique a une forte part de marché relative, donc produit beaucoup de fonds, et se trouve dans un marché en faible croissance, donc n'utilise pas beaucoup de fonds, elle devient un fournisseur net de fonds qui deviennent disponibles pour d'autres utilisations. Une activité dans cette situation est souvent appelée *vache à lait.*

3. Lorsqu'une activité stratégique a une faible part de marché relative, donc ne produit pas beaucoup de fonds, et se trouve dans un marché en forte croissance, donc exigeant beaucoup de fonds ne serait-ce que pour se maintenir, elle se trouve en situation délicate. Elle ne peut progresser que si l'on décide d'y injecter des fonds parfois en grande quantité. Une activité dans cette situation est souvent appelée *point d'interrogation*. **4.** Finalement, lorsqu'une activité stratégique a une faible part de marché, dans un marché en faible croissance, nous sommes face à une situation que les gens de BCG considèrent comme problématique et ils ont tendance à suggérer alors qu'on en sorte. Une activité dans cette situation a été généralement appelée *canard boiteux*, ce qui est regrettable, car il est plutôt juste de dire que ces situations sont à examiner de plus près, probablement pour redéfinir le positionnement ou effectuer un redressement. Le désinvestissement devrait être considéré seulement après une analyse plus précise.

Les situations des activités mènent alors à la recommandation importante du modèle en matière d'allocation de ressources et qui est représentée dans la figure 4 et que l'on peut résumer ainsi :

Il est souhaitable de prendre les fonds produits par les vaches à lait, de les investir dans les points d'interrogation les plus prometteurs, pour en faire des stars qui, avec le temps, deviendront des vaches à lait. Un portefeuille équilibré doit alors comprendre des activités dans les trois cases « vertueuses », la case des « canards boiteux » devant être vide.

Figure 3 Le modèle de portefeuille
Modèle de gestion stratégique de portefeuille de cas

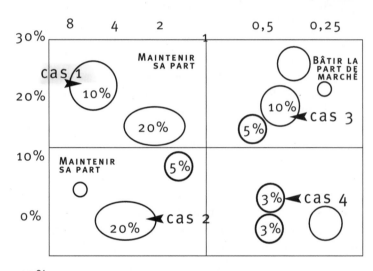

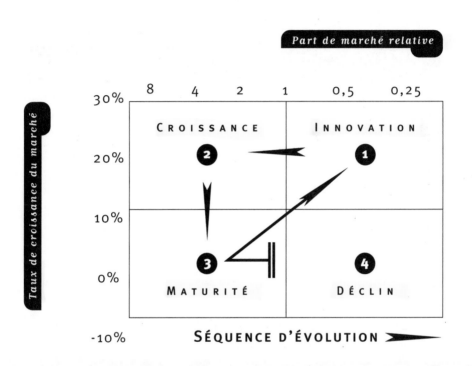

Figure 4 Le modèle de portefeuille

Modèle de gestion stratégique de portefeuille de cas

3 . Un modèle alternatif : le modèle McKinsey-GE

Lorsque McKinsey fit le diagnostic de GE en 1969, les consultants recommandèrent une gestion de portefeuille similaire à celle de BCG. Cependant, les dirigeants de GE étaient mal à l'aise avec la nature quantitative et apparemment définitive des décisions qu'impliquait le modèle. Notamment, ils préféraient porter des jugements plus élaborés sur la position concurrentielle de l'activité, plutôt que de s'en remettre à la part de marché relative, et sur l'attirance du marché, plutôt que sur le taux de croissance du marché. Cependant, pour rester systématiques, ils ont décidé que ces jugements seraient guidés par une série de dimensions comme l'indique le tableau 1.

La position concurrentielle et l'attirance du marché, pour une activité stratégique donnée, étaient alors représentées, comme dans le modèle BCG,

Tableau 1 L'évaluation de la position concurrentielle et de l'attirance du marché

Facteurs influençant l'attirance de l'industrie	Facteurs influençant la position de l'activité
• Taille du marché	Accent sur la recherche •
• Croissance du marché	Technologie du produit •
• Nombre de concurrents	Qualité du produit •
• Forces/faiblesses des concurrents	Taille de la fabrication •
• Caractéristiques du cycle de vie du produit	Expérience •
• Position dans le cycle de vie	Distribution physique •
• Taux de changement de la technologie	Marketing •
• Profitabilité	Intangibles (brevets, •
• Barrières à l'entrée et à la sortie	marques de commerce, etc.)

Figure 5 La position relative

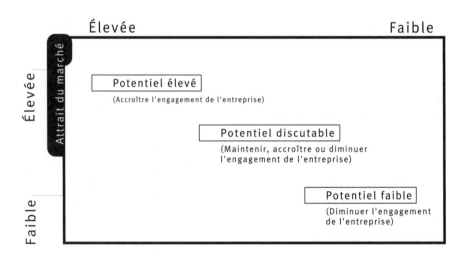

dans un diagramme matriciel (voir la figure 5). Les recommandations d'allocation de ressources ressemblent alors à celles de BCG, avec une classification des activités stratégiques le long des dimensions retenues.

B. Un modèle d'évaluation comparative : le PIMS

Le Marketing Science Institute a mis au point une banque de données et une méthodologie qui permettent de préciser la position concurrentielle des activités stratégiques telles qu'elles sont décrites dans le modèle de portefeuille. La méthodologie, appelée *Profit Impact of Market Strategy* (PIMS) permet de comparer les performances d'une activité stratégique donnée à celles des quelque 2 700 unités de la banque de données, en substituant les données concernant cette activité dans une des équations de régression dérivées empiriquement à partir des données de la banque. Le PIMS permet alors de produire quatre types de rapports :

a) Un rapport dit de « Par », qui indique comment se situent le rendement sur le capital investi (RCI) et les flux monétaires (*cash flow* ou FM) par comparaison aux RCI et aux FM d'activités similaires.

b) Un rapport dit de « Sensibilité stratégique », qui suggère par des scénarios comment les RCI et FM peuvent évoluer si l'on modifie les caractéristiques des variables du modèle.

c) Un rapport de « Stratégie optimale », dont l'objet est de déterminer les décisions combinées qui permettent de maximiser les RCI et FM.

d) Finalement un rapport dit « Lim », qui permet une combinaison sélective de résultats de Par et de Sensibilité.

Le modèle est basé sur des équations mathématiques qui sont supposées expliquer plus de 80 % de la variabilité de la profitabilité ou du *cash flow*. Ces variables peuvent être regroupées en cinq grands groupes :

1. Caractéristiques de l'environnement d'affaires, notamment **taux de croissance à long terme, taux de croissance à court terme, taux d'inflation des prix et des coûts, fréquence d'achat, nombre et taille des utilisateurs et des acheteurs.**

2. Position concurrentielle de l'activité, notamment **part du marché servi, part relative, qualité relative des produits, prix, effort de marketing et activité de nouveaux produits.**

3. Structure du processus de production, notamment **intensité du capital, degré d'intégration verticale, utilisation de la capacité, productivité des équipements et des personnes.**

4. Allocations budgétaires discrétionnaires, notamment **budgets de recherche et développement, budgets de marketing.**

5. Actions stratégiques, notamment **les *patterns* de changement dans l'une des variables contrôlables mentionnées.**

Le PIMS utilise deux types de régression, l'une à 37 variables pour la prédiction du RCI et l'autre à 18 variables pour la prédiction du FM. La caractéristique principale du PIMS est qu'il permet de remplacer une grande partie des évaluations subjectives du modèle McKinsey-GE par des évaluations dérivées de manière empirique. Comme la plupart des variables stratégiques importantes, susceptibles de modifier la performance, ont été introduites dans le modèle PIMS, les différences entre le Par et la performance observée peuvent être attribuées à des variables non stratégiques, comme la gestion opérationnelle.

C. LES MÉRITES ET LES PROBLÈMES DES MODÈLES D'ANALYSE STRATÉGIQUE TRADITIONNELS

1. Les mérites

Les modèles du type BCG et PIMS et tous ceux qui en sont dérivés ont été conçus pour simplifier la prise de décision lorsque le niveau de complexité devient trop élevé et met à l'épreuve les capacités cognitives des dirigeants, plus spécifiquement leurs capacités à comprendre les phénomènes organisationnels qui en résultent et à agir de manière efficace.

La simplification qui est proposée par le modèle de portefeuille de produits est en fait une simplification de l'analyse stratégique. Au lieu d'obliger les dirigeants à prendre connaissance d'abord de sommes d'information considérables sur la situation stratégique de chacune des activités avant de décider, le modèle digère cette information : premièrement, en réduisant les deux parties de la formulation stratégique, l'analyse interne et l'analyse externe, à des dimensions qui peuvent être examinées et évaluées de manière systématique par des collaborateurs ; deuxièmement, en proposant des décisions « standardisées » pour maintenir l'équilibre du portefeuille.

Ainsi, l'analyse interne est remplacée par la part de marché relative dans le modèle BCG ou par des dimensions clairement explicitées dans les autres modèles de remplacement. De même, l'analyse externe est réduite à la croissance du marché ou à des dimensions qui peuvent permettre de faciliter une appréciation systématique de la nature de l'environnement.

Le modèle suggère ensuite des comportements ou des décisions qui sont basés sur la logique. Comme les dirigeants ont la main haute sur les ressources financières, on leur suggère qu'ils devraient alors les répartir de façon que le portefeuille d'activités stratégiques soit équilibré. Ils doivent ainsi s'assurer que les activités de l'entreprise comprennent des activités productrices de fonds aujourd'hui, les vaches à lait, des activités aujourd'hui dominantes dans leur marché en forte croissance et productrices de fonds pour le futur, lorsque la croissance du marché diminuera suffisamment, les stars, et des activités qui ont besoin d'être soutenues pour compléter la chaîne et produire les stars du futur, les points d'interrogation.

Le dirigeant n'a plus qu'à confirmer le résultat de l'analyse en apposant son sceau à une décision somme toute relativement technique. Il doit peut-être aussi veiller à ce que le portefeuille soit maintenu équilibré de manière dynamique, c'est-à-dire prévoir les problèmes qui pourraient remettre en cause l'équilibre ou, lorsque l'équilibre n'est pas atteint, prendre les décisions qui le réaliseraient. Ainsi, pour la compagnie Harlequin, un leader mondial des romans d'amour grand public (Fry & Killing, 1983), le plus grand des problèmes stratégiques dans les années 1980 a été de trouver des activités, des points d'interrogation, qui permettraient de remplacer progressivement les remarquables succès de ses activités principales. Sur une période d'environ dix ans et malgré plusieurs acquisitions, dont les résultats ont été plutôt malheureux, elle n'a guère réussi à le faire.

Toujours dans le cadre de l'équilibrage du portefeuille d'activités, un autre type de décisions importantes à prendre par les dirigeants peut être la décision d'abandonner des activités qui, selon l'analyse, n'ont aucune chance d'apporter des contributions à l'équilibre du portefeuille d'activités. En général, désinvestir ou faire des acquisitions sont souvent des actions d'équilibrage du portefeuille d'activités.

Il est alors évident que la simplification de la tâche du dirigeant qui résulte du modèle de portefeuille est considérable, ce qui explique d'ailleurs l'engouement que cet instrument a suscité dans les milieux de la consultation en stratégie. Le modèle du PIMS s'est révélé un complément remarquable du modèle de portefeuille. Il permettait de documenter de manière plus convaincante la position concurrentielle de l'activité et donc de rendre plus convaincante la classification qui en résultait dans le modèle. Diriger une grande organisation complexe revenait en somme à gérer le portefeuille des activités qu'elle rassemblait.

2. Les problèmes

La plupart des problèmes viennent de la puissance même du modèle et du confort qu'il apporte aux décideurs. L'analyse est tellement convaincante que les dirigeants ont l'impression que les résultats n'ont plus qu'à suivre. Il en résulte souvent des décisions et des comportements stéréotypés et dangereux.

D'abord, la terminologie elle-même peut être un problème pour la gestion de l'entreprise. En effet, la classification engendre des comportements qui auront tendance à confirmer la justesse du terme choisi. En particulier, les personnels des activités qui auront été classifiées comme des stars vont avoir des comportements qui exigeront le respect du statut qui va avec la classification. De même, le personnel des activités classées « canards boiteux » va être démobilisé et il confirmera ainsi la « prophétie ». Cette segmentation de l'entreprise en classes peut être catastrophique pour la coordination de son fonctionnement.

Par ailleurs, les dirigeants auront tendance à ne plus utiliser leur jugement ni à encourager le jugement de leurs collaborateurs. Le résultat de l'analyse peut devenir une sorte de dogme que chacun va s'évertuer à respecter. Le modèle devient alors une sorte de magie intellectuelle qui peut servir à éloigner les dirigeants de la réalité de la gestion de l'entreprise. Comme des enfants devant de nouveaux jouets performants, ils peuvent oublier que le modèle n'est qu'un mécanisme de simplification de la réalité. Il ne peut éliminer la sueur et l'« agonie » que la dynamique, souvent non linaire, des actions des personnes suscite pour la gestion. Le modèle simplifie la vie, pour mieux la comprendre, mais ne l'élimine pas.

De plus, le modèle peut faire oublier aussi les multitudes d'hypothèses et de paris qui sont sous-jacents à l'analyse. Ainsi, le premier grand pari est que la segmentation stratégique, donc la définition actuelle des activités stratégiques, est adéquate et permet de produire un avantage compétitif. Rien n'est moins sûr, parce que la validité de la segmentation est aussi touchée par les actions des concurrents et par les comportements des clients, lesquels sont en évolution constante. Donc, une vigilance de tous les instants s'impose pour s'assurer qu'on travaille sur une représentation suffisamment crédible de la réalité ou, lorsque les paris s'imposent, que les hypothèses qui ont été faites restent confirmées par les éléments de réalité auxquels on a accès.

Finalement, toutes les décisions sont prises sur la base de projections sur les comportements futurs des marchés et des acteurs importants. Ces projections sont souvent des spéculations, parce que le futur est toujours très difficile à prédire. De plus, si l'on tient compte du fait que les enjeux politiques au sein de l'organisation sont considérables, l'accès aux ressources faisant le succès ou l'échec d'un dirigeant, les tentations de déguiser ou de déformer la réalité sont aussi considérables.

Prenons un exemple. Supposons que, dans une entreprise, les ressources ne sont octroyées que si une activité présente les caractéristiques de profit ou de croissance (ou les deux) définies. Supposons de plus qu'en modifiant légèrement les données, un dirigeant d'activité stratégique peut satisfaire ces exigences. Même sans être franchement malhonnête, ce dirigeant sait que l'incertitude est tellement grande et sa volonté tout aussi grande qu'il peut vraiment satisfaire les exigences. Il va donc « soigner les données » pour satisfaire les exigences. Cela lui permettra en même temps de garder intactes ses chances de réussite personnelle dans l'organisation.

Ainsi, malgré l'utilité des modèles d'analyse mentionnés, les difficultés qu'ils engendrent ont amené les chercheurs à examiner de plus près comment les entreprises font pour faire face à ces difficultés. Ce sont les résultats de ces recherches que nous examinons à présent.

III. LA GESTION DU PROCESSUS : DU MANAGEMENT AU MÉTAMANAGEMENT

C'est Barnard (1938), un grand gestionnaire et théoricien de la gestion, qui le premier a suggéré l'importance du processus, par lequel les efforts des membres de l'organisation étaient gérés, dans les situations de complexité. Simon (1945), un des plus grands théoriciens des organisations et prix Nobel, a fourni l'opérationalisation de l'étude du processus en suggérant qu'il fallait étudier le processus par lequel les décisions étaient prises. Nombre d'écrits ont alors été rédigés, mais ils n'ont pris leur place dans la perspective managériale que lorsque les modèles qui paraissaient faciles à appliquer se sont révélés trompeurs.

L'étude de la prise de décision a le mérite d'être « descriptive du phénomène de la gestion ». Elle cherche non pas à faire des prescriptions logiques, mais à révéler la dynamique du fonctionnement pour que les prescriptions apparaissent comme « naturelles », c'est-à-dire puissent être dérivées par tous et chacun des dirigeants concernés.

La plupart des études sont cependant restées très théoriques jusqu'à la publication des travaux de Braybrooke et Lindblom (1970) sur la prise de décision dans un système aussi complexe que celui du gouvernement américain, des travaux d'Allison (1971) sur le processus de prise de décision, qui a entouré la crise des missiles de Cuba, et surtout des travaux de Bower (1970) sur l'allocation des ressources dans les grandes entreprises diversifiées aux États-Unis.

Braybrooke et Lindblom ont suggéré que la prise de décision dans des systèmes complexes était tellement difficile à cerner qu'on ne pouvait qu'admettre qu'elle soit incrémentale et donc « moins que parfaite », lorsqu'elle était comparée aux exigences du modèle rationnel traditionnel. Ils apportaient ainsi une légitimité à la pratique observée du fonctionnement des institutions américaines. Allison (1971), quant à lui, a étudié comment, autour de la crise des missiles de Cuba, les décisions du gouvernement Kennedy, aux États-Unis, et du gouvernement de Khrouchtchev, en Union soviétique, pouvaient être expliquées. Il proposa notamment trois perspectives ou modèles, le modèle rationnel, le modèle organisationnel et le modèle politique, pour montrer comment la décision non seulement impliquait des choix analytiques logiques, mais aussi devait tenir compte des problèmes du fonctionnement des appareils qui servent à réaliser les politiques et enfin des préférences et des actions des personnes clés qui participent à la prise de décision.

Finalement, Bower (1970), dans le cadre d'une grande entreprise américaine, confirma l'analyse d'Allison mais, plus important, proposa comment concrètement les modèles, rationnel, organisationnel et politique, se combinaient pour expliquer les décisions et les actions en situation de grande complexité. Beaucoup d'autres auteurs ont confirmé les travaux de Bower dans toutes sortes de circonstances et d'organisations. Ces travaux ont été synthétisés dans Hafsi (1985).

En simplifiant, on peut dire que la prise de décision dans une grande organisation complexe suppose une sorte de « spécialisation verticale » de la tâche de gestion. Les idées d'action au niveau stratégique ne peuvent venir que des personnes qui sont au contact des réalités de l'environnement et de l'organisation (par ex. marché et technologie pour l'entreprise). Leur connaissance du milieu et de l'environnement peut leur permettre alors de faire une analyse stratégique dans le sens défini au chapitre IV. Leur tâche est donc de nature essentiellement *stratégique*.

Les gens au sommet n'ont vraiment aucun moyen d'apprécier la validité des propositions qui leur sont faites, ils ne peuvent en particulier refaire les études ni les évaluer sans consacrer à cela tellement de temps et d'énergie que tout peut être paralysé. Ils ne peuvent alors que dire oui ou non à ce qui leur est proposé. Ils le font avec l'aide d'une couche intermédiaire de gestionnaires qui connaissent mieux qu'eux les réalités du terrain et mieux que les gestionnaires du terrain les exigences du sommet. Ces gestionnaires font alors constamment une tâche de traduction et de réconciliation entre les autres niveaux, une tâche dont les caractéristiques sont essentiellement *interpersonnelles*.

Les gens au sommet sont cependant les gardiens des règles du jeu. Non seulement ils peuvent nommer les personnes clés des niveaux « stratégique » et « intermédiaire », mentionnés plus haut, mais ils peuvent modifier les arrangements structurels, y compris les récompenses et punitions, de façon à encourager les comportements désirés, notamment les comportements des gestionnaires au niveau stratégique. Pour faire cela aussi, ils ont besoin de l'aide des gestionnaires intermédiaires, notamment de leur présence auprès des gestionnaires stratégiques et de leur compréhension des relations de cause à effet en matière de gestion. Les gestionnaires intermédiaires apparaissent alors comme jouant un rôle décisif dans le fonctionnement du système. Comment et pourquoi un tel ensemble arrive-t-il à fonctionner convenablement ? Pourquoi, en particulier, n'aurions-nous pas les mêmes dysfonctionnements que ceux qui ont été évoqués lors de la discussion du modèle de portefeuille d'activités ?

Les études montrent d'abord que la gestion de ce système suppose un suivi et des ajustements constants. Les dirigeants au sommet doivent faire de la gestion de gestionnaires en modifiant les règles du jeu par petites touches, grâce à l'aide des gestionnaires intermédiaires. Ceux-ci ont intérêt à coopérer au mieux, parce que leur crédibilité et leur futur dans l'organisation en dépendent.

En effet, plus la performance passée d'un gestionnaire intermédiaire est bonne, c'est-à-dire plus ses conseils et les projets qu'il a soutenus ont été judicieux, plus son influence sur la décision au sommet est grande et plus ses récompenses vont être grandes. Pour utiliser une métaphore nord-américaine, on dirait que, comme un joueur de base-ball, il est jugé sur sa « moyenne au bâton ». Il va donc s'efforcer de choisir les meilleurs projets et les meilleures décisions, du point de vue de l'organisation dans son ensemble.

De la même manière, les dirigeants au niveau stratégique ont intérêt à ne proposer, au niveau intermédiaire, que les décisions qui vont accroître leur crédibilité auprès de ce niveau. Là aussi, la moyenne au bâton est importante. On ne cherchera généralement pas à jouer des jeux artificiels et à tromper l'organisation, car les risques peuvent être dévastateurs sur le plan personnel.

Ainsi, le système est construit de manière à minimiser les risques de jeux politiques dysfonctionnels à terme pour l'organisation dans son ensemble, même si à court terme ils peuvent apparaître. Le talent des dirigeants intermédiaires est justement de reconnaître les propositions qui vont renforcer la capacité de l'organisation à survivre à long terme. C'est à leur niveau que se fait la gestion du portefeuille d'activités. Le talent des dirigeants au sommet est de comprendre suffisamment le fonctionnement des organisations et la psychologie des dirigeants pour construire et adapter sans cesse les structures et les règles du jeu de façon à produire les comportements les plus favorables à la survie de l'organisation.

On voit donc les trois modèles d'Allison en interaction (voir la figure 6). Le modèle rationnel, ou stratégique, domine au niveau opérationnel, celui de la *définition* de la décision. Le modèle organisationnel, préoccupé par la nature et le fonctionnement des appareils, domine au niveau institutionnel, celui de la *gestion du contexte*, le plus élevé. Le modèle politique, ou interpersonnel, domine au niveau intermédiaire, celui de la *gestion de l'impulsion* (ce qui permet à une décision d'arriver à l'attention des dirigeants qui peuvent dire oui ou non). L'interaction de ces trois modèles, lorsque chacun des niveaux joue son rôle, sans interférence importante dans l'action des autres niveaux, a tendance à former des comportements dans l'ensemble fonctionnel.

La gestion d'une organisation complexe apparaît alors comme la gestion des gestionnaires qui permettent à l'organisation de prendre les décisions les plus judicieuses pour la survie de l'ensemble à long terme. Ainsi, avec la complexité, on passe de la gestion normale des personnes et de leurs actions (le management), avec les dirigeants engagés dans toutes les phases de la décision, à une gestion des gestionnaires qui font cela pour chacune des activités (le métamanagement)[4].

Gérer une organisation complexe, ce n'est plus gérer toute l'organisation et les décisions que les personnes qui la constituent prennent. C'est surtout gérer les dirigeants qui prennent les décisions de nature stratégique, types de domaines servis et navigation dans chacun de ces domaines, avec l'aide d'une couche de dirigeants intermédiaires pour rendre cette tâche réalisable.

IV. CONCLUSION

Gérer en situation de complexité requiert d'abord et avant tout qu'on simplifie la vie de ceux qui ont la responsabilité de la direction de l'organisation dans son ensemble. Dans ces cas, la stratégie, donc la capacité à intégrer les activités de l'ensemble de l'organisation, passe par l'élaboration de modèles de prise de décision qui permettent de mieux apprécier et, de préférence, de mieux contrôler les relations de cause à effet et de mieux signaler aux membres de l'organisation les orientations que la haute direction souhaite valoriser.

Gérer en situation de complexité consiste donc surtout à faire face aux limites cognitives qui s'imposent aux dirigeants et en général à tous ceux qui contribuent à « construire » la stratégie de l'organisation. Il y a deux grandes

---

4. Métamanagement signifie littéralement « management du management ».

Figure 6 La gestion stratégique dans les organisations complexes

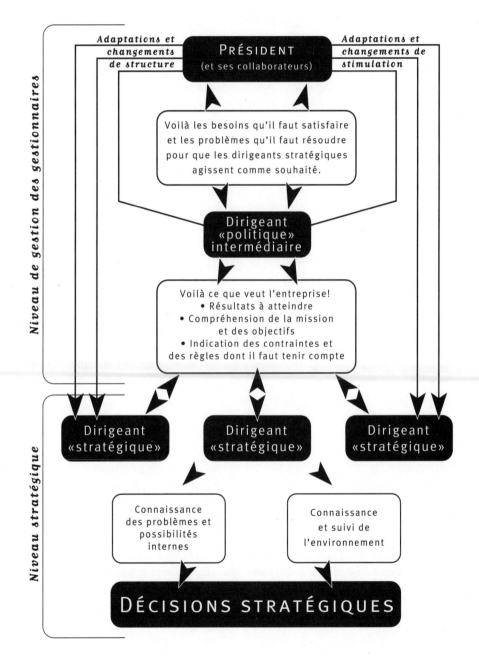

voies pour faire face à ces limites de compréhension : 1) en élaborant des « modèles de contenu », qui suggèrent des décisions spécifiques — le modèle de portefeuille en est un exemple type ; 2) en élaborant des « modèles de processus », descriptifs du fonctionnement du système, qui, sans suggérer les décisions à prendre, révèlent suffisamment les mécanismes par lesquels le comportement global se forme pour que les dirigeants puissent alors concevoir les décisions qui s'imposent.

Les deux types de modèles sont utiles, mais plus la complexité est grande et plus les modèles de contenu apparaissent simplistes et inadéquats. On est alors obligé de se retourner vers les modèles de processus, malgré leur caractère plus rudimentaire et apparemment moins définitif. Le grand problème des modèles de contenu est que le comportement de l'organisation en situation de complexité est de moins en moins linéaire et il n'y a plus alors de décision qui soit suffisamment générale pour être applicable avec confiance à des situations nouvelles. L'expérimentation est le nerf de la guerre en situation de complexité. Lorsqu'on examine l'histoire de grandes organisations complexes, disons General Electric ou Daewoo (Aguilar, 1987) et les actions entreprises par leurs dirigeants, Jack Welch ou Kim Woo Choong, on ne peut manquer d'être frappé par le caractère original, unique, de leur approche. De plus, on ne peut manquer d'être frappé par leur volonté de prendre à bras le corps les problèmes uniques auxquels ils font face et par la nature très situationnelle, très spécifique des solutions qu'ils adoptent. C'est peut-être même cela qui explique la réussite finale.

Pour faciliter l'expérimentation et accumuler l'apprentissage qui en résulte, il faut surtout mettre l'accent sur la construction du système et son adaptation constante. Les modèles de processus mettent l'accent sur la compréhension du fonctionnement de l'organisation et sur ce qui influe sur ce fonctionnement. Ils fournissent les outils, sans proposer une solution spécifique. De ce point de vue là, ils peuvent paraître difficiles à utiliser par des gestionnaires pressés ou frustrés par les épreuves de la vie quotidienne et de l'expérimentation, mais ils sont hélas irremplaçables en situation de complexité.

Les modèles de processus sont aussi rassurants. Ils révèlent combien l'acte de gestion, aussi simple et fondamental qu'il puisse paraître, est la clé du succès des organisations. De ce fait, le gestionnaire est irremplaçable parce qu'il est le seul à devoir faire face à la sueur et à la passion des interactions humaines dans l'organisation, pour engendrer les *patterns* souhaités. S'il cherchait à éviter cela, parce que trop éprouvant, il serait alors temps de le remplacer.

LES MODÈLES DE DÉCISION ET LEUR APPLICATION À LA DIVERSIFICATION PAR ACQUISITIONS OU FUSIONS [5]

par Alain Noël

Les études sur la diversification traitent différemment les acquisitions dites reliées et celles qu'on qualifie de non reliées. Dans les pages qui suivent, nous considérons la fusion comme une forme particulière d'acquisition reliée. Nous nous pencherons cependant au départ sur les acquisitions non reliées, c'est-à-dire celles qu'on qualifie de non concentriques ou de conglomérales. Nous pourrons ainsi traiter de la forme de diversification la plus pure (voir l'encart A). Nous présenterons les trois catégories classiques de décisions d'acquisitions :

- Diversifier en fonction des compétences, c'est-à-dire appliquer un modèle stratégique pur ;
- Diversifier parce que la rentabilité de l'investissement est en soi très positive, soit selon un modèle financier ;
- Diversifier parce que l'entreprise permet à celle qui l'acquiert de se donner un portefeuille d'opérations qui seront regroupées en centres d'activités stratégiques (CAS) mieux équilibrés dans le temps.

Présentons donc maintenant ces trois modèles que nous qualifierons respectivement de stratégique, de financier et de portefeuille [6].

LE MODÈLE STRATÉGIQUE

L'approche stratégique classique propose d'améliorer la prise de décision en augmentant la cohérence des actions menées par les gestionnaires pour assurer la croissance de l'entreprise. Elle repose sur une analyse détaillée

---

5. Extrait tiré de *Gestion*, Revue internationale de gestion, vol.12, no 3, septembre 1987, p. 40-50.
6. Ceux qui voudraient un traitement complet de ce sujet sont invités à consulter l'excellent texte de Malcolm Slater et Wolf Weinhold, publié chez Macmillan en 1979. Le lecteur y trouvera un développement conceptuel similaire à celui qui est présenté dans cet article.

Encart A

Le concept de CAS, soit de centre d'activités stratégiques, est important à retenir pour notre réflexion. Techniquement, on définit un CAS comme une combinaison d'un produit donné et d'un marché bien défini. Deux marchés seront différents si l'élasticité de la demande est faible entre les deux. Des produits seront différents si les ressources utilisées pour l'un ne peuvent pas facilement être transférées aux autres. Dans les faits, deux CAS seront différents si l'entreprise doit poursuivre deux stratégies différentes.

Une fois cette précision donnée, nous pouvons utiliser Richard Rumelt qui est sans doute l'auteur auquel on se réfère le plus souvent pour classer les entreprises diversifiées : on obtient alors trois grandes catégories de base, CAS dominants, CAS reliés et CAS non reliés, qu'on peut rediviser de la façon suivante :

- entreprises à CAS unique;
- entreprises à CAS complémentaires avec domination;
- entreprises à CAS reliés mais complémentaires;
- entreprises à CAS reliés mais supplémentaires;
- entreprises à CAS non reliés ou conglomérales pures.

Les termes complémentaires et supplémentaires font référence aux notions d'intégration verticale des opérations fonctionnelles (complémentaire) et d'intégration horizontale des produits et marchés (supplémentaire).

des facteurs que peuvent contrôler les gestionnaires, sur une appréciation de ceux qui demeurent incontrôlables et sur une prise de conscience des valeurs qui guident leurs choix et décisions, ainsi que sur la volonté d'assumer les obligations de l'entreprise envers l'ensemble de la société.

Les relations à établir entre les ressources redéployables, contrôlables, et les caractéristiques d'un environnement changeant sont au cœur de ce modèle. Les règles prescriptives de base qui en découlent sont simples à concevoir : l'entreprise utilise ses forces pour exploiter les opportunités ou bien elle colmate ses faiblesses devant les menaces que présente son environnement. En les appliquant, les gestionnaires sont mieux à même de donner une direction précise à la croissance de l'entreprise. Vue sous l'angle de ce modèle, une bonne acquisition devrait augmenter la cohérence des actions prises par l'entreprise, tandis qu'un mauvais appariement des compétences distinctives et des opportunités et menaces serait une erreur stratégique.

Cette approche stratégique propose une logique décisionnelle relativement précise. Il y a des étapes analytiques à suivre avant d'arriver à formuler une stratégie optimale que l'on cherchera ensuite à implanter grâce à une séquence d'objectifs, de plans et de programmes. Le gestionnaire est présumé savoir où il s'en va ; en principe, il dispose des pouvoirs requis pour implanter les stratégies formulées.

En suivant la démarche décrite au chapitre III de ce livre, les dirigeants peuvent formuler une stratégie. C'est ainsi qu'ils auront, en combinant les divers éléments de l'analyse, à préciser la finalité, la raison d'être, la mission de l'entreprise, puis à élaborer des politiques cohérentes qui permettront de favoriser l'atteinte des objectifs ainsi fixés. Des programmes et des échéanciers de mise en œuvre permettront généralement d'avancer de manière systématique vers des objectifs. La stratégie ainsi élaborée servira ensuite de guide à l'ensemble des décisions importantes qui doivent être prises dans l'entreprise.

Dans le contexte du modèle stratégique, une bonne décision de diversification renforce la posture stratégique de l'entreprise qui en acquiert une autre. Elle augmente la cohérence des actions, compense certaines faiblesses et permet d'exploiter les opportunités de croissance qui lui offrent plus de chances de réussir que ses concurrents. Les gestionnaires doivent alors se poser les grandes questions de la démarche stratégique pour évaluer le potentiel de la compagnie à acquérir :

- Quelles possibilités et quels risques présente l'entreprise que nous désirons acquérir ?
- Quels sont les règles du jeu, les bases de concurrence, les facteurs clés de succès dans l'industrie de l'entreprise désirée ? Quelles compétences doit-elle avoir pour réussir ?
- Pouvons-nous renforcer l'entreprise en question grâce à nos ressources ou à nos compétences ? Y a-t-il suffisamment de compatibilité entre les deux pour produire une synergie positive ?
- Comprenons-nous suffisamment bien la logique stratégique de l'entreprise acquise pour allouer de façon optimale les ressources dont nous disposons et prendre pour elle les bonnes décisions stratégiques ?
- L'entreprise acquise vient-elle renforcer ce que nous sommes, nous aide-t-elle à obtenir une meilleure performance dans les affaires où nous sommes ?

L'utilisation du modèle stratégique pour diversifier conduit l'entreprise à favoriser des acquisitions reliées. D'abord, des acquisitions reliées complémentaires, c'est-à-dire celles qui permettent une expansion des affaires en renforçant ses habiletés ou en ajoutant de nouvelles activités fonctionnelles sans modifier substantiellement le choix des produits-marchés traditionnels.

Puis des acquisitions reliées supplémentaires qui, au contraire des premières, exigent que l'on élargisse les choix de produits-marchés, mais tout en utilisant des habiletés fonctionnelles transférables.

LE MODÈLE FINANCIER

Le terme financier peut prêter à confusion : le plus souvent, ce qu'on entend par cette expression, c'est la relation que les financiers établissent entre le rendement et le risque attaché à des titres : il serait sans doute plus juste de parler du modèle risque/rendement. Nous nous en tiendrons cependant à notre premier choix pour mieux marquer qu'en utilisant cette approche les gestionnaires considèrent les décisions de diversifications comme des décisions financières. Ils sont alors préoccupés par la performance de l'entreprise sur les marchés boursiers avant et après la diversification. C'est en ce sens que toute acquisition doit être évaluée comme une décision d'investissement.

Trois dimensions sont importantes pour appliquer le modèle financier. La première stipule qu'il existe une relation entre le niveau de risque que porte un titre et le rendement qui sera offert par ce titre. La seconde précise qu'un investisseur peut modifier ses niveaux de risque et de rendement en diversifiant ses investissements. Enfin, la troisième est celle de la valeur actuelle nette (VAN) des flux monétaires, soit une méthode de calcul dont se servent les investisseurs pour déterminer le prix d'un titre ou d'un investissement. Cette méthode permet d'escompter à une valeur actuelle une série de flux monétaires futurs[7].

La relation entre le risque et le rendement est basée sur le principe que ce dernier est un paiement effectué pour compenser le niveau de risque assumé par un investisseur. Entre deux investissements offrant la même espérance de gain ($E(R) = X$), celui dont la dispersion des probabilités de rendement sera la plus grande sera considéré comme plus risqué. Le risque est donc associé, dans le modèle financier, aux variations des flux monétaires nets que touchera l'investisseur dans le futur, d'où le calcul de la VAN.

Le principe de la diversification est un peu plus difficile à expliquer. Sur un marché donné, la performance de plusieurs titres n'est jamais parfaitement

---

7. La formule classique pour calculer la valeur actuelle d'un investissement est la suivante :

$$PV = \sum_{t=1}^{n} D_t / (1+R)^t$$

Ou
PV = Valeur actuelle des flux monétaires
Dt = La liquidité touchée à chaque période t
R = Taux de rendement annuel

corrélée, de sorte que la relation qui s'établit entre les risques et les rendements de plusieurs titres combinés dans un portefeuille n'est pas linéaire. Il est donc possible d'améliorer le rapport risque/rendement en variant la composition du portefeuille. Un analyste financier peut théoriquement trouver des combinaisons optimales et obtenir par là ce que l'on appelle un portefeuille efficient. En ajoutant au portefeuille des titres sans risque, comme des bons du Trésor, il pourrait augmenter encore la performance du portefeuille et trouver des combinaisons encore plus efficientes, ce qui est représenté par la ligne R_fP* dans le graphique de l'encart B. Cette ligne représente le portefeuille du marché, soit la façon la plus efficiente par laquelle un investisseur peut obtenir des rendements marginaux supérieurs en augmentant le risque de ses investissements. Tout portefeuille situé sur R_fP* est techniquement parfaitement diversifié.

Le risque d'un titre peut être divisé en deux parties : le risque dit systématique ou de marché et le risque non systématique, propre au titre en question. Quand on fait varier la composition d'un portefeuille pour améliorer le rapport risque/rendement, seul le risque non systématique peut être diversifié. Les financiers utilisent la lettre grecque ß pour le mesurer. Le bêta d'un titre donné établit une corrélation entre son rendement et celui du marché total. Un bêta inférieur à 1,0 indique que le rendement du titre est moins volatile que celui du marché et vice versa. C'est en fonction de cette relation au risque du marché, le ß, que l'on évalue le risque d'un titre donné dans un portefeuille par le biais du modèle d'équilibre des actifs financiers (MEDAF) présenté à l'encart B.

Le MEDAF s'exprime algébriquement de la façon suivante :
$$E(R_i) = E(R_f) + \beta_i [E(R_m) - E(R_f)]$$

Dans cette équation, $E(R_i)$ représente l'espérance de gain associée à l'investissement en tenant compte des diverses composantes du risque total. β_i est le niveau de risque systématique, c'est-à-dire de marché, du titre. L'expression $[E(R_m) - E(R_f)]$ mesure la prime de risque du marché. Si l'on pondère cette valeur par le bêta propre au titre, on obtient $\beta_i[E(R_m) - E(R_f)]$, soit la prime de risque associée au titre en question. Le rendement total exigé par l'investisseur sera donc composé du rendement sans risque $E(R_f)$, plus cette prime de risque associée au titre. C'est ainsi que l'on obtient le taux de rendement exigé par le marché pour acheter les flux monétaires futurs attachés au titre. C'est ce taux qu'on utilise dans le calcul de la VAN présenté un peu plus tôt.

Cette digression technique un peu aride, qui paraîtra incomplète et simplificatrice aux financiers aguerris, est cependant importante, car elle permet de comprendre les bases décisionnelles de l'approche financière à la diversification par acquisitions. Toute la décision consistera à évaluer les flux monétaires nets et le risque de marché de l'entreprise candidate ainsi que son impact sur le rapport risque/rendement de l'entreprise acquéreur. Les gestionnaires seront donc amenés à se poser les questions suivantes :

- Quels sont le risque systématique (ou de marché) et le taux de rendement de la candidate sur son marché ?
- Le prix demandé pour l'acquisition est-il compatible avec les flux monétaires anticipés et actualisés en fonction du taux de rendement de la candidate ?
- Si l'on acquiert la candidate, quel effet cela aura-t-il sur les flux monétaires et le risque de marché de l'acquéreur ?
- Finalement, quel sera l'effet net de l'acquisition sur la valeur au marché de l'acquéreur ?

Encart B

MEDAF : Modèle d'équilibre des actifs financiers
Rendement (%)

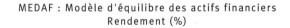

R_i = Taux de rendement du titre i
P^* = Portefeuille de marché
R_m = Taux de rendement du portefeuille de marché
R_f = Taux de rendement sans risque
β_i = Bêta du titre i

On peut exprimer de façon algébrique le MEDAF
par la formule suivante :
$E(R_i) = E(R_f) + \beta i [E(R_m) - E(R_f)]$

Le modèle ne dit donc pas si un niveau de risque donné est préférable à un autre, mais il permet aux gestionnaires d'anticiper l'évaluation que les marchés feront de leur décision. L'objectif évident qu'ils doivent poursuivre selon ce modèle, c'est d'améliorer les rapports entre le risque et le rendement pour leurs actionnaires, le tout afin d'augmenter leur bien-être. Ainsi, une décision de diversification ne devrait être prise que si l'une ou l'autre des conditions suivantes est présente :

- La décision permet de réduire le risque de marché au-dessous de celui d'un portefeuille de titres comparable sans réduire pour autant le rendement.
- À l'inverse, la décision augmente le rendement à un niveau supérieur à celui d'un portefeuille comparable sans augmenter le risque systématique.

En conséquence, les gestionnaires doivent acquérir des entreprises qui auraient pour leurs actionnaires une valeur plus grande que le prix payé pour procéder à l'acquisition.

LE MODÈLE DE PORTEFEUILLE

En stratégie, nous utilisons la notion de portefeuille, déjà familière aux investisseurs, pour regrouper les CAS que gère l'entreprise. Parler de diversification avec une approche de portefeuille consiste à s'interroger sur la composition du portefeuille, sur l'ajout ou bien le retrait de CAS pour arriver à un ensemble plus équilibré. Elle repose à la fois sur les concepts de stratégie présentés dans le premier modèle pour bien définir les CAS et sur celui de flux monétaires utilisé dans le modèle financier.

Plusieurs firmes de conseillers en gestion ont popularisé cette approche dans les années 1970 en proposant diverses grilles d'analyse. Le Boston Consulting Group a diffusé ce qui est devenu la grille du BCG connue pour ses représentations symboliques : la star, le point d'interrogation, la vache à lait et le canard boiteux. Leurs principaux concurrents, le groupe McKinsey and Company et la compagnie General Electric, ont élaboré une grille : « Posture stratégique/Attrait de l'industrie » qui a ensuite inspiré plusieurs variantes à de nombreux conseillers en gestion et consultants.

Les grilles qui résultent de BCG tendent à utiliser des données surtout financières et plus « quantitatives » pour évaluer le positionnement d'un CAS. Celles qui sont inspirées de McKinsey ont habituellement recours à des données plus souples, plus subjectives, plus « qualitatives » pour évaluer tant l'attrait de l'industrie que la posture du CAS en question. Dans tous les cas, les grilles veulent présenter une image globale des CAS de l'entreprise, afin que les gestionnaires puissent équilibrer ce portefeuille, c'est-à-dire des CAS qui engendrent les liquidités nécessaires pour financer de futurs CAS stars, les points d'interrogation d'aujourd'hui, et soutenir au besoin les stars actuelles dans leur lutte pour les parts de marché qui en feront d'éventuelles sources de liquidités pour l'entreprise, de nouvelles vaches à lait dans la terminologie de BCG, lorsque la croissance ralentira avec la maturation du marché.

Le modèle de portefeuille est donc totalement centré sur les caractéristiques des flux monétaires d'un secteur d'affaires.

Cette nouvelle recherche d'un portefeuille équilibré de CAS suggère les questions qui peuvent guider les gestionnaires qui font face à des décisions de diversification. La question centrale à l'étude sera l'analyse des caractéristiques des flux monétaires de la candidate et de l'acquéreur pour vérifier si les entreprises sont complémentaires. Les gestionnaires se poseront donc des questions du type suivant :

- Quelles sont les caractéristiques des flux monétaires anticipés de la candidate ?
- Comment ces flux monétaires fluctueront-ils dans le futur compte tenu de l'évolution de la situation compétitive dans ce secteur ?
- Quels investissements pourra-t-on y injecter pour permettre à ce CAS de connaître le succès ?
- Le *pattern* de flux monétaires résultant est-il compatible avec le portefeuille actuel de CAS ?

Bien que l'analyse de portefeuille conduise naturellement à la diversification non reliée, elle pourrait aussi, dans certaines circonstances, favoriser des acquisitions reliées. Ce serait le cas par exemple si les courbes d'expérience de l'acquéreur et de la candidate étaient similaires et transférables, favorisant ainsi une diminution des coûts qui changerait rapidement le positionnement d'un cas actuel.

Ainsi, des acquisitions reliées seront d'excellentes décisions de diversification si elles améliorent la posture compétitive d'un CAS soit en réduisant par l'effet d'expérience sa structure de coûts, soit en augmentant de façon significative sa part de marché relative. Dans les deux cas, la décision devrait produire de meilleurs flux monétaires et augmenter le RCI du CAS en question.

À l'inverse, des acquisitions non reliées seront d'excellentes décisions de diversification lorsqu'elles contribueront à améliorer l'équilibre à court, moyen et long terme des flux monétaires produits et déboursés par l'entreprise, ce qui améliorera autant sa posture financière que stratégique. L'entreprise mieux équilibrée traversera plus facilement les phases de croissance, de maturité et de déclin de ses CAS, et sera en mesure d'assurer à long terme un meilleur roulement de ses actifs et de ses activités.

TROIS APPROCHES, TROIS SÉRIES DE QUESTIONS, TROIS MODÈLES COMPLÉMENTAIRES

Les trois modèles s'imbriquent naturellement l'un dans l'autre, l'un étant centré sur les activités elles-mêmes, le second sur les actionnaires et le dernier sur l'obligation pour les dirigeants de gérer l'équilibre à long terme des activités de l'entreprise. Les trois approches contribuent à créer le maximum de valeur.

Lorsqu'on les utilise de façon complémentaire, on est amené à constater que la diversification par acquisitions reliées est en règle générale préférable à la diversification non reliée ou conglomérale pure. En effet, le modèle stratégique recommande de faire des acquisitions qui soutiennent la compétence distinctive de l'entreprise. La synergie est alors produite par un transfert de ressources et d'habiletés entre deux entreprises, transfert souvent central aux cas de fusions.

Le modèle financier nous encourage aussi à procéder à des diversifications liées : lorsque les opérations de deux entreprises peuvent être intégrées, le rendement peut souvent connaître une hausse sans que le risque de marché ou systématique n'augmente en contrepartie.

Enfin, et bien que le modèle de portefeuille soit surtout utilisé pour gérer des entreprises diversifiées de façon conglomérale, les leçons qu'on tire de la courbe d'expérience suggèrent qu'il est souvent très profitable d'améliorer sa posture stratégique et ses parts de marché pour produire de meilleurs rendements.

D U   M A N A G E M E N T   A U   M É T A M A N A G E M E N T :   L E S   S U B T I L I T É S   D U   C O N C E P T   D E   S T R A T É G I E [8]

par Taïeb Hafsi

Facile à formuler, l'idée de stratégie est cependant particulièrement difficile à mettre en œuvre. C'est comme la prose. Tout le monde peut en faire et, à l'instar de monsieur Jourdain, presque tout le monde en fait sans s'en rendre compte. Mais il est au moins aussi difficile de donner forme à une bonne stratégie que d'écrire une bonne prose. Les deux requièrent beaucoup de talents, d'expérience et de travail.

La difficulté est déjà très grande lorsque l'organisation est petite et ses activités peu complexes. Lorsque la taille augmente et que la nature des activités se diversifie (ce qui est une caractéristique fréquente des organisations de nos sociétés), l'idée même de stratégie devient incompréhensible. On a alors beaucoup de mal à comprendre ce que « diriger » veut dire.

Dans ce texte, nous essayons justement de montrer comment les activités de management changent de nature à mesure que la complexité de l'organisation augmente. Pour cela, nous procédons d'abord à une étude systématique du concept de stratégie pour ensuite montrer comment son utilisation évolue lorsque les activités se diversifient et se complexifient au point que les dirigeants n'en ont plus qu'une compréhension sommaire.

LES ÉLÉMENTS D'UNE DÉFINITION

Une stratégie est un instrument que les dirigeants créent pour influencer le comportement des membres de l'organisation et pour concentrer leurs efforts dans le sens choisi. C'est un instrument d'ordonnancement équivalant au champ magnétique pour la limaille ou à la loupe pour les rayons lumineux.

---

8. Extrait tiré de *Gestion*, Revue internationale de gestion, février 1985, p. 6-14.

Une stratégie s'élabore (ou émerge) toujours quand on a un but à atteindre. Elle est par conséquent indissociable de l'objectif. Ce dernier, du moins en principe, peut être à court ou à long terme, mais cela ne change rien à la nature de la réflexion stratégique.

Parce qu'elle est destinée à influencer le comportement des membres de l'organisation, une stratégie implique une certaine cohérence dans les décisions qui sont prises, le test de cohérence étant le lien entre les décisions et l'objectif à atteindre[9]. Il y a donc deux aspects fondamentaux dans l'idée de stratégie : d'abord le but à atteindre, ensuite les voies et moyens pour l'atteindre.

LA CONCEPTION STRATÉGIQUE

Une bonne stratégie tend en général à rendre prévisibles les actions des membres d'une organisation en vue de réaliser un objectif donné. Or, dans l'effort stratégique, c'est l'objectif qui est déterminant, et la certitude du comportement des membres n'est qu'un moyen. Une importante question est donc : Comment concevoir de bons objectifs ? La réponse dépend beaucoup de la situation actuelle de l'entreprise. Pour simplifier, imaginons une situation où les objectifs ou buts de l'organisation doivent être complètement repensés. Le cheminement à suivre inclut alors trois étapes principales qu'on peut résumer ainsi : connais-toi toi-même, connais ton environnement, crée...

« CONNAIS-TOI TOI-MÊME »

Comme le recommandait Montaigne, cette étape représente un effort d'introspection, «d'intelligence» interne. Elle devrait permettre en particulier de mettre à jour les caractéristiques qui avantagent l'organisation par rapport aux autres organisations avec lesquelles elle peut se trouver en concurrence.

L'« INTELLIGENCE » EXTERNE

Il s'agit ici de déterminer les potentialités dont l'organisation pourrait tirer profit, par exemple relever les besoins du client qui ne sont pas satisfaits.

---

9. Ce sont même ces régularités (ou constantes) du processus de décision que beaucoup d'auteurs appellent stratégie (Mintzberg, 1978).

LA CRÉATION STRATÉGIQUE

La combinaison stratégique des ressources internes et des possibilités externes doit conduire au positionnement stratégique de l'entreprise, à l'élaboration de sa stratégie. C'est un peu la découverte d'une «faiblesse» dans l'environnement, vers laquelle l'entreprise peut diriger ses forces avec succès. Chaque fois qu'une organisation réussit une percée dans un marché nouveau, on a l'impression que c'est grâce à une innovation technologique. En réalité, les technologies utilisées sont rarement nouvelles : c'est le besoin satisfait qui est nouveau et cela implique plutôt une innovation stratégique.

La formulation de la stratégie d'une organisation, quoique simple dans son énoncé, relève donc d'un acte éminemment créatif. C'est un exercice douloureux qui suppose des renoncements pénibles à ce qui est familier et à ce qui est parfois très cher, parce que c'est un peu l'abandon d'une partie de soi-même. Non seulement une bonne stratégie est-elle très difficile à concevoir, mais elle est souvent encore plus difficile à mettre en œuvre. Comme si tout cela n'était pas suffisant, parce qu'elle est un guide pour un organisme vivant qui change en permanence, une stratégie doit aussi évoluer en permanence. L'art de la gestion consiste justement à faire cela sans arrêt sans trop de risque ni de perturbation pour l'organisation.

LA STRATÉGIE EN PRATIQUE

Un peu malgré lui, le général de Gaulle, en disant «l'intendance suivra», a ajouté un peu de crédit à l'idée, aujourd'hui assez répandue, que seule compte la conception de la stratégie. En réalité, comme il le savait parfaitement lui-même, bien que déterminants pour tout ce qu'une organisation fera, les objectifs (ou la formulation d'une stratégie) ne sont qu'un volet de la stratégie de l'organisation. L'autre volet nécessaire est un peu l'intendance, c'est-à-dire la réalisation dans la pratique de ces objectifs.

Pour l'essentiel, le dirigeant doit être directement intéressé par le comportement des hommes qui vont être chargés de la mise en œuvre de la stratégie. Si ces hommes ont les dispositions nécessaires, des objectifs judicieusement choisis conduiront l'organisation vers les succès espérés. Comme le disait Barnard (1937) il y a presque un demi-siècle, il faut que le travail des hommes soit coordonné et concentré, et que leur volonté de coopération soit stimulée. Pour cela, le dirigeant dispose de trois principaux types d'outils : l'outil structurel, la stimulation matérielle et la stimulation idéologique.

L'outil structurel

Il s'agit ici de l'ensemble des règles, procédures, ordonnances, traditions, qui permettent d'attribuer les responsabilités, d'allouer l'autorité et les ressources, de répartir judicieusement les tâches et de guider leur accomplissement, de contrôler la réalisation de ces tâches, de mesurer les performances et de tenir les dirigeants informés de ces performances. Chandler (1962) a montré que les objectifs d'une entreprise et sa structure doivent être compatibles pour assurer le succès.

Un outil de stimulation matérielle

Ce sont les hommes qui vont mettre en œuvre les programmes et faire fonctionner l'organisation. C'est pour cela qu'il est important qu'ils soient motivés et incités à aller dans la direction choisie.

Les moyens habituellement utilisés par les entreprises (salaires, primes, promotions, etc.) répondent à ces préoccupations. L'utilisation de ces moyens est efficace lorsque les systèmes (dont ils sont partie intégrante) sont construits de sorte qu'il y a complémentarité entre la réalisation des objectifs personnels et la réalisation des objectifs de l'organisation.

Cela est fort simple à énoncer, mais très difficile à réaliser.

Un outil de stimulation idéologique

L'appétit des hommes pour les biens matériels peut être sans limite et c'est pourquoi Barnard (1937), qui a toujours défendu l'idée d'un juste équilibre entre la contribution des membres d'une organisation et leur rémunération, ajoutait qu'il n'existait pas de rémunération matérielle qui puisse les satisfaire et suggérait qu'il existait d'autres formes de « rémunération » que toute organisation se devait d'utiliser. Ces formes de rémunération doivent satisfaire des besoins moins tangibles : le pouvoir d'appartenance à un groupe, de servir un idéal, etc.

C'est sur la base de l'assentiment de celui qui est gouverné que repose l'autorité de ces puissantes institutions que sont les grands partis, l'Église catholique, etc. L'assentiment du gouverné est souvent moins coûteux pour une organisation lorsque les valeurs qu'elle propose ou défend sont adoptées par ses membres. Ces valeurs sont appelées idéologies pour les partis, foi en Dieu pour les religions ou culture pour une entreprise. Dans chaque cas, il s'agit de la même réalité : l'adoption par les membres de valeurs qui sont celles de l'ensemble de l'organisation.

Il y a malgré tout un point à partir duquel la taille seule peut changer la nature de la gestion stratégique, mais cette taille «critique» change d'une organisation à une autre, d'une situation à une autre, et il est quasi impossible d'offrir des guides absolus pour reconnaître cette taille critique. L'analyse qui suit devrait cependant montrer en quoi consiste la différence.

LA GESTION STRATÉGIQUE DANS LES ORGANISATIONS DE PETITES ET MOYENNES DIMENSIONS : UN GRAND DESSEIN

Dans une petite ou moyenne entreprise, la conception de la stratégie est l'affaire exclusive du dirigeant qui a parfois recours à certains conseillers et collaborateurs immédiats. De ce fait, la stratégie est ici réellement un grand dessein. Elle n'est cependant pas nécessairement explicite, le dirigeant préférant parfois ne la révéler que progressivement pour, d'une part, éviter de se découvrir face à une concurrence dynamique et, d'autre part, éviter d'engendrer une résistance interne inutile.

La mise en œuvre de la stratégie suppose quant à elle l'utilisation systématique et cohérente des outils organisationnels de motivation que nous avons évoqués. Un important critère d'efficacité de ces outils est leur cohérence et la continuité de leur utilisation dans le temps. L'art du dirigeant est précisément de savoir éviter les contradictions qui désorientent; le test permanent de cohérence entre ce qu'il décide de faire et son objectif ultime lui permet de maintenir adéquatement le cap et la motivation de son équipage. Pour ce faire, le dirigeant d'une petite entreprise a l'avantage du contact direct avec le matériau qu'il essaie de façonner. Il a également l'avantage de pouvoir vérifier *in situ* les effets de ses actions et, avec l'expérience, de déceler les incohérences qu'il lui faut corriger.

Du fait qu'il est omniprésent, le dirigeant peut ne donner qu'une attention limitée à la stimulation idéologique. Cependant, partout dans le monde, les entreprises qui se sont développées le plus vite et le mieux ont toutes mis de l'avant des valeurs propres, des traditions et une culture qui les distinguent nettement de leurs concurrents et qui font que le comportement de leurs membres est mieux réfléchi et souvent plus efficace et plus profond lorsqu'il s'agit d'agir (Peters et Waterman, 1983).

Il faut néanmoins noter les deux choses suivantes. Tout d'abord, la stimulation idéologique n'est pas un instrument simple qu'on peut utiliser du jour au lendemain. C'est une construction lente et pénible, une sculpture, une éducation qui façonne peu à peu les déterminants du comportement des individus auxquels elle s'adresse. Ensuite, parce qu'elle prend beaucoup de temps et a des effets indélébiles, l'idéologie donne un caractère, une personnalité à l'organisation, et introduit par conséquent des rigidités dans son comportement qui peuvent dans certains cas, par exemple lorsque des changements considérables sont nécessaires, l'empêcher de s'adapter.

LE PROCESSUS DE GESTION STRATÉGIQUE DANS LES ORGANISATIONS COMPLEXES : LE MÉTAMANAGEMENT

Comme nous l'avons indiqué, la complexité d'une entreprise augmente avec sa taille (c'est-à-dire le nombre d'employés, d'équipements ou d'installations) et avec le nombre de produits qu'elle commercialise et de marchés qu'elle dessert. Nous avons ici à l'esprit les plus grandes entreprises et les plus diversifiées telles que Elf Aquitaine ou St. Goain - Pont à Mousson en France ; ICI au Royaume-Uni ; IRI en Italie ; Hoechst ou Bayer en Allemagne ; Bombardier ou Canadien Pacifique au Canada ; GE ou Du Pont aux États-Unis.

Dans ces entreprises, il est quasi impossible aux dirigeants de rester au courant de tout ce que leur entreprise fait. Souvent, ils ne connaissent même pas l'étendue de la gamme de produits dont ils sont responsables, ce qui est tout à fait compréhensible quand on sait que ces entreprises peuvent avoir des milliers de produits différents (comme c'est le cas d'ITT ou de GE) et qu'elles sont présentes dans des centaines de marchés différents (Hoechst ou Du Pont) dans une multitude de pays. Souvent, le dirigeant ne comprend pas grand-chose à la plupart des technologies utilisées, il ne connaît pas ses employés et ne connaît qu'une faible partie des gestionnaires sous sa responsabilité. Comment ce dirigeant peut-il gérer ce qu'il ne connaît et ne comprend que peu ?

Sous la houlette de grandes sociétés d'experts-conseils et notamment de ce qu'on a appelé l'école de Boston (notamment les sociétés Arthur D. Little et le Boston Consulting Group), des modèles de formulation de stratégies globales ont été proposés. Tous ces modèles sont basés sur l'idée de portefeuille. Les différentes divisions ou filiales de la société sont considérées comme des éléments, ou unités, dont il faut juger la performance de manière simple. Ainsi, la performance est réduite, comme sur le marché des actions immobilières, à une mesure des flux monétaires produits. Dans le cas le plus simple (voir, par exemple, Salter et Weinhold, 1979), les flux monétaires sont associés à une mesure de la croissance du marché considéré et à la part de marché de l'unité évaluée.

Lorsque l'unité a une part de marché élevée dans un marché en croissance, c'est une *star* : elle engendre des fonds qui peuvent être utilisés pour préserver la part de marché acquise. C'est la position la plus enviable.

Lorsqu'une unité a une part de marché faible dans un marché en croissance, c'est un « point d'interrogation » ; dans ce cas, la prescription stratégique est d'injecter plus de fonds dans cette unité pour accroître sa part de marché et en faire à son tour une *star*. Lorsque l'unité détient une part de marché élevée dans un marché en faible croissance ou en déclin, c'est une « vache à lait » : elle engendre des fonds qui ne sont pas utilisés dans le marché de cette unité ; ces fonds peuvent donc être dirigés ailleurs, notamment pour développer les points d'interrogation. Finalement, lorsque la part de marché est faible dans un marché qui ne croît pas ou diminue, l'unité est alors un « canard boiteux », qui utilise des fonds, mais n'en produit pas suffisamment, et dont il faut se débarrasser le plus rapidement possible.

Ces modèles ingénieux posaient néanmoins des problèmes sérieux. Ils niaient en fait la nécessité de la gestion ou plutôt la réduisaient à une simple évaluation financière. Malheureusement, on ne peut gérer une entreprise comme on gère un portefeuille financier. C'est pour cela que ces modèles, ou plutôt l'utilisation simpliste qui en a souvent été faite, sont aujourd'hui remis en cause à la fois par les universitaires (voir par exemple Porter, 1982, et Hamermesh et autres, 1982) et par les praticiens (voir, par exemple, Gélinier, 1981-1982 et Amdhal, 1980). Les questions évoquées précédemment restent donc posées. Comment peut-on y répondre ?

Le travail de Bower (1970) sur les processus d'allocation des ressources dans une grande entreprise diversifiée, confirmé par de nombreuses recherches ultérieures (Ackerman, 1968 ; Gilmour, 1973 ; Schwartz, 1973 ; Zysman, 1973) et notamment par les travaux de Quinn (1977, 1978), a montré que, dans les entreprises complexes, les décisions à caractère stratégique sont prises par les gestionnaires qui sont en contact avec la réalité du marché, de la technologie et de la gestion des hommes, ces gestionnaires pouvant être les directeurs généraux d'usines ou de sociétés qui constituent l'ensemble de l'entreprise. Ces gestionnaires sont dans une situation semblable à celle des dirigeants des petites entreprises que nous avons décrites plus haut et ils ont souvent toutes les caractéristiques de ces dirigeants, y compris des comportements d'entrepreneurs.

Nous les appellerons des dirigeants « stratégiques ». Il est alors évident que le dirigeant de l'ensemble de l'entreprise ne peut pas faire lui-même le travail de tous ses directeurs généraux ; il ne peut même pas s'assurer qu'ils font du bon travail et il ne peut s'en rendre compte que beaucoup trop tard, lorsque les données comptables sont traitées (en espérant qu'elles sont fidèles et honnêtes, ce qui n'est pas nécessairement le cas, surtout en situation de crise). Que peut-il et que doit-il faire ?

L'effort du dirigeant d'une entreprise complexe doit tenir compte du fait qu'un délai considérable se produit entre le moment où il agit et le moment où il constate les effets, et qu'un délai semblable s'écoule entre le moment où les gestionnaires clés agissent et le moment où l'on peut estimer l'effet de ces actions. Le choix est alors forcé. Le dirigeant doit absolument choisir avec soin ses hommes les plus importants (les directeurs stratégiques), puis leur faire confiance en s'efforçant d'engendrer chez eux les comportements qui les amèneront à défendre les objectifs de l'ensemble de l'entreprise. Pour encourager ces comportements, le dirigeant doit créer le contexte qui les favorise, et ce contexte est fonction des outils que nous avons évoqués plus tôt, soit les éléments structurels, les stimulations matérielles et idéologiques et la détermination d'un objectif suffisamment général pour s'appliquer à tous.

Dans les grandes entreprises économiques, le seul objectif suffisamment général pouvant s'appliquer aux multitudes de leurs domaines d'activité est celui de profitabilité exprimé sous forme de rentabilité de l'investissement ou rentabilité du capital. La mise en place du contexte structurel et idéologique et du système de récompenses matérielles est malheureusement beaucoup plus complexe et nécessite non seulement une intuition sûre de la part du dirigeant, mais aussi de l'aide d'experts et de collaborateurs dont la seule fonction est de produire les éléments de contexte les plus utiles et de tester, de vérifier en permanence, leurs effets autant sur la population des gestionnaires clés que sur les résultats de l'entreprise.

Cependant, la gestion du contexte ne suffit pas et ne pourrait être menée correctement si le dirigeant devait s'occuper directement lui-même de l'ensemble de ses directeurs généraux, lesquels se comptent souvent par centaines. C'est pour cela qu'il est obligé de se faire aider par un ensemble de dirigeants dont la fonction est de le représenter dans les différents secteurs d'activité. Ces dirigeants, qu'on peut appeler des « directeurs politiques », ont une meilleure compréhension de ce qui se passe sur le terrain que celle du chef de l'entreprise et une meilleure compréhension des intentions de la direction de l'entreprise que celle des directeurs stratégiques. Ils peuvent par conséquent, d'une part, servir d'intermédiaire en traduisant pour les uns les intentions et directives des autres et pour ces derniers les contraintes et difficultés des premiers (Ackerman, 1968).

D'autre part, ils peuvent, en agissant par exception et au hasard, s'efforcer de découvrir les sources de danger et veiller à les désamorcer (Hamermesh, 1976). De plus, ils sont chargés de reconnaître ce qui, dans l'entreprise, est neuf et prometteur, ce qu'il faut encourager et ce qui est décadent et dont il faut se débarrasser (Gilmour, 1973). Enfin, il leur faut trouver les formes et moyens pour faire tout cela en évitant ou en réduisant les chocs et les perturbations qui généralement accompagnent les changements importants.

Avec l'aide des directeurs politiques, le dirigeant de l'entreprise s'efforce d'adapter les éléments de contexte et de mettre au point les stimulants économiques et idéologiques qui mèneront des dirigeants stratégiques, soigneusement choisis, à poursuivre les objectifs de l'entreprise d'une manière effective et efficiente. Lorsque cela est fait avec détermination et continuité, et que les effets obtenus sont cohérents, cet effort devrait amener les dirigeants stratégiques à prendre les décisions stratégiques que le chef de l'entreprise lui-même prendrait s'il avait leur compétence et leurs responsabilités.

C'est cet ensemble d'activités de « gestion des gestionnaires », le méta-management, qui ne s'arrête jamais et qui est superposé aux activités technico-économiques de l'entreprise et de ses différents constituants, qui constitue la gestion stratégique dans une organisation complexe.

EN GUISE DE CONCLUSION

Au management direct se substitue progressivement le management médiatisé. La différence importante, c'est que le dirigeant direct prend des décisions concrètes, il fait des choix de domaines d'activité ou de moyens à mettre en œuvre pour y réussir. Le métadirigeant agit par la mise en place de contraintes et d'incitations qui vont amener d'autres dirigeants à prendre les décisions concrètes les plus adéquates. En somme, le métadirigeant est un homme dont l'ambition est de jouer à Dieu : amener d'autres hommes, qui choisissent librement, à faire des choses qui ultimement se révéleront bonnes.

Ce texte, qui ne fait que reprendre des notions simples, suggère qu'il ne faille pas assimiler trop vite la gestion d'une organisation complexe à celle d'une organisation simple. La ressemblance n'est que superficielle. Le mauvais management consiste précisément, entre autres choses, à gérer une organisation complexe comme on gère une organisation simple, ce qui arrive lorsque les dirigeants au sommet essaient de se substituer à tous les « directeurs stratégiques ». Cet exemple se répète malheureusement assez souvent dans les milieux économique et politique. Il est cependant plus visible dans la gestion des organisations des gouvernements que dans celle des entreprises, d'où les problèmes que connaissent la plupart des États dans le monde.

LES ENTREPRISES JAPONAISES ONT-ELLES UN AVANTAGE COMPÉTITIF EN SITUATION DE COMPLEXITÉ ?[10]

par Taïeb Hafsi

Une organisation complexe n'est supérieure à une organisation simple que lorsque ses divers éléments convergent ou se combinent, au moment opportun, pour permettre des niveaux de performance supérieurs, impossibles à atteindre par l'organisation simple. Si l'organisation complexe n'est qu'un regroupement d'unités ayant des objectifs séparés et souvent irrémédiablement concurrents, alors l'organisation simple peut être plus performante. Elle a même beaucoup de chances de l'être. Par conséquent, ce qui est critique pour le bon fonctionnement de l'organisation complexe, c'est la capacité de ses dirigeants de coopérer pour le bien de l'ensemble.

Les Japonais pensent, et à mon avis ils ont raison, que la compétition entre personnes dans des situations de travail est suffisamment naturelle pour qu'on n'ait pas à l'encourager. Par contre, la coopération nécessite un effort personnel continu qui doit être constamment stimulé pour se maintenir. Ils croient en la puissance du groupe, en toutes circonstances. C'est cependant dans les cas où le fonctionnement en groupe est essentiel qu'ils ont un avantage décisif. Lorsque la coordination des actions peut être assurée au sommet sans trop de difficulté, alors le génie d'individus indépendants peut être suscité sans contrainte comme une source d'avantages supplémentaires.

10. Extrait tiré de *Gestion*, Revue internationale de gestion, mai 1989, p. 72-84.

LES DÉFIS DE LA COMPLEXITÉ

L'EXPRESSION GÉNÉRALE

La complexité pose des problèmes de direction très particuliers. En effet, comme nous l'avons démontré ailleurs (Hafsi, 1985), la complexité n'augmente pas seulement le degré de difficulté des problèmes à résoudre, elle change la nature même de ces problèmes, de telle sorte que, si les dirigeants utilisent simplement un peu plus les mêmes outils, ils peuvent aggraver les problèmes au lieu de les résoudre.

La complexité obscurcit graduellement ces relations de cause à effet, de sorte que les dirigeants peuvent avoir à prendre des décisions de gestion sans savoir vraiment ce qu'en seront les effets. Ce phénomène, que connaissent tous les bons gestionnaires, n'est en fait pas surprenant. Lorsque l'organisation est simple, celui qui la dirige peut constamment vérifier les effets produits par ses actions. Lorsque l'entreprise est engagée dans des centaines de produits-marchés, lorsqu'elle utilise une multitude de technologies, les limites cognitives d'une personne sont vite atteintes et la gestion ne peut plus se faire jusqu'au jugé, par approximations successives.

Pis encore, même les objectifs ne peuvent être exprimés que de manière vague et générale. Lorsque l'organisation est simple, les objectifs peuvent être très cristallisés, précis, orientés vers les produits-marchés que sert l'entreprise. Ces objectifs sont des guides clairs pour l'action de chacun. Lorsque l'organisation atteint un haut niveau de complexité, les objectifs de certains secteurs de l'organisation entrent en conflit avec ceux d'autres secteurs. On ne peut plus trancher avec clarté. On est obligé d'exprimer de manière générale et ambiguë ce vers quoi l'organisation veut tendre ses efforts.

L'EXPRESSION CONCEPTUALISÉE

On peut conceptualiser les défis de la gestion en situation de complexité en revenant à des idées fondamentales en gestion. Les dirigeants font face à deux grands types d'objectifs ou de défis :

- maintenir l'équilibre entre les exigences de l'environnement et les pratiques de l'organisation ;
- maintenir l'équilibre interne, c'est-à-dire la capacité des différentes parties de fonctionner comme un tout harmonieux.

Pour faire face à ces défis, les dirigeants utilisent l'idée de stratégie comme concept intégrateur.

Lorsque l'organisation atteint un haut niveau de complexité, l'idée même d'environnement prend des dimensions formidables. Comment tenir compte de tous les environnements auxquels fait face l'organisation pour élaborer la stratégie ? Que signifie la stratégie dans une telle situation ? Peut-on poursuivre une multitude d'objectifs à la fois sans désorienter les cadres clés de l'organisation ?

L'expérience des grandes entreprises diversifiées (Bower, 1973) montre que cela est possible à condition de faire de l'élaboration de la stratégie l'affaire d'un très grand nombre de personnes, celles qui ont la responsabilité des différents produits-marchés. Chacune se comporte alors comme si elle avait la responsabilité d'une petite entreprise, le produit-marché dont elle a la responsabilité, et prend la charge de l'élaboration de la stratégie dans ce secteur d'activité.

Pour que ces différentes stratégies aient la cohérence nécessaire à la justification de l'existence de l'ensemble de l'organisation, on a besoin de mettre en place une sorte de « stratégie des stratégies », une métastratégie (Allaire et Firsirotu, 1986). La métastratégie est le cadre dans lequel s'élaborent les stratégies individuelles des différents secteurs de l'organisation. La métastratégie comprendra :

- l'expression des grands objectifs qualitatifs, en des termes suffisamment généraux pour être valables pour tous les secteurs de l'organisation ; il s'agit ici de l'expression d'une vision ou d'un énoncé de mission pour l'organisation ;
- l'expression des objectifs quantitatifs, là aussi en des termes compréhensibles pour tous ; les entreprises utilisent surtout des objectifs financiers du type ratio (rendement sur l'investissement, par exemple) ;
- le cadre structurel dans lequel doivent évoluer tous les secteurs de l'organisation ;
- les règles de mesure des performances et de récompenses des managers méritants ;
- les règles et procédures générales de fonctionnement.

Une métastratégie vague ne peut jouer son rôle de guide ; elle doit donc être aussi précise que possible. Autrement dit, elle doit permettre d'encourager les initiatives souhaitées et de décourager celles qui sont indésirables. Certains aspects de la métastratégie (mission et structure, notamment) doivent être durables pour assurer une stabilité dans l'orientation. D'autres (récompenses, procédures) sont plus fluides pour faciliter les ajustements à mesure que les relations de cause à effet se précisent.

Par ailleurs, les actions de métastratégie entreprises par la haute direction de l'organisation ne peuvent être cohérentes que si cette haute direction n'est pas divisée et partage les valeurs et les visions qui servent de toile de fond aux actions de l'organisation. En fait, dans les organisations complexes, la haute direction est souvent soutenue par une coalition entre les responsables clés de l'organisation, et l'un des critères importants d'appréciation de l'efficacité de la direction est le degré d'unité de cette coalition dirigeante.

La précision de la métastratégie et l'unité de coalition dirigeante vont nous permettre à présent de spécifier un peu mieux les possibilités qui peuvent surgir dans la gestion d'une organisation complexe.

- Lorsque la métastratégie est précise et que la coalition dirigeante est unie, on a une **harmonie**. C'est là une situation hautement rationnelle, avec des protections solides contre les rationalités restreintes des individus ou groupes de l'organisation. L'harmonie est particulièrement instable. Pour se maintenir, elle nécessite un management très délicat et un leadership éclairé. Autrement, elle dégénère facilement en laissant la place à un fonctionnement politisé.
- Lorsque la métastratégie est précise **mais** que la coalition dirigeante est divisée, on a un **fonctionnement politisé**. La métastratégie précise et ses prolongements (règles, procédures, arrangements structurels, pratiques, objectifs, etc.) sont des contraintes pour la négociation qui prend place entre groupes différenciés. Elle joue le rôle de garde-fou au moment de marchandages.
- Lorsque la métastratégie est vague **mais** que la coalition dirigeante est unie, on a un **fonctionnement autocratique**. Les objectifs et l'idéologie de la coalition dirigeante peuvent être clairs, mais les moyens de les réaliser sont élaborés de manière ponctuelle, informelle, vu l'absence de règles ou de pratiques acceptées. Avec le temps, la mise en œuvre perd en cohérence.
- Lorsque la métastratégie est vague **et** que la coalition dirigeante est divisée, on a le **chaos partisan**. Les intérêts des groupes et des individus plutôt que ceux de l'organisation dans son ensemble ont tendance à dominer. Par conséquent, les analyses sont biaisées et partiales. Rien n'est décidé sans un marchandage difficile et épuisant. De plus, rien n'est considéré comme un précédent. En particulier, même les arrangements structurels sont négociés et, quand un accord est atteint, celui-ci ne couvre que de courtes périodes. Clairement, du point de vue de l'organisation, c'est là une situation de dégénérescence et d'autodestruction.

Les organisations complexes ne peuvent survivre que si elles évitent le chaos partisan. Elles fonctionnent au mieux lorsqu'elles réalisent une harmonie. Cette conclusion simple peut cependant être trompeuse. En fait, si l'on ne gère pas de manière consciente et systématique la précision de la métastratégie et l'unité de la coalition dirigeante, on aboutit inévitablement au chaos partisan.

En effet, la précision de la méta stratégie est quotidiennement remise en cause par l'activité des unités de l'organisation. Des situations nouvelles, qui n'ont pu être prévues, apparaissent régulièrement et mettent à l'épreuve l'aptitude des éléments les plus instables de la stratégie (récompenses, règles et procédures) à les contrôler.

De même, une coalition, unie à un moment donné, se divise « naturellement » parce que ses composantes vivent, dans une organisation complexe, des réalités différentes.

L'AVANTAGE DE LA GESTION À LA JAPONAISE

La gestion à la japonaise paraît souvent anachronique pour un gestionnaire à l'occidentale. On met l'accent sur la loyauté, l'ancienneté et la coopération. On décourage l'individualisme, même génial, surtout s'il engendre de la concurrence interne. On offre des stimulants basés sur l'effort collectif. On développe des relations de collaboration avec le syndicat, même si cela implique des contraintes supplémentaires pour la gestion. Finalement, on ne prend pas de décision si tous ceux que cette décision concerne ne sont pas d'accord.

Dans une entreprise occidentale, la perspective à court terme prend souvent le dessus et l'entrepreneur a tendance à utiliser des outils de gestion simples et puissants. À court terme, il peut être plus efficace que l'entrepreneur japonais puisqu'il a moins de contraintes. À long terme, si l'organisation réussit, grandit et se complexifie, il perdra son avantage parce que les comportements passés viendront s'opposer aux changements nécessaires à la gestion plus coopérative que nécessite la complexité.

De manière plus spécifique, parce qu'il met l'accent très tôt sur l'importance de la coopération, parce qu'il favorise l'échange constant pour les grandes décisions à prendre et parce que toutes ses actions de gestion restent cohérentes avec cela, le dirigeant japonais jouit des avantages suivants :

- Il suscite les débats qui aideront à déterminer les faiblesses de la métastratégie et vont permettre son ajustement. Au départ, son rôle est important en matière de contenu, mais progressivement le contenu est laissé aux autres et, en situation de complexité, il devient l'artiste du processus d'organisation de la réflexion et de l'action des autres.

- Il a la possibilité de maintenir la volonté de coopérer de ses cadres à un niveau supérieur. En particulier, les dirigeants acceptent l'ambiguïté et l'imperfection parce qu'ils se font confiance mutuellement et tolèrent leurs différences. Ils cherchent moins à optimiser qu'à bien faire, tout en restant unis.

On voit clairement que, avec la complexité, l'harmonie de l'ensemble va pouvoir être maintenue sans drame, parce que la coopération sera devenue une seconde nature chez les membres de l'organisation. Ils vont être pragmatiques, ils privilégieront leurs relations mutuelles, même si cela signifie abandonner, ce qui paraît meilleur maintenant.

La complexité des organisations ne décroît sûrement pas.

Les gestionnaires occidentaux n'ont plus le choix. Ils doivent résoudre le casse-tête de la complexité, comme le font les Japonais ou les Coréens, s'ils veulent avoir des chances de survivre à terme. Ils peuvent le faire à la manière japonaise ou ils peuvent trouver des formules nouvelles, originales. Dans tous les cas, le défi reste le même : maintenir la métastratégie précise et la coalition dirigeante unie.

L E S   A C Q U I S I T I O N S   E T   L E S   F U S I O N S : L E S   C H O I X   S T R A T É G I Q U E S   E N   C O N F L I T   A V E C   L E U R   M I S E   E N   Œ U V R E ? [11]

p a r   T a ï e b   H a f s i   e t   J e a n - M a r i e   T o u l o u s e

Les deux plus grands problèmes auxquels font face les gestionnaires en matière d'acquisitions-fusions sont ceux de la réalisation de la transaction, puis de l'intégration des activités résultantes (Haspeslagh et Jemison, 1991) de manière à obtenir les bénéfices que l'acquisition ou la fusion est supposée apporter, c'est-à-dire créer de la valeur pour l'entreprise. La réalisation de la transaction pose un problème relativement technique, dont la solution exige l'aide de partenaires spécialisés en la matière : les comptables, les avocats et les courtiers. L'intégration est une question beaucoup plus complexe mais cruciale pour le succès des acquisitions-fusions (Haspeslagh et Jemison, 1991) et elle s'inscrit davantage dans la dynamique du changement (Hafsi et Demers, 1989), du renouvellement de la stratégie (Haspeslagh et Jemison, 1991) ou, plus fondamentalement, du transfert de capacités en vue de développer, de bonifier ou de protéger une compétence distinctive (Jemison, 1988). Les deux opérations ne peuvent cependant être séparées facilement. En réalité, la réalisation de la transaction fait partie intégrante de ce qui va se passer par la suite.

La séparation entre la formulation et la mise en œuvre d'une stratégie (acquisitions et fusions, notamment), quoique techniquement possible, est très rarement acceptée par les responsables principaux d'une organisation. L'appropriation de la stratégie, donc le succès de la mise en œuvre, n'est possible que si ceux qui doivent implanter cette stratégie participent de manière importante à sa formulation.

Malheureusement, en pratique, tout semble concourir à ce que formulation et mise en œuvre soient séparées. Elles font souvent appel à des acteurs

---

11. Extraits tirés de *Gestion*, février 1994, p. 75-86.

différents. De plus, la formulation domine et reçoit l'attention des dirigeants, des consultants et parfois même des législateurs, tandis que la mise en œuvre est laissée à elle-même et fait figure de parent pauvre du processus (Haspeslagh et Jemison, 1991). Il ne s'agit pas d'un effort délibéré pour négliger les questions de mise en œuvre, mais plutôt du résultat naturel des modèles utilisés pour soutenir la formulation. C'est aussi le résultat de l'action structurante des partenaires qu'on se choisit habituellement pour préciser la formulation. Sur le plan conceptuel, cela tient à la séparation un peu contre nature, quoique commode, de la formulation et de la mise en œuvre.

L'INSUPPORTABLE SÉPARATION DE LA FORMULATION ET DE LA MISE EN ŒUVRE D'UNE STRATÉGIE

Logiquement, la mise en œuvre suit la formulation. Bien que cela soit généralement admis, l'intervention des personnes et la complexité des organisations suggèrent que les gestionnaires ne soient pas toujours capables de comprendre toutes les relations de cause à effet. Ils ne sont pas toujours en mesure d'exprimer sans ambiguïté leurs désirs. De ce fait, il arrive qu'ils apprennent ou découvrent ce qu'il faut faire en agissant (Mintzberg et Waters, 1985). De là découle l'argument répandu que formulation et mise en œuvre non seulement ne peuvent mais ne doivent être séparées.

Pourtant, dans le monde des affaires, la séparation va pour ainsi dire de soi. En effet, il n'est pas d'entreprise d'envergure où les mécanismes de réflexion stratégique et de planification à long terme ne soient distincts des mécanismes de réalisation opérationnelle.

Les outils de formulation ont connu, au cours des 20 dernières années, une progression spectaculaire. Parmi les modèles les plus puissants, mentionnons :
- le concept de courbe d'expérience (BCG, 1972 ; Hax et Majluf, 1982) ;
- le modèle PIMS (Buzzell, Gale et Sultan, 1975 ; Gale, Bradley et Branch, 1987) ;
- le modèle de portefeuille (Slatter, 1980 ; Lubatkin et Pitts, 1983 ; Hamermesh, 1986) ;
- le modèle d'analyse de la structure et de la dynamique de l'industrie (Porter, 1980) ;
- le modèle de la chaîne de valeur (Porter, 1986) ;
- le modèle de stratégie (Andrews, 1987 ; Ansoff, 1965).

L'utilisation de ces modèles pose néanmoins des problèmes spéciaux lorsque la formulation et la mise en œuvre sont séparées. Ceux qui formulent, étant éloignés de la réalité, ont souvent tendance à faire des choix sans nuance, des choix qui par exemple ne tiennent pas compte des liens entre les produits et les services. Parallèlement, ceux qui sont chargés de la mise en œuvre ont du mal à comprendre la logique des orientations qu'on leur donne. Ils ont alors tendance à mettre en cause les choix par toutes sortes de moyens, souvent destructifs pour l'organisation.

L'EFFET DES MODÈLES DE RÉFÉRENCE DOMINANTS

Examinons brièvement les modèles aujourd'hui très utilisés dans les grandes entreprises, soit la courbe d'expérience (Hax et Majluf, 1983), le modèle de portefeuille (Hamermesh, 1986) et le modèle de Porter (1980) sur la structure de l'industrie.

Souvent, les acquisitions-fusions sont justifiées par l'existence de courbes d'expérience compatibles (Salter et Weinhold, 1979). Cela est bien séduisant, mais souvent trompeur. Entre le moment où l'on envisage la possibilité d'accroître les parts de marché et celui où l'on réussit à produire les gains de coûts grâce à des volumes cumulatifs plus importants, le marché, la concurrence ou la technologie peuvent changer. Il ne faut donc pas oublier que cela n'a rien d'automatique.

Le modèle de portefeuille a aussi ses effets pernicieux (Hax et Majluf, 1982 ; Hamermesh et White, 1984 ; Haspeslagh, 1982 ; Bettis et Hall, 1981). Il trouve sa justification dans la très grande complexité de répartition des ressources, lorsque le nombre d'activités stratégiques est important. Pour simplifier la tâche des dirigeants, il faut leur offrir un cadre qui permette la réflexion et facilite la prise de décision. Malheureusement, là aussi l'outil peut facilement devenir une finalité. Cela est particulièrement vrai lorsque le modèle de portefeuille vient compléter ou soutenir les conclusions du modèle des forces concurrentielles de Porter (1980). Ainsi, l'analyse pourrait révéler que certaines activités ont des effets défavorables par rapport à la concurrence et s'avérer tellement convaincante qu'une seule conclusion s'impose : se désintéresser de ces activités et en privilégier d'autres. La décision paraît claire, compréhensible par tout le monde, ce qui est très séduisant pour les dirigeants et pour leurs collaborateurs, mais elle ne tient pas compte notamment des possibilités et des défis associés à une redéfinition ou à une amélioration du produit ou du service. La redéfinition du marché ou de l'industrie peut conduire à des conclusions complètement opposées.

Des conclusions hâtives ou simplistes peuvent mener à des décisions susceptibles de nuire à la position stratégique de l'entreprise. De même, les modèles pourraient suggérer que la position d'un concurrent est imprenable et décourager toute tentative de délogement là où il serait néanmoins possible de contourner sa position. En général, en accordant une attention particulière à la clientèle, il est possible de lui fournir des services liés au produit qui peuvent la fidéliser en accroissant pour elle les coûts de changement ou en augmentant la valeur fournie.

Les modèles ne sont pas en soi le problème, mais leur logique est parfois tellement puissante qu'on oublie qu'il s'agit là d'une simple construction destinée à aider la réflexion, et non à la remplacer. Ils servent aussi souvent d'arme pour les dirigeants en panne d'idées sur la direction à prendre ou sur la gestion du fonctionnement (et donc de la coopération) interne. Les modèles sont des instruments de formulation de la stratégie ; ils ne sont pas eux-mêmes la stratégie. Celle-ci est une résultante du comportement cohérent de l'organisation, donc une résultante de la formulation d'objectifs et de leur mise en œuvre (Mintzberg, 1987).

C'est dans les acquisitions-fusions et dans leur image symétrique, les désinvestissements, que l'on observe les utilisations les plus abusives des modèles. Cela tient à la fois à l'urgence, réelle ou simulée, des transactions à conclure, à la nécessité, réelle ou simulée, de maintenir la confidence et à l'enthousiasme, réel ou simulé, que les perspectives offertes par les objectifs formulés suscitent chez les dirigeants et chez les actionnaires.

Ainsi, les modèles ont tendance à forcer la main aux gestionnaires en faisant du choix stratégique un choix intellectuel seulement et en simplifiant ce choix de manière parfois outrancière. En matière d'acquisitions-fusions, les incertitudes sont tellement grandes et les angoisses des dirigeants parfois si paralysantes que les modèles apparaissent comme des bouées de sauvetage pour des gestionnaires incapables de discernement. Pire, les modèles ne sont pas les seuls coupables des comportements déraisonnables ou irréfléchis dans les entreprises. Les partenaires auxquels on s'associe pour concevoir ou réaliser l'acquisition-fusion introduisent des rigidités et des engagements progressifs difficiles à briser et menant souvent à des décisions qu'on ne prendrait pas en d'autres circonstances.

L'EFFET DES PARTENAIRES STRUCTURANTS

Les partenaires les plus courants sont les comptables, les avocats et les courtiers. Naturellement, chacun de ces partenaires contribue à accroître la formalisation. La préoccupation des comptables est de s'assurer que les documents utilisés sont conformes aux normes de la profession. Les avocats n'ont pas l'impression d'avoir accompli grand-chose tant que les contrats ne sont pas rédigés et signés. Finalement, les courtiers sont surtout préoccupés par la réalisation de la transaction, sans laquelle leur contribution ne peut être reconnue.

Les phases d'élaboration de la transaction sont cumulatives; elles engagent de plus en plus le client au fur et à mesure que les études sont terminées, les formules inventées et les accords partiels obtenus. Il est alors évident que la transaction, par extension la «formulation de la stratégie», domine les actions d'intégration de l'acquisition et de réalisation des bénéfices souhaités, c'est-à-dire la mise en œuvre. Comment peut-on alors penser à la mise en œuvre d'une ou de plusieurs acquisitions? Comment peut-on réduire les effets dévastateurs d'une formulation détachée de la mise en œuvre?

L'INTÉGRATION COMME CHANGEMENT STRATÉGIQUE

L'acquisition-fusion est une mesure dont les effets sur les parties intéressées, les entreprises acquéreurs et acquises ou celles qui fusionnent, sont profonds et souvent déstabilisateurs. C'est un changement majeur, mais qui est souvent traité comme s'il s'agissait d'une opération routinière. La mise en œuvre d'une acquisition en particulier présente sans doute des similitudes avec celle d'autres acquisitions, mais les aspects importants sont souvent différents parce qu'ils dépendent de la situation propre à l'entreprise et de la transaction envisagée. Cependant, nous suggérons qu'il est possible d'approfondir notre compréhension du phénomène en utilisant les éléments de réflexion qui ont été proposés pour les changements stratégiques.

On propose, pour mieux parler du changement stratégique, de ne plus s'occuper de la vieille dichotomie formulation/implantation, mais plutôt de décomposer l'idée de stratégie en quatre grandes composantes (mécanismes) (Hafsi et Demers, 1989) :
- les croyances ;
- les valeurs ;
- la stratégie concurrentielle ;
- les arrangements structurels.

Vue sous cet angle, l'intégration qui suit une acquisition apparaît comme un processus complexe qui modifie en profondeur les organisations concernées. Ultimement, les recherches sur le changement stratégique montrent que des changements dans l'un des mécanismes entraînent à plus ou moins long terme des changements dans les autres, de sorte que l'ensemble reste en cohérence. Grâce à ces définitions, nous pouvons à présent proposer une façon de classifier les types d'intégration qui permet d'en comprendre les difficultés. Cette classification nous permettra de faire ressortir les difficultés inhérentes à la nature de l'intégration envisagée et d'en déduire les modes de gestion les plus appropriés.

Changer la façon de voir le monde en changeant rapidement tous les mécanismes (croyances, valeurs, stratégie et structure) de l'une ou l'autre des organisations, ou des deux. Les croyances sont le moteur de ce type de changement, qui est le plus radical et le plus total. Les prises de contrôle se trouvent souvent dans cette catégorie.

Dans une transaction en 1992, Socal proposait de faire l'acquisition de Gulf et de mettre fin aux dépenses de cette entreprise en prospection pétrolière, lesquelles s'élevaient à 1,5 milliard de dollars par an. Cette opération permettait de récupérer environ 10 milliards de dollars (valeur actualisée nette) par rapport au scénario de continuation des activités de forage. Cela correspondait cependant, aux yeux des dirigeants de Gulf, à une liquidation de l'entreprise. Comment, disaient-ils, être une entreprise active dans l'industrie pétrolière et ne pas faire de prospection ?

Socal a réussi à faire l'acquisition. Elle entreprenait alors de changer la façon de voir le monde des gestionnaires et de tous les membres de Gulf (et en fait de ceux de Socal aussi), un changement radical par rapport aux pratiques passées. Le changement supposait un changement de croyances : « On peut être dans l'industrie du pétrole sans faire de prospection. » ; un changement de valeurs : « La rentabilité est plus importante que la qualité des opérations de l'entreprise et sa survie à long terme. De plus, une société pétrolière n'est pas nécessairement engagée en amont. » ; un changement de stratégie : « Gulf exploite ses réserves actuelles et devient progressivement un acheteur majeur sur le marché pétrolier. Les approvisionnements et la recherche des opérations les plus payantes deviennent la raison d'être de l'entreprise. » ; un changement de structure qui met l'accent sur des opérations simplifiées concentrées sur l'aval de l'industrie pétrolière, avec un renforcement des capacités d'approvisionnement.

Revitaliser en changeant les pratiques des organisations qui fusionnent. Les valeurs sont ici le moteur de ce type de changement. Ainsi, lorsque Culinar a fait l'acquisition d'Aliments Imasco en 1984, elle a imposé à cette dernière une philosophie de gestion et une vision du monde où l'on accordait une attention particulière aux ressources humaines. Les valeurs d'Aliments Imasco étaient plutôt traditionnelles, mettant l'accent sur la productivité de la main-d'œuvre et la rentabilité.

Réorienter en changeant le domaine d'activité ou le positionnement, donc la stratégie des deux partenaires. Cela entraîne automatiquement un changement des arrangements structurels. Lorsqu'elle a acquis

Genstar, Imasco en a bouleversé la stratégie, qui était basée sur le maintien d'un portefeuille très diversifié et laissait beaucoup d'autonomie aux différentes compagnies constituantes. Elle a aussi entrepris une restructuration majeure comportant la liquidation des entités qui ne cadraient pas avec la stratégie nouvellement énoncée de pénétration de l'industrie du financement individuel et corporatif. Les dirigeants d'Imasco ont vécu l'ensemble de l'opération comme un chemin de croix. Vivement critiqués, ils ont dû trouver une nouvelle identité, mettant plus l'accent sur les aspects financiers. Imasco était désormais une entreprise préoccupée par une juste rémunération des investissements de ses actionnaires. Elle ne pouvait plus être identifiée seulement à un domaine d'activité, comme le tabac ou la restauration rapide. Pourtant, tous les domaines qu'elle possédait pouvaient être reliés à sa dernière acquisition, puisque c'était là une entreprise dont la mission pouvait justement être au cœur de la nouvelle entreprise, mission qui consistait à trouver des utilisations rentables aux fonds fournis par ses activités génératrices de fonds (vaches à lait), comme le tabac et la restauration rapide.

Restructurer pour la survie à court terme en modifiant, de manière fondamentale, le fonctionnement de l'entreprise résultante et donc de ses composantes. Le cas le plus spectaculaire est probablement celui de l'acquisition de Texaco par Imperial. On ne changeait pas les croyances ni les valeurs. Même la stratégie restait essentiellement la même. On voulait surtout renforcer la stratégie de l'une et de l'autre, qui était de dominer le marché de vente au détail de produits pétroliers et de réduire les coûts grâce à des économies d'échelle et d'envergure.

LES DÉFIS DE L'INTÉGRATION

Tout changement organisationnel d'envergure requiert une certaine légitimité. Les dirigeants ne peuvent vraiment accomplir le changement que s'ils sont perçus comme ayant la légitimité pour le faire. La nécessité de la légitimité est facile à comprendre. En effet, comme le changement cause des « souffrances » à de nombreuses personnes, en particulier aux cadres, il produit aussi beaucoup de contestation, ce qui peut à la limite le remettre en cause. Haspeslagh et Jemison (1991) attribuaient les difficultés de l'intégration à un vide dans le leadership, caractéristique fréquente des situations d'acquisitions-fusions.

En conséquence, **le premier défi** pour mener à bien une acquisition-fusion, et l'intégration qui lui est liée, **est de nature conceptuelle**. Il faut trouver les formulations les plus convaincantes pour expliquer et justifier le changement.

Le deuxième défi est de construire l'organisation de sorte qu'elle puisse prendre en charge le changement. Le système organisationnel doit encourager les comportements souhaitables pour le changement. Malheureusement, exception faite des organisations très simples, nos connaissances en la matière sont très embryonnaires. Les mesures concernant le contexte organisationnel sont donc souvent de nature expérimentale. Pierre Macdonald, ancien ministre de l'Industrie et du Commerce et responsable chez Bombardier de la commercialisation du TGV en Amérique du Nord, explique le comportement organisationnel de Bombardier (Tremblay, 1993) :

> *La petitesse du siège social entraîne une grande autonomie pour les six groupes ; en même temps, le processus de planification stratégique demande une analyse en profondeur et une justification serrée des gestes à venir. Ça balise beaucoup l'autonomie et évite les mauvaises surprises [...]*

Chaque entreprise invente ses propres mécanismes pour relever le défi structurel. **Le troisième défi** est celui **du changement de culture**. Pour les personnes concernées, changer de culture signifie partir à l'aventure. Les résistances les plus fortes se trouvent à ce niveau.

Le quatrième défi, humain, se pose chez les personnes sensibles aux souffrances associées au changement. Il fait appel au courage et à la créativité des dirigeants. Les gestionnaires doivent envisager avec courage les difficultés de leurs choix stratégiques. Le défi humain consiste donc à trouver des solutions de changement qui peuvent réduire les traumatismes et, d'une certaine manière, préparer l'avenir. Les standardisations et les solutions nettes sont souvent plus expéditives, mais néfastes à long terme (Scheiger et Walsh, 1990).

Finalement, **le défi de leadership** consiste souvent à aller à contre-courant pour amorcer et mener à bien le changement. Nul n'accepte la souffrance s'il peut l'éloigner dans l'espoir qu'elle disparaîtra. Il faut à celui ou celle qui guide beaucoup de courage et de détermination pour se battre parfois seul ou seule contre tous, surtout si la situation de l'entreprise n'est pas catastrophique. Un autre défi de leadership consiste à donner l'exemple.

« CELUI QUI COMPTE SEUL TROUVE TOUJOURS DE L'ARGENT EN TROP »

L'intégration d'une acquisition ou la réalisation d'une fusion crée une situation complexe sur le plan de la gestion. En l'occurrence, contrairement aux situations de gestion simple, la mise en œuvre est souvent bien plus importante que la formulation des objectifs. Il faut en avoir conscience et agir en conséquence. Sinon, on ferait comme celui qui, dans le dicton oriental, compte ses richesses sans prendre en considération les autres et on s'apercevrait comme lui que « celui qui compte seul trouve toujours de l'argent en trop ».

INVESTIR DANS LA TECHNOLOGIE DE L'INFORMATION : BÂTIR L'ARCHITECTURE ET LES COMPÉTENCES DE DEMAIN

par Albert Lejeune

Dans l'industrie des services comme dans l'industrie manufacturière, l'investissement en technologie de l'information est devenu le type d'investissement le plus courant. On estime à plus de 50 % la part des investissements en technologie de l'information dans le total des investissements industriels. À l'ère des réseaux, ces investissements produisent des effets de propagation parfois surprenants. Ils ont tendance à transformer les processus d'affaires et à remodeler les structures organisationnelles. Ils suscitent des alliances — souvent virtuelles — par l'intégration en temps réel de la firme à son environnement externe (clients, fournisseurs, concurrents, organismes de régulation).

Potentiellement, chaque investissement d'envergure en technologie de l'information peut produire des effets de propagation allant jusqu'à la virtualisation de l'entreprise. Dans la nouvelle économie numérique mondiale, les gagnants sont, de Disney à Microsoft en passant par CNN, Carterpillar et Softimage, les firmes qui utilisent résolument le levier de la technologie de l'information.

Toutefois, comment le gestionnaire doit-il aborder la question de l'évaluation des investissements en technologie de l'information ? Nous tentons par cette note d'indiquer quelques pistes à explorer. Nous nous limiterons à montrer comment, par différentes approches, l'évaluation devrait être pensée pour capter les effets de propagation potentiels de la technologie de l'information. Nous laisserons donc de côté toute la question de l'évaluation des risques technologiques.

L'APPROCHE PAR LE CONTEXTE STRATÉGIQUE ET ORGANISATIONNEL

Il est relativement aisé pour un observateur bien informé de situer le contexte stratégique d'une entreprise à partir de son comportement sur le marché et des grandes décisions qu'elle prend. On peut distinguer les contextes de rationalisation, de réingénierie et de régénération de la stratégie.

Dans cette deuxième partie des années 1990, les firmes se trouvent, à un moment donné, dans l'une de ces trois positions. Les firmes sont soit en rationalisation (réduction radicale des coûts, *downsizing*), en réingénierie (innovation sur les grands processus d'affaires) ou — beaucoup plus rarement — en situation de régénération de la stratégie, qui consiste pour la firme à se projeter dans un avenir lointain pour définir les compétences à développer aujourd'hui. Du point de vue de l'investissement en technologie de l'information, il apparaît que la réingénierie est une situation plus complexe que la simple rationalisation. Le ROI (*return on investment*) n'est pas le seul étalon à utiliser ; on recherche également de la vitesse, de la précision, de la flexibilité. Il faut évaluer non seulement une application ou un ensemble d'applications aux fonctionnalités bien définies, mais aussi des investissements continus — par opposition à discrets — sur l'infrastructure des processeurs, des données et des réseaux.

Tableau 1 Les trois états stratégiques et l'investissement en technologie de l'information

	Rationalisation	Réingénierie	Régénération de la stratégie
Le critère d'investissement	Le retour sur l'investissement	➤	Les intangibles
L'objet de l'investissement	La ou les applications spécifiques	➤	L'infrastructure
Le résultat recherché	L'effet direct	➤	L'effet indirect

La vision de la rationalisation étant à très court terme, ce sont des impacts directs qui sont recherchés. En situation de réingénierie, les conséquences des investissements en technologie de l'information dépendront largement de la conception des nouveaux processus d'affaires. La situation est encore plus complexe pour la situation de régénération.

Cette approche par l'état stratégique nous impose de reconnaître que chaque état stratégique sélectionne en quelque sorte ses critères d'évaluation (ROI contre intangibles), ses investissements en technologie de l'information (applications contre infrastructure) et sa compréhension des conséquences sur la performance.

À l'une des extrémités du spectre, les firmes en rationalisation recherchent la réduction des postes de travail, l'économie sur le temps et les matières utilisées, sur les coûts de transport, de gestion et de logistique, etc. ; à l'autre extrémité, la firme en régénération — tout en gardant le souci de l'économie — va chercher à construire une infrastructure électronique capable de la repositionner dans le long terme. Ainsi, dans l'industrie bancaire, des banques ont géré les guichets automatiques comme de simples appendices de la succursale, tandis que d'autres, plus dynamiques, déployaient une véritable ceinture électronique de guichets automatiques destinés à former le cœur de leur futur réseau électronique. On compte souvent sept années et plus pour retirer des bénéfices d'investissements dans les infrastructures : dans ce cas, le ROI n'est pas un critère suffisant.

Les firmes en situation de réingénierie comme les firmes en régénération doivent évaluer les investissements en technologie de l'information non plus en fonction des seuls chiffres comptables et financiers, mais en fonction de la contribution de ces investissements à des thèmes stratégiques pertinents, tels que la qualité, la flexibilité, la précision, la vitesse, l'innovation radicale dans les produits, etc.

L'APPROCHE PAR LA NATURE DE L'INVESTISSEMENT

Nous pouvons examiner plus en détail des catégories d'investissement dans les applications. Nous pouvons, par exemple, distinguer les investissements de substitution (remplacement du travail humain par la machine) des investissements de complémentarité (aide à la prise de décision, par exemple) et des investissements d'innovation.

Nous pouvons compléter cette classification en distinguant, outre les investissements dans les infrastructures, les différents investissements suivants dans les applications.

L'AUTOMATISATION, QUI CORRESPOND AUX INVESTISSEMENTS DE SUBSTITUTION

- La représentation correspond à des investissements de complémentarité qui permettent à un utilisateur de se représenter une situation et de l'analyser à l'aide de chiffres, de texte, d'image et de son.
- L'interaction, nouvelle catégorie qui explose avec les technologies Internet/Intranet, vise à supporter l'interaction entre les personnes (courrier électronique, vidéoconférence, système d'aide à la décision de groupe, etc.).
- L'incorporation ou le transfert d'une capacité de traitement directement dans la machine pour l'industrie manufacturière (il y a plus de microprocesseurs installés dans les automobiles, les réfrigérateurs, etc., que dans les micro-ordinateurs) et dans des cartes intelligentes dites « à puce » pour l'industrie des services.

Ces différentes catégories d'investissements dans la technologie de l'information sont des investissements discrets (on peut fixer le nombre des guichets automatiques ou des cartes bancaires intelligentes, le nombre de PC équipés de systèmes d'aide à la décision ou le nombre de postes de téléconférence). Ces investissements discrets vont nécessiter — le plus souvent — des investissements d'infrastructure pour faire l'objet d'un déploiement massif.

L'INVESTISSEMENT STRATÉGIQUE DANS LA TECHNOLOGIE DE L'INFORMATION

Si nous examinons comment des investissements dans les applications ou dans l'infrastructure de la technologie de l'information deviennent des investissements stratégiques et peuvent être justifiés comme tels, il nous faut réfléchir à la complexité stratégique de ces investissements.

Les années 1980 nous ont laissé l'impression que le système d'information stratégique existait et qu'il consistait à déployer des liaisons directes avec clients et fournisseurs pour engendrer des bénéfices. En reliant les agences de voyages aux systèmes administratifs d'American Airlines, le système SABRE de réservation représente le prototype de ce genre d'application. Ses répercussions stratégiques ont été majeures sur l'industrie ; le système a produit d'énormes revenus pour American Airlines et il représentait à lui seul près du tiers de la valeur de la compagnie à la fin des années 1980. Ces systèmes, comme SABRE d'AMR (voir le tableau 2), sont stratégiques mais d'un niveau de complexité stratégique (et non technologique) faible.

Tableau 2 La chaîne causale entre investissement en technologie de l'information et impact sur la performance

NIVEAU DE COMPLEXITÉ STRATÉGIQUE	POINT DE DÉPART	VARIABLE INTERMÉDIAIRE	IMPACT SUR LA TECHNOLOGIE DE L'INFORMATION	EXEMPLE
FAIBLE	$ investis en technologie de l'information	Néant	Bénéfices directs	Guichets automatiques dans les années 1980
MOYEN	$ investis en technologie de l'information	Part de marché	Bénéfices indirects	Système SABRE d'AMR dans les années 1980
MOYEN	Investir dans un projet d'affaires	$ investis en technologie de l'information	Bénéfices indirects	Vente d'assurances dans les succursales bancaires
ÉLEVÉ	Investir dans une architecture d'affaires	$ investis en technologie de l'information	Bénéfices indirects	Système logistique de FEDEX
TRÈS ÉLEVÉ	Investir dans des compétences nouvelles	$ investis en technologie de l'information	Bénéfices indirects	La réactivité de Wal-Mart aux changements sur les marchés locaux

Ils sont faibles — en matière de complexité stratégique — parce qu'on peut (on pouvait) tenir un raisonnement certain sur les prémisses et les conséquences d'un tel investissement.

Rapidement, ces simples systèmes stratégiques sont devenus impossibles. La chaîne de causes — conséquences entre l'investissement en technologie de l'information et les bénéfices — s'est rapidement complexifiée avec la multiplication des réseaux. Les gestionnaires qui décident d'un investissement en technologie de l'information doivent revenir à une vision d'affaires pour engendrer des bénéfices. Ainsi, le réseau Desjardins parvient-il, à la fin des années 1980, à distribuer des assurances générales à travers son réseau de succursales et à gagner très rapidement des parts de marché. La technologie de l'information permet la réalisation de cet investissement, mais c'est une vision d'affaires qui guide les décideurs.

La complexité croissante des investissements en technologie de l'information est bien illustrée par le concept d'architecture d'affaires de Federal Express. L'idée d'une plaque tournante, à Atlanta, unique en Amérique du Nord, est un choix radical d'architecture d'affaires ; une architecture adéquate de la technologie de l'information va permettre l'actualisation de ce choix. Comment discuter sur les bénéfices de la technologie de l'information dans ce cas ? Le choix d'une architecture d'affaires garantit ici les bénéfices des sommes dépensées en technologie de l'information.

Finalement, la firme doit investir dans des compétences ou des capacités stratégiques. Pour faire preuve de réactivité, de vitesse, de précision et pour créer des connaissances nouvelles, l'organisation doit, en plus d'amener l'information à temps chez tous les utilisateurs, supporter le travail en équipe et permettre la mise sur pied de projets conjoints avec des partenaires divers, comme les clients, les fournisseurs ou les concurrents. Suffit-il d'investir dans les nouvelles technologies de l'information, comme le client-serveur, les entrepôts de données, Internet et Intranet, pour produire des bénéfices ? Plus maintenant.

L'APPROCHE PAR LA NATURE DES BÉNÉFICES

Si un investissement en automatisation peut s'évaluer facilement par la réduction des coûts et des délais, l'investissement en technologie de l'information pour la représentation (un système d'information pour le dirigeant) exige une évaluation de la valeur d'une information obtenue à temps, alors qu'un investissement dans la technologie de l'information pour l'interaction impose une évaluation de la valeur d'une prise de décision de groupe ou d'un travail d'équipe réalisé plus rapidement.

Un investissement stratégique dans la technologie de l'information crée — en plus — de la valeur pour le client. Son besoin est satisfait plus rapidement, avec moins d'effort et à moindres coûts (exemple : l'utilisation du guichet automatique par le client de la banque au lieu de faire la file au comptoir). On calcule ainsi qu'une grande partie des bénéfices de la technologie de l'information est retournée aux consommateurs.

Traditionnellement, les firmes ont examiné leurs investissements comme s'ils devaient démontrer un niveau satisfaisant de viabilité. La fonction organisationnelle SI-TI (système et technologie de l'information) va, par exemple, déployer des guichets automatiques si les unités d'affaires peuvent atteindre un montant de facturation interne supérieur de 10 % aux dépenses d'immobilisation et de développement. Voilà une approche suffisante si l'on ne calcule pas de valeur ajoutée pour cerner la vraie justification économique.

La valeur se créant dans le domaine d'affaires, l'unité d'affaires, par exemple la vice-présidence régionale d'une grande banque, se doit d'évaluer, outre le ROI, le ROI étendu ainsi que des facteurs quasi tangibles et intangibles. L'unité d'affaires justifiera alors vraiment l'investissement envisagé dans la technologie de l'information. Si un taux de viabilité de 10 % peut être satisfaisant pour les comptables, il peut cacher, dans l'unité d'affaires, une valeur ajoutée de 300 % ou de 1 000 % si l'on calcule le ROI étendu et les intangibles. Cela va changer la problématique de la récupération des bénéfices !

Le ROI étendu consiste dans le calcul des valeurs de liaison et d'accélération qui sont engendrées par l'investissement. La valeur de liaison se compose, par exemple, de la valeur engendrée par une meilleure organisation de la production à la suite d'un investissement dans un nouveau système de prise de commande en marketing ; la valeur d'accélération représente la valeur de revenus encaissés plus rapidement.

Présentons, après le ROI étendu, les bénéfices intangibles pour revenir ensuite sur la notion de bénéfices quasi tangibles. Les bénéfices intangibles sont des bénéfices réels, de vrais dollars, qui arrivent par un autre chemin, un chemin qui dépend de l'industrie et du marché. Il y a, par exemple, des bénéfices tangibles (ROI et ROI+) au déploiement des guichets automatiques. Mais il y a aussi des bénéfices intangibles : l'alignement sur la stratégie d'affaires, la projection d'une image *high tech*, la collecte et l'analyse massive des données transactionnelles, la découverte de *patterns* d'utilisation de la carte client, des alliances stratégiques avec des chaînes pétrolières, alimentaires ou de dépanneurs, etc. L'alignement sur la stratégie va permettre de distribuer rapidement et à peu de coûts des produits plus complexes ; l'image *high tech* peut jouer sur les parts de marché ; des *patterns* d'utilisation de la carte vont servir à la microsegmentation pour mieux rejoindre les besoins des clients ; les alliances vont modifier les parts de marché respectives des joueurs dans l'industrie. Ces bénéfices perçus et traités comme intangibles par les comptables (parce qu'ils échappent au système comptable) sont les bénéfices tangibles de demain, quand volume et parts de marché vont influer sur les résultats.

Les bénéfices quasi tangibles sont des bénéfices à mi-distance entre le ROI étendu et les intangibles. On peut penser ici à la flexibilité, à la réactivité, à l'avantage concurrentiel plus rapidement transformés en résultats financiers.

LES APPROCHES À L'ÉVALUATION : UNE SYNTHÈSE

Si nous définissons l'investissement « pur » en technologie de l'information comme un investissement de faible complexité stratégique (voir le tableau 3), le mode traditionnel d'évaluation — le ROI — peut être satisfaisant tant qu'il s'agit de projets limités d'automatisation. Dans le meilleur des mondes, le ROI étendu serait déjà indiqué pour ce type d'investissement, mais le processus d'évaluation qu'il exige risque de ne pas être présent.

Tableau 3 La synthèse des approches à l'évaluation en fonction des investissements et des états stratégiques

État stratégique		Complexité stratégique	Automatisation	Incorporation	Représentation	Interaction	Infrastructure	Nature des critères d'évaluation
RATIONALISATION	Investir dans la technologie de l'information		++	+	+/-	-	-	ROI
RATIONALISATION	Investir dans les affaires		+/-	+/-	+	-	+	ROI et ROI étendu - liaison - accélération
RÉINGÉIERIE	Investir dans l'architecture d'affaires		+	+	+	+	++	ROI, ROI étendu et quasi- tangibles - restructuration des tâches - innovation - flexibilité, etc.
RÉGÉNÉRATION	Investir dans les compétences		+	+	++	+++	+++	ROI, ROI étendu, quasi-tangibles et intangibles - alliances - image, etc.

À partir du moment où la firme considère ses investissements en technologie de l'information comme des investissements d'affaires soutenus par des technologies, l'approche à l'évaluation peut évoluer. Des professionnels et des gestionnaires de l'unité d'affaires, de la direction des systèmes et de la fonction finance vont tenter de partager un vocabulaire d'affaires pour faire consensus sur la valeur d'affaires en appréciant d'abord le ROI étendu aux valeurs de liaison et d'accélération.

En situation de réingénierie, la firme ne peut se satisfaire d'une approche désordonnée à l'investissement en technologie de l'information. Le nouvel impératif, c'est l'alignement sur la révision des processus qui est en cours. Les processus d'affaires qui sont touchés par la réingénierie sont des processus qui touchent à l'identité de la firme et qui établissent ses avantages concurrentiels dans le marché. La contribution d'une nouvelle architecture d'affaires à l'amélioration de critères quasi tangibles — rapidité, précision, flexibilité — devient cruciale.

Quand il s'agit, ou quand il s'agira, d'investir dans des capacités stratégiques ou des compétences nouvelles soutenues par la technologie de l'information, le processus et les critères d'évaluation devront encore se modifier. On ne devra plus seulement faire évaluer le ROI par les finances, le ROI étendu par un comité, les quasi-tangibles par le groupe de réingénierie : il faudra cette fois mobiliser les membres de l'organisation à valoriser de l'information — ou de la connaissance — organisée en fonction de l'architecture d'affaires.

EN GUISE DE CONCLUSION

Les leçons que nous pouvons tirer des liens entre un niveau d'investissement dans la technologie de l'information et la performance d'une firme sont paradoxales. Souvent, les entreprises qui investissent le plus sont les moins performantes. L'explication est pourtant simple : le succès vient non pas de l'investissement dans la technologie de l'information, mais bien de l'investissement dans les affaires, l'architecture d'affaires et les capacités stratégiques. Dans cette direction, les organisations peuvent améliorer la vitesse, la qualité, la flexibilité, et soutenir l'amélioration continue, la réingénierie et l'innovation.

{ Partie V }

STRATÉGIE ET MONDIALISATION

Cette partie comprend deux chapitres et quatre notes spécifiques. Le chapitre X est consacré à une clarification du langage avec une définition des différents aspects de la mondialisation : la mondialisation des marchés, la mondialisation des entreprises et la mondialisation des industries. Le chapitre discute aussi des modèles d'analyse qui permettent justement de mieux comprendre la dynamique de mondialisation dans ces différents cas.

Le chapitre XI poursuit sur la lancée du chapitre X en examinant comment la gestion change lorsque l'entreprise devient une entreprise mondiale. Les différents défis que pose la gestion stratégique d'une organisation de dimension mondiale sont abordés. En particulier, les différents *patterns* de comportements stratégiques sont révélés et discutés. Les outils de la gestion en situation de complexité, introduits à la partie précédente, apparaissent comme particulièrement importants pour la gestion en situation de mondialisation, mais ils prennent des formes spécifiques aux problèmes que pose la dispersion géographique.

La note n° 20 aborde une question surprenante et stimulante pour ceux qui s'intéressent à la gestion à l'échelle nationale, soit celle de la nature différente des perspectives de gestion à l'échelle nationale, selon que l'accent est mis sur la propriété nationale des entreprises et de l'économie ou sur les dimensions internes au pays de l'économie, donc son apport à l'équilibre interne, quelle que soit la nature de la propriété des entreprises ou des actifs. Cette note a été écrite par Jean-Christophe Vessier, à la suite de la recherche qu'il a menée sur le sujet lors de son mémoire de maîtrise à l'École des HEC.

La note n° 21 discute des alliances stratégiques et montre que ces alliances sont une réponse normale à la mondialisation des marchés, des entreprises et des industries. Les types d'alliances et leurs liens avec la stratégie des entreprises sont discutés. Cette note est écrite par Georges Fernandez, qui finit sa thèse de Ph.D. sur le sujet, à l'École des HEC.

La note n° 22 discute de la pertinence de l'un des modèles les plus utilisés en gestion stratégique en situation de mondialisation, celui du diamant formel de Porter. En particulier, il est démontré que ce modèle est tout à fait approprié pour les jeux et les acteurs dominants mais non pour les jeux et les acteurs périphériques. Un modèle adapté, appelé diamant virtuel, est proposé. Cette note est tirée d'un article écrit par Taïeb Hafsi, DBA, Harvard, et Christiane Demers, Ph.D., HEC Montréal, professeurs de gestion stratégique des organisations à l'École des HEC de Montréal, et publié à l'origine par la revue *Gestion*.

La note n° 23 discute de l'investissement direct étranger (IDE) et propose que les déterminants de l'IDE, suggérés par la littérature traditionnelle, ne peuvent pas expliquer l'IDE aujourd'hui. Il faut plutôt examiner la logique de la firme et celle de l'État et leurs interactions. Les succès actuels en matière d'IDE s'expliquent par la rencontre entre ces deux logiques, dans des situations spécifiques. La note a été tirée d'un article écrit par Philippe Faucher, Ph.D., Université de Montréal, professeur de sciences politiques à l'université de Montréal, et Taïeb Hafsi, DBA, Harvard, professeur de stratégie des organisations à l'École des HEC de Montréal.

Chapitre X

L'ANALYSE STRATÉGIQUE
ET L'INDUSTRIE MONDIALE

I. INTRODUCTION

Le phénomène de mondialisation des marchés n'est pas nouveau. Pour les entreprises modernes, l'internationalisation des activités est une étape naturelle de leur développement (Chandler, 1977, 1990 ; Vernon et Wells, 1976). Dans le passé (Chandler, 1962), une entreprise comme Exxon (auparavant la Standard Oil of New Jersey) ne pouvait considérer le marché du pétrole autrement que comme mondial. La stratégie de l'entreprise, comme celle de ses concurrents, était donc construite sur une vision du monde qui ressemble étrangement à l'idée actuelle de village global.

Pourtant, l'idée de mondialisation des marchés est aussi une idée nouvelle. Le marché auquel la plupart des entreprises pensent est un vaste marché, même lorsque délibérément elles décident de mettre l'accent sur une partie seulement de celui-ci. La mondialisation ne correspond donc plus à la volonté d'une entreprise spécifique d'aller ailleurs, elle découle de la volonté de toutes les entreprises de le faire. En conséquence, même lorsqu'une entreprise n'envisage pas d'internationaliser ses activités, elle doit tout de même s'attendre à ce que d'autres, venant d'ailleurs, de partout, viennent la défier sur son propre territoire. En d'autres termes, la mondialisation, qui était une stratégie spécifique à une entreprise, est devenue un élément structurel qui a changé la nature de la dynamique concurrentielle pour toutes les entreprises.

La concurrence engendrée par la mondialisation, tout comme la concurrence dans un territoire déterminé, pose des problèmes importants aux gouvernements. Il faut « gérer » la concurrence à l'intérieur d'un pays pour éviter les abus de la domination par les plus forts. Cette gestion est alors formelle et s'impose aux entreprises du pays. Elle se fait généralement selon des règles qui sont « négociées » entre les parties concernées, clients, fournisseurs, concurrents, etc. Lorsque la concurrence est globale, la logique d'ensemble n'est plus sous le contrôle direct d'un seul gouvernement. Elle touche plusieurs gouvernements à la fois et chacun est tenté d'agir sans se préoccuper des intérêts des autres.

Malheureusement, agir unilatéralement, sans tenir compte de la logique globale d'une industrie, peut entraîner des résultats plus défavorables pour le pays. Si, par ailleurs, le gouvernement ne faisait qu'accepter la logique économique de la mondialisation, il abandonnerait du même coup ses prérogatives de régulateur de la vie socio-économique nationale. En général, le pays perdrait son autonomie de décision au profit d'entreprises qui n'auraient plus de nationalité.

C'est pour sortir de ce dilemme que l'idée de compétitivité nationale est venue se superposer à celle de concurrence globale. En effet, si un gouvernement ne peut plus agir de manière directe sur les décisions économiques des firmes, il peut s'efforcer de le faire de manière indirecte. Cela suggère qu'un gouvernement doit tenter de comprendre puis d'infléchir la logique des firmes dans le sens des intérêts de la nation. D'où l'idée de compétitivité nationale.

Dans ce chapitre, nous tentons de clarifier un peu plus toutes ces idées qui vont devenir des lieux communs pour le gestionnaire. Nous commençons par une discussion de ce qu'est la mondialisation, qui s'achève avec une série de définitions qui nous serviront de base. Nous aborderons ensuite un ensemble de questions spécifiques qui sont posées par la mondialisation, notamment : 1) les stratégies dominantes en situation de mondialisation ; 2) la place des petits dans la mondialisation : jeux dominants et jeux périphériques ; 3) les interactions entre nations et entreprises : la triade et la rivalité entre nations ; 4) les grappes stratégiques ; 5) l'investissement direct étranger en situation de mondialisation ; 6) les alliances et la mondialisation. Nous conclurons sur une réflexion d'ensemble concernant cette évolution vers un village global.

II. LA MONDIALISATION DES MARCHÉS : MANIFESTATIONS ET DÉFINITION

L'idée de mondialisation ou de globalisation est entrée si vite dans le langage courant qu'on peut avoir l'impression que c'est devenu une réalité très claire pour tous les acteurs concernés. Pourtant, l'idée de mondialisation peut recouvrir des réalités très diverses. Ainsi, on parle de mondialisation des marchés, comme si c'était une réalité indépendante de la volonté des acteurs (Porter, 1986). Le marché de l'électronique, ou celui des pianos, est souvent présenté comme un marché global. On parle aussi de mondialisation de l'entreprise et de sa stratégie (Doz, 1986 ; Porter, 1986). IBM ou Ford sont présentées comme des entreprises globales, mais que dire d'une petite entreprise canadienne qui exporte de 70 % à 100 % de sa production de biens et de services ?

Dans cette partie, nous allons essayer de clarifier les concepts qui dominent la littérature et proposer une façon de parler de la mondialisation qui permette de les intégrer.

A. LES THÉORIES DE L'ÉCONOMIE INTERNATIONALE

Depuis longtemps, les économistes étudient le phénomène de l'internationalisation des activités, surtout du commerce, en le reliant au paradigme économique fondamental (Caves & Jones, 1977). La théorie de Ricardo est à la fois la plus simple et la plus ancienne. Il proposait que les *patterns* commerciaux étaient dictés par l'offre. Ainsi, un pays doit exporter des aliments et importer des vêtements si la productivité en matière de production alimentaire est relativement supérieure à celle des autres. Dans ce cas, les pays en question devraient se spécialiser complètement dans les activités qui les avantagent. Ricardo met aussi l'accent, sans autre précision, sur les différences technologiques des pays comme étant à la source des différences de productivité. Finalement, il faut insister sur le fait que le modèle de Ricardo est un modèle de production, et non de productivité du travail. Il agrège de manière globale tous les produits d'un pays.

Le modèle de Ricardo a été la base à partir de laquelle des raffinements ont été aménagés. Notamment, les économistes suédois Heckscher (1919) et Ohlin (1933) ont proposé ce qui suit :

1. Les pays exportent des commodités dont la production requiert l'utilisation relativement intensive des facteurs (main-d'œuvre, capital, matières premières, etc.) les plus abondants localement.

2. Le commerce des commodités a alors tendance à éliminer les différences internationales dans la rémunération des facteurs.

Ces grandes théories et toutes les sophistications qui leur ont été apportées (Caves & Jones, 1977) n'expliquent cependant pas l'internationalisation des firmes, même si elles apportent des éclairages intéressants sur l'internationalisation du commerce. Il faut aller vers des théories plus générales et plus managériales pour trouver des réponses qui se rapprochent de nos préoccupations.

B. LA THÉORIE DU CYCLE DE VIE DE VERNON

La grande étude sur les multinationales menée à Harvard dans les années 1970 a abouti notamment à une théorie de l'internationalisation de la firme qui expliquait pourquoi et comment les entreprises américaines principales étaient devenues des multinationales. Selon Vernon et Wells (1976), les données sur l'internationalisation des activités des firmes américaines montrent que celle-ci a suivi un cycle, qui est lié au cycle de vie du produit, avec trois phases : 1) l'exportation, 2) la production à l'étranger, 3) l'importation.

Lorsque le produit vient d'être lancé, généralement à la suite d'une innovation, la firme a une sorte de monopole sur celui-ci et il lui suffit alors de le vendre sur autant de marchés que possible. Pour cela, l'exportation est la démarche la plus facile et la plus évidente. Cette exportation se fera vers des pays plus ou moins éloignés, selon l'expérience et les moyens dont dispose la firme.

Lorsque le produit atteint le début de la phase de maturité, la technologie est généralement déjà disponible pour des concurrents dans les pays d'exportation. Ceux-ci commencent alors des activités concurrentes. Jusqu'à ce que leur courbe d'expérience soit suffisante, l'exportation peut continuer à se faire à partir du pays de lancement du produit, mais il arrive un moment où la concurrence devient trop forte et les désavantages de la localisation, trop importants ; il est alors nécessaire de s'établir dans les marchés en question, pour bénéficier de conditions de production similaires.

Finalement, lorsque le produit est mature ou même en déclin, il peut arriver que les avantages comparatifs de certains pays rendent plus économique le fait d'importer les produits dans le pays d'origine plutôt que de les produire sur place.

Ainsi, le cycle du produit engendre un processus d'internationalisation de la firme qui est prévisible. C'est ce cycle qui semble expliquer la domination des grandes entreprises américaines à travers le monde jusqu'au début des années 1970.

C. LES THÉORIES PLUS CONTEMPORAINES

Dans les travaux plus récents, notamment ceux qui ont été réalisés par des étudiants de la gestion des entreprises multinationales (Doz, 1986 ; Porter, 1986 ; Prahalad & Doz, 1987 ; Bartlett, Goshal et Doz, 1990 ; Rugman, 1990), la « globalisation »[1] apparaît comme le résultat de l'effet de l'évolution de l'environnement, notamment de la structure de l'industrie et de l'action des gouvernements, d'une part, et de l'action des entreprises, d'autre part.

---

1. Le terme globalisation est un anglicisme, mais il est pour l'instant nécessaire. Il recouvre une réalité plus nuancée que les termes mondialisation ou internationalisation, qui ont été consacrés par la littérature traditionnelle pour exprimer soit l'extension des activités à travers les frontières (mondialisation du commerce par exemple) quelle que soit la situation de la firme, soit l'internationalisation des activités de la firme, quel que soit l'état (ouvert ou contraint) et l'extension (local ou mondial) du marché. Globalisation va être défini de manière plus précise à la fin de cette section.

I. LE GOUVERNEMENT ET LA STRUCTURE DE L'INDUSTRIE

Les forces principales qui influent sur le développement d'une industrie sont :

• la volonté et le fonctionnement du gouvernement des pays concernés;
• les tendances en matière de structure de l'industrie.

Ainsi, dans l'industrie automobile, qui est considérée par Doz (1986) comme étant une industrie globale, le cheminement vers la globalisation a été provoqué ou facilité par trois séries de facteurs dont :

a) La formation de la CEE, qui a accru de manière sensible le commerce entre les pays européens ;

b) les efforts et les succès de pénétration des Japonais grâce à des avantages substantiels en matière de productivité et de qualité ;

c) la réduction des différences entre les préférences des consommateurs sur les marchés américains, européens et japonais. La crise de l'énergie de 1973 et le nivellement du bien-être ont facilité l'évolution vers des technologies plus évoluées et des produits similaires.

À cela s'ajoutent les caractéristiques fondamentales de l'industrie automobile : les économies d'échelle en production, en distribution et en marketing; les différences de productivité entre pays à l'échelle internationale et l'évolution vers le libre-échange, qui ont tendance à pousser vers la consolidation des marchés ou vers des liens entre eux.

Pendant longtemps, les gouvernements ont résisté à l'évolution vers la globalisation de marchés comme celui de l'automobile, mais le mouvement était tellement fort que certains d'entre eux ont décidé de jouer le jeu d'une ouverture plus grande à condition que les situations sociales, notamment l'emploi, soient prises en considération par les entreprises touchées. Tous les autres gouvernements ont été obligés de suivre, tout en continuant à essayer d'imposer des règles qui permettent de sauvegarder les intérêts économiques nationaux. Le résultat est non pas une globalisation complète mais une globalisation « administrée », un peu comme tout marché national est « administré ».

II. L'ACTION DES ENTREPRISES

La globalisation est aussi l'action des entreprises. Porter (1986) va jusqu'à donner une définition de la globalisation des marchés basée sur la stratégie des firmes. Il soutient « qu'un marché devient global lorsqu'une firme trouve un moyen de lier ses activités dans plusieurs pays différents de manière à obtenir un avantage concurrentiel » qui serait insupportable pour ses concurrents, notamment dans le marché intérieur.

Dans ce même livre, Porter (1986) propose une autre façon de penser à la globalisation. Il propose d'utiliser la chaîne de valeur comme élément d'appréciation. Les entreprises sont, d'après lui, constamment en train de déterminer où il est préférable de localiser les différents éléments de la chaîne de valeur. Il peut alors s'ensuivre que l'un ou l'autre ou plusieurs des éléments de la chaîne de valeur soient localisés dans différents pays, pour tirer parti des différences de productivité des facteurs dans ces pays. Cette localisation est ce qu'il appelle une configuration.

Cependant, les options de configuration sont contraintes par les difficultés de coordination qu'une dispersion trop grande pourrait poser. Il y a alors un choix stratégique à faire pour trouver la meilleure combinaison de configuration et de coordination. Cette combinaison est ce qui peut alors être appelé une stratégie globale.

Doz (1986) va un peu plus loin et suggère que selon la nature de l'industrie les stratégies poursuivies vont être différentes. Trois grandes stratégies semblent être fréquemment utilisées : la stratégie d'intégration, la stratégie de sensibilité nationale et la stratégie multifocale, un mélange spécial des deux précédentes. Lorsque l'industrie est vraiment globale avec peu de contraintes externes, la stratégie qui est adoptée par les entreprises est une stratégie d'intégration globale. C'est le cas de l'industrie automobile où, sujettes à des contraintes nationales considérées comme minimes, les entreprises localisent leurs activités en n'obéissant qu'à la loi de l'optimum économique. La seule contrainte sur la stratégie d'intégration est une contrainte de coordination physique des flux.

Lorsque l'industrie est contrôlée par le gouvernement, comme c'est généralement le cas de l'industrie des télécommunications, la stratégie la plus appropriée est une stratégie de sensibilité nationale, dans laquelle chaque partie nationale de l'entreprise se comporte comme une petite entreprise autonome sensible surtout à la dynamique concurrentielle nationale.

Finalement, lorsque l'industrie est mixte, c'est-à-dire sujette à la fois à une dynamique structurelle qui la pousse à l'intégration, et à une intervention gouvernementale importante, comme c'est généralement le cas des ordinateurs et de la micro-électronique en Europe, la stratégie la plus appropriée semble être une stratégie qui essaie de combiner les aspects les plus favorables de l'intégration et de la sensibilité nationale. La combinaison appropriée peut changer d'une industrie à l'autre et peut être d'une région à l'autre ou d'une entreprise à l'autre.

D. Vers une définition de la globalisation

On peut à présent tenter de clarifier le langage. Il faut distinguer au moins trois concepts qui se recouvrent partiellement :

• la globalisation des marchés nationaux ;
• la globalisation de l'industrie ou de la concurrence ;
• la globalisation de l'entreprise.

La globalisation d'un marché national est directement liée à la baisse des barrières douanières et non douanières. Plus les barrières sont basses et plus les chances de voir les grands acteurs internationaux se concurrencer sur ce marché sont grandes.

Un marché national peut être dit global lorsque l'ouverture de ce marché à la présence de concurrents internationaux est suffisante pour que rien ne s'oppose à ce que, pour toutes les industries importantes du pays, la plupart des grands concurrents mondiaux y soient actifs et rivalisent les uns avec les autres.

Ainsi, on pourrait dire que le marché américain est global ; par contre, le marché japonais, à cause des multiples barrières non tarifaires, ne l'est pas vraiment. Il est approprié de parler de degré de globalisation. Pour porter le jugement nécessaire, on pourrait utiliser le tableau 1 ci-dessous.

Tableau 1 Globalisation des marchés nationaux

DEGRÉ DE GLOBALISATION	CONDITIONS CONCURRENTIELLES			
	Barrières douanières	*Barrières non douanières*	*Concurrence (caractéristiques)*	*Exemples*
ÉLEVÉE	zéro	zéro ou faibles	concurrents nombreux dans les industries principales	États-Unis, Canada
MOYENNE	faibles	moyennes mais peu visibles	quelques concurrents dans les industries principales	France et en général Communauté européenne
FAIBLE	moyennes à élevées	moyennes à élevées	peu de concurrents et faible rivalité	la plupart des pays en transition

La globalisation d'une industrie ou de la concurrence se produit lorsque la situation concurrentielle dans un pays est liée à celle de nombreux autres pays. Cela se produit généralement à la suite de l'action d'une ou de plusieurs entreprises qui essaient de relier leurs activités d'un pays à l'autre de façon à bénéficier d'un avantage concurrentiel global. Par exemple, si une entreprise automobile était capable de vendre la même voiture dans plusieurs pays, en produisant dans un seul d'entre eux (ce fut le cas de Toyota jusqu'au milieu des années 1980), elle bénéficierait alors d'un avantage-coût qui est difficile à contrer par les autres.

Dans ce cas, la seule façon de répondre, de la part des concurrents, est de trouver des solutions similaires, donc de tenter de vendre partout en produisant là où il y a avantage à produire (c'est ce qui s'est produit dans l'industrie automobile aux États-Unis mais aussi en général sur tous les grands marchés de la triade Europe — États-Unis — Japon). La concurrence et l'industrie se globalisent ainsi. La mondialisation est aussi facilitée par une série de facteurs, notamment l'uniformisation de l'enseignement, l'accès à la technologie, l'accès général à l'information, en conséquence, enfin et surtout, la convergence des goûts et des besoins des consommateurs (Cvar, 1986). Là aussi, on devrait penser à des degrés dans la globalisation des industries et de la concurrence. Pour opérationnaliser le continuum, on peut utiliser le tableau 2 ci-dessous.

Tableau 2 La globalisation de l'industrie ou de la concurrence

CONDITIONS	Élevée	Moyenne	Faible
LIENS INTERMARCHÉS	Nombreux	Plusieurs	Faibles
INTÉGRATION DE LA PRODUCTION	Importante	Partielle	Faible
GOÛTS DES CLIENTS	Similaires	Proches	Divergents
FORMATION TECHNIQUE PERTINENTE	Similaire	Proche	Différente
ACCÈS À LA TECHNOLOGIE	Facile	Par licence	Technologie interne
ACCÈS À L'INFORMATION	Total	Important	Moyen
EXEMPLES	Automobiles; Électronique grand public	Logiciels; Vêtements griffés	Médicaments de prescription; Services bancaires

Finalement, la globalisation de l'entreprise est liée à l'éclatement de sa chaîne de valeur. Plus les activités de la chaîne de valeur sont éparpillées à travers le monde et plus l'entreprise est globale. On pourrait suggérer ici un continuum simple comme décrit au tableau 3 :

Tableau 3   Le degré de globalisation de l'entreprise

Conditions	Faible	Moyenne	Élevée
ACTIVITÉS PRINCIPALES (contribuant directement à la production de biens et services)	Concentrées	Dispersées (certaines)	Dispersées (toutes)
ACTIVITÉS DE SOUTIEN EN APPROVISIONNEMENT	Concentrées	Dispersées	Dispersées
ACTIVITÉS DE SOUTIEN TECHNOLOGIQUE	Concentrées	Dispersées partiellement	Dispersées
ACTIVITÉS DE SOUTIEN EN GRH	Concentrées	Concentrées	Dispersées
ACTIVITÉS DE SUPER STRUCTURE DE DIRECTION	Concentrées	Concentrées	Dispersées partiellement ou totalement
EXEMPLES	Culinar; Spar; Aerospace; Cinéplex Odéon	GE; GM; Sulzer; Bombardier	IBM; Nestlé; McDonald's

Pour une entreprise (cela est en général vrai pour une organisation quelle qu'elle soit), il peut alors en résulter des stratégies de globalisation qui, comme l'indiquait Porter (1987), encouragent ou découragent un tel éclatement pour tenir compte des problèmes que pose la coordination. **On ne devrait pas vraiment parler de stratégie globale.** Il suffirait de parler de stratégie qui tienne compte de la globalisation d'un ou des marchés ou de la globalisation de l'industrie et de la concurrence, ou de la globalisation de l'entreprise.

III. LES STRATÉGIES DOMINANTES EN SITUATION DE GLOBALISATION

La globalisation crée un champ d'action plus ouvert et plus étendu, partout. Dans son marché traditionnel, on risque de voir venir de nouveaux acteurs. À l'extérieur, on risque de rencontrer de plus en plus d'acteurs nouveaux attirés par la baisse des barrières traditionnelles. En général, la globalisation accroît le niveau de turbulence et l'hétérogénéité, et donc l'incertitude, pour l'ensemble des organisations concernées. Il ne faut cependant pas croire que les transformations modifient de manière sensible les rapports de force. Comme groupe, les entreprises dominantes auparavant restent souvent dominantes en situation de globalisation, bien qu'entre elles, il puisse y avoir des modifications de position.

Les stratégies des entreprises en situation de globalisation ne sont pas différentes des stratégies mentionnées aux chapitres IV et suivants. Pourtant, la globalisation des industries et de la concurrence réduit, peut-être provisoirement, la taille relative de chacun des acteurs. De ce fait, elle rend les stratégies de domination par les coûts plutôt aléatoires et difficiles à maintenir. C'est pour cela que les stratégies de différenciation et de concentration sont plus fréquentes et souvent plus aisées à soutenir.

La différenciation en particulier est tout à fait favorisée par la globalisation parce que souvent elle est mue par les mêmes facteurs. Par exemple, l'uniformisation des goûts crée, dans un même marché, des segments qui s'adressent à des populations semblables partout à travers les grands marchés du monde. Ainsi, pour les automobiles, les segments sont à peu près les mêmes partout, même s'ils n'ont pas nécessairement la même importance partout. Cela est aussi vrai pour les équipements électroniques et aujourd'hui de plus en plus pour les vêtements et les cosmétiques griffés.

La globalisation crée aussi beaucoup d'opportunités de concentration. Ainsi, l'entreprise canadienne Peerless Clothing a mis l'accent sur la production de costumes pour hommes de haute qualité pour le marché des États-Unis. La concentration est aussi la seule stratégie possible pour les petits acteurs, mais elle n'est viable que si elle met l'entreprise à l'abri des concurrents les plus forts.

Doz (1986) nous rappelle cependant que la globalisation n'élimine pas le gouvernement ni ses interventions. En fait, il n'y a pas de concurrence globale complètement libre. Pour les petits acteurs, cela n'a pas beaucoup d'importance, mais pour les grands acteurs cela suppose une finesse dans l'appréciation de la situation et dans la formulation de la stratégie qui peut donner au succès des caractéristiques reconnaissables. Ces acteurs doivent constamment jongler avec les exigences de l'industrie, son degré de globalisation et les exigences des gouvernements. On peut ainsi avoir les possibilités révélées dans le tableau 4.

Faire participer le gouvernement à la réflexion enrichit les possibilités. Ainsi, si l'on considère que la globalisation peut être faible, moyenne ou

Tableau 4   Stratégies et globalisation

DEGRÉ D'INTERVENTION	Degré de globalisation de la concurrence		
	Faible	Moyenne	Forte
FAIBLE	Opportunisme	Différenciation ou intégration	Intégration ou différenciation
FORT	Sensibilité nationale	Concentration ou mixte (dont alliances)	Mixte (dont alliances) ou concentration

forte, selon les discussions de la section précédente, et si l'on considère que le gouvernement est interventionniste ou libéral, on peut suggérer les situations dans lesquelles les stratégies mentionnées auparavant sont plus ou moins pertinentes. Ainsi :

I. Lorsque le gouvernement laisse faire et que la concurrence est locale, les acteurs principaux sont dans des situations opportunistes. Ils essaient de tirer parti de leur position locale pour renforcer leur position globale, mais ils doivent le faire avec précaution pour ne pas déclencher des réactions qui accroîtraient la concurrence globale.

II. Lorsque le gouvernement laisse faire alors que la concurrence est en train de se globaliser, les stratégies les plus fréquentes sont celles qui permettent de tirer parti de la dynamique concurrentielle vers plus d'ouverture. Doz a mentionné notamment l'intégration ou la localisation des installations de production de manière à bénéficier au maximum des économies d'échelle. Cela suppose souvent une spécialisation des installations et une intégration transnationales. Tant que la globalisation n'est pas complète, l'intégration doit être prudente, parce qu'elle entraîne des engagements et une rigidité très importants, qui ne peuvent être défaits aisément. Il est probable que la meilleure des stratégies dans ce cas soit la différenciation. Elle ne requiert pas d'intégration et laisse donc un peu plus de flexibilité. L'exemple intéressant est celui de Becton-Dickinson, le leader des seringues jetables (Cvar, 1986).

III. Lorsque le gouvernement intervient peu et que la globalisation de la concurrence est forte, on a une accentuation des tendances précisées précédemment. La globalisation généralisée justifie cependant plus l'intégration et elle la rend plus possible. En effet, la globalisation généralisée redonne la place à la dynamique des coûts et notamment à l'importance des économies d'échelle. Réduire les coûts peut alors prendre une dimension régionale, ou mondiale, sur tous les segments possibles, et elle peut aussi se limiter à des segments spécifiques, lorsque les segments sont suffisamment étanches sur le plan des coûts et de l'image auprès des clients.

L'exemple souvent mentionné, pour ces deux derniers types de situation stratégique, est celui de l'industrie de l'automobile. Dans cette industrie, les échelles économiques pour beaucoup de composantes importantes, comme les moteurs (plus de deux millions d'unités) et les boîtes de vitesse (plus de deux millions), sont tellement grandes qu'aucun marché national n'est suffisant pour justifier les capacités de production qui s'imposent. Il faut donc construire des usines pour servir plusieurs, voire tous les marchés sur lesquels l'entreprise est active. C'est pour cela que, dans les années 1980, Ford avait une usine de boîtes de vitesse à Bordeaux, une usine de moteurs en Allemagne, une usine de petites pièces à Elmusafes, en Espagne, et des usines de montage un peu partout.

Les entreprises d'automobiles, bien que répondant à une dynamique industrielle qui impose l'intégration, doivent cependant tenir compte, autant que faire se peut, des besoins nationaux exprimés par les gouvernements et des moyens de pression ou d'échange dont ceux-ci disposent. Dans certains cas, cependant, comme dans certains segments de luxe, où la différenciation est la stratégie dominante, les entreprises produisent généralement en un seul endroit et servent un marché mondial. Les entreprises allemandes et japonaises ont utilisé cette stratégie au cours des années 1980. La globalisation croissante du marché de l'automobile entraîne des combinaisons différentes d'intégration et de différenciation, qui sont à la source de l'avantage concurrentiel de chaque entreprise

IV. Lorsque le gouvernement exerce des pressions importantes sur les entreprises pour qu'elles prennent en considération les besoins locaux, la stratégie qui s'impose est la stratégie dite de « sensibilité nationale ». Cela se produit dans des industries où les enjeux pour le pays sont considérés comme importants, alors que la concurrence internationale est faible, les entreprises ayant des comportements d'accommodement mutuel. C'était notamment le cas des entreprises engagées dans les différentes étapes de l'industrie du pétrole ou dans l'industrie du tabac (le segment des cigarettes surtout) jusqu'au milieu des années 1980.

V. Lorsque le gouvernement exerce des pressions fortes sur les entreprises, mais que la concurrence est fébrile, en voie de globalisation, comme ce fut le cas de l'industrie des équipements informatiques ou des équipements de télécommunication, jusqu'au milieu des années 1980, le type de stratégie qui s'impose est souvent une stratégie de concentration ou une stratégie mixte de différenciation et d'intégration. Doz (1986) a décrit les comportements stratégiques multifocaux (stratégie mixte) de l'industrie des télécommunications en Europe avec un effort simultané de réponse aux besoins nationaux exprimés par les gouvernements, mais aussi avec un œil sur les développements technologiques (nouveaux produits et nouveaux marchés) qu'impose la concurrence. Les stratégies mixtes comprennent notamment des alliances sur des aspects spécifiques, comme la production de moteurs dans l'industrie automobile (accord entre Renault et Volvo, par exemple) ou la conduite de recherches en commun, comme la création de nouveaux commutateurs digitaux dans les télécommunications.

VI. Lorsque les enjeux pour les gouvernements sont importants d'une part et que la concurrence est globale et forte d'autre part, les stratégies possibles sont soit des stratégies de louvoiement, donc mixtes par nécessité, avec alliances de toutes sortes, ou des stratégies dont les ambitions sont de réduire le champ de bataille par la concentration. L'industrie du vêtement, notamment dans les pays d'Europe, est de ce point de vue là typique. Les entreprises sont constamment en train de cultiver des alliances, avec les gouvernements et avec des acteurs importants de l'industrie (Vessier, 1996). De même, dans l'industrie de l'aéronautique, les deux acteurs principaux dans le monde (Airbus Industries et Boeing Corporation) sont en fait, de plus en plus, des regroupements d'entreprises par le biais d'alliances permanentes, comme c'est le cas de Airbus, ou moins permanentes, comme c'est le cas de Boeing avec certaines entreprises de pays importants (par exemple le Japon).

IV. LE DIAMANT FORMEL ET LE DIAMANT VIRTUEL : JEUX DOMINANTS ET JEUX PÉRIPHÉRIQUES

La mondialisation des marchés, des industries et des entreprises a considérablement réduit la capacité des gouvernements à agir de manière directe pour influer sur le comportement des entreprises. Ils sont alors obligés d'agir de manière indirecte en créant les conditions qui mènent à des décisions d'entreprises favorables à la politique gouvernementale (par exemple, l'accroissement de la création d'emplois, le développement technologique local, etc.). Ce faisant, les entreprises sont alors les clients des États et la concurrence entre nations pour leurs « faveurs » est exacerbée. La capacité compétitive des nations devient un concept utile à considérer.

Pour mesurer la capacité concurrentielle des nations, Porter (1990) propose d'abord de le faire industrie par industrie et d'utiliser un modèle simple, le *diamant de la compétitivité nationale*. Le diamant définit la capacité concurrentielle d'une nation, dans une industrie donnée, comme sa capacité à inciter les entreprises à faire du pays une plate-forme d'action dans leur compétition internationale. Le diamant décrit les facteurs qui influent sur les décisions des entreprises en faveur ou en défaveur du pays.

LES QUATRE CONSTITUANTES DU DIAMANT SONT LES SUIVANTES :

1. Les caractéristiques de la demande pour les produits de l'industrie. Porter suggère que plus la demande est exigeante et sophistiquée et plus les entreprises devraient être attirées, puisque cela devrait les inciter à développer des capacités concurrentielles (produits et technologie) qui les maintiendraient dans le peloton de tête.

2. Les caractéristiques des facteurs de production, notamment la main-d'œuvre, le capital et la technologie. Plus la main-d'œuvre est de qualité, plus le capital est disponible à un coût et à des conditions concurrentiels, plus la technologie dans le pays est avancée, pour le secteur industriel considéré, et plus le pays est attirant pour les entreprises importantes du secteur.

3. Les caractéristiques de la structure du secteur et donc de la concurrence dans le secteur industriel considéré. Ainsi, contrairement à ce qu'on pourrait supposer de manière simple, un secteur industriel dynamique, où la concurrence est robuste, toutefois sans être sauvage ou féroce, est préféré par les entreprises importantes parce qu'il maintient une tension saine, à la source de la santé et de la vigueur des entreprises engagées. Donc, lorsque les institutions de l'État protègent les entreprises de la concurrence, elles les condamnent à terme en leur faisant perdre leur capacité à se battre.

4. La qualité des industries de soutien. Un pays attirant pour une entreprise d'un secteur industriel donné est un pays dans lequel on trouve des industries complémentaires et de soutien qui sont dynamiques et innovatrices. En effet, lorsque c'est le cas, on pourrait s'attendre à ce qu'augmentent la capacité à innover de l'ensemble du système industriel, la capacité à répondre aux besoins du secteur industriel et la synergie possible entre les éléments du système. Lorsque les industries de soutien sont faibles, elles peuvent aussi constituer des goulots d'étranglement au développement et à la capacité concurrentielle des entreprises du secteur considéré.

Ce diamant, que nous appellerons formel, est représenté plus loin dans la figure 1. Il faut aussi noter que l'idée du diamant nous suggère qu'un pays qui n'a pas un diamant fort a tout intérêt à abandonner la partie dans le secteur industriel considéré. Certains pays ont d'ailleurs réagi exactement comme cela. Au Canada, par exemple, on a considéré que l'industrie du vêtement était une industrie, probablement mourante, mais dans tous les cas dans laquelle le Canada n'avait aucun avantage compétitif et, jusqu'à très récemment, le gouvernement canadien n'était plus préoccupé que par l'organisation de la retraite. Heureusement, la réalité est moins linéaire que cela. En fait, dans l'industrie du vêtement au Canada, il y a des entreprises, relativement petites, qui arrivent à être très compétitives face aux concurrents asiatiques, malgré des désavantages de coûts, de main-d'œuvre notamment, importants. Ainsi, la société Paris Star obtient régulièrement des contrats de grands designers américains qui allaient auparavant vers des sous-traitants de l'Asie du Sud-Est. De même, la société Peerless Clothing est le plus grand exportateur vers les États-Unis de costumes de qualité pour hommes, soutenant avantageusement la concurrence contre les grandes entreprises européennes, comme Hugo Boss ou Giorgio Armani.

Cela suggère que le diamant de Porter comme d'ailleurs toutes les théories qu'il a proposées jusqu'ici, dont l'analyse de la dynamique concurrentielle et même les manipulations de la chaîne de valeur, sont en fait valables seulement pour les entreprises, ou les pays, qui sont en situation dominante dans une industrie donnée. Toutes les entreprises qui se retrouvent en situation périphérique ou marginale sont alors obligées de concevoir le monde différemment. En particulier, si l'on s'en tient au diamant formel, on pourrait dire que, pour les entreprises qui ne sont pas en situation de domination dans leur industrie, il est préférable de parler d'une sorte de « diamant virtuel », dont les pointes peuvent être dispersées partout à travers le monde à la recherche d'avantages concurrentiels pour la firme. Ainsi, il est possible qu'une firme du vêtement canadienne considère que le Canada est un pays avantageux pour ses facteurs (capital, technologie et main-d'œuvre par exemple), mais que la demande qui va la préoccuper puisse être la demande américaine ou nord-américaine et que la dynamique concurrentielle et les industries de soutien soient internationales. En quelque sorte, le diamant virtuel serait alors une construction de la firme plutôt qu'une caractéristique du pays.

En poussant plus loin la logique du diamant virtuel, on pourrait même dire que, pour une industrie donnée, c'est la logique du diamant virtuel qui est la plus convaincante, le diamant formel n'étant qu'un cas particulier, plutôt extrême et difficile à maintenir, donc instable. Les stratèges à l'échelle nationale, ou régionale, peuvent alors adopter une attitude plus pragmatique en examinant les conditions internationales et les domaines dans lesquels le pays peut jouer un rôle, même si celui-ci est moins que dominant, et ceux dans lesquels il vaut mieux encourager les entreprises nationales à « chercher ailleurs ». Le cas du vêtement au Canada est de ce point de vue là typique. Il est clair que le Canada dispose d'avantages intéressants pour la disponibilité et le coût du capital, d'un ensemble technologie-design compétitif et d'une main-d'œuvre de très haute qualité. Par contre, il serait aberrant de ne pas reconnaître que, pour les industries de soutien, surtout les fabricants d'équipements, il est préférable de se tourner vers les grands producteurs internationaux que sont les entreprises allemandes et suisses, par exemple. De même, le marché des États-Unis, accessible et puissant, est une référence incontournable. C'est d'ailleurs ce dernier facteur qui a amené Rugman (1991) à proposer, pour compléter le diamant formel, le principe d'un « double diamant », englobant les États-Unis et le Canada, comme plus représentatif de la situation des entreprises canadiennes.

L'idée de diamant national reste une idée intéressante et utile pour l'analyse de la situation concurrentielle mondiale. Le diamant formel ne devrait cependant être considéré que comme un cas particulier de l'idée plus générale de diamant virtuel. Dans ce cas alors, on revient à l'idée d'un diamant qui serait la construction d'une firme, ou d'un groupe de firmes, l'État s'efforçant de comprendre ces diamants pour mieux influer sur eux, de façon à favoriser la réalisation des objectifs dont il est le gardien.

V. LA TRIADE, LES GRAPPES STRATÉGIQUES ET LES NOUVELLES FORMES DE CONFRONTATION ÉCONOMIQUE ENTRE LES NATIONS

L'ouverture considérable du commerce international et l'intensification de la concurrence entre les firmes à l'échelle mondiale ont engendré chez ces dernières des comportements économiques qui ont vite été en conflit, au moins dans le court terme, avec les objectifs et les problèmes politiques des gouvernements. En particulier, trois grands centres se sont progressivement retrouvés en compétition directe, pour l'influence et les marchés : le Japon, associé à toute l'Asie du Sud-Est, l'Europe, notamment la Communauté européenne, et les États-Unis, associés au Canada et à certains pays d'Amérique latine dans le cadre de l'ALENA[2].

Les débats qui ont eu lieu sur la triade comme champ de confrontation économique ont remis à l'ordre du jour la question du rôle de l'État. Curieusement, au moment où l'État est attaqué de toute part, au moment où l'idéologie dominante semble suggérer que l'État le meilleur est celui qui gouverne le moins, il y aussi des forces qui poussent à une vision de l'État stratège (Blanc, 1993), capable d'attirer et de canaliser les efforts des entreprises qui ont

---

2. ALENA : Accord de libre-échange nord-américain.

une importance et un intérêt potentiel pour les « marchés intérieurs » du pays (voir la note n° 20, de J.-C. Vessier). Même aux États-Unis, le débat est en cours et les actions du gouvernement américain, même si elles se réclament du libéralisme, sont clairement au service de l'action et des intérêts des entreprises américaines ou de celles qui se comportent en « citoyen américain ». Les confrontations entre le gouvernement américain et le gouvernement japonais tournent généralement autour de cela (Ohmae, 1985).

La confrontation entre l'Europe et les États-Unis, notamment au cours de la dernière série de négociations du GATT, en Uruguay, a révélé, d'une part, l'importance des enjeux et, d'autre part, les difficultés qu'il y a à les réconcilier sans faire intervenir la diplomatie et donc les relations traditionnelles entre nations, avec les rapports de force comme soubassements principaux. Le bien-être économique à court et à long terme est perçu comme devant passer par une domination économique des uns sur les autres. L'ouverture des marchés étant apparemment irréversible, les gouvernements sont obligés d'élaborer des stratégies qui permettent de bien faire dans ce nouvel environnement. Ces stratégies visent à encourager les entreprises dominantes à localiser leurs activités, de production et de développement en particulier, de manière à favoriser les politiques des pays concernés tout en réussissant à les positionner favorablement dans la concurrence internationale. Pour mettre de l'ordre et voir plus clair dans la dynamique ainsi créée, les gouvernements ont utilisé abondamment les concepts portériens. Ainsi, sur la base de l'idée de diamant s'est greffée l'idée de grappe stratégique.

Le concept de diamant, nous l'avons vu, suggère que la réussite passe par le renforcement d'une série de facteurs et de conditions, dans une industrie donnée. En particulier, la situation dans toute industrie dépend d'industries, clientes ou fournisseurs, qui sont en amont et en aval de celle-ci. Il est alors utile de penser non plus seulement à une industrie en particulier, mais à des groupes d'industries qui sont liées. L'idée de grappe d'industries vient ainsi compléter la vieille dénomination de « filière », longtemps utilisée par les économistes, surtout en France.

Une grappe est un ensemble de secteurs industriels qui sont liés les uns aux autres. Implicitement, on admet que la santé des uns dépend de la santé des autres. C'est alors que les gouvernements se sont mis à s'intéresser non plus seulement à un secteur industriel dans le cadre du diamant formel mais à un ensemble d'entre eux, essayant ainsi d'encourager le développement des grappes les plus prometteuses pour le pays. G. Tremblay, qui a été ministre de l'Industrie et du Commerce dans le gouvernement du Québec, s'est fait le champion de l'idée et a contribué à son articulation dans un livre récent

(Gagné et Lefèvre, 1990). L'idée de grappe aggrave encore plus le biais vers la dominance des concepts du diamant formel. Elle suggère qu'un pays doit renforcer ou abandonner des pans entiers de l'économie, pour devenir attirant pour les entreprises dynamiques du domaine. La figure 2 (fin du chapitre X) représente une grappe suggérée dans le cadre d'une étude de compétitivité pour le gouvernement du Québec (Gagné et Lefèvre, 1993).

La plupart des pays ont entrepris de penser en termes de grappes stratégiques, renforçant ainsi leurs secteurs forts, pour battre les autres dans la compétition internationale, et parfois abandonnant ou organisant la retraite pour les secteurs considérés comme faibles. Les formes que prennent les efforts de concentration en grappes peuvent être variées. Ainsi, Kenichi Ohmae, qui a été l'un des promoteurs de la réflexion en termes de concurrence entre les pays de la triade, suggérait récemment que la nouvelle forme de renforcement de la capacité concurrentielle est celle qui est explorée ou exploitée par le gouvernement chinois avec des développements par ville ou par région. Il suggérait, en particulier, que dans le futur il faudrait concevoir la stratégie nationale à ce niveau plutôt qu'au niveau national, considéré comme trop diffus.

Toutes ces idées démontrent que la fièvre concurrentielle a effectivement gagné les dirigeants des grandes nations, et peut-être aussi des nations plus petites, préoccupées par leur équilibre socio-politico-économique. Les expérimentations ne nous paraissent pas avoir valeur d'exemple universel, bien qu'elles puissent alimenter la réflexion stratégique des entreprises et des gouvernements. Plus important encore, il faut considérer que les conceptualisations actuelles les plus fortes, comme celles du diamant et des grappes stratégiques, sont plutôt utiles pour les entreprises et les pays dominants ; elles ne sont utiles pour les entreprises et les pays périphériques que par leur capacité à révéler les jeux dominants, pour ceux qui veulent s'en prémunir ou exploiter les interstices qu'ils engendrent inévitablement.

VI. L'INVESTISSEMENT DIRECT ÉTRANGER EN SITUATION DE GLOBALISATION

L'investissement direct étranger (IDE) est l'un des enjeux clés dans la compétition internationale actuelle. L'objet même de la compétition est d'attirer ces investissements, sources de développement économique et social et de progrès technologique. Comme on peut s'y attendre, le volume des investissements directs entre les pays de la triade, recensés par l'OCDE, est de loin supérieur à tous les flux avec les autres groupes de pays. Plus spécifiquement, à la fin de l'année 1993, les actifs américains à l'étranger, environ 550 milliards de dollars, dépassaient les actifs étrangers aux États-Unis, environ 450 milliards de dollars (Scholl, 1994). Le flux total d'investissement direct étranger dans le monde était estimé en 1994 (Unctad, 1995) à 226 milliards de dollars.

Les investissements dans les pays en développement représentent une faible proportion de ce chiffre, mais ils sont en très forte croissance. En 1988, ils représentaient 17,5 %, tandis qu'en 1994 ils étaient à 37,4 % de tous les IDE dans le monde, soit environ 84,5 milliards de dollars. Ces investissements sont cependant concentrés en Asie de l'Est et plus spécifiquement en Chine. L'Asie de l'Est a représenté entre 60 % et 80 % de tous les flux d'IDE vers les pays en développement. Il faut aussi noter que les pays en développement, mais surtout les pays nouvellement industrialisés, sont des investisseurs substantiels et que leur part est croissante. Ils représentaient 7 % du total en 1989, et ce chiffre est de 15 % en 1994, soit environ 34 milliards de dollars.

La reconnaissance de l'effet décisif de l'investissement direct étranger, en matière de développement économique et technologique, a eu un effet remarquable sur la volonté des pays de s'ouvrir au commerce et à l'investissement étranger. La volonté d'ouverture est tellement forte que la concurrence entre nations pour attirer ces investissements est presque sauvage. Cependant, pendant longtemps, un peu sous l'influence des anciennes théories sur l'IDE, on a privilégié les efforts des gouvernements pour créer les conditions les plus attirantes pour les firmes en général. Plus récemment, on s'est rendu compte que la relation entre les efforts traditionnels des gouvernements et les investissements n'était pas évidente, les pays qui attirent le plus d'IDE n'étant pas nécessairement les pays qui offrent les conditions globalement les plus favorables et vice versa.

Une étude récente (Faucher et Hafsi, 1995) a révélé, à la suite d'une étude sur un grand nombre de pays, dont la Malaysia, l'Indonésie, la Turquie, le Maroc, la Tunisie, l'Égypte et le Portugal, que les pays qui réussissaient à attirer le plus d'IDE étaient ceux qui arrivaient à créer une complémentarité entre les actions du gouvernement et la stratégie des firmes ciblées, c'est-à-dire lorsque les « triangles de la compétitivité de la firme et de la gouvernabilité de l'État » étaient en cohérence.

Le triangle de la compétitivité décrit les déterminants de la compétitivité de la firme et donc les facteurs auxquels ses dirigeants vont être les plus sensibles. Il comprend trois groupes de facteurs :

1. Des facteurs économiques, tels que la structure de l'industrie et l'évolution de la demande pour les produits de l'industrie ;
2. Des facteurs stratégiques, notamment organisationnels avec un accent sur l'interaction entre les stratégies au niveau du centre

d'activité stratégique, au niveau institutionnel et au niveau d'intégration (voir le chapitre VIII);

3. Des facteurs de leadership, en particulier les caractéristiques du groupe de dirigeants qui participe aux décisions stratégiques et la dynamique de leurs relations.

En somme, la compétitivité est le résultat de l'interaction entre les contraintes et les opportunités que présente le contexte économique dans lequel se trouve le pays, la dynamique des choix stratégiques qu'engendre le fonctionnement de l'organisation (notamment la clarté des règles du jeu) et les caractéristiques des dirigeants et de leurs relations (notamment leur degré d'unité).

Le triangle de la gouvernabilité de l'État décrit les déterminants de l'équilibre social, économique, politique et national. Il comprend aussi trois groupes de facteurs :

1. Des facteurs liés à la stratégie nationale ou encore au processus de formulation de politiques sectorielles raisonnablement cohérentes;

2. Des facteurs liés aux groupes qui détiennent le pouvoir, ceux qui peuvent miner la gouvernabilité en perturbant l'économie ou l'ordre public;

3. Des facteurs liés au fonctionnement des institutions qui servent à gouverner le pays.

On pourrait dire que la gouvernabilité est associée à une cohérence raisonnable de l'intervention publique telle que la définit la stratégie nationale, avec une polarisation minimale de la société civile, combinée à de la compétence administrative des institutions gouvernementales.

Seule la rencontre ou la cohérence entre ces deux groupes de facteurs, représentés par les triangles de la compétitivité et de la gouvernabilité, permet d'attirer l'IDE. Cela veut dire concrètement que les actions générales des États ne sont pas utiles. Les États doivent cibler des entreprises qui sont importantes dans le cadre de la stratégie nationale et créer les conditions qui leur sont favorables compte tenu de leur stratégie et des conditions dans lesquelles elles les mettent en œuvre.

C'est ainsi que la Malaysia a fait et continue de faire un démarchage systématique auprès des entreprises de haute technologie électrique et électronique, ce qui lui a permis jusqu'ici de devenir le centre mondial de production de composants électroniques, avec une évolution favorable vers la production d'équipements destinés au grand public, comme les équipements individuels de climatisation, les équipements de haute-fidélité, les équipements de production vidéo, les appareils photographiques et les caméras.

Figure 1 Les déterminants de l'avantage national

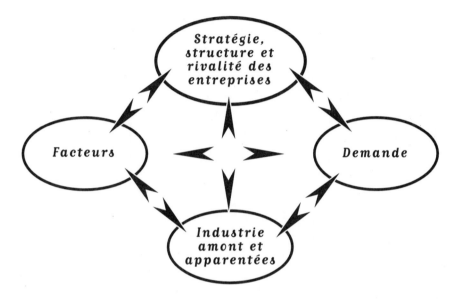

VII. EN GUISE DE CONCLUSION

La globalisation des marchés force certes les entreprises et toutes les organisations à se repenser, à repenser leur monde de manière différente. Nous allons, au chapitre suivant, voir comment dans l'action les réponses stratégiques se sont déployées. Cependant, dans ce chapitre, nous avons suggéré que la théorie stratégique elle-même a à se redéfinir. Les définitions ne sont plus triviales et le champ a besoin d'être balisé.

Nous avons tenté justement de clarifier les questions qui sont les plus remises en cause par l'évolution rapide des économies mondiales. Les définitions de ce que peut signifier la globalisation ont été d'abord proposées. Ensuite, quelques grandes questions ont été abordées. Bien que peu de réponses aient été apportées, nous croyons qu'ici les questions sont elles-mêmes importantes pour le praticien.

Parmi les questions qu'on pourrait retenir, mentionnons les suivantes : Peut-on affirmer que la globalisation favorise les entreprises dominantes ou devrions-nous y voir une occasion rare pour des acteurs traditionnellement

Figure 2	La grappe stratégique des produits pharmaceutiques

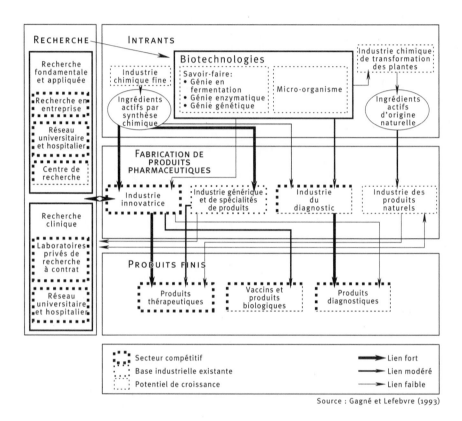

Source : Gagné et Lefebvre (1993)

considérés comme marginaux ? Par ailleurs, que penser des méthodes qui nous sont proposées ? Sont-elles appropriées pour les acteurs périphériques ou sont-elles plutôt conçues pour les acteurs dominants ? Finalement, comment comprendre la concurrence entre nations pour attirer l'investissement direct étranger ? Nous avons brièvement abordé les réponses à ces questions pour donner une perspective aussi complète que possible au lecteur sur les effets de la mondialisation ; elles sont aussi traitées un peu plus en détail dans les notes qui accompagnent les chapitres de cette partie du livre.

Chapitre XI

GÉRER UNE ENTREPRISE MONDIALE

Laurent Beaudoin a parfois le vertige lorsqu'il pense à ce qui est arrivé à Bombardier. Hier seulement une entreprise locale, qui fabriquait des motoneiges et était immergée dans Valcourt, «un endroit perdu des Cantons de l'Est» du Québec, Bombardier est devenue une entreprise mondiale (Tremblay, 1994) :

L'entreprise a vendu plus de deux millions de Ski-Doo, mais en 1992, les motoneiges ne génèrent plus que 6,5 % du chiffre d'affaires de 4,4 milliards de dollars CAN et une fraction encore plus modeste de son bénéfice net de 132,8 millions. La gamme des véhicules sportifs s'est étendue à la motomarine Sea-Doo; dans les ateliers de Valcourt, les ouvriers continuent de fabriquer un nombre limité de véhicules utilitaires à chenilles, notamment des surfaceuses pour damer les pentes de ski. Le Groupe des produits de consommation motorisés comprend également l'usine de moteurs Rotax, à Gunskirchen, en Autriche, et l'usine de motoneige Scanhold Oy, à Rovaniemi, en Finlande.

Bombardier brasse maintenant 50 % de ses affaires dans l'aéronautique. Dans ses usines de Canadair à Montréal, de Haviland à Toronto, de Short Brothers à Belfast en Irlande du Nord, et de Learjet à Wichita au Kansas, la compagnie fabrique des avions d'affaires, des avions de transport régionaux à réaction et à turbopropulseur, des avions amphibies pour lutter contre les incendies et, en sous-traitance, des composants d'avions pour Boeing, Airbus, Mcdonnell Douglas et Fokker, ainsi que des composants de réservoir de la navette spatiale américaine pour le compte de Martin Marietta. Une petite division militaire (8,2 % du chiffre d'affaires) produit également des missiles et des appareils téléguidés de reconnaissance, en plus d'assurer l'entretien (d'avion de chasse) et de former des pilotes.

Le deuxième secteur en importance est celui du matériel de transport en commun, avec 28 % des ventes. Dans ses usines de La Pocatière au Québec, de UDTC à Kingston et Thunder Bay en Ontario, de Barre au Vermont, de Concarril au Mexique, de BN en Belgique, d'ANF-Industrie en France, de Prorail au Royaume-Uni et de Bombardier-Wien Schienenfahrzeuge en Autriche, l'entreprise fabrique des voitures de train (dont le TGV), des voitures de métro, des tramways et d'autres types de véhicules légers et lourds sur rail.

Enfin, les filiales Crédit Bombardier, Bombardier Capital et Financière Bombardier offrent des services de financement d'avions, de stocks de concessionnaires et d'équipements industriels dans une variété de secteurs... Au total Bombardier compte 34 300 employés répartis également entre l'Europe et l'Amérique du Nord. Plus de 90 % de ses ventes se font dans des marchés situés à l'extérieur du Canada, dans plus de cinquante pays. Au début de 1993, le carnet de commandes dépassait les huit milliards de dollars.

Cette description n'est que partielle. Depuis 1993, l'entreprise a presque doublé de volume et ses activités se sont étendues à de nombreux autres pays, notamment aux marchés bouillonnants de l'Asie. La gestion stratégique d'une telle entreprise pose des problèmes différents. On va retrouver d'une part le métamanagement du chapitre VIII et d'autre part des comportements stratégiques spécifiques que nous allons décrire dans ce chapitre. La première partie du chapitre est consacrée aux stratégies des entreprises dans un monde en mondialisation. La seconde partie traite de la gestion proprement dite d'une entreprise confrontée à la diversité géographique et culturelle.

I. LES STRATÉGIES DES ENTREPRISES MONDIALES

En situation de mondialisation, les deux forces externes principales qui donnent forme à la stratégie des entreprises sont : 1) la dynamique de l'industrie et 2) le pouvoir de négociation des États. Une stratégie mondiale judicieuse ne peut ignorer ni l'une ni l'autre. Une stratégie judicieuse doit aussi prendre en considération les capacités et les ressources de l'entreprise, comme l'origine des avantages concurrentiels. Nous allons explorer cela plus en détail.

A. LA DYNAMIQUE DE L'INDUSTRIE ET LA MONDIALISATION

La dynamique d'une industrie pour une industrie mondiale est décrite avec beaucoup de détails par les théories qui traitent des avantages compétitifs oligopolistiques et par celles qui traitent de l'investissement étranger (Dunning & Pierce, 1981 ; Helleiner, 1989 ; Rugman, 1990). Nous ne reprendrons ici que ce qui servira notre objet, qui est de montrer comment la dynamique de l'industrie force des comportements stratégiques reconnaissables.

La dynamique de la concurrence dans une industrie est généralement déterminée par les facteurs principaux suivants (Doz, 1986) :

1. Les économies d'échelle ;
2. Les économies d'expérience ;
3. Les économies de localisation ;
4. Les bases de la différenciation ;
5. La nature de la technologie (produits et procédés) ;
6. L'accès, le maintien et le contrôle des canaux ;
   de distribution et d'exportation ;
7. L'accès au capital.

1. Les économies d'échelle

Il y a plusieurs types d'économies d'échelle, les plus importantes étant souvent celles qui sont liées à la production et celles qui sont liées à la distribution et au service à la clientèle. Il peut y en avoir aussi dans le développement technologique, mais nous aborderons cela plus loin.

Les économies d'échelle, en matière de production, sont, bien entendu, en interaction avec les développements technologiques. Elles peuvent être facilitées mais aussi remises en cause par le développement technologique. En général, il y a suffisamment de stabilité dans les développements des équipements manufacturiers pour que les économies d'échelle, même si elles sont ultimement susceptibles d'être reconsidérées, puissent d'abord jouer un rôle décisif et favoriser de manière définitive les entreprises qui en bénéficient les premières.

Prenons à titre d'exemple l'industrie pétrochimique. Dans les fourchettes de capacités les plus courantes, lorsqu'on construit des usines de production, une usine de capacité 2X ne coûterait que de 20 % à 50 % de plus qu'une usine de capacité X. Ainsi, en 1990, une raffinerie de pétrole simple et d'une capacité de 90 000 barils par jour atteignait un coût de 400 millions de dollars, tandis que le même type d'usine, pour une capacité deux fois plus grande, ne coûtait pas plus de 600 millions. Ces économies d'échelle considérables existent dans toutes les grandes industries manufacturières, comme la construction automobile, les pâtes et papiers, la sidérurgie, etc.

Il faut cependant d'ores et déjà mentionner que plus les échelles sont grandes, plus les rigidités et les inerties du système sont grandes, ce qui peut entraîner des coûts de gestion et de transaction importants qui viendraient annuler les bénéfices de l'échelle. C'est cela qui explique l'émergence de concurrents petits mais solides dans des industries traditionnellement dominées par les effets d'échelle, comme l'industrie sidérurgique. L'effet d'échelle peut aussi être annulé ou considérablement touché par les possibilités de différenciation.

Les économies d'échelle, lorsque les problèmes de gestion et de transaction sont maîtrisés, forcent cependant des décisions qui peuvent transcender les frontières d'un seul pays. Ainsi, dans l'industrie automobile (Abernathy et Ginsburg, 1980), la convergence des goûts et des besoins entre les pays de la triade (États-Unis, Europe, Japon), ainsi que la rationalisation et la compatibilité entre les modèles introduits par les entreprises, a mis à l'ordre du jour l'idée de *taille efficace des modules de production*. Par exemple, au milieu des années 1980, General Motors a mis au point une taille standard, pour les modules de production qui contribuent à la fabrication d'un véhicule, qui pouvait aller de 300 000 unités par an pour l'assemblage à un million pour certains équipements moulés. Comme peu de marchés nationaux peuvent soutenir des capacités aussi grandes, il faut alors que ces modules soient construits pour plusieurs pays à la fois. De plus, il est évident alors que l'utilisation optimale de ces capacités requiert une coordination entre les différentes filiales nationales pour le développement des produits, l'ingénierie, les dates d'introduction de produits et les extensions d'usines, qui ne peut souffrir l'intervention des États.

La spécialisation est alors inévitable, mais elle ne peut se faire que si les États ne perturbent pas la coordination nécessaire pour relier les modules spécialisés. Il faut donc en pratique trouver un compromis entre les exigences des États en matière d'emplois et de recherche et développement notamment, d'une part, et les exigences de la production spécialisée à très grande échelle, d'autre part. C'est ainsi que la Fiesta, première voiture mondiale de Ford, était fabriquée à 2 650 exemplaires par jour en Europe ; la fabrication était partagée entre plusieurs pays européens :

I. En Espagne (à Almusafes) :
- assemblage de 1 100 véhicules par jour ;
- production de feuilles de métal (grandes pièces) pour 1 100 véhicules par jour ;
- production de feuilles de métal (petites pièces) pour 1 550 véhicules par jour ;
- production de moteurs pour 2 350 véhicules par jour.

L'assemblage s'expliquait à la fois par le coût de main-d'œuvre plus faible que dans les autres pays européens, mais aussi parce que c'était là la condition que le gouvernement espagnol avait négociée pour fournir à Ford un espace relativement protégé pour quelques années, avec l'accord de la CEE. Le respect de la réglementation espagnole pour le contenu local, qui était fixé à 60 %, justifiait par ailleurs la production des moteurs et des autres composantes.

II. En France (à Bordeaux) :

- fabrication des essieux pour 2 650 véhicules par jour ;
- fabrication de boîtes de vitesse pour 2 650 véhicules par jour ;
- montage d'essieux et de boîtes de vitesse pour 1 100 véhicules par jour.

L'usine de Bordeaux existait déjà, mais elle a dû être étendue sous la pression du gouvernement français, compte tenu des ventes substantielles dans ce pays. De plus, des considérations de coûts rendaient la France plus attirante que l'Allemagne.

III. Au Royaume-Uni (à Dagenham) :

- assemblage de 450 véhicules par jour ;
- fabrication de moteurs de 1,6 litre pour 300 véhicules par jour ;
- fabrication de feuilles de métal (grandes pièces) pour 450 véhicules par jour ;
- fabrication de moteurs de 1 117 cc pour 150 véhicules par jour ;
- petites pièces pour 450 véhicules par jour ;
- montage d'essieux et de boîtes de vitesse pour 450 véhicules/jour.

IV. En Allemagne (à Saarelouis) :

- assemblage de 1 100 véhicules par jour ;
- fabrication de feuilles de métal (petites et grandes pièces) pour 1 100 véhicules par jour ;
- montage d'essieux et de boîtes de vitesse pour 1 100 véhicules par jour ;
- fabrication de moteurs pour 1 100 véhicules par jour.

En Allemagne et au Royaume-Uni se trouvait la base manufacturière traditionnelle de Ford.

Ainsi, **les économies d'échelle en production forcent la spécialisation des usines et l'intégration multinationale.**

Les économies d'échelle en distribution peuvent aussi forcer des comportements spécifiques. Prenons encore l'exemple de l'industrie automobile. Il faut considérer que, pour une marque donnée, une part de marché de 4 % à 5 % est requise pour qu'un réseau de distribution et de service suffisamment dense puisse être maintenu. En conséquence, les économies d'échelle en distribution vont permettre des stratégies de couverture large ou plus restreinte (plus concentrée) du marché. Il est probable que ce soit les économies d'échelle en matière de distribution qui aient défait les efforts de Renault France de s'implanter solidement en Amérique du Nord.

Dans le cas de l'industrie automobile, les économies d'échelle en production et en distribution pourraient avoir des effets contradictoires, comme l'explique Doz (1986) :

> *Les économies d'échelle en distribution créent des pressions pour la prolifération de modèles et leur remplacement rapide (pour maintenir l'intérêt des consommateurs), les économies d'échelle en fabrication encouragent au contraire des volumes élevés pour chaque modèle sur plusieurs années. Les coûts de R&D aussi poussent les fabricants vers de grands volumes par modèle.*

2. Les économies d'expérience

L'effet d'expérience peut être décrit techniquement comme étant le pourcentage constant de diminution des coûts à chaque doublement de la production. Ce pourcentage est généralement connu pour chaque type d'industrie ou de produit (BCG, 1976) et varie habituellement entre 15 % et 25 %. Les économies d'expérience peuvent être spécifiques à une localisation (par exemple, la Malaysia pour les composantes électroniques) ou à une firme.

Ces économies s'expliquent par le savoir-faire accru des employés (à tous les niveaux), qui vient de la production renouvelée du même produit. Certaines de ces économies sont attribuables à l'amélioration progressive des designs et des conceptions, applicables à toutes les installations. Cependant, une bonne partie de ces économies est liée à la localisation. En d'autres termes, on ne peut pas en bénéficier si on construit une nouvelle usine dans une autre localisation. Cet effet vient donc encourager la spécialisation et renforcer l'effet d'échelle.

3. Les économies de localisation

Les différences dans les coûts de facteurs sont des sources d'avantages et d'économies pour les entreprises qui peuvent en profiter. En particulier, cela est vrai lorsqu'on est capable de localiser les activités intensives dans un facteur dans les pays qui ont un avantage dans ce facteur.

Ainsi, les pays de l'Asie du Sud-Est ont été capables, grâce à une main-d'œuvre de qualité à bas salaire, d'attirer les assemblages et le conditionnement de semi-conducteurs. En fait, les transferts internes de multinationales représentaient 70 % des exportations de Singapour en 1970. Pour les autres pays, ce chiffre est plus faible, mais il se situe toujours entre 10 % et 20 %. Cela vient du fait que tous ces pays ont de plus mis en place toutes sortes de mécanismes qui permettaient d'attirer des multinationales. On peut notamment mentionner les *free trading zones*[3]. Il est évident cependant que, si tous les pays offrent les mêmes avantages, les économies de localisation peuvent être plus faibles. De même la technologie, notamment l'automatisation, a tendance à réduire l'importance de l'avantage « coût de main-d'œuvre » de certaines localisations.

4. La différenciation des produits

La différenciation peut sembler aux antipodes de la mondialisation. En fait, elle est fréquente à l'échelle internationale. Elle peut être notamment basée sur les types de clientèle, sur le type de produit et sur les types de réalité ou de goûts locaux. Par exemple, dans le ski, il y a un marché homogène à travers le monde ; la différenciation se fait donc par l'habileté et la taille du skieur, et par le prix, donnant une série de segments mondiaux, qui sont même souvent exploités par des concurrents différents.

La différenciation peut aussi être le résultat d'un marketing habile, notamment pour certains produits de grande consommation, surtout lorsque les approches peuvent être transférées d'un marché à l'autre. Cela se produit par exemple dans les céréales, où Kellogs arrive à se distinguer dans l'esprit des consommateurs, et dans les bières où Heineken réussit à attirer une clientèle partout à travers le monde sur la base de l'exclusivité, de la qualité et de l'exotisme. Aux États-Unis, par exemple, Heineken insiste sur le fait que la bière est importée pour attirer l'attention sur l'aspect luxueux et exclusif de son offre, même si cela lui coûte très cher de transporter la bière à partir de l'Europe.

La différenciation peut aussi être basée sur des caractéristiques locales ou régionales très fortes, ce qui réduit ses possibilités d'application à une échelle mondiale. Ainsi, dans l'alimentation en général, les goûts locaux sont habituellement très distincts et forcent une distinction entre les différents marchés. Pourtant certaines entreprises, grâce à des publicités massives, mais aussi à des adaptations locales, c'est le cas de Nestlé pour le Nescafé, arrivent à se démarquer à l'échelle mondiale.

La différenciation, lorsqu'elle favorise le contenu local, s'oppose à des intégrations multinationales, notamment en production, bien qu'elle ne soit pas nécessairement contradictoire avec une harmonisation mondiale des dépenses de marketing, de recherche et développement et de superstructure générale.

---

3. Zone de commerce libre, sans intervention douanière.

La segmentation internationale a cependant des avantages considérables et les firmes consacrent une bonne partie de leur créativité à reconnaître et à exploiter des possibilités de segmentation qui sont applicables à beaucoup de pays. Tous les jours, des convergences nouvelles ou une publicité habile permettent de réussir là où tout paraissait très local. Personne n'aurait par exemple cru que Kellogs (céréales) ou McDonald's (hamburgers) puisse s'implanter aussi facilement en France et partout à travers le monde, de Montréal à Casablanca, au Caire, à Moscou en passant par les Champs-Élysées.

5. La technologie

En général, dans des industries intensives en haute technologie (ratio des ventes alloué aux dépenses de recherche et développement) les entreprises qui peuvent répartir les coûts sur des volumes de production plus grands ont un avantage certain. Il est évident aussi que la technologie interne est plus susceptible de produire un avantage sur ceux qui n'y ont pas accès, ce qui montre l'importance des dépenses en recherche et développement.

La technologie, en interaction avec l'échelle, peut favoriser une spécialisation plus grande et une intégration des activités. En effet, les volumes que permet la spécialisation peuvent favoriser l'adoption de technologies plus avancées et plus efficaces. D'autre part, des changements technologiques ont souvent augmenté la taille économique des installations. Doz (1986) mentionne comment l'introduction de la technologie nucléaire, dans l'industrie de l'électricité, a bouleversé non seulement l'industrie de la génération mais aussi celle des équipements de génération, en augmentant considérablement la taille des usines économiques de 600 MW à plus de 1 000 MW.

6. Les canaux d'exportation et l'intensité de la tâche de vente

Les canaux de distribution deviennent importants dans au moins quatre cas : 1) lorsqu'il faut avoir des canaux propres ; 2) lorsque la flexibilité des approvisionnements est importante ; 3) lorsque les canaux sont dominés par un petit groupe d'entreprises ; 4) lorsque les tâches de service et de vente sont intenses.

Les canaux d'exportation sont souvent coûteux. Les entreprises les plus puissantes, notamment les multinationales, sont, bien entendu, plus capables d'assumer ces coûts et de développer leurs propres canaux, tandis que les petites sociétés nationales sont obligées de faire appel à des agents ou à des importateurs. Cependant, les entreprises nationales peuvent parfois bénéficier plus facilement de soutiens gouvernementaux.

La nature de la vente peut aussi favoriser certaines stratégies plutôt que d'autres. Lorsque les canaux de distribution sont faciles à pénétrer, ils peuvent favoriser une stratégie de domination qui relie plusieurs marchés nationaux ; par contre, si les canaux sont contrôlés par des fabricants, des stratégies plus locales sont favorisées. Lorsqu'il n'y a pas de canaux permanents en place, comme dans la vente d'avions ou la vente d'usines de génération électrique aux pays en développement, les entreprises nationales peuvent avoir du succès dans la concurrence contre les multinationales.

Lorsque la vente implique des interactions intensives avec des clients fragmentés ou lorsqu'elle nécessite des services plus intensifs, elle favorise les entreprises locales plus familiarisées avec le milieu et mieux capables de répondre à ses besoins.

7. L'accès au capital

La présence dans beaucoup de marchés peut faciliter l'accès aux capitaux et peut même réduire le coût de ce capital. En effet, les investisseurs souvent préfèrent des dettes en devises étrangères pour diversifier leurs portefeuilles.

En conclusion, ces éléments de dynamique semblent favoriser trois types de stratégies : 1) des stratégies qui mettent l'accent sur les liens entre les pays, notamment en matière de production ; 2) les stratégies qui exploitent le caractère distinct de chaque marché national ; 3) les stratégies qui essaient de tirer parti de l'homogénéisation des goûts ou des besoins à travers le monde.

B. LES RESSOURCES ET L'AVANTAGE CONCURRENTIEL : CONCENTRATION OU DISPERSION DE LA CHAÎNE DE VALEUR

Nous ne tenterons pas ici de faire un cours détaillé sur la stratégie. Nous nous contenterons de discuter des possibilités que l'analyse de la chaîne de valeur offre à la conception stratégique.

L'avantage concurrentiel d'une entreprise dans un monde en globalisation vient de sa capacité à disposer de ressources compatibles avec la dynamique de l'industrie. En particulier, une entreprise mondiale est confrontée à la nécessité de répondre soit à des dynamiques locales, soit à des dynamiques plus globales et générales pour toute une industrie, soit à des dynamiques globales mais portant sur un besoin précis à l'intérieur d'un secteur industriel.

Elle y répond en utilisant des ressources fonctionnelles (administration générale, production, marketing, finance, recherche et développement, etc.) qui sont concentrées dans un seul pays ou qui sont dispersées à travers les pays. Il est cependant préférable de préciser ces ressources fonctionnelles en les reliant à la chaîne de valeur, telle qu'elle est décrite au chapitre VI, ce qui nous permet alors d'envisager beaucoup de possibilités.

La concentration ou la dispersion des éléments de la chaîne de valeur donne des combinaisons nombreuses et intéressantes. D'abord, non seulement les éléments peuvent être réalisés dans des régions ou pays différents, avec la production dans un pays, la recherche et le développement dans un autre, etc., mais aussi chacun des éléments de la chaîne de valeur peut être éclaté et dispersé ou concentré. Ainsi, Toyota a pendant longtemps concentré la production et la plupart de ses fonctions au Japon, ne dispersant que la fonction marketing pour assurer la vente de ses produits sur les marchés internationaux.

On peut aussi, comme c'est le cas pour des entreprises comme Corning Glass Works, un spécialiste des produits technologiques du verre, répartir la plupart des activités de la chaîne de valeur, avec des usines de production partout à travers le monde, des systèmes de vente et de marketing dispersés et spécifiques à chaque région ou à chaque pays, des administrations dispersées, mais des activités de développement technologique et d'infrastructure administrative concentrées.

Lorsque le degré de mondialisation de l'entreprise est très grand, chacune des activités de la chaîne de valeur est généralement dispersée. Ainsi, si nous prenons la société IBM, les activités de la chaîne qui participent directement à la création de valeur sont, bien entendu, réparties, mais toutes les activités de soutien, y compris les activités d'infrastructure administrative, sont aussi dispersées. Par exemple, la recherche et le développement sont confiés à une série de centres localisés partout à travers le monde, notamment en France, en Allemagne, en Italie, au Royaume-Uni, au Japon, en Inde, au Canada et bien entendu aux États-Unis. De même, chaque région procède à sa propre gestion financière, ne laissant au centre que la gestion internationale des mouvements de fonds. En général, le centre s'occupe surtout de la coordination internationale.

Ainsi, les possibilités de concentration ou de dispersion permettent de répondre de manière unique à la dynamique de la concurrence. Par exemple, une industrie dans laquelle les économies d'échelle, en matière de production surtout, sont grandes, aurait tendance à pousser à une concentration des activités de production ou à une dispersion de ces activités avec une forte coordination centrale. De même, dans une industrie où les possibilités de différenciation globale sont grandes, la concentration des activités de production peut s'imposer. Par ailleurs, si la nature de la vente exige des relations intensives avec les clients, alors on est obligé de disperser les activités de marketing.

Il est utile de mentionner la terminologie qui a été proposée par Prahalad et Doz (1987) et qui rejoint largement celle que nous avons adoptée jusqu'ici. Ces auteurs utilisent deux dimensions : le degré de nécessité de l'intégration et le degré de nécessité de la sensibilité locale (*responsiveness*). Ces deux dimensions leur servent alors, comme nous le faisons aussi, à nommer, spécifier et apprécier toutes les situations stratégiques qui peuvent se présenter :

Figure 1 Situations stratégiques

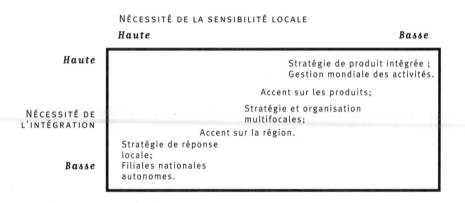

Cette matrice leur permet d'aborder toutes les questions de stratégie des entreprises engagées dans une gestion mondiale.

La définition stratégique, que nous proposons ici et dans les sections qui suivent, constituent cependant uniquement la première étape du développement de la capacité concurrentielle dans une industrie en mondialisation. Une ressource critique dans la gestion des ressources est la capacité de gestion générale, notamment la capacité à orienter et à coordonner des activités à travers le monde. La différence entre les entreprises se fait souvent à ce niveau-là. Nous y reviendrons à la dernière partie de ce chapitre.

C. LES STRATÉGIES GÉNÉRIQUES

La matrice de Prahalad et Doz a déjà suggéré des stratégies de base, notamment celle d'intégration, celle de sensibilité locale (ou nationale) et une stratégie intermédiaire ou multifocale. Ces stratégies sont plutôt des repères que de vraies stratégies. En pratique, les stratégies utilisées pourraient être une combinaison unique d'intégration et de sensibilité locale. Cela nous indique cependant que, même si les possibilités de combinaison sont très nombreuses, voire en nombre infini, il y a des *patterns* qui ont été souvent retenus dans la littérature. En ce qui nous concerne, nous utiliserons les deux dimensions de *dynamique de l'industrie* (en général n'étant pas sous le contrôle de l'entreprise) et de *dispersion de la chaîne de valeur* (un élément du choix stratégique de l'entreprise) pour exprimer quelques combinaisons fréquentes qui permettent une cohérence entre la dynamique de l'industrie et les caractéristiques de la chaîne de valeur. Ces deux dimensions sont combinées dans la matrice de la figure 2, que nous discutons ci-dessous.

1. La stratégie d'intégration

Lorsque la dynamique de l'industrie est globale, cela signifie souvent que les économies d'échelle et d'expérience sont importantes. De même, les économies de localisation, ainsi que les possibilités d'accès au capital,

Figure 2 Les stratégies génériques

| | | Degré de mondialisation de l'industrie ||
		Élevé	Faible
CHAÎNE DE VALEUR	Dispersée	Stratégie d'intégration mondiale avec ou sans différenciation	Stratégie de sensibilité nationale
	Concentrée	Exportation	Stratégie d'internationalisation multi domestique ou focalisation

peuvent être nombreuses et faciles à exploiter par les grands acteurs, comme les multinationales. Une dynamique globale est souvent un stimulant à des développements technologiques qui vont la faciliter et parfois même la stimuler. Bien entendu, une intégration globale n'est possible que si les acteurs concernés ont un contrôle minimum sur les canaux de distribution.

Si, de plus, la chaîne de valeur peut être facilement dispersée, parce que l'entreprise a les ressources, notamment les capacités managériales, pour le faire, alors on est dans une situation où les conditions sont favorables à une stratégie où le système est orienté vers une réduction maximale des coûts et donc vers une *intégration globale*. L'exemple typique est celui des grandes entreprises automobiles japonaises et américaines, mais aussi des grandes entreprises informatiques, comme IBM, Digital ou plus récemment Microsoft.

2. La stratégie d'exportation

Dans les mêmes conditions de mondialisation de l'industrie, mais si la chaîne de valeur ne peut être dispersée soit parce que l'entreprise n'a pas les ressources ni les capacités managériales, soit parce que la technologie est sensible et doit être concentrée et protégée, alors la seule stratégie possible devient une stratégie *d'exportation*. Cela est souvent le cas pour des entreprises encore en voie de mondialisation ou n'ayant pas encore développé une confiance suffisante à l'échelle internationale. À titre d'exemple, on peut mentionner les entreprises de textile-habillement, comme l'était Daewoo à sa création (Aguilar, 1990), ou comme l'est la société de costumes Peerless Clothing (Bonneau, 1995). L'industrie de la construction aéronautique est un autre cas d'espèce. Les marchés sont mondiaux, mais la technologie est sensible et contraignante. La concurrence sur les différents segments est mondiale, et les acteurs sont puissants ; pourtant, pour l'essentiel, l'exportation est dominante, même si, pour la faciliter, les entreprises dominantes acceptent des conditions qui favorisent la sous-traitance locale.

3. La stratégie de sensibilité nationale

Lorsque les conditions de mondialisation de l'industrie ne sont pas encore réunies, notamment avec des économies d'échelles, d'expérience et de localisation qui ne défavorisent pas les acteurs nationaux seulement, avec des bases de différenciation plus locales, avec un accès au capital peu différencié à travers le monde, avec des développements technologiques qui favorisent les petits acteurs, enfin avec des canaux de distribution plutôt contrôlés localement, alors les stratégies appropriées demandent aux entreprises de se comporter comme une entreprise locale et de démontrer parfois une sensibilité nationale réelle pour bénéficier des avantages que les acteurs nationaux peuvent retirer de leur citoyenneté. La sensibilité nationale est aussi, bien entendu, encouragée par les pressions qu'exercent les gouvernements et donc par les relations qui se développent entre la situation concurrentielle des firmes, donc la dynamique de l'industrie, et les incitatifs ou les pénalités que les gouvernements peuvent mettre en place.

Dans ce cas, lorsque les ressources et capacités de l'entreprise sont suffisamment grandes pour permettre la dispersion, souvent partielle, de la chaîne de valeur, on pourrait penser que la *sensibilité nationale* est la stratégie la plus appropriée. Les décisions de localisation peuvent être négociées en fonction des avantages qu'on peut retirer de la relation avec les gouvernements locaux.

4. Les stratégies multidomestique et de concentration

Lorsque la dynamique n'est pas (encore) mondiale mais lorsque la chaîne de valeur ne peut être dispersée, bien que parfois elle puisse être reproduite dans divers endroits, on peut alors parler de *stratégie multidomestique* ou de *stratégie de concentration*. La stratégie est multidomestique lorsque l'entreprise se reproduit localement sans qu'il soit possible de relier les activités à l'échelle internationale ; cela survient pour certains produits technologiquement et géopolitiquement sensibles, comme les télécommunications, les produits dangereux pour la santé ou les produits taxés comme la cigarette.

On parlera de *stratégie de concentration* lorsque les capacités et les ressources de l'entreprise ne permettent pas une couverture mondiale. Les entreprises d'État de cigarettes ou d'alcool, notamment la Seita en France ou la SAQ au Québec, seraient dans ce cas.

D. UN EXEMPLE : CORNING GLASS WORKS

Reprenons en le précisant le cas de Corning Glass Works (CGW), que nous avons évoqué précédemment. CGW était, au début des années 1980, active dans six grands groupes de produits : 1) les produits de télévision (notamment les tubes), des produits généralement matures et à dynamique mondiale, mais dans lesquels l'entreprise avait pris un tel avantage qu'elle dominait le marché mondial ; 2) les produits électroniques, généralement de base, une industrie mature, avec une dynamique mondiale, mais là aussi CGW n'était présente que dans les segments où elle dominait ; 3) les produits de consommation comme les produits de la gamme Corning Ware, des produits généralement sujets à innovation, mais une industrie tout de même mature, avec une dynamique souvent locale ou régionale, même si les mêmes produits sont commercialisés à travers le monde ; 4) les produits médicaux, généralement des instruments scientifiques, surtout ceux à haute valeur ajoutée, produits en petites quantités avec des procédés hautement techniques et des cycles de vie relativement courts et des caractéristiques locales fortes, forçant une dynamique plus locale ; 5) des produits scientifiques, notamment les équipements en verre pour les labos, une industrie mature et, à cause de la variété requise et des spécifications locales, à dynamique locale ; 6) les produits techniques, surtout les produits ophtalmologiques, comme les verres correcteurs de la vue. Là aussi, la variété et les besoins locaux forçaient une dynamique plutôt locale, mais pouvant se mondialiser. Dans tous ces secteurs, CGW était en position de leadership. Le tableau 1, tiré de Prahalad et Doz (1987), précise les implantations des usines et la part du marché en dehors des États-Unis pour chacun des secteurs en 1974, une situation qui était encore la même dans les années 1980.

Tableau 1 Corning Glass Work dans le monde

	PRODUITS	Localisation des usines hors des États-Unis	Ratio des ventes internationales sur ventes totales
1	DE TÉLÉVISION	France, Brésil, Mexique, Taïwan, Canada et des licences en Europe et au Japon	30 %
2	ÉLECTRONIQUES	France, Royaume-Uni	35 %
3	DE CONSOMMATION	France, Royaume-Uni, Argentine, Australie, Hollande	35 %
4	MÉDICAUX	Royaume-Uni	25 %
5	SCIENTIFIQUES	France, Royaume-Uni, Argentine, Mexique, Brésil, Inde, Australie	40 %
6	TECHNIQUES ET CHIMIQUES	France, Royaume-Uni, Brésil	35 % - 65 %

Si l'on examine à présent les éléments de dynamique des secteurs importants on obtient les résultats du tableau 2.

Tableau 2	La dynamique de quelques secteurs de CGW

	Électronique	TV	Corning Ware
PRESSIONS POUR L'INTÉGRATION	Élevées	Moyennes	Faibles
INTENSITÉ TECHNOLOGIQUE	Moyenne	Moyenne	Faible
COÛTS (PRESSION)	Élevés	Élevés	Faibles
UNIFORMITÉ DES BESOINS	Élevée	Moyenne	Faible
PRESSIONS POUR UNE DISPERSION DES ACTIVITÉS	Faibles	Moyennes	Élevées
DIFFÉRENCES DES BESOINS	Faibles	Moyennes	Élevées
DIFFÉRENCES DE DISTRIBUTION	Faibles	Faibles	Élevées
BESOINS D'ADAPTATION	Faibles	Faibles	Élevés
STRUCTURE DU MARCHÉ	Concentrée	Concentrée	Fragmentée

Ces deux tableaux suggèrent que la stratégie de CGW doit d'abord être différente selon le secteur d'activité considéré ; dans les cas mentionnés, on pourrait dire que les stratégies les plus appropriées seraient les suivantes :

1. Pour les produits électroniques, les pressions à l'intégration sont élevées et celles à la dispersion des activités, faibles. Selon notre discussion à la section précédente, la stratégie la plus appropriée devrait être dominée par l'exportation. Le tableau 1 suggère que c'est ce que CGW semble faire.

2. Pour les produits de la télévision, les pressions à l'intégration et à la dispersion sont moyennes. On devrait s'attendre à une stratégie qui va vers « l'intégration mondiale avec ou sans différenciation », dans ce cas-ci avec différenciation. Là aussi, le tableau 1 suggère que c'est le cas.

3. Pour les produits Corning Ware, les pressions à l'intégration sont faibles, tandis que les pressions à la dispersion sont fortes. On devrait alors s'attendre à une stratégie d'internationalisation multidomestique, avec sensibilité nationale. L'histoire de CGW, telle qu'elle ressort du cas de Yoshino et Bartlett (1981), associée aux indications du tableau 1,

montre que l'entreprise est effectivement sensible aux marchés les plus importants, exportant à partir de ces marchés vers les zones proches.

II. LA GESTION D'UNE ENTREPRISE MONDIALE

Le défi de la gestion d'une entreprise mondiale est directement lié à la stratégie qu'elle se donne. Il est clair que les difficultés à gérer la concentration ou la dispersion de la chaîne de valeur sont au cœur de la capacité concurrentielle de l'entreprise. Ces difficultés ont été passablement discutées dans le chapitre sur la gestion d'une organisation complexe (chapitre VIII). Ici, nous n'aborderons que les questions spécifiques à la complexité qu'engendre l'éclatement à travers le monde.

On peut dire que la complexité internationale pose trois grands types de problèmes :

1. *Un problème classique et permanent de mise en œuvre efficace de la stratégie choisie, qui assure généralement la convergence des efforts des différentes filiales;*

2. *Un problème occasionnel de changement des rapports entre les filiales et la haute direction pour répondre aux besoins de changement de direction;*

3. *Un problème de maintien de flexibilité pour pouvoir tirer parti des opportunités qui peuvent apparaître ou pour répondre à des difficultés inattendues dans la mise en œuvre de la direction choisie.*

Ces problèmes ne se posent cependant pas de la même manière dans toutes les organisations. Les choix stratégiques, tels qu'ils ont été discutés précédemment, déterminent largement la nature de la gestion qui est requise pour la mise en œuvre. En général cependant, la gestion d'une organisation internationale complexe est toujours une sorte de métagestion (Hafsi, 1985). Cette métagestion est conduite à partir d'outils qui restent semblables, quelle que soit la stratégie choisie. C'est la combinaison de ces outils qui changera selon la stratégie.

Voyons d'abord quels sont ces outils. Nous avons déjà suggéré que ces outils étaient de trois types : organisationnel, d'incitation matérielle et d'incitation idéologique. Mais ils seraient mieux compris si on les rattachait à la nature des défis qui apparaissent lorsqu'on essaie de résoudre les problèmes de flexibilité, de changement des relations siège/filiales et de maintien de la flexibilité. Ces défis sont au nombre de trois :

1. Les outils destinés à gérer le système d'information et de données qui influence le comportement des gestionnaires (Barnard, 1938);

2. Les outils destinés à résoudre les confrontations et les conflits qui naissent de la nécessité de faire converger des acteurs qui ont des perspectives différentes et qui sont exposés à des réalités différentes ;
3. Les outils destinés à gérer directement le comportement des gestionnaires.

Le tableau 3 résume les principaux outils dans ces trois catégories.

Tableau 3   Répertoire traditionnel des outils de gestion d'une organisation complexe

Gestion de l'information et des données	Gestion des conflits	Gestion des gestionnaires	
1 Système de mesure	Attribution des responsabilités de décision	Choix des gestionnaires	1
2 Système de contrôle	Nomination de responsables d'intégration	Gestion des carrières	2
3 Planification stratégique	Équipes d'affaires Innovation	Systèmes de récompense et punitions	3
4 Programmation budgétaire	Comités de coordination	Système de formation et de développement	4
5 Système d'allocation des ressources	Task forces	Socialisation	5
6 Système d'information générale	Processus spécifiques	Idéologie, mission	6

Comme nous l'avions évoqué au chapitre général sur la mise en œuvre stratégique (chap. VII), l'effet de ces outils peut être à court ou à long terme. Ainsi, tout ce qui touche la rémunération et la situation présente des gestionnaires, y compris leurs pouvoirs et responsabilités, a un effet à court terme. Ces outils sont généralement plus concrets. Tout ce qui touche la situation future des gestionnaires et leur intégration profonde à la philosophie, au mode de comportement et aux traditions de l'organisation aura des effets à plus long terme. Ces outils ont un caractère cognitif et symbolique plus marqué. Par ailleurs, il devrait être clair que les outils et les actions de gestion de l'information et des données ont un caractère plus technique et ne nécessitent pas une participation de tous les instants de la haute direction. Par contre, la gestion directe des gestionnaires et la résolution des conflits requièrent une attention et un engagement de tous les instants. C'est d'ailleurs la tâche principale de la haute direction des organisations ayant des activités internationales importantes.

L'utilisation de ces outils, nous le disions et le lecteur peut à présent facilement l'apprécier, n'est pas la même selon qu'on a besoin d'intégrer le système ou d'être sensible aux réalités et aux pressions locales. Sans aborder toutes les situations, nous évoquerons, pour ces deux extrêmes, les défis les plus importants et les moyens généralement utilisés pour y faire face.

A. LA GESTION DE L'INTÉGRATION MULTINATIONALE

L'intégration multinationale force une attention plus grande à la réduction des coûts et donc à l'optimisation du système de production et de logistique, tout en ne négligeant pas l'attention à porter aux besoins des clients et à l'évolution du marché. Elle pose aussi des problèmes importants de relations entre le siège et les filiales et de relations entre les autorités locales et l'entreprise.

1. La production et la logistique

Une production intégrée signifie notamment que la production des usines est étroitement interreliée. Ainsi, dans le cas de Ford dont nous avons déjà parlé, toutes les composantes doivent être produites à temps pour que le montage puisse se faire. De plus, la production doit être harmonisée aux exigences du marché. Cela requiert une sophistication appréciable du système ainsi qu'une gestion logistique internationale complexe et d'une grande précision ; mais de plus, il doit y avoir de la place pour la flexibilité, puisque le système est ouvert à des perturbations exogènes, notamment venant du marché.

Comme nous l'avions noté, Ford avait accepté une certaine réduction dans l'efficience du système, à cause des duplications admises ; l'entreprise pouvait ainsi accroître la capacité de réponse au marché et montrer une certaine sensibilité locale pour satisfaire les préoccupations des gouvernements et, dans une certaine mesure, celles des gestionnaires locaux. IBM, qui a un système au moins aussi complexe que celui de Ford, avait aussi introduit beaucoup de flexibilité pour réduire la vulnérabilité et éviter d'étouffer le fonctionnement de l'ensemble en cas de perturbation le long du système. Le plan de production d'IBM était, dans les années 1980, établi pour 18 mois mais reconfirmé et réajusté tous les 6 mois.

Les questions d'extension ou de contraction du système sont encore plus complexes. En effet, d'abord, il faut apprécier les effets sur l'ensemble du système, ce qui n'est déjà pas une sinécure, mais aussi il faut réconcilier les besoins d'efficacité-efficience avec les exigences des gouvernements les plus importants pour l'entreprise. Finalement, il faut se rappeler que les investissements internationaux introduisent encore plus de risque et d'incertitude en raison des problèmes de change et d'évolution de la situation relative des facteurs d'un pays à l'autre. C'est sans doute cela qui explique que les décisions d'investissement majeur soient centralisées. Les entreprises les mieux gérées semblent malgré cela laisser une place à l'initiative locale des dirigeants de filiales.

2. La recherche et le développement

Dans le cas d'une entreprise intégrée, la nature des recherches et du développement peut aussi rendre la gestion problématique. La globalisation de la production peut, sous la pression des gouvernements, forcer aussi la globalisation de la recherche et du développement, ce qui n'est pas nécessairement favorable au développement technologique. On se retrouve alors souvent dans des situations où le système de recherche et développement doit nécessiter une coordination aussi importante que le système de production-logistique, avec tous les problèmes que cela peut entraîner.

C'est ainsi qu'IBM maintient de nombreux centres de recherche et développement à travers le monde. Cela avait été une source de problèmes majeurs, notamment lors du développement et du lancement de sa première grande gamme de produits, l'IBM 360. Les traumatismes de cette expérience ont amené IBM à travailler à relier les activités de ses centres et à mettre en place une intégration de ses activités qui maintienne la capacité à innover. Notamment, IBM a décidé de confier des « missions » (conception et innovation de départ) et des « contrôles » (développement pour la mise en marché) permanents à ses centres les plus importants. Ainsi, il y a, en dehors des États-Unis, quatre grands centres de recherche et développement, en Allemagne, en France, au Japon et au Royaume-Uni, et chacun a une responsabilité particulière (par exemple, en France : unités de semi-conducteurs logiques ; en Allemagne : imprimantes, etc.).

De même, on se rappellera que Ford avait lancé la Ford Fiesta comme une « voiture mondiale », conçue de manière conjointe par plusieurs filiales. Le concept fut d'abord élaboré aux États-Unis, puis confié à Ford-Europe. Les tensions dans ces cas sont inévitables. En effet, trop de sensibilité aux réalités locales peut mettre en cause les besoins d'efficacité de l'intégration, tandis que trop d'intégration peut nuire à la pénétration des marchés.

3. Les relations avec les autorités nationales

L'intégration est vue avec beaucoup de méfiance par les gouvernements nationaux, qui voient là une atteinte à l'autonomie de décision de la nation. Ils n'y souscrivent que lorsqu'ils comprennent les nécessités de la dynamique de l'industrie et lorsqu'ils ont développé des relations confiantes et détendues avec les entreprises concernées. C'est cela qui explique les efforts diplomatiques que les multinationales intégrées ont tendance à faire. Par exemple, Ford a créé, dans les années 1980, un conseil consultatif européen, composé de personnalités ayant une influence sur la politique européenne. Ainsi, Senior Lopez de Letona, le ministre espagnol de l'Industrie qui avait négocié avec Ford en 1972-1973, y fut invité lorsqu'il quitta le gouvernement. Il semble, en général, qu'IBM a eu plus de succès que la plupart à construire une bonne crédibilité locale en Europe et en Amérique du Nord.

L'autre problème est celui des relations avec les syndicats, qui se sont un peu détériorées en raison du système éclaté des entreprises intégrées. Les syndicats se retrouvent ainsi souvent en conflit les uns avec les autres pour soutenir ou combattre les décisions de production et d'investissement de ces entreprises. Les gouvernements sont alors fréquemment obligés d'intervenir au niveau diplomatique pour résoudre les conflits, mais le font de manière différente. Le gouvernement espagnol a par exemple une influence directe plus grande, le gouvernement français joue plutôt le rôle d'arbitre, tandis que le gouvernement n'intervient que très peu au Royaume-Uni où le système de relations industrielles est très fragmenté.

4. La gestion des gestionnaires de filiales

Le plus grand des problèmes reste la capacité à mesurer et à apprécier la performance des filiales. Cela est perturbé lorsque les interdépendances sont nombreuses et mettent en cause la transparence des contributions. Le système de comptabilité doit alors permettre d'accroître la visibilité des conséquences des actions locales et d'éviter que des biais locaux viennent perturber la stratégie globale. Doz (1986, p. 180) a décrit quelques solutions mises en œuvre par de grandes multinationales.

B. La gestion de la sensibilité nationale

La sensibilité nationale est la manifestation du caractère multinational traditionnel. Les problèmes qu'elle pose sont généralement mieux connus. On peut mentionner :

1. La nécessité de mettre ensemble les risques et de répartir les ressources parmi les filiales ;
2. La nécessité d'éviter les duplications en matière de R&D et de répartir les coûts de celle-ci sur un volume plus grand d'activités ;
3. La coordination des exportations des filiales qui produisent les mêmes équipements ou produits ;
4. Le transfert de technologie et en général de savoir-faire dans tous les domaines.

L'allocation des ressources est perturbée surtout à cause de standards de comptabilité différents, de réglementations d'investissement et de taxation différents, de taux d'inflation différents, d'un pays à l'autre, ce qui force beaucoup d'entreprises à accepter une coordination moins que parfaite. Corning Glass Works a ainsi généralement accepté beaucoup d'imperfections dans les systèmes de l'entreprise où la sensibilité nationale était requise. Ses interventions pour coordonner plus (voir le cas Corning Glass Works, 1981) n'ont en général pas été couronnées de succès.

Il demeure que les dirigeants des multinationales en situation de sensibilité nationale se servent des instruments que nous avons mentionnés pour assurer une certaine uniformité dans le comportement. En particulier, ils utilisent les instruments suivants :

1. Une certaine uniformité des systèmes d'information, surtout ceux de la planification, du budget et du contrôle. Il arrive souvent que le contrôle soit centralisé et devienne un instrument de surveillance, comme ce fut le cas à ITT au cours des années 1970 et 1980. Mais ultimement, l'allocation des ressources demeure un acte de confiance dans les capacités et le jugement des dirigeants de filiales, ce qui souligne l'importance des personnalités dans la gestion de ce genre de stratégie.
2. L'encouragement des comportements d'entreprise par les systèmes de mesures et de récompenses et punitions. Pour cela, on a tendance à mesurer la performance sur la base des objectifs que fixent les filiales elles-mêmes plutôt que sur des instruments de mesure standard, moins nécessaires ici que lorsqu'il y a intégration. La gestion des carrières a aussi tendance à être concentrée nationalement, avec

une influence et un pouvoir réels pour les dirigeants nationaux performants et un pouvoir plus limité pour le personnel central.

3. Le contrôle par les pairs, qui peut se faire lorsque les pairs participent à la fois à la conception, avec des responsabilités collectives, et à l'évaluation des plans et des demandes de fonds et d'autres ressources. Cela se fait par la création « d'équipes d'affaires ou de produits » pour la coordination et la responsabilité des profits. Il faut cependant bien combiner les responsabilités, notamment pour les profits, de manière cohérente avec les pouvoirs disponibles dans le groupe. Cela demande donc un suivi minutieux par la haute direction.

4. L'engagement direct de la haute direction. Celle-ci peut agir de manière détaillée dans les opérations, comme le faisait Geneen (1984), ou de manière plus vague sur les comportements, comme le faisait le président de Schlumberger, Riboud (Christiansen, 1982).

III. ÉPILOGUE

Après ce tour d'horizon, on peut imaginer ce qu'il faut faire pour qu'il n'y ait aucun problème dans la gestion d'une grande entreprise comme Bombardier. Il faut sans doute faire preuve d'un grand génie en matière de conception stratégique et de développement des instruments de gestion requis ; mais il ne faut pas oublier que même si tout le monde essaie, peu réussissent.

Cela veut probablement dire que les outils et les analyses dont nous avons discuté jusqu'ici ne sont pas suffisants. Ce ne sont que les ingrédients d'une construction de nature réellement artistique. Cette construction suppose bien entendu des artistes de qualité, mais aussi des mécanismes de concentration qui permettent à tous d'œuvrer dans la bonne direction. Ces mécanismes sont de nature symbolique et idéologique ou culturelle. Nous n'avons pas insisté beaucoup sur ces aspects, surtout parce qu'ils sont inévitables, et non parce qu'ils ne sont pas importants. Ce sont aussi des mécanismes qui sont une partie intégrante des valeurs de la communauté constituée par les personnes clés de l'organisation et donc spécifiques à chaque organisation.

Pour revenir à Bombardier, les dirigeants eux-mêmes et les observateurs (Tremblay, 1994) reconnaissent que les éléments culturels sont plus convaincants, pour expliquer la remarquable convergence qui fait le succès de l'entreprise, que tous les mécanismes de gestion formelle qui sont dans les livres. Ceci est notre dernier avertissement au lecteur trop exité par l'apparente sophistication des instruments proposés.

Note n°20

L'ÉCONOMIE INTERNE
ET L'ÉCONOMIE NATIONALE

par Jean-Christophe Veissier

Historiquement, la performance économique d'un État-nation se mesure d'après la richesse produite à l'intérieur et à l'extérieur des frontières. Les pouvoirs publics se sont donné des instruments théoriques susceptibles de traduire cette dualité géographique de la performance économique. Le produit intérieur brut (PIB) représente la valeur ajoutée des firmes implantées sur le territoire national, et ce, quelle que soit leur nationalité. Le produit national brut (PNB) représente le PIB ainsi que le solde des revenus de facteurs de production en direction ou en provenance de l'étranger. Théoriquement, le PNB traduit mieux la puissance d'un État-nation puisqu'il prend en considération les richesses tirées de l'étranger. Pour autant, ces mesures théoriques s'avèrent inadéquates pour mesurer la performance d'un État-nation dans la compétition internationale de l'après-guerre[4] (Flouzat, 1990). Elles n'ont, *a fortiori,* que peu d'utilité pour mesurer celle-ci face au phénomène de mondialisation intensive des années 1980 et encore moins pour comprendre la place qu'elle y tient.

La mondialisation semble, en effet, marquer le triomphe du marché sur l'État[5] (Berry, Conkling et Ray, 1993). L'activité économique prime ainsi les frontières politiques pour délimiter non plus les États-nations, mais selon la formule d'Ohmae (1995) des «États-régions»[6]. Par ailleurs, à l'échelle mondiale, les États-nations doivent être désormais aussi compétitifs que les firmes[7] (Van Houten, 1994). Au-delà d'une reconsidération de l'intérêt économique de la nation, la mondialisation change radicalement les rapports entre firmes et États-nations. La confusion quant à la nationalité des firmes internationalisées rend difficile la mesure des contributions économiques réelles.

---

4. Flouzat, D. «Économie contemporaine. Les fonctions économiques», Paris, PUF, T. 1, 1990, p. 73.
5. Berry, B. J. L,. Conkling, E. C. Ray, D. M. *The Global Economy. Ressource Use, Locational Choice and International Trade,* Englewood Cliffs, Prentice Hall, 1993, 465 p.
6. Traduction littérale de «region-states», défini par Ohmae, K. «Putting Global Logic First», *Harvard Business Review*, vol. 73, janvier-février 1995, p. 119-125.
7. Van Houten, S. «Manufacturing : Getting Government on Side», *P.E.M.,* hiver-printemps 1994, p. 38.

Malgré tout, l'approche duale de la performance des États-nations demeure intéressante pour saisir les enjeux de la création de richesses en contexte de mondialisation. Les États-nations sont ainsi amenés à penser l'intérêt national sur un double mode : celui de l'économie interne et celui de l'économie nationale.

L'économie interne recouvre toutes les opérations, menées par des nationaux ou des étrangers, qui favorisent l'intérêt économique des résidants à l'intérieur des frontières de l'État-nation (emploi, consommation, implantation de firmes étrangères). À l'inverse, l'économie nationale concerne tout ce qui est réalisé par des citoyens (firmes et individus) à l'intérieur ou à l'extérieur des frontières (exportations, investissements à l'étranger, internationalisation des firmes nationales). Économie interne et économie nationale sont les deux extrêmes d'un même continuum en termes de politique économique. Face à la mondialisation cependant, l'État-nation ne choisit pas de privilégier son économie interne ou son économie externe. L'orientation vers l'une ou l'autre des deux options est déterminée en grande partie par l'avantage compétitif économique dont bénéficie l'État-nation.

L'avantage compétitif interne repose sur des éléments inaliénables au territoire, comme le sol, le sous-sol, les réseaux de communication et de transport et la main-d'œuvre. Au contraire, **l'avantage compétitif national** s'appuie sur des éléments mobilisables, à l'intérieur, mais surtout en dehors du territoire, comme les capitaux, la technologie, la connaissance, la formation les ressources étatiques (soutien politique et administratif aux firmes, poids politique international). Les États-nations qui cumulent les avantages compétitifs nationaux tendent à privilégier l'économie nationale et favorisent ainsi l'implantation de leurs firmes dans d'autres États-nations[8]. Ces États-nations peuvent être considérés comme des **sites de départ**. À l'inverse, les États-nations qui cumulent les avantages compétitifs internes tendent à privilégier l'économie interne et favorisent ainsi l'implantation de firmes étrangères. Ils peuvent être considérés comme des **sites d'accueil**.

Même si menace et opportunité ne sont que les faces opposées d'une même pièce, les États-nations qui privilégient l'économie interne perçoivent généralement la mondialisation comme une menace économique et adoptent en conséquence une logique de dissuasion (protectionnisme, réglementation limitant les implantations étrangères, etc.). Par ailleurs, les États-nations qui privilégient l'économie nationale voient généralement dans la mondialisation une opportunité d'ordre économique et adoptent une logique

---

8. Les organisations internationales et supranationales sont un soutien essentiel de l'action des firmes internationalisées des « sites de départ » en compétition.

d'attraction des investissements étrangers (défiscalisation, zones franches, etc.). La mondialisation ne constitue pas, cependant, un phénomène qui touche uniformément tous les États-nations. Dans ces conditions, la perception d'une menace ou d'une opportunité varie également en fonction de l'histoire de chaque État-nation. Ainsi, certains États-nations du Nord, tels les États-Unis ou la France, qui se sont traditionnellement perçus comme des **sites de départ**, tendent à devenir partiellement des **sites d'accueil** du fait de la récession. En revanche, des États-nations du Sud, tels que la Corée du Sud, qui ont été généralement perçus comme des **sites d'accueil**, tendent à devenir des **sites de départ**, dont les firmes s'implantent dans des économies en voie de développement.

Au-delà de la diversité des situations, il importe néanmoins de poser la question du rôle de l'État face aux firmes en contexte de mondialisation. Celui-ci doit-il se contenter d'attirer les investissements étrangers dans l'économie interne au risque de voir son autonomie décisionnelle menacée ? Doit-il, au contraire, limiter la pénétration économique étrangère et soutenir les stratégies internationales de ses firmes au nom du prestige de l'économie nationale ? Deux tendances s'affrontent sur cette question. L'une privilégie l'économie interne au risque de transformer l'État-nation en site d'accueil, l'autre privilégie l'économie nationale en maintenant l'État-nation comme site de départ.

Face à la mondialisation, l'État-nation n'a d'autres choix que de céder le terrain au marché en privilégiant l'économie interne. La mondialisation actualise le paradoxe de David et Goliath dans les rapports de forces entre États-nations[9] ainsi qu'entre firmes et États-nations. Les firmes bénéficient d'un pouvoir de pression croissant à l'égard de leur État-nation d'origine, tandis que ce dernier voit sa liberté de manœuvre se restreindre à l'égard de l'ensemble des firmes.

Ainsi, en dépit des théories keynésiennes, l'État n'est plus capable d'assurer simultanément des priorités économiques internes et externes par des ajustements automatiques de plus en plus risqués[10]. L'insertion croissante des États-nations dans des entités économiques supranationales augmente le nombre d'objectifs à atteindre et diminue les instruments disponibles. Au sein de la CEE, la France doit, par exemple, ajuster en permanence sa politique monétaire sur celle de l'Allemagne pour éviter des transferts de capitaux flottants en faveur des marchés financiers allemands. Les politiques

---

9. La mondialisation permet aux petits États-nations de devenir plus puissants que les grands États-nations, selon Naisbitt, J. *Global Paradox*, New York, W. Morrow and Company, 1994, 304 p.
10. Par exemple, si la demande intérieure est sensible au prix des produits importés, une relance de la consommation par le déficit budgétaire peut profiter davantage aux producteurs étrangers qu'aux producteurs nationaux.

économiques sont ainsi sanctionnées par l'engagement ou le désengagement des acteurs financiers. Un désengagement massif à l'égard d'un déficit public peut entraîner une baisse de la valeur relative de la monnaie nationale, voire une rumeur de démissions au sein du pouvoir politique.

Par ailleurs, l'État connaît plus difficilement la nature de ses échanges, du fait de l'augmentation de l'échange intrafirmes[11], réalisé hors des conditions du marché, et d'un échange intrabranches qui repose de plus en plus sur des biens dont le processus de fabrication a été décomposé entre plusieurs États-nations. Enfin, la hausse du stock de capital détenu par les firmes étrangères dans les industries nationales[12] (de 7 % environ en 1980 à 20 % en 1991) contribue à diluer la nationalité officielle des firmes et à souligner l'importance croissante de l'étranger dans les pouvoirs décisionnels au sein des économies internes[13]. De même, du fait de la division internationale des processus de production, la nationalité des produits est, à l'image de celle des firmes, difficile à définir[14]. Au total, les stratégies des firmes semblent s'opposer au rôle traditionnel de l'État en matière économique.

En période de récession cependant, la mondialisation peut être perçue par les États-nations comme une opportunité qui compense la perte d'autonomie nationale par l'importance d'investissements étrangers considérés, par ailleurs, comme inéluctables. Selon Reich (1990), la compétitivité de l'État-nation est déterminée par la puissance des activités économiques qui s'opèrent à l'intérieur des frontières du territoire, et ce, quelle que soit la nationalité des investisseurs[15]. Nombre d'États-nations, dont le Japon[16], cherchent ainsi à attirer les firmes étrangères par une libéralisation et une déréglementation de leur économie interne. Des études statistiques[17] montrent d'ailleurs que les filiales de firmes étrangères contribuent pour beaucoup à l'économie interne du site d'accueil. Pour ce qui est de l'emploi, les filiales de firmes étrangères représentent environ 45 % des emplois manufacturiers en Irlande et aux États-Unis. Pour ces pays, la rémunération est supérieure d'environ 20 % dans les filiales étrangères. D'autre part, les

---

11. L'échange intrafirmes représente 40 % du commerce mondial en 1991.
12. Source : Salomon Brohers et Baring Securities.
13. Par ailleurs, les critères juridiques qui définissent la nationalité des firmes (lieu d'enregistrement et d'emplacement du siège social, nationalité des personnes qui détiennent le capital, exercent le contrôle de décision ou effectuent des opérations sur le marché) apparaissent aujourd'hui insuffisants.
14. La Pontiac Le Mans de GM est assemblée en Corée du Sud, son moteur et ses composants électroniques proviennent du Japon, le stylisme et la conception mécanique sont réalisés en Allemagne, les petits composants proviennent de Taïwan et de Singapour, la publicité et le marketing ont été conçus en Grande-Bretagne, l'informatique a été réalisée en Irlande et à la Barbade. Le reste, soit moins de 4 000 $/unité revient à GM pour la couverture de différents frais et le versement de différents frais aux actionnaires de la société.
15. Reich, R. B. « Who is us ? », *Harvard Business Review*, janvier-février 1990.
16. Développement d'un programme de prêts à taux d'intérêt réduits accordés par la Banque de développement japonaise aux firmes et filiales détenues au moins à 50 % par des intérêts étrangers.
17. OCDE, *Politique industrielle dans les pays de l'OCDE, Tour d'horizon annuel 1990*, Paris, 1991.

firmes à capitaux étrangers investissent plus en biens d'équipements que la moyenne des firmes du site d'accueil. C'est le cas aux États-Unis[18], où les filiales étrangères ont par ailleurs enregistré une hausse de productivité de 42 % en termes réels entre 1980 et 1987 contre seulement 32 % pour les firmes américaines. La valeur ajoutée des filiales étrangères est souvent similaire à celle des firmes nationales (États-Unis), parfois supérieure (Grande-Bretagne[19]) ou, plus rarement, comme dans le cas de l'Irlande, trois à quatre fois supérieure à celle-ci[20]. Si, enfin, l'écart d'investissement en recherche et développement est faible[21], les transferts de technologies étrangères permettent d'accéder à celle-ci à moindre coût.

Une économie interne dominée par des intérêts étrangers n'est pas sans risque cependant. Les investissements étrangers obligent ainsi les États à des réformes, car les firmes évitent les sites trop réglementés ou trop fiscalisés. Ainsi, certains États-nations, tels que la Finlande, n'hésitent pas à lever la frontière entre économie interne et nationale en autorisant les investissements étrangers dans les entreprises nationalisées, prétextant que l'ouverture remet en cause les monopoles et les rentes de situations de firmes nationales. Pour certains, les États-nations ont ainsi favorisé la constitution de monopoles nationaux en voulant se doter de *champions nationaux internationalisés*.

En marge du *dumping* aux exonérations, certains États-nations visent à attirer les investissements étrangers vers des secteurs à forte valeur ajoutée, qui renforcent l'économie locale ou, comme dans le cas de l'Irlande, qui offrent le plus grand potentiel à long terme[22]. Au sein de l'OCDE, les États-nations appliquent le principe du *traitement national*[23], c'est-à-dire un traitement aussi favorable aux firmes étrangères qu'aux firmes nationales. Le Portugal suit cette logique *donnant-donnant* en accordant des exonérations selon un système de points prenant en considération la contribution à la balance des paiements, l'introduction de nouvelles techniques, la création d'emplois et la valeur ajoutée. Aux États-Unis, l'*Advanced Technology Program* accorde un financement aux firmes étrangères dont le pays d'origine offre un traitement réciproque aux entreprises américaines.

18. Département du Commerce des États-Unis, « Foreign Direct Investment in the United States », *Review and Analysis of Current Developments*, août 1991.
19. Davies, S. W. Lyons, B. R. « Characterising Relative Performance : The Productivity Advantage of Foreign Owned Firms in the UK », *Oxford Economic Papers*, vol. 4, p. 584-595.
20. Il faut cependant souligner que les firmes irlandaises sont présentes dans des secteurs traditionnels (alimentation, vêtement), alors que les firmes étrangères se spécialisent dans des secteurs à haute valeur ajoutée (chimie, mécanique). Réf.: Central Statistics Office d'Irlande, *Census of Industrial Production 1988*, juin 1991.
21. Graham, E. M. « Foreign Direct Investment in the United States and US interests », *Science*, vol. 254, déc. 1991.
22. OCDE, 1991. *op. cit.*
23. « Les pays membres, compte tenu de la nécessité [...] de protéger les intérêts essentiels de leur sécurité [...] devraient accorder aux entreprises opérant sur leur territoire et qui appartiennent à, ou sont contrôlées directement ou indirectement par des ressortissants d'un autre pays membre, un régime résultant de leurs lois, réglementations et pratiques administratives qui, en harmonie avec le droit international, ne sera pas moins favorable que celui dont bénéficient dans les mêmes circonstances les entreprises nationales. » Réf.: OCDE, *Publication relative au traitement national*, document gratuit, Paris, 1992.

Un courant de pensée différent considère que, face à la mondialisation, l'État-nation doit protéger l'économie nationale et conserver son rôle de soutien aux firmes internationalisées. La santé de l'économie nationale tient, en effet, au développement des firmes « enracinées dans le marché national »[24] (Tyson, 1991). Qu'elles soient d'ailleurs internationalisées ou non, les firmes nationales sont, en contexte de mondialisation, inéluctablement confrontées à la concurrence étrangère[25] (Porter, 1987). Le développement des firmes et de l'économie nationale étant déterminé par l'avantage compétitif national en termes de compétences et de technologies[26] (Porter, 1990), les écarts qualitatifs entre les modes d'intervention nationaux[27] (Delmas, 1991) expliquent ainsi les performances des économies nationales. Le bénéfice de l'avantage compétitif national du site de départ doit donc être réservé aux seules firmes nationales.

Cette conception se fonde, par ailleurs, sur le postulat d'une faible contribution économique des firmes à l'économie interne des sites d'accueil. Les filiales étrangères seraient ainsi davantage intégrées à l'économie nationale de leur site de départ qu'à l'économie interne de leurs sites d'accueil. Elles tendent, notamment, à rapatrier leurs bénéfices vers leur pays d'origine plutôt qu'à les investir dans le pays d'accueil, où ils sont pourtant produits. En Irlande, le rapatriement des bénéfices a représenté 10,1 % du PNB en 1988 et 11,2 % en 1989[28]. D'autre part, en dépit des variations importantes d'un pays et d'un secteur à l'autre, les filiales étrangères importent statistiquement plus en moyenne que les firmes nationales. En Irlande, par exemple, les firmes à capitaux étrangers importent environ 70 % de leurs moyens de production contre 30 % pour les firmes nationales[29]. La propension à importer des firmes étrangères diminue cependant avec leur intégration dans le tissu économique national. Aux États-Unis, les filiales étrangères importent ainsi moins de 25 % des biens intermédiaires dont elles ont besoin. À long terme enfin, Tyson (1991) craint que les firmes étrangères implantées aux États-Unis évincent des concurrents internes ou limitent le développement de firmes américaines au profit d'unités implantées sur d'autres sites d'accueil.

L'évolution de certains États-nations tend enfin à confirmer le peu d'intérêt d'une économie strictement interne. Le renoncement de certains États-nations au principe du **traitement national** lorsque leurs intérêts nationaux

---

24. Tyson, L. « They are not us. Why American Ownership Still Matters », *The American Prospect*, hiver 1991.
25. Porter, M. *Competition in Global Industries*, Boston, Harvard Business School Press, 1987.
26. Porter, M. *The Competitive Advantage of Nations*, Londres, Macmillan, 1990.
27. Delmas, Philippe. *Le Maître des horloges. Modernité de l'action publique*, Paris, Odile Jacob, février 1991.
28. O'Doherty, D. P. « Mondialisation and the Smaller European Firm : Some Lessons from the Experience of Ireland and other Small Community Countries », *Conference on "Europeans Firms and Industries Coping with Mondialisation"*, Saint-Malo, France, 25-26 juin 1990.
29. Department of Industry and Commerce, *Review of Industrial Performance*, Irlande, 1990.

sont menacés (transports, médias, télécommunications) ainsi que la faible part des marchés publics accordés à des firmes étrangères au sein de la CEE (environ 2 %) montrent que la **nationalité économique** demeure essentielle pour les États. Ainsi, loin de distendre les liens État/firme, la mondialisation semble imposer le soutien des États-nations à leurs firmes nationales dans leur stratégie de conquête des marchés étrangers. Arguant de pratiques anti-concurrentielles, les États-Unis tentent, par exemple, d'adopter des mesures de rétorsion à l'égard du Japon lorsque les produits américains voient leur compétitivité diminuée par des barrières, surtout en dossiers, élevées à l'en-trée du marché japonais, et ce, alors que les produits japonais concurrents ont librement accès au marché américain (automobile, transport aérien, pellicule photographique). Toutefois, selon Brainard (1993), les politiques protection-nistes peuvent autant entraver les menaces de la mondialisation que favoriser celle-ci en incitant à la formation de *champions nationaux* qui finissent par adopter une stratégie mondiale.

L'approche duale économie interne/économie nationale permet de clari-fier un débat aussi complexe que récent. Si les arguments des tenants de l'économie interne comme de l'économie nationale comportent des failles, les deux tendances s'accordent à reconnaître la **révolution des pouvoirs** imposée par le phénomène de mondialisation. Au-delà de l'analyse économique, le débat appelle une véritable réflexion politique sur le futur rôle de l'État-nation dans l'économie mondiale. Si l'on pousse à fond la logique de l'économie interne, il est juste de considérer que le critère de la nationalité ne sera, à terme, d'aucune utilité pour caractériser les firmes mondiales. Celles-ci seront désignées par leur fonction dans un réseau mon-dial d'industries supranationales présentes sur tous les marchés. À l'échelle planétaire coexisteront dès lors les producteurs, les concepteurs ou les dis-tributeurs. Si l'on poursuit la logique de l'économie nationale, chaque État-nation se considérera, à terme, comme une **forteresse économique** *assiégée,* pratiquant un protectionnisme négocié avec les autres États-nations, tout en essayant d'ouvrir une brèche dans les barrières douanières ennemies. À l'échelle planétaire, la confrontation des économies nationales aura alors rem-placé la guerre militaire.

L ' A L L I A N C E   S T R A T É G I Q U E :   U N E   R É P O N S E   À   L A   M O N D I A L I S A T I O N

par Georges Fernandez

Le contexte de mondialisation des affaires semble pousser de nombreuses entreprises sur la voie des alliances stratégiques. Au cours de ces dernières années, les alliances stratégiques ont suscité un grand intérêt tant chez les chercheurs que chez les gestionnaires qui semblent redécouvrir en quelque sorte une vieille formule sur laquelle on a apposé une étiquette moderne. Même si les alliances existent depuis fort longtemps, en effet de nombreux marchands utilisaient déjà dans l'Antiquité ce type de coopération, elles sont aujourd'hui probablement utilisées de manière différente. Le contexte a changé et leur développement intense depuis quelques années indique vraisemblablement un comportement nouveau de la part des entreprises. L'explosion récente du nombre d'accords de coopération dans tous les secteurs économiques témoigne d'une nouvelle attitude de la part des entreprises : l'alliance stratégique est devenue un moyen de préserver et d'améliorer leur compétitivité sur la scène mondiale.

LE CONTEXTE : LA MONDIALISATION

La mondialisation est le résultat de profonds bouleversements de marchés et d'importants changements technologiques, notamment dans les domaines de l'information et de la communication (Chandler, 1986). Une des conséquences importantes de la mondialisation est son effet sur l'environnement des firmes et son influence sur leur comportement. Ce phénomène peut toucher une entreprise à plusieurs niveaux, dont ses marchés, ses investissements, le temps disponible et l'incertitude de son environnement.

En ce qui concerne les marchés, la mondialisation induit une homogénéisation de la demande, car, grâce aux progrès réalisés dans les domaines des communications et du transport, les consommateurs dans le monde entier ont de plus en plus les mêmes goûts et besoins (Ohmae, 1985). Toutefois, leurs comportements instables rendent ces marchés extrêmement volatils (Lewis, 1990). D'autre part, la mondialisation est aussi caractérisée par une course à l'innovation technologique où d'importants investissements sont réalisés dans des programmes de recherche et développement pour devancer la concurrence ou tout simplement pour demeurer dans la course (Ohmae, 1985).

L'extrême volatilité des habitudes des consommateurs ainsi que la diffusion de plus en plus rapide des innovations technologiques réduisent à leur tour la durée des cycles de vie des produits. Finalement, en ce qui concerne les incertitudes de l'environnement, la maturité de la plupart des secteurs industriels des grandes économies du monde (Amérique du Nord, Europe et Japon) a créé, depuis quelques années, un encombrement de leurs marchés qui sont devenus complexes non seulement par le nombre de joueurs et de stratégies que l'on y rencontre, mais aussi par le nombre de segments plus ou moins identifiables qui l'on peut y trouver (Harrigan, 1988). Ainsi, dans un contexte de mondialisation, une entreprise peut rapidement être confrontée à de nombreux risques, comme celui de voir un de ses marchés s'effondrer ou celui de découvrir soudainement de nouveaux concurrents.

Dans un contexte de mondialisation, caractérisé par une grande volatilité des marchés, un accroissement des coûts fixes (investissements), une contraction du temps et une présence d'intenses incertitudes, les besoins des entreprises ont bien entendu évolué. Un examen des écrits sur le sujet nous indique clairement que l'alliance répond adéquatement aux nouveaux besoins engendrés par la mondialisation. En effet, l'alliance est en soi un acte de coopération entre plusieurs entreprises, qui permet un partage de coûts et de risques[30], et ce, grâce à une mise en commun et au déploiement plus efficient de leurs ressources[31]. De plus, l'alliance offre à ces entreprises de la flexibilité et de la liberté de manœuvre[32] tout en leur permettant d'acquérir de nouvelles compétences[33]. Ainsi, les alliances présentent, pour des entreprises en contexte de mondialisation, certaines caractéristiques intéressantes pour répondre adéquatement aux pressions de leur environnement.

---

30. Références : Harrigan (1988); Nueno et Oosterveld (1988); Olleros et Macdonald (1988); Svatko (1988); Hamel, Doz et Prahalad (1989); Datta (1989) ; Gross et Neuman (1989); Kohn (1990); Hull et Slowinski (1990); Lei et Slocum (1991); Lewis (1990 et 1991); Jarillo et Stevenson (1991); Gugler (1992).
31. Références : Contractor et Lorange (1988); Olleros et Mcdonald (1988); Svatko (1988); Datta (1989); Gross et Neuman (1989); Baranson (1990); Hull et Slowinski (1990); Lewis (1990); Lei et Slocum (1991); Gugler (1992).
32. Références : Olleros et Mcdonald (1988); Clarke et Brennan (1992), Ohmae (1989); Hull et Slowinski (1990); Lewis (1990); Neiderkofler (1991); Roberts (1992).
33. Références : Harrigan (1984 et 1988) ; Borys et Jemison (1989) ; Lynch (1990); Lorange et Roos (1991); Jarillo et Stevenson (1991).

L'INTERPRÉTATION DES ALLIANCES

Une classification des alliances stratégiques non seulement peut faciliter leur analyse et leur compréhension, mais aussi permet de les regrouper selon des catégories qui mettront en valeur leurs principales caractéristiques. À cet effet, trois critères peuvent être retenus : l'intention stratégique et l'engagement des alliés ainsi que le type de partenaire choisi.

L'INTENTION STRATÉGIQUE DES ALLIÉS

Cette première dimension touche aux raisons profondes qui, au départ, motivent les partenaires à conclure une alliance stratégique. Ainsi, certaines entreprises suivront une logique d'efficience et auront comme priorité la minimisation de leurs coûts explicites ou encore la maximisation de leurs profits pour avoir accès à un avantage concurrentiel, alors que d'autres préféreront une logique d'efficacité et accorderont la priorité au développement de leurs compétences.

Dans le premier cas (recherche d'efficience), l'alliance stratégique est alors considérée comme un moyen d'élargir le champ concurrentiel de la firme en agrandissant l'étendue de sa chaîne de valeur (Porter, 1985). Cette extension se fait généralement de façon verticale selon une logique de quasi-intégration ; l'alliance est alors complémentaire et son activité se situe en amont ou en aval des partenaires. Les alliances complémentaires indiquent une recherche d'expansion des activités des alliés en renforçant leurs activités principales sans pour autant modifier substantiellement leurs couples produit/marché existants.

Dans le second cas (recherche d'efficacité), l'alliance est considérée comme un véhicule pour améliorer les compétences centrales (*core competencies*) de la firme ou pour en acquérir de nouvelles qui, par la suite, pourront être appliquées sur de nouveaux produits, marchés ou dans de nouvelles activités (Hamel, 1991). L'alliance est alors supplémentaire, son activité est en parallèle de celles des partenaires. Les alliances supplémentaires permettent un élargissement des couples produit/marché chez les alliés, et ce, grâce à un transfert de compétences entre les partenaires.

LE TYPE D'ALLIÉ CHOISI

Cette deuxième dimension touche aux caractéristiques des entreprises qui s'associent et plus particulièrement la présence ou l'absence de similarités chez ces alliés. Ce critère de classification permet d'opposer les alliances symétriques aux alliances dissymétriques. Les premières unissent généralement des partenaires de même origine culturelle, à position concurrentielle similaire et dont la taille des actifs est comparable. En revanche, les alliances dissymétriques unissent des partenaires possédant des positions concurrentielles déséquilibrées, des origines différentes et même parfois des tailles disproportionnées (Harrigan, 1988).

L'ENGAGEMENT DES ALLIÉS

La dernière dimension retenue est l'engagement des alliés qui pourra, selon le cas, être fort lorsque ces derniers mobilisent d'importantes ressources dans l'alliance ou au contraire faible lorsque l'entente conclue entre les alliés consiste à un simple accord informel sans aucune mise en commun de ressources. L'engagement d'une entreprise dépendra des valeurs de ses dirigeants. Certains, prônant une forte centralisation de leur gestion, chercheront à contrôler les activités de leur entreprise et donc de l'alliance, alors que d'autres mettront la priorité sur l'indépendance de leur firme et auront tendance à éviter un engagement fort à l'égard de leur allié.

LA GRILLE DE SÉLECTION DES ALLIANCES STRATÉGIQUES

Pour toute entreprise, un bon choix d'alliance stratégique devrait lui permettre de profiter de possibilités que lui offre l'environnement et d'améliorer sa posture en renforçant ses compétences et en compensant ses faiblesses. À partir des variables définies précédemment, il est possible de construire une grille qui permettra aux entreprises, envisageant le recours à des alliances stratégiques, de sélectionner celles qui, en fonction de leur posture concurrentielle, répondront le mieux aux exigences de leur environnement. En fait, cette démarche reprend celle qui est utilisée en stratégie dans les modèles de portefeuille (BCG, McKínsey et A. D. Little). Les dimensions de notre grille seront ainsi l'environnement de la firme, plus particulièrement son attrait (la taille du marché et son taux de croissance, les marges de profits réalisés, la concentration et l'intensité de la concurrence) et la posture relative de l'entreprise par rapport à ses principaux concurrents (ses parts de marché, sa réputation, ses compétences technologiques, ses habiletés organisationnelles et ses connaissances).

Chacune des trois variables élaborées précédemment (intention stratégique, symétrie et engagement) peut alors être évaluée en fonction de deux dimensions de la grille d'analyse (attrait de l'industrie et posture relative de la firme). Pour cela, il faudra appliquer certaines règles de base en stratégie ; par exemple, il faudra capitaliser sur ses forces ou concentrer ses ressources dans les domaines où l'organisation a un avantage compétitif ou encore choisir la gamme d'activités la plus étroite compte tenu des ressources disponibles et des exigences du marché.

Ainsi, pour la première variable (l'intention stratégique des alliés), les alliances complémentaires seront plus appropriées dans un secteur attrayant, où l'entreprise cherche à améliorer sa posture lorsqu'elle est faible ou moyenne ou dans un secteur d'attrait fort ou lorsque sa posture est faible et que l'attrait du secteur est moyen. Les alliances supplémentaires seront avantageuses pour des entreprises qui cherchent à élargir leur couple produit/marché, notamment lorsque l'industrie présente peu d'attrait et que leur posture est moyenne ou forte.

En ce qui a trait au deuxième critère (le type d'allié choisi et leur symétrie), les alliances seront généralement dissymétriques pour des entreprises dont la posture est moyenne ou faible dans un environnement attrayant. Au contraire, les alliances devraient normalement être plus symétriques pour les entreprises qui auront une posture relativement forte dans une industrie présentant peu d'attrait.

Finalement, en ce qui concerne l'engagement désiré par les alliés, tout nous porte à penser qu'il sera plus faible lorsque l'industrie est attrayante, car l'entreprise cherchera à préserver sa liberté de manœuvre pour pouvoir saisir les opportunités du marché. Au contraire, l'engagement sera fort lorsque l'industrie offre peu de potentiel de croissance et que la tendance est de rechercher de nouveaux produits ou marchés, car l'entreprise devra, pour ce faire, déployer certaines de ses ressources et donc s'exposer à des coûts perdus.

LA GRILLE DE SÉLECTION DES ALLIANCES

Les résultats de trois analyses précédentes peuvent à présent être combinés en une grille qui permettra aux entreprises de choisir le type d'alliance stratégique qui leur convient le mieux :

Tableau 1 La grille de sélection optimale des alliances stratégiques

		Posture relative		
		Forte	Moyenne	Faible
Attrait de l'industrie	Fort	Alliance avec engagement faible	Alliance complémentaire dissymétrique avec engagement faible	Alliance complémentaire asymétrique avec engagement faible
	Moyen	Alliance supplémentaire et symétrique	Alliance sous toutes ses formes	Alliance complémentaire et dissymétrique
	Faible	Alliance supplémentaire symétrique avec engagement fort	Alliance supplémentaire symétrique avec engagement fort	Alliance avec engagement fort

EN GUISE DE CONCLUSION

Même si l'alliance est, en soi, un type d'organisation très particulier, il en ressort qu'elle est et sera dans l'avenir de plus en plus fréquente, le phénomène de la mondialisation l'alimentant continuellement, tout comme la course à l'innovation technologique. Dans de telles circonstances, la coopération interentreprises est devenue une option que les gestionnaires ne peuvent plus ignorer, car la création d'alliances stratégiques constitue doré-navant un moyen puissant pour améliorer la performance d'une firme en lui permettant de se diversifier, d'entrer dans de nouveaux marchés, de lancer de nouveaux produits, d'acquérir de la technologie, d'augmenter ses capacités ou d'améliorer ses compétences.

LA COMPÉTITIVITÉ ET LA NATION : JEUX DOMINANTS ET JEUX PÉRIPHÉRIQUES[34]

par Christiane Demers et Taïeb Hafsi

La concurrence globale ne signifie pas qu'un seul jeu est possible pour survivre dans une industrie donnée. Il y a bien sûr les jeux des acteurs principaux, comme les entreprises multinationales, mais il y a aussi des jeux moins centraux, à la portée des acteurs secondaires. Évidemment, seuls ceux qui en ont les capacités peuvent participer aux jeux dominants. Les entreprises nationales dont les capacités sont plus limitées doivent donc inventer des jeux distincts, où elles ont des chances de marquer des points contre les plus puissants. C'est à celles-là que nous nous intéressons dans ce texte.

Des études récentes (D'Cruz et Rugman, 1992, 1993 ; Porter, 1990 ; Doz, 1986) ont tendance à ne mettre l'accent que sur les **jeux dominants**, ceux des entreprises qui luttent pour le leadership dans une industrie.

Dans ces conditions, les principales possibilités qui s'offrent aux entreprises d'un secteur industriel donné sont directement liées, d'une part, à la dynamique de ce secteur et, d'autre part, à la dynamique nationale. Lorsque la dynamique de l'industrie est dominée par la recherche d'économies d'échelle, d'expérience et de localisation, elle impose la réduction des coûts comme stratégie de base. En situation de globalisation des marchés, cela tend à se traduire par des stratégies d'intégration globale ou régionale, c'est-à-dire la spécialisation des usines afin de réaliser des économies en produisant des quantités beaucoup plus grandes pour un marché plus vaste. Lorsque la dynamique nationale est dominée par le souci de préserver le contrôle national des décisions importantes, elle force les entreprises à donner plus d'importance aux réponses stratégiques qui ménagent suffisamment la sensibilité nationale. Ces deux dynamiques sont alors souvent en conflit, ce qui

---

34. Extrait tiré de *Gestion*, Revue internationale de gestion, septembre 1993, p. 48-56.

rend particulièrement délicats les choix stratégiques des entreprises et les choix politiques nationaux.

Dans les jeux dominants, se démarquer des concurrents est particulièrement ardu. On ne peut servir un marché différent de manière différente sans être imité par les concurrents. En conséquence, les stratégies de coûts sont inévitables. Dans ce jeu, les gouvernements se retrouvent souvent en situation délicate : ils doivent agir en tenant compte de la rigidité des lois concurrentielles et ne peuvent forcer une entreprise à se mettre en situation défavorable sans que cela soit nuisible pour le pays à plus ou moins court terme. Cependant, laisser toute liberté aux entreprises risque d'entraîner des coûts sociaux et politiques. En conséquence, la négociation devient la règle. Elle est directe, constante, et, pour la mener intelligemment, les gouvernements sont forcés de bien comprendre la situation concurrentielle.

En fait, le jeu dominant est le plus aisé à suivre et à comprendre parce que, d'une part, les centres de recherche universitaires lui consacrent beaucoup d'énergie et de ressources et que, d'autre part, la visibilité des actions des entreprises est très grande. La définition des **jeux périphériques** présente un défi bien plus grand.

Ce sont principalement les jeux périphériques, surtout en situation de globalisation des marchés, et leur gestion indirecte qui justifient l'intérêt pour la compétitivité à l'échelle de la nation. C'est pourquoi un pays a beaucoup plus de difficulté à exercer une influence sur l'industrie du vêtement, par exemple, que sur celle du pétrole ou des télécommunications. La première n'implique souvent que des acteurs relativement peu puissants, dotés chacun d'une logique différente, alors que dans les secondes les acteurs jouent un rôle important à l'échelle mondiale et semblent avoir un comportement relativement aisé à comprendre (Porter, 1980, 1986).

LA COMPÉTITIVITÉ NATIONALE ET LE DIAMANT FORMEL

Les gouvernements ont toujours beaucoup de mal à trouver les formules les plus appropriées pour jouer leur rôle de gardien et de dynamiseur de la compétitivité nationale. C'est ce qui explique le succès phénoménal des schémas portériens (Porter, 1990), qui suggèrent des relations de cause à effet stables et donc des méthodes d'intervention simples et faciles à justifier. Selon Porter, le maintien d'un avantage compétitif international exige de constantes améliorations et innovations, qui dépendant de quatre grands facteurs constituant une configuration appelée le « diamant de la compétitivité nationale ». Ces facteurs sont les suivants :

- la structure de l'industrie et les stratégies des entreprises concernées ;
- la santé et le dynamisme des entreprises des industries de soutien ou reliées, celles qui agissent notamment à titre de fournisseurs (produits, savoir-faire, technologie) pour l'industrie considérée ;
- la situation relative (à celle des pays considérés comme concurrents) des facteurs : main-d'œuvre, capital, technologie, etc. ;
- la nature et le niveau de la demande pour les produits de l'industrie.

Le gouvernement, tout comme la chance, peut modifier ces forces, mais ce sont ces forces qui expliquent, par exemple, pourquoi les entreprises dominantes dans l'industrie de la chaussure sont italiennes et, dans l'industrie automobile, japonaises.

UN MODÈLE QUI TIENT COMPTE DES JEUX PÉRIPHÉRIQUES

L'idée du diamant de la compétitivité nationale doit être reconceptualisée. D'abord, on devrait examiner le diamant du point de vue de l'entreprise, et non seulement de celui de l'ensemble d'un secteur industriel. La théorie du diamant est une conceptualisation du processus de décision des entreprises. Elle suppose plutôt implicitement que, pour prendre leurs décisions d'implantation ou plus généralement d'investissement, celles-ci tiennent compte du diamant de la compétitivité nationale. Or, rien ne le prouve vraiment. Nous croyons qu'à l'exception de quelques multinationales, déjà habituées à décider pays par pays [celles qui, d'après Doz (1986), auraient des stratégies de « sensibilité nationale »], la plupart des entreprises évaluent de manière plus parcellaire l'apport d'un pays à leur compétitivité. Ainsi, certains pays seront privilégiés par la nature et le niveau de la demande, d'autres par la qualité et la sophistication de certaines industries reliées et de soutien, d'autres encore par la qualité de certains de leurs facteurs et d'autres enfin par la structure et la sophistication de la concurrence dans l'industrie considérée.

Au sujet de la situation des entreprises du Canada, D'Cruz et Rugman (1992) avaient déjà une intuition en parlant du « double diamant ». À leur avis, les entreprises canadiennes sont obligées de tenir compte des diamants américain et canadien, à cause de l'effet des échanges importants entre les deux pays et du renforcement de ces échanges par le traité de libre-échange. La théorie de ces auteurs n'est cependant pas différente de celle de Porter. Ils mettent surtout l'accent sur le jeu des acteurs principaux (les multinationales) et suggèrent que le monde soit structuré non par l'action des gouvernements mais par celle des multinationales, qui en quelque sorte deviennent les constructeurs du diamant le plus important. Cette idée de création d'un réseau, quasi-diamant, est intéressante et riche, mais elle nous paraît incomplète parce qu'elle n'intègre pas les acteurs « périphériques ».

Selon nos recherches, notamment dans les industries de l'ingénierie, des télécommunications et du vêtement, les entreprises ne se préoccupent que très peu du diamant national, mais travaillent à constituer le « diamant international » qui correspond le mieux à leurs propres compétences. C'est ainsi qu'une entreprise peut avoir son siège social à Montréal, parce que cela lui permet d'attirer des gestionnaires de réputation et de bénéficier de services financiers de qualité exceptionnelle, mais une usine d'extraction de matière première en Guyane, une usine de transformation de haute technologie aux États-Unis, des centres de recherche en France et en Inde, au Canada et aux États-Unis et dans certains pays en développement.

Northern Telecom est un bon exemple. Cette entreprise a son siège social à Montréal, mais l'essentiel de ses activités de recherche ont lieu aux États-Unis et en Europe et ses marchés sont situés dans les pays de la triade et des pays en voie de développement. À l'autre extrême, les petites sociétés textiles du Québec vont chercher le design pour leur produit un peu partout dans le monde, produisent là où c'est le plus profitable, souvent en Asie du Sud, et vendent là où les marchés sont les plus prometteurs, comme aux États-Unis. Nous verrons plus loin le cas plus sophistiqué des sociétés d'ingénierie.

VERS UN DIAMANT VIRTUEL

Un principe directeur du diamant de Porter est l'intégration : l'avantage concurrentiel vient d'une coordination serrée (*tight coupling*) entre toutes les composantes du diamant, le postulat étant que cette coordination est favorable par la proximité géographique. Du point de vue de l'entreprise, la stratégie la plus efficace est donc celle qui permet de tirer profit de tous les facteurs à l'intérieur de son pays ou, mieux encore, de sa région, pour accroître son expansion internationale.

Pour Porter, la base nationale doit rester le moteur de la globalisation. C'est donc dire que, même si celle-ci exige l'adoption d'une stratégie de coordination internationale qui détermine la localisation des approvisionnements, de la production et de la recherche et du développement, afin de bénéficier des avantages différentiels entre facteurs nationaux, la base nationale doit rester dominante.

Derrière l'idée d'intégration, il y a celle du contrôle. Selon Porter, une entreprise qui veut maintenir un avantage concurrentiel doit contrôler étroitement ses activités. Cela l'amène à privilégier le développement interne et à se méfier fortement des alliances internationales qu'il considère comme des pis-aller voués à l'échec (1990, p. 612, 613). Doz, Prahalad et Hamel (1987) parlent également de ce qu'ils appellent « le dilemme de la collaboration transnationale » et expriment de fortes réserves quant au potentiel des partenariats pour développer un avantage concurrentiel à long terme.

Or, au même moment, dans la presse populaire, on parle de plus en plus des organisations modulaires ou virtuelles (les *hollow organizations*) qui ne gardent dans leur pays d'origine que les quelques activités jugées essentielles à l'avantage concurrentiel, les autres étant relocalisées et confiées à des sous-traitants. Par analogie avec le diamant de Porter, on peut dire que ces organisations « virtuelles » élaborent un « diamant virtuel ». Elles créent leur propre diamant pour servir des besoins précis. Le principe sous-jacent à une telle approche est celui de la flexibilité ; l'avantage concurrentiel vient d'une coordination souple (*loose coupling*) entre les composantes du diamant.

Il appert donc que diamant formel et diamant virtuel correspondent à des situations différentes mais réelles. Dans le cas de certaines entreprises, notamment les multinationales japonaises ou américaines, le diamant formel offre une explication convaincante pour leur positionnement concurrentiel. Par contre, dans le cas d'entreprises plus petites, plus entrepreneuriales, n'occupant pas une position centrale dans une industrie donnée, le diamant virtuel, soit la construction d'un avantage concurrentiel en s'accrochant littéralement à plusieurs diamants (Porter, 1990) ou réseaux (D'Cruz et Rugman, 1992), apporte une explication plus convaincante des succès observés.

Cette observation n'a rien de surprenant. Elle remet en selle l'idée même de stratégie. En effet, comment admettre un déterminisme aussi absolu que celui qui indique que le succès ou l'échec national dépend uniquement de l'articulation serrée proposée par le diamant de Porter ? Cela ne correspond pas à la réalité et ne laisse à peu près aucune place à la créativité stratégique des entreprises. Par contre, admettre que le contexte national (le diamant formel) et le contexte international (le diamant virtuel) font partie de l'environnement et que leur compréhension et leur exploitation sont au cœur de la démarche stratégique des entreprises concorde davantage avec nos observations de la dynamique concurrentielle dans le monde (Francis, 1992).

Par exemple, le succès du secteur du génie conseil n'est que partiellement expliqué par le modèle dominant puisque, par définition, il nécessite une intégration plus lâche que ce que l'on retrouve dans d'autres domaines, c'est-à-dire le lien entre maître d'œuvre et sous-traitants plutôt que l'inté-gration verticale. Or, comme on l'a vu, cette caractéristique est particulière à l'industrie québécoise, où les entreprises de génie conseil autonomes sont plus présentes. De plus, l'industrie du génie évolue vers une répartition encore plus grande du contrôle entre différents intervenants. De nos jours, toutes les entreprises, même les plus grandes, créent des alliances pour pou-voir offrir une gamme complète de services et, en ce sens, la familiarité des entreprises québécoises avec la formule des partenaires peut s'avérer un atout.

Le secteur québécois du génie conseil, qui doit son succès à un diamant régional relativement bien intégré, maintient sa position grâce au diamant virtuel que chaque entreprise construit dans le monde. Ce secteur peut donc aussi être une illustration du modèle de remplacement.

EN GUISE DE CONCLUSION

Pour les petits pays, qui ne peuvent avoir que peu d'avantages concur-rentiels décisifs à l'échelle internationale, l'idée du diamant virtuel est une réalité incontournable. Les entreprises locales doivent comprendre la logique concurrentielle internationale de leur secteur d'activité, et notamment découvrir les diamants formels les plus forts, puis développer la capacité d'acquérir par alliance, par segmentation plus fine, par différenciation judi-cieuse, des avantages basés sur ces diamants nationaux.

La vie du diamant virtuel n'est cependant pas de tout repos. Les entre-prises vivant en mode de diamant virtuel doivent supporter un flux constant dans leur environnement. Il leur faut non seulement comprendre toutes les facettes des dynamiques nationales de l'industrie à l'échelle internationale mais aussi constamment s'y adapter. Elles y parviennent en ajustant leurs activités pour les rendre plus pertinentes, plus adaptées aux besoins des clients, et aussi en constituant des réseaux, tantôt locaux, tantôt internationaux, qui créent ou renforcent les avantages concurrentiels nécessaires à leur survie.

La vie du diamant virtuel requiert beaucoup de dynamisme et une grande capacité à changer rapidement. Les entreprises doivent fonctionner de manière organique et décentralisée, sacrifiant les besoins du contrôle aux exi-gences de souplesse. Les entreprises « en situation de diamant virtuel » sont capables de développer des capacités concurrentielles exceptionnelles. Elles sont porteuses d'avenir.

Bref, le gouvernement fait face à des réalités qui ne peuvent être com-prises à l'aide de modèles simples à la Porter, même si ceux-ci sont utiles pour la simplification de cette réalité. Il est donc obligé de reconnaître la dualité de la nature de la compétitivité nationale. D'une part, il existe des situations avantageuses pour le pays qui permettent la création de diamants nationaux forts ; c'est le cas notamment du génie conseil, de l'aérospatiale et de l'industrie pharmaceutique au Québec. D'autre part, il y a des situations où la compétitivité d'entreprises échappe au diamant national ou plutôt est soumise à d'autres diamants nationaux. Dans ce cas, le gouvernement ne peut qu'essayer de comprendre les jeux des entreprises « nationales » et aider celles-ci à se positionner dans des diamants virtuels qui chevauchent plusieurs pays et exploitent leurs avantages. C'est en quelque sorte le cas des entreprises performantes de l'industrie du vêtement et de celle de l'informatique au Québec.

En encourageant la constitution d'entreprises « nationales » et leur positionnement favorable dans des diamants virtuels judicieux, le gouvernement construit l'avenir. En effet, nous soutenons que les diamants nationaux forts sont plus représentatifs de la compétitivité passée que de la compétitivité future. Le défi pour les gouvernements est encore plus grand lorsqu'il s'agit d'aider les entreprises « en situation de diamant virtuel ». Cela suppose des comportements de partenariat et de flexibilité qui sont souvent en contradiction avec les caractéristiques habituelles du fonctionnement des appareils politiques et des bureaucraties gouvernementales. En un sens, l'aide à la constitution des diamants virtuels et à leur consolidation n'apporte pas vraiment d'avantages spectaculaires à court terme. Donc, elle n'est pas facilement justifiable sur le plan politique. Par ailleurs, elle suppose une révolution structurelle pour que le fonctionnement des appareils gouvernementaux ne vienne pas étouffer ce qui est le germe de l'avenir.

Note n° 23

L'INVESTISSEMENT DIRECT ÉTRANGER ET LE DÉVELOPPEMENT : CONCILIER COMPÉTITIVITÉ ET GOUVERNABILITÉ [35]

par Philippe Faucher et Taïeb Hafsi

L'ouverture des marchés, à partir des années 1980, change radicalement les données du problème de l'investissement direct étranger. L'investissement des grandes firmes internationales, en particulier, est dominé par la logique concurrentielle propre à chaque secteur d'activité. L'ignorance de cette dynamique peut amener un gouvernement à contraindre indûment une entreprise et à la défavoriser dans le jeu concurrentiel mondial, la forçant alors à marginaliser le pays dans la dynamique de son développement mondial. Par contre, l'attention apportée à la dynamique mondiale de la concurrence peut mener à une réconciliation entre les stratégies des firmes et les intérêts de la nation. Attirer l'investissement direct étranger, notamment celui des grandes multinationales, devient essentiel pour que les intérêts du pays ne soient pas sacrifiés aux besoins du jeu concurrentiel mondial.

Dans ce texte, nous proposons une conceptualisation nouvelle de la dynamique de l'investissement direct étranger, qui combine à la fois les caractéristiques propres à la firme qui investit et celles du gouvernement qui cherche à attirer l'investissement. Ce texte est divisé en deux sections. Les résultats de la recherche sur l'investissement direct étranger sont d'abord résumés. Sont ensuite proposées une brève définition et des illustrations de la théorie et de sa dynamique.

---

35. Nous voudrions reconnaître la contribution du Centre d'études en administration internationale (CÉTAI) de l'École des HEC de Montréal pour son soutien financier.

L'INVESTISSEMENT DIRECT ÉTRANGER ET LES PAYS EN DÉVELOPPEMENT : DÉTERMINISME ET CHOIX STRATÉGIQUES

Les recherches en matière d'investissement direct étranger sont nombreuses (voir la synthèse de Lizando, 1990). Elles tentent d'expliquer les flux d'investissement en les reliant à une ou à plusieurs variables. Les chercheurs ont établi cinq groupes de variables ou de facteurs dont la corrélation avec les flux d'investissement pouvait être déterminée :

1. Des « variables classiques », comprenant notamment les facteurs économiques courants : taille du marché, coûts de production, coûts de la main-d'œuvre, taux de rentabilité relative, croissance économique, inflation, ouverture au commerce, fluctuation des taux de change et qualité ainsi que valeur des facteurs de production ;

2. Des « variables de concurrence », comme la rivalité des concurrents, les parts de marché régionales, etc. ;

3. Des « variables d'agglomération », qui couvrent le stock d'investissement existant ainsi que la qualité des infrastructures ;

4. Des « variables de risque », qui mesurent l'instabilité politique, la perte de contrôle de gestion ou de propriété, l'endettement, la diversification du portefeuille ;

5. Des « variables liées à l'intervention publique », notamment les encouragements ou les obstacles associés aux barrières tarifaires et non tarifaires, les contrôles et quotas en matière de rapatriement des dividendes ou de l'investissement en capital, d'emploi local, de contenu local, d'approvisionnement en matières premières et, finalement, les difficultés associées aux contrôles bureaucratiques et à la corruption.

Les résultats de ces recherches présentent cependant des données contradictoires. Ainsi, les fluctuations de taux de change apparaissent comme un facteur explicatif pour certaines études, tandis que d'autres ne trouvent aucune relation ou des relations ambiguës. De même, l'instabilité politique sur l'investissement direct étranger est considérée comme importante ou non significative. L'effet de la qualité des infrastructures présente la même incertitude, avec des études affirmant un effet ou le niant. Même l'effet du régime de taxation exprime la même indétermination, avec des études affirmant l'importance du régime et du niveau d'imposition et d'autres ne trouvant que des liens ténus.

Clairement, aucun facteur, aucune variable, pris isolément, ne peut expliquer un phénomène aussi complexe que l'investissement des firmes. La conceptualisation doit reconnaître que la décision est le résultat de l'interaction des logiques complexes, qui caractérisent le pays d'accueil et l'entreprise. Tout se passe comme si l'État et l'entreprise participaient à un jeu d'influence mutuelle dont les enjeux sont l'investissement par la firme et, bien entendu, les bénéfices qui en résultent, pour elle mais aussi pour la réalisation des objectifs nationaux de croissance et de développement. Il nous faut donc modéliser, dans le cas des investissements étrangers, à la fois le processus de décision de la firme, celui de l'État et leurs interactions.

L'INVESTISSEMENT DIRECT ÉTRANGER VU À TRAVERS LES ENJEUX DE LA GOUVERNABILITÉ ET DE LA COMPÉTITIVITÉ

LE PROCESSUS DE PRISE DE DÉCISION STRATÉGIQUE DE LA FIRME : LE TRIANGLE DE LA COMPÉTITIVITÉ OU TRIANGLE « C »

La dynamique de la prise de décision de la firme est le résultat d'interactions entre les nécessités de la logique économique, imposée par la concurrence et le marché, et celles de la logique organisationnelle, dictée par le cadre organisationnel de la firme. La structure d'un secteur industriel est dynamique. Elle change en fonction des positions relatives des acteurs. À notre avis, les changements dans ces positions sont surtout provoqués par l'évolution (ou la transformation par l'innovation) de la demande des produits de l'industrie. C'est pour cela qu'il est utile d'en suivre l'évolution et de déterminer les adaptations qu'elle impose à chacune des forces du secteur.

La structure de l'industrie tout comme l'évolution de la demande sont des contraintes. Elles ont un caractère déterministe important. Il est vrai que le cadre de décision est sérieusement contraint, mais de manière toute relative. L'observation montre en effet que certaines firmes semblent plus libres de leurs mouvements et même capables de modifier le cadre qui s'impose à elles. Cela nous amène à considérer un aspect plus volontariste de l'action des entreprises : le choix stratégique (Hrebeniak & Joyce, 1984).

Les choix stratégiques de la firme nous ramènent aux travaux sur le processus de décision. Comme discuté au chapitre 8 et dans Faucher et Hafsi (1995), d'une part, les dirigeants au niveau affaires élaborent des stratégies d'affaires pour tenir compte des exigences de la concurrence dans leur domaine spécifique. D'autre part, les dirigeants au niveau de l'entreprise créent des stratégies institutionnelles pour intégrer les stratégies d'affaires et leur donner une cohérence qui permette à l'entreprise d'atteindre ses objectifs. Les dirigeants au niveau intermédiaire veillent à la réconciliation des forces paradoxales qu'engendrent les deux autres niveaux et élaborent pour cela des stratégies politiques ou interpersonnelles.

Cette discussion nous permet alors de réduire le comportement de l'entreprise pour la prise de décision stratégique à une interaction entre trois groupes de facteurs, qui sont à la source de sa compétitivité :

- des facteurs économiques statiques : la structure de l'industrie ;
- des facteurs économiques dynamiques : l'évolution de la nature et de l'importance de la demande ;
- des facteurs stratégiques : l'interaction entre les stratégies d'affaires, institutionnelle et politique, qui conditionnent la réponse volontariste de la firme au cadre économique qui s'impose à elle.

Ce comportement est illustré sous forme de triangle, le triangle «C».

LE PROCESSUS DE PRISE DE DÉCISION STRATÉGIQUE AU NIVEAU NATIONAL : LE TRIANGLE DE LA GOUVERNABILITÉ OU TRIANGLE « G »

Le processus de prise décision stratégique au niveau national obéit à des logiques qui ne sont pas totalement différentes de celles des entreprises complexes. La nature politique des processus de prise de décision a été documentée de manière détaillée par les politicologues. Cependant, il apparaît que le processus politique est contraint d'abord par la nécessité de passer par des appareils bureaucratiques pour réaliser les choix qui sont exprimés et ensuite par la nécessité de justifier ces choix en référence aux intérêts et aux valeurs d'ensemble de la nation.

Faucher et Hafsi (1995) ont montré alors qu'on peut capter la richesse de l'action au niveau national en mettant l'accent sur les trois dimensions proposées par Allison : stratégique, organisationnelle et politique. Ces trois aspects conditionnent la gouvernabilité d'un pays et, de ce fait, constituent le deuxième cadre d'interprétation que nous proposons d'appliquer à l'analyse de l'investissement direct étranger. Pour souligner les liens entre ces dimensions, nous les représentons sous la forme d'un triangle, le triangle «G».

L'INVESTISSEMENT DIRECT ÉTRANGER COMME INTERACTION DE LA GOUVERNABILITÉ ET DE LA COMPÉTITIVITÉ

L'investissement direct étranger représente la rencontre de deux mondes : celui de l'entreprise et celui du pays d'accueil. Chaque firme fait, en fonction de sa stratégie, de ses ressources, de sa culture et de ses objectifs, une lecture particulière de l'accueil qui lui est réservé dans le pays hôte. Ainsi, ce qui représente un obstacle insurmontable, ce qui est inadmissible pour une firme sera jugé acceptable pour une autre. De même, ce qui constitue une pratique courante dans un secteur d'activité devient une barrière infranchissable dans une autre activité.

Qu'en est-il du point de vue des pays ? L'exercice légitime de la souveraineté nationale prend naturellement la forme de la régulation des formes d'accès au marché et aux ressources. On peut le supposer, en réglementant l'investissement, les gouvernements cherchent à maximiser les bénéfices nets pour la collectivité. Par ailleurs, il existe une limite claire à la capacité de contrôle et de réglementation des pouvoirs publics. En effet, aucun gouvernement ne peut à la fois réduire les profits et augmenter les investissements. Du point de vue du pays d'accueil, il existe des investissements désirables dans la mesure où ceux-ci s'inscrivent dans le projet de développement et d'autres qui sont rejetés parce que leur contribution n'est pas souhaitée.

Sur le plan empirique, nous constatons que certains pays attirent régulièrement des investissements importants, alors que d'autres n'ont que peu de succès. Dans notre échantillon restreint, la Malaysia et l'Indonésie ont reçu, par an, plus de 8 milliards de dollars US en investissements directs au cours des dernières années. Dans une catégorie intermédiaire se trouvent le Portugal avec près de 3 milliards de dollars US et la Turquie avec des investissements totalisant 1 milliard par an. Le Maroc et l'Égypte attirent approximativement 500 millions de dollars US, et la Tunisie ferme la marche avec 200 millions.

Pour expliquer cela, le modèle Faucher-Hafsi met en évidence l'importance, pour le succès, de l'interaction entre les triangles de l'État, la gouvernabilité, et celui de l'entreprise, la compétitivité. Habituellement, on ne considère qu'une moitié des paramètres pertinents en ne s'intéressant qu'aux conditions à remplir par les États pour attirer les firmes. Il faut aussi tenir compte des caractéristiques des firmes qui suscitent l'intérêt et les encouragements des États. Cela veut aussi dire qu'il n'y a pas de conditions générales absolues pour tous les États et pour toutes les entreprises, mais que les conditions de rencontre sont par nature des idiosyncrasies et donc souvent inventées pour correspondre à chaque situation.

Ainsi, à titre d'exemple, pour un même pays, les configurations favorables pour la rencontre et l'association dans l'industrie du pétrole peuvent être très distinctes, voire contradictoires, avec les configurations favorables à l'industrie automobile ou à celle du textile. De même, dans une industrie, les configurations favorables à une entreprise peuvent ne pas l'être pour un concurrent. L'investissement de Ford en Espagne dans les années 1980 (Doz, 1986) ou plus récemment au Portugal (en association avec Volkswagen) fermait du même coup la porte à la plupart de ses concurrents européens.

Les caractéristiques de la firme et celles du pays doivent avoir une certaine compatibilité qui facilite leurs interactions. Ainsi, lorsqu'on considère la situation de la Malaysia, au début des années 1980, les exigences de l'État malaysien étaient rigides et incompatibles avec la situation économique du pays et de la région. Le gouvernement Mahathir était encore jeune et soucieux de renforcer sa légitimité auprès de sa base et de ses partenaires. Il mettait plus l'accent sur le discours que sur les réalisations. De plus, les institutions principales, nécessaires à la gestion économique, notamment le système bancaire et la capacité de soutien réglementaire de l'État, étaient encore embryonnaires. Il n'est alors pas étonnant que peu d'investissements aient été faits à l'époque par des étrangers.

Au début des années 1990, la situation est inversée. L'État est clair sur ses objectifs et a renforcé son triangle vital. La gouvernabilité de la Malaysia était sous contrôle. Du côté des entreprises, il y a des situations différenciées. Prenons l'industrie de l'électronique, alors que beaucoup d'entreprises japonaises avaient investi massivement dans l'électronique en Malaysia, leur « triangle de la compétitivité » étant équilibré, la plupart des entreprises américaines étaient encore absentes. Leur triangle compétitif était encore mal assuré lorsqu'il s'agissait de faire des affaires en Malaysia. En 1993, plusieurs avaient déjà sensiblement rattrapé leur retard et investi de manière substantielle pour bénéficier des avantages que la localisation malaysienne offrait.

Notre conceptualisation met aussi l'accent sur le rôle important de l'État. Les États « gouvernables » émettent des directives claires et se comportent de manière prévisible. Ces États sont aussi ceux qui laissent suffisamment d'espace au fonctionnement des mécanismes du marché.

Il est important d'insister sur les idées sous-jacentes à chacun des triangles. Le triangle de l'État représente la capacité de la communauté nationale à fonctionner de manière ordonnée, ce qui n'exclut pas les débats ni les différences d'opinion. Ce qui est important, c'est la capacité à gouverner. Cela signifie aussi que le niveau de turbulence supportable est lié à la capacité de gestion du pays et à ses caractéristiques culturelles et historiques.

Ainsi, l'investissement est entrepris lorsque chacun des triangles de la compétitivité de la firme et de la gouvernabilité de l'État est équilibré, et lorsque leur interaction est harmonieuse. En Malaysia, dans les industries de haute technologie, en particulier dans l'électronique, les entreprises ont été courtisées une à une et les inquiétudes mutuelles ont été prises en considération.

La relation entre les triangles est en constante évolution. Ainsi, les entreprises doivent s'attendre à des exigences de progression technologique constante pour assurer au pays sa place dans le concert des nations. Le triangle G a également sa propre dynamique. Comme le suggérait un dirigeant d'une multinationale installée en Indonésie, il est surtout important que le pays soit gouvernable, et non que le triangle en question soit « similaire à celui des États-Unis ».

À l'inverse, les pays ne peuvent espérer attirer des investissements en agissant seulement sur leur triangle. Il faut constamment tenir compte des triangles des entreprises. Ainsi, pour prendre l'exemple de Reebok, les efforts de délocalisation sont constamment associés à la capacité d'entreprises locales à répondre aux besoins de sous-traitance ou de *processing* de l'entreprise. De plus, Reebok n'hésite pas, dans le cadre des possibilités légales qui lui sont offertes, de passer d'un fournisseur à l'autre, lorsque les avantages produits le justifient. Ces changements relativement rapides sont possibles pour Reebok, mais le sont moins pour Matsushita. Le coût de changement est plus grand lorsqu'il s'agit d'une industrie où le niveau technologique est élevé. Cela veut notamment dire que les avantages comparatifs aussi sont constamment remis en cause par le développement technologique et par l'ouverture de nouveaux pays. Il est cependant clair que lorsque l'avantage comparatif, statique, est remplacé par l'avantage compétitif, plus dynamique, le niveau technologique joue un rôle favorable. Plus il est élevé et plus il est difficile de le remettre en cause.

Finalement, l'interaction suppose des attitudes de part et d'autre qui soient favorables. Ainsi, si l'attitude des entreprises doit être respectueuse des valeurs et parfois des volontés de contrôle des États — par exemple par la planification — l'attitude de l'administration gouvernementale et de la population en général, à l'endroit des investisseurs, est un facteur significatif. Tout investisseur, et l'investisseur étranger en particulier, doit sentir que sa participation est appréciée et que sa contribution au développement économique est reconnue. L'interaction entre triangles est alors facilitée.

Partie VI

STRATÉGIE ET CHANGEMENT

Cette partie comprend deux chapitres et cinq notes. Le chapitre XII introduit les éléments importants à la compréhension de ce qu'est le changement stratégique. D'abord, une série d'exemples de changements stratégiques sont décrits et servent de base à la réflexion et à la conceptualisation qui suivent. En particulier, une définition claire est d'abord construite, puis les caractéristiques du changement sont examinées et discutées. Le changement apparaît alors comme étant spécifié lorsqu'on connaît sa profondeur, son ampleur ou son envergure, sa vitesse ou sa durée et le contexte dans lequel il est entrepris.

Le chapitre XIII discute de la conduite du changement. On fait d'abord un tour d'horizon des connaissances sur les comportements de base des personnes. On aborde ensuite la conduite du changement ; divers types de changements requièrent des modes de gestion différents. Les *patterns* en matière de changements stratégiques sont alors décrits et les défis de la gestion de ces changements sont analysés.

La note n° 24 constitue une réflexion sur les dangers que présente le changement apparemment définitif qu'est le changement radical. La note discute du fait qu'il est préférable d'éviter les changements si l'on veut survivre à long terme. Toutes les recherches le montrent et le bon sens le confirme. Cette réflexion, écrite par Taïeb Hafsi, DBA, Harvard, professeur de stratégie des organisations, a été publiée à l'origine par la revue *Gestion*.

La note n° 25 discute de l'organisation apprenante et de la difficulté qu'il y a à la créer et à la maintenir. On y clarifie les définitions et on y propose les modes de gestion les plus convaincants. La note a été écrite par Daniel Côté, Ph.D., professeur de gestion stratégique à l'École des HEC de Montréal.

La note n° 26 fait le point de la pratique de réingénierie. La note porte en particulier sur les promesses que le concept recèle et sur les défaillances qu'on note dans sa mise en application. Le futur recèle une sorte de réingénierie qui serait plutôt un effort d'encouragement de la convergence des efforts, appuyé par une technologie de l'information adaptée. La note est écrite par Albert Lejeune, Ph.D., École des HEC, Montréal, professeur de stratégie et de technologie de l'information à l'UQAM.

La note n° 27 est la traduction d'un petit article très stimulant, dont le titre est évocateur : «Faire des changements : la seule façon de rester le même». Cet article a été écrit par Brendan Gill et publié à l'origine par le magazine américain *The New Yorker*.

La note n° 28 discute de la technologie de l'information, de son utilité, de ses promesses, mais aussi des mythes et des problèmes que son utilisation pose actuellement aux entreprises. Cet article a été écrit par Alain Pinsonneault, Ph.D., professeur de technologie et de systèmes d'information à l'École des HEC de Montréal, qui a consacré toute sa carrière jusqu'ici à ces questions.

Chapitre XII

LE CHANGEMENT ET LA STRATÉGIE : UN TOUR D'HORIZON

The individual-selectionist would admit that groups do indeed die out, and that whether or not a group goes extinct may be influenced by the behavior of the individuals in that group. He might even admit that if only the individuals in a group had the gift of insight they could see that in the long run their own best interests lay in restraining their selfish greed, to prevent the destruction of the whole group... But group extinction is a slow process compared with the rapid cut and thrust of individual competition. Even while the group is going slowly and inexorably downhill, selfish individuals prosper in the short term at the expense of altruists [1]...

R. DAWKINS, 1987, *The Selfish Gene*, (p. 8.)

On pourrait se demander pourquoi, malgré la nécessité de rester ensemble, les groupes se défont sous la pression des plus « égoïstes » (au sens biologique du terme) d'entre eux. Le changement et l'effet obscurcissant que cela peut avoir sur le futur et sur les relations de cause à effet ne doivent pas être étrangers à cette situation. Prenons le cas des multitudes d'entreprises aujourd'hui en voie de réingénierie ou aux prises à de grands changements.

Les dirigeants dans la plupart de ces entreprises sont surconscients et sur-informés des analyses qui justifient le changement. Ils sont suralimentés sur les conséquences attendues du changement et notamment sur la relation entre le changement désiré et les performances de l'organisation qu'ils dirigent. Souvent même, le changement n'est exprimé qu'en termes du résultat ou de la performance qui va en résulter. Au même moment, les dirigeants sont largement sous-familiarisés avec les problèmes que pose la réalisation du changement.

---

1. L'individu sélectionniste admettra que les groupes meurent et que le fait qu'un groupe disparaisse ou non est influencé par le comportement des individus dans ce groupe. Il pourrait même admettre que, si seulement les individus du groupe avaient le don de clairvoyance, ils pourraient voir qu'à long terme leurs intérêts dicteraient qu'ils réduisent leur avidité égoïste pour éviter la destruction de l'ensemble du groupe... Mais l'extinction du groupe est un processus lent comparé à la rapidité des actions qu'implique la compétition entre individus. Même lorsque le groupe est doucement et inexorablement détruit, les individus égoïstes prospèrent à court terme aux détriments des altruistes...

Lorsqu'on les interroge, beaucoup de dirigeants préfèrent faire de grands discours sur la nécessité du changement, une lapalissade, mais ignorent complètement l'obligation d'embarquer les membres de l'organisation pour réaliser le changement et ultimement survivre collectivement. Au fond, souvent, ils ne comprennent pas vraiment ce qu'est le changement majeur. Ils confondent changement réel avec l'exercice intellectuel qui consiste à en comprendre la logique et la nécessité. De ce fait, ils encouragent l'égoïsme chez toutes les personnes de l'organisation et, peut-être sans s'en rendre compte, contribuent à la destruction à terme du groupe, donc de leur organisation.

Les chances de destruction sont présentes en permanence dans la vie de tout groupe, de toute entreprise, parce que le changement est une situation permanente de la vie d'une organisation. Mais la destruction n'est pas inéluctable. Elle ne domine la place que lorsque les personnes de l'organisation ne comprennent pas le changement, et donc le perçoivent comme une menace à leur existence. C'est pour cela que nous allons commencer ce chapitre par une discussion de ce qu'est le changement majeur, stratégique, et de ses manifestations. Nous continuerons ensuite en discutant des différents types de changements stratégiques qu'on peut rencontrer dans l'organisation et nous terminerons par les défis que chacun d'entre eux pose aux dirigeants et à la capacité de survivre de l'organisation.

I. LE CHANGEMENT STRATÉGIQUE ET SES MANIFESTATIONS

A. LA FLEXIBILITÉ ET LA RIGIDITÉ DES PARTIS COMMUNISTES D'EUROPE OCCIDENTALE

Dans un remarquable travail qu'il a réalisé pour la Rand Corporation dans les années 1950, P. Selznick, un grand sociologue américain, s'était enthousiasmé pour la capacité de survie des partis communistes d'Europe occidentale. Ces partis, avait-il observé, ont une formidable capacité à s'adapter pour faire face à l'adversité. En effet, après la guerre, la relation difficile entre les pays d'Europe occidentale et les pays socialistes avait mis en position particulièrement défavorable les partis communistes dans les premiers. Ils semblaient illégitimes et étaient souvent soupçonnés d'association illicite avec le Parti communiste de l'Union soviétique. On a ainsi, par exemple, souvent considéré et présenté le Parti communiste français comme un parti stalinien.

La situation déséquilibrée de ces partis les exposait, selon Selznick, à des situations souvent inattendues. Ils devaient donc constamment s'adapter pour survivre. Jusqu'à une période très récente, ils ont fait preuve d'une capacité d'adaptation tout à fait remarquable. Selznick a suggéré que cela venait du fait que ces organisations étaient infusées de valeurs et devenaient de ce fait des institutions :

> The limits of organization engineering become apparent when we must create a structure uniquely adapted to the mission and role of the enterprise. His adaptation goes beyond a tailored combination of uniform elements; it is an adaptation in depth, affecting the nature of the parts themselves. This is really a very familiar process, brought home to us most clearly when we recognize that certain firms or agencies are stamped by distinctive ways of making decisions or by peculiar commitments to aims, methods, or clienteles. On this way the organization as a technical instrument takes on values. As a vehicle of group integrity it becomes in some degree an end in itself. This process of becoming infused with value is part of what we mean by institutionalization [2].

Ces partis ont ainsi été capables non seulement de faire face à l'adversité mais également de jouer un rôle politique parfois dominant, comme en France ou en Italie. Dans ces pays, l'attachement des membres au parti était légendaire. Le Parti communiste français a même été le parti des intellectuels pendant toute une génération.

Pourtant, depuis cette remarquable description et analyse de Selznick, les partis communistes européens ont tous vécu des situations catastrophiques qui ont présidé à la disparition de beaucoup d'entre eux et à l'affaiblissement définitif de la plupart. Ils ont démontré, collectivement, une incapacité étonnante à se transformer pour s'intégrer à des sociétés démocratiques, dont les valeurs au fond rejoignaient les leurs par beaucoup d'aspects. Pour toutes sortes de raisons, cette transformation a été perçue par les membres de ces partis et par leur environnement comme un reniement total. Cela suggère que ces organisations étaient sans doute très flexibles pour des adaptations de combat, de structure et même de stratégie, qui apparemment ne mettaient pas en cause leur identité, mais lorsque le changement leur est apparu plus fondamental, touchant ce à quoi les membres croyaient profondément, la résistance au changement est devenue considérable.

---

2. Les limites de l'ingénierie organisationnelle sont révélées lorsqu'on doit créer une structure adaptée de manière unique à la mission et au rôle de l'entreprise. Cette adaptation va au-delà de l'ajustement, à la manière du tailleur, d'éléments uniformes ; c'est une adaptation en profondeur, qui touche la nature même des composantes. En fait, ce processus est familier, lorsqu'on se rend compte que certaines firmes ou administrations publiques sont reconnaissables à leur façon distinctive de prendre des décisions et à leur engagement particulier à réaliser des objectifs, à suivre des méthodes ou à servir des clientèles. C'est ainsi que l'organisation, instrument technique, s'imprègne de valeurs. Comme véhicule de l'intégrité d'un groupe, elle devient en quelque sorte une fin en soi. Ce processus par lequel on est infusé de valeurs est une partie de ce qu'on appelle institutionnalisation.

B. Les difficultés d'adaptation de General Motors

General Motors (GM) a été longtemps la plus prestigieuse des entreprises américaines. Elle a réussi à s'imposer face à son formidable concurrent, Ford, en faisant preuve d'une grande créativité, d'une grande sensibilité à la clientèle et d'une capacité d'adaptation hors du commun (Sloan, 1964). Elle est ainsi devenue presque un symbole de l'ingénuité et de la capacité d'évolution de la société américaine.

Ainsi, Sloan raconte que GM a complètement réinventé l'automobile. Mentionnons ici quelques contributions importantes : l'invention du système de transmission moderne, du système de ventilation du bloc-moteur, l'amélioration du freinage quatre roues et hydraulique, le perfectionnement de l'assistance au freinage, à la direction, la mise au point de la climatisation, etc. ; le tout avait pour but de répondre aux besoins exprimés par la clientèle et de fabriquer une voiture de plus en plus sûre, de plus en plus confortable et de plus en plus abordable pour le grand public. D'autre part, le système de distribution a été complètement réinventé, avec la mise en place de mécanismes de consultation et de règlement des conflits tout à fait révolutionnaires.

Les changements chez GM ont été constants, parce que GM est elle-même née d'un changement majeur qui a déséquilibré Ford. Sloan raconte (p. 438) ceci :

> *The circumstances of the ever changing market and ever-changing product are capable of breaking any business organization if that organization is unprepared for change* [3]...

Ainsi, entre 1923 et la fin de la guerre, les changements ont été constants, la demande balançant entre un accent sur le prix ou un accent sur le confort, avec des tailles de voitures variant des compactes jusqu'aux grosses cylindrées. Mais GM était toujours capable de voir les choses venir et de prévoir les changements. C'est sans doute cela qui en a fait la plus puissante entreprise au monde.

Pourtant, depuis la crise du pétrole de 1973, tout se passe comme si GM n'était plus capable de comprendre le marché et de faire face à la concurrence. En fait, les changements qui eurent lieu jusqu'à la crise du pétrole du début des années 1970 étaient des changements somme toute plutôt techniques, pour lesquels il fallait seulement modifier la technologie ou, à la

---

3. Les circonstances d'un marché et d'un produit en changement constant sont capables de détruire n'importe quelle organisation économique si celle-ci n'est pas préparée au changement...

limite, la structure, ce que GM fit remarquablement (Chandler, 1962). À partir de 1973, non seulement les besoins du marché se transformaient de manière radicale, avec à la fois un renouveau technologique fondamental et des pratiques commerciales nouvelles, mais de plus le fonctionnement même de l'entreprise devait se modifier en profondeur.

Les solutions technologiques de GM à tous les problèmes auxquels elle faisait face n'avaient jamais nécessité une attention très grande au personnel. D'ailleurs, dans ses mémoires, Sloan (1964) n'en parle que tangentiellement et le fait seulement pour se plaindre de l'agressivité des syndicats (p. 406) :

> What made the prospect especially grim in those early years was the persistent union attempt to invade basic management prerogatives. Our rights to determine production schedules, to set work standards, and to discipline workers were all suddenly called into question... It seemed, to some corporate officials, as though the union might one day be virtually in control of our operations... In the end, we were fairly successful in combating these invasions of management rights... The issue of unionism at General Motors is long since settled [4].

La transformation de la fin du XXe siècle se faisait justement par l'intermédiaire de l'intervention plus riche et plus déterminée des personnes. La réponse que GM n'a cessé d'apporter était une réponse « technologique », alors qu'il était clair que les problèmes de réponse à la concurrence japonaise entre autres venaient du fait que « *it's not technology, it's people* » (ce n'est pas la technologie, ce sont les personnes), et que s'occuper des personnes n'est pas facile, comme le rappelle un responsable de cette entreprise (Pascale, 1990) :

> When you look at GM as an outsider, it seems that some of the things we're doing are crazy. But if you look closely you discover that everyone here is in a lifeboat, and no one is courageous enough to jump out. You have to realize that the system we've got today has been good to everybody... Hourlies double their salaries with overtime... When you truly empower employees, and initiate from the bottom up, it takes away the legitimacy of privileges... Managers have mahogany offices not bullpens. They park in heated garages in the winter. They have separate cafeterias with catered services. And they have large bonuses... Those

---

4. Ce qui nous rendait particulièrement sceptiques en ces débuts, c'était la tentative persistante des syndicats d'envahir les prérogatives managérielles fondamentales. Nos droits à déterminer les programmes de production, à établir les normes de travail et à discipliner les travailleurs étaient soudain tous remis en cause... Il apparaissait, à certains officiers de la corporation, que le syndicat pourrait un jour prendre le contrôle de nos opérations... En fin de compte, nous avons réussi à combattre ces invasions... Le problème du syndicalisme à General Motors est réglé depuis longtemps.

are the very things which are at stake, and which would have to be relinquished if
we were to adopt a system analogous to those which we see at Toyota or Honda [5].

En 1994, le magazine *Fortune* et tous les milieux d'affaires américains exprimaient de l'inquiétude à propos du fait que GM pouvait déclarer faillite. Elle avait, au cours des années 1980, perdu 15 points de part de marché et le leadership du style des véhicules ; le nombre de brevets avait sensiblement décliné et il y avait eu tout un exode des meilleurs talents. La transformation que GM ne semblait pas en mesure de faire était une transformation dans les pratiques de gestion internes, dans les rapports entre les dirigeants et les dirigés, dans la conception du rôle des personnes dans l'organisation. En 1996, GM est encore en train de se battre avec l'idée de ce changement et il n'est pas sûr qu'elle réussira à prendre le virage, même si en 1995 ses profits étaient provisoirement meilleurs.

C. General Electric :
d'une transformation à l'autre

Par contraste, GE est une organisation tout à fait impressionnante. La petite entreprise d'équipements électriques créée par Edison a connu de très nombreuses transformations. Elle a failli sombrer à plusieurs reprises, notamment dans les années 1950, lorsqu'elle fut impliquée dans le développement simultané de plusieurs secteurs à forte croissance, comme l'informatique, les grosses turbines, les usines nucléaires, etc., mais chaque fois ses dirigeants ont été en mesure de trouver la formule pour la renouveler et l'amener à développer la capacité à affronter de nouveaux défis.

Dans les années 1950, le président d'alors, Ralph Cordiner, entreprit une diversification et une décentralisation massive. L'objectif était la croissance. Chaque service était encouragé à se développer par lui-même et à accroître le « numérateur » de l'entreprise. Il est arrivé à créer un esprit volontaire chez les personnes clés, avec comme mot d'ordre « faire plutôt qu'acheter » (Baughman, 1974) :

---

5. Si vous regardez GM de l'extérieur, vous aurez l'impression d'une organisation complètement débile. Mais si vous observez de plus près, vous découvrirez que chacun ici est dans un radeau de sauvetage, sans oser le quitter. Il faut que vous vous rendiez compte que ce système a été bon pour tous et chacun... Les ouvriers à l'heure doublent leur salaire avec les heures supplémentaires... Quand on responsabilise vraiment les employés, on enlève en même temps toute légitimité aux privilèges... Les gestionnaires ont des bureaux en acajou, et non des enclos pour stimuler l'action. Ils stationnent leur voiture dans des garages chauffés en hiver. Ils mangent dans des cafétérias séparées avec un service aux tables. Et ils ont de gros bonis... Ce sont là les choses qui sont en jeu et qui devraient être abandonnées si nous devions adopter des systèmes similaires à ceux de Toyota ou de Honda.

He built a company unmatched in American business history in the capacity to pursue (growth) objectives. In the sense of home-grown know-how, GE could do almost anything; and, in the sense of in-house capacity, GE could do a lot of things simultaneously [6].

Cependant, l'évangélisme de Cordiner mena l'entreprise au bord du gouffre. Bien que tout à fait impressionnante par ses capacités technologiques et de marché, elle était devenue une entreprise impossible à gérer, faisant trop de choses à la fois et d'une lourdeur considérable. À cette époque, personne ne la croyait capable de se renouveler. Pourtant, le successeur de Cordiner, Fred Borch, alla complètement à contre-courant. Il fit appel à la société de consultants McKinsey pour l'aider à déterminer quoi faire.

Les consultants de McKinsey exprimèrent une certaine stupéfaction devant le manque de gestion ordonnée de l'entreprise. Ils ne comprenaient pas comment, sans aucune planification, une telle entreprise pouvait encore fonctionner. Ils furent alors les déclencheurs de l'élaboration de ce qui est devenu le meilleur système de planification jamais construit. Comme elle avait décidé de se diversifier, l'entreprise développa des capacités de planification stratégique impressionnantes. Contrairement à ce qui s'était produit au temps de Cordiner, l'entreprise était à présent vraiment sous contrôle. Le seul problème est qu'elle a fini par trop l'être.

Le niveau de bureaucratisation de l'entreprise, engendré par une planification systématique mais rigide, atteignit des niveaux inimaginables et là aussi faillit emporter l'entreprise. Cette deuxième crise était nouvelle. Le problème n'était pas financier, l'entreprise était encore largement profitable. Le vrai problème en était un de croissance entrepreneuriale. Dans une entreprise qui était aussi grande, on ne pouvait plus croître sans faire de grands sauts, ce qui n'était que rarement recommandé par une planification tatillonne. Chacun pensait alors que c'était le commencement de la fin pour l'entreprise.

L'arrivée de Reginal Jones en 1972 là aussi changea les choses. Il ne transforma pas complètement l'entreprise, mais il força les gestionnaires à jongler avec les paradoxes et la modération. Il fallait, leur soufflait-il, continuer à planifier, tout en étant entrepreneurs. Les structures introduites par GE étaient un anathème même pour les consultants qui conseillaient les dirigeants. Ainsi, la mise en application des recommandations de McKinsey fut faite à la GE. Alors que les consultants recommandaient de changer la

---

6. Il a construit une entreprise unique dans l'histoire des affaires américaines, en raison de sa capacité à réaliser des objectifs (de croissance). Pour ce qui était du savoir-faire élaboré à l'intérieur, GE pouvait presque tout faire ; et pour ce qui était des capacités maison, GE pouvait faire beaucoup de choses à la fois.

structure en donnant l'initiative aux gestionnaires stratégiques, les dirigeants de GE décidèrent de superposer la structure stratégique sur la structure opérationnelle. Dans toute autre entreprise, la confusion aurait été considérable. Dans GE, ce fut l'occasion de réconcilier, bien qu'au début par la confrontation, les besoins de la planification et de l'initiative entrepreneuriale avec les besoins opérationnels. GE fut amenée encore une fois à réussir au-delà de toute espérance. À la fin du règne de Jones, en 1981, c'était un modèle de gestion que toutes les grandes entreprises voulaient égaler. Les entreprises japonaises, comme le département de la défense américain, apprirent beaucoup de la capacité de planification de l'entreprise. Par ailleurs, les résultats étaient remarquables avec un chiffre d'affaires de 25 milliards de dollars et un profit net de 1,5 milliard de dollars.

En 1981, le nouveau président, Jack Welch, était apparemment devant un défi difficile à décrire. L'entreprise était florissante, mais pour maintenir sa croissance et sa profitabilité, il lui fallait ajouter chaque année de 6 à 7 milliards de dollars additionnels à son chiffre d'affaires ! Welch pensait par ailleurs que l'entreprise était si bien gérée qu'il ne savait pas ce qu'il pourrait lui apporter de plus. Pourtant, le défi qui se présentait ne pouvait être surmonté que par une révolution encore plus grande. Si, dans les années 1950, il fallait libérer raisonnablement l'entrepreneurship, là il fallait le libérer au-delà de tout ce qu'on avait imaginé.

Welch s'est alors mis à transformer son entreprise en « l'entreprise la plus dynamique et la plus entrepreneuriale au monde », une entreprise sans frontières. D'après tous les observateurs, il a réussi remarquablement, insufflant une fois de plus à cette entreprise une capacité à se dépasser absolument incroyable compte tenu de sa taille. Il a d'abord été capable de la concentrer uniquement sur les activités où elle pouvait être numéro un ou numéro deux, des activités prometteuses pour le futur, à haut niveau technologique et potentiellement transformables en domaines complètement nouveaux. En 1984, l'entreprise avait un chiffre d'affaires sensiblement similaire à celui de 1981, mais elle avait doublé son bénéfice net. Au début des années 1990, le chiffre d'affaires et le bénéfice avaient tous les deux doublés à nouveau, par rapport à 1984. La nature de la gestion de l'entreprise était complètement transformée. On y trouvait non seulement une capacité unique à produire des résultats, mais aussi un climat de vie et de travail qui attirait les meilleurs.

Après ce tour d'horizon, on s'aperçoit que GE n'a pas cessé de se modifier. Elle a réussi des transformations fondamentales, là où d'autres auraient hésité même à y penser. Welch disait pourtant qu'il n'en était qu'à 25 % de ce qu'il espérait réaliser, et cette fois-ci peu de gens doutaient de la capacité de l'entreprise à faire encore plus.

Ces trois cas montrent bien les défis qu'il y a à changer. Ils ne nous indiquent pas cependant ce qui fait qu'une organisation réussit à changer, ni la nature précise des défis que les grands changements impliquent. Ils ont pourtant le mérite de donner de la chair au phénomène, ce qui nous aidera à mieux comprendre les développements conceptuels qui suivent.

II. LE CHANGEMENT STRATÉGIQUE : VERS UNE DÉFINITION

A. LES CONSIDÉRATIONS PRÉLIMINAIRES

Nous l'avons montré dans les chapitres précédents, les dirigeants d'organisation font face à deux grands défis stratégiques :

1. Maintenir l'équilibre interne de l'organisation, c'est-à-dire la volonté des personnes à coopérer (Barnard, 1937);
2. Maintenir l'équilibre entre les besoins et capacités de l'entreprise et les exigences de l'environnement.

Toute la littérature sur la gestion stratégique ne traite en fait que du changement stratégique. Elle propose des procédures et des démarches, ainsi que des exemples convaincants, qui permettent de concevoir et de réaliser de nouvelles stratégies ou des adaptations aux stratégies existantes, de manière à assurer le maintien des équilibres de base et par conséquent la pérennité de l'organisation (Drucker, 1954 ; Andrews, 1987).

Les synthèses les plus reconnues de la littérature de base distinguent clairement, pour des raisons pédagogiques, la conception de la stratégie de la mise en œuvre de celle-ci. La conception de la stratégie vise à déterminer une direction claire qui permette de faire converger les efforts (de positionnement, de gestion fonctionnelle, de recherche et développement, etc.) et, ainsi, de réaliser une domination concurrentielle durable. La mise en œuvre de la stratégie vise à faire converger les efforts grâce à une utilisation judicieuse et cohérente des outils de gestion disponibles (structure, culture, systèmes, attribution des ressources, etc.).

La distinction n'est vraiment utile que lorsqu'on veut étudier le changement dans une petite organisation. Dans ce cas, en effet, le dirigeant principal est généralement le seul concepteur et il veille directement à la mise en œuvre. Lorsque l'organisation est plus complexe, il est alors plus utile de déterminer des facteurs clés qui révèlent et donnent forme à la stratégie. Il est aussi souhaitable que ces facteurs puissent être influencés par l'action du gestionnaire.

Ce sont généralement ces facteurs, de «caractérisation des organisa-tions», qui ont été étudiés intensivement par le milieu universitaire et qui ont été notamment résumés par Côté et Miller (1992). Ces éléments com-prennent quatre éléments de base :

- la structure ;
- la culture et le leadership ;
- le processus de décision ;
- le contexte.

Hafsi et Demers (1989) ont suggéré que, pour les besoins de l'étude du changement en situation de complexité, il était utile de considérer les quatre dimensions suivantes :

- les croyances ;
- les valeurs ;
- la stratégie (positionnement et configuration de la chaîne de valeur);
- les arrangements structurels (comprenant notamment la structure, les systèmes, le choix des gestionnaires).

Une autre classification a été proposée par Pascale et Athos (1983) dans le cadre de la recherche considérable qui avait été commanditée par McKinsey à la fin des années 1970 et au début des années 1980 sur la gestion stratégique des organisations. Cette classification est connue sous le nom des «sept S» :

TROIS S DITS « DURS » :

- stratégie (positionnement) ;
- structure ;
- systèmes ;

QUATRE S DITS « MOUS » :

- système de valeurs ou d'objectifs supérieurs
  (*Superordinate goals, shared values*) ;
- *staff* (la qualité de la sélection et de la gestion du personnel clé) ;
- style (de leadership notamment et donc, de fonctionnement
  de l'organisation) ;
- savoir-faire (*skills*) accumulé, qui distingue l'organisation
  de ses concurrents.

Ces éléments ou dimensions sont très semblables et sont en fait les composantes principales de l'analyse stratégique traditionnelle (Andrews, 1987). La littérature a ainsi examiné la relation qui existait entre chacune de ces composantes et la performance de l'organisation. Côté et Miller (1992) rappellent cependant que ce qui est important pour la performance de l'organisation (donc peut-être aussi pour sa capacité à changer), ce sont les interactions entre ces variables. Ils soulignent en particulier que la littérature affirme la nécessité de la cohérence de ces dimensions pour que la performance soit adéquate. Cette cohérence se produit alors selon des configurations spécifiques (Miller et Friesen, 1984). La typologie de structures décrite par Mintzberg (1978) et évoquée au chapitre sur la mise en œuvre (chap. VII) est en fait aussi un exemple de configurations au sens où nous l'utilisons ici.

B. Qu'est-ce que le changement stratégique ?

Si nous voulions aller plus loin que dire que le changement stratégique est un changement de stratégie ou de configuration stratégique, il nous faudrait alors disséquer les éléments de la stratégie qui sont touchés par le changement. D'abord, il y a le contenu de la stratégie, tel qu'il ressort du processus de formulation. Le contenu de la stratégie est l'expression des objectifs. Il prend en considération la nature de l'environnement et les ressources particulières de l'organisation, celles qui lui permettent de se démarquer et de réussir dans son environnement. En particulier, les ressources sont à l'origine de l'avantage qu'on peut avoir sur les concurrents.

Du point de vue du contenu, donc, le changement de stratégie est celui qui affecte à la fois la perception qu'on peut avoir de l'environnement et les avantages que permettent les ressources et le savoir-faire. Les perceptions de l'environnement sont touchées par toutes sortes de facteurs, notamment l'histoire de l'organisation et sa culture, mais pour l'essentiel ces éléments s'expriment à travers les acteurs clés en matière de développement stratégique, c'est-à-dire les dirigeants principaux. La nature du leadership est un élément crucial du changement. Dans certains cas, le changement de dirigeant seul peut-être considéré comme un changement stratégique.

Les ressources et le savoir-faire, et leur transformation, notamment leur dégradation ou leur développement, constituent un élément crucial de changement de la capacité de survie de l'organisation. Dans certains cas, ces ressources sont contrôlées par des segments importants de l'environnement institutionnel. Parfois, elles sont contrôlées par des acteurs internes. Dans les deux cas, la production et la protection de ces ressources sont des éléments essentiels de la stratégie de l'organisation (Selznick, 1957). Cela nous conduit à la première définition :

DÉFINITION 1 : Un changement stratégique est un changement dont les manifestations peuvent être de quatre types : un changement de leadership, une modification de la perception que l'organisation a de son environnement, une modification de la nature et de la qualité des ressources dont elle dispose ou une modification des objectifs à long terme.

Le deuxième élément de l'analyse stratégique qui est important est le processus de mise en œuvre de la stratégie. Comme nous l'avons mentionné, la stratégie est actualisée par la mise en œuvre de mécanismes de gestions importants comme : la structure, les systèmes de gestion (mesure, contrôle, récompense ou punition, recrutement des personnels clés, formation, etc.), la culture ou les valeurs qui sous-tendent les relations à l'intérieur et avec l'extérieur de l'organisation. Comme l'ont suggéré de nombreux auteurs (Chandler, 1962, notamment), ces mécanismes changent de concert. En conséquence, toute modification délibérée de l'équilibre entre ces mécanismes a tendance à vouloir changer le comportement de l'organisation et donc sa stratégie. D'où la deuxième définition.

DÉFINITION 2 : Un changement stratégique est un changement dont les manifestations sont les modifications de l'un ou l'autre des principaux mécanismes de gestion (structures, systèmes et culture ou valeurs), permettant de rompre l'équilibre qui prévalait auparavant et de le remplacer par un équilibre nouveau.

Snow & Hambrick (1980) suggèrent qu'il est très important pour le développement de théories sur le changement stratégique de distinguer entre ajustement et changement, le premier étant peu significatif et le second plus profond. Cependant, il est évident qu'une telle distinction est très difficile à opérationnaliser. Ainsi, dans sa synthèse de la littérature, Ginsberg (1988) indique que les changements incrémentaux, les ajustements de Snow et Hambrick, peuvent aussi engendrer des réorientations fondamentales, ce qu'affirmait aussi Bower (1970). En conséquence, ce qui est stratégique est en fait un jugement qui est situationnel (Mintzberg, 1987). Cela nous mène à une définition encore plus large.

DÉFINITION 3 : On peut dire qu'un changement est stratégique lorsqu'il touche soit le contenu (objectifs, appréciation de l'environnement et nature et disponibilité des ressources et du savoir-faire), soit le processus (structure, systèmes, culture et valeurs) et qu'il est perçu comme une rupture par les personnes clés de l'organisation.

Cette dernière définition correspond aux résultats de la réflexion qu'un groupe d'universitaires a menée récemment (Ledford et autres, 1989). Ils avaient défini un changement de grande envergure comme étant un changement durable de la personnalité d'une organisation (*character of an organization*), au point d'altérer la performance de cette dernière. La première dimension de leur définition implique un changement des caractéristiques organisationnelles, ce qui correspond à notre définition.

Par ailleurs, ces auteurs soulignent que les changements de grande envergure supposent des changements qualitatifs, et non de simples changements continus plus habituels. Pour imager, on pourrait opposer les changements constants des flots d'une rivière à l'érection d'un barrage ou à la modification de son cours. Un changement organisationnel de grande envergure nécessite donc pour eux des modifications dans le design et les processus de l'organisation. Le design organisationnel comprend dans leur esprit les stratégies, les structures, les configurations technologiques, les systèmes formels d'information et de prise de décision ainsi que les systèmes de ressources humaines. Les processus organisationnels désignent quant à eux les flux d'information, d'énergie et de comportements, ce qui inclut la communication, la participation, la coopération, les conflits et les jeux politiques. Pour eux, des changements de design organisationnel qui n'impliqueraient pas des changements de processus ne peuvent être considérés comme des changements organisationnels d'ordre stratégique. Ainsi, une organisation peut motiver temporairement des gens par l'intermédiaire d'une campagne sur la qualité totale par exemple, mais si les nouveaux comportements désirés ne sont pas appuyés par des modifications du design organisationnel, il y a de faibles probabilités que ces nouveaux comportements s'avèrent permanents. Jusqu'ici notre définition est compatible avec la leur.

Le deuxième élément de leur définition concerne la performance organisationnelle. La performance, utilisée ici au sens générique, se rapporte à l'efficience et à l'efficacité (*efficiency* et *effectiveness*) selon Barnard (1938) du système organisationnel telles qu'elles sont mesurées par la capacité de ce dernier à survivre. Dans la mesure où une organisation modifie ses interactions avec son environnement, ses modes de transformation des intrants en extrants, la nature de ces derniers, de même que son design et ses processus, on peut s'attendre à des changements plus ou moins inévitables dans sa capacité à survivre. Elle peut par exemple passer d'un statut de compétiteur régional à celui de compétiteur international. Elle peut aussi commencer à produire des systèmes intégrés plutôt que des produits uniques. Cette performance peut donner un poids variable aux dimensions traditionnelles. Ainsi, la proportion du marché international peut devenir plus importante que les profits à court terme. La participation des employés au travail et dans la gestion peut prendre une place plus grande que la loyauté organisationnelle et le paternalisme. Les relations à long terme avec la clientèle peuvent devenir plus importantes que les marges de profit. En bref, ces auteurs considèrent qu'un changement organisationnel de grande envergure altère inévitablement la performance organisationnelle telle qu'elle est mesurée par divers indicateurs économiques. Cela nous conduit à la dernière et à la plus complète de nos définitions.

> DÉFINITION 4 : On peut dire qu'un changement est stratégique lorsqu'il modifie la performance de l'organisation en modifiant soit le contenu (objectifs, appréciation de l'environnement et nature et disponibilité des ressources et du savoir-faire), soit le processus (structure, systèmes, culture et valeurs) et qu'il est perçu comme une rupture par les personnes clés de l'organisation.

À moins de préciser le contraire, nous parlerons du changement en nous reportant à cette définition dans les chapitres qui suivent.

III. CARACTÉRISER LE CHANGEMENT STRATÉGIQUE

Ces définitions ne nous permettent cependant pas de spécifier la nature de tous les changements stratégiques qui peuvent être entrepris par des organisations. Par exemple, peut-on parler de la même manière d'un changement qui concerne le positionnement de l'organisation et de celui qui touche à sa culture ? Peut-on assimiler un changement qui touche l'organisation dans son ensemble à celui qui ne touche qu'une partie de celle-ci ? Que dire d'un changement qui est entrepris vite, sans préparation, et de celui qui est précédé d'une longue préparation ? Que dire aussi d'un changement qui, par nature, peut se faire relativement rapidement et de celui qui nécessite de nombreuses années ? En fait, pour compléter nos définitions, il nous faut développer une caractérisation plus systématique, qui fasse référence à des dimensions qui ont du sens pour ceux qui gèrent le changement stratégique.

Nous adopterons deux groupes de caractéristiques : 1) les caractéristiques propres au changement ; nous parlerons alors de la profondeur du changement, de l'ampleur ou de l'envergure du changement, de la vitesse du changement et donc de sa durée ; 2) les conditions dans lesquelles le changement prend place. Ces conditions sont des contraintes ou des contingences au sens où l'entendait le père de la théorie de la contingence J. D. Thompson (1967) et comprennent notamment le degré d'homogénéité et de turbulence de l'environnement, qui est pour l'essentiel lié à la structure et à la dynamique de l'industrie touchée (Porter, 1980), mais aussi les caractéristiques de l'organisation, sa taille, son âge, sa technologie, sa diversité (de produits et de marchés). Nous allons reprendre chacune de ces caractéristiques et examiner son importance et ses effets sur le changement stratégique.

A. LA PROFONDEUR DU CHANGEMENT STRATÉGIQUE

Pour une personne comme pour une organisation, le changement n'a pas le même effet s'il affecte des valeurs essentielles ou des comportements plus superficiels. Lorsque le changement altère les fondations sur lesquelles a été initialement construite l'organisation, on va assister à des déchirements plus grands que s'il modifie les comportements qui se sont développés par la suite. L'exemple des partis communistes montre bien que ceux-ci ont été capables de s'adapter aisément lorsque le changement impliquait des modifications du comportement, sans toucher la doctrine. Ils ont presque disparu lorsque la doctrine a été mise en cause et qu'il fallait la remplacer.

Dans les entreprises, on aurait tous tendance à penser qu'il n'y a pas à proprement parler de doctrine inaltérable. L'entreprise est supposée être par nature pragmatique, essayant de survivre à l'adversité et à la concurrence en changeant chaque fois que nécessaire. Cela n'est le cas que des entreprises les plus jeunes ou les plus insignifiantes, celles que Selznick appellerait des « instruments », au fond des organisations sans âme. Mais les entreprises qui finissent par s'imposer dans leur environnement prennent souvent un caractère et une personnalité tissés de valeurs fortes. Ford ou GM ne sont pas n'importe quelle entreprise de production automobile. Elles ont été forgées par une longue histoire faite de construction lente et difficile, marquée par de grands succès mais aussi par des échecs retentissants. Cette histoire façonne le comportement et la personnalité d'une entreprise aussi sûrement qu'elle le fait pour une personne.

On pourrait aussi parler dans ces cas-là de paradigme dominant. Kuhn (1970) avait suggéré que les schèmes de pensée se changeaient à la fois par des modifications à la marge, à l'intérieur d'un même paradigme ou vision du monde et, occasionnellement, par des transformations fondamentales qui n'étaient rien de moins que l'abandon de l'ancien schème de pensée pour le remplacer par un nouveau. Les transformations qui déséquilibrèrent les partis communistes par exemple étaient celles qui nécessitaient un changement de paradigme, tandis que les changements d'adaptation à la marge ne leur ont posé aucun problème. On pourrait aussi affirmer que les problèmes de

GM sont aussi difficiles à résoudre parce qu'ils impliquent une véritable révolution, une transformation paradigmatique.

Selon Kuhn (1970), les paradigmes présentent trois caractéristiques principales. Une première concerne la matrice sociale constituée de l'ensemble des individus partageant une conception du monde et des façons de faire compatibles avec cette dernière. Deuxièmement, le paradigme inclut une façon de concevoir le monde, c'est-à-dire les approches cognitives et les réponses affectives de cette matrice sociale. En contexte organisationnel, cela inclut les images que les membres ont de leur organisation, leurs croyances à l'égard du fonctionnement de cette dernière, de même que les valeurs relatives aux organisations et à leur mode de fonctionnement. La troisième caractéristique du paradigme concerne la façon de faire les choses, des méthodes et des exemples qui guident les actions.

En général, on pourrait dire que plus la personnalité d'une entreprise est forte, plus elle est imprégnée de valeurs fortes et plus elle est capable de réagir de manière décisive à l'adversité, lorsque cela ne suppose pas la remise en cause des valeurs. Si le changement requis implique les valeurs, en particulier si c'est un changement de paradigme, alors cela signifie souvent mettre un terme à l'organisation existante pour lui substituer une autre organisation, une opération qui ouvre la voie à toutes les aventures et éventuellement à la disparition de l'organisation, à en croire les tenants de « l'écologie des populations » d'organisations (Hannan & Freeman, 1984). *Pour exprimer l'effet sur les valeurs fondamentales, on parlera alors de profondeur du changement.* Si l'on ramène le fonctionnement de l'organisation aux mécanismes de gestion mentionnés au chapitre VII (mise en œuvre de la stratégie), on pourrait parler de profondeurs différentes (faible, moyenne ou élevée) en s'aidant du tableau 1.

Le concept de profondeur du C.O. suggère que plusieurs acteurs organisationnels résisteront au changement lorsque ce dernier menace leur façon de concevoir le monde, ce qui remet en question leurs valeurs, voire leur équilibre mental.

B. L'AMPLEUR OU L'ENVERGURE DU CHANGEMENT STRATÉGIQUE

Le changement peut toucher l'ensemble de l'organisation ou seulement une partie de celle-ci. Il peut atteindre tous les mécanismes ou seulement une partie d'entre eux. Il peut en particulier toucher certains ou tous les éléments de contenu, et certains ou tous les éléments du processus et, selon le cas, il présente alors une ampleur plus ou moins grande. On pourrait ainsi

Tableau 1 Profondeur du changement

		Faible	Moyenne	Élevée
1	CHANGEMENT DE VALEURS	non	ajustements mineurs	mise en cause réelle
2	CHANGEMENTS D'OBJECTIFS			
	À long terme	non	faible	oui
	À court terme	oui	possible	oui
3	CHANGEMENT DE STRUCTURE	ajustements opératoires	modifications du mode de gouvernement	remise en cause totale des mécanismes de fonctionnement et d'évaluation
4	CHANGEMENT DE LEADERSHIP	à des niveaux opératoires	à un niveau moyen surtout	à des niveaux moyens et élevés

évaluer l'envergure du changement en mesurant littéralement le nombre d'unités ou d'activités concernées ou affectées par le changement ainsi que le nombre ou l'importance des changements de contenu ou de processus qui leur sont appliqués.

Peut-on parler d'un changement stratégique qui aurait une envergure limitée ? Dans la littérature, il n'y a pas de consensus là-dessus. Nous pensons cependant qu'on peut le prétendre dans le court terme, mais, comme nous en discuterons au chapitre suivant, à long terme tout changement stratégique implique des changements dont l'envergure couvre toutes les unités et tous les aspects du fonctionnement de l'organisation. Pourtant le long terme dont il est question ici, qui peut couvrir des décennies, ne fait pas vraiment partie de l'échelle d'intervention de la plupart des gestionnaires. C'est pour cela que, de manière opérationnelle, on peut retenir cette dimension comme une caractérisation utile.

L'envergure est une dimension particulièrement répandue dans la documentation en développement organisationnel (D.O.). Différents auteurs y font référence lorsqu'ils utilisent des expressions telles que *multifaceted* ou *comprehensive interventions* (French et Bell, 1978), *large-scale multiple systems change* (Goodman et Kurke, 1982) ou *system-wide change* (Cummings et Huse, 1985). Cette dimension du changement d'ordre stratégique a évidemment des répercussions importantes dans la gestion d'un tel changement.

Ainsi, un changement stratégique aurait tendance à prendre des années à s'implanter, surtout lorsqu'il touche de grandes organisations complexes. Il peut aussi nécessiter l'intervention d'une équipe multidisciplinaire. Aucun agent de changement ne peut prétendre avoir l'éventail nécessaire d'habiletés techniques, personnelles et de gestion pour conduire seul une intervention de cette envergure. N'oublions pas non plus les contacts et le pouvoir organisationnel nécessaires à l'implantation d'un tel changement. Même les auteurs ayant décrit des leaders exemplaires (*transformational*) reconnaissent le soutien que ces leaders doivent recevoir pour planifier et implanter des changements stratégiques (Maccoby, 1976 ; Nadler et Tushman, 1986).

De même, un changement stratégique nécessite de la coopération et de la coordination entre les groupes concernés. C'est ainsi que le changement survient souvent dans des unités qui fonctionnaient séparément dans l'ancienne structure organisationnelle. Les mécanismes de changement risquent donc d'engager des unités organisationnelles qui avaient historiquement une conception différente du monde, des critères d'évaluation différents ainsi que des objectifs différents. Le processus de changement doit donc impliquer la construction d'un consensus, la dissémination d'idées et de techniques de même que la constitution d'équipes multifonctionnelles pour procéder à l'implantation.

On admettra aussi que l'étude adéquate d'un changement stratégique de grande envergure appelle la constitution d'équipes de recherche multidisciplinaires. De telles équipes semblent s'imposer autant pour comprendre l'ensemble des interventions touchées que pour recueillir et mesurer correctement les divers indicateurs inhérents à de tels changements. Cela suggère aussi la futilité des études trop spécialisées ou ayant des schèmes de référence trop restreints.

C. LA VITESSE DU CHANGEMENT STRATÉGIQUE

On ne parle ici que de la vitesse avec laquelle le changement est introduit dans l'organisation. L'idée de vitesse est clairement relative. Ses effets dépendent à la fois de la technologie de l'organisation, de la nature de l'industrie et de sa dynamique ainsi que des pratiques managériales de l'organisation. La même vitesse d'introduction du changement peut paraître raisonnable dans certaines organisations et dans certaines circonstances et peut être vécue comme insupportable dans d'autres organisations ou circonstances.

La vitesse du changement est en particulier importante parce qu'elle touche le degré de préparation du changement. Un changement bien préparé permet de réduire les aspérités et les sources de frictions pour les personnes.

En revanche, un changement moins bien préparé, par exemple à cause de la vitesse avec laquelle il est conduit, accroît la résistance au changement de la part des membres de l'organisation.

La vitesse du changement affecte aussi la capacité des personnes elles-mêmes à s'adapter, à abandonner les anciennes pratiques pour apprendre les nouvelles. Plus les changements sont perçus, par les personnes clés de l'organisation, comme trop rapides et plus elles auront du mal à les suivre et plus elles vont résister. La période que vivent la plupart des entreprises en 1996, avec l'introduction des pratiques de réingénierie, est typique de cette situation. La résistance au changement se généralise, malgré les apparences et malgré les risques.

La vitesse avec laquelle le changement est conduit produit la durée du changement. Celle-ci n'est pas seulement le produit de la vitesse. Elle est aussi touchée par la profondeur et l'envergure du changement. Cependant, la durée a des effets qui lui sont propres. Plus le changement dure et plus l'incertitude perçue par les personnes est grande, plus le sentiment d'instabilité est grand et plus la mobilisation d'énergie requise de chacun pour vivre la transition est grande. Les recommandations sont souvent qu'un changement doit durer aussi peu que possible, mais on peut aussi dire que cela dépend aussi de la complexité du changement entrepris, donc de son envergure et de sa profondeur. Trop vite peut être aussi dommageable que pas assez vite.

D. LES CONDITIONS QUI ACCOMPAGNENT LE CHANGEMENT

L'environnement joue un rôle crucial dans le changement. Les attentes qu'il engendre à la fois chez les membres de l'organisation et chez tous ses sociétaires (*stakeholders*) conditionnent souvent sa conduite et peut-être même son succès. En particulier, l'environnement par son hétérogénéité et par sa turbulence affecte (accroît ou diminue) les incertitudes qui sont perçues par tous les acteurs. Ainsi, un environnement dans lequel des mutations profondes sont en cours engendre beaucoup d'inquiétude quant au futur chez les personnes et les amène à réagir de manière plus prudente et plus circonspecte qu'elles ne le feraient habituellement. Cela peut accroître ou diminuer la résistance au changement selon le cas. Ainsi, au Québec, on a vu, depuis le milieu des années 1980, une volonté plus grande des syndicats à collaborer aux changements technologiques. En 1996, les employés du secteur public en Ontario se disent d'accord avec les restructurations proposées par le gouvernement provincial et acceptent même les réductions importantes de postes prévues. Ils veulent seulement rendre les départs moins douloureux pour les personnes.

En général, le contexte dans lequel le changement se fait, c'est-à-dire non seulement l'environnement général mais aussi l'environnement plus particulier de l'organisation, sa structure, ses systèmes de fonctionnement, en particulier les normes de récompenses et punitions, formalisés ou non, affectent de manière sensible la volonté de coopérer des personnes concernées et donc la résistance au changement. Le contexte est constitué d'éléments sous le contrôle des gestionnaires mais aussi d'éléments qui leur échappent. Ils peuvent tout de même travailler à l'infléchir dans une direction ou dans une autre, sauf que cela ne peut se faire qu'avec le temps, en expérimentant et en accumulant suffisamment d'information sur les réactions du système et donc sur les relations de cause à effet.

Plus l'organisation est grande, plus le changement devra être important, par sa profondeur et son envergure, pour modifier les caractéristiques et la performance organisationnelles. Ainsi, un changement des caractéristiques de General Electric est d'un ordre incomparablement plus important que celui qui est nécessaire à la modification d'une organisation comptant une seule activité ou une seule unité de production.

Même si la pertinence d'une telle dimension semble indiscutable pour comprendre le changement stratégique, il en va autrement pour sa définition. On retrouve en effet différentes façons de mesurer la taille organisationnelle, la plus habituelle étant le nombre d'employés. Mais on pourrait aussi utiliser la capacité physique (par exemple, la capacité de production d'une usine ou le nombre de lits d'un hôpital), le volume des extrants (par exemple, les ventes) ou les actifs. Quoi qu'il en soit, on réussit généralement à camper les extrémités d'un continuum relatif à la taille organisationnelle. Par exemple, on peut postuler qu'il existe des différences entre une méga-entreprise multinationale comme Exxon, avec ses activités intégrées, et une PME minuscule, qui vend de l'essence au détail dans une station-service.

Cependant, plus important, il faudrait pouvoir se demander à quels égards précisément Exxon est-elle différente de sa petite compétitrice ? Comment la nature du changement peut-elle varier dans ces deux types de systèmes organisationnels ? À ces questions, nous ne pouvons qu'offrir des réponses très incomplètes. Étant donné l'état actuel des connaissances, on ne peut que formuler quelques hypothèses relatives à l'effet de la taille organisationnelle sur la nature et la gestion du changement.

Une première leçon concerne la **complexité organisationnelle**. À la suite d'autres universitaires en gestion stratégique (Allaire et Hafsi, 1989), il faut constater l'absence de cadres conceptuels convaincants permettant une compréhension globale et complète de la complexité et de ses effets. Nous en sommes encore à une étape de description et de conceptualisation de situations complexes spécifiques. Toutefois, Ledford et autres (1989) suggèrent que les grandes organisations diffèrent des petites à divers égards : notamment il existe une corrélation positive entre la taille de l'organisation et son niveau de différenciation. Il semble donc que plusieurs organisations croissent en créant de nouveaux rôles et de nouvelles sous-unités. Il en résulte une plus grande complexité et la création de nouvelles structures pour répondre aux besoins de coordination et de communication. À cet égard, certains auteurs mentionnent la croissance du niveau de formalisation, de délégation des responsabilités, ainsi que des possibles économies administratives, ces dernières pouvant toutefois être annulées par les problèmes inhérents à la complexité administrative (Child et Kieser, 1981).

Les conséquences pour le changement semblent assez évidentes. D'une part, la stratégie de changement doit être suffisamment complexe pour correspondre au niveau de complexité organisationnelle. Plus l'organisation sera complexe, plus il sera difficile d'implanter un changement profond ou de grande envergure, qui touchera des valeurs critiques et qui atteindra un grand nombre de sous-unités et de sous-systèmes fortement différenciés. D'autre part, on comprendra aussi facilement les forces d'inertie souvent présentes dans les grandes organisations. Cela s'explique par la prolifération de pratiques et de procédures élaborées pour faciliter la coordination et assurer un certain équilibre organisationnel. Or, les habitudes prises avec ces pratiques et ces procédures constituent souvent d'importantes sources de résistance au changement.

Dans le même ordre d'idées, la croissance de la taille organisationnelle peut être reliée à son **stade de développement**. C'est ainsi que, comme le décrivait Chandler, la plupart des organisations modifient leur structure à mesure qu'elles évoluent, passant de simples petites structures fonctionnelles à des structures plus complexes comme celles qu'on retrouve dans des entreprises fortement diversifiées (*holding*) ou multidivisionnelles. Ces caractéristiques organisationnelles auront évidemment un effet important sur la stratégie de changement. À titre d'exemple, une organisation diversifiée dans des secteurs d'activité fort différents aura avantage à privilégier une stratégie de changement décentralisée qui respectera l'autonomie de fonctionnement des diverses unités. À l'inverse, une stratégie de changement davantage centralisée pourrait s'avérer fructueuse auprès d'une équipe de direction responsable d'une grande entreprise ayant maintenu une structure fonctionnelle centralisée qui coordonnerait des opérations plus fortement intégrées.

Les recherches récentes révèlent également que les grandes organisations ayant un certain âge ont souvent développé des habitudes et créé des procédures standardisées, renforcées par le succès dans leur environnement respectif (Hambrick et Finkelstein, 1987). Dans de telles situations, un changement stratégique nécessite des interventions suffisamment puissantes pour amener les membres de l'organisation à remettre en question leurs connaissances et leur mode de fonctionnement. L'implantation de changements profonds risque de s'y avérer difficile puisque les postulats sous-jacents à ces pratiques organisationnelles risquent d'avoir graduellement sombré dans l'inconscient des membres de l'organisation.

De la même façon, comme évoqué précédemment, les grandes organisations, particulièrement celles qui ont connu du succès pour des périodes prolongées, risquent d'avoir progressivement développé de **fortes cultures organisationnelles** (Peters et Waterman, 1982). Étant donné que ces fortes cultures reposent sur un ensemble partagé de normes, de critères décisionnels et de modes de fonctionnement, elles risquent par le fait même d'entraver les approches innovatrices ne s'intégrant pas dans ces cultures organisationnelles.

On observe également une relation positive entre la taille organisationnelle et son **niveau de liberté stratégique**, c'est-à-dire sa capacité à s'introduire dans de nouveaux marchés avec de nouveaux produits. Bien que cette liberté stratégique ne puisse jamais être totale même pour les très grandes entreprises (barrières à l'entrée, réglementations), on pourrait postuler que ces dernières auront tendance à s'ajuster aux modifications de l'environnement externe en changeant d'abord leur stratégie de marché plutôt que des caractéristiques de l'organisation elle-même.

Le même raisonnement pourrait s'appliquer lorsque l'on considère la **capacité des organisations à modifier leur environnement.** En effet, selon certaines théories relatives à la dépendance à l'égard des ressources, les organisations ne se contentent pas toujours de réagir passivement à leur environnement pour assurer leur survie (Pfeffer et Salancik, 1978). On observe au contraire certaines actions plus proactives visant à gérer cet environnement : acquisitions ou fusions avec des compétiteurs, des fournisseurs, des clients (intégrations verticales ou horizontales), des collaborations avec des compétiteurs (*joint ventures*), et même des échanges de personnel clé entre organisations. Encore ici, il s'avère que ces possibilités s'offrent davantage aux grandes organisations ayant les ressources nécessaires (Aldrich, 1979). Pour illustrer ce principe, on observe par exemple que les grandes organisations américaines possèdent un pouvoir politique démesuré par rapport à leur contribution au PNB américain, ce pouvoir politique étant en grande partie basé sur leurs capacités financières à supporter des activités de *lobbying* et de financement de campagnes politiques. On peut donc postuler que la taille organisationnelle tend à augmenter la capacité à modifier l'environnement externe. Par conséquent, la taille risque de diminuer la tendance des organisations à apporter de profonds changements dans leurs caractéristiques organisationnelles.

Il faut mentionner aussi le rôle actif et fondamental que doivent assumer les membres de la haute direction ainsi que les cadres linéaires en ce qui concerne l'implantation d'un tel changement. Plus spécifiquement, on convient généralement qu'ils devraient non seulement être les principaux initiateurs du changement stratégique, mais qu'ils devraient également préciser la nature de ce dernier, son mode d'implantation ainsi que la répartition des responsabilités relatives à cette implantation. Étant donné que les cadres en place peuvent ne pas avoir les habiletés, l'énergie ou l'engagement nécessaires à une telle opération, on se retrouve parfois dans des situations où le recrutement externe s'impose. À cet égard, certaines études suggèrent que des cadres supérieurs recrutés à l'externe ont une propension trois fois plus grande que l'équipe en place pour procéder à des changements de grande envergure.

IV. EN GUISE DE CONCLUSION

Dans ce chapitre, nous avons proposé un tour d'horizon général sur les questions touchant au changement stratégique. En particulier, nous avons proposé une série de définitions pour aboutir à l'idée qu'un changement peut être dit stratégique lorsqu'il modifie la performance de l'organisation en touchant soit le contenu (objectifs, appréciation de l'environnement et disponibilité des ressources et du savoir-faire), soit le processus (structure, systèmes, culture et valeurs) et qu'il est perçu comme une rupture par les personnes clés de l'organisation. Par ailleurs, nous avons suggéré que, pour caractériser le changement stratégique, il serait utile de considérer deux types de caractéristiques : 1) les caractéristiques propres au changement, notamment sa profondeur, son ampleur ou envergure, sa vitesse et donc sa durée ; 2) les conditions dans lesquelles le changement prend place. Ces éléments sont fondamentaux pour les présentations du chapitre suivant mais aussi pour apprécier les changements en pratique.

Chapitre XIII

LA CONDUITE DU CHANGEMENT STRATÉGIQUE

It has been said that we live life forward but understand it backward. Looking back over years of discussion teaching, I see how intensely its process has intrigued, baffled, and intellectually nourished this practitioner — and the fascination shows no signs of abating. At its core lies a fundamental insight : teaching and learning are inseparable... All teach and all learn.

C. R. Christensen (1991)[7]

Ce que nous dit ce grand enseignant qu'est Christensen est au fond aussi vrai de la gestion du changement et peut-être de la gestion en général. Gérer le changement, le conduire, c'est souvent découvrir le chemin à mesure qu'on s'y aventure. On apprend du terrain lui-même mais aussi, dans le cas de l'organisation, de tous ceux qui l'occupent actuellement. Comme les grands enseignants, si les praticiens qui dirigent le changement étaient capables de faire partager aux personnes qui, avec anxiété ou angoisse, regardent dans leur direction leur fascination pour « le voyage », le miracle de la transformation ne serait pas loin.

Mais comme dans l'enseignement, la transformation ne peut être forcée. Elle se produit d'elle-même ou elle ne se produit pas. Nikos Kazantzakis, dans Zorba le Grec, le suggère admirablement (1952) :

Je me souviens du matin où je découvris un cocon dans l'écorce d'un arbre, juste au moment où un papillon ayant fait un trou dans son enveloppe se préparait à sortir. J'ai attendu un petit instant, mais il mit du temps à apparaître et j'étais impatient. Je me suis penché et j'ai soufflé dessus pour le chauffer. Je l'ai réchauffé aussi vite que j'ai pu et le miracle commença à se produire devant mes yeux, plus rapide que la vie. L'enveloppe s'ouvrit, le papillon commença lentement à se sortir et je n'oublierai jamais l'horreur que je ressentis

---

7. On a dit qu'on vit notre vie à l'endroit (en regardant vers l'avant) mais qu'on la comprend à l'envers (en regardant vers l'arrière). En retournant à toutes ces années d'enseignement par la discussion, je me rends compte combien son processus a intrigué, stupéfait et nourri intellectuellement le praticien (que je suis) - et la fascination n'a pas l'air de vouloir diminuer. Au cœur (de tout cela) il y a une révélation fondamentale : enseigner et apprendre sont inséparables... Chacun enseigne et chacun apprend.

lorsque je vis que ses ailes étaient repliées et brisées ; le papillon déformé, tout son corps tremblotant, essaya de les ouvrir. Penché dessus, j'essayai de l'aider à respirer, mais en vain.

La transformation ne se fait pas sans la volonté de celui qui doit se transformer et même là, il faut le temps ! Dans la conduite des changements stratégiques, les dirigeants disent souvent leur foi dans les personnes qui changent, mais comme le petit enfant de Kazantzakis qui souffle sur le cocon du papillon, ils sont souvent pressés et font souvent juste assez pour qu'il sorte tout croche. Est-ce à dire que les dirigeants doivent simplement veiller le processus et ne rien faire ? Loin de là ! Les changements organisationnels d'ordre stratégique nécessitent une autotransformation des personnes de l'organisation. Cette transformation ne peut se faire si les personnes ne comprennent pas ce qui doit leur arriver personnellement et ce qui doit arriver à l'action collective, donc à leurs interactions avec les autres.

En d'autres termes, le dirigeant n'est pas seulement figurativement un enseignant. Il est réellement un enseignant ! Plus que cela, c'est un enseignant à la manière Christensen, un enseignant par la discussion, voire par la méthode des cas, un enseignant qui espère la transformation parce qu'il fait participer ses élèves au processus de la découverte, un enseignant qui ne connaît que partiellement le chemin et qui a suffisamment de cœur et de nerfs pour accepter de découvrir lui aussi, en même temps que ses élèves, une bonne partie de ce chemin.

On raconte ainsi la remarquable réussite de la prise en charge par Toyota de l'usine GM de Fairmount, en Californie, dans le cadre d'une coentreprise dont elle avait la charge de gestion (Pascale, 1990). GM considérait cette usine comme la plus difficile à gérer. La confrontation avec les syndicats était constante, et l'entreprise n'était même pas capable de procéder aux rénovations technologiques tant la résistance était grande et concentrée. L'usine fut fermée, les employés furent licenciés et les installations, confiées à Toyota.

Toyota recruta les mêmes ouvriers, les forma, leur donna plus de responsabilités et les laissa contribuer dans un cadre clairement spécifié. Là aussi, le miracle se produisit. Alors que la résistance avait été grande avec GM, la collaboration et le plaisir de contribuer l'avaient remplacée avec Toyota. Plus impressionnant pour les puristes de la gestion traditionnelle, la performance fut inégalée dans les usines de GM. La productivité de l'usine de Fairmount était trois fois supérieure à celle de la meilleure des usines de GM. En d'autres termes, chaque employé de Fairmount produisait trois fois plus de véhicules que la moyenne des employés dans l'usine Buick City, l'usine-phare de GM.

Quand on prend note que l'usine de Fairmount était *low-tech*[8], par les standards de l'industrie, on comprend alors combien le changement est une question de personnes et de leur gestion, d'abord et avant tout.

On pourrait mentionner aussi l'histoire de ce remarquable gestionnaire brésilien qu'était Semler (1993). Il avait réussi une véritable révolution en admettant qu'il ne savait pas tout et que ses employés allaient avoir à découvrir eux-mêmes le chemin. À l'intérieur de balises qui étaient raisonnables, il a alors réellement assisté au miracle de la vie organisationnelle, à la formidable énergie que des personnes stimulées et relativement libres d'agir peuvent produire. Au Québec, l'histoire de la société Cascades et des frères Lemaire est similaire (voir Aktouf et Chrétien, 1987).

Dans ce chapitre, nous allons proposer une perspective d'ensemble sur les problèmes de conduite du changement stratégique. Nous suggérons que, dans le changement, le plus important est la personne et sa réaction aux transformations qu'on impose à son univers habituel. Nous commencerons donc par un rappel des choses importantes sur le comportement des personnes. Mais pour bien comprendre les comportements des personnes, il faut les situer dans le contingent. C'est pour cela que nous mettrons l'accent sur les types de changements et les défis qu'ils présentent aux gestionnaires. Cela fera l'objet des deux dernières sections.

I. LES FONDEMENTS DU COMPORTEMENT HUMAIN

En 1911, dans un livre et une recherche célèbres sur l'intelligence et le comportement animal, Thorndike a proposé la loi de *l'effet*, qui simplement déclare que les organismes vivants auraient tendance à répéter les actions dont les résultats leur donnent du plaisir et à éviter les actions qui sont associées à des résultats désagréables. Cette loi de *l'hédonisme* a exercé une grande influence sur les recherches qui ont été menées pour expliquer les comportements des personnes.

On peut globalement diviser les recherches les plus marquantes dans le domaine en deux grandes catégories : celles, appelons-les *cognitives,* qui considèrent que le comportement des personnes est le résultat d'une réflexion ou d'une pensée consciente, actionnées par les stimuli auxquels elles sont exposées, et celles, appelons-les *acognitives*, qui considèrent que le comportement peut être expliqué sans référence aux processus de pensée des personnes.

---

8. De niveau technologique peu élevé.

A. LES THÉORIES ACOGNITIVES : SKINNER ET LE COMPORTEMENT CONDITIONNÉ

Le champion des explications acognitives est sans nul doute B. F. Skinner, dont la théorie est basée sur l'idée que « le comportement est déterminé par ses conséquences ». En fait, Skinner disait plus précisément ce qui suit :

1. L'organisme est passif. Il ne prend pas vraiment l'initiative des actions. Il ne fait que répondre aux stimuli.
2. On n'a pas besoin de postuler qu'un besoin ou une finalité est à la base du comportement. Pour lui, tout peut s'expliquer par la relation « conséquences/comportement » ou encore par le fait qu'un organisme se comporte de manière à maximiser les plaisirs en tenant compte des conséquences qui *ont suivi* des comportements similaires dans le passé.
3. Finalement, le conditionnement opératoire explique la plupart des comportements.

Fondé sur la loi de l'effet, le *conditionnement opératoire* est basé sur l'idée que, par le conditionnement, on peut augmenter la probabilité qu'un comportement désiré se reproduise et qu'un comportement non désiré soit supprimé.

On a déterminé cinq types fondamentaux de conséquences environnementales ou stimuli : 1) le renforcement positif, qui encourage la répétition du comportement ; 2) l'omission, qui décroît les chances de la répétition du comportement ; 3) la punition, qui a tendance à supprimer le comportement qui la précède ; 4) la fuite, qui accroît la probabilité de répétition du comportement qui la précède ; 5) le stimulus neutre.

On pourrait ainsi dire que les comportements dans l'organisation sont toujours provoqués par des renforcements, visibles ou non. Des comportements indésirables peuvent être supprimés par l'identification et la suppression des renforcements existants. De plus, on peut obtenir le changement de comportement souhaité en utilisant un renforcement positif qui encourage les comportements désirés. Skinner a notamment suggéré que les systèmes de récompense et punition de l'organisation, pour être efficaces, devraient suivre les principes du conditionnement opératoire.

B. LE COMPORTEMENT COMME RÉSULTAT D'UNE DÉMARCHE CONSCIENTE

Dans le processus stimuli-organisme-comportement, l'organisme joue un rôle important. Il peut aussi initier son propre comportement. Les hypothèses hédonistes sont à la base aussi de ces approches. Le processus hédoniste comprend quatre étapes :

1. *La privation*, qui engendre un besoin, à la suite de l'absence d'une condition nécessaire à la survie, au confort ou au plaisir d'une personne ;
2. *L'éveil*, qui s'exprime par une grande activité, souvent aléatoire, et une sensibilité plus grande aux stimuli susceptibles de satisfaire le besoin produit ;
3. *La direction*, qui fait que le comportement prend un sens, a une fin ; la personne recherche les incitatifs (choses, personnes, places, conditions ou activités) qui pourraient lui permettre de satisfaire le besoin ressenti et essaie de les obtenir ;
4. *La satisfaction*, qui se produit lorsque le besoin est satisfait en partie ou en totalité ; la séquence se termine alors.

L'idée qu'à la base du processus il y a un besoin nous amène naturellement à essayer de déterminer les types de besoins qu'on retrouve dans les analyses de *comportement cognitif*, orienté vers un but. Bien qu'elles ne soient pas exhaustives, cinq grandes catégories de besoins font le consensus parmi les spécialistes : le besoin de survivance, le besoin de sécurité, le besoin d'affiliation, le besoin de réalisation et le besoin de maîtrise. De manière plus détaillée :

1. LE BESOIN DE SURVIVANCE

On a tendance à inclure dans cette catégorie des besoins *physiogéniques*, comme satisfaire la faim ou la soif, la protection contre un environnement hostile (se vêtir et se loger), et le besoin de régénération, notamment par le sommeil, et des besoins *psychogéniques*, soit la sécurité, l'affiliation, la réalisation et la maîtrise.

2. LE BESOIN DE SÉCURITÉ

Ce besoin ressemble beaucoup au besoin de survivance, sauf qu'il l'étale sur le long terme. La sécurité physique et la sécurité économique dominent ici.

3. LE BESOIN D'AFFILIATION

On estime que les êtres humains ont un fort besoin de s'associer et de se faire accepter par les autres. La constitution d'une famille, elle-même, est considérée comme faisant partie de la satisfaction de ce besoin. Certains comportements liés au besoin d'affiliation recoupent aussi la satisfaction d'autres besoins, comme le besoin de sécurité économique.

4. LE BESOIN DE RÉALISATION

Ce besoin est celui d'atteindre soi-même, non par chance ni par l'effort des autres, des réalisations concrètes et mesurables.

Le besoin de réalisation semble très influencé par les expériences de jeunesse. Il y a aussi des différences culturelles et sous-culturelles en matière d'insistance sur la réalisation. Ainsi, la classe moyenne ou moyenne-basse, les petites villes et les origines rurales produisent un ratio plus grand de personnes avec un besoin de réalisation élevé, et la pauvreté a tendance à étouffer le besoin de réalisation.

5. LE BESOIN DE MAÎTRISE

C'est le besoin de manipuler ou de contrôler certains aspects de l'environnement de la personne. Lorsque les autres personnes sont concernées, on parle souvent de *besoin de pouvoir*, tandis que lorsque des aspects non humains sont touchés on parle de *besoin d'affectance*. Le besoin de pouvoir peut mener à l'utilisation et à l'exploitation des autres, mais il peut aussi se révéler utile pour les subordonnés comme pour les supérieurs.

Même si cela peut paraître évident, il faut mentionner que ces besoins sont en interaction constante et s'influencent mutuellement. La hiérarchisation des besoins, comme celle qu'a proposée A. Maslow a eu beaucoup de succès. Pour ce chercheur, les besoins sont hiérarchisés chez les personnes de manière à ce que les besoins situés le plus bas dans la hiérarchie dominent. Ceux qui se trouvent plus haut dans la pyramide ne deviennent actifs que lorsque les besoins plus fondamentaux sont raisonnablement satisfaits. Ainsi, pour Maslow, les besoins, ordonnés du plus au moins dominant, sont :

1. Les besoins physiologiques ;

2. Les besoins de sûreté ;

3. Les besoins d'amour ;

4. Les besoins d'estime ;

5. Les besoins d'autoactualisation.

Même si cela est peu connu, Maslow a émis beaucoup d'avertissements et de correctifs. Notamment, il suggère qu'il n'y a pas de frontières très claires entre les différents besoins.

C. LA MOTIVATION ET LE COMPORTEMENT DES PERSONNES AU TRAVAIL

Les théories fondamentales seules ne disent pas vraiment quel comportement est susceptible d'apparaître au travail. Il est nécessaire de les relier à l'action. C'est pour cela que les théories de *motivation au travail, satisfaction et performance* sont apparues. Les relations entre la personne et son travail sont toujours apparues comme essentielles. Au travail, la personne trouve des satisfactions qui peuvent lui venir de son salaire, des bénéfices divers ainsi que de l'environnement physique, social et organisationnel qui l'entoure. Cela l'amène à avoir des sentiments et des attitudes positives ou négatives à l'égard du travail. Ces attitudes et sentiments sont associés à l'effort qu'il va fournir, et vont donc déterminer l'ardeur et la persistance avec lesquelles il va se consacrer à son travail ; ces dernières sont associées à sa contribution à la performance de l'organisation.

Les relations de causalité entre effort, satisfaction et performance ne sont pas clairement établies par la recherche. Les livres de comportement organisationnel ont cependant retenu une synthèse importante offerte par Porter & Lawler (1968). Cette synthèse est résumée dans le modèle de la figure 1. Ce modèle nous dit que l'effort (case 3) est déterminé par la perception de l'acteur sur la relation entre l'effort et la récompense (case 2) et par la valeur qu'il accorde à cette récompense (case 1). L'effort, ainsi que les « capacités et traits » (case 4), qui sont les « caractéristiques stables et à long terme de la personne », et les perceptions sur le rôle (case 5), ou comportements que la personne considère comme essentiels pour réaliser la tâche, déterminent les réalisations et donc la performance (case 6). Celle-ci, à son tour, détermine les récompenses qui peuvent être de deux types : intrinsèque et extrinsèque. La récompense intrinsèque (case 7A) est celle qui est reliée aux besoins supérieurs et dépend donc de l'employé lui-même, tandis que la récompense extrinsèque (case 7B) est reliée aux besoins inférieurs et est administrée par l'organisation. La performance affecte aussi la perception de ce que sont des récompenses équitables (case 8) et a un effet de feed-back sur la perception de la relation entre l'effort et la récompense (case 2). Finalement, les récompenses déterminent la satisfaction (case 9), laquelle a un effet de feed-back sur la valeur des récompenses. Bien que fonctionnant comme un « système fermé », ce modèle est bien accepté par les experts.

D. La frustration et le comportement

On a aussi observé des comportements qui, loin d'être guidés par la recherche de satisfaction, semblent s'en éloigner, ce qui a mené à des théories sur les comportements provoqués par la frustration. La frustration est ici conçue comme une construction théorique qui fait le lien entre des conditions qui freinent ou empêchent la satisfaction d'un désir ou d'un besoin et les comportements qui leur sont associés. Les spécialistes utilisent aussi les termes de *blocage et conflit* pour parler des sources de frustration, d'*anxiété* pour parler de la conscience de la frustration et d'*induit par la frustration* pour parler des comportements qui sont la conséquence de la frustration.

Figure 1 Le modèle Porter/Lawler

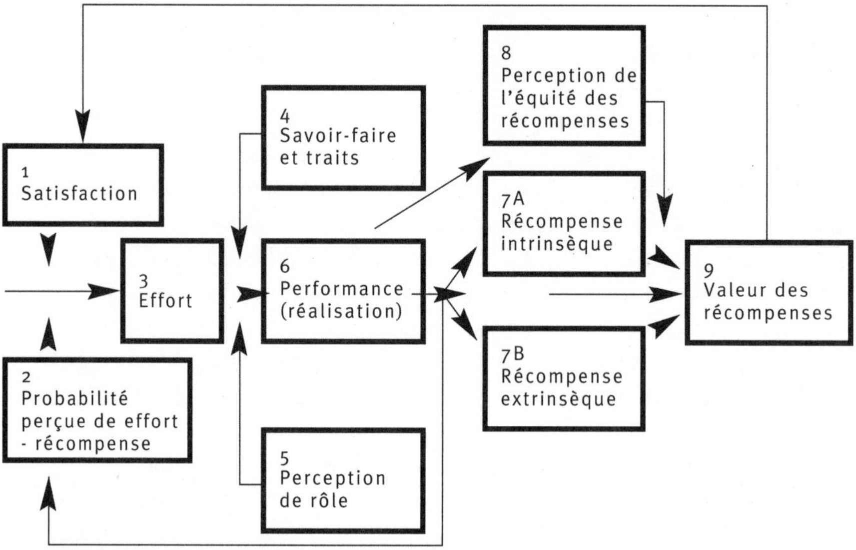

Adapté de Porter & Lawler (1968)

La frustration n'est pas toujours le résultat d'un blocage. Elle peut aussi résulter de conflits entre besoins.

Les *patterns* de comportements induits par la frustration sont au nombre de quatre : l'agression, la régression, la fixation et la résignation (Maier, 1965). L'agression peut avoir trois types de cibles. Elle peut être directe (contre la personne ou l'objet bloquant la satisfaction) ou déplacée (contre des boucs émissaires) ; ou dans certains cas compliqués, elle peut être tournée vers l'intérieur, vers la personne elle-même, sous forme de sentiments de honte, de déception, et peut conduire à des comportements extrêmes. Dans les organisations, les *patterns* d'agression sont souvent déterminés par la hiérarchie (Zaleznik, 1970). Les luttes intestines en sont des formes, comme peut l'être une obéissance à la lettre ou un excès de zèle.

La régression est un phénomène bien décrit par les psychologues et les psychanalystes (Lapierre, 1993). Chez les adultes, on attache à ces comportements ceux qui consistent à « vouloir retourner au bon vieux temps », à l'attachement anormal à des symboles d'enfance ou du passé, à accepter facilement des recommandations ou suggestions d'autres personnes sans esprit critique, à la formation de loyautés aveugles à des groupes ou à des individus.

Parfois, la frustration engendre des actions répétitives, bien qu'elles ne donnent aucun résultat ni aucun sentiment de progrès vers l'objectif ; parfois même, elles peuvent causer de la douleur ou de l'inconfort. C'est une situation de fixation. On a trop tendance à punir pour corriger ce comportement, ce qui ne peut que l'aggraver. Les dirigeants sont souvent eux-mêmes victimes de fixation, surtout lorsqu'ils ont du mal à maîtriser de nouvelles responsabilités.

Finalement, la résignation se manifeste par la passivité, l'inaction, le manque d'intérêt, voire l'apathie. Ce ne sont pas, comme pour les autres *patterns,* des réponses à des blocages immédiats ou temporaires ; c'est plutôt une réponse à des barrières répétées et dominantes, à la réalisation d'objectifs. Les comportements d'échec sont souvent associés à la résignation.

E. LE CHANGEMENT ET LA PERSONNE

On peut à présent comprendre les problèmes que le changement pose à la personne. Il la met dans une situation où il faut repenser le monde et les relations avec les personnes de l'organisation. Il faut aussi réexaminer la relation entre effort, performance et récompense. Ce réexamen est bien entendu affecté par la satisfaction actuelle des besoins et la nature des besoins qui seraient dominants. Par ailleurs, le changement engendre en même temps beaucoup de frustration. Le gestionnaire préoccupé par la gestion du changement doit donc garder ces enseignements constamment à l'esprit. Cependant, il est utile de rappeler que la compréhension des comportements fondamentaux n'est utile que si on la replace dans le contexte que représente la situation spécifique. C'est pour cela que nous allons à présent suggérer ces situations spécifiques en proposant une typologie des changements stratégiques, ce qui nous amènera naturellement à apprécier les défis auxquels le gestionnaire du changement aura inévitablement à faire face.

II. LES GRANDS TYPES DE CHANGEMENTS STRATÉGIQUES

Les questions que pose le changement stratégique sont de nature très pratique. D'abord, il est important d'être capable de reconnaître et de distinguer les différents types de changements stratégiques et, par la suite, les différences de gestion qui s'imposent alors. De nombreuses propositions ont été faites (Hafsi et Demers, 1989 ; Allaire et Firsirotu, 1985 ; Anderson, 1984 ; Miller, 1990), mais pour l'instant nous allons nous contenter d'une classification très générale (Ginsberg, 1988).

Ginsberg (1988) suggère de considérer deux dimensions pour apprécier les types de changements :

1. Une dimension orientation, vers l'interne (perspective) ou vers l'externe (position).

2. Une dimension importance du changement, un changement de degré (magnitude) ou un changement d'état (de *pattern*).

Ainsi, lorsqu'on a un changement de degré de position, on peut parler de changement du nombre d'activités dans lesquelles l'organisation est active ou veut se développer ; inversement, on peut aussi se reporter à l'intensité de la spécialisation. On peut aussi parler de changement du déploiement de ressources aux différentes activités ou fonctions.

Lorsqu'on a un changement de nature de position, on parlera alors de changement de la nature des relations entre les activités dans lesquelles l'organisation est active ou veut se développer. De même, on pourra parler de changement dans la configuration des déploiements de ressources aux différentes activités ou fonctions.

Lorsqu'on a un changement de degré en matière de perspective, on évoque l'intensité des normes et valeurs qui déterminent le comment et le pourquoi des choix de domaines d'activité, de procédés de production ou de systèmes administratifs.

Lorsqu'on a un changement de nature en matière de perspective, on parle de changement dans la configuration des normes et valeurs qui déterminent le comment et le pourquoi des choix de domaines d'activité, de procédés de production ou de systèmes administratifs.

Le deuxième grand type de questions que pose le changement stratégique est lié à sa gestion. Comment peut-on changer le contenu ou les processus stratégiques, sans perdre le contrôle du fonctionnement de l'organisation ? En d'autres termes, que savons-nous sur les changements de contenu ? Que savons-nous sur les relations de cause à effet entre mécanismes de gestion et *patterns* de comportement de l'organisation ? La littérature traditionnelle, généralement plus normative, sur la stratégie des organisations, notamment les relations entre environnement, stratégie et performance (Thompson, 1967 ; Porter, 1991 ; Vankatraman & Camillus, 1984), et les relations entre ressources et avantages concurrentiels (Wernerfelt, 1984), apporte de nombreuses réponses à la première question. Au contraire, l'abondante littérature empirique en théorie ou en sociologie des organisations, en anthropologie et en psychologie apporte des réponses parcellaires à la seconde.

Il serait alors possible de clarifier ces deux grandes catégories de questions, au moins partiellement, en décrivant une typologie des changements qui révèle leur mode de gestion. C'est la typologie Hafsi & Demers (1989) qui nous servira ici.

III. UNE TYPOLOGIE DE LA TRANSFORMATION STRATÉGIQUE

LES DIMENSIONS DE LA STRATÉGIE

Il est entendu que ce sont les décisions en termes de contenu qui ultimement vont faire le succès ou l'échec d'une organisation. Cependant, les dirigeants au niveau le plus élevé d'une organisation complexe ne peuvent s'occuper eux-mêmes de ces décisions de contenu, parce qu'elles sont trop nombreuses et nécessitent des connaissances ou des compréhensions qu'ils n'ont pas. Les dirigeants doivent cependant s'assurer que ceux qui prennent ces décisions ont les attitudes, les connaissances et la volonté qui leur permettent de converger vers les objectifs globaux de l'organisation. Pour cela, ils doivent gérer le processus d'élaboration de la stratégie, généralement en agissant sur les mécanismes de mise en œuvre de la stratégie (structure, incitations matérielles et idéologiques, style de leadership, etc.) que nous avons évoqués auparavant. Parce que nous nous intéressons surtout à l'action de ces dirigeants au sommet, il nous faut une définition de l'idée de stratégie plus adaptée à la complexité et donc mettant plus l'accent sur la mise en œuvre.

Pour les besoins de l'étude des organisations dont le niveau de complexité est élevé, nous proposons de décomposer et de simplifier l'idée de stratégie en quatre grandes composantes :

a) L'idéologie-croyance, qui est l'ensemble des croyances partagées par les responsables clés sur :

- l'environnement ; par exemple, comment est-il structuré ? Quelles sont les opportunités et menaces qu'il contient ? Quelle est la nature de la concurrence ? Quel est le rôle du gouvernement ?

- les personnes ; par exemple, que savons-nous de leurs capacités et de leurs comportements (faits et théories) ?

- l'état de nos connaissances et de notre compréhension du monde (physique) qui nous entoure ; notamment, quels sont les niveaux de la compréhension et de la connaissance technologique et managériale ?

b) L'idéologie-valeurs, qui est l'ensemble des valeurs partagées par les responsables clés de l'organisation. Ces valeurs couvrent :

- d'abord, les activités de l'organisation, comme son orientation technologique, la qualité de ses produits/services, l'importance de l'efficience, etc. ;

- ensuite, la définition du rôle et de la contribution des individus, y compris par exemple le degré de participation aux décisions ;
- finalement, les valeurs concernant les relations de l'organisation avec la société en général.

c) La stratégie concurrentielle, ou positionnement, comprend essentiellement la définition ou la modification du domaine d'activité. Le domaine peut être étendu en relation avec les activités et les produits actuels de l'organisation ; c'est notamment le cas des décisions d'internationalisation des activités. Il peut aussi être redéfini, sans relation avec les activités ou les produits de l'organisation ; c'est le cas d'une acquisition dans des domaines non reliés, par exemple. Dans les deux cas, le processus d'allocation des ressources doit être redéfini et la chaîne de valeur doit être reconfigurée. Cela implique une reconceptualisation des éléments d'activité et de leur soutien pour mieux servir la clientèle existante ou une nouvelle clientèle.

d) Les arrangements structurels comprennent les éléments mentionnés plus haut et définissent en particulier le mode de gouvernement choisi pour l'organisation et la distribution du pouvoir entre les différentes forces et acteurs de l'organisation. D'abord, le mode de gouvernement est défini lorsqu'on clarifie la structure du processus d'attribution des ressources. En particulier, est-elle formellement (ou informellement) définie ? Son fonctionnement et le contrôle de ses résultats sont-ils systématiques ou spéciaux ? Ensuite, quel est l'espace de décision disponible pour les membres clés de l'organisation ? En particulier, combien de contrôle (ou d'autonomie) y a-t-il sur des décisions simples (ou complexes) ? Finalement, comment sont perçus les systèmes de contrôle et de récompense ? En particulier, le système de récompense est-il vague ou précis et les fréquences de mesure et de contrôle sont-elles élevées ou basses ?

Les dimensions que nous venons de définir n'agissent pas de manière indépendante les unes des autres. Comme nous l'avons évoqué plus haut, il y a des regroupements en configurations « naturelles » qui définissent les transformations stratégiques. L'idée de configuration est bâtie sur la croyance que, dans les activités de la nature et dans les activités des personnes, les variables, qui caractérisent ces activités, ne prennent pas toutes les valeurs qu'elles pourraient prendre. Elles ont plutôt tendance à ne prendre que certaines valeurs compatibles avec celles des autres variables pour former des ensembles harmonieux. Cela permet donc de les regrouper en un nombre relativement faible de configurations et d'ignorer le grand nombre de combinaisons qui pourraient résulter de la considération de toutes les valeurs théoriquement possibles (Miller & Mintzberg, 1988).

Les configurations les plus représentatives sont, d'après nous, au nombre de quatre. Chacune de ces configurations est dominée par un des quatre aspects de la stratégie mentionnés auparavant.

La configuration de transformation n° 1 : changer la façon de voir le monde

Le changement ici est total. Les croyances et souvent les valeurs aussi doivent être fondamentalement modifiées. Ces changements de nature idéologique entraînent irrémédiablement des modifications dans la nature du domaine d'activité (la stratégie) et dans les arrangements structurels. Tout cela se fait généralement en un temps relativement court même si plusieurs années sont nécessaires pour la stabilisation. Dans ce cas, les dimensions se combinent alors comme suit.

Le changement de croyance ou de valeur est généralement toujours perçu comme brutal. Le changement du contexte organisationnel est très important. Changer la façon de voir le monde requiert souvent des changements organisationnels spectaculaires pour signaler qu'on a réellement l'intention de mener le changement à terme. Notamment, les responsables sont souvent changés de manière brutale, les traditions sont modifiées pour mettre l'accent sur des valeurs nouvelles, de nouveaux symboles apparaissent, des comportements nouveaux sont mis en exergue, etc.

On ne change pas les croyances et les valeurs facilement. Néanmoins, le changement ne prend pas place du jour au lendemain. Il y a toujours une période de prosélytisme, au cours de laquelle on essaie de développer un consensus autour de la nécessité du changement et de la pertinence des nouvelles croyances ou valeurs.

Par définition, ce type de changement implique des transformations dans toutes les pratiques et les idées qui ont cours dans l'organisation. C'est le type de changement le plus complet. L'apprentissage requis est très important, d'autant plus important que généralement tout est changé à la fois : les croyances ou les valeurs, le domaine d'activité et les règles de fonctionnement.

Un exemple typique de ce genre de changement, celui d'Hydro-Québec entre 1981 et 1987, a été décrit par Hafsi & Demers (1989). Ce genre de changement est tellement englobant que peu d'organisations oseraient l'entreprendre si elles en mesuraient toutes les conséquences et toutes les difficultés. Il correspond vraiment à une révolution complète. Rares sont les entreprises qui le tentent.

La configuration de transformation n° 2 : revitaliser en changeant les pratiques de l'organisation

Ici, on n'a pas besoin de changer sa façon de voir le monde (les croyances sont encore bonnes), mais on est convaincu que les valeurs (et donc les pratiques) ne sont plus adaptées au monde. Cela implique en quelque sorte une remise en cause de soi plutôt que de sa vision du monde. Il s'agit ici de découvrir des comportements plus fonctionnels, puis de reconstruire la relation que l'organisation a avec le reste du monde. À terme, en plus du changement de valeurs, il y a aussi souvent un changement fondamental du champ d'activité et des arrangements structurels.

Ce changement, même s'il est démarré à toute vitesse pour réduire les résistances, prend beaucoup de temps pour devenir une réalité. Généralement, la performance de l'organisation n'est pas catastrophique, et donc le temps disponible pour aller vers des performances meilleures est assez grand.

Comme le changement ne remet pas en cause, du moins au début, la relation de l'organisation à son environnement, il est moins englobant que dans la configuration n° 1. C'est néanmoins un changement des pratiques qui touche l'ensemble de l'organisation et, de ce fait, il introduit des perturbations dont la digestion peut prendre plusieurs années.

L'apprentissage requis peut être considérable, mais il est généralement plus acceptable parce que les croyances ne sont pas remises en cause. Lorsque Sir Marcus Sieff chez Marks & Spencer ou M. McPherson chez Dana ont du jour au lendemain interdit l'utilisation des manuels de procédures et préconisé une « gestion sans papier », la stupeur était générale, mais la mise en application a été remarquable.

Le changement de contexte organisationnel requis est considérable, mais il n'est pas nécessairement aussi fondamental que dans le changement n° 1. Le but du changement est bien sûr de modifier les relations à l'intérieur de l'organisation et donc le fonctionnement actuel de celle-ci, mais il n'y a pas de remise en cause de la nature des relations avec l'environnement.

Le changement stratégique n° 2 n'entraîne pas toujours un changement de leadership. Très souvent, les mêmes dirigeants amorcent le changement. Le style est essentiellement charismatique et démocratique. Mao, lors de la révolution culturelle en Chine, est un cas typique. Dans le monde des affaires, c'est une situation très courante. Allaire & Firsirotu mentionnent General Electric, Pillsbury, Philip Morris, et Johnson & Johnson. Anderson mentionne Con Agra, Hershey Foods, Cabot Corporation, Dana et bien d'autres. Dans la plupart de ces cas, le changement a été lancé et géré par les dirigeants en place.

Les exemples disponibles semblent suggérer que ce type de changement est généralement entrepris dans des organisations matures, dont les pratiques sont devenues désuètes. En général, une concurrence forte ou moyenne mais devenant plus énergique accompagne ou favorise cette configuration. La situation concurrentielle révèle aussi des possibilités importantes dont l'entreprise peut, si elle change de pratiques, tirer parti pour se démarquer et accroître ou améliorer ses avantages concurrentiels.

La configuration de transformation n° 3 : réorienter en changeant le domaine d'activité ou le positionnement

Dans cette configuration, les croyances ne sont pas en cause et le fonctionnement interne paraît satisfaisant ; par contre, le domaine d'activité paraît inadéquat soit parce que les ressources de l'entreprise ne sont pas utilisées complètement, soit parce qu'elles pourraient être utilisées plus efficacement. Le changement implique donc une remise en cause de l'équilibre existant en modifiant ou en étendant le champ d'activité. Dans cette configuration, la modification des croyances et des valeurs est lente, progressive et liée à l'évolution normale d'une entreprise dont le champ d'activité change.

Les changements organisationnels peuvent être très importants (Chandler, 1962) pour ajuster les arrangements structurels à la nouvelle stratégie. Ces changements peuvent cependant être progressifs et dans tous les cas ils amènent des améliorations sensibles, souvent souhaitées par la plupart des dirigeants et des personnes concernées.

Le changement est souvent de grande envergure, mais comme la possibilité de le mener progressivement existe, il est moins effrayant. L'apprentissage requis peut être important mais il est progressif. Tout le monde dans l'organisation est sur un pied d'égalité. De ce fait, les résistances peuvent être beaucoup moins grandes que dans les cas précédents.

Il y a habituellement continuité du leadership. Mais il y a aussi de nombreux cas où le changement a été amorcé par de nouveaux dirigeants. Finalement, là aussi la concurrence stimule le changement. Elle est généralement forte. Elle met alors en cause la performance de l'entreprise dans le domaine choisi et force la reconsidération des choix faits précédemment.

L'exemple souvent mentionné et devenu aujourd'hui un classique est celui documenté par Chandler sur la société Du Pont entre sa création et la fin des années 1920. Le changement de domaine entrepris par cette entreprise fut tellement grand que des changements de structure puis plus tard de culture (ou ce que nous avons appelé ici idéologie) se sont révélés nécessaires, bien que difficiles à réaliser.

La configuration de transformation n° 4 : redresser pour la survie à court terme

Le cas typique est celui de Chrysler à la fin des années 1970. La situation de l'organisation est généralement très difficile, voire désespérée. Les ressources ne sont pas suffisantes pour assurer le fonctionnement normal. Il est nécessaire de procéder à des opérations chirurgicales d'urgence pour sauver l'organisation. On doit notamment réduire l'importance des activités, remettre de l'ordre et imposer une discipline dure pour accroître l'efficacité et l'efficience.

Les arrangements structurels doivent alors être changés de manière spectaculaire et discontinue. La stratégie et l'idéologie ne sont pas au départ une préoccupation des dirigeants, et on n'a pas à les changer pour survivre. Elles doivent s'ajuster mais cela peut prendre beaucoup de temps. Ce n'est qu'après avoir assuré la survie de l'organisation que M. Iacocca s'est mis à se préoccuper, d'une part, de lui redonner de nouvelles croyances et de nouvelles valeurs et, d'autre part, de modifier son domaine d'activité (J. Hafsi, 1985).

Le changement structurel doit se faire en toute urgence. Il n'est pas nécessaire de consacrer beaucoup de temps à la discussion ou à la réflexion. Pourtant, le changement (généralement alors une revitalisation ou une réorientation) a souvent été perçu depuis longtemps comme nécessaire, mais les actions de correction n'ayant pas été entreprises, il y a eu aggravation. L'aggravation fait alors du changement une nécessité à court terme pour assurer la survie. L'absence ou la faiblesse de la concurrence est souvent à l'origine d'une telle situation. Cependant, une situation de très forte concurrence peut aussi être associée à cette configuration lorsque cette forte concurrence se perpétue dans le temps et que les organisations concernées n'arrivent pas à trouver le temps de se réajuster de manière adéquate et luttent constamment pour la survie. Cela s'est notamment produit dans l'industrie des machines agricoles depuis les années 1950.

Le changement, même si considérable, apparaît comme légitime et ne suscite que peu de réactions. L'apprentissage est souvent important mais peu coûteux parce qu'il est dans bien des cas souhaité par le plus grand nombre. Il faut, malgré cela, noter que les risques les plus grands de division et de destruction de l'organisation dans son ensemble viennent généralement de la pertinence et de l'importance des bouleversements qui sont imposés. Le cas du *Saturday Evening Post* (Christensen, Andrews & Bower, 1973) montre comment cela peut conduire à la disparition de l'organisation.

Généralement, le leadership qui mène le redressement est nouveau, parce que les responsables en place ne peuvent effacer les stigmates de l'échec qui a entraîné la nécessité du redressement. Le style est essentiellement autoritaire et orienté vers les résultats. Les exemples de Iacocca chez Chrysler et de Rice chez Massey-Ferguson, dans les années 1980, sont typiques.

IV. LES DÉFIS DU CHANGEMENT STRATÉGIQUE

Comme cela a été discuté plus haut, c'est fondamentalement surtout à cause de son effet sur les personnes que le changement stratégique est si délicat à mener. La nature de la difficulté est rendue plus claire avec la typologie que nous avons proposée. L'effet sur les personnes est alors à la source de nombreux grands défis, qu'on pourrait regrouper en cinq catégories :
- un défi conceptuel ;
- un défi organisationnel ;
- un défi culturel ;
- un défi humain ;
- un défi de leadership.

Chacune de ces catégories est généralement présente dans tous les types de changements évoqués, cependant la combinaison est spécifique et différente pour chaque situation, ce qui doit être gardé à l'esprit dans la discussion qui suit.

Un changement stratégique, comme en fait tout changement organisationnel d'envergure, **requiert une certaine légitimité**. La légitimité est simplement une justification, de nature légale, morale, idéologique ou autre, pour l'action entreprise ou à entreprendre, acceptée par les membres clés de l'organisation. L'idée de la nécessité de la légitimité est relativement facile à comprendre. En effet, comme le changement engendre des souffrances pour beaucoup de personnes, en particulier pour beaucoup de dirigeants, il va aussi entraîner beaucoup de contestation, ce qui peut à la limite remettre en cause le changement lui-même.

La légitimité peut venir de la propriété, du pouvoir physique détenu, de la disponibilité de ressources, notamment financières (pour faire taire la contestation), du soutien de personnes qui ont de la crédibilité au sein de l'organisation, de l'existence d'une idéologie puissante, convaincante pour le plus grand nombre, et de l'existence d'une organisation adéquate pour canaliser le changement et réduire les risques d'égarements.

En conséquence, le premier défi pour mener le changement va être de nature conceptuelle. Il faut en effet trouver les formulations les plus convaincantes pour expliquer et justifier le changement. Il faut pour cela proposer une conceptualisation du changement qui rende celui-ci évident, voire « naturel », pour tous les membres clés de l'organisation. Cela suppose entre autres l'énoncé d'une vision claire et imposante, dans laquelle les membres de l'organisation vont reconnaître leurs aspirations.

Selon le type de changement, cette formulation peut venir au tout début ou vers la fin du changement.

Le deuxième type de défi est de construire l'organisation, de sorte qu'elle puisse prendre en charge le changement. Ce défi est lié aussi à la nature des personnes de l'organisation. Le système organisationnel doit encourager les comportements qui sont souhaités par le changement. Malheureusement, sauf si nous appartenons à des organisations très simples, nos connaissances en la matière sont très embryonnaires. Les relations de cause à effet en matière organisationnelle sont très mal connues, et nos désirs ou objectifs deviennent très difficiles à exprimer de manière claire pour tous. De plus, les phénomènes organisationnels sont très souvent spécifiques et localisés, alors qu'on souhaite souvent entreprendre des actions générales parce que plus économiques. Si l'on ajoute à tout cela l'effet d'assombrissement provoqué par la complexité, il est possible de dire qu'en la matière les dirigeants sont souvent comme des aveugles : ils naviguent au jugé.

Les actions sur le contexte organisationnel sont donc des actions qui sont souvent de nature expérimentale. L'expérimentation elle-même ne donne pas des résultats sans ambiguïté. En effet, beaucoup de variables ou de facteurs organisationnels ne donnent que des effets à terme, et on ne sait pas quel est ce terme ! C'est pour cela que le dirigeant est alors obligé de suivre avec attention les effets de ses actions sur les cadres clés de l'organisation et se tenir prêt à faire les ajustements nécessaires.

En plus du défi organisationnel, il y a aussi un défi quasi organisationnel, **le défi du changement de culture.** La culture est une façon de voir le monde qui agit à un niveau très fondamental chez les personnes (Firsirotu, 1984). C'est elle qui guide nos comportements de base. Elle joue très souvent un rôle fonctionnel très important en nous permettant de réagir de manière automatique, et donc économique, aux exigences de notre environnement. Elle nous apporte des réponses aux questions quotidiennes et facilite les ajustements de nos comportements face aux exigences des autres. De ce fait, elle nous permet de continuer à vivre avec les autres avec un minimum de dépenses d'énergie.

Changer de culture, ce qui est souvent requis (à plus ou moins brève échéance) dans les changements stratégiques, c'est partir à l'aventure ! Les résistances les plus fortes se retrouvent à ce niveau. Le changement organisationnel peut ne pas produire les comportements souhaités, mais le changement culturel peut engendrer des comportements agressifs et opposés à l'idée même du changement. Beaucoup de pays et d'organisations en ont fait la douloureuse expérience. Ainsi une des raisons les plus probables de la grande débâcle qui a emporté la société Béatrice est précisément la remise en cause de la culture quasi spartiate qui y régnait jusqu'à la fin des années 1970 (Hafsi, 1980). De même, les difficultés et les soubresauts connus par beaucoup de pays en développement après leur indépendance peuvent être reliés à la brutalité des changements culturels qui s'y sont produits (Kiggundu, Jorgensen & Hafsi, 1983).

Le défi est donc de gérer le changement de culture de sorte que l'adaptation des personnes soit possible. Il faut noter que la culture qui influence les personnes de l'organisation se situe à trois niveaux : l'organisation elle-même, l'industrie, l'environnement plus général (le pays ou la région) (Jorgensen, 1989). Les changements de culture qui sont en opposition avec la culture de l'industrie ou de l'environnement en général sont très risqués et ne peuvent être maintenus sans un consensus très large à l'intérieur de l'organisation.

Le quatrième défi est celui auquel on fait face lorsqu'on est conscient des (et sensible aux) souffrances que le changement peut engendrer. L'acceptation de ces souffrances comme le prix à payer pour la bonne santé de l'organisation n'est pas facile pour tous. En effet, en particulier pour l'aspect redressement des changements stratégiques, les dirigeants sont souvent perçus comme des bourreaux tant que l'entreprise ne s'est pas redressée et que des correctifs plus humanisants n'ont pas été apportés. Beaucoup de dirigeants ont du mal à vivre avec cela.

Par ailleurs, la souffrance des personnes vient souvent du fait que nous avons tous un peu tendance à ne voir les solutions qu'en des termes extrêmes ou tranchés. Le défi humain consiste aussi à trouver les solutions de changement qui peuvent réduire les traumatismes et d'une certaine manière préparer le futur. Ces solutions souvent très créatives requièrent beaucoup de temps, d'énergie et d'ingéniosité de la part des dirigeants, ce qui est une ressource rare en période de changement. Les standardisations et les solutions nettes sont souvent plus expéditives, même si «contre-productives» à long terme.

Finalement, **le défi de leadership** consiste souvent à aller à contre-courant pour amorcer le changement. Nul ne prend la souffrance s'il peut la retarder, dans l'espoir qu'elle va peut être s'en aller. Il faut toute la résolution et tout le courage de celui qui guide pour se battre parfois seul contre tous. Cela est particulièrement vrai pour les changements dans lesquels la situation de l'entreprise ou de l'organisation n'est pas catastrophique, c'est-à-dire la configuration de changement n° 1 et, à un degré moindre, les configurations n°s 2 et 3.

Un autre défi de leadership consiste à donner l'exemple. Lorsque l'organisation est souffrante, il est important que tous partagent dans la souffrance. En particulier, le dirigeant doit montrer par son comportement qu'il prend en charge une partie du fardeau. Iacocca a symboliquement réduit son salaire à un dollar, d'une part, pour exprimer sa volonté de montrer le chemin en matière de sacrifice et, d'autre part, pour montrer sa foi dans l'avenir et donc dans l'utilité du sacrifice présent pour la santé future. À la même époque, les dirigeants de GM demandaient des réductions de salaires à leurs employés tout en se gratifiant de salaires et de primes particulièrement généreux. Beaucoup d'observateurs suggèrent que leurs problèmes des années 1980 et 1990 sont un peu liés à cela.

V. EN GUISE DE CONCLUSION

La conduite du changement passe par la compréhension des éléments fondamentaux qui conditionnent le comportement des personnes. Dans ce chapitre, nous avons fait quelques rappels importants en insistant sur une loi simple, celle de Thorndike : les personnes se comportent de manière à maximiser les plaisirs et à minimiser les désagréments. Bien entendu, pour porter les jugements sur ce qui va leur donner du plaisir ou des désagréments, ils font généralement confiance à leur expérience ou à leurs connaissances. Mais, la compréhension du comportement de base n'est pas suffisante. Il faut aussi avoir une bonne idée des forces qui animent le changement stratégique et qui le caractérisent. Nous avons alors suggéré une typologie des changements qui permet de clarifier cela.

Quatre types de changements ont été décrits. Du plus facile au plus difficile, on les a nommés : 1) restructurer pour la survie à court terme, dont le moteur est la structure ; 2) réorienter en changeant le domaine, dont le moteur est la stratégie au sens de positionnement ; 3) revitaliser en changeant les pratiques, dont le moteur est constitué par les valeurs ; 4) changer la façon de voir le monde, dont le moteur est constitué par les croyances. Ces types de changements présentent des défis différenciés, mais qui peuvent être regroupés en cinq grandes catégories : défis de conceptualisation, organisationnel, culturel, humain et de leadership.

Note n° 2 4

POUR SURVIVRE...
RÉSISTEZ À LA TENTATION
DES GRANDS CHANGEMENTS ! [9]

par Taïeb Hafsi

De nos jours, chacun y va de sa recommandation. Il y a ceux qui croient que le changement, c'est la vie : « Il n'y a de permanent que le changement. » D'aucuns tiennent non seulement le changement pour un fait naturel et permanent, mais le voient comme révolutionnaire, radical : « Il faut brasser la cage ! », affirment-ils. D'autres encore insistent non seulement sur la nécessité de le faire mais sur la nécessité de le faire vite : « Il faut couper dans le vif ! », scandent-ils avec rage. L'unanimité semble tellement grande que personne n'oserait dire : « J'aimerais résister au changement ! » On le pourchasserait, comme l'ennemi de la société, comme celui qui l'empêche de s'adapter, une sorte d'handicapé qu'il faut extirper, annihiler !

Pourtant, plus nous observons les organisations en train de changer et plus nous nous disons que nous gagnerions tous à moins de précipitation, à plus de circonspection face au changement. Bien sûr, personne n'affirmera, nous encore moins, qu'il ne faut pas changer. « Il faut faire des changements, ne serait-ce, disait Brenda Gil du *New Yorker*, que pour rester le même. » Nous sommes obligés de changer pour rester « alignés » sur notre environnement. Mais le meilleur des changements est peut-être celui qui est le moins sensible, celui qui se fait à la marge et qui dérange le moins.

Nous regardons avec beaucoup de curiosité, et une certaine tristesse, les comportements des gestionnaires, surtout lorsqu'ils sont mis en cause ou lorsqu'ils arrivent dans une organisation. Il y a chez eux une sorte de furie à vouloir mettre les choses à leur main. Quelques années après, épuisés, ils baissent les bras et refusent tout changement, même celui qui serait judicieux et peut-être approprié. Il y a peu de divergence dans la documentation en gestion : le changement est dangereux et il l'est d'autant plus s'il touche

9. Tiré de *Gestion*, vol. 20, no. 4, décembre 1995, p. 16-17.

le noyau de l'organisation, c'est-à-dire ses objectifs fondamentaux, sa stratégie, les valeurs et les croyances qui animent ses membres.

Si l'on nous permettait un petit écart technique, nous rappellerions que jusqu'à présent, en matière de comportement organisationnel, nous n'avons réussi qu'à énoncer plus clairement les limites de nos connaissances ou peut-être de notre ignorance. Personne n'est capable de prédire avec confiance comment l'organisation réagira lorsqu'on essaie de l'influencer. Cela est particulièrement vrai lorsque la complexité de l'organisation dépasse les capacités des personnes qui la dirigent, ce qui pour la plupart des organisations arrive vite.

En particulier, Cyert et March (1963), qui ont développé ce qu'on appelle aujourd'hui « la théorie du comportement de la firme », ont montré au-delà de tout doute raisonnable que plus l'organisation est complexe, plus la changer devient une illusion, des vœux pieux, sauf si on le fait à la marge en modifiant progressivement les « routines ». Par ailleurs, Hannan et Freeman (1984), qui ont développé une théorie biologique de la firme du nom d'*écologie des organisations*, affirment que les organisations qui survivent sont celles qui « résistent aux changements inutiles », celles dont les comportements sont les plus prévisibles. Ils concluent que le changement, surtout majeur, lorsqu'il touche à la stratégie, aux croyances et aux valeurs, accroît le taux de mortalité. Cette théorie particulièrement convaincante pour les experts est curieusement confirmée par beaucoup d'observations et de recherches en cours.

Prenons un exemple. Récemment, un grand nombre d'entreprises ont été emportées par ce que nous pourrions appeler une sorte de folie de la restructuration. Elle s'exprime par une réduction massive des emplois, notamment de cadres intermédiaires, et des coupures spectaculaires dans les coûts. Les partisans de ces comportements, pour le moins imprudents, font miroiter des bénéfices irrésistibles : en plus de la réduction des charges, on devrait obtenir moins de bureaucratie, une prise de décision plus rapide, des communications meilleures, plus d'entrepreneurship et une croissance de la productivité. À entendre cela, on a l'impression qu'on a dû être bien « niais » pour ne pas s'être rendu compte plus tôt que la performance des entreprises pouvait être améliorée si facilement. Sans vouloir remettre en cause la nécessité parfois de restructurer pour la survie, nous croyons qu'il s'agit là d'une grave erreur. D'abord, regardons les résultats.

Dans une synthèse des recherches en la matière, présentée à l'Académie du management (Cascio, 1993), des conclusions troublantes ressortaient. Des firmes qui survivaient à des restructurations massives, beaucoup disparaissent, n'atteignant que très rarement les résultats escomptés. Souvent, les entreprises qui font les coupures finissent par réembaucher sous une forme ou une autre les personnes licenciées. Les profits stagnent autant, et souvent les retours attendus par les actionnaires le sont toujours. Une étude en particulier a montré que les prix des actions réagissent en général de manière positive au moment de l'annonce des mesures de restructuration, mais finissent par glisser insensiblement vers des valeurs de plus en plus faibles.

Tout cela est compréhensible lorsqu'on sait que la restructuration est entreprise souvent avec une nonchalance et un manque de compréhension des phénomènes organisationnels qui sont impressionnants. Même si les employés et les gestionnaires intermédiaires sont l'objet d'une attention fébrile, leurs préoccupations, rapportent les recherches, sont souvent au bas de la liste des priorités des directions qui entreprennent les restructurations. Quand on coupe, on a moins de chance de se rendre compte de l'importance de re-former et re-mobiliser ceux qui restent, de sorte qu'il en résulte une démoralisation et une surcharge de travail, qui réduisent de manière considérable la productivité des personnes, leur créativité et donc la capacité concurrentielle de l'organisation.

Si tel est le cas, qu'est-ce qui explique et justifie une telle agitation ? Sommes-nous vraiment dépassés, et il faut alors nous renouveler, ou bien y a-t-il simplement affolement ? Lorsqu'on est confronté aux réalités de la concurrence, il est clair qu'on ne peut répondre à ces questions avec la tranquillité d'esprit qui sied aux grandes décisions. À notre avis, dans les situations de grande agitation, comme la nôtre, il est important de changer de logique. Dans le cas des organisations, la pression pour la performance à court terme doit être réduite. Il faut accepter un profit plus faible, une productivité moins bonne ou des coûts plus élevés pour pouvoir construire la survie à plus long terme.

Notre situation n'est pas tout à fait originale. Il y a eu des périodes de grande agitation, de grands bouleversements au cours des siècles ou même des décennies passées. Imaginez les gestionnaires d'entreprises qui ont eu à vivre les guerres, comme celle de 1939, ou les grandes dépressions, comme celle de 1929. Bien sûr, il y a un environnement technologique nouveau, bien sûr il y a des aspirations sociopolitiques différentes, bien sûr la vie n'est pas vraiment la même. Mais le plus important, c'est que les êtres humains sont sensiblement les mêmes.

Ces êtres humains sont inquiets et ils ont peur de ne pas survivre sur le plan personnel. Ils ont peur de la misère ou de la déchéance. Ils ont peur de l'isolement et de la violence des autres. La civilisation a contribué à faire reculer cela, mais chaque fois que nous réveillons ces démons, nous repoussons le comportement rationnel, celui qui nous fait survivre tous collectivement, pour laisser place au comportement sauvage, celui qui, hélas grâce aussi à la technologie, peut nous détruire tous. Le changement, sans discernement, surtout lorsqu'il est dirigé contre les personnes, comme c'est actuellement perçu, est la mort de l'âme. Il vaut mieux ne pas changer que de changer pour obtenir ces résultats-là.

Un de nos amis, provocateur, nous rappelait que, parfois, on n'a pas beaucoup de choix. « Que feriez-vous si l'organisation était mourante ? », disait-il. Eh bien, si l'organisation est mourante, tout ce que nous avons dit ne s'applique pas. On peut tout faire dans ce cas-là, parce qu'il est légitime de tout essayer pour sauver le patient. Mais est-ce si courant que cela ? Souvent, la crise est beaucoup dans la tête des dirigeants et l'urgence est un sentiment que l'isolement au sommet exacerbe.

Les meilleurs changements sont ceux qui se font à la marge, qui ne touchent pas au noyau vital de l'organisation. En disant cela, nous ne sommes pas tout à fait honnêtes. En fait, les changements à la marge finissent par rejoindre le cœur de l'organisation, son noyau vital. Cependant, cela se fait tranquillement, un peu comme dans la nature. C'est ce qui nous fait dire que, même lorsqu'on a le sentiment qu'un grand changement est nécessaire, il faut avoir l'humilité d'admettre qu'il n'est pas possible sans risque majeur de destruction définitive, et qu'il faut simplement accepter une performance moins grande aujourd'hui, tout en bâtissant la performance de demain, patiemment. La meilleure des situations est celle où un changement majeur n'est jamais nécessaire. La révolution doit être un résultat, pas la nature du processus. C'est pour cela que les meilleurs dirigeants nous paraissent être ceux qui sont préoccupés constamment par l'adaptation à l'environnement, par l'équilibre interne nécessaire pour y faire face. Mais aussi, ce sont ceux qui prennent le temps, comme dit la chanson.

Pour prendre le temps, il faut une grande capacité de vision, une grande confiance dans l'avenir et une grande humilité. Il faut notamment accepter que ce qu'on entreprend, d'autres puissent en bénéficier, accepter que les meilleurs de nos efforts ne soient pas nécessairement visibles, que les applaudissements viennent de l'intérieur de soi, plutôt que des autres. En d'autres termes, les grands dirigeants, ceux qui vont nous amener à changer sans que, dans le processus, on perde notre âme, sont ceux qui, avant de travailler sur le monde, travaillent d'abord sur eux-mêmes et le font sans relâche. Combien sont vraiment capables et préparés à cela ?

Le secret du changement stratégique est un paradoxe. Il est nécessaire mais pas vraiment urgent. Il faut le faire, constamment, à petites doses, pour éviter les grands chambardements. C'est un changement qui non seulement permet l'adaptation constante mais aussi et surtout éduque constamment, titille et énerve les êtres humains qui travaillent dans l'organisation, pour éviter qu'ils ne s'endorment et ne se retrouvent face à des situations où le bouleversement est brutal et menace l'essence même de leur collaboration.

Vous comprendrez alors que nous regardions les actions actuelles des entreprises comme des drames. Ces actions ne sont ni conformes à la théorie, ni conformes aux données, ni conformes au bon sens. Elles mettent en cause la santé des entreprises qui les entreprennent trop vite, à la recherche de solutions magiques, mais aussi elles remettent en cause la viabilité de notre civilisation. Il n'est pas nécessaire de faire de grands discours pour se rendre compte que les déséquilibres actuels ont un prix que tout le monde paiera, le riche et le pauvre, le scientifique et l'ignorant, le politique et l'économique.

Nous ne voudrions pas tomber dans le piège contre lequel nous essayons d'attirer l'attention, mais s'il y a un changement à entreprendre, c'est celui de nos façons de voir. Adoptons une nouvelle attitude. Faisons le pari que l'avenir appartient à ceux qui construisent patiemment et solidement. Faisons le pari que l'équilibre de notre société nous donnera un avantage difficile à copier. Faisons le pari que demain appartiendra à ceux qui changent prudemment. Faisons le pari que nous serons tous plus heureux ainsi, même si très temporairement moins riches. Peut-être alors saurons-nous résister raisonnablement à la tentation des grands bouleversements.

L ' O R G A N I S A T I O N A P P R E N A N T E : D U C O N C E P T D ' A P P R E N T I S S A G E À L A S T R A T É G I E D ' E N T R E P R I S E

par Daniel Côté

Face à l'explosion des changements et de la complexité, nous observons un certain désarroi des gestionnaires (Jaoui, 1994). Même les géants de l'industrie ont été profondément ébranlés par la férocité de la compétition. Des merveilles technologiques, des compétiteurs mondiaux dynamiques, les nouveaux marchés, les mutations profondes des règles du jeu, etc. : voilà autant de raisons pour remettre en cause les sources traditionnelles d'avantages concurrentiels. Les économies d'échelle, la publicité, le système de distribution, la recherche et le développement de pointe, le leadership de prix et de qualité, etc., ne sont plus assez pour assurer le succès.

Le contexte d'hypercompétition qui caractérise un nombre d'industries de plus en plus grand requiert la création de nouveaux savoir et savoir-faire. Cette hypercompétition se traduit par un accroissement de l'incertitude, du dynamisme, de l'hétérogénéité et de l'hostilité des joueurs économiques. En résultent des conditions de déséquilibre constant. Parce que le succès dépend de la création d'une série d'avantages temporaires, l'habilité d'une entreprise à passer rapidement d'un avantage à un autre est crucial (D'Aveni, 1995).

Le raccourcissement des cycles de vie des produits et de leur design, les nouvelles technologies, les concurrents non anticipés, le repositionnement des concurrents traditionnels, la redéfinition des frontières des industries, etc., sont autant de conditions créant une situation de déséquilibre et de changement constant. Selon Peter Drucker, la société du savoir est vouée à devenir beaucoup plus concurrentielle que toutes celles que notre monde a connues jusqu'à présent.

Durant l'âge industriel, l'écart d'apprentissage importait peu pour les entreprises. La gestion se faisait du haut vers le bas (*top-down*). Une fine division du travail et la chaîne de montage caractérisaient l'organisation traditionnelle. Maintenant, l'écart d'apprentissage importe beaucoup plus. De plus en plus de gestionnaires comprennent que le succès, à l'ère de l'information, tourne autour de l'habileté des employés à produire et à utiliser le savoir pour alimenter des améliorations continues. Plutôt que de mémoriser une poignée de principes, l'employé doit internaliser des processus, obtenir du feed-back et développer son jugement. L'intensité concurrentielle modifie ce que l'employé a besoin de savoir à chaque niveau d'habileté (Sorohan, 1993).

Le monde est simplement devenu trop complexe et en rapide changement pour que le lent processus décisionnel bureaucratique de l'organisation *top-down* soit efficace. Le problème, lorsque l'on passe d'une organisation avec un ou deux « penseurs » à la tête à une organisation « pensante », est que ce qui était précédemment intuitif doit maintenant devenir plus conceptuel et explicite (Senge, 1992). Le rôle joué par l'apprentissage dans la capacité des organisations à survivre et à se développer fait l'objet d'un relatif consensus (Koenig, 1994).

L'ORGANISATION APPRENANTE : QUELQUES DÉFINITIONS

Plusieurs auteurs ont donné une définition de l'organisation apprenante. Pour Peter Senge, « ce sont des lieux où les gens étendent continuellement leur capacité à générer les résultats qu'ils désirent réellement, où des nouveaux schémas de pensée ouverts sont nourris, où les aspirations collectives peuvent s'exprimer et où les gens sont en permanence en train d'apprendre comment apprendre ». Selon David Garvin, « c'est une entreprise qui a le talent de créer, d'acquérir et de transférer du savoir et de modifier son comportement de manière à refléter les nouveaux savoirs et les nouveaux points de vue ». Selon Ikujiro Nonaka, « ce sont des lieux où inventer de nouvelles connaissances n'est pas une activité spéciale mais une manière de se comporter, une manière d'être dans laquelle chacun est un artisan de la connaissance » (Jaoui, 1994).

D'un point de vue plus opérationnel, Hubert Saint-Onge (1995) définit l'organisation apprenante à travers les différents niveaux d'apprentissage : individuel, en équipe, organisationnel et de clientèle. Dans l'apprentissage individuel, les employés sont encouragés à apprendre continuellement et sont récompensés pour l'amélioration de leurs compétences. Dans l'apprentissage en équipe, les équipes collaborent pour partager l'information, apprendre par le dialogue, établir de nouvelles cartes mentales et transférer leurs connaissances à d'autres. Dans l'apprentissage organisationnel, l'entreprise acquiert la capacité de créer régulièrement des occasions sur le marché et d'en tirer profit pour réaliser un objectif commun. Enfin, dans l'apprentissage clientèle, le produit ultime est l'apprentissage du client. Toute organisation est une organisation apprenante, mais si la vitesse de l'apprentissage est inférieure à la vitesse du changement, l'organisation aura de plus en plus de mal à s'adapter et sa survie même sera menacée. L'organisation apprenante augmente continuellement sa capacité de créer le futur (Jaoui, 1994).

LES DIFFICULTÉS LIÉES À L'APPRENTISSAGE ORGANISATIONNEL

La plupart de nos organisations sont « mal apprenantes ». Les caractéristiques culturelles des organisations traditionnelles sont adaptées à une chaîne du savoir qui est relativement simple. Dans un tel contexte, l'employé n'est pas payé pour penser. Pire, penser peut être perçu comme un début de désobéissance. Rien d'intéressant qui ne peut venir d'en bas, et l'exercice traditionnel de l'autorité ne tolère pas la remise en cause des équilibres établis. La spécialisation rassure et la compartimentation réconforte. La curiosité est perçue comme un vilain défaut (Jaoui, 1994).

Nous devons également prendre en considération le dilemme des compétences. Le développement de nouvelles compétences est essentiel au succès à long terme, compte tenu de l'accélération du changement.

Les compétences clés sont difficiles à déterminer, à isoler et à mesurer : elles sont tacites, inimitables, collectives, interactives et intégratives. Les compétences collectives commencent à se développer par l'apprentissage individuel et en petits groupes, plutôt que par de grands projets conçus par la direction. L'apprentissage résulte donc de l'interaction entre membres de petits groupes permettant le développement du savoir-faire et son échange dans des communautés de pratiques. C'est de la qualité de l'intégration entre les compétences individuelles, les systèmes et actifs techniques, les systèmes de management, les normes et les valeurs, que découle la compétence de l'organisation dans son ensemble (Doz, 1994).

Au cœur de la gestion des compétences clés réside la capacité d'agréger des éléments de savoir-faire spécialisés en des compétences plus larges. C'est la recherche constante de la combinaison et du mélange d'éléments distincts de compétences qui procure l'occasion d'être créatif et de bénéficier d'un avantage compétitif. L'une des tâches clés du management consiste donc à faciliter l'agrégation des compétences (Doz, 1994).

Les dilemmes liés à la gestion des compétences représentent autant de difficultés qui complexifient la capacité de l'organisation à apprendre. Leur codification précise facilite leur transfert et échange (apprentissage d'équipe et organisationnel), mais bloque aussi leur évolution par l'expérimentation ; celle-ci est essentielle pour faire face au changement et construire leur futur. Les compétences clés existent à différents niveaux d'agrégation ou de spécificité. Lorsqu'elles sont trop pointues, elles sont moins transférables, alors qu'elles sont moins distinctives lorsque plus générales. Ces compétences doivent être exploitées dans la continuité, mais leur champ d'application doit aussi être constamment élargi, à la recherche de nouvelles occasions. Finalement, un équilibre est à trouver entre l'approfondissement des compétences existantes et leur renouvellement (Doz, 1994).

Un troisième niveau de difficulté concerne l'approche à la formation. Malgré l'inefficacité de plus en plus démontrée des méthodes traditionnelles, la majorité des entreprises et des écoles mettent l'accent sur l'enseignement magistral, animé par un instructeur. Cependant, nous apprenons le plus efficacement « en contexte », donc l'apprentissage devrait être directement lié au travail. Nous apprenons l'un de l'autre, donc le lieu de travail devrait faciliter la communication et la collaboration. Nous créons continuellement de la connaissance, donc nous devrions apprendre comment capturer ce que nous savons et le partager avec les autres. Nous apprenons inconsciemment, donc nous devrions apprendre comment reconnaître et vérifier nos hypothèses tacites (Sorohan, 1993).

Les formateurs mettent l'accent largement sur l'apprentissage formel, qui est habituellement en contexte de classe, basé sur des contenus hautement structurés, mais 90 % des apprentissages en milieu de travail sont informels et circonstanciels. Ils se matérialisent tous deux aux niveaux individuel, d'équipe et d'organisation. L'apprentissage informel se produit lorsqu'une personne décide qu'elle a besoin de savoir quelque chose pour faire son travail et fait ce qui se doit pour l'apprendre. Cet apprentissage est automotivé, avec un objectif précis, et peut exiger un mentor (guide, tuteur). L'apprentissage « circonstanciel » se rapporte à l'apprentissage qui se produit pendant un travail. Ce n'est pas un processus conscient. Notre penchant naturel à l'apprentissage s'anime lorsque nous pouvons diriger notre propre apprentissage, partager notre connaissance, égaler les experts et... faire des erreurs. Prendre l'employé hors de son contexte d'action de travail pratique et dans un « laboratoire blanc » n'est très certainement pas une situation optimale, alors que chaque activité de tous les jours est un contexte d'apprentissage (Sorohan, 1993).

DEVENIR UNE ORGANISATION APPRENANTE :
LES CONDITIONS DE SUCCÈS

Les conditions de succès pour construire une organisation apprenante sont (Jaoui, 1994) :

- l'organisation d'un système de veille, d'un radar collectif, donc la préoccupation pour les écarts de performance appuyée par un intérêt pour la mesure ;
- un leadership engagé et la réappropriation de la mission de dirigeant-formateur ;
- l'établissement d'un climat d'ouverture par l'accessibilité d'information, une facilité de contacts et d'échanges, des projets communs, une écoute réciproque, attentive et respectueuse ;
- une approche d'éducation continue où tout moment de la journée est une occasion d'apprentissage ;
- la mobilisation de multiples initiateurs de l'apprentissage ou de toute personne qui peut en prendre l'initiative et la nécessité de la présence des responsables de formation sur le terrain ;
- l'incitation à l'expérimentation avec un droit à l'erreur raisonnable, un soutien aux innovateurs, des séminaires de créativité pratique, une formation d'animateurs maison, une écoute compréhensive des idées : la grande oreille de « l'avocat de l'ange » ;
- le développement d'une vision systémique et la redécouverte de la pensée dialectique qui représentent un investissement incontournable ;
- la valorisation de la diversité et la capacité de tolérer en soi un minimum de différence active ;
- le développement d'une orientation vers le client ;
- une vision partagée.

L'organisation apprenante doit savoir structurer l'apprentissage autour du couple **formation** (j'apprends, je comprends et j'intègre) et **action** (j'applique, j'observe et j'enrichis).

Cette approche de l'apprentissage implique un solide contrat triangulaire entre la direction et le personnel à former, la direction et les formateurs sur les attentes par rapport à la formation, et entre les formateurs et les stagiaires. Elle repose sur le principe fondamental que nous apprenons « en faisant ».

Le bloc fondamental sur lequel construire l'organisation apprenante est le *partnership* d'un petit nombre de personnes, qui partagent un profond sens des responsabilités et, continuellement, remettent en question la vision de l'autre.

Ce que les éducateurs, les employés et les responsables des politiques de formation doivent comprendre est comment puiser à même ce potentiel extraordinaire qu'offre l'apprentissage informel et circonstanciel. Cet apprentissage est automotivé, avec un objectif précis. Capturer le bénéfice de la connaissance informelle est donc un enjeu critique pour les organisations.

DE L'APPRENTISSAGE ORGANISATIONNEL À LA STRATÉGIE

Tel que nous l'avons mentionné précédemment, le principal avantage concurrentiel est maintenant devenu la capacité de l'entreprise à apprendre plus rapidement et mieux que ses rivaux. Le succès est donc intimement lié à la capacité d'une organisation à apprendre.

Les facteurs de l'ère des connaissances accélèrent le cycle de vie des organisations. Le déplacement des espaces compétitifs, la majoration des attentes des clients, la mise en place des nouvelles technologies, etc., obligent l'organisation à renouveler son cycle de croissance de façon continue. Le principal défi consiste donc à améliorer ses capacités en fonction des exigences toujours croissantes du marché.

Durant les années 1980, les cadres supérieurs étaient jugés selon leur habileté à restructurer l'entreprise. Dans les années 1990, ils sont (devraient être) jugés selon leur habileté à identifier, cultiver et exploiter les compétences clés qui rendent la croissance possible. Selon Prahalad et Hamel (1990), ultimement, cela requiert un changement radical dans la gestion des entreprises.

Prahalad et Hamel (1990) décrivent les compétences clés comme étant les apprentissages collectifs de l'entreprise. Comment coordonner les diverses habiletés de production et y intégrer les diverses technologies ? C'est aussi l'organisation du travail et la façon de livrer la valeur produite ainsi qu'une question de communication, d'engagement à travailler transversalement dans l'organisation.

Comme nous pouvons le constater, par définition même, un lien très fort doit exister entre l'apprentissage organisationnel et la stratégie d'entreprise. Il nous semble évident que ces deux univers conceptuels sont indissociables l'un de l'autre. L'élaboration d'une perspective d'entreprise et la nécessité de comprendre la nature différente de la concurrence et la complexité des possibilités, la nécessité de régénérer le code génétique des organisations, voilà autant de défis « stratégiques » qu'une organisation apprenante saura mieux relever.

LA RÉINGÉNIERIE
ET AU-DELÀ...

par Albert Lejeune

Nous voulons montrer, dans cette brève note de réflexion, que la réingénierie des processus d'affaires arrive certainement au terme d'une première vague de succès (et d'échecs!) organisationnels. Mais cela n'est pas pour autant la fin de la réingénierie. En utilisant des leviers nouveaux offerts par la technologie de l'information, la réingénierie — qui porte de plus en plus mal son nom alors qu'elle aborde des processus de gestion plus *soft* — devra proposer la transformation des processus de création de connaissances et permettre la virtualisation de l'entreprise.

La littérature en réingénierie considère le processus d'affaires comme un ensemble de tâches, reliées logiquement, qui utilisent les ressources d'une organisation pour atteindre un résultat — un produit ou un service — défini à l'avance. De cette conception découlent les quelques définitions suivantes. La réingénierie des processus d'affaires est :

- le questionnement fondamental et la reconception radicale des processus d'affaires pour atteindre des améliorations draconiennes des mesures cruciales et actuelles de la performance, comme les coûts, la qualité, le service et la vitesse (Hammer et Champy) ;
- la combinaison d'une vision des affaires basée sur les processus et d'une application de l'innovation aux processus clés de l'entreprise pour réaliser des améliorations majeures dans l'atteinte des objectifs d'affaires (Davenport).

Si le ton radical des tenants de la réingénierie s'est quelque peu adouci en même temps que leurs ambitions faiblissaient, il reste que la conception d'un processus d'affaires est restée associée à l'idée de flux de travail (*work-flow*). Cette constance dans la définition a permis de réunir autour de la réingénierie des approches comme la qualité totale. Mais ce qui distingue la réingénierie de la qualité totale (*total quality management*), c'est l'accent mis sur — et la maîtrise de — la technologie de l'information.

AUX SOURCES

À la source de la réingénierie, telle qu'elle a été définie et popularisée dans les premières contributions de Hammer (1990) et de Davenport et Short (1990), se trouve la technologie de l'information. Quand Davenport quitte la consultation pour rejoindre l'université Harvard à la fin des années 1980, il lui semble que les praticiens et les théoriciens parlent autour de lui de ce que la technologie de l'information pourrait faire pour changer des processus d'affaires. À cette époque, la technologie de l'information devient plus utile (approche clients-serveur, réseaux, bases de données réparties) et la vogue des systèmes d'information stratégiques s'épuise. Pour Davenport, il s'agit non plus d'arriver avec une solution compétitive magique basée sur la technologie de l'information, mais bien de convaincre les organisations de changer leur façon de faire. Il va intituler son article *The New Industrial Engineering* et c'est son éditeur qui le forcera à mettre le mot réingénierie sur la couverture de son livre.

De même Hammer est-il parti de la technologie de l'information pour réfléchir aux processus d'affaires. Professeur, dans les années 1980, au département d'informatique du MIT, il a visité, comme tous ses collègues, les concepts *d'information engineering* et de *retro-engineering*.

Quel intérêt cela peut-il avoir pour les gestionnaires engagés dans la réingénierie ? L'intérêt de ce retour aux sources est double : premièrement, le mouvement de la réingénierie est basé sur le potentiel de la technologie de l'information, mais un potentiel qui est propre au début des années 1990 ; deuxièmement, la définition très formelle d'un processus d'affaires retenue par les fondateurs du mouvement de la réingénierie a encore des conséquences aujourd'hui.

Le potentiel de la technologie de l'information se transforme. L'industrie de la technologie de l'information est en train de vivre un changement profond qui la fait passer du domaine de la *computation* à celui de *l'interaction* ou du traitement local de l'information à la production de connaissances sur le réseau[10]. Ainsi, « que l'on parle d'interaction sur Internet, d'interaction par échange de données électroniques ou d'interaction avec FedEx lorsqu'on part

---

10.   Voir Lejeune, A. *La technologie de l'information au cœur de l'espace de la stratégie*, thèse HEC, 1994.

à la recherche d'un paquet en utilisant leur site Web... tout repose essentiellement sur une chose : des connexions fiables »[11].

Ces nouvelles connexions — ou réseautage — dépassent largement les frontières de l'organisation. La firme de consultation Forrester Research prévoit d'ailleurs que, d'ici 2002, les compagnies dépenseront 45 % de leur budget de la technologie et des systèmes d'information dans des applications qui supporteront le concept d'entreprise étendue. Ce sont des applications déployées aux frontières de l'organisation vers les partenaires d'affaires, les clients, les fournisseurs et les marchés.

De la même façon que la réingénierie analyse un processus d'affaires sans tenir compte des frontières fonctionnelles, la technologie de l'information étend le potentiel de l'entreprise au-delà des limites du temps et de l'espace.

L'organisation du futur sera — et est déjà souvent — « virtualisée » au sein d'une toile d'araignée électronique déployée mondialement.

C'est une situation nouvelle pour la réingénierie : le défi n'est plus de traverser les frontières fonctionnelles d'une organisation en considérant un ensemble d'activités et de procédures, mais d'exploiter le potentiel virtuel de cette toile mondiale pour améliorer la coordination de l'entreprise étendue et produire des connaissances génératrices de valeur.

Cette importance nouvelle accordée à la coordination et à la connaissance amène certains tenants de la réingénierie à mettre de l'avant une autre définition d'un processus d'affaires. Cette dernière définition serait plus proche des équipes de travail, de la coordination, de la collaboration et de la notion de la compétence d'entreprise. Cette tendance est bien réelle : ainsi Davenport écrit-il sur le *deengineering* des processus d'affaires, parce qu'on ne peut pas faire l'ingénierie des processus humains et sociaux que sont les processus d'affaires et des processus de gestion de l'information.

LA CONFIGURATION CLASSIQUE DE LA RÉINGÉNIERIE

La vision et l'approche de Hammer représentent la facette la plus importante de la configuration classique de la réingénierie. Il a lancé un concept — la réingénierie — qui est devenu un succès mondial instantané. Succès en Amérique du Nord, en Europe, au Japon, conférencier le plus recherché au monde, selon le *New York Times.* Pourquoi ? Parce que les grandes organisations lourdes, lentes, peu flexibles et fonctionnant avec des coûts très élevés sont en train de laisser tomber leurs clients. Des clients qui veulent, dans un marché

---

11. Salwyn, André. « L'industrie cède à l'inquiétude », *Le Devoir*, le mardi 9 avril 1996, page B5.

mondial mené plus par la demande que par l'offre, plus de flexibilité, du sur mesure, des prix abordables, de la qualité et du service.

LA RÉINGÉNIERIE DES AFFAIRES

Hammer veut réinventer la grande entreprise. Il n'aime pas le mot management qui le ferait penser à manipulation. Il veut regarder l'entreprise comme un ensemble de processus dont la finalité est de servir le client rapidement, avec précision et flexibilité et à moindres coûts. Pour Hammer, 95 % du temps de travail en entreprise n'est pas directement producteur de valeur ajoutée. Il faut donc remettre à plat la façon dont l'entreprise fonctionne, repartir à zéro sur une feuille blanche, utiliser le levier de la technologie de l'information sur les différents processus d'affaires et effectuer rapidement les changements radicaux indispensables.

Les échecs sont nombreux... Des milliers d'entreprises effectuent ces changements avec toutes sortes de méthodes et avec des milliers de consultants (s'autoproclamant compétents en réingénierie). Mais les échecs sont invariablement attribués à l'approche de Hammer et déposés devant sa porte !

LA RÉINGÉNIERIE DES PROCESSUS D'AFFAIRES

La réingénierie des processus d'affaires ne remet pas nécessairement en question l'ensemble d'une organisation. De façon plus progressive et plus modeste, c'est une façon — qui se veut radicale — de revoir un ou quelques processus d'affaires d'importance variable. Davenport aime à ramener la grande entreprise à un ensemble d'une douzaine de macroprocessus (comme le développement de nouveaux produits). Mais pour certains auteurs, loin de la volonté de changement radical de Hammer, la réingénierie concerne aussi des microprocessus confinés dans une fonction organisationnelle. Quelle que soit l'ampleur de la réingénierie, le processus d'affaires est toujours abordé comme un ensemble de procédures et d'activités concrètes et objectives susceptibles d'être représentées graphiquement.

Pour les fondateurs de la réingénierie, il n'y a pas de démarche de réingénierie sans utilisation créatrice de la technologie de l'information. Comme on ne construit pas un immeuble en béton pour se demander par la suite si les poutres d'acier n'étaient pas un meilleur matériau, il n'est pas question de revoir d'abord la façon de travailler pour y appliquer ensuite la technologie de l'information là où elle serait la plus utile.

Le potentiel de la technologie de l'information oriente la révision du processus d'affaires. La réingénierie accompagne ainsi une vague d'investissements en technologie de l'information. Pour Davenport, les investissements d'infrastructures en technologie de l'information sont tels (souvent de l'ordre du milliard de dollars pour les grandes organisations et jusqu'à 20 milliards pour le ministère américain du Revenu) qu'il est normal de devoir attendre 5 ou 7 ans avant de palper les résultats de la réingénierie.

LA CONFIGURATION NOUVELLE DE LA RÉINGÉNIERIE

Nous terminons cette note sur ce que devient la configuration nouvelle de la réingénierie. Nous pensons en effet que la logique de la réingénierie — c'est-à-dire appliquer le levier de la technologie de l'information à des processus d'affaires et de gestion — va continuer à s'imposer. Mais dans le contexte nouveau de la virtualisation des entreprises, les défis vont changer.

Nous n'avons pas encore de définition nouvelle des processus d'affaires et de gestion, mais nous savons qu'il sera question de collaboration, de coopération, de travail d'équipe. On parlera donc de langage, parce que le langage est l'instrument par excellence de la collaboration et du travail d'équipe. C'est à l'aide du langage que le processus d'affaires fonctionne : le langage permet la négociation, l'engagement, le maintien d'un rôle et l'évaluation des livrables avec le client. Les technologies de l'information qui permettent l'interaction par la voix et par l'image seront donc au centre d'un repositionnement de la réingénierie.

Au contraire, l'approche classique de la réingénierie traite les personnes au pire comme des données, au mieux comme des mécanismes de transformation d'intrants en extrants. Le danger et la limite de l'approche classique sont ou seront le manque de variété des réponses qu'elle peut offrir, alors que les demandes des clients peuvent être très particulières. La réponse d'un employé qui reçoit un client risque d'être, à la suite d'une réingénierie classique : « Désolé, nous n'avons pas de procédure pour traiter votre cas ! »

Quand on considère de façon formelle un processus d'affaires comme un ensemble de procédures et d'activités, on revient en fait à redéfinir une bureaucratie où 100 % des procédures sont bien définies. Cette approche ne tient pas compte des rôles, des engagements et des promesses qui se passent — grâce au langage — entre les personnes contribuant à un même processus d'affaires. Une jeune entreprise en pleine croissance est capable de fonctionner en l'absence de procédures formellement définies parce que ses membres se tiennent responsables de ce qu'ils ont promis et négocié. Il faut donc réintroduire ces notions d'engagement, d'entente négociée et de rôle dans la définition d'un processus d'affaires.

L'un des processus candidats à la réingénierie est bien le processus de création de connaissances. Alors que les actifs basés sur la connaissance et non plus sur des actifs tangibles définissent la valeur d'une entreprise, ce processus n'est souvent ni défini ni géré. Mais que peut faire l'approche classique de la réingénierie pour redessiner le processus de création de connaissances ? Le mettre à plat, chercher l'effet de levier des technologies de l'information ? En revoir les activités et les procédures ? Ou améliorer la collaboration, les rôles et les engagements ?

Toute une réalité, écartée par l'approche classique de la réingénierie, refait surface. Oui, les processus d'affaires sont aussi des processus interpersonnels et les nouvelles applications de la technologie de l'information sont de plus en plus adaptées à cette situation. Le courrier électronique, le téléphone bien sûr (maintenant disponible par l'Internet), la téléconférence (elle aussi disponible par l'Internet), les systèmes d'aide à la décision de groupe, les nouveaux NC (*network computers*) plutôt que les anciens PC (*personal computers*), l'intranet d'entreprise sont au service d'une nouvelle définition des processus d'affaires.

Dans cette nouvelle configuration, les processus d'affaires sont considérés non plus simplement comme des procédures et des activités (du *workflow*) mais bien comme des actifs invisibles, comme les compétences particulières de la firme.

VERS DE NOUVEAUX DÉFIS

Le mouvement de la réingénierie tombe entre les pôles de la rationalisation pure et dure et de la réinvention de l'entreprise et la régénération de sa mission. Cette situation explique que nous puissions comprendre la réingénierie de trois façons. Pour Hammer, la bonne façon serait celle que nous avons appelée la configuration classique de la réingénierie. L'autre que nous avons voulu esquisser — la configuration nouvelle — est un passage vers la redéfinition de l'entreprise à l'heure du phénomène de la virtualisation. Celle que nous rencontrons dans les journaux — mises à pied et fermetures d'usines ou rationalisation pure et dure — n'a le plus souvent rien à voir avec la réingénierie.

Sans une nouvelle compréhension de la nature des processus d'affaires, la réingénierie est non plus cette percée originale au service de la transformation des entreprises, mais bien un mauvais prétexte pour couper aveuglément les coûts et éliminer des emplois. En fait, si l'on regarde les grandes entreprises manufacturières dans l'industrie automobile, on peut remarquer que ce sont les processus de gestion — plus *softs*, comme le choix des gestionnaires pour la relève, les relations de travail et la gouverne du conseil d'administration — qui expliquent le mieux les succès et les échecs des entreprises de ce secteur.

F AIRE DES CHANGEMENTS :
« C'EST LE SEUL MOYEN DE
RESTER LE MÊME » [1 2]

par   Brendan   Gill

Au cours de la longue carrière de William Shawn comme rédacteur en chef du *New Yorker* (1952-1987), il lui arrivait parfois de hocher la tête d'incrédulité devant ce qui lui paraissait comme une incroyable erreur de perception de la part de beaucoup de lecteurs — ils considéraient que l'une des qualités les plus admirables du magazine était sa capacité à rester toujours le même dans un monde qui changeait sans arrêt. Les abonnés écrivaient pour féliciter Shawn de préserver ce que lui-même croyait, avec véhémence, ne pas avoir préservé : une identité *New Yorker* inaltérable. Selon lui, le magazine évoluait constamment et toute impression qu'il ne faisait que se reproduire semaine après semaine n'était qu'une illusion d'optique — un produit des attributs physiques (typographie, arrangements et autres) qui avait fait que le magazine était une commodité reconnaissable sur les étalages des vendeurs et qui, compte tenu du succès du magazine, ne justifiait aucune modification d'un numéro à l'autre, voire d'une décennie à l'autre.

Shawn attirait aussi l'attention sur une autre illusion, non optique celle-là, qui nourrissait l'erreur qu'il déplorait : le refus humain de reconnaître le changement. Superstitieusement, les gens sont prompts à suspecter que même un brin d'innovation peut se révéler de la magie noire. Un membre du personnel se rappelle que, lorsqu'il eut dit à Shawn qu'il avait lu quelque part (c'était faux mais qu'importe) que le mot chinois pour « changement » était le même que celui pour « opportunité », Shawn avait répondu : « Chez nous, l'équivalent serait "peur". » Et par « nous », il semblait entendre non seulement les rédacteurs du magazine mais aussi les lecteurs. D'une part, ils étaient lents à accepter les nouveautés qu'ils souhaitaient : le magazine a été souvent couvert de louanges pour la publication d'œuvres de

---

12.   Tiré de « Making change : it's the only way to stay the same », *New Yorker*, 70th anniversary issue, 1995. Reproduit avec permission.

« nouveaux » écrivains ou dessinateurs dont les œuvres faisaient pourtant l'objet de publications régulières depuis des semaines, voire des mois. D'autre part, certains changements cosmétiques — par exemple la décision d'utiliser une vraie table des matières après s'en être passé pendant quarante ans — paraissaient plus dérangeants à certains lecteurs qu'à Shawn. Lorsque l'écrivain du *Race Track* prit sa retraite et que Shawn supprima la section, les lecteurs qui n'avaient jamais vu un terrain de course de chevaux de leur vie écrivirent pour protester ; ce n'était pas l'information sur les chevaux dont ils faisaient le deuil, mais la perte d'une relation bien établie.

Shawn prenait constamment des risques, mais sa façon de faire était constamment douce et prudente. Harold Ross, le rédacteur fondateur, était mélodramatique, réagissant à tout changement que lui imposaient les crises extérieures — la Dépression, la Deuxième Guerre mondiale — avec un air de panique qui était un élément de son propre théâtre de l'absurde. Shawn, à la fois comme le second qui avait la confiance de Ross et son illustre successeur, répondait à la crise, globale ou locale, en disant à voix basse : « Nous devons nous en éloigner. » S'il était fâché, il baissait le ton de sa voix, il ne l'élevait pas ; la plus violente imprécation qu'il aurait chuchotée était : « Mon Dieu. » Si les changements dans le contenu du magazine qui furent introduits par Shawn (et de même par son successeur, Robert Gottlieb) furent majeurs, ils étaient souvent le produit d'un camouflage qui les faisait apparaître mineurs. Shawn prenait plaisir au camouflage et avait très tôt maîtrisé l'art d'écouter les problèmes des autres tout en les gardant secrets.

Sous Shawn, le magazine a élargi son champ d'action, élevé son regard, approfondi ses éclairages : toute métamorphose était acceptable à condition de ne pas attirer une attention indue sur elle-même, le processus étant obscur par design. Certaines pièces majeures — *Hiroshima* de John Hersey, *Silent spring* de Rachel Carson et *The Fire Next Time* de James Baldwin, sont des exemples proéminents — causèrent toute une commotion, non seulement parce que ce qu'on y disait était surprenant, mais aussi parce que c'était publié dans le *New Yorker*. Les lecteurs n'avaient aucune raison d'exprimer de la surprise, mais beaucoup le firent. Longtemps avant que le *New Yorker* devienne la voix d'opposition passionnée à la guerre du Viêt-nam et aux péripéties politiques de l'ère du Watergate, les hautes finalités morales de Shawn avaient été infusées à tous les niveaux du magazine, dans les petites comme les grandes contributions, ce qui parfois le rapprochait périlleusement de l'intransigeance. Mais l'intransigeance est un risque implicite dans les mots mêmes de « hautes finalités morales » et on peut apprécier le fait que la modération ait été une seconde nature de Shawn. Il était du genre à dire à un chauffeur de taxi qui allait trop vite pour son goût, « je vous donnerai un pourboire deux fois plus grand si vous conduisez deux fois moins vite », et il suivait le même principe dans la transformation continuelle du magazine.

Récemment, les transformations sont devenues plus visibles — elles avaient même un certain air exubérant qui rappelle l'attitude que le pionnier Ross avait, alors que, se disant coincé, il était en réalité très optimiste. Le magazine a vieilli, comme tout le doit, mais il tente de rester irrémédiablement jeune dans sa réponse à la vie et, comme le père William de Lewis Carroll, il peut marcher sur les mains et s'emporter de temps en temps, peut-être au désespoir de certains de ses lecteurs, en essayant un saut périlleux. C'est ainsi que les choses se passent à la Quarante-troisième Rue Ouest. Il se trouve qu'en cette journée au milieu de l'hiver, un soleil méditerranéen brille — New York est au fond sur la même latitude que Rome, Athènes et Istanbul — et le ciel au-dessus de nos fenêtres est d'un bleu intense immaculé. Nous avons raison de traiter le beau temps comme un cadeau bien à propos pour notre anniversaire. Soixante-dix ans ! Mais il est possible que soixante-dix bougies soient trop pour n'importe quel gâteau ; et dans ce cas, le traditionnel « un seul pour faire grandir » suffirait.

L E S   P R O M E S S E S   D E S   T E C H N O L O G I E S   D E   L ' I N F O R M A T I O N   :   M Y T H E S   E T   R É A L I T É

p a r   A l a i n   P i n s o n n e a u l t

Peu de technologies ont attiré autant d'attention et ont créé autant d'espoirs que les technologies de l'information (TI). Les promesses des TI sont immenses tant chez les individus que dans les organisations : tâches enrichies, amélioration de l'efficacité et de l'efficience de l'organisation, augmentation des profits, organisation apprenante, etc. À plusieurs occasions, les TI ont rempli les promesses. Federal Express est devenu un leader mondial en utilisant les TI pour améliorer l'efficacité et la gestion de ses opérations ; American Airlines s'est taillé une place de choix dans l'industrie aérienne américaine et a même causé la faillite de certains concurrents (People Express entre autres) à l'aide de son système de réservations ; le télétravail permet à un nombre croissant d'individus de travailler dans un environnement mieux adapté à leurs besoins et à des heures qui leur conviennent davantage. Toutefois, plusieurs entreprises ont investi d'importantes sommes d'argent avec beaucoup moins de succès. De nombreuses firmes ont vécu des échecs importants en cours de développement et d'autres ont implanté des systèmes d'information sans jamais parvenir à récupérer les bénéfices prévus.

Dans l'ensemble, les entreprises de services américaines dépensent plus de 100 milliards de dollars annuellement en matériel informatique uniquement, soit plus de 12 000 dollars par travailleur de l'information par an, sans que, selon certains auteurs, leur productivité soit améliorée (Roach, 1991). Le phénomène est répandu au point que l'on parle du « paradoxe de la productivité » : peu importent les sommes d'argent investies dans les TI, il n'y a pas d'amélioration équivalente de la productivité ni de la performance organisationnelle. Roach (1985, 1991) a même observé une diminution de la productivité des travailleurs de l'information depuis les années 1980, soit depuis l'application des TI à leur niveau. Cette note n'a pas pour but de faire le procès des TI ou d'en faire l'apologie. Elle ne vise pas non plus à en recenser tous les effets. Elle tente plutôt de préciser, en se basant sur les résultats de recherche, comment les TI s'insèrent dans la dynamique organisationnelle et quels sont les éléments fondamentaux déterminant les effets et les bénéfices des TI. Elle vise à faire mieux comprendre pourquoi les promesses des TI ne se matérialisent pas toujours en présentant trois mythes fort répandus, qui sont, en quelque sorte, à l'origine des rendez-vous manqués.

LE MYTHE DU DÉTERMINISME TECHNOLOGIQUE

Au cœur même de la problématique de l'insertion et du déploiement des TI dans l'organisation réside la fausse prémisse du déterminisme technologique, qui sert encore de principe de gestion des TI dans l'organisation et qui a servi de base à plus de 30 ans de recherche dans le domaine. On assume que, lorsque les TI sont implantées dans l'organisation, leurs effets et bénéfices se matérialisent seuls, inévitablement. Une technologie de l'information particulière (chiffrier, courrier électronique, base de données, etc.) engendrera toujours, automatiquement et inexorablement, les mêmes effets et bénéfices d'une implantation à l'autre et d'une organisation à l'autre. Toutefois, l'expérience démontre que la réalité de l'insertion des TI dans l'organisation est beaucoup plus complexe et que leurs effets sont loin d'être monolithiques. Les TI ont enrichi et appauvri des tâches (Attewell et Rule, 1984 ; Pinsonneault et autres, 1993) ; éliminé et créé des postes de cadres intermédiaires (Pinsonneault et Kraemer, 1993, 1995) ; centralisé et décentralisé le pouvoir (Attewell et Rule, 1984 ; George, 1986 ; Markus et Robey, 1988).

Les effets des TI semblent donc plus déterminés par le contexte dans lequel elles sont implantées que par la technologie même. Les TI sont un outil malléable qui s'adapte au contexte organisationnel plutôt que de le déterminer. Pinsonneault et autres (1993) ont trouvé que les TI ont des effets substantiels et tangibles dans l'organisation lorsque les gestionnaires explicitent clairement leurs attentes et participent activement et directement à l'implantation des TI. Sans cette explicitation et cette participation des gestionnaires, les TI ne causent que très peu de changements. Pinsonneault et Kraemer (1993, 1995) ont trouvé que les TI ont tendance à servir les intérêts des groupes qui contrôlent les décisions majeures concernant les TI et donc à renforcer la structure organisationnelle existante. Ainsi, les TI centralisent les organisations centralisées et décentralisent les organisations décentralisées. Le contexte d'implantation et d'utilisation, et non la technologie, détermine donc la nature et l'ampleur des effets (DeSanctis et Scott Poole, 1994 ; Markus et Robey, 1988).

LE MYTHE DE L'EFFET DIRECT DES TI

Un deuxième mythe qui mine les promesses des TI est de croire que les principaux effets des TI sont directs. Le mécanisme fondamental qui régit les effets des TI tant au niveau individuel (tâches, rôles, etc.) qu'organisationnel (structure, pouvoir, stratégie, etc.) est tout autre. Il en est un de substitution, et non de simple remplacement. Les TI rendent certaines activités plus efficaces ou encore éliminent tout simplement le besoin d'intervention humaine. Cela cause des surplus de ressources, ou du temps libre, qui doivent être utilisés et gérés. Ces surplus de ressources peuvent servir diverses fins. Dans un effort de rationalisation cher à beaucoup d'entreprises actuellement, ces surplus peuvent servir à diminuer le nombre de personnes nécessaires pour accomplir un travail. D'un autre coté, ces surplus peuvent également être utilisés pour repenser les tâches des individus, pour décentraliser les décisions et rendre les gens plus autonomes et responsables.

L'utilisation des guichets automatiques par les banques canadiennes est un bon exemple de cette approche. Elles utilisent les guichets automatiques pour éliminer les transactions routinières des guichets « traditionnels », créant ainsi un surplus de ressources chez les caissiers et caissières, qu'elles pourraient utiliser pour réduire leur nombre substantiellement. Toutefois, la majorité des banques canadiennes ont plutôt transformé les tâches des caissiers et caissières pour en faire des professionnels bancaires qui doivent à l'avenir vendre des services et des produits bancaires et conseiller les clients. La qualité du service à la clientèle a été privilégiée au lieu du simple rationnement des effectifs. Cela s'insère parfaitement bien dans la stratégie des banques canadiennes de se rapprocher des clients individuels et de fidéliser leur clientèle afin de diminuer le risque de grandes pertes.

LE MYTHE DES BÉNÉFICES QUANTIFIABLES

Également au cœur de la problématique des promesses des TI est le mythe des bénéfices quantitatifs ou la tendance à n'accorder d'importance qu'à ce qui peut être quantifié. Toutefois, mesurer uniquement les bénéfices quantitatifs favorise une vision biaisée et très limitative des effets réels des TI. La réalité est plus complexe. En fait, il existe trois types de bénéfices des TI : l'amélioration de l'efficacité de certaines tâches (vitesse, précision, etc.), l'amélioration qualitative de certaines tâches (flexibilité, profondeur d'analyse, etc.) et l'amélioration de la capacité à accomplir des tâches complexes et peu structurées. Tout effort d'informatisation peut engendrer à la fois les trois types de bénéfices, mais leur importance relative varie en fonction du système d'information implanté. Ainsi, les systèmes d'information opérationnels, tels que la paie, la gestion d'inventaire ou le suivi de la production, produisent surtout des bénéfices du premier type (quantitatif). Les systèmes d'information de gestion de leur côté (systèmes d'aide à la décision, systèmes d'information pour dirigeants, systèmes experts, etc.) ont pour but le soutien à la gestion et à la décision, et leurs bénéfices sont davantage du deuxième et du troisième type.

Mesurer les bénéfices de ces systèmes d'information en se concentrant sur les bénéfices quantitatifs est éminemment réductionniste et ne permet pas d'évaluer les TI correctement. Leur principal apport est avant tout de modifier les processus de travail et d'en améliorer la qualité, et non de permettre une plus grande rapidité. Pour que ces TI remplissent leurs promesses, il faut donc repenser les processus et les mesurer adéquatement au lieu de les occulter et de tenter de mesurer uniquement leurs extrants.

Il ressort clairement de la discussion ci-dessus que les TI permettent la réorganisation du travail et la remise en question de l'organisation en offrant de nouvelles possibilités. Elles rendent possible ce qui était impossible auparavant. Les banques, par exemple, offrent des produits tels les comptes à intérêts quotidiens et transforment les caissiers et caissières en professionnels bancaires, ce qui aurait été impossible sans les TI. Les compagnies manufacturières fonctionnent maintenant avec un inventaire presque nul grâce à l'échange de documents informatisés (EDI), alors que les détaillants analysent le comportement de leurs clients et segmentent la clientèle avec une complexité et une finesse impensables il y a seulement quelques années grâce aux bases de données. Les TI permettent à l'organisation d'être plus efficace et efficiente, et de gérer des situations plus complexes qu'auparavant.

Toutefois, il est également clair que les TI ne sont en fait que des outils malléables ; en elles-mêmes, elles n'ont pas d'effets. Elles n'éliminent pas de postes, elles n'enrichissent pas de tâches. Ce sont les décisions organisationnelles et individuelles d'utilisation et de déploiement des TI qui déterminent quels effets elles ont. Les TI sont un initiateur et un catalyseur de changement, elles n'en déterminent pas la teneur et l'ampleur. De plus, la majorité des systèmes d'information de gestion se soldent par des améliorations qualitatives des processus plutôt que par des bénéfices quantitatifs. D'où l'importance d'une grande participation des gestionnaires afin de bien repenser l'organisation et de s'assurer que les changements associés aux TI s'effectueront dans une direction congruente avec celle de l'organisation dans son ensemble. L'adéquation entre l'orientation générale de la firme, les processus de travail et l'utilisation des TI est essentielle pour que les bénéfices de ces dernières se matérialisent pleinement. Pour ce faire, les gestionnaires doivent participer activement au déploiement, à l'utilisation et à la gestion des TI.

{ Partie VII }

CONCLUSION

La conclusion de ce livre est construite autour de deux chapitres très généraux, l'un sur l'individu et l'organisation et l'autre sur l'enseignement et l'apprentissage de la stratégie, et de cinq notes.

Le chapitre XIV aborde la question difficile de la relation entre l'individu et l'organisation. L'individu a besoin de liberté pour s'exprimer et créer, au bénéfice de l'organisation, mais, en même temps, l'organisation souhaite éviter des comportements anarchiques qui ne prennent pas en considération ses propres besoins actuels. Ce paradoxe embêtant se traduit par des conflits constants, souvent par un écrasement de l'individu par l'organisation. Ces questions sont discutées pour affirmer que l'individu doit être dynamique dans la relation, défendant sa capacité à s'exprimer et à agir mais aussi reconnaissant l'importance de l'insertion de son action dans l'œuvre communautaire.

Le chapitre XV commence par une réflexion sur les problèmes de l'enseignement et les difficultés de l'apprentissage en matière de stratégie. Le reste du chapitre est ensuite consacré aux questions concrètes de la préparation de la discussion en classe et de la préparation d'une analyse de cas écrite.

La note n° 29 est une réflexion sur les rapports entre subjectivité, autorité et jugement. L'importance de la subjectivité est affirmée, non en soi mais parce qu'elle colore de manière fondamentale le jugement et l'exercice équilibré de l'autorité. Laurent Lapierre, Ph.D., McGill, professeur de leadership à l'École des HEC de Montréal, est l'auteur de cette note qui est parue à l'origine dans la revue *Gestion*. L'auteur est reconnu pour ses applications des théories psychanalytiques à la compréhension de l'importance de l'imaginaire et de la vie intérieure dans la pratique du leadership.

La note n° 30 est issue d'un article qui résume le livre écrit par Danny Miller, Ph.D., chercheur à l'École des HEC de Montréal, sur le paradoxe d'Icare en gestion stratégique. Ce qui fait le succès des entreprises peut être aussi à l'origine de leur perte, lorsque les recettes du passé continuent à être appliquées sans discernement et sans référence à ce qui se passe dans l'environnement. Cette note est extraite de l'article de l'auteur, qui a été publié à l'origine par la revue *Gestion*.

La note n° 31 est la traduction d'un article qui a été publié dans le *Harvard Bulletin*, le magazine des diplômés de Harvard Business School. L'article a été écrit par J. McLaughlin, ancien président de Doubleday and Co., et traite du sujet délicat de la carrière. L'auteur affirme que les caractéristiques matérielles ne sont pas le plus important dans la vie professionnelle d'une personne, quel que soit son niveau de réussite en la matière. Ce qui compte le plus, c'est l'état d'esprit auquel on arrive lorsqu'on est au bout.

La note n° 32 est une réflexion sur ce que sont vraiment les structures. On pense généralement aux boîtes qui font les organigrammes. En fait, ce sont surtout les comportements résultants des personnes, qui au fond ne changent pas beaucoup d'une réorganisation à une autre. Cela incite l'auteur à affirmer que les vraies structures sont dans la tête et il est peut-être préférable de gérer en ayant cela à l'esprit. La note a été écrite par Taïeb Hafsi, DBA, Harvard, professeur de stratégie des organisations à l'École des HEC de Montréal. Elle a été publiée à l'origine par la revue *Gestion*.

Finalement, la note n° 33 discute de cet entrepreneurship particulier mais combien important qu'on retrouve dans les grandes organisations complexes et qu'on appelle communément l'intrapreneurship. On peut reconnaître plusieurs formes que peut prendre l'intrapreneurship. Cette note en propose quatre et les discute. La note est un résumé d'article publié à l'origine par la revue *Gestion* et écrit par Jean-Marie Toulouse, Ph.D., université de Montréal, professeur de stratégie et d'entrepreneurship à l'École des HEC de Montréal.

Chapitre XIV

L ' I N D I V I D U   E T
L ' O R G A N I S A T I O N   :
M A Î T R E S   E T   E S C L A V E S

I. L'HISTOIRE DE JOHN ADAMS[1]

John Adams sortait tout frais émoulu du programme de MBA de la Harvard Business School lorsqu'il fut recruté par Accutronics, une entreprise de haute technologie en plein essor. Accutronics élaborait en particulier des systèmes électromécaniques de pointe destinés à l'industrie aérospatiale :

Ce qui m'a le plus impressionné [...] C'était cette extraordinaire volonté de croissance et l'accent mis sur le talent et l'initiative individuels comme critères de promotion [...] On a dû me répéter au moins une douzaine de fois qu'on s'attendait à ce que les recrues fassent preuve d'initiative et qu'elles prennent elles-mêmes la responsabilité de ce qui devait être fait.

Je devais travailler au sein d'un groupe de l'état-major du siège social, lequel était soumis à l'autorité du premier vice-président, Mike Butler. C'était un homme direct, agressif même, qui avait l'air du gars qui sait obtenir ce qu'il veut.

Personne ne m'a dit précisément ce que j'aurais à faire, tous prétendaient qu'ils étaient plus intéressés à recruter des gens bien qu'à ajuster une personne à une case.

Je pensais trouver chez Accutronics un environnement propice à mon avancement, puisque celui-ci serait fondé bien plus sur ma compétence, sur mon effort, sur les résultats que j'obtiendrais, que sur l'ancienneté ou l'intrigue.

Garçon sérieux et équilibré, John Adams avait bien réussi dans ses études, se situant dans le premier tiers de la classe. Ses commentaires en classe étaient toujours perçus comme raisonnables et constructifs. Il était d'un commerce facile. Il était aussi gros travailleur et compétitif, mais « ne transigeait pas sur les questions de *fair-play* et de respect des autres ».

---

1. Cette histoire est extraite du cas John Adams, originalement écrit en 1972 par Norman Berg, professeur à la Harvard Business School, et traduit en 1981 à l'École des HEC par Marie Thibault sous la direction du professeur Laurent Lapierre.

Au début, sa vie à l'entreprise fut surtout marquée par beaucoup de travail et de « pression à l'identification » et par l'excitation de la croissance :

> Ici, les gens éprouvent vraiment une forte « identification à l'entreprise » [...]
> Pas de syndicat [...] Même les employés horaires ont l'air convaincus qu'ils « font partie de l'équipe ».
> Ils ne plaisantaient pas quand ils parlaient des heures de travail ! [...] J'ai fait des semaines de 80 heures pendant plusieurs semaines de suite [...] C'est dur pour les personnes qui ont une famille, mais je ne me plains pas parce que cette boîte est tellement dynamique et emballante.

Après un an, les choses commençaient déjà à être préoccupantes. Les relations entre les différents services ne sont pas vraiment des relations de collaboration mais de grande compétition, comme si les autres faisaient partie d'une autre organisation. Les jeux politiques sont plus nombreux et plus importants qu'on ne l'aurait cru. La « liturgie » prend aussi parfois le pas sur le contenu. Ainsi, travailler beaucoup a plus à faire avec la symbolique de l'attachement ou simplement la politique interne qu'avec les nécessités des activités. John Adams se fait d'ailleurs rappeler à l'ordre parce qu'il lui arrivait de ne pas aller au bureau tous les samedis. En général, le climat n'est pas vraiment ce qu'il espérait :

> Il y a tout le temps ce que j'ai fini par appeler des fausses crises. On nous fixe des échéances inutilement courtes rien que pour nous forcer à travailler davantage [...] Je ne suis pas du tout certain que cette mentalité me plaise [...]

La formidable croissance d'Accutronics est pour John Adams l'occasion de multiples apprentissages sur le plan de la gestion. Il se rend compte combien il est difficile pour les dirigeants de changer de comportement à mesure que le niveau de complexité de l'organisation augmente et que les problèmes doivent être traités de manière plus formelle et moins personnalisée.

À l'été de 1970, John Adams avait quitté Accutronics pour une autre entreprise. L'expérience d'Accutronics avait été à la fois stimulante et traumatisante pour lui. Lorsqu'il est parti, l'entreprise avait un chiffre d'affaires qui dépassait les 100 millions de dollars et faisait partie des 500 plus grandes entreprises de *Fortune*. Il se rendait compte combien il avait été chanceux de participer à ce formidable développement et de voir comment ça se passait dans les entreprises à succès. Ses leçons étaient peu encourageantes :

Ce que je pouvais être naïf à ma sortie de Harvard ! [...] Maintenant je doute fort que plus du dixième des promotions soit dû à la compétence dans la grande majorité des entreprises. Je suis même tout à fait convaincu du contraire : si on veut échouer totalement dans la plupart des organisations, il suffit de passer son temps à résoudre des problèmes mieux que quiconque. Je pense qu'il est bien plus avantageux de chercher à impressionner les gens qui sont maîtres des promotions.

Après la première année, il y a eu tant de réorganisations qu'il serait impossible de suivre le fil [...] J'ai le frisson quand je pense à ceux, relativement rares, de mes collègues qui sont restés; sans exagération, je peux dire que ce sont des gens qui se sont résignés [...] Lou Disantis est celui pour qui j'ai le plus de peine [...] Il pensait trouver autre chose ici [...] La dernière fois que nous en avons parlé, il m'a dit qu'il était arrivé à la conclusion suivante : «Le tout est de ne pas se laisser embarquer, de ne pas prendre de position ferme sur quoi que ce soit, et de se contenter d'encaisser son chèque de paie.»

Parmi les exemples de problèmes qu'il a vécus, il y eut « le conflit des chefs ». Profitant de l'absence de leur chef de service George, Fred le chef du service qui dépendait du même vice-président, a convoqué John et son collègue Andy et leur a demandé de l'aider à « avoir la peau de George ». S'ils refusaient, « il s'occuperait d'eux » dès qu'il aurait mis la main sur le service de George. Outré, John en parle à George. Celui-ci furieux crée tout un scandale, dans lequel John et Andy sont regardés par tous avec suspicion et finissent par « avoir le mauvais de toute l'histoire ». Ils venaient d'attirer sur eux l'attention du vice-président qui n'a pas apprécié tout le branle-bas de combat qui s'ensuivit. En fait, John Adams apprit aussi que Fred était « l'informateur » du vice-président. Toutes les actions et tous les efforts qui apparemment étaient destinés à renforcer l'organisation n'étaient en réalité que les comportements politiques de conquête du pouvoir par les multiples responsables de l'entreprise. Qui plus est, John se rappelle que « les gens de l'informatique avaient simulé des résultats d'ordinateurs en se servant de leur ordinateur comme d'une machine à écrire ! » :

On leur imposa (de mettre toutes les opérations de l'entreprise sur ordinateur) [...] en leur donnant encore une fois des délais complètement irréalistes. Plutôt que d'avouer que la tâche était irréalisable, ils ont fait semblant de s'en acquitter dans les délais en calculant la plupart des chiffres sur des calculatrices portables et en imprimant les résultats sur l'ordinateur.

Ensuite, John dut faire face à l'organisation lorsqu'elle décida de faire mal à une personne. Pour démissionner, c'était tout un problème, à cause des questions de confidentialité. Il faut dire que certains cadres étaient partis avec des connaissances acquises dans l'entreprise pour lancer des entreprises concurrentes, bien que, selon John Adams, il n'y ait pas eu vraiment de cas d'abus évidents. Lorsque son collègue Andy a démissionné, il a été l'objet d'une véritable inquisition. La lettre donnait un préavis de 30 jours. Le lendemain, directeur, vice-président et conseiller juridique se présentèrent à son bureau et méthodiquement inspectèrent son bureau. On lui permit de garder ses papiers personnels, mais on lui demanda de partir sur-le-champ. John Adams précise :

> Je ne pense pas qu'ils cherchaient à être expressément durs envers les démissionnaires. Leur attitude était sans doute une sorte de sous-produit du puissant esprit d'équipe que la direction essayait d'inculquer à tous les employés et auquel elle croyait tellement elle-même. Elle croyait réellement à l'existence d'une sorte d'homo-accutronicus.

Il y avait bien sûr des personnes qui étaient très à l'aise dans cette ambiance. Frank Nolan était de ceux-là :

> Il attache de l'importance aux plus petites choses, il semble toujours en savoir plus que n'importe qui sur ce qui se passe dans les différentes parties de l'entreprise [...] On m'assure que quand il est arrivé à Accutronics [...] il s'était appliqué à découvrir à quel collège étaient allés les membres de la direction, où ils s'étaient connus, comment ils étaient entrés dans l'entreprise, quels postes ils y avaient tenus, qui ils entraînaient avec eux et qui ils semblaient protéger, à quelles activités ils consacraient leurs loisirs, à quels clubs ils adhéraient, etc. Il m'a souvent parlé avec une franchise totale...

Frank était un vrai animal politique et avait une grande capacité à reconnaître les personnes qui étaient en train de prendre de l'importance et à s'accrocher à elles. Il n'hésitait pas à laisser tomber son supérieur s'il était convaincu qu'il n'était pas assez influent dans la compagnie.

Le jugement global que John Adams porte sur Accutronics et ses dirigeants est très mitigé :

> Le groupe de direction est sans conteste intelligent et travailleur. Il a bâti l'entreprise en affrontant avec acharnement la concurrence des géants de

l'industrie [...] Mais ce n'est pas pour assiéger les fiefs de Lockheed Electronics ou de General Dynamics ou de Litton qu'on vient travailler chez Accutronics, c'est pour rivaliser avec d'autres membres de l'entreprise et il me semble que cela fait une énorme différence.

Je crois que la plupart des comportements que je désapprouve s'expliquent par une forme d'organisation tout à fait pyramidale et une philosophie de gestion voulant que le meilleur soit celui qui monte dans la pyramide, quel que soit l'environnement ou la nature de la compétition [...] On pourrait presque comparer la situation à celle d'un combat de boxe pour lequel on aurait promis une grosse bourse au vainqueur, mais en renvoyant l'arbitre chez lui...

II. L'INDIVIDU DANS L'ORGANISATION

La situation d'Accutronics n'est pas anormale ; elle est plutôt typique. Elle est simplement plus révélatrice de la dynamique à cause de la forte croissance qu'elle connaît. La situation de John Adams est elle aussi typique. Depuis que nous enseignons, le nombre d'étudiants qui nous ont fait part, à nos collègues et à nous-mêmes, de situations similaires à celle de John Adams est très élevé. L'une de ces situations a d'ailleurs été décrite dans le cas Paul Bouchard (Côté, 1992). Peut-on alors dire que ces situations sont normales ? L'individu n'est-il pas recevable comme personne dans l'organisation ? Quelles sont les limites de l'espace dont dispose la personne dans l'organisation ? Doit-elle se dépersonnaliser pour vivre dans la communauté qu'est l'organisation ? Devrait-on parler de droits de la personne dans une entreprise ?

Les réponses à ces questions sont difficiles. La doctrine dominante dans notre société est celle de la démocratie. Elle voudrait que les personnes soient libres, même dans leurs organisations, et conservent le droit à leurs opinions, à l'intérieur de limites préétablies. Au cours des dernières années, en raison de la pression concurrentielle, les personnes, et leur capacité créatrice, ont été considérées comme les actifs les plus importants de l'organisation, même s'ils sont souvent intangibles.

La réalité est bien plus nuancée et peut-être contingente. Si nous adoptons la perspective plus déterministe de la théorie de la contingence et prenons seulement les deux dimensions de « nature de la technologie » (intensive en personnes par rapport à intensive en équipements) et « nature de l'environnement » (turbulent et hétérogène par rapport à placide et homogène), on pourrait s'attendre à ce que plus la technologie est intensive en personnes dans un environnement turbulent et hétérogène et plus les personnes sont libres et respectées dans les faits. Le « Style Cray », une sorte d'énoncé de mission, de la société de superordinateurs Cray est représentatif de cette situation (voir l'annexe 3 du chapitre II). Par ailleurs, plus la technologie est intensive en équipements, dans un environnement plutôt placide et homogène, moins l'individu dans l'organisation est libre et respecté. Les entreprises de pétrole dans les années 1960 et 1970 se trouvaient dans cette situation. Si l'on voulait rajouter la taille à ces deux dimensions, on pourrait dire que la taille aggrave les contraintes pour les personnes. Le tableau 1 résume ces caractéristiques.

Tableau 1 La personne et l'organisation

		LA PERSONNE EST PLUS LIBRE LORSQUE	LA PERSONNE EST MOINS LIBRE LORSQUE
1	LA TECHNOLOGIE	est intensive en personnes	est intensive en équipements
2	L'ENVIRONNEMENT	est plus turbulent et plus hétérogène	est plus placide et plus homogène
3	LA TAILLE	est plus petite	est plus grande

La technologie, l'environnement et la taille sont donc des facteurs contraignants, et constituent le contexte dans lequel l'individu agit. L'autre élément important est plus volontariste. Il s'agit des grands principes qui régissent la communauté de personnes qui constitue l'organisation. Cette communauté peut décider d'adopter des principes qui favorisent la liberté ou au contraire peuvent la supprimer.

Comme nous l'avons évoqué au chapitre III, la société Honda, telle que la décrit Pascale (1990), a clairement mis l'accent sur la contestation par les personnes, et donc sur leur liberté à dire leur désaccord, en la considérant comme un élément nécessaire à la contribution créatrice des personnes. La société GM, toujours selon Pascale, a au contraire détruit très tôt la volonté ou les désirs des nouveaux venus de contribuer de manière créatrice.

Les exemples qui ressemblent à ceux de GM sont sûrement les plus nombreux ; en tout cas, ce sont ceux dont on entend le plus parler. Ainsi, depuis le début des années 1980 aux États-Unis, et plus récemment au Canada, on a assisté à beaucoup de situations de ce qu'on a appelé *whistle blowing* (littéralement « coup de sifflet », pour attirer l'attention). Beaucoup de personnes, considérant que les entreprises ou les organisations dont elles faisaient partie n'étaient pas respectables du point de vue de la société en général, ont dénoncé leurs pratiques à la limite de l'éthique ou carrément malhonnêtes.

La dernière en date concerne un ancien directeur de la recherche de Philip Morris, la grande multinationale du tabac. Ce directeur a révélé que, contrairement à ce qu'affirment l'industrie et son entreprise en particulier, les entreprises du tabac ont délibérément manipulé les contenus en nicotine pour accroître la dépendance des fumeurs. Dans l'émission de PBS (ETV Vermont) du 2 avril 1996, on a aussi appris que, Philip Morris étant un grand actionnaire et aussi un grand client de CBS, les responsables de l'émission d'information à grande écoute *60 Minutes* avaient été l'objet de pressions pour que l'histoire de cette personne ne soit pas diffusée. Cet événement a troublé beaucoup d'intellectuels américains et a révélé le pouvoir considérable des entreprises américaines non seulement sur leurs employés mais aussi sur la vie sociopolitique américaine.

Les valeurs des organisations et leurs objectifs s'imposent durement aux individus qui en font partie. Cela est vrai non seulement des simples employés, mais aussi des dirigeants principaux. Le comportement de personnes comme ce directeur de la recherche de Philip Morris montre cependant qu'une organisation a toujours du mal à imposer aux employés des comportements ou des attitudes incompatibles avec ce qu'ils considèrent comme les valeurs de la société en général.

Un autre exemple montre par contre que ces valeurs ne sont pas toujours claires lorsqu'il s'agit d'agir. Au Canada, les forces armées qui avaient été impliquées dans des comportements illégaux et parfois criminels lors d'une mission en Somalie ont tout fait pour étouffer les détails de l'affaire, mais des personnes de plus en plus nombreuses, y compris des soldats, se sont manifestées pour révéler les pratiques qu'elles considéraient honteuses pour les représentants d'un pays démocratique. Cette histoire à tiroirs a révélé ensuite que certains officiers supérieurs de l'armée ont délibérément passé outre ou encouragé la destruction des documents officiels concernant cette affaire, une source encore plus grande d'émoi. Pourtant, les grands officiers de l'État sont déchirés face à cette situation. Certains croient que les dommages que cela peut causer aux forces armées sont tellement grands qu'on devrait empêcher ce déballage de linge sale en public. D'autres, au contraire, pensent que c'est la seule façon d'éliminer la maladie du totalitarisme criminel. La population canadienne, pourtant attachée à la démocratie et à la liberté, est incertaine.

Lorsqu'en classe nous abordons la discussion de la situation de John Adams ou de Paul Bouchard, les étudiants sont très mal à l'aise. Ils n'aiment pas beaucoup les deux personnes ou plutôt ont tendance à les trouver naïves et peu adaptées à la situation de l'entreprise et peut-être à la vie en général. Pourtant, à mesure que la discussion avance, ils ont aussi de la sympathie pour eux, parce qu'ils sont à la fois honnêtes et désireux de contribuer. En fin de compte, nous nous retrouvons souvent avec une classe ambivalente et divisée. La seule conclusion raisonnable à laquelle on arrive est que la vie collective ne peut être réglée seulement par des mécanismes de fonctionnement. Elle doit aussi comporter des valeurs humaines élevées. Beaucoup d'entreprises considèrent même que des principes moraux sont essentiels à leur survie. Ces principes n'indiquent pas comment on doit traiter les situations complexes comme celles que nous avons évoquées, mais elles fournissent le cadre dans lequel on peut les examiner.

La vie de l'entreprise est le résultat de multiples « guerres ». Il y a ce qui fait partie du pain et du beurre de la gestion : la compétition et la capacité à lui survivre. Il y a en général les relations, souvent contraignantes, avec les autres acteurs de l'environnement, notamment les autorités de réglementation et de contrôle de la vie civile. Il y a enfin la vie dans l'organisation. Celle-ci a ses rituels, son organisation, ses standards. Les individus sont le plus souvent traités selon les standards établis. D'une certaine manière, il suffit pour cela de revenir à l'histoire de John Adams : les personnes sont reconnues non pas en tant que telles, mais plutôt pour la contribution qu'elles apportent au bon fonctionnement de l'organisation.

Ainsi, souvent, les actions des personnes ne sont louées ou critiquées que par rapport aux standards de bon fonctionnement de l'organisation. Devrait-on s'attendre à autre chose ? Nous croyons que oui. Les organisations qui ont des ambitions de leadership dans leur domaine d'activité ne peuvent exercer le leadership concurrentiel, auquel elles aspirent, que si elles sont capables de mobiliser leur personnel au-delà de ce qui semble possible par les autres. Cela suppose entre autres qu'elles réussissent à être « vivantes », c'est-à-dire à accepter les paradoxes que la vie implique, notamment les soubresauts que la liberté de contribuer ne peut manquer de produire. Ceux qui contribuent le mieux au succès d'une organisation veulent être appréciés pour ce qu'ils sont autant que pour ce qu'ils font, c'est-à-dire non pas pour le conformisme dont ils font preuve, même si parfois ils en reconnaissent l'utilité, mais pour leur présence et la contribution réelle qu'ils apportent. Ils veulent qu'on les considère et qu'on les traite comme des êtres uniques et précieux, non pas comme des pièces standard qu'on peut abandonner à la moindre anicroche.

Comme dans la société en général, les personnes ont des droits fondamentaux, qui n'ont rien à voir avec la réalisation de la tâche. Elles ont le droit d'être traitées différemment, avec respect et considération. Ce qui fait la civilisation, c'est d'abord et avant tout des comportements de respect mutuel, qui vont au-delà de la tâche immédiate, reconnaissant que les personnes apportent des contributions différentes à différents moments de la vie de l'organisation. On se trompe toujours lorsqu'on juge la valeur d'une personne à la réalisation d'une tâche spécifique. Nous nous rappellerons toujours cet ingénieur japonais que sa société nous imposait dans la réalisation d'un contrat qui liait notre entreprise à l'entreprise japonaise. Nous le considérions tous comme totalement incompétent et nous nous étions même plaints à ses responsables. Ils ont arrêté de nous le facturer mais ils l'ont laissé là, à faire ce qu'il faisait auparavant. Dix ans plus tard, lors d'une visite à cette même entreprise, nous fûmes surpris de rencontrer un dirigeant dynamique, mûr et sûr de lui, admiré par ses collaborateurs et aussi par ses clients, qui n'était autre que ce fameux ingénieur qui nous avait tant irrités.

On nous a toujours rétorqué que l'entreprise américaine, ou même européenne, ne peut avoir ce genre de patience, car elle est trop coûteuse. Nous n'en croyons rien. Nous croyons que les mythes de la gestion à l'américaine cachent souvent l'absence de volonté de jouer le vrai rôle du dirigeant, qui est d'accepter la difficile tâche quotidienne de la construction et du développement des personnes. Comme les enfants dans une famille, les personnes les plus prometteuses d'une organisation ne se développent qu'après avoir « épuisé » les ressources de leurs « parrains ». Les dirigeants qui pensent s'en sortir en « repoussant plus loin » ce genre de problème faillissent et, ce faisant, contribuent au déclin de leur organisation et peut-être aussi de la civilisation.

Le plus grand des risques pour les entreprises est que les individus diabolisent l'entreprise et qu'ils utilisent leurs talents et leurs créativités à contrecarrer les objectifs que les dirigeants s'efforcent de définir et de réaliser. Historiquement, nous serions ramenés aux tourments du passé, notamment à l'époque de la profonde division en classes antagonistes que les crises économiques ont légitimées et que les théories marxistes ont conceptualisées. Les réactions des populations aux actions de licenciement massif suggèrent que, pour les populations partout à travers le monde, la responsabilité de l'entreprise et de ses dirigeants à l'égard de la société commence avec l'attention et le respect qu'ils accordent aux individus qui vivent dans l'organisation. Toute faillite à ce niveau-là finira par être considérée comme une atteinte à l'intégrité de la société dans son ensemble.

III. L'INDIVIDU ET SA SAUVEGARDE : « LA CARRIÈRE INTÉRIEURE »

Intellectuels, moralistes et stratèges politiques reconnaissent de plus en plus fréquemment que l'entreprise a certainement une responsabilité fondamentale dans le développement des personnes qui la constituent et dans la protection de leur intégrité physique et psychique. Mais les personnes ne peuvent malheureusement pas attendre que toutes les entreprises aient compris cela et travaillent effectivement à l'appliquer sans faille. Les employés et les dirigeants doivent, comme le suggérait, il y a quelque temps, James McLaughlin, ancien président de Doubleday and Company, compléter ou remplacer la poursuite d'une carrière formelle dans l'entreprise par celle d'une « carrière intérieure » (voir note n° 31).

Rares seront les entreprises qui répondront à l'appel que nous lancions plus haut. En conséquence, beaucoup de personnes, simples employés ou gestionnaires, seront exposées à la « mal-vie professionnelle ». La survie, voire le plaisir de la vie professionnelle, va venir probablement de la richesse de la vie intérieure de chaque personne. En d'autres termes, la vie n'est pas faite seulement des promotions, des augmentations de salaire, de la matérialité du succès, telle qu'elle est reconnue par l'entreprise. La vie est aussi faite du sens qu'on donne à son action dans l'entreprise et dans la société en général.

Beaucoup de satisfactions peuvent venir de « l'intérieur ». Il faut cependant que chacun reconnaisse l'importance de se prendre en charge et travaille à trouver des satisfactions dans la réalisation même des tâches qui lui sont confiées. Il s'agit en quelque sorte de changer de logique. Le travail peut être perçu comme une source d'aliénation ou comme une source d'épanouissement et en fait le travail peut être l'un ou l'autre, parfois l'un et l'autre. Cependant, si l'aliénation est un produit inévitable du travail, l'épanouissement est une rencontre particulière ou plutôt un regard différent sur la relation qu'on entretient avec le travail.

Au cours de cette carrière d'enseignant, nous avons souvent suggéré aux étudiants que, en plus de leurs aspirations à la réussite formelle dans les organisations et dans la vie, il était utile de penser qu'on était né « sculpteur », avec au fond de soi une petite pierre informe à laquelle on essaie de donner forme et vie, sans relâche, tout au long de sa vie. Nous avons aussi mentionné que les plus grandes satisfactions viennent plutôt de cette sculpture que des appréciations de ceux qui nous subissent. Plus on sculpte et plus on a de chances de modifier ce qu'on est et surtout de modifier l'état d'esprit auquel on arrive. Plus important, plus on sculpte et plus on a de chances d'être satisfait du résultat.

Cette idée de sculpture rejoint une sagesse que les anciens nous ont souvent exprimée en insistant que le plus important était de travailler sur soi. Ce faisant, on a plus de chance de devenir une « bonne personne », mais aussi on a plus de chance de réaliser un équilibre qui permette de contrebalancer les tentations et les appels parfois dévastateurs de la matérialité des choses et de la vie organisationnelle. Curieusement, travailler sur soi est aussi la meilleure façon de contribuer au travail avec les autres, parce que seul l'effort sur soi peut amener l'acceptation de la contribution des autres et faire en sorte que l'action collective soit additive, voire multiplicative, plutôt que soustractive et destructive.

Cela veut dire que, dans la relation entre individu et organisation, nous sommes à la limite très fine, imperceptible, entre l'humanité et la bestialité. Le comportement de la personne peut être grossier et mal fini ou il peut être fin et tout en nuances. C'est aussi vrai de l'organisation. Son comportement (donc sa gestion) peut être grossier et sans nuances ou au contraire attentif et attentionné. Tous les cas de figures et toutes les combinaisons sont possibles.

En général, à moins d'être le dirigeant principal, on n'a pas beaucoup d'emprise sur le comportement de l'organisation. Même pour le dirigeant principal, la complexité rend le comportement organisationnel, surtout à l'égard des personnes individuelles, plutôt aléatoire. En conséquence, du point de vue de la personne, il vaut mieux prendre cela comme un fait. Ceux qui ont lu les chapitres de ce livre comprennent mieux pourquoi et surtout comprennent que ce n'est pas le résultat d'une quelconque malédiction ou de comportements malsains de la part d'autres personnes, mais un fait de la vie organisationnelle. Reconnu, ce fait est un antidote contre le cynisme et peut faire naître la confiance nécessaire aux actions qui vont peut-être changer les choses. Concrètement, cela permettrait aux personnes de ne pas perdre trop d'énergie à se rebeller contre cela et de canaliser leurs efforts vers des avenues plus productives.

Des avenues productives sont celles qui, au lieu d'aller seulement chercher la récompense dans l'organisation, travaillent à la découvrir dans le travail lui-même. Si de plus l'organisation a la bonne grâce (globalement aussi aléatoire que la vie) de donner à la personne des satisfactions supplémentaires tant mieux, mais fou serait celui qui ne vit que pour cela.

Chapitre XV

APPRIVOISER LA STRATÉGIE : APPRENTISSAGE ET ENSEIGNEMENT

L'apprentissage de la stratégie tout comme son enseignement sont des aventures très spéciales. Le professeur et l'étudiant sont souvent embarqués dans des activités de découvertes et de création qui n'ont que rarement leur pareille dans le monde universitaire. La stratégie a un caractère unique. La construction et la découverte stratégiques sont des créations dont la nature n'est pas différente de celle d'une œuvre d'art. C'est pour cela que les stratégies de qualité sont rares. Plus compliqué encore, contrairement aux œuvres d'art, il est difficile de trouver des experts capables de s'entendre facilement sur ce qu'est une bonne stratégie.

Comme en art, par ailleurs, la découverte et la création dans l'apprentissage de la stratégie nécessitent un minimum de discipline. « L'inspiration ne vient qu'aux esprits préparés », disait Poincaré. C'est particulièrement vrai ici. On ne peut profiter de l'expérience formidable d'apprentissage et de découverte de ce genre de cours que si la préparation a été rigoureuse, à la fois complète et précise. Mais la préparation n'est pas suffisante. Il faut aussi que la discussion en classe soit suffisamment ordonnée pour qu'elle débouche sur des résultats respectables. Quiconque a essayé à la fois de libérer la créativité et d'ordonner les discussions qui peuvent en résulter comprendrait facilement l'importance des défis auxquels il faut faire face.

La découverte en stratégie est une action collective. Elle pose alors des problèmes spéciaux de relations entre les personnes qui y participent. Les valeurs de ces personnes, leurs volontés de collaborer, le respect qu'elles peuvent avoir les unes pour les autres et leur situation personnelle viennent interférer avec le cheminement de la découverte. La classe de stratégie est une occasion d'expérimentation et d'investigation dans tous ces aspects. Dans ce chapitre, nous verrons comment encourager et faciliter cette expérimentation et cette investigation.

Le chapitre est divisé en trois parties inégales. La première partie est destinée à révéler ce que le cours de stratégie a de spécial et pourquoi les étudiants, à l'image de leurs professeurs, doivent valoriser l'expérience de classe. La deuxième partie est pratique. Si vraiment la classe est tellement importante, nous voulons fournir aux étudiants à la fois quelques guides et quelques conseils pour que l'expérience ne tourne pas au cauchemar. Nous y traitons donc de la vie de la classe et notamment de la discussion et de sa préparation à la fois dans des classes où les participants ont de l'expérience de gestion et dans des classes de jeunes sans expérience personnelle de la gestion des organisations. Notamment, quelques conseils sont fournis pour la préparation des cas. Cette partie traite enfin de l'un des résultats importants de l'apprentissage, le travail généralement écrit qui doit couronner le cours, en insistant sur sa signification et la façon de le réaliser. La troisième partie conclut en fournissant quelques balises, une sorte de fiche aide-mémoire, pour l'analyse de cas.

I. EN STRATÉGIE, LE TRAVAIL DE CLASSE EST ESSENTIEL

Comme nous l'avons indiqué tout au long de ce livre, la gestion stratégique n'est pas une technique, même si elle s'appuie ici et là sur des analyses et des modèles relativement techniques. Le plus important est tellement mou et insensible que la plupart prennent beaucoup de temps à le percevoir. Le plus important est le changement de comportement, le développement de la capacité de recul, des valeurs qui font que, dans les conditions les plus difficiles, on a le courage de la démarche et des conséquences qu'elle impose.

En d'autres termes, les stratèges ne doivent pas simplement maîtriser les techniques et les modèles que les chapitres de ce livre ont décrits. Ils doivent changer eux-mêmes, d'abord acquérir des réflexes d'analyse qui font le comportement stratégique et ensuite acquérir également les valeurs nécessaires pour la gestion d'ensemble de l'organisation.

En classe, la rencontre autour des sujets de gestion stratégique est une rencontre de découvertes. Les professeurs, sans trahir beaucoup de secrets, disposent d'une carte qui les aide à mettre de l'ordre dans une discussion, mais c'est une carte imparfaite. Ils ne la suivent que rarement à la lettre. Ils tentent souvent, toutefois, d'être attentifs et flexibles, de prêter attention aux découvertes que font les étudiants, pour conduire le voyage et les voyageurs à bon port.

En fait, la réussite d'un cours de stratégie est une tâche qui nécessite la collaboration, la coopération des étudiants et du professeur. Cette coopération doit permettre au professeur de laisser de la place aux étudiants, de leur construire un espace dans lequel ils vont pouvoir exprimer leurs « découvertes », un espace qui permette aussi de révéler et de réconcilier ces découvertes pour éviter le sentiment d'exaspération que les discussions débridées provoquent. Le professeur est ainsi amené à maintenir un minimum d'ordre pour que l'inconfort du désordre ne vienne pas tuer le désir de contribuer.

La découverte par la discussion est la plus formidable des découvertes et le plus excitant des chemins d'apprentissage. En effet, tout apprentissage est en fait de l'autoapprentissage. On n'apprend que ce qu'on s'est enseigné soi-même. Tous les grands pédagogues ont découvert et énoncé cette grande vérité. Le corollaire, c'est qu'on n'apprend que ce qu'on veut bien apprendre. D'où l'importance de la vie de la classe. C'est sur cela que sont basées les suggestions qui sont faites ici.

Une bonne classe est d'abord un groupe d'apprentissage, des personnes qui se respectent et qui ont le goût de cheminer ensemble dans cette aventure difficile de l'apprentissage d'un sujet aussi fondamental que la gestion stratégique. Pour que le groupe ne se défasse pas, il est nécessaire de faire attention à quelques petites choses :

1. La compétition entre les étudiants est saine, mais elle est souvent naturellement forte. Les étudiants viennent souvent avec le désir de se mesurer aux voisins, d'apprécier leurs capacités en affrontant les autres. En général, ce comportement est utile à l'effort, mais le cours de gestion stratégique est généralement un cours dont l'objectif est de donner une compréhension d'ensemble, de mettre l'accent sur l'intégration, la survie de l'organisation dans son ensemble, plutôt que sur la performance des personnes individuellement. En conséquence, le professeur peut trouver approprié de réduire le niveau de compétition et d'encourager la coopération. La gestion délicate entre coopération et compétition est l'une des premières conditions du succès.

2. Un groupe ne peut fonctionner de manière harmonieuse que si les règles du jeu sont claires.

3. L'étude de la stratégie d'entreprise est une étude clinique. Cela signifie que la connaissance n'est pas une connaissance très formalisée. L'aspect rustique, artisanal ou artistique est important. En conséquence, on ne peut apprendre qu'à partir de situations concrètes. C'est pour cela que la méthode des cas est tellement importante dans le processus d'apprentissage. Le corollaire, c'est que la préparation et l'engagement dans le cas doivent être substantiels. On n'apprend pas la gestion stratégique seulement par la discussion,

mais par une discussion documentée par le ou les cas étudiés et concentrée sur ces derniers. Ne pas faire de préparation signifie, presque automatiquement, être exclu de la discussion.

4. L'apprentissage de la stratégie peut prendre des chemins inattendus. Cela peut se traduire alors par une classe qui peut être parfois moins ordonnée, moins nette que celle des autres disciplines de gestion. À l'image de leurs professeurs, les étudiants ne doivent pas avoir peur du désordre. Par ailleurs, il n'y a pas de bonnes et de mauvaises réponses. Il y a simplement des tentatives qui doivent être appréciées par leur contribution à la réflexion du groupe.

5. Le professeur a la responsabilité du questionnement au sein d'une classe, mais il n'en a pas l'exclusivité. La classe peut donc être « aidée » autant par une question d'étudiant que par un commentaire, et généralement le professeur s'en souciera.

6. Le professeur a la responsabilité du climat en classe. Il travaille toujours à encourager, à stimuler, à mettre en confiance les étudiants. Ceux-ci doivent le voir plutôt comme un allié, toujours prêt à les aider à mieux exprimer leurs idées. Nietzsche disait que toute les choses importantes portent un masque. La difficulté dans un débat de qualité est justement d'aider tout le monde à aller regarder au-delà du masque.

7. Les étudiants sont souvent préoccupés par leur performance. Ils attendent souvent que le professeur leur fournisse des balises, mais comme la gestion stratégique suppose une absorption plus grande d'ambiguïté, il faut admettre que le professeur puisse décider que ses étudiants soient soumis à l'exercice de l'autoévaluation, malgré sa difficulté.

8. Pour profiter d'une discussion, la patience est une vertu essentielle à l'apprentissage. Elle peut faire des miracles, comme l'impatience peut en empêcher beaucoup. Nikos Kazantzakis (1952), dans Zorba le Grec, nous aide à illustrer cela de manière magnifique (voir le chapitre XIII).

9. Finalement, le succès de l'effort d'apprentissage n'est pas seulement le fait du professeur. C'est aussi le fait des étudiants. Leur enthousiasme et leur attention les uns aux autres et à l'ensemble de la classe sont aussi importants que leur préparation personnelle.

Après ces réflexions un peu philosophiques, mais aussi un peu pratiques, nous allons nous tourner vers l'organisation des cours de gestion stratégique.

II. LA PRÉPARATION DU COURS

Si la discussion en classe est une étape importante de l'apprentissage, elle ne peut se dérouler convenablement sans une préparation soignée du cours par les participants. Le professeur a en général un niveau de préparation plus grand que celui des étudiants. Il a eu le temps de s'informer sur les conditions particulières de l'industrie ou de l'entreprise étudiée. Il a lu plusieurs fois le cas et généralement il l'a enseigné plusieurs fois. Sa préparation consiste aussi à se poser des questions sur le processus de la discussion et sur sa gestion de façon à faire de l'expérience une occasion de stimulation et de plaisirs intellectuels recherchés.

Pour l'étudiant, la règle est que le plaisir commence toujours par le travail patient et systématique. Le cours de stratégie comprend généralement des cas et des documents conceptuels que le professeur juge pertinents pour le thème sur lequel il souhaite voir les étudiants porter leur attention. D'abord, dans cet ensemble, disons tout de suite que le plus important est le ou les cas. Les éléments conceptuels doivent à notre avis être consultés, parce qu'ils peuvent aider à mettre de l'ordre dans le fouillis que représente la vie. Nous recommandons cependant souvent à nos étudiants de ne pas les regarder avant d'avoir fait leur préparation de cas. Autrement, les concepts étant souvent puissants et séduisants, ils seraient amenés inévitablement, dans leurs discussions, vers une récitation de ces concepts. La meilleure des préparations devrait laisser à la toute fin la lecture des concepts. Examinons donc la préparation des cas.

A. LA PRÉPARATION DES CAS POUR LA DISCUSSION EN CLASSE

Un cas est une description souvent très riche d'un morceau ou de quelques morceaux de vie d'une organisation. En gestion stratégique, on ne tente pas de mettre l'accent sur des manipulations très techniques, même si parfois elles peuvent s'imposer pour la compréhension de la situation. On cherche surtout à rassembler renseignements et données, puis à prendre du recul par rapport à ceux-ci afin d'apprécier la situation de l'entreprise, son équilibre général, la clarté de la direction qu'elle poursuit, la cohérence des décisions avec cette direction, etc., toutes les grandes choses qui ont été discutées dans les chapitres qui précèdent. En particulier, on essaie de se mettre dans les souliers de celui qui dirige l'organisation dans son ensemble pour mieux comprendre les problèmes d'intégration des multiples actions entreprises.

Pour faire porter la réflexion sur la situation d'une entreprise, nous avons tendance à recommander à nos étudiants de se poser trois grandes questions générales ; les deux premières sont théoriques et la troisième est pratique :

1. Quelle est la situation de l'organisation ?

2. Comment peut-on expliquer cette situation ?

3. Que devrions-nous faire ? En particulier, si l'organisation fait bien, comment maintenir cela, si elle fait mal, comment améliorer cela ?

La première question est factuelle. Il s'agit de noter dans tous les domaines d'activité de l'organisation l'état des facteurs qui influent sur le fonctionnement de l'organisation, donc son environnement pertinent et sa condition intérieure. La deuxième question est très liée à la précédente, mais reste aussi relativement très objective. Elle tente, par l'analyse (et là les multiples modèles de ce livre et les modèles appris dans d'autres cours peuvent être très utiles), de comprendre comment les différents facteurs interagissent pour expliquer la situation de l'organisation.

Ces deux premières questions constituent une phase essentielle dans la démarche de gestion des organisations. On ne doit pas sauter aux solutions sans prendre le temps de noter et d'analyser systématiquement la situation de l'organisation. Peu de médecins songeraient à faire des ordonnances sans comprendre convenablement ce qui semble arriver à leur malade (malheureusement, certains le font tout de même !). En gestion, c'est la même chose, on ne peut raisonnablement sauter à des conclusions sans avoir systématiquement compris ce qui arrive à l'organisation. En classe, la discussion portera souvent d'abord sur ce diagnostic, sauf s'il est évident, ce qui arrive parfois.

Quand on a développé une compréhension suffisante de ce qui se passe, on peut alors passer à l'étape suivante : décider comment répondre à la situation actuelle. Ni la première étape (les deux premières questions) ni la seconde (la troisième question) ne mènent à des réponses évidentes. D'abord, l'expérience montre que les événements ne sont que très rarement lus de la même manière par des personnes ayant des formations et des préoccupations différentes. Cela est évidemment très bien pour la richesse de la discussion en classe. C'est cela qui va révéler des choses à chacun, quel que soit son niveau de préparation. Mais ensuite, si les résultats de l'analyse ne sont pas évidents, décider quoi faire pour répondre à l'analyse est encore moins évident. On a vu souvent, en pratique, des personnes distinctes faire des analyses semblables de la même situation, prendre des décisions radicalement différentes et pouvoir les réussir ou les échouer toutes. Ce n'est pas un coup du sort. C'est simplement l'indication qu'analyse et décision ne sont qu'un petit aspect de la tâche de gestion. La volonté des personnes engagées, notamment les dirigeants et leurs subordonnés clés, ainsi que les multiples actions de mise en œuvre peuvent remettre en cause les analyses les plus élaborées ou au contraire faire réussir des analyses plus sommaires.

De manière plus concrète, comment faire la préparation du cas ? Il faut peut-être ici faire la différence entre des personnes d'expérience et des jeunes ayant une orientation plus théorique. Il est probable que des étudiants qui viennent de finir leur cycle universitaire ou qui sont en train de le finir soient surtout préoccupés par la maîtrise des outils de gestion nécessaires à l'analyse stratégique, les questions d'intégration n'étant ni claires ni intéressantes à leurs yeux. Par contre, en général, des personnes d'expérience auraient tendance à penser qu'elles ont une bonne intuition sur les questions d'analyse et préféreraient surtout mettre l'accent sur les questions d'intégration. Mais même parmi cette dernière catégorie, il faudrait distinguer celles dont l'expérience a été spécialisée (avec responsabilité de tâches fonctionnelles précises, comme production, finance, etc.) de celles qui ont eu une expérience substantielle de généraliste. Les spécialistes sont souvent dans les mêmes dispositions d'esprit que les jeunes étudiants. À notre sens, la préparation devrait être semblable pour tous, mais l'accent de la préparation devrait aller à l'encontre des tendances naturelles de chacun des groupes. Les étapes qui suivent sont néanmoins des guides utiles pour tous les groupes.

1. D'abord, la familiarité avec le sujet exige que la lecture du cas soit très bonne. Il est donc utile de faire ce qui suit :

- Feuilleter l'ensemble du cas pour voir de quoi il s'agit, puis faire une première lecture rapide pour se familiariser avec les événements et conditions du cas. Cette première lecture doit aussi permettre de vérifier s'il s'agit d'industries ou de technologies avec lesquelles on est familiarisé ou s'il faut envisager d'aller chercher des renseignements complémentaires là-dessus. Cette première lecture ne doit pas prendre beaucoup de temps, mais doit permettre de répondre à quelques questions utiles pour l'analyse. De quoi s'agit-il ? Ce cas ressemble-t-il à d'autres que nous avons étudiés ? Comment se situe-t-il à l'intérieur du cours ? Que cherche-t-on à faire ? Quelles questions importantes sont abordées ici ? Quel événement ou information attire mon attention ? Pourquoi ?

- Faire une deuxième lecture plus détaillée. Cette lecture doit permettre de prendre des notes sur chacune des préoccupations qui semble ressortir du cas. Par exemple, si le cas porte sur l'analyse de l'environnement d'une entreprise, on serait tenté de clarifier la dynamique de l'industrie en traçant le modèle de Porter et en essayant de le documenter pour mieux comprendre comment les cinq forces influent sur la dynamique. En revanche, si le cas met plutôt l'accent sur la capacité concurrentielle de l'organisation, alors on pourrait passer plus de temps à comprendre ce que l'organisation fait relativement bien, en examinant chacune des fonctions et sa gestion. Cette deuxième lecture permet de prendre beaucoup de notes utiles pour l'analyse qui suit et pour la discussion de classe.

- Recommander aux étudiants d'écrire une page de réflexions que le cas leur inspire. Cette page constitue non pas de l'analyse mais une sorte de « pensée sur le vif » dont l'objet est d'articuler comment on réagit personnellement au cas, aux personnages, aux événements, et comment ce cas vient affecter son propre cheminement. Cette page est parfois exigée par le professeur. À l'École des HEC, on l'appelle Papier de position préliminaire (PPP).

2. On peut à présent passer à l'analyse proprement dite. Pour cela, les différents modèles (du moins ceux qui ont été étudiés jusque-là) qui documentent et éclairent le concept de stratégie peuvent être utilisés. Ainsi, on peut examiner tous les éléments qui constituent le concept de stratégie, tels qu'ils ont été précisés au chapitre IV, avec peut-être un accent particulier sur l'aspect qui est le thème de la partie du cours considérée. L'analyse a comme objet, toujours, *d'articuler et de préciser ce qui se passe dans un premier temps, puis de l'expliquer dans un second temps.* Cette étape se termine lorsqu'on a le sentiment qu'on comprend bien l'ensemble de la situation de l'entreprise. On est alors prêt à réfléchir à l'étape suivante.

3. À présent, on peut consacrer du temps à examiner les options dont on dispose, peut-être à les inventer et à décider de ce qu'on devrait faire. Simultanément, on doit considérer les questions de mise en œuvre. Le quoi faire doit toujours être accompagné du comment le faire. Le comment souvent détermine si le quoi est raisonnable ou si c'est simplement un exercice pédagogique futile.

4. Dans les cas consacrés en particulier aux questions de mise en œuvre, on pourrait avoir à mettre plus l'accent sur le design des instruments qui permettraient de réaliser la stratégie. Dans ce cas, il est clair qu'on doit passer plus rapidement sur les questions d'analyse et de formulation de ce qu'il faut faire, pour consacrer le plus de temps possible aux caractéristiques de la mise en œuvre.

5. Il arrive souvent que les analystes du cas soient tentés d'apporter un élément d'information complémentaire sur ce qui est arrivé à

l'organisation, depuis la date du cas. Une petite recherche en bibliothèque pourrait ainsi permettre, d'une part, d'enrichir sa propre compréhension de l'organisation étudiée et, d'autre part, d'apporter une contribution intéressante à la discussion si l'occasion devait se présenter.

6. Pour la préparation de la discussion en classe on doit garder à l'esprit qu'une classe, c'est d'abord des personnes qui se sont fait chacune une opinion à propos des cas qui seront discutés. En conséquence, avoir effectué l'analyse n'est pas suffisant. Il faut aussi se poser des questions sur la manière dont on doit faire passer son opinion dans la classe. Traditionnellement, les étudiants ont toujours fait preuve de beaucoup de savoir-faire et de créativité pour que leur opinion soit écoutée et respectée par les collègues de la classe. Le professeur est souvent intéressé autant par le contenu des idées que les étudiants apportent à la discussion des cas que par la manière avec laquelle ils les apportent.

B. LA PRÉPARATION D'UNE ANALYSE DE CAS ÉCRITE

Il y a une différence substantielle entre une analyse de cas pour la discussion en classe et une analyse de cas écrite. Dans l'analyse pour la classe, on laisse beaucoup de place à la spontanéité, à la dynamique de la discussion en classe. De plus, on ne se préoccupe pas de la structure de l'argumentation ni de la qualité de l'écriture. Seules les idées sont importantes. Dans le document écrit, la clé est l'écriture. La structure du texte et sa clarté sont souvent les éléments principaux pour convaincre. Il y a bien sûr beaucoup de place encore aux idées, mais les idées seules ne sont plus suffisantes. Dans ce qui suit, quelques recommandations générales sont faites pour aider à améliorer la qualité de l'analyse écrite, mais là aussi la créativité et la personnalité de l'analyste peuvent se manifester de multiples façons.

1. LA LECTURE DU CAS ET LA PRÉPARATION DE L'ANALYSE

Les suggestions faites précédemment restent valables. Il est important qu'on soit familiarisé avec les données du cas. La phase de lecture est donc très importante. Dans l'analyse écrite, cette phase est encore plus cruciale, parce qu'on ne peut pas se permettre de rater une information ou un argument important. Habituellement, la démarche reste cependant la même, et il s'agit de faire :

I. Une lecture rapide en notant à la fin les questions qui ont attiré notre attention ;

II. Une lecture plus attentive, avec prise de notes systématique sur les caractéristiques de l'organisation, de son fonctionnement, de sa stratégie, de ses dirigeants, etc.

À ce stade-ci arrivent les différences. Après la lecture attentive, on doit se demander comment on peut aborder le cas. Il arrive que le professeur fournisse quelques questions pour guider l'analyse, mais dans tous les cas on doit procéder de la manière suivante :

- Déterminer ce qu'on a compris de la situation de l'organisation. Là, il ne faut pas oublier que le concept de stratégie peut servir de cadre structurant de l'analyse. En particulier, on peut reprendre les éléments de l'analyse stratégique du chapitre IV et déterminer la situation de l'organisation pour chacun d'entre eux. Ainsi, on peut étudier la nature de l'environnement, les incertitudes (opportunités et menaces) qui viennent ou pourraient en venir. Ensuite, on pourrait examiner les sources d'avantages (compétences, ressources financières ou humaines, etc.) ou de désavantages (qualité des produits, rigidité du fonctionnement, etc.) concurrentiels de l'organisation, la nature de la communauté qui la compose et les valeurs des dirigeants, en prêtant une attention particulière à l'effet de ces facteurs sur le comportement stratégique actuel et futur de l'organisation.
- Décider de ce qu'on ferait pour répondre aux préoccupations des dirigeants ou aux défis qui se présentent à eux.

On peut alors se demander comment on va présenter ces éléments pour que l'argument soit intéressant et pour qu'il soit convaincant. Ces choix peuvent amener un retour au cas pour des lectures de parties spécifiques et des vérifications des compréhensions ou des interprétations retenues.

2. LA PRÉSENTATION ET L'ÉCRITURE

Les étudiants font preuve d'une très grande créativité dans la présentation de leur argumentation et cette créativité est recommandée et encouragée. Une présentation originale, qui facilite la compréhension de l'argumentation ou sa lecture, ajoute beaucoup à l'analyse. En entreprise, dans l'organisation, comme dans le cours de gestion stratégique, c'est un gage de succès. À titre d'exemples, on pourrait mentionner quelques-uns des nombreux choix qui ont été faits dans le passé.

I. Il y a bien sûr l'analyse classique, qui met l'accent sur la compréhension de la situation et se termine par les recommandations.

II. Il y a la lettre qui est adressée au dirigeant qui est mis en cause dans le cas, pour lui parler de la situation.

III. Il y a la présentation à un comité interne ou externe.

IV. Il y a le tribunal, dans lequel on prend la place d'un journaliste qui décrit le déroulement et le verdict d'un procès qui mettait en cause les dirigeants ou l'entreprise.

V. Il y a la présentation à une commission parlementaire.

VI. Il y a la demande de conseils par le dirigeant à un ami ou, l'inverse, des conseils qu'on donnerait à son ami dirigeant.

VII. Il y a la présentation par une société de consultants.

Bien d'autres possibilités existent. Mais dans tous les cas, on retrouve toujours les éléments classiques de l'analyse stratégique tels qu'ils apparaissent au chapitre IV. Bien entendu, on peut enrichir ces éléments en utilisant les concepts et modèles appropriés à la situation, tels qu'ils apparaissent dans les chapitres V à XIII.

L'écriture de l'analyse de cas doit être aussi simple et directe que possible. Il faut bien se rendre compte qu'on écrit non pas une œuvre littéraire mais un rapport d'analyse. Quelques conseils seraient ici appropriés :

I. La structure du texte doit être bien claire. Contrairement à ce qui se produit dans la plupart des œuvres littéraires, le lecteur devrait en feuilletant rapidement le document, avoir une idée de ce que l'auteur essaie de faire. Les éléments qui ont habituellement du succès dans une présentation écrite sont les suivants :

- Une introduction stimulante, qui présente le cas, la structure du texte d'analyse et les résultats auxquels on est arrivé. L'introduction doit être la partie la plus attirante du texte parce qu'on cherche à encourager le lecteur à poursuivre la lecture. Dans l'introduction, on peut se permettre des affirmations fortes, si elles sont destinées à attirer l'attention. Si l'introduction est bien faite, elle peut facilement servir de « résumé pour la direction » (ou *executive summary*).

- Des schémas, qui résument l'analyse ou l'argumentation, mais attention : un mauvais schéma est pire que l'absence de schémas.

- Des citations appropriées, tirées du texte du cas, mais là aussi attention à la qualité et aux excès.

- Des comparaisons avec des situations d'organisations similaires qui sont bien connues des lecteurs potentiels.

- Une conclusion qui rappelle les résultats et les recommandations, mais qui le fait de manière inhabituelle et stimulante.

II. L'écriture la meilleure est la plus simple et la plus économique. S'efforcer de faire des phrases simples, aussi courtes que possible, de présenter ses idées dans des paragraphes courts et d'utiliser un langage abordable et nettoyé d'un jargon excessif. Les grands écrivains nous rappellent souvent que la lecture est semblable à une aventure sur un territoire inconnu. Plus le chemin est balisé, plus il est ponctué de surprises agréables, plus il est facile de suivre la pensée de l'auteur et plus le lecteur appréciera. Si le lecteur passe plus de temps à comprendre les phrases et les mots, s'il se perd dans des paragraphes longs et sinueux, il ne lira pas le texte jusqu'au bout et, s'il est obligé de le lire, comme c'est le cas du professeur, il jugera durement.

III. Nous aimons à répéter à nos étudiants les quelques conseils de Maria Montessori, la grande pédagogue italienne :
- Une image vaut mille mots.
- Il vaut mieux montrer que dire.
- Il vaut mieux pas assez que trop.

III. QUELQUES GRANDES BALISES DANS L'ANALYSE DE CAS

Que ce soit pour l'analyse écrite ou pour la préparation d'une discussion en classe, il est utile de se souvenir des quelques recommandations suivantes :

1. En stratégie, on est intéressé par l'ensemble de l'organisation plutôt que par une partie ou un aspect. Veillez à ne pas perdre de vue la perspective d'ensemble.

2. L'approche est toujours la même : on cherche d'abord à comprendre, puis à agir.

3. Un grand principe est qu'il y a plus d'une réponse correcte. L'important est la qualité de l'analyse, de sa présentation et de sa défense.

4. En règle générale :
   a) la situation est toujours spécifique ;
   b) on étudie l'ensemble de la situation ;
   c) il faut rester sensible aux interrelations ;
   d) il faut adopter un point de vue multidimensionnel ;
   e) il faut se mettre à la place des responsables ;
   f) il faut être orienté vers l'action, ce qui signifie entre autres :
   - aller de l'imparfait vers le mieux,
   - accepter le conflit au sein de l'organisation,
   - avoir le sens du possible,
   - avoir le sens de ce qui est vital, jugulaire,

- avoir la volonté de prendre des décisions sur la base de renseignements incomplets et imparfaits,
- traduire les objectifs en programmes d'action,
- ne pas oublier que, pour l'essentiel, le contexte est humain et organisationnel.

L A   S U B J E C T I V I T É ,
L E   J U G E M E N T
E T   L A   D I R E C T I O N [2,3]

p a r   L a u r e n t   L a p i e r r e [4]

La direction, qui est l'essence même de la gestion, est une pratique. Ce n'est pas une science et ce ne le sera jamais. On peut étudier ce phénomène en utilisant diverses méthodes scientifiques comme on peut éclairer sa pratique de modèles ou de résultats de recherche valables qui permettent d'en mieux connaître certaines facettes. Il n'en demeure pas moins que les gens qui dirigent ne font pas de la science ; ils pratiquent un métier ou une profession.

On pourrait définir la direction comme étant l'ensemble des décisions et des actions prises délibérément ou spontanément par un individu en poste d'autorité sur d'autres personnes, afin de les amener à agir sur une réalité donnée et à atteindre des résultats désirés.

Une pratique, c'est subjectif. Cela s'apprend par l'action et par l'expérience, et cela se connaît par la réflexion qu'on fait par soi-même, en revenant sur sa propre expérience, ou qu'on fait en profitant de l'expérience et de la réflexion des autres. Comme dans le cas de tous les apprentissages et des connaissances pratiques, le rôle de la personne qui apprend est central. On apprend toujours seul — que ce soit dans le cadre d'un programme formel, par compagnonnage ou de façon autodidacte — comme on assume toujours seul la responsabilité d'une direction, même quand on sait s'entourer, qu'on consulte, qu'on écoute ou qu'on délègue.

La subjectivité n'est pas un défaut. Pour les philosophes de la phénoménologie (Kant le premier, Brentano, Husserl et Merleau-Ponty), la subjectivité, c'est le caractère de ce qui appartient au sujet, et spécialement au sujet **seul**. Notre subjectivité est donc ce qui nous est le plus personnel. La

2.   Texte tiré de *Gestion*, vol. 20, n° 4, décembre 1995, p. 14-15.

3.   Quelques-unes des idées exprimées dans cette « position » sont reprises d'un texte publié sous le titre *La subjectivité, l'autorité et la direction. Leçon et contre-leçon inaugurales*, Les cahiers des leçons inaugurales, École des HEC, Montréal, 1995, 52 pages.

4.   L'auteur remercie France Barabé, Jacqueline Cardinal, Christiane Demers, Dominique Dorion, Francine Harel Giasson, Veronika Kisfalvi et Patricia Pitcher pour leurs commentaires et suggestions.

subjectivité n'est pas non plus, comme on le laisse entendre parfois dans les écoles de gestion, l'absence de règles ou de contrôles, l'irrationalité ou la négation de toute approche scientifique. Le *Petit Larousse* (1980, p. 882) définit ainsi le terme « subjectif » : « Qui varie avec le jugement, les sentiments, les habitudes de chacun. » *Le Robert* (1995, p. 2155) ajoute : « Qui dépend [de l'affectivité] du sujet plutôt que de conditions extérieures, objectives [et observables]. » La **subjectivité**, l'**affectivité** et le **jugement** vont donc de pair.

Réhabiliter la subjectivité, ce n'est pas nier l'importance de l'objectivité ; au contraire même. Un dirigeant ne peut pas ignorer les faits concernant son organisation : les données financières, l'information touchant son marché et l'environnement socio-économique, les théories, les modes ou les modèles existants[5]. Cependant, ce ne sont pas les faits, les données financières, l'information sur le marché, les théories, les modes ou les modèles qui décident. C'est un dirigeant, un **sujet agissant**, qui choisit et agit avec toute la complexité de son être. Si l'objectivité demeure l'aspect le plus important de l'analyse qu'on fait d'une situation donnée, la subjectivité est plus déterminante de la décision et de la direction.

L'action, encore plus que la connaissance, repose sur la subjectivité du sujet. Ce qui sert aux dirigeants dans la pratique, c'est l'intelligence de l'action, c'est-à-dire une compréhension intuitive qui résulte surtout de l'expérience, plus que l'intelligence scolaire, c'est-à-dire une compréhension rationalisée qui s'appuie sur les explications ou les théories[6]. Des gens d'action sont parfois incapables d'analyser en détail ou en profondeur ce qu'ils font. Comme l'auteur qui dit « Lisez mon roman, tout est là », le dirigeant affirmera : « Observez-moi, voyez les résultats et laissez-moi travailler en paix. » Les bons dirigeants comprennent de façon pratique et subjective. Ils ont l'intelligence de l'action. Il se peut très bien qu'une forme d'intelligence scolaire, la capacité de rationaliser leur action, leur échappe. L'action est une synthèse qui dépasse les pensées et les raisonnements. Il arrive qu'on puisse comprendre subjectivement ou inconsciemment des phénomènes qu'on n'est pas encore parvenu, souvent parce qu'on n'en éprouve pas le désir ni le besoin, à expliquer de façon satisfaisante pour soi et pour les autres. On ne peut encore les nommer ni s'en faire une théorie utile ou satisfaisante.

---

5. Toute connaissance est nécessairement subjective et cela ne vaut pas uniquement pour les connaissances abstraites. Des états financiers, des systèmes d'information, des modélisations ou des théories ne sont jamais la réalité d'une organisation. Même si ces représentations sont absolument nécessaires et utiles pour connaître ce qui se passe dans l'organisation, on ne confond pas pour autant « la carte avec le territoire ».

6. Sur les différentes formes d'intelligence, voir « Dossier sur l'intelligence », *Le Nouvel Observateur*, janvier 1995 ; Epstein, S. « Integration of the Cognitive and the Psychodynamic Unconscious », *American Psychologist*, août 1994, 49, 8, p. 709-724 ; Paivo, A. « Dual Coding Theory : Retrospect and Current Status », *Canadian Journal of Psychology*, 1991, 45, p. 255-287 ; Wittrock, M. C. et autres. *The Human Brain*, Prentice Hall, 1977, 214 p.

Il existe pourtant des auteurs et des dirigeants qui ont à la fois l'intelligence de l'action et l'intelligence scolaire. Ils sont tout autant en mesure de comprendre subjectivement et de traduire cette compréhension en action que d'élaborer des explications, même si certains trouvent l'exercice difficile et frustrant. Ils estiment que la réalité de ce qu'ils font est plus complexe que les explications qu'ils en donnent. En pratique, c'est essentiellement sur le jugement que repose la direction, et le jugement se situe à la jonction de l'objectivité et de la subjectivité. Il sert, entre autres, à démarquer, pour mieux les réintégrer, ce qui relève de l'affectif[7] et du cognitif, des désirs et de la réalité, du réaliste et de l'utopique, du subjectif et de l'objectif. Pour un praticien intelligent, l'analyse doit conduire à une meilleure synthèse, à une compréhension plus complète et plus juste, mais aussi plus simple parce qu'il a réussi à dégager ce qui est essentiel.

Le jugement, c'est aussi l'acte de la tête et du cœur[8] par lequel on passe de la pensée à l'action. Le jugement a d'abord une connotation juridique. L'ensemble des jugements rendus constitue la jurisprudence dont les juges s'inspirent pour rendre leurs décisions. Le jugement signifie aussi l'opinion qu'on porte, qu'on exprime sur quelqu'un ou sur quelque chose, particulièrement lorsqu'il s'agit de questions qui ne font pas l'objet d'une connaissance immédiate certaine ni d'une démonstration rigoureuse (*Le Robert*, 1995, p. 1235). On apprend beaucoup de sa propre expérience de dirigeant. De plus, l'expérience des autres devient la jurisprudence dont on s'inspire pour rendre de nouveaux jugements. Soutenir que la direction est une pratique et qu'elle s'apprend par l'expérience, c'est préconiser une connaissance qui se base surtout sur une approche inductive. Quelles leçons ou quelles directions peut-on dégager des succès et des échecs qu'ont connus d'autres gestionnaires dans d'autres contextes ? Quelles connaissances en tirer pour nourrir son imagination et sa capacité de raisonnement afin de guider et d'inspirer la direction à prendre dans une situation nouvelle ? On ne crée pas et on n'invente pas à partir du vide. Soutenir que la direction est une pratique, c'est aller à l'encontre d'une approche déductive qui consisterait à préconiser que les jugements devraient s'appuyer sur un code écrit et normatif de lois ou de théories de la direction.

L'attrait d'une approche déductive, « rationnelle » et généralement normative est très grand pour certains praticiens qui, par manque de confiance

---

7. Sur l'importance des émotions et de l'affectivité dans la direction, voir Kisfalvi, V. « Laisser nos émotions à la porte », *Gestion*, septembre 1995, vol. 20, n° 3, p. 110-113, et Damasio, A. R. *Descartes' Error : Emotion, Reason and the Human Brain*, Grosset, Putman, 1994.
8. Michael Maccoby utilise la métaphore de la *tête* et du *cœur* pour rappeler que, dans la direction, les gestionnaires doivent tout autant faire appel au cognitif qu'à l'affectif. Voir Maccoby, M. *The Gamesman : The New Corporate Leaders*, Simon and Schuster, 1976, 285 p.

dans leur jugement, cherchent des lignes directrices codifiées et des réponses précises aux problèmes qui vont se poser. Dans certaines situations standardisées, une telle approche peut être très utile et faire gagner beaucoup de temps. Pourtant, l'essentiel du travail du dirigeant est par nature changeant et complexe. Il nécessite plutôt une approche subjective, une approche où l'on n'écrit pas de codes parce qu'on estime qu'ils seront dépassés avant d'être écrits. Dans ce contexte, chacun a la responsabilité de s'inventer et de se réinventer un code qui lui soit propre, en s'inspirant de son expérience subjective et des multiples expériences des autres, lesquelles constituent la base de sa connaissance.

Peut-on apprendre à diriger? Peut-on nourrir et enrichir sa subjectivité? Peut-on développer ses habiletés et son jugement? Comme dirigeant, est-il nécessaire de trouver son « génie propre », peut-on aller vers une plus grande authenticité dans sa manière d'être et ses façons de faire?

Au-delà de ce qu'il peut y avoir d'inné dans son talent, on peut le développer par l'apprentissage; mais il y a une différence entre **avoir des connaissances** sur une pratique et **apprendre**, entre **savoir** et **pouvoir**, comme il y a une différence entre avoir des idées, **pérorer** et **penser**. Alors, comment apprendre le métier de dirigeant basé sur la subjectivité et le jugement? Il ne viendrait à l'esprit de personne que le métier d'acteur ou de chanteur d'opéra puisse être enseigné par quelqu'un qui n'a pas fait carrière, le métier de boulanger par quelqu'un qui n'a jamais mis la main à la pâte, le métier de chirurgien par quelqu'un qui n'a jamais fait une opération, le métier de professeur par quelqu'un qui n'a jamais enseigné, le métier de thérapeute par quelqu'un qui n'a jamais été en contact avec des patients, ou le métier de potier par quelqu'un qui n'a jamais tourné, jamais touché la terre, jamais fait cuire et jamais commercialisé son produit. Celui qui voudrait prétendre être passé maître dans un métier qu'il n'a pas pratiqué, ou en devenir un gourou, serait qualifié d'apprenti sorcier ou pis, de fumiste. C'est la même chose pour la direction. Pour former et entraîner les gens à la direction — une pratique où la synthèse et le jugement occupent une large part — le médium utilisé est aussi important que le message lui-même. On n'enseigne pas une pratique uniquement en faisant suivre des cours ou en faisant lire et discuter des textes théoriques.

Apprendre, c'est changer. On apprend un métier de trois façons : par l'expérience de seconde main, par l'expérience de première main et par une réflexion sur ces deux types d'expériences de façon à induire ou à conduire le changement, c'est-à-dire à provoquer l'acquisition d'habiletés nouvelles[9].

9.　Pour une discussion plus approfondie sur « Apprendre à bien diriger », voir Francine Harel Giasson, *Gestion*, mars 1995, vol. 20, n° 1, p. 69-74.

L'apprentissage (naturel) commence inévitablement par l'expérience de seconde main. Pour toutes les pratiques, on observe d'abord les autres avant de s'exécuter. L'enfant a vu ses parents marcher avant de faire ses premiers pas, l'acteur a vu jouer, l'instrumentiste a entendu et vu plusieurs interprétations, le chirurgien a observé ses « patrons » et le dirigeant a appris des nombreux exemples de personnes en poste d'autorité avant d'apprendre de sa pratique.

L'apprentissage (professionnel) d'un métier se fait nécessairement de première main. C'est la personne elle-même qui s'essaie à la pratique. En situation d'apprentissage, elle prépare un exercice et passe à l'action. Elle s'entraîne d'abord dans des situations pédagogiques (artificielles) et, graduellement, elle sera amenée à se mettre à l'épreuve dans des situations réelles, sous contrôle. Dans les écoles d'art et les conservatoires, par exemple, des exercices pédagogiques de type « classe de maître » et des « exercices publics » mettent l'apprenant dans une situation qui se rapproche de la vie réelle. Tout au long de cet apprentissage, on lui suggère et on lui fait pratiquer des façons de faire différentes qui l'amèneront à découvrir graduellement les savoir-faire qui lui conviennent personnellement et qui sont appropriés à chaque situation. Le rôle du maître est non pas de se reproduire dans ses élèves ou de les robotiser, mais plutôt de les aider à trouver leur « génie propre ». Il n'y a pas beaucoup d'équivalent dans le domaine de la direction. Quelques ateliers d'habiletés de direction, l'apprentissage sur le tas et l'apprentissage formel en entreprise, supervisé par un maître (situation rare)[10], pourraient être considérés comme des équivalents. Dans l'apprentissage d'un métier, l'acquisition des connaissances jugées nécessaires se fait dans la perspective de la pratique. L'étude de l'histoire du métier, par exemple, et des théories qu'on en a développées n'est pas une fin en soi, mais sert plutôt à approfondir et à faciliter les apprentissages.

Enfin, les expériences de seconde main sont généralement confinées dans des documents : des reportages ou des narrations qui prennent la forme de récits de pratique, de biographies et d'autobiographies. Les personnes qui ont une connaissance pratique de la direction s'intéressent à l'expérience des autres dirigeants parce que c'est une façon de se reconnaître, d'infirmer ou de confirmer ce qu'elles font, une façon d'apprendre et de développer leur potentiel en tirant profit de ces expériences. Il s'agit ici d'expériences subjectives qui relatent non seulement les faits objectifs, mais aussi les aspects affectifs qui influencent la décision et le jugement. L'expérience de seconde main dans tous les types d'activités humaines peut enrichir sa pratique de direction. On peut tirer profit de la vie domestique, de la vie publique, des essais

---

10. Voir l'article de Charles Benabou, « Mentors et protégés dans l'entreprise : vers une gestion de la relation », *Gestion*, décembre 1995, vol. 20, n° 4.

philosophiques et théoriques, aussi bien que des œuvres de fiction. Pour la personne motivée à apprendre la direction, ce que font les autres peut servir de révélateur et favoriser la découverte de ce qui est resté latent en elle. Il n'y a pas d'opposition entre les expériences de première main et les expériences de seconde main. Elles s'enrichissent mutuellement. Lorsqu'on est engagé dans des pratiques aussi complexes que celles de la direction, on veut mettre à profit la subjectivité des autres pour apprendre, pour enrichir sa propre subjectivité et développer son jugement.

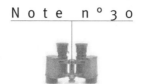

L E   P A R A D O X E   D ' I C A R E [11]

p a r   D a n n y   M i l l e r

On dit qu'Icare, personnage fabuleux de la mythologie grecque, vola si haut, si près du soleil, que la cire de ses ailes artificielles fondit et qu'il tomba dans la mer Égée, y trouvant la mort. Le pouvoir des ailes d'Icare fut à la source de la témérité qui le perdit. Le paradoxe, bien sûr, est que ses atouts les meilleurs l'amenèrent à la mort. Le même paradoxe s'applique à beaucoup de compagnies remarquables : bien souvent, leurs victoires et leurs forces les entraînent dans des excès qui causent leur chute. Le succès mène à la spécialisation et à l'exagération, à la confiance et à la suffisance, aux dogmes et aux rituels. En fait, il semble que ce soient les choses mêmes qui provoquent le succès des entreprises — des stratégies concentrées et éprouvées, un leadership assuré, une culture d'entreprise mobilisée, et particulièrement l'interaction de tous ces éléments — qui, lorsqu'elles sont poussées à l'excès, entraînent aussi leur déclin.

Certaines des compagnies les plus reconnues se retrouvent prises au piège de ce scénario du roi déchu. Dans nos recherches sur certaines de ces entreprises exceptionnelles, nous avons découvert quatre principales variantes de ce scénario, quatre « trajectoires » très communes de déclin (voir le tableau 1).

LES TRAJECTOIRES

Nos quatre trajectoires sont apparues dans une étude que nous avons menée auprès de compagnies exceptionnelles. **D'artisan à puriste : la trajectoire focalisatrice**

La compagnie Digital Equipment fabriquait les meilleurs ordinateurs au monde. Le fondateur Ken Olsen et sa brillante équipe d'ingénieurs designers inventèrent le mini-ordinateur, un outil moins cher et plus flexible

---

11.   Extrait tiré de *Gestion*, revue internationale de gestion, septembre 1991, p. 33-41.

que son cousin plus imposant. Ils perfectionnèrent leurs mini-ordinateurs jusqu'à ce qu'ils soient absolument imbattables, autant pour leur qualité que pour leur durabilité. Leur série d'ordinateurs VAX donna naissance à une légende industrielle de fiabilité, et les profits ne se firent pas attendre.

Toutefois, Digital Equipment se transforma en entreprise où régnait une monoculture de l'ingénierie. Ses ingénieurs devinrent des idoles ; les spécialistes en marketing et les comptables étaient à peine tolérés. Les caractéristiques techniques des composantes et les standards de design étaient la seule préoccupation des gestionnaires. En fait, le perfectionnement technologique devint une obsession si dévorante que les besoins des consommateurs pour des appareils plus petits ou moins coûteux et pour des systèmes plus conviviaux furent ignorés. L'ordinateur personnel DEC, par exemple, connut un échec retentissant parce qu'il ne tenait absolument pas compte des moyens financiers, des préférences et des habitudes d'achat des usagers potentiels. La performance de l'entreprise commença à chuter.

Beaucoup d'artisans deviennent des parodies d'eux-mêmes en se transformant en puristes. Ils en viennent à être si obnubilés par les menus détails techniques qu'ils oublient que le but de la qualité est d'attirer et de satisfaire les acheteurs. Les produits deviennent sur-performants, mais aussi trop coûteux ; ils deviennent durables, mais sans nouveauté. Le design supérieur du passé cède la place à de sacro-saints anachronismes. La monoculture de l'ingénierie prend un ascendant de plus en plus grand, si absorbée dans les détails du design et de la fabrication qu'elle perd de vue le client. Avant longtemps, le marketing et la recherche et le développement deviennent d'ennuyeux parents pauvres, des services que l'on voit mais que l'on n'entend pas. Malheureusement, les structures bureaucratiques qui se sont élaborées pour assurer la qualité finissent par perpétuer ces conditions et par supprimer toute initiative.

DE BÂTISSEURS À IMPÉRIALISTES : LA TRAJECTOIRE SPÉCULATIVE

Charles « Tex » Thornton était un jeune entrepreneur texan quand il prit une petite compagnie basée sur la technologie des micro-ondes et en fit Litton Industries, l'un des conglomérats de haute technologie les plus prospères des années 1960. Les ventes bondirent de 3 millions à 1,8 milliard de dollars en 12 ans. En effectuant de façon sélective des acquisitions reliées, Litton atteignit un rythme de croissance explosif. Ses excellents résultats aidèrent la firme à amasser les ressources nécessaires à une expansion rapide.

Toutefois, Litton commença à trop s'éloigner des domaines qui lui étaient familiers, achetant des entreprises plus grandes et moins saines dans des secteurs qu'elle comprenait à peine. Les cadres administratifs et les systèmes de contrôle furent bientôt débordés, la dette devint difficile à gérer, et tout un éventail de problèmes surgirent dans les divisions en pleine prolifération. La spirale qui entraîna Litton à sa perte fut tout aussi spectaculaire que celle qui avait provoqué son ascension.

Beaucoup de bâtisseurs deviennent des impérialistes accrochés comme à une drogue à la croissance désordonnée et avides d'acquisitions. Dans leur ruée aveugle vers la croissance, ils prennent des risques à faire dresser les cheveux sur la tête, déciment leurs ressources et s'endettent lourdement. Ils ont les yeux plus grands que la panse, achetant des compagnies malsaines dans des secteurs qu'ils ne comprennent pas. Les structures et les systèmes de contrôle deviennent chroniquement surchargés. Enfin, une culture dominante de spécialistes financiers, juridiques et comptables oriente encore davantage l'attention de la direction sur l'expansion et la diversification, faisant négliger les questions de production, de marketing et de recherche et développement, qui ont pourtant si instamment besoin d'être examinées.

D'INVENTEURS À RÊVEURS : LA TRAJECTOIRE INNOVATRICE

Au milieu des années 1960, la compagnie Control Data de Minneapolis était devenue le concepteur par excellence de superordinateurs. L'ingénieur en chef Seymour Grey, génie prééminent parmi les maîtres, avait plusieurs fois satisfait son ambition de bâtir l'ordinateur le plus puissant au monde. Il s'isola dans son laboratoire de Chippewa Falls, travaillant en étroite collaboration avec une petite équipe de concepteurs brillants en lesquels il avait confiance. Le superordinateur 6600 qu'il mit au point était si perfectionné qu'il provoqua une vague de mises à pied chez IBM, où les ingénieurs avaient été pris tout à fait au dépourvu par ce minuscule concurrent.

Enhardie par ses premiers succès, Control Data entreprit de nouveaux projets de développement d'ordinateurs qui étaient de plus en plus futuristes, complexes et coûteux. Cela entraîna de longs délais d'exécution, d'importants investissements et la prise de risques considérables. Les systèmes présentaient aussi plusieurs pépins qui durent être résolus. Les délais de livraison s'allongèrent et les coûts bondirent. La science et le désir d'innovation excessif avaient triomphé de la compréhension qu'avait l'entreprise de ses concurrents, de ses clients et des exigences de la production et du financement.

Malheureusement, bien des inventeurs se laissent emporter par leurs brillantes inventions, et deviennent des rêveurs — des firmes cherchant sans relâche à atteindre le nirvana technologique. Elles lancent des produits peu pratiques et futuristes, qui sont trop en avance sur leur temps, trop coûteux à développer et trop chers à l'achat. Elles deviennent aussi leur propre concurrent, rendant prématurément vétustes plusieurs de leurs produits. Pire encore, le marketing et la production en viennent à être vus comme des maux nécessaires, et les clients, comme des gêneurs grossiers et incultes. Il semble que les rêveurs soient les victimes d'une culture de l'utopie forgée de toutes pièces par les enfants prodiges autoritaires de la recherche et du développement. Les objectifs de ces entreprises, qui tendent vers des sommets désespérément élevés, s'expriment dans le champ technologique, et non pas par des préoccupations face au marché ou par des considérations économiques. Si leur structure lâche, « adhocratique », peut suffire à organiser le travail de quelques ingénieurs travaillant dans un sous-sol, elle mène au chaos dans des organisations complexes.

De vendeurs à marchands de miracles : la trajectoire divergente

Lynn Townsend accéda à la présidence de Chrysler au jeune âge de 42 ans. Il était reconnu comme un magicien de la finance et comme un maître du marketing. « On ne fait pas seulement des ventes ; on les provoque », avait-il l'habitude de dire. Durant ses cinq premières années comme président, il doubla la part de marché de Chrysler aux États-Unis et tripla la part internationale de l'entreprise. Il fut aussi à l'origine de la garantie de cinq ans ou 50 000 milles. Mais Townsend fit très peu de changements radicaux dans les produits de Chrysler. Il leur apporta surtout un marketing dynamique, des ventes et une promotion de premier ordre, et des lignes racées.

Le succès de Chrysler, avec cette stratégie où le paraître l'emportait sur l'être, eut pour résultat que l'on négligea de plus en plus l'ingénierie et la production. Cette stratégie entraîna aussi la prolifération de nouveaux modèles qui pouvaient tabler sur le programme de marketing. Mais cela rendit les opérations très complexes et peu économiques. Cela contribua aussi à l'apparition d'une gestion distante et mécanique, d'une bureaucratie de plus en plus lourde et de luttes de pouvoir. Bientôt, les stratégies perdirent leur netteté et leur direction, et la rentabilité se mit à chuter.

Malheureusement, les vendeurs tendent à devenir des marchands de miracles insensibles aux besoins du marché. Ils en viennent à remplacer le

Tableau 1 Les quatre trajectoires

• **Trajectoire focalisatrice**		
Type	**Artisan**	**Puriste**
Stratégie	Leadership en qualité	——— Purisme technique
Objectif	Qualité	——— Perfection
Culture	Engineering	——— Technocrate
Structure	Ordonnée	——— Rigide
• **Trajectoire spéculative**		
Type	**Bâtisseur**	**Impérialiste**
Stratégie	Bâtir	——— Surexpansion
Objectif	Croissance	——— Grandeur
Culture	Entrepreneuriale	——— Opportuniste
Structure	Divisionnaire	——— Fragmentée
• **Trajectoire innovatrice**		
Type	**Inventeur**	**Rêveur**
Stratégie	Innovation	——— Rêve technologique
Objectif	Science dans un but social	——— Utopie de haute technologie
Culture	R&D	——— *THINK TANK*
Structure	Organique	——— Chaotique
• **Trajectoire divergente**		
Type	**Vendeur**	**Marchand de miracles**
Stratégie	Marketing brillant	——— Prolifération sans but
Objectif	Parts de marché	——— Résultats trimestriels
Culture	*Organization-man*	——— Insipide et politisée
Structure	Modestement décentralisée	——— Oppressivement bureaucratique

design et la fabrication de qualité par le conditionnement, la publicité et une distribution énergique. Les gestionnaires se mettent à croire qu'ils peuvent vendre n'importe quoi et concoctent une prolifération délirante de produits sans intérêt et copiés des concurrents. La diversité grandissante des gammes de produits et des divisions fait qu'il devient difficile pour les gestionnaires de maîtriser la substance de toutes leurs activités. Ils comptent donc de plus en plus sur une bureaucratie élaborée pour remplacer la gestion *hands-on* des produits et de la fabrication. Graduellement, les marchands de miracles deviennent des dinosaures lourds et empâtés, déchirés par des luttes de factions et de territoires qui empêchent leur adaptation. Dans un scénario qu'on pourrait croire tiré de Kafka, il faut des mois, et même des années, avant que les plus simples problèmes soient même abordés. Ultimement, le leader diverge de sa compagnie, la compagnie diverge de ses marchés, et les gammes de produits et les divisions divergent les unes des autres.

LES FORCES À SURVEILLER

En pensant à ces quatre trajectoires, il est important de garder à l'esprit certains « textes sous-jacents », les causes cachées à l'œuvre en coulisse, qui sont à l'origine de chacune d'entre elles.

LES SOURCES DU MOMENTUM

LES PIÈGES DU LEADERSHIP

Le succès rend les gestionnaires trop confiants : il les rend plus sujets à l'excès et à la négligence, et plus enclins à formuler des stratégies qui reflètent leurs propres préférences plutôt que celles de leurs clients. Certains leaders peuvent même devenir gâtés par le succès, prenant trop à cœur leur longue suite de conquêtes et les louanges idolâtres de leurs subordonnés.

LES CULTURES ET LES HABILETÉS MONOLITHIQUES

La culture de l'organisation exceptionnelle finit souvent par être dominée par quelques services vedettes et leur idéologie. La situation est aggravée par le fait que des récompenses séduisantes poussent les gestionnaires vers les riches services dominants, tandis que les unités les moins imposantes sont privées de leur présence.

LE POUVOIR ET LES INTRIGUES

Les gestionnaires et les services dominants sont très réticents à réviser les stratégies et les politiques qui leur ont donné tant de pouvoir. Un changement, estiment-ils, minerait leur statut, appauvrirait leurs ressources et diminuerait leur influence face aux gestionnaires et aux services rivaux.

LA MÉMOIRE STRUCTURELLE

Les organisations, tout comme les gens, ont des souvenirs : elles mettent en œuvre des stratégies gagnantes en utilisant des systèmes, des procédures et des programmes. Plus la stratégie réussit et devient bien établie, plus elle fera profondément partie de tels programmes, et plus elle sera mise en œuvre de façon routinière, automatiquement et sans être remise en question.

LE PARADOXE D'ICARE

Cela nous amène au paradoxe d'Icare, dans lequel se laissent piéger tant de firmes exceptionnelles : les dirigeants, rendus trop confiants en eux-mêmes et complaisants, amplifient les facteurs mêmes qui ont contribué au succès de l'entreprise à un point tel qu'ils en viennent à causer son déclin. Il y a en fait deux aspects à ce paradoxe. Le premier est que le succès peut mener à l'échec. Icare, se voyant voler avec tant d'aisance, est devenu suffisant et trop ambitieux. Le second aspect du paradoxe est que plusieurs des causes déjà analysées de déclin — une culture forte et mobilisée, des procédures et des programmes efficaces, des configurations précisément coordonnées — étaient aussi au départ les causes du succès. Ou inversement, les causes mêmes du succès, lorsqu'elles sont amplifiées, peuvent devenir les causes de l'échec.

Paradoxalement, la puissance de l'outil accroît à la fois ses bénéfices potentiels et ses dangers. Icare n'aurait pas pu voler sans les ailes si bien fabriquées par son père Dédale ; mais en même temps, ces ailes plaçaient une terrible responsabilité sur Icare, l'obligeant à la maîtrise et à la discipline. De la même façon, des cultures et des stratégies concentrées et des configurations harmonieuses contribuent à une performance extraordinaire. Mais elles comportent les risques terribles de la rigidité et de l'isolement. Le problème est encore aggravé par le fait qu'il est très difficile de distinguer la concentration nécessaire au succès et l'étroitesse qui mène inévitablement à la perdition. Les gestionnaires des organisations en plein essor doivent donc toujours demeurer en éveil face aux « dangers de l'excellence ».

Note n° 31

LA CARRIÈRE INTÉRIEURE

par James R. McLaughlin [12]

Se souvenir et réfléchir sont sûrement parmi les activités les plus caractéristiques de l'humanité, bien qu'elles puissent ne caractériser que ceux qui trouvent que le monde est un endroit intéressant et satisfaisant (l'Histoire, faisait remarquer une personne cynique, est pour les vainqueurs).

De ce point de vue là, les anniversaires sont particulièrement provocateurs, et 25 ans après avoir commencé un métier, on est naturellement attiré par un examen de ce qui s'est passé entre-temps et par une mise en ordre des idées et des émotions que l'occasion inspire.

La première tentation est de prendre note des changements qui se sont produits dans le monde, et tout catalogue en la matière risque d'être sans fin : en matière d'arrangements politiques, de localisation des pouvoirs économiques, de technologie et plus. À bien y réfléchir, cela n'est pas aussi remarquable qu'on veuille le croire. Qui aurait pensé que le monde resterait le même ? Le passé ne contenait-il pas vraiment les germes du présent ?

« Que nous est-il arrivé ? », se demande-t-on pour soi et pour ses contemporains. La réponse est que nous avons tous vieilli. De manière prévisible, la plupart d'entre nous avons fait des choses utiles. Beaucoup ont fait des choses remarquables. Quelques-uns, par quelque mesure qu'on utilise, se sont particulièrement distingués. Nous nous attendions à tout cela ! Certains, selon leurs propres standards, auraient échoué, notamment dans les choses qui leur tenaient à cœur.

Qui a réussi ? C'est impossible de le savoir.

Aucun d'entre nous, quelles que soient les circonstances, n'émergera le même des expériences de sa vie active et c'est là peut-être, dans la relation entre le travail et l'évolution de la sensibilité, que résident les spéculations les plus intéressantes. Ce ne sont ni le changement dans le monde extérieur,

12. James McLaughlin est l'ancien président et chef de la direction de Doubleday and Company inc. Il a écrit ce texte à l'occasion du 25ᵉ anniversaire de sa classe à Harvard, en 1987. Il est reproduit ici avec la permission de *The Harvard Business School Bulletin*, juin 1996.

ni les bureaux, ni les résultats que nous avons atteints qui sont particulièrement intéressants, mais l'état d'esprit auquel nous sommes arrivés.

Bien que nos expériences personnelles soient variées, quelques observations générales sur l'état d'esprit sont possibles. Un premier aspect réside dans la réalisation vive des difficultés qu'implique la préservation de l'identité et de l'intégrité personnelle dans la tempête et le stress du monde pratique.

La lutte pour la réalisation de soi, lorsqu'elle s'accompagne d'une conscience raisonnable et d'une sensibilité morale normale, est aussi une lutte pour d'autres choses : pour l'indépendance, pour la bonne opinion des autres et pour son propre honneur. Lors de la dernière rencontre de sa classe de politique générale en 1962, le professeur Myles Mace a senti le besoin (peut-être poussé par le regard incroyablement innocent sur nos visages) de nous offrir quelques conseils. *Ne laissez personne prendre le contrôle de ce que vous êtes*, disait-il. C'était un excellent conseil, même si un peu difficile à apprécier, sûrement noté par quelques-uns de ceux qui écoutaient et sans doute apprécié, à un coût psychique certain, plus tard dans la vie.

Le sombre secret de chaque intellectuel américain, écrivait l'un d'entre eux, est un désir non admis pour le succès matériel personnel. Parmi les gestionnaires américains, qui obtiennent communément ce succès, il y a symétriquement un besoin non admis de réassurance à propos de l'intégrité à la fois de son travail et de sa position dans la société. Ce besoin n'existe pas au même niveau chez tous, et beaucoup nieraient jusqu'à son existence, mais celle-ci est attestée par des signes nombreux et indéniables, notamment dans les occasions de « changement de carrière », dans les « crises du mi-temps de la vie » dont on parle tant, dans la recherche de compréhension (voire d'absorption) des conséquences externes et, en fait, dans l'émergence d'une vaste littérature populaire qui s'occupe de ces questions.

Au cœur de cette anxiété se trouve un deuxième aspect de notre propre état d'esprit à l'heure actuelle : la prise de conscience de la nature ambiguë de la carrière elle-même. Le mot « carrière » signifie de plus en plus (dans une Amérique habituellement pleine de possibilités, mues par un esprit pionnier de mouvement continu en avant et vers le haut) un chemin le long duquel les réalisations sont empilées, les promotions suivent les promotions, les récompenses matérielles augmentent régulièrement, et seul le facteur biologique du vieillissement permet de dicter le plateau auquel on est arrivé finalement.

Il a toujours été évident que le monde ne fonctionne pas de cette manière. En plus du fait, triste, que chacun d'entre nous décline en compétence à mesure que la tâche devient plus complexe, les économies nationales et mondiales de plus en plus volatiles ne mettent pas à notre disposition, sur

demande, un contexte ordonné dans lequel la poursuite de finalités individuelles puisse être faite avec un minimum de certitude.

L'idée de carrière elle-même est une invention moderne curieuse. Dans
son sens original, avant la fin du XIXe siècle, le mot était un verbe qui, de
manière intéressante, suggérait l'idée très différente d'un mouvement vers
l'avant rapide mais avec des zigzags violents d'un côté et de l'autre ! Ce n'est
que depuis l'ère victorienne qu'il a été traduit en cette façon sereine et confortable de parler du cheminement public d'une personne dans la vie.

Ne pas se construire une carrière est vu, dans les sociétés avancées,
comme une sorte de tragédie. Mais il est aussi dangereux de réussir à en
construire une, comme certains l'ont découvert.

On peut faire la distinction entre, d'une part, avoir du succès dans son
travail, prendre plaisir dans le contenu créatif de ce travail et dans le bénéfice
des conforts matériels que le succès peut amener et, d'autre part, permettre
aux impératifs d'une carrière de devenir le point focal de ses énergies et ainsi
la base unique pour organiser ses perceptions et son comportement. Ce serait
là la carrière comme une sorte de contrat faustien. Ce contrat amène l'évapora-
tion de la personne privée dans la carrière, celle qui est à la source de la spontanéité, de perceptions fraîches, de pensée profonde et de conscience morale et
éthique. L'étendue de cette disparition est probablement directement propor-
tionnelle à la durée et à l'étendue du succès de carrière. La sensation de perte
de son « centre » n'est pas inconnue chez ceux qui ont expérimenté les exigences du fonctionnement comme leaders tout en essayant simultanément de
protéger des points de vue privés, des émotions et des relations.

Le troisième aspect de toute rêverie touchant à l'expérience de deux
décennies et demie peut venir de ce qui est essentiel à propos des affaires : la
compétition et le conflit. Les affaires comportent donc en partie déceptions
et, en toute décence, regrets.

C'est une curieuse caractéristique du psyché humain qu'une injustice
vécue, il y a une décennie, puisse être plus fraîche à l'esprit qu'un triomphe
du mois dernier, et rares sont les acteurs dans un jeu qui n'ont pas subi plus
que leur part d'abus. Encore plus fascinants et transperçants sont nos échecs.
Nous les connaissons plus intimement que personne et parfois nous en connaissons que personne ne soupçonne. Sans ces échecs, nos succès, pourrait-on
penser, ne seraient pas si réels, les premiers donnant de la substance et de
l'envergure aux derniers.

Il y a une autre classe de regrets, cependant, qui ne peuvent être vraiment rationalisés. Il s'agit non pas des blessures que nous avons reçues mais
de celles qu'on a infligées. Qui, ayant géré *n'importe quoi*, peut oublier les

promotions qu'il a refusées, les programmes qu'il a rejetés, les tâches trans-
formées ou éliminées, les vieux systèmes altérés ou remplacés, les gammes de
produits éliminées, les services ou installations fermés. « C'était inévitable et
la bonne décision a été prise », s'efforce-t-on de penser. La somme de souffrance et de déception infligée aux autres a été rationalisée : « Il fallait le faire
et à long terme les choses s'amélioreront grâce à cela. » Keynes, bien entendu, avait une autre vision du long terme, mais c'était un économiste, pas une
personne pratique.

Finalement, un dernier aspect de notre état d'esprit commun pourrait
bien être que beaucoup d'entre nous sommes convaincus de l'utilité d'une
compréhension plus pointue de *la finalité* dans ce que nous faisons.

Le besoin de finalité, pour s'assurer que les énergies et les ressources
sont dépensées seulement sur les objets qui le méritent, pourrait paraître particulièrement pertinent à quiconque commence à ressentir que le temps
devient une ressource rare pour ses propres participations (à l'action) !

La plus subtile des tâches de gestion est la fixation des objectifs. Ceux-
ci à leur tour dépendent pour leur efficacité de l'évaluation rigoureuse de ses
propres finalités. Cela pourrait être l'acte le plus influent dans la détermination de la personnalité et de la performance de la firme sur de longues périodes. La complexité de la question est qu'elle est lourdement chargée de
valeurs personnelles et celles-ci, pour de bonnes raisons, ne sont jamais
manipulées avec confort par les dirigeants.

D'où viennent les valeurs *personnelles* ?

La question n'a, bien entendu, pas de réponse et me rappelle aussi le
paradoxe fondamental de toute décision : ne pas prendre de décision est une
décision en soi. Les valeurs qui ne sont pas consciemment et scrupuleusement
choisies ne sont qu'une adaptation passive à la vie, et non des tentatives de lui
donner forme et personnalité. L'occasion de relier notre vie personnelle, avec
ses préoccupations, aux aspirations et à l'expérience plus longue de civilisation
est aussi un moyen de s'élever au-dessus de cette passivité.

Chacun est fortement conscient du gouffre qui existe entre le monde
pratique et la civilisation qui le contient. Le premier si petit, si absorbé par
lui-même, si furieux dans ses énergies et la dernière si ancienne, si
majestueuse, si compréhensive de toutes les permutations concevables des
aspirations et des comportements humains. Cette civilisation est le réservoir
de l'histoire, de la philosophie, de la religion, de l'art. Elle est la source
durable de valeur, le fournisseur de compréhension (*insight*) et de vérité, dont
la pertinence est de nos jours totale.

Une partie de l'état d'esprit de ce moment de rétrospection pourrait inclure la notion que c'est la civilisation qui est réelle et vérifiable et le monde pratique qui est un fantasme. La recherche de finalité dans le monde pratique pourrait ne réussir que lorsque nous sentons que c'est la civilisation qui est notre vrai et durable domicile et que la société des affaires de l'Amérique de la fin du XXe siècle a été, et continuera d'être, simplement une place intéressante à visiter.

Note n° 32

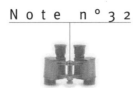

LES STRUCTURES DANS LA TÊTE [13]

par Taïeb Hafsi

L'homme est né libre et partout il est dans les fers. Tel se croit le maître des autres qui ne laisse pas d'être plus esclave qu'eux. Comment ce changement s'est-il fait ? Je l'ignore. (Rousseau, J. J.)

« Nous avons un problème de structure ! », me disait cet ami, dirigeant d'entreprise, qui lors de notre première rencontre de consultation, m'avait « appelé sur recommandation d'une personne fiable ». Il voulait une confirmation de son évaluation du problème, comme lorsqu'on attend le diagnostic du médecin après lui avoir décrit quelques symptômes d'une vague maladie. Je le regardais avec scepticisme et, sans m'engager beaucoup, lui « promis d'étudier cela avec soin ». Je découvrais plus tard que l'entreprise en question avait de sérieux problèmes stratégiques. Personne ne savait vraiment où l'organisation allait ni comment elle fonctionnait. Mais au fond, ce gestionnaire n'avait-il pas raison ? N'était-ce pas un problème de structure ?

Quand on parle de structure, on pense toujours aux organigrammes, aux « boîtes » qui symbolisent ou résument les répartitions de tâches et responsabilités ainsi que la philosophie de coordination des activités. On finit par oublier que les boîtes n'ont pas de vie en elles-mêmes et qu'elles ne sont qu'appliquées sur la réalité. Ne vivent que les personnes de l'organisation, tentant de réaliser ce pourquoi elles sont ensemble. Il arrive même souvent que des organisations très sophistiquées n'aient aucune boîte qui exprimerait les relations qui existent entre les personnes. Le schéma organisationnel, qu'on appelle communément la structure, est d'utilisation récente et on peut facilement s'en passer. Ce n'est donc pas le plus important.

Quand une organisation est créée, c'est la reconnaissance qu'une personne seule ne peut pas réaliser la tâche ou l'objectif envisagé. Ainsi, dans beaucoup

13. Texte tiré de *Gestion*, vol. 20, n° 3, septembre 1995, p. 12-13.

de cas, la combinaison des efforts est nécessaire, mais, en même temps, elle pose des problèmes particuliers. Il y a deux conditions essentielles pour que la combinaison des efforts soit possible : d'abord que les personnes concernées sachent (et comprennent bien) ce qu'il faut faire ensemble et qu'elles soient disposées à le faire. En d'autres termes, elles doivent accepter de coopérer. Pour que ces conditions soient réalisées, il faut que le système de communication soit au point et que les participants gardent constamment à l'esprit ce pourquoi ils coopèrent et ce qu'ils gagnent en le faisant.

La structure est simplement la systématisation qui permet de réaliser cela. Malheureusement, avec le temps, tout le monde perd de vue ce pourquoi les choses sont faites et l'outil prend une signification nouvelle. Il devient l'objet d'un rituel quasi religieux, qui n'a plus rien à voir avec la fonction prévue. Lorsque cela arrive, on a perdu de vue l'objectif ou on n'est plus capable de l'articuler de manière claire, et on ne sait pas comment le réaliser. La dérive est considérable, mais mon dirigeant d'entreprise ne se doutait pas combien il avait raison : le problème est « un problème de structure ».

Plus précisément, il s'est produit un décalage entre le fonctionnement de la structure officielle, l'animation des boîtes d'une part, et la structure que les personnes ont dans leur tête d'autre part. Le plus souvent, dans la tête des membres de l'organisation, le plus important est l'objectif et, dans une certaine mesure, la discipline qu'ils s'imposent pour que leurs actions soient cumulatives. Lorsque la discipline devient une fin en soi, ils s'insurgent et résistent et, à mon avis, ils ont raison. La structure n'a plus sa raison d'être. Elle a perdu son utilité.

Comme les membres de l'organisation sont vraiment préoccupés non pas par l'appareil mais par les résultats qui doivent être obtenus, ils internalisent avec le temps les *patterns* de fonctionnement qui ont fait leurs preuves et ils modèlent leurs comportements en conséquence. Lorsque les « boîtes » sont recombinées, elles ne touchent que les apparences. Au fond, le comportement des personnes continue à être influencé par leur compréhension de la relation entre leur activité et le résultat attendu. Il en va autrement lorsque le changement de structure est fondamental, comme le suggèrent les systèmes à la mode, du genre réingénierie.

Lorsque la structure est modifiée de manière radicale et qu'elle rend le comportement des personnes inadéquat, alors tout est bloqué. Les personnes ne peuvent agir sans développer une nouvelle compréhension de ce qu'il faut faire et sans une pratique, qui peut être longue, pour apprendre les nouveaux *patterns*.

Pour plus de clarté, prenons un exemple trivial. Imaginez que vous êtes un bon joueur de squash et que soudain, quelle que soit la raison, on vous oblige à jouer au badminton. D'abord, vous n'allez pas aimer cela. L'inconfort peut être considérable. Les récompenses ou les plaisirs que vous pouviez obtenir auparavant ont disparu parce que l'apprentissage qui vous a demandé tant d'énergie est déclaré sans valeur. De plus, vous ne savez simplement plus jouer. Même si vous surmontiez l'irritation normale que le changement brutal a provoquée, même si vous étiez prêt à continuer à coopérer, il vous faut apprendre lentement les nouveaux gestes pour bien jouer. Imaginez à présent que votre patron vous évalue comme si vous jouiez au squash. Vous seriez lamentable, vous seriez sanctionné et sans que vous puissiez vraiment faire quoi que ce soit, vous seriez puni et dévalorisé.

C'est pour cela que les grands changements de structure sont si problématiques. Les dirigeants croient souvent que l'adaptation des membres doit aller de soi, que le changement de structure est un exercice technique, alors qu'il s'agit d'un grand bouleversement dans lequel les membres de l'organisation sont souvent déboussolés, perdus. Donc, l'éducation non seulement est nécessaire mais de plus doit être constante et patiente. C'est pour cela que mon ami dirigeant avait raison lorsqu'il parlait d'un problème de structure. Il avait raison parce qu'il percevait que les comportements n'étaient pas appropriés compte tenu des défis qu'il envisageait. Mais il se rendait intuitivement compte que, même s'il pouvait concevoir les nouveaux comportements les plus adéquats, tout un défi, encore fallait-il que ses collaborateurs en soient capables.

Je pense qu'on aborde souvent à l'envers le problème des structures. On ne peut pas concevoir une structure et penser que les personnes vont s'y insérer comme si elles étaient neutres et sans passé, comme si elles étaient des objets qu'on déplace à loisir. D'abord, la structure qu'on conçoit n'est pas nécessairement la bonne. Lorsque l'organisation est complexe, les personnes confrontées à la réalité concrète du terrain sont mieux à même d'apprécier quels changements de structure sont possibles et capables d'engendrer les comportements souhaités. Pourquoi ne pas partir de cette constatation ? Pourquoi pensez-vous que les Japonais ont eu tellement de succès ?

Ensuite, le plus important dans la structure n'est pas le grand découpage. C'est plutôt ce travail fin de réinterprétation et de construction qui se fait à partir de la compréhension qu'on a de la façon dont les personnes vont coopérer. Cette phase n'est pas technique, elle est profondément humaine. Elle implique beaucoup d'engagements, beaucoup d'investissements personnels, beaucoup d'émotions. C'est cela qui explique que les changements de « patrons » sont toujours vécus comme un grand traumatisme de la part des personnes concernées.

En ce sens-là, la structure ne fonctionne jamais comme l'indiquent les règles et les découpages officiels. Elle fonctionne comme l'ont comprise les personnes. La structure est pour cela plus dans la tête des personnes que dans les textes de procédures. Il faut aussi dire que cette compréhension n'est pas symétrique. Il y a entre les personnes beaucoup de désaccords non résolus sur les règles admises. La négociation est constante. C'est pour cela que la structure n'est jamais vraiment statique. Elle est constamment remise en cause.

Pour changer de structure, il faut « changer la tête » des personnes si l'on ne veut pas « changer leur cœur ». Pour changer la tête des personnes, il faut d'abord les amener à comprendre ce qu'on cherche à obtenir comme résultat. Il faut ensuite que le résultat soit légitime, qu'il justifie l'abandon des apprentissages du passé. Si tel est le cas, il faut que le passage des anciens apprentissages aux nouveaux soit compris et perçu comme possible. C'est là où une aide extérieure peut être possible et souhaitable. Les membres de l'organisation ont à ce moment-là besoin du savoir des spécialistes du fonctionnement organisationnel.

Changer la « tête des personnes pour changer de structure » est un acte fondamental, qui transforme l'organisation de manière durable. Il ne peut être conduit avec nonchalance. Il ne peut être fait rapidement. C'est une reconstruction qui nécessite la collaboration de tous, une reconstruction qui est à la source même des avantages concurrentiels futurs de l'organisation. Si la reconstruction n'est perçue que comme un acte technique, elle mènera à une déconstruction qui peut détruire la capacité concurrentielle de l'organisation et mettre en cause sa survie.

Si les structures étaient dans la tête, me diriez-vous, ne serions-nous pas alors prisonniers de la nature même de notre collaboration et donc incapables de changer lorsque nécessaire ? Je ne le crois pas. La structure dans la tête est à mon avis une source de grande flexibilité, d'une flexibilité infiniment plus grande que celle des « machines » que beaucoup de dirigeants s'obstinent à construire. Pour que la flexibilité soit possible, il faut que la structure soit prise au sérieux. Notamment, il ne faut pas la dissocier des objectifs et orienter la tête, l'intelligence, des personnes vers la nécessaire et constante adaptation des comportements pour faire face aux défis que l'environnement, la concurrence notamment, ne cesse de générer.

La structure dans la tête, cela suggère que les personnes doivent être constamment sollicitées pour réévaluer leurs comportements et pour les « aligner » avec l'objectif. Seul l'objectif a besoin d'être relativement stable. Les personnes peuvent facilement changer si le changement est la nature du jeu.

M. Soichiro Irimajiri, président de Honda America jusqu'en 1988, donnait un bel exemple de la façon de créer les conditions pour que l'adaptation à l'environnement soit une préoccupation de tous. Pour maintenir l'attention sur la concurrence et ses pratiques, à chaque quatrième jeudi du mois, il démontait lui-même, en présence de ses collaborateurs clés, un équipement de la concurrence et posait des questions du type : « Que font-ils de mieux que nous ? Comment pourrions-nous faire mieux ? » M. Irimajiri, comme beaucoup de ses collègues de cette remarquable entreprise, avait compris que la tâche d'un dirigeant de talent consiste non pas à concevoir de nouvelles boîtes, ni même de nouvelles règles à imposer aux autres, mais simplement à bien clarifier ce qu'on cherche à faire : travailler sur la « tête » de ses collaborateurs pour obtenir les comportements espérés, avec toutes les imperfections qu'une telle action suppose. Cela nous ramène maintenant à Rousseau.

Dans son remarquable essai sur le contrat social, Jean-Jacques Rousseau a exprimé des réalités qui éludent aujourd'hui beaucoup de beaux esprits et de dirigeants ambitieux. Comme au XVIIIᵉ siècle, on pourrait vraiment dire comme toujours, agir ensemble oblige les êtres humains à mettre en place des règles qui contraignent considérablement leurs aspirations à la liberté. La seule contrainte acceptable, la seule compatible avec leur désir d'être libre, est celle qu'ils s'imposent librement. La volonté de résoudre constamment ce difficile paradoxe et la persistance dans l'effort peuvent peut-être faire de la structure un instrument d'émancipation, plutôt qu'une geôle infernale. Les dirigeants sauront-ils ou pourront-ils relever le défi ? Je l'espère de tout cœur, sinon... à la grâce de Dieu !

.

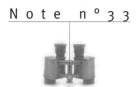

L'ENTREPRENEURSHIP ET LA CRÉATION D'ENTREPRISE[14]

par Jean-Marie Toulouse

Quelques spécialistes opposent carrément gestion et entrepreneurship. D'autres suggèrent que l'entrepreneurship s'applique uniquement à des personnes; d'autres encore croient que l'entrepreneurship se retrouve dans les organisations, ils parlent alors d'intrapreneurship. D'autres auteurs associent par contre innovation et entrepreneurship, et certains voient un lien entre innovation, percée technologique, entrepreneurship et gestion. Plus spécifiquement, on peut faire ressortir les divergences d'opinion quant aux points suivants :

- **Les personnes qui sont à l'origine des innovations, des gestes entrepreneuriaux, des *ventures*.** Dans certains cas, on dira que ce sont des individus particuliers ayant un profil psychologique clairement défini. Certains parlent de l'innovateur. Dans d'autres cas, on dira qu'il s'agit non pas d'individus particuliers mais d'un milieu (une culture) qui permet l'expression de l'innovation ou de l'entrepreneurship.
- **La nature des innovations, des projets d'entreprise, des *ventures*.** Certains parlent d'entrepreneurship lorsque le projet est nouveau, innovateur (voire, une percée), alors que d'autres soutiennent que l'entrepreneurship provient du fait que l'on réunit des ressources en vue de créer un bien ou des services.
- **Le milieu dans lequel se créent les projets d'entreprise.** Si la personne œuvre dans un laboratoire, on parle de chercheur, d'inventeur, voire d'innovateur. Si la personne agit à l'extérieur de tout milieu organisationnel, on parle d'entrepreneur; si elle travaille pour une entreprise, certains parlent d'agent de changement, d'autres d'intrapreneurs.

---

14. Extrait tiré de *Gestion,* revue internationale de gestion, septembre 1988, p. 12-18.

Si ces remarques permettent de saisir la profondeur des divergences de vues, elles ne nous aident pas à comprendre comment l'entrepreneurship s'exprime dans les entreprises. Pour cela, il faut se donner un cadre de référence qui permette d'expliquer les divergences, de les réconcilier, de les réunir. Ce cadre de référence s'appuie sur le comportement de l'entreprise face aux possibilités qui s'offrent à elle.

L'individu qui découvre une opportunité crée une entreprise ; on dit alors qu'il est un entrepreneur. Que fait l'entreprise face à une opportunité ?

L'EXAMEN DES OPPORTUNITÉS PAR LES ENTREPRISES

L'examen des opportunités est beaucoup plus complexe pour l'entreprise que pour l'individu parce qu'il suppose un jugement qui relie l'opportunité et ce qu'elle représente avec les activités actuelles de l'entreprise.

Pour l'entreprise comme pour l'individu, l'examen d'une opportunité passe par une analyse du potentiel économique de celle-ci. S'il s'agit d'une opportunité potentiellement rentable, l'entreprise poursuivra sa démarche de réflexion ; dans le cas contraire, elle renoncera à l'opportunité.

Par ailleurs, l'entreprise (ou un cadre d'entreprise) examinera également l'opportunité en fonction de sa convergence avec ses autres secteurs ou sa mission. Par convergence, nous entendons ici les liens entre l'opportunité en question et l'activité centrale de l'entreprise.

L'examen de l'opportunité englobera l'analyse des conditions d'exploitation. L'entreprise qui désire profiter d'une opportunité dans le marché passera en revue les ressources financières, les ressources humaines et les ressources matérielles nécessaires à une exploitation adéquate de l'opportunité.

Une entreprise examinera de plus les conditions d'exploitation de l'opportunité, et plus particulièrement la liberté d'action ou l'autonomie qu'elle devra accorder aux différents acteurs si elle veut exploiter l'opportunité de façon adéquate.

Ce raisonnement nous permet de conclure que l'évaluation de l'opportunité par une entreprise est un facteur de rentabilité économique, convergence, utilisation des ressources et liberté d'action. Le premier critère étant considéré comme le point de départ, c'est dans la combinaison des trois autres qu'il faut chercher à comprendre l'intrapreneurship ou l'entrepreneurship dans l'entreprise. En combinant ces trois critères, on peut décrire plusieurs types d'entrepreneurship dans l'entreprise (voir le graphique 1).

Graphique 1 Les critères utilisés par une entreprise pour examiner une opportunité jugée rentable économiquement

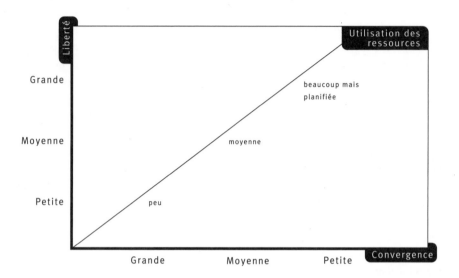

CAS NUMÉRO 1

GRANDE CONVERGENCE, PETITE LIBERTÉ ET PETITE UTILISATION DES RESSOURCES

Il existe des opportunités qu'une entreprise va juger intéressantes économiquement, mais elles exigeraient une grande convergence par rapport à ses activités centrales, un respect de la liberté actuelle au niveau des structures et des personnes, et qui ne nécessiteraient pas d'injonction de nouvelles ressources financières, matérielles ou personnelles. On pourra alors observer un certain entrepreneurship dans l'organisation, mais il s'agira évidemment d'un entrepreneurship marginal ou accidentel. Tel est le cas des entreprises dont la structure est hautement bureaucratique, très hiérarchisée, des entreprises où l'on observe des climats « contrôlés », des efforts segmentés, et dans lesquelles on valorise la continuité, la stabilité et le maintien de ce qui a été établi par l'organisation.

CAS NUMÉRO 2

GRANDE CONVERGENCE, MOYENNE LIBERTÉ ET MOYENNE UTILISATION DES RESSOURCES

Dans certaines entreprises, une opportunité jugée économiquement intéressante et convergente sera acceptée si elle nécessite l'injonction de quelques ressources (niveau jugé moyen et acceptable) et si la liberté organisationnelle à accorder reste à l'intérieur de paramètres que l'on pourrait caractériser comme une liberté moyenne. Dans ce type de situation, on va observer ce que l'on désigne habituellement comme un entrepreneurship de la base. Il s'agit d'entreprises dans lesquelles les structures sont du type bureaucratique souple ; il y règne un climat qui encourage les initiatives et valorise les projets, un climat que l'on peut en somme décrire comme permissif. Ces entreprises œuvrent dans des environnements que l'on pourrait appeler hostiles-dynamiques, c'est-à-dire des environnements dans lesquels il est absolument nécessaire de répondre de façon rapide aux demandes de l'environnement si l'on veut être performant.

CAS NUMÉRO 3

MOYENNE CONVERGENCE, MOYENNE UTILISATION DE RESSOURCES, LIBERTÉ LIMITÉE

Il s'agit des entreprises dans lesquelles une opportunité jugée économiquement intéressante sera exploitée si le degré de convergence de l'opportunité en regard des activités est élevé, si l'utilisation des ressources est raisonnable et surtout si la liberté à accorder est limitée. On a alors un entrepreneurship planifié. On trouvera peut-être paradoxal de réunir les mots entrepreneurship et planification puisque, par définition, l'entrepreneurship représente un désir d'introduire des changements. On sait pourtant, depuis au moins 30 ans, qu'il est possible de parler de changement planifié. Les entreprises où l'on observe un entrepreneurship planifié sont celles où la prise de décision suit un processus analytique extrêmement rigoureux.

CAS NUMÉROS 4 ET 5

CONVERGENCE PETITE, UTILISATION DES RESSOURCES TRÈS GRANDE — CONVERGENCE MOYENNE OU GRANDE LIBERTÉ D'ACTION

Il existe aussi des entreprises dans lesquelles les opportunités viables économiquement sont retenues même si elles sont très différentes du corps de l'entreprise, même si elles exigent une très grande partie d'action de la part des acteurs engagés dans ces entreprises et même si elles nécessitent une infusion significative de ressources. C'est le cas par exemple des sociétés qui s'engagent dans une diversification non reliée. Une entreprise qui décide de s'engager dans une activité de diversification non reliée accepte de considérer des opportunités non convergentes et, bien sûr, d'accorder à cette opportunité la liberté d'action et les ressources nécessaires pour qu'elle puisse s'épanouir. Il en va de même pour les entreprises qui acceptent de se comporter un peu comme un investisseur en regard de l'opportunité. Les projets conjoints ou les projets d'investissement, les *ventures*, sont des exemples de ce type de comportement. Ce type d'entrepreneurship s'observe uniquement dans des entreprises très avancées dans leur développement, des entreprises ayant une structure fonctionnelle, divisionnaire ou de groupe. Ce sont des entreprises dont le climat est très tolérant face à l'ambiguïté, des entreprises où l'on appuie résolument les chercheurs, des entreprises où les employés ont la liberté de se comporter face à des opportunités comme des partenaires qui s'associent pour exploiter une opportunité d'affaires.

On peut se représenter les différentes situations que je viens de décrire en se reportant au tableau 1. Ce tableau situe chacun des cas décrits sur les trois dimensions énumérées au début : la liberté, la convergence et l'utilisation des ressources. Le tableau 2 offre un résumé descriptif de chacun des cas.

TABLEAUX 1 ET 2 ▸▸▸

Tableau 1   L'utilisation des ressources

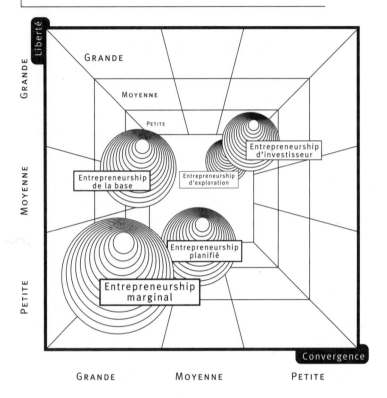

Tableau 2 La description des types d'entrepreneurship

	Structure	Climat	Acteurs principaux
ENTREPRENEURSHIP MARGINAL	Bureaucratique hiérarchisée.	• Contrôlé; • Segmentation des efforts; • Stabilité.	(1) Ingénieurs; (2) Contrôle de la qualité; (3) Vendeurs.
ENTREPRENEURSHIP DE LA BASE	Bureaucratique souple.	• Support des initiatives; • Valorisation des projets; • Permissif.	Ceux qui interagissent avec les clients.
ENTREPRENEURSHIP PLANIFIÉ	Divisions.	• Programmé.	• Analystes; • Effectif.
ENTREPRENEURSHIP D'EXPLORATION	Fonctions ou divisions.	• Tolérance à l'ambiguïté; • Support aux chercheurs; • Liberté à certains acteurs.	• Chercheurs; • Spécialistes de l'interface recherche/marché.
ENTREPRENEURSHIP D'INVESTISSEUR	• Quasi-firme; • Unités spéciales.	• Partenaires associés.	• Siège social; • Responsables des unités.

BIBLIOGRAPHIE
SÉLECTIVE

BIBLIOGRAPHIE SÉLECTIVE

Abell, D., Hammond (1979), *Strategic market planning*, Englewood Cliffs, NJ, Prentice-Hall.

Ackerman, R.W. (1968), *Organization and the Investment Process*, Unpublished Doctoral Dissertation, Harvard Graduate School of Business Administration, Boston, MA.

Ackoff, R.L. (1970), *A Concept of Corporate Planning*, New York, Wiley-InterScience.

Aguilar, F.J. (1988), *General Managers in Action*, Oxford University Press, New York.

Aharoni, Y. (1967), *The Foreign Investment Decision*, Division of research, GSBA, Harvard, Boston, MA.

Aktouf, O., M. Chrétien (1987), «Le cas Cascade : comment se crée une culture d'entreprise», *Revue française de gestion*, no. 61-66, novembre-décembre, p. 156-166.

Aldrich, H.E. (1979), *Organizations and environment*, Englewood Cliffs, NJ, Prentice-Hall.

Allaire, Y., M. Firsirotu (1985), «How to implement radical strategies in large organizations», *Sloan Management Review*, p. 26.

Allaire, Y., M. Firsirotu (1986), *La gestion stratégique des organisations complexes*, Notes de cours, Éditions Sciences et Culture.

Allaire, Y., T. Hafsi (1989), «Préface de la collection: La gestion stratégique dans les organisations complexes», in Hafsi, T. et C. Demers, *Le changement radical dans les organisations complexes*, Boucherville, Gaëtan Morin.

Allen, P.M. (1988), «Evolution, Innovation and Economics» in Dosi, G. et autres (Eds.), *Technical Change and Economic Theory* Pinter Publishers, London, p. 95-119. Cité par Buchanan and Vanberg.

Allison, G.T. (1971), *The Essence of Decision : Explaining the Cuban Missile Crisis*, Little, Brown and Co., Boston.

Amdahl, A.M. (1980), «Amdahl-IBM : David contre Goliath», *Harvard L'Expansion*, «Stratégie», Paris, p. 64-76.

Anderson, D. (1986), «Une démarche pour revitaliser les grandes entreprises», *Revue Française de Gestion*, mars-avril-mai.

Andrews, K.R. (1973), «Le concept de stratégie d'entreprise», *Encyclopédie du Management*, France Expansion, 2.11.1-2.11.23.

Andrews, K.R. (1987/1971), *The Concept of Corporate Strategy*, Homewood, Ill. : Irwin.

Ansoff, H.I. (1965), *Corporate Strategy : An Analytic Approach to Business Policy for Growth and Expansion*, New York, McGraw-Hill.

Astley, W.G., Van de Ven, A.H. (1983), «Central Perspectives and Debates in Organization Theory», *Administrative Science Quarterly* (ASQ), Vol. 28, p. 245-273.

Attewell, P., Rule, J. (1984), «Computing and Organizations: What We Know and What We Don't Know», *Communications of the ACM*, Vol. 27, no 12, p. 1184-1192.

Bain, J.S. (1956), *Barriers to New Competition*, Harvard University Press, Cambridge, MA.

Bain, J.S. (1968), *Industrial Organization*, 2e éd., New York, Wiley.

Balkin, D.B., Gomez-Mejia, L.R. (1987), «Toward a Contingency Theory of Compensation Strategy», *Strategic Management Journal*, p. 169-182.

Balkin, D.B., Gomez-Mejia, L.R. (1990), «Matching Compensation and Organizational Strategies», *Strategic Management Journal*, p. 11, 153-169.

Baranson, J. (1990), «Transnational Strategic Alliances : Why, What, Where and How», *Multinational Business*, 2, Summer, p. 54-61.

Barnard, C.I. (1938), *The Functions of the Executive*, Cambridge, Harvard University Press.

Barney, J.B. (1986), «Types of Competition and the Theory of Strategy : Toward an Integrative Framework», *Academy of Management Review*, 11(4), p. 491-500.

Barrett, S., Hill, M. (1984), «Policy, Bargaining and Structure in Implementation», *Policy and Politics*, Vol. 12, p. 218-239.

Bartlett, C.A., Ghoshal, S. (1989), *Managing Across Borders; The Transnational Solution*, Harvard Business School Press, Boston, MA.

Bartlett, C.A., Ghoshal, S. (1991), «Global Strategic Management : Impact on the New Frontiers of Strategy Research», *Strategic Management Journal*, Vol.12, Special issue, Summer.

Baughman, J.P., (1974), «Problems and performance of the role of chief executive of the General Electric Company, 1892-1974», miméographed discussion paper, Harvard Business School.

Beaulieu, P. (1992), *La gestion des ressources humaines sur la scène stratégique*, Sillery, Presses de l'Université du Québec/APRHQ.

Beck, N. (1994), *La Nouvelle économie*, Montréal, Les Éditions Transcontinental inc.

Belcher, D.W., Atchinson, T.J. (1987), *Compensation Administration*, Prentice-Hall inc., deuxième édition.

Bell, J.H.J., Barkema H.G., Verbeke, A. (1996), «An Eclectic Model of the Choice Between Wholly Owned Subsidiaries and Joint Ventures as Modes of Foreign Entry», Paper presented to the Global Perspectives on Cooperative Strategies, European Conference, Lausanne, Switzerland, March.

Bergsman, J. (1992), «Private Communication», cité dans *Attracting Private Investment*, part I, World Bank, Washington D.C., October 19.

Bettis, R.A., Hall, W.K. (1981), «Strategic Portfolio Management in the Multibusiness Firm», *California Management Review*, Automn, p. 23-38.

Blais, R.A., Toulouse, J.M. (1992), *Entrepreneurs technologiques : 21 cas de PME à succès*, Montréal, Les Éditions Transcontinental.inc.

Blanc, M.(1993), *Pour un État stratège garant de l'intérêt général*, Rapport de la commission parlementaire sur le rôle de l'État, Paris, La Documentation Française.

Blawatt, K. (1995), «Defining the Entrepreneur : A Conceptual Model of Entrepreneurship», *Actes du 12ᵉ colloque annuel du Conseil Canadien de la PME et de l'Entrepreneurship*, Thunder Bay, Ontario, 25-27 octobre, p.13-38.

Bonneau, L. (1995), «Peerless Clothing» et «Paris Stard», Cas HEC, Montréal, Centrale des Cas.

Booth, P.L. (1987), *Paying for Performance : The Growing Use of Incentive and Bonus Plans*, A Conference Board of Canada, Report from Compensation Research Center, Report 22, septembre.

Borys, B., Jemison, D.B. (1989), «Hybrid Arrangements as Strategic Alliances : Theoretical Issues in Organizational Combinations», *Academy of Management Review*, 14, 2, p. 234-249.

Bouchiki, H., Kimberley, J. (1994), *Entrepreneurs et gestionnaires*, Paris, Éditions d'organisation.

Boudon, R. (1982), *The Unintended Consequences of Social Action*, New York, St.Martin's Press (première édition en français : 1977).

Boulton, W.R. (1984), *Business Policy, the Art of Strategic Management*, New York, MacMillan Publishing Company.

Bower, J.L. (1970), *Managing the Resource Allocation Process*, Homewood, IL, Irwin.

Bower, J.L. (1983), *The Two Faces of Management: An American Approach to Leadership in Business and Politics*, Boston, Houghton Mifflin.

Brewer, T. (1991), «Foreign Direct Investment in Developing Countries : Patterns, Policies, and Prospects», *PRE Working papers*, June.

Broderick, R.F. (1985), *Pay Policy and Business Strategy : Toward a Measure of «Fit»*, Unpublished Ph.D. thesis, Cornell University.

Buchanan, J.M., Vanberg, V.J. (1991), «The Market as a Creative Process» *Economics and Philosophy*, 7, p. 167-186.

Buzzell, R.D., Gale B.T., Sultan, R.G.M. (1974), «Market Share - A Key to Profitability» *Harvard Business Review*, janvier-février 1975, p. 97.

Carr, E.H. (1961), *What is History?*, New York, Vintage Books.

Carroll, S.J. (1987), «Business Strategies and Compensation Systems» dans *New Perspectives in Compensation,* édité par D.B. Balkin et L.R. Gomez-Mejia. Englewood Cliffs, N.J., Prentice Hall.

Carroll, S.J. (1988a), «Handling the Need for Consistency and the Need for Contingency in the Management of Compensation» *Human Resources Planning* 11, 3, p. 191-196.

Carroll, S.J. (1988b), «Business Strategies and Compensation Systems» in : L.S. Baird, C.E. Schneir and R.W. Beatty (ed.), *The Strategic Human Resource Management Sourcebook*, Human Resource Development Press, p. 199-206.

Caves, R.E. (1980), «Industrial Organization, Corporate Strategy and Structure» *Journal of Economic Literature* 18, p. 89-98.

Caves, R.E., Porter, M.E. (1977), «From Entry Barriers to Mobility Barriers : Conjectural Decisions and Contrived Deterrence to New Competition» *Quarterly Journal of Economics*, 91, p. 241-262.

Chaffee, E.E. (1985), «Three Models of Strategy» *Academy of Management Review*, Vol. 10, No.1, p. 89-98.

Chakravarthy, B.S., Zajac, E.J. (1984), «Tailoring Incentive Systems to a Strategic Context» *Planning Review,* 12, 6, p. 30-35.

Chamberlin, E.H. (1933), *The Theory of Monopolistic Competition*, Cambridge, MA, Harvard University Press.

Champagne, F. (1982), *L'Évolution de la raison d'être d'un centre hospitalier* thèse de doctorat, Université de Montréal

Chandler, A.D. (1962), *Strategy and Structure, Cambridge,* MA, MIT Press.

Chandler, A.D. (1977), *The Visible Hand*, Belknap, Cambridge, MA, Harvard University Press.

Chandler, A.D. (1986), «The Evolution of Modern Global Competition», in *Competition in Global Industries* edited by M.E. Porter, p. 405-448, Boston, Harvard Business School Press.

Chandler, A.D. (1990), *Scale and Scope,* Cambridge, MA, Harvard University Press.

Chakravarthy, B.S. & P. Lorange (1991), *Managing the strategy process*, Englewood Cliffs, NJ, Prentice-Hall.

Chase, C.D., Kuhle, J.L., Walther, C.H. (1988), «The Relevance of Political Risk in Direct Foreign Investment», *Management International Review*, Vol. 28, p. 31-38.

Chell, E. (1986), «The Entrepreneurial Personality» in Curran, J., Stanworth, J., Watkins, D. (Eds), *The Economic of Survival and Entrepreneurship*, U.K., Gower, p. 102-119.

Chen, C.C., Meindl, J.R. (1991), «The Construction of Leadership Images in the Popular Press, The Case of Donald Burr and People Express.» *ASQ*, 36, p. 521-551.

Christensen, C.R. (1991), «Every student teaches and every teacher learns: The reciprocal gift of discussion teaching», in Christensen, C.R., D.A. Garvin, A. Sweet, Eds., *Education for judgment*, Boston, Harvard Business School Press.

Christensen, C.R., Andrews, K.R., Bower, J.L. (1973), *Business Policy, Text and Cases*, Irwin, Homewood, Illinois. Also Sevent edition (1991)

Clarke, C., Brennan, K. (1992), «Global Mobility - The Concept» *Long Range Planning*, 25, 1, February, p. 73-80.

Clinch, G. (1991), «Employee Compensation and Firms' Research and Development Activity», *Journal of Accounting Research*, 29, printemps, p. 59-78.

Cline, W.R. (1990), *The Future of World Trade in Textiles and Apparel*, Revised edition, Washington, Institute for International Economics.

Collis, D.J. (1996), «Winners and Losers : Industry Structure in the Converging World of Telecommunications, Computing and Entertainment» Boston, Harvard Business School, Division of Research, Working Paper 96-003.

Contractor, F.J., Lorange P. (1988), *Cooperative Strategies in International Business*, Toronto, Lexington.

Corning Glass Works, Harvard Business School case No. 9-381-160, traduit par Christine Laplante pour l'École des HEC, Montréal, 1987.

Côté, M. (1991), *La Gestion stratégique d'entreprise : concepts et cas*, Boucherville, Gaëtan Morin.

Côté, M. (1995), *La gestion stratégique : aspects théoriques*, Montréal, Gaëtan Morin Éd.

Courville, L. (1994), *Piloter dans la tempête : comment faire face aux défis de la nouvelle économie*, Éditions Québec/Amérique et Presses HEC.

Couture, M. (1984), «Hydro-Québec: des premiers défis à l'aube de l'an 2000», Montréal, Éditions Libre Expression/Forces.

Covey, S.R. (1989), *The 7 Habits of Highly Effective People*, New York, Simon and Schuster. Version française : *Les sept habitudes de ceux qui réalisent tout ce qu'ils entreprennent,* (1996), Paris, First.

Covey, S.R. (1994), *First Things First : to Live, to Love, to Learn and to Leave a Legacy*, New York, Simon and Schuster. Version française : *Priorité aux priorités*, (1995), Paris, First.

Crane, T.Y. (1995), «Issue Management : Closing the Expectation Gap» *Planning Review*, 23(6), p. 19-20

Crozier, M. (1963), *Le Phénomène bureaucratique*, Paris, Éditions du Seuil.

Cummins, T.G., and E.F. Huse (1989), *Organizational development and change*, St. Paul, West.

Cushman, D. (1985), «Real Exchange Rate, Expectations, and the Level of Direct Investment», *Review of Economics and Statistics*, p. 297-307.

Cvar. M. (1986), «Patterns of Globalization» in M. Porter, *Competition in global industry*, New York, Free Press.

Cyert, R.M., March, J.G. (1963), *A Behavioral Theory of the Firm* avec la contribution de Clarkson, G.P.E. et autres, Englewood Cliffs, N.J., Prentice-Hall.

D'Aveni, R.A. (1995), «Coping with Hypercompetition : Utilizing the New 7S's Framework» *Academy of Management Executive*, vol. 9, no. 3, p. 45-57.

D'Cruz, J., Rugman, A.M. (1992), *New Compacts for Canadian Competitiveness*, Kodak Canada Inc., Toronto.

D'Cruz, J., Rugman, A.M. (1993), «Business Networks as Agents of Change for Canadian Competitiveness», *ASAC Proceedings*, Vol 14, No 6.

D'Cruz, J., Rugman, A.M. (1993), «Developing International Competitiveness : The Five Partners Model», *Business Quarterly* 58(2, winter), p. 60-72.

D'iribarne, P. (1989), *La logique de l'honneur. Gestion des entreprises et traditions nationales*, Paris, Seuil.

Daft, R.L., Weick, K.E. (1984), «Toward a Model of Organizations as Interpretation Systems», *Academy of Management Review*, 9, p. 284-295.

Daleu-Diabé, M., Hafsi, T. (1993), *La stratégie nationale de Taïwan de 1895 à 1990*, Monographies en gestion et économie internationales, Cétai, ISBN 2-920296-27-2, 93-01.

Damasio, A.R. (1994), *Descartes' Error : Emotion, Reason and the Human Brain*, New York, Grosset / Putnam.

Datta, D.K. (1989), «International Joint Ventures : a Framework for Analysis», *Journal of General Management*, 14, 2, p. 78-91.

Dawkins, R (1989), *The Selfish Gene*, Oxford, Oxford university press.

De Bruyne, P. (1981), *Modèles de décision*, Louvain-la-neuve, Centre d'études Praxéologiques.

Delahanty, E.L. (1994), «HR Strategies, Incentives and Results : An Exclusive Interview with Georgia-Pacific Board Chairman T Marshalkl Hahn Jr.», *ACA Journautres*, hiver 1993\94, 2, 3, p. 28-35.

Demers, C., Hafsi, T. (1993), «Compétitivité et nation : jeux dominants et jeux périphériques», *Gestion*, 18(3), p. 48-56.

DePree, M. (1990), *Diriger est un art*, Paris, Rivages.

DeSanctis, G., Scott Poole, M. (1994), «Capturing the Complexity in Advanced Technology Use : adaptive structuration theory», *Organization Science*, Vol 5, no 2, p. 121-147.

Di Maggio, P.J., Powell, W.W. (1983), «The Iron Cage Revisited : Institutional Isomorphism and Collective Rationality in Organizational Fields», *American Sociological Review*, 48, p. 147-160.

Doz, Y.L. (1986), *Strategic Management in Multinational Companies*, Oxford, Pergamon Press.

Doz, Y.L., Prahalad, C.K., Hamel, G. (1987), «Competitive Collaboration» In Farok J. Contractor & Peter Lorange, editors, op.cit.

Drucker, P. (1952), *The practice of management*, New York, Harper & Row, French translation, (1957), *La pratique de la direction des entreprises, Paris,* Édition d'organisation.

Dunning, J.H. (1995), «Reappraising the Eclectic Paradigm in an Age of Alliance Capitalism», *Journal of International Business Studies*, 26(3), p. 461-491.

Dunning, J.H., & R.A. Pierce (1985), «Profitability and performance of the World's largest industrial companies», London, UK, *The Financial Times*.

Dutton, J.E., Jackson, S.E. (1987), «Categorizing Strategic Issues : Links to Organizational Action», *Academy of Management Review*, vol. 12, no 1.

Erikson, E.H. (1985), *Childhood and Society,* New York, Norton.

Fahey, L., Narayanan, V.K. (1986), *Macroenvironment Analysis for Strategic Management*, St. Paul, MN, West Publishing

Fatehi-Sedah, K., Safizadeh, M.H. (1989), «Association Between Political Instability and Flow of Foreign Direct Investment», *Management International Review*, Vol. 29, p. 4-13.

Faucher, P., Hafsi, T. (1995), «Investissement direct étranger et développement : concilier compétitivité et gouvernabilité», *Association internationale de management stratégique*, Actes du colloque de Paris, mai 1995.

Filion, L.J. (1988), *The Strategy of Successful Entrepreneurs in Small Business : Vision, Relationships and Anticipatory Learning*, Ph.D. Dissertation, University of Lancaster, chapter 6, p. 276-319.

Filion, L.J. (1990), *Les entrepreneurs parlent*, Montréal, Qc., Éditions de l'entrepreneur.

Filion, L.J. (1991), *Vision et relations : clefs du succès de l'entrepreneur* Montréal, Qc., Éditions de l'entrepreneur.

Financial Post (1981), «The excellent canadian companies», Series report.

Fligstein, N. (1987), «The Intraorganizational Power Struggle : Rise of Finance Personnel to Top Leadership in Large Corporations, 1919-1979», *American Sociological Review*, vol. 52, p. 44-58.

Fombrun, C.E., ASTLEY, G. (1983), «Beyond Corporate Strategy» *Journal of Business Strategy* spring, p. 47-54.

Foot, D.K. (1990), «Demographics : The Human Landscape for Public Policy». In G. Bruce Doern and Bryne B. Purchase (Eds). *Canada at Risk ?* Toronto, C. D. Howe Institute, p. 25-45

Forrester, J. (1972), «Understanding the Counterintuitive Behavior of Social Systems» in Beishon J. and Geoff Peters (ed), *Systems Behaviour*, London, U.K., Harper Row.

Fox, H. (1973), «A Framework for Functional Coordination», *Atlanta Economic Review* nov-déc., p. 10-11.

Fortune (1992), «Meet the new revolutionaries», by Myron Magnet, February 24.

Francis, A. (1992), «The Process of National Industrial Regeneration and Competitiveness», *Strategic Management Journal*, vol.13, p. 61-78.

Franke, R.H., Hofstede, G., Bond, M.H. (1991), «Cultural Roots of Economic Performance : A Research Note» *Strategic Management Journal*, Vol.12, Special Issue, Summer.

Frederick, W.C., Davis, K., Post, J.E. (1988), «The Stakeholder Concept», in *Business and Society* (6th ed.), New York, McGraw-Hill, p. 82-90

Frederickson, J.W., A.L. Iaquinto (1989), «Inertia and creeping rationality in strategic decision processes», *Academy of management journal*, Vol.32, No.3, p. 516-542.

French, W.L. and C.H. Bell (1978), *Organization development*, 2ᵉ édition, Englewood Cliffs, NJ, Prentice-Hall.

Freud, S. (1975), *The Standard Edition of the Complete Psychological Works of Sigmund Freud*, tr. under the general editorship of James Strachey in collaboration with Anna Freud, assisted by Alix Strachey and Alan Tyson. London, The Hogarth Press.

Froot, K.A., Stein, J.C. (1989), «Exchange Rates and Foreign Direct Invesment : An Imperfect Capital Markets Approach» *NBER Working Paper Series*, No. 2914, March.

Fry, J.N., J.P. Killing (1983), *Canadian Business Policy: A casebook*, Scarborough, Ontario, Prentice-Hall.

Gale, B.T., Bradley, S., Branch, B. (1987), «Allocating Capital More Effectively» *Sloan Management Review* automne 1987, p. 21-31.

Gagné, P., M. Lefèvre (1990), *L'atlas industriel au Québec*, Montréal, Publi-Relais.

Garud, R., Kumaraswamy, A. (1995), «Technological and Organizational Designs for Realizing Economies of Substitution» *Strategic Management Journal* 16, p. 93-109.

Garzon, C., T. Hafsi (1992), *La stratégie nationale du Mexique de 1910 à 1990*, Montreal, Publications du Cétai, ISBN No 2-89105-412-1.

Gasse, Y., D'Amours, A. (1993), *Profession : entrepreneur*, Montréal, Qc., Les Éditions Transcontinental inc.

Gauthier, B. (Ed.), (1995), *Economic Reform and the State of Manufacturing Enterprises in Cameroon*, Cetai, Montréal.

Gauthier, B., Hafsi, T., M'Basségué, P. (1995), «Enterprise performance during market reforms in Cameroon», Cahier de recherche HEC, Décembre 15.

Geertz, C. (1973), *The Interpretation of Cultures*, New York, Basic Books.

Geneen, H. (1984), *Managing*, Garden City, NY, Doubleday.

George, J.F. (1986), *Computers and the Centralization of Decision-making in the US City Governments*, Thèse de doctorat, Université de la Californie.

Geringer, J.M., Hébert, L. (1989), «Control and Performance of International Joint Ventures», *Journal of International Business Studies* 20(2), p. 235-254.

Ghoshal, S. (1987), «Global Strategy : An Organizing Framework» *Strategic Management Journal* 8, p. 425-440.

Ghoshal, S., Bartlett, C.A. (1988), «Creation, Adoption, and Diffusion of Innovations by Subsidiaries of Multinational Corporations» *Journal of International Business Studies* 19(3), p. 365-388.

Gilmour, S.C. (1973), *The Divestment Decision Process* Unpublished doctoral dissertation», Harvard University, Graduate school of business administration, Boston, MA.

Ginsberg, A. (1988), «Measuring and modelling changes in strategy: Theoretical foundations and empirical directions», *Strategic management journal*, 9, p. 559-575.

Glueck, F.W., Kaufman, S.P., Walleck, A.S. (1980), «Strategic Management for Competitive Advantage» *Harvard Business Review* 58(4), p. 154-161.

Glueck, W.F. (1980), *Strategic Management and Business Policy* New York, McGraw Hill.

Goodman, P.S. and J. Kurke (1982), *Change in organizations*, San Francisco, Jossey-Bass.

Greiner, L.E., A. Bhambri (1989), «New CEO intervention and dynamics of deliberate strategic change», *Strategic management journal*, 10, p. 67-86.

Gross, T., Neuman, J. (1989), «Strategic Alliances Vital in Global Marketing», *Marketing News* 23, 13, Jun 19, p. 1-2.

Grubert, H., Mutti, J. (1989), *Financial Flows Versus Capital Spending : Alternative Measures of U.S.-Canadian Investment and Trade in the Analysis of Taxes* mimeo.

Gugler, P. (1992), «Building Transnational Alliances to Create Competitive Advantage», *Long Range Planning* 25, 1. février, p. 90-99.

Habib, M.M., Victor, B. (1991), «Strategy, Structure, and Performance of U.S. Manufacturing and Service MNCs : A Comparative Analysis», *Strategic Management Journal*, Vol.12, p. 589-606.

Hafsi, J. (1985), *Iacocca et Chrysler*, Cas HEC.

Hafsi, T. (1980), *Beatrice food*, ICCH case, Harvard Business School.

Hafsi, T. (1981), *The Strategic Decision-Making Process in State-Owned Enterprises* Unpublished doctoral dissertation, Harvard University, Graduate School of Business Administration, Boston, MA.

Hafsi, T. (1984), *Entreprise publique et politique industrielle* Paris, McGraw-Hill.

Hafsi, T., Demers, C. (1989), *Le changement radical dans les organisations complexes : le cas d'Hydro-Québec*, Boucherville, Québec, Gaëtan Morin.

Hafsi, T., Jorgensen, J.J. (1995), «Privatization and National Renaissance : Malaysia and Québec», *Strategic management series* Howard Thomas, New York, Wiley.

Hafsi, T., B. Fabi (1996), *Le changement stratégique : fondements*, Montreal, Éditions Transcontinental (à venir).

Hafsi, T., H. Thomas (1989), «Managing in ambiguous and uncertain conditions: The case of state-controlled firms in France», in Hafsi, ed., *Strategic issues in state-controlled enterprises*, Greenwich, CT, JAI Press.

Hall, P. (1986), *Governing the Economy* New York, Oxford University Press.

Hama, N. (1993), «Perspectives» *Harvard Business Review* September-October, p. 39-53.

Hambrick, D.C. and S. Filkenstein (1987), «Managerial discretion: A bridge between polar views on organizations», in B. Staw and L.L.

Cummings (eds.), *Research in organizational behavior*, Vol. 9, Greenwich. CT, JAI Press, p. 369-406.

Hambrick, D.C. and P. Mason (1984), «Upper echelons: The organization as a reflection of its top managers», *Academy of management Review*, 9, p. 193-206.

Hamel, G., Doz, Y.L., Prahalad, C.K. (1989), «Collaborate with Your Competitors - and Win» *Harvard Business Review* 67, 1, Jan/Feb, p. 133-139.

Hamel, G., Prahalad, C.K. (1994), *Competing for the Future. Breakthrough Strategies for Seizing Control of Your Industry and Creating the Markets of Tomorrow* Cambridge, Mass., Harvard Business School Press. Édition française, (1995), *La conquête du futur* Paris, InterÉditions.

Hamermesh, R.C. (1976), *The Corporate Response to Divisional Profit Crises*, Unpublished doctoral dissertation, Graduate school of business administration, Harvard, Boston, MA.

Hamermesh, R.C. (1977), with K.D. Gordon and J.P. Reed, «Crown Cork and Seal» case, ICCH 9-378-024.

Hamermesh, R.G. (1986), *Making Strategy Work*, New York, John Wiley et Sons.

Hammes, D.L. (1988), *An Economic Analysis of Canada's Consulting Engineers*. Vancouver, The Fraser Institute.

Hannan, M.T., Freeman, J. (1984), «Structural Inertia and Organizational Change», *American Sociological Review* vol. 49, n° 2, avril 1984, p. 149-164

Harrigan, K. (1985), «An Application of Clustering for Strategic Group Analysis», *Strategic Management Journal*, Vol.6, No.1, p. 55-73.

Harrigan, K.R. (1988), «Joint Ventures and Competitive Strategy» *Strategic Management Journal* 9, 2, Mar/Apr 1988, p. 141-158.

Hart, M.H. (1986), *Le développement économique du Canada et le système de commerce international*, Ministère des approvisionnements et services Canada.

Hartman, D. (1984), «Tax Policy and Foreign Direct Investment in the United States» *National Tax Journal*, Vol. 27, p. 475-488.

Hartman, U. (1988), «Textile in 2000 - Problems and Perspectives», *Textile Leader*, mai 1988, p. 46-47.

Haspeslagh, P., Jemison, O. (1991), *Managing Acquisitions : Creating Value Through Corporate Renewal* Free Press.

Hatten, K.J. (1978), «Quantitative Research Methods in Strategic Management» in Schendel and Hofer, *Strategic Management*, Boston, Little, Brown.

Hax, A.C., Majluf, N.S. (1982), «Competitive Cost Dynamics : The Experience Curve», *Interfaces*, octobre 1982, p. 50-61.

Hayek, F.A. (1948), «The Meaning of Competition», in *Individualism and Economic Order*, p. 92-106, Chicago, University of Chicago Press.

Heath, R.L. (Ed.), (1988), *Strategic Issues Management*, San Francisco, Jossey-Bass

Hedberg, B., Jonsson, S., (1977), «Strategy Formulation as a Discontinuous Process» *International Studies of Management and Organizations* vol. 7, no. 2, p. 88-109.

Helleiner, G.K. (1989), «Transnational corporations and direct foreign investment», in Chenery, H., and T.N. Srinivasan, *Handbook of development economics*, Amsterdam, North Holland, p. 1442-1480.

Henderson, B.D. (1979), *Henderson on Corporate Strategy*, Cambridge, MA, Abt Books.

Henderson, L.J. (1970), *On the social system: Selected writings*, Edited by Bernard Barber, Chicago, University of Chicago Press.

Hirshleifer, J. (1980), *Price Theory and Applications*, 2ᵉ édition, Englewood Cliffs, NJ, Prentice Hall.

Hofstede, G. (1980), *Culture's Consequence : International differences in work-related values*, Beverly Hill, Sage.

Homans, G.C. (1961), *Social behavior: its elementary form*, New York, Harcourt, Brace and World.

Hornaday, J.A. (1982), «Research About Living Entrepreneurs» in Kent et autres (Eds), *Encyclopedia of Entrepreneurship*, Englewood Cliffs, N.J., Prentice-Hall, p. 20-34.

House, R.J., Spangler, W.D., Woycke, J. (1991), «Personality and Charisma in the U.S. Presidency, A Psychological Theory of Leader Effectiveness», *ASQ*, 36, p. 364-396.

Hrebeniak, L.G., Joyce, W.F. (1985), «Organizational Adaptation : Strategic Choice and Environmental Determinism», *Administrative Science Quarterly* September, p. 336-349.

Hull, F., Slowinski, E. (1990), «Partnering with Technology Entrepreneurs» *Research-Technology Management*, 33, 6, novembre-décembre, p. 16-20.

Itami, H., Roehl, T.W. (1987), *Mobilizing Invisible Assets*, Cambridge, MA, Harvard University Press.

Izard, C.E. (1991), *The Psychology of Emotions.* New York, Plenum.

Jacobson, R. (1992), «The Austrian School of Strategy», *Academy of Management Review*, Vol.17, No.4, p. 782-807.

Jacomet, D. (1987), *Le textile-habillement, une industrie de pointe*, Paris, Economica.

James, B.G. (1984), «Strategic Planning Under Fire» *Sloan Management Review* Summer, p. 15-22.

Jaoui, H. (1994), «L'organisation apprenante : une réponse au défi du changement et de la qualité» *Humanisme et Entreprise* 1994, p. 21-38.

Jardim, A.(1969), *The First Henry Ford : A Study on Personality and Business Leadership*. Boston, Harvard College.

Jarillo, J.C. (1988), «On Strategic Networks» *Strategic Management Journal* 9, p. 31-41.

Jarillo, J.C., Stevenson, H.H. (1991), «Co-operative Strategies- The Payoffs and the Pitfalls», *Long Range Planning*, 24, 1, p. 64-70.

Jauch, L.R., Glueck, W.F. (1988), *Strategic Management and Business Policy*, New York, McGraw-Hill Book Company.

Jauch, L.R., Glueck, W.F. (1990), *Management stratégique et politique générale*, McGraw-Hill, Montréal.

Jauch, L.R., Kraft, K.L. (1986), «Strategic Management of Uncertainty» *Academy of Management Review*, Vol. 11, No. 4, p. 777-790.

Jennings, D.F., Seaman, S.L. (1994), «High and Low Level of Organizational Adaptation : An Empirical Analysis of Strategy, Structure and Performance», *Strategic Management Journal*, Vol.15, p. 459-475.

Johnson, G. (1988), «Rethinking Incrementalism», *Strategic Management Journal*, vol. 9, p. 75-81.

Jorde, T.M., Teece, D.J. (1989), «Competition and Cooperation : Striking the Right Balance», *California Management Review* (Spring) : p. 25-37.

Jorgensen, J.J. (1989), «Managing three levels of culture in state-controlled enterprises», in T. Hafsi, *Strategic issues in state-controlled enterprises*, Greenwich, CT: JAI press.

Jørgensen, J.J., Lilja, K. (1995), «Managerial Agency and its Sectoral Embeddedness : A Process Model of Strategic Moves in the Pulp and Paper Industry» *Strategic Management Society of Finland Yearbook* : 18-22. Helsinki : Strategic Management Society of Finland.

Jun, J. (1989), «Tax Policy and International Direct Investment», *NBER Working paper series*, No 3048, July.

Kaufman, W. (1964), *The Nuclear Strategy* New York, p. 110, cited in Allison, op.cit.

Kaynak, E., Kuan, W. (1993), «Environment, Strategy, Structure and Performance in the Context of Export Activities : An Empirical Study of Taiwanese Manufacturing Firms», *Journal of Business Research* No.27, p. 33.

Kazantzakis, N. (1952), *Zorba the greek*, tr. Carl Widman, New York, Simon and Shuster.

Keichel, W. (1982), «Corporate Strategy Under Fire», *Fortune*, Dec. 17th, p. 97-108.

Kets de Vries, M.F.R., Miller, D. (1985), *L'entreprise névrosée*, Paris, McGraw-Hill.

Kiggundu, M.N., Jorgensen, J.J., Hafsi, T. (1983), «Administrative Theory and Practice : A Synthesis» *Administrative Science Quarterly*.

Kim, D.H. (1993), «The Link Between Individual and Organizational Learning», *Sloan Management Review* 1993, p. 37-50.

Kim, W.C., Lim, C. (1988), *Academy of Management Journal*, Vol. 31, No.4, p. 802-827.

Kirzner, I.M. (1979), *Perception, Opportunity, and Profit*, Chicago, University of Chicago Press.

Kirzner, I.M. (1981), «The "Austrian" Perspective» in Bell, D., Kristol, I. (Eds.), *The Crisis Economic Theory*, p. 111-122, New York, Basic Books.

Kisfalvi, V. (1995), «Laisser nos émotions à la porte?», *Gestion*, 20, (3), p. 110-113.

Kissinger, H. (1961), *The Necessity for Choice*, New York, p. 1-4, cited in Allison, op.cit.

Klein, M. (1988/1959a), «Our Adult World and its Roots in Infancy» in *Envy and Gratitude and Other Works, 1946-1963*. London, Virago, p. 247-263.

Koenig, G. (1994), «L'apprentissage organisationnel : repérage des lieux» *Revue Française de Gestion*, janvier-février 1994, p. 76-83.

Kogut, B. (1991), «Country Capabilities and the Permeability of Borders» *Strategic Management Journal*, Vol. 12, special issue, Summer.

Kogut, B. and Harbir, S. (1988), «The Effect of National Culture on the Choice of Entry Mode», *Journal of International Business Studies* 19(3), p. 411-432.

Kohn, S.J. (1990), «The Benefits and Pitfalls of Joint Ventures» *Bankers Magazine* 173, 3, mai-juin, p. 12-18.

Koontz, H., O'Donnell, C., Weihrich, H. (1986), *Essentials of Management*, New York, McGraw-Hill.

Krugman, P., Graham, E.M. (1991), *Foreign Direct Investment in the United States*, Institute for International Economics, Washington D.C.

Kuhn, T. (1970), *The structure of scientific revolution*, Chicago, University of Chicago Press.

Lachmann, L.M. (1976), «From Mises to Shackle : An Essay an Austrian Economics and the Kaleidic Society», *Journal of Economic Literature*, 14, p. 54-62.

Lagarrigue, J.C. (1989), «Internationalisation», *La filière maille*, sept-oct., p. 43-44.

Lapierre, L. (1987), «Imaginaire, gestion et leadership», *Gestion,* 12 (1), p. 6-14.

Lapierre, L. (1993 et 1994), *Imaginaire et leadership*, Tomes I, II et III, Montréal, Éditions Québec/Amérique.

Lapierre, L., Kisfalvi, V. (1994), «Affectivités, défenses et leadership», *Imaginaire et leadership*, Boucherville, Gaëtan Morin Éd., p. 699-735.

Laroche, H., Nioche, J.P. (1994), «L'approche congnitive de la stratégie» *Revue française de Gestion*, juin-juillet-août.

Lawrence, P. and J. Lorsch (1967), *Organizations and environment*, Homewood, IL, Irwin.

Learned, E.P., Christensen, C.R., Andrews, K.R., Guth, W.D. (1965), *Business Policy : Text and Cases*, Homewood, IL, Irwin.

Lei, D., Slocum, J.W. Jr. (1991), «Global Strategic Alliances : Payoffs and Pitfalls», *Organizational Dynamics,* 19, 3, Winter, p. 44-62.

Lejeune, A. (1994), «La technologie de l'information au cœur de l'espace de la stratégie», thèse HEC.

Lenz, R.T., Engledow, J.L. (1986), «Environmental Analysis : The Applicability of Current Theory», *Strategic Management Journal,* 7, p. 329-346

Levi, M. (1988), *Of Rule and Revenue*, Berkeley, University of California Press.

Lévi-Strauss, C. (1958), *Anthropologie structurale*, Paris, Plon.

Levitt, T. (1960), «Marketing Myopia», *Harvard Business Review*, July-August, p. 45-56.

Lewis, J.D. (1991), «Competitive Alliances Redefine Companies» *Management Review*, 80, 4., avril, p. 14-18.

Lindblom, C.E. (1959), «The science of muddling through» *Public Administration Review*, vol. 19, printemps.

Lindblom, C.E., Braybrooke, D. (1963), *A Strategy of Decision*, New York, Free Press.

Lizando, S. (1990), «Foreign Direct Investment», *IMF working papers*, WP/90/63, juillet.

Lorange, P., Roos, J. (1991), «Why Some Strategic Alliances Succeed and Others Fail», *Journal of Business Strategy*, 12, 1, janvier-février, p. 25-30.

Lubatkin, M., Pitts, M. (1983), «PIMS : Fact and Folklore», *The Journal of Business Strategy*, Winter, p. 38-43.

Lynch, R.P. (1990), «Building Alliances to Penetrate European Markets», *Journal of Business Strategy*, 11, 2, mars-avril, p. 4-8.

Maccoby, M. (1976), *The gamesman*, New York, Simon and Schuster.

Madhok, A. (1996), «Economizing and Strategizing in Foreign Market Entry», Paper presented to the *Global Perspectives on Cooperative Strategies*, North American Conference, London, Ontario, March.

Magaziner, I.C., Patinkin, M. (1989), *The Silent War : Inside the Global Business Battles Shaping America's Future*, New York, Random House.

Mahler, M.S., Pine, F., Bergman, A. (1975), *The Psychological Birth of the Human Infant : Symbiosis and Individuation*, New York, Basic Books.

March, J.G. (1978), «Bounded Rationality» [...], *The Bell Journal of Economics*, Vol. : 9, N° 2.

March, J.G., Olsen, J.P. (1989), *Rediscovering Institutions : The Organizational Basis of Politics*, New York, Free Press.

March, J.G., Simon, H.A. (1958), *Organizations*, New York, John Wiley.

Markus, M.L., Robey, D. (1988), «Information Technology and Organizational Change : Causal Structure in Theory and Research», *Management Science*, Vol. 34, no 5, p. 583-598.

Martinez, J.I., Jarillo, J.C. (1989), «The Evolution of Research on Coordination Mechanisms in Multinational Corporations», *Journal of International Business Studies* 20(3), p. 489-514.

Mascarenhas, B. (1986), «International Strategies of Non-dominant Firms», *Journal of International Business Studies*, 17(1), p. 1-25.

Mason, E.S. (1939), «Price and Production Policies of Large Scale Enterprises», *American Economic Review* 29, p. 61-74, mars.

May, E.R. (1966), «The World War and American Isolation», cité par Allison G.T., *The essence of decision*, Boston, Little, Brown Co., 1971.

McClelland, D.C. (1961), *The Acheving Society*, Princeton, Van Nostrand.

McFetridge, D. (1995), «Competitiveness : Concepts and 'easures» Occasional Paper No. 5, *Industry Canada*, Ottawa.

McLelan, K., Beamish, P. (1995), «The New Frontier for Information Technology Out Sourcing : International Banking» *European Management Journal*, 12(2), p. 210-215.

Meindl, J.R., Ehrlich, S.B., Dukerich, J.M. (1985), «The Romance of Leadership» *ASQ*, 30, p. 78-102.

Mercer, D. (Ed.), (1992), *Managing the External Environment : A Strategic Perspective*, Newbury Park, CA, Sage publications.

Miles, R.E., Snow, C.C. (1978), *Organizational Strategy, Structure and Process*, New York, McGraw-Hill.

Miles, R.H. (1987), *Managing the Corporate Social Environment.* Englewood Cliffs, NJ, Prentice-Hall

Miller, C. (1990), «Fashion Industry Adapts to New Consumer Power» *Marketing News*, Vol.24, Feb., p. 1-2.

Miller, D. (1981), «Toward a New Contingency Approach : The Search for Organizational Gestalts», *Journal of Management Studies* 18, p. 1-26.

Miller, D. (1990), *The Icarus Paradox* New York : Harper Business. Version française : *Le paradoxe d'Icare* (1992), Sainte-Foy, Qc, Presses de l'Université Laval.

Miller, D., Friesen, P.H. (1984), *Organizations : A Quantum View*, Englewood Cliffs, NJ, Prentice Hall.

Miller, D., Kets de Vries, M.F.R., Toulouse, J.M. (1982), «Top Executive Locus of control and Its Relationship to Strategy-Making, Structure, and Environment» *AMJ*, 25 (2), p. 237-253.

Miller, D., Toulouse, J.M. (1986), «Chief Executive Personality and Corporate Strategy and Structure in Small Firms» *Management Science*, 32 (11), p. 1389-1409.

Miner, J.B., Smith, N.R., Bracker, J.S. (1992), «Defining the Inventor-Entrepreneur in the Context of Established Typologies», *Journal of Business Venturing*, vol. 7, p. 103-113.

Mintzberg, H. (1978), «Patterns in Strategy Formation», *Management Science* 24 (9), p. 934-948.

Mintzberg, H. (1979), «Strategy-Making in Three Modes», *California Management Review*, Winter, XVI, p. 2.

Mintzberg, H. (1987), «Les organisations ont-elles besoin de stratégie?» *Gestion* vol. 12, no 4, novembre.

Mintzberg, H. (1987), «The Strategy Concept I : Five P^s for Strategy» *California Management Review* vol.30, no.1, p. 11-24.

Mintzberg, H. (1994), *Grandeur et décadence de la planification stratégique*, Paris, Dunod.

Mintzberg, H., Waters, J.A. (1982), «Tracking Strategy in an Entrepreneurial Firm», *Academy of Management Journal* p. 465-499.

Mises, L. (1949), *Human Action : A Treatise on Economics*, New Haven, CT, Yale, University Press.

Mody, A., Srinivasan, K. (1992), «Trends and Determinants of Foreign Direct Investment : An Empirical Analysis of US Investment Abroad», *World Bank*.

Morgan, K. (1989), *Images de l'organisation*, Québec, Presses de l'Université Laval.

Murtha, T., Lenway, S. (1994), «Country Capabilities and the Strategic State, How National Political Institutions Affect Multinational Corporations' Strategies», *Strategic Management Journal*, Vol. 15, Summer.

Nadler, D.A, and M.L. Tushman (1986), *Managing strategic organizational change: Frame bending and frame breaking*, New York, Delta Consulting Group.

Nantel, J. (1989), «La Segmentation, un concept analytique plutôt que stratégique», *Gestion*, Vol. 14, No. 3, septembre.

Negandhi, A.R. (1971), «American Management Abroad : A Comparative Study of Management Practices of American Subsidiaries and Local Firms in Developing Countries», *Management International Review*, 11 (4-5), p. 97-107.

Nelson, R.R., Winter, S.G. (1982), *An Evolutionary Theory of Economic Change* Harvard, Cambridge, MA, University Press.

Neustadt, R. (1960), *Presidential Power*, New York, Wiley.

Niederkofler, M. (1991), «The Evolution of Strategic Alliances : Opportunities for Managerial Influence», *Journal of Business Venturing*, 6, 4, juillet, p. 237-257.

Nigh, D. (1985), «The Effects of Political Events on United States Direct Foreign Investment : A Pooled Time-Series Cross-Sectional Analysis», *Journal of International Business Studies*, Vol.16, p. 1-17.

Niosi, J. (1990), *La montée de l'ingénierie canadienne,* Les Presses de l'Université de Montréal

Noël, A. (1987), «Les modèles de decision en acquisitions et fusions», *Gestion*, Numéro spécial, septembre.

Noël, A. (1989), «Strategic Cores and Magnificent Obsessions : Discovering Strategy Formation Through Daily Activities of CEOs», *Strategic Management Journal*, Vol.10, p. 33-49.

Nohria, N., Garcia-Pont, C. (1991), «Global Strategic Linkages and Industry Structure» *Strategic Management Journal* 12 : p. 105-124.

Norburn, D. (1989), «The Chief Executive : A Breed Apart», Strategic management journal, 10: p. 1-15.

Normann, R., Ramirez, R. (1993), «From Value Chain to Value Constellation : Designing Interactive Strategy», *Harvard Business Review*, juillet-août, p. 65-77.

Nueno, P., Oosterweld, J. (1988), «Managing Technology Alliances» *Long Range Planning*, 21, 3, p. 11-17

Nutt, P.C. (1986), «Tactics of Implementation» *Academy of Management Journal*, Vol. 29, p. 239-261.

Ohmae, K. (1985), *Triad Power : The Coming Shape of Global Competition*, New York, Free Press.

Ohmae, K. (1989), «The Global Logic of Strategic Alliances», *Harvard Business Review*, 67, 2, p. 143-154.

Olleros, F.J., Macdonald, R.J. (1988), «Strategic Alliances : Managing Complementarity to Capitalize on Emerging Technologies», *Technovation*, 7, 2, p. 155-176

Osborn, R.N., Hunt, J.G., Jauch, L.R. (1980), *Organization Theory : An Integrated Approach*, New York, John Wiley & Sons.

Osborne, D., Gaebler, T. (1993), *Reinvinting Government : How the Entrepreneurial Spirit is Transforming the Public Sector*, New York, Plume.

Parnello, K.W. (1990), «Business Planning in the US and South Korean Apparel Industries : An Exploratory Study» Master's thesis, Michigan state university, MI.

Pascale, R.T. (1990), *Managing on the edge*, New York, Touchstone.

Pascale, R.T., Athos, A.G. (1984), *Le Management est-il un art japonais ?*, Paris, Éditions d'organisation.

Pasquero, J. (1988), «Bilateral Protectionism : Lessons from a Cause Célèbre», *California Management Review*, 30(2), p. 124-141

Pasquero, J. (1989), «Gérer stratégiquement dans un environnement politisé» *Revue internationale de gestion* 14(3), p. 116-128

Pasquero, J. (1990), «Enjeux sociétaux et mutations organisationnelles dans les sociétés industrielles» in R. Tessier & Y. Tellier, *Changement planifié et développement des organisations* (tome 1), Sillery, Presses de l'Université du Québec, p. 73-112

Penttinen, R. (1994), «Summary of the Critique on Porter's Diamond Model», *Helsinki : The Research Institute of the Finnish Economy*, Discussion Paper No. 462.

Perrow, C. (1986), *Complex Organizations : A Critical Essay* (3rd ed.)., New York, Random House.

Peters, T., Waterman, R. (1983), *Le prix de l'excellence*, Paris, Interéditions.

Pettigrew, A.M. (1985), *The Aweakening Giant : Continuity and Change in ICI*, Oxford, Basil Blackwell.

Pfeffer, J. (1994), *Competitive Advantage through People* Boston, Mass, Harvard Business School Press.

Pfeffer, J. and A.R. Salancik (1978), *The external control of organizations*, New York, Harper & Row.

Pinsonneault, A., Bourret, A., Rivard, S. (1993), «L'impact des technologies de l'information sur les tâches des cadres intermédiaires : une étude empirique des bénéfices de l'informatisation», *Technologie de l'Information et Société*, Vol. 5, no 3, p. 301-328.

Pinsonneault, A., Kraemer, K.L. (1993), «The Impact of Information Technology on the Middle Managers», *MIS Quarterly*, Vol. 17, no. 3, p. 271-292.

Pinsonneault, A., Kraemer, K.L. (1995), «Middle Management Downsizing : The Impact of Information Technology» à paraître dans *Management Science*.

Pitcher, P. (1994), *Artistes, artisans et technocrates dans nos organisations : Rêves, réalités et illusions du leadership*, Montréal, Québec-Amérique / Presses HEC.

Polanyi, K. (1944), *The Great Transformation*, Boston, Beacon Press.

Popper, K. (1959), *The Logic of Scientific Discovery*, New York, Basic Books.

Porter, M.E. (1980), *Competitive Strategy : Techniques for Analyzing Industries and Competitors,* Toronto, The Free Press.

Porter, M.E. (1981), «The Contribution of Industrial Organization to Strategic Management», *Academy of Management Review*, 6, p. 609-620.

Porter, M.E. (1982), *Choix stratégiques et concurrence*, Économica, Paris.

Porter, M.E. (1985), *Competitive Advantage*, New York, The Free Press.

Porter, M.E. (1986), *Competition in Global Industries*, New York, The Free Press.

Porter, M.E. (1990), *The Competitive Advantage of Nations*, New York, The Free Press.

Porter, M.E. (1991b), *Canada at the Crossroads*, Ottawa, Business Council on National Issues.

Prahalad, C.K. (1975), *The Strategic Process in a Multinational Corporation*, Unpublished doctoral dissertation, Graduate school of business administration, Harvard, Boston.

Prahalad, C.K., Bettis, R.A. (1986), «The Dominant Logic : A new linkage between diversity and performance», *Strategic Management Journal*, 7(6), p. 485-501.

Prahalad, C.K., Doz, Y.L. (1987), *The Multinational Mission : Balancing Local Demands and Global Vision*, New York, The Free Press.

Prahalad, C.K., Hamel, G. (1990), «The Core Competence of the Corporation», *Harvard Business Review*, mai-juin, p. 79-91.

Quinn, J.B. (1977-1978), «Social Change : Logical Incrementation» Three part series, *Sloan Management Review* Cambridge, MA. (Fall/Winter 1977, Spring 1978)

Quinn, J.B. (1980), *Strategies for Change : Logical Incrementalism*, Homewood, Illinois, Irwin.

Quinn, J.B. (1992), *Intelligent Enterprise : A Knowledge and Service-based Paradigm*, New York, The Free Press.

Reich, R. (1989), «As the World Turns», *The New Republic*, 1er mai, p. 23-28.

Rieger, F. (1986), *The Influence of National Culture on Organizational Structure, Process and Strategy Decision Making : A Study of International Airlines*, chapter 1 and 11, Ph.D Dissertation, Faculty of Management, McGill University.

Roach, S.S. (1991), «Services Under Siege - The Restructuring Imperative» *Harvard Business Review*, septembre-octobre, p. 82-91.

Roberts, E.B. (1991), *Entrepreneurs in High Technology, Lessons from MIT and Beyond* New York, Oxford, Oxford University Press.

Roberts, R. (1992), «The Do's and Don'ts of Strategic Alliances», *Journal of Business Strategy*, 13, 2, p. 50-53.

Robinson, J. (1933), *The Economics of Imperfect Competition*, London, MacMillan.

Roethlisberger, F.J. (1977), *The Elusive Phenomena*, Edited by G.F.F. Lombard, Cambridge, Harvard University Press.

Romanelli, E. (1991), «The Evolution of New Organizational Forms» *Annual Review of Sociology*, 17, p. 79-103.

Root, F.R., Ahmed, A.A. (1978), «The Influence of Policy Instruments on Manufacturing Foreign Investment in Developing Countries» *Journal of International Business Studies*, 9(3), p. 81-93.

Rosegger, G. (1991), «Diffusion Through Interfirm Cooperation» *Technological Forecasting and Social Change*, 39, p. 81-101.

Rugman, A.M., (ed.), (1990), *Research in Global Strategic Management*, Vol.1, Greenwich, Connecticut, JAI Press.

Rugman, A.M., D'Cruz, J.R. (1993a), «The Double Diamond Model of International Competitiveness : The Canadian Experience», *Management International Review*, 33(2), p. 17-39.

Salter, M.S., Weinhold, W.A. (1979), *Diversification Through Acquisition*, New York, The Free Press.

Salwyn, A. (1996), «L'industrie cède à l'inquiétude», *Le Devoir*, mardi 9 avril, page B5.4

Sandberg, W.R., Hofer, C.W. (1987), «Improving New Venture Performance : The Role of Strategy, Industry Structure, and the Entrepreneur», *Journal of Business Venturing*, 2, p. 5-28.

Savage, G.T., Nix, T.W., Whitehead, C.J., Blair, J.D. (1991), «Strategies for Assessing and Managing Organizational Stakeholders» *Academy of Management Executive*, 5(2), p. 61-75

Sayer, W., Kaufman, H. (1960), *Governing New York city*, New York, cité dans Allison, op.cit.

Scheid-Cook, T.L. (1992), «Organizational Enactments and Conformity to Environmental Prescriptions», *Human Relations*, 45(6), p. 537-554

Scheiger, D., Walsh, J. (1990), «Mergers and Acquisitions : An Interdisciplinary View», in Rombard, K. and Ferry, G., *Research in Personnel and Human Resource Management*, Greenwich, CT: JAI Press.

Schelling, T.C. (1978), *Micromotives and Macrobehavior*, New York, Norton.

Schelling, T.C. (1960), *The Strategy of Conflict*, Oxford, Oxford University Press.

Schendel, D.E., Hofer, C. (1978), *Strategic Management : A New View of Business Policy and Planning*, Boston: Little, Brown.

Schneider, F., Frey, B.S. (1985), «Economic and Political Determinants of Foreign Direct Investment», *World Development* Vol.13, p. 161-175.

Schumpeter, J.A. (1942), *Capitalism, Socialism and Democracy*, 3rd edition 1950, New York, Harper.

Schwartz, J.J. (1973), *The Decision to Innovate*, Unpublished Doctoral Dissertation, Harvard University, Cambridge, MA.

Schwenk, C.R. (1984), «Cognitive Simplification Processes in Strategic Decision-Making», *Strategic Management Journal*, vol. 5, p. 111-118.

Scott, W.R. (1992), «The Organization of Environments : Network, Cultural and Historical Elements» In Meyer, J.W., Scott. W.R. *Organizational Environments : Rituals and Rationality* (updated edition), Newbury Park, Sage, p. 155-175

Segal-Horn, S. (1993), «The Internationalization of Service Firms» *Advances in Strategic Management*, p. 31-55.

Selznick, P. (1966), *TVA and The Grass Roots*, New York, Harper & Row.

Selznick, P. (1957), *Leadership in administration*, Los Angeles, University of California Press.

Semler, E. (1993), *À contre-courant : vivre l'entreprise la plus extraordinaire au monde*, Paris, Dunod.

Senge, P. (1992), «Creating the Learning Organization» *The McKinsey Quartely*, no. 1, p. 58-79.

Shackle, G.L.S. (1979), *Imagination and the Nature of Choice*, Edimbourg, Edinburgh University Press.

Shah, A., Slemrod, J. (1990), «Tax Sensitivity of Foreign Direct Investment : An Empirical Assessment», *PRE Working Papers*, juin.

Shamsie, J. (1991), «The Context of Dominance : a Cross-sectional Study», Doctoral Thesis, Montréal, Université McGill, faculté de management.

Shane, S. (1994), «The Effect of National Culture on the Choice Between Licensing and Direct Foreign Investment», *Strategic Management Journal*, Vol.15, No. 8, octobre.

Simon, H.A. (1945, 1947, 1957, 1973, 1975, 1976), *Administrative Behavior. A Study of Decision-Making Processes in Administrative Organization*, New York, The Macmillan Company.

Simon, H. (1983), *Reason in Human Affairs*, Los Angeles, Standford University Press.

Skinner, B.F. (1953), *Science and human behavior*, New York, Macmillan.

Slatter, S.P. (1980), «Common Pitfalls in Using the BCG Product Portfolio Matrix», *London School of Business Journal*, hiver 1980.

Slemrod, J. (1989), «Tax Effects of Foreign Direct Investment in the U.S. : Evidence From Cross-Country Comparison», *NBER Working paper*, No. 3042, National Bureau of Economic Research, Cambridge, July.

Sloan, A. (1964), *My Years at GM*, Garden city, NJ, Doubleday.

Smircich, L., Stubbart, C. (1985), «Strategic Management in an Enacted World», *Academy of Management Review*, vol.10, p. 724-736.

Smith, A. (1995), «Going Global : The International Expansion of the Seven Regional Bell Operating Companies 1984-1991», Unpublished doctoral dissertation, Chapel Hill, NC, Kenan-Flager School of business, University of North Carolina.

Smith, J.E., P. Kenneth, T. Carson, R.A. Alexander (1984), «Leadership : It Can Make a Difference.», *AMJ*, 27 (4), p. 765-776.

Snow, C.C. and D.C. Hambrick (1980), «Measuring organizational strategies: Some theoretical and methodological problems», *Academy of Management Review*, 5, p. 527-538.

Snyder, G. (1961), *Deterrence and Defense*, Princeton, Princeton University Press.

Sorohan, E.G. (1993), «We do ; Therefore, we learn», *Training and development*, October 1993, p. 47-55.

Spence, A.M. (1977), «Entry Capacity, Investment, and Oligopolistic Pricing», *Bell Journal of Economics*, 8, p. 534-544.

Spence, A.M. (1979), «The Learning Curve and Competition», *Bell Journal of Economics*, 12, p. 49-70.

Starbuck, W.H., (1993), «Learning by Knowledge-Intensive Firms», research paper, New York, New York University.

Steimo, S., Thelen, K., Longstreth, F. (Eds.), (1992), *Structuring Politics, Historical Institutionalism in Comparative Analysis*, Cambridge, Cambridge University Press.

Steiner, G.A. (1963), *Managerial Long-range Planning*, New York : McGraw-Hill.

Sutherland, J.W. (1973), *A General Systems Philosophy for the Social and Behavioral Sciences*, New York, Brazilier.

Taylor, W.H. (1983), «The nature of policy making in universities», *The Canadian journal of higher education*, p. 17-32.

Teece, D.J. (1986), «Profiting from Technological Innovation», *Research Policy*, 15, December, p. 285-305.

The Economist (1991), «Jack Welch reinvents General Electric - Again», March 30.

«The Importance of Technological Innovation in the Clothing Industry» (1989), OCDE study : *Textile leader* May, p. 103-118.

Thiétart, R-A. (1983), *La stratégie d'entreprise*, Paris, McGraw-Hill.

Thomas, A.B. (1988), «Does Leadership Make a Difference to Organizational Performance?», *ASQ,* 33, p. 388-400.

Thompson, J.D. (1967), *Organizations in Action*, New York, McGraw-Hill.

Tichy, N., Charan, R. (1989), «Speed, Simplicity, Self-confidence : An Interview With Jack Welch», *Harvard Business Review*, 67(5, September-October), p. 112-120.

Timmons, J.A. (1978), «Characteristics and Role Demands of Entrepreneurship», *American Journal of Small Business*, 3,1, p. 5-17.

Tremblay, M. (1994), *Le sang jaune de Bombardier*, Sainte-Foy, PUQ et Montréal, Presses des HEC.

Truman, D. (1951), *The Governmental Process*, New York, cité dans Allison, op.cit.

Ullman, R.H. (1968), *Anglo-Soviet Relations, 1917-1921*, Princeton University Press, Vol.2.

Vankatraman, N., Grant, J.H. (1986), «Construct Measurement in Organizational Strategy Research : A Critique and Proposal», *Academy of Management Review*, Vol.11, No.1, p. 71-87.

Vankatraman, N., Prescott, J. (1990), «Environment-strategy Coalignment : An Empirical Test of its Performance Implications», *Strategic Management Journal*, Vol. 11, No. 1, January, p. 1-23.

Vankatraman, N., Ramanujam, V. (1986), «Measurement of Business Performance in Strategy Research : A Comparison of Approaches», *Academy of Management Review*, Vol. 11, No. 4, p. 801-814.

Venkatraman, N., Camillus, J.C. (1984), «Exploring the Concept of Fit in Strategic Management», *Academy of Management Review*, Vol. 9, Num. 3, p. 513-525.

Vernon, R., Wells, L. (1976), *Economic Environment of International Business*, Englewood Cliffs, NJ, Prentice-Hall.

Verreault, R., Polèse, M. (1988), *L'exportation de services par les firmes canadiennes de génie-conseil : évolution récente et avantages concurrentiels*, Montréal, INRS.

Von Bertalanffy, L. (1968), *General System Theory*, New York, Braziller.

Walsh, J. (1989), «Structural Change and Industrial Decline : The Case of the British Textiles», Unpublished Ph.d. dissertation, University of Warwick, UK.

Weick, K.E. (1979), *The Social Psychology of Organizing*, Reading, MA, Addison-Wesley.

Wernerfelt, B. (1984), «A resource-based view of the firm», *Strategic management journal*, 5:2, p. 171-180.

Westley, F.R., Mintzberg, H. (1988), «Profiles of Strategic Vision : Levesque and Iacocca» in *Charismatic Leadership*, Conger, Kanungo and Associates (ed), San Francisco, Jossey Bass.

Wildavsky, A. (1966), «The Budgetary Process», *American Political Science Review*, Sept.

Williamson, S.R. (1969), *The Politics of Grand Strategy*, Cambridge, MA, Harvard University Press.

Wilson, I. (1983), «The Benefits of Environmental Analysis», In Albert, K.J. *The strategic Management Handbook*, New York, McGraw-Hill, ch. 9, p. 1-20

Winnicott, W.D. (1965), *The Maturational Processes and the Facilitating Environment : Studies in the Theory of Emotional Development*, New York, International Universities Press.

Wiseman, J. (1989), *Cost, Choice and Political Economy*, Aldershot, Edward Elgar.

Wright, P. (1984), «MNC-Third World Business Unit Performance» *Strategic Management Journal*, Vol.5, No. 3, July-September.

Yoshino, M.Y., Srinivasa Rangan, U. (1995), *Strategic Alliances,* Boston, Harvard Business School Press.

Zaleznik, A. (1970), «Power and Politics in Organizational Life», *Harvard business review*, May-June, 1970.

Zaleznik, A. (1991), «L'absence de leadership et la mystique managériale.», *Gestion,* 16 (3), p. 15-26.

Zucker, L.G. (1987), «Institutional Theories of Organization», *Annual Review of Sociology*, 13, p. 443-464.

Zysman, S. (1973), *Top Management and Decentralized Investment Planning in Diversified Forms*, Unpublished Doctoral Dissertation, Harvard University, Cambridge, MA.